DORTMUND
1100 Jahre Stadtgeschichte

Festschrift

Im Auftrag der Stadt Dortmund
herausgegeben von
Gustav Luntowski und Norbert Reimann

Verlag Fr. Wilh. Ruhfus 1982

Gesamtherstellung: Fr. Wilh. Ruhfus, Dortmund
© Verlag Fr. Wilh. Ruhfus, Dortmund 1982
ISBN-Nr.: 3-7932-4071-1

Zum Geleit

Vom 3.—5. September d. J. gedenkt die Stadt Dortmund der ersten schriftlichen Erwähnung ihres Namens vor rund 1100 Jahren, die im ältesten Einkünfteverzeichnis des Klosters Werden a. d. Ruhr überliefert ist. Durch dieses Jubiläum soll den Dortmunder Bürgern bewußt werden, daß sie in einer Stadt leben, die eine lange und stolze Vergangenheit aufzuweisen hat. Schon im frühen und hohen Mittelalter war Dortmund als Königshof und Pfalz ein zentraler Ort im nordwestdeutschen Raum, der insbesondere durch zahlreiche Aufenthalte der deutschen Könige und Kaiser eine überregionale Bedeutung besaß. Als einzige freie Reichsstadt Westfalens und als Vorort der Hanse hob sich die Stadt von ihrer Umgebung ab. Nach einem wirtschaftlichen und politischen Niedergang, verursacht nicht zuletzt durch die Wirren des Dreißigjährigen Krieges, erlebte die Stadt seit der Mitte des vergangenen Jahrhunderts mit der Industrialisierung einen ungeahnten Aufstieg, der sie zum Zentrum des östlichen Ruhrgebietes und größten Stadt Westfalens werden ließ. Viele äußere Zeichen aus der Blütezeit der Reichsstadt, wie ihre weithin berühmten Befestigungen, gingen im Ausdehnungsdrang dieser Epoche verloren. Die Zerstörungen des Zweiten Weltkriegs und die grundlegende Neuplanung der Innenstadt in der Nachkriegszeit führten dazu, daß heute nur noch wenige sichtbare Zeugen der Vergangenheit erhalten sind. Nur die Geschichtsschreibung kann somit deutlich machen, daß es wenige Städte hierzulande gibt, die eine so reiche Tradition ihres kommunalen Lebens besitzen wie Dortmund. Dabei sollen die Verhältnisse der Vergangenheit natürlich nicht idealisiert werden, da die alte Zeit eben nicht die „gute" alte Zeit gewesen ist. Die Beschäftigung mit dem Gewesenen läßt jedoch das Gegenwärtige besser verstehen und hilft in dem Bemühen, die Zukunft unserer Stadt so zu gestalten, daß es sich für jeden von uns lohnt, hier zu leben.

Dieser Aufgabe will die vorliegende Festschrift dienen. In ihr befassen sich 13 fachkundige Autoren mit zentralen Problemen der Dortmunder Geschichte. Die Spannweite reicht dabei von den ersten Anfängen der Stadt bis hin zu einer von der Gegenwart ausgehenden und in die Zukunft gerichteten Perspektive. Wir wollen damit dem interessierten Bürger ein Buch in die Hand geben, das ihn in die Lage versetzt, sich in die reichhaltige Geschichte seiner Stadt zu vertiefen, um sich auf diese Weise stärker mit ihr zu identifizieren. Darüber hinaus soll damit die Dortmunder Stadtgeschichtsschreibung, die in vielen Bereichen noch nicht über den Forschungsstand der Vorkriegszeit hinausgelangt war, an die aktuellen Probleme der heutigen Stadtgeschichtsforschung herangeführt werden und damit ihrerseits weitere Forschungen zur Geschichte des städtischen Gemeindewesens befruchten.

Vor allem aber wünsche ich mir, daß das vorliegende Buch dazu beiträgt, die Bürger in ihrer Stadt enger zusammenzuschließen, um die Probleme der Zukunft anzupacken, getreu dem Motto unserer Vorfahren „So fast as Düörpm".

Dortmund, im August 1982

Günter Samtlebe
Oberbürgermeister

Der Druck dieses Werkes wurde durch eine Beihilfe
der Stadtsparkasse Dortmund gefördert.

Inhaltsübersicht

Verzeichnis der Verfasser

Prof. Dr. Hans Jürgen Brandt, Hochschule der Bundeswehr München

Archivdirektor Prof. Dr. Ottfried Dascher, Westfälisches Wirtschaftsarchiv Dortmund

Prof. Dr. Albin Gladen, Universität Bochum

Oberstadtdirektor Harald Heinze, Stadt Dortmund

Dr. Günther Högl, Stadtarchiv Dortmund

Prof. Dr. Hans Georg Kirchhoff, Universität Dortmund

Prof. Dr. Wolfgang Köllmann, Universität Bochum

Ltd. Städt. Archivdirektor Prof. Dr. Gustav Luntowski, Stadtarchiv Dortmund

Prof. Dr. Dietmar Petzina, Universität Bochum

Städt. Archivdirektor Dr. Norbert Reimann, Stadtarchiv Dortmund

Prof. Dr. Heinz Schilling, Universität Gießen

Prof. Dr. Franz-Josef Schmale, Universität Bochum

Staatsarchivdirektor Dr. Erich Wisplinghoff, Nordrhein-Westfälisches Hauptstaatsarchiv Düsseldorf

Erich Wisplinghoff

Dortmund in der Überlieferung des Klosters Werden

Zur Frage der frühesten Erwähnung im ältesten Werdener Urbar.

Die Stadt Dortmund begeht in diesem Jahr 1982 ihre Elfhundertjahrfeier. Ob das zu Recht geschieht, ist eine naheliegende Frage, die sich nicht nur hartgesottenen Skeptikern aufdrängt. Stadt- und Gemeindejubiläen sind dann unproblematisch, wenn eine zweifelsfrei datierte Ersterwähnung vorliegt. Doch genau datiert ist erst ein Dortmundbeleg aus dem Jahr 899[1]. Noch besser wäre natürlich eine Stadtrechtsverleihung in urkundlicher Form und in der Art, wie sie im mittelalterlichen Reich während des 12. Jahrhunderts allmählich einsetzen und im 13. Jahrhundert, man möchte fast sagen, eine Modeerscheinung werden. Das ist jedoch bei Dortmund wie gerade bei vielen der ältesten Städte Deutschlands nicht der Fall — in der gleichen Lage befinden sich, um nur einige Beispiele zu nennen, Aachen, Duisburg, Köln, Münster und Soest[2]. Sie hatten städtischen Status schon längst erreicht, als die urkundliche Fixierung städtischer Rechte üblich wurde. Tatsächlich sieht im Fall von Dortmund die Position der Verfechter des Jahres 882 zunächst recht schwach aus, denn sie können sich nur darauf berufen, daß in dem ältesten Urbar des Klosters Werden an der Ruhr, einer verhältnismäßig umfangreichen, aber trotzdem unvollständigen Zusammenstellung seiner Einkünfte, Besitzungen und Berechtigungen, in ,,Throtmanni" im Brukterergau, also in Dortmund, ein ,,liber homo Arnold", ein freier Mann Arnold erscheint, der zur Zahlung einer Abgabe von acht Pfennigen im Jahr an das Kloster verpflichtet war[3]. Leute, die Geld oder Getreide oder beides an Werden liefern mußten, saßen nach der gleichen Quelle auch in den heute zu Dortmund gehörenden Ortschaften Asseln, Wambel (?), Bövinghausen, Dorstfeld, Kirchlinde, Mengede und Oespel[4]. Leider unterrichtet uns keine Urkunde darüber, wie und wann das Kloster an diesen Besitz und diese Einkünfte gekommen ist. Bedauerlicherweise ist auch das Werdener Urbar nicht datiert, was jedoch bei Quellen dieser Art eher die Regel als die Ausnahme darstellt, doch liegt es noch in der Originalhandschrift vor[5]. Die Forschung ist überdies schon längst zu dem Ergebnis gekommen, daß das Urbar aus mehreren Teilen besteht[6], die im Laufe etwa eines halben Jahrhunderts abgefaßt und niedergeschrieben wurden. Dabei wurde in manchen Gegenden das Klostergut in relativ kurzem zeitlichen Abstand zweimal aufgenommen, allerdings nicht im Brukterergau.

Bei dem Versuch, eine möglichst genaue Antwort auf die Frage nach dem Alter der Dortmunder Notiz des Werdener Urbars zu geben, sind wir nach Lage der Dinge zu weitem Ausholen gezwungen. Das Urbar kann selbstverständlich nicht älter sein als das Kloster, dessen Besitz und Einkünfte es verzeichnet. Nun ist Werden um das Jahr 800 von dem friesischen Missionar und späteren Bischof von Münster Liudger gegründet worden; die erste Urkunde seines ganz ungewöhnlich reichen Bestandes stammt aus dem Jahr 793[7]. Nach dem Tod des Gründers im Jahr 809 haben seine Verwandten die Leitung der Abtei übernommen und fast 70 Jahre weiter beibehalten[8]. Das war zwar keine ungewöhnliche, aber auch keine gute Lösung, denn nicht alle von ihnen waren einer solchen schwierigen Aufgabe gewachsen. Man hat sogar 855 Befürchtungen gehegt und schriftlich zum Ausdruck gebracht, daß

1 Dortmunder Urkundenbuch I, hrsg. v. K. Rübel (1881), Nr. 2.

2 Vgl. dazu Rheinisches Städtebuch. Hrsg. von E. Kayser. 1956 S. 29, 129, 251; Westfälisches Städtebuch. Hrsg. von E. Kayser, 1954, S. 252, 331.

3 R. Kötzschke, Die Urbare der Abtei Werden an der Ruhr A. Die Urbare vom 9.—13. Jahrhundert (PubllGesRheinGeschkde XX, 2), 1906, S. 69: In Throtmanni liber homo Arnold VIII den. nobis solvit. Der Eintrag findet sich auch bei Rübel, Dortmunder UB I Nr. 2, dort zu ca. 900.

4 Kötzschke, Urbare A, S. 68 f. und 72: In villa Ascloon Alfdag de dimidio manso XX modios ordei, V. mod. bracilis avene, VIII den. heriscilling, II mod. farine. In uilla Uonomanha liber homo Siuuard de IIIIᵃ parte mansi octo denarios. Radnoth liber homo in eadem sol. soluit. In villa Dorstidfelde liber homo Berahtger de dimidio XVI mod. ordei. In eadem villa Egiluuard liber VI den. In villa Linni liber homo Egilmar de manso XII mod. de sigilo et totidem de ordeo, XX mod. avene vel X ordei. In eadem Uualdger de dimidio X mod. ordei. In villa Bouinkhusun Uualdger de dimidio manso X mod. de sigilo et VIII den. heriscilling. In villa Tospelli Tidbald de manso pleno XXIIII mod. ordei et totidem de sigilo, VIII den. heriscilling, II mod. farine et mansionem et gallinam. In eadem Sebraht de teria parte mansi X mod. de sigilo, VIII den. heriscilling. In villa Megnithi Ricuuini pauper XVIII mod. ordei, octo den. heriscilling, unum farine modium et mansionem.

5 HStA. Düsseldorf, Werden, Akten IXa, 1a.

6 Kötzschke, Urbare A Einleitung S. CX ff.

7 Druck bei J. Th. Lacomblet, Urkundenbuch zur Geschichte des Niederrheins I (1840) Nr. 2.

8 Vgl. dazu W. Stüwer, Germania sacra. Hrsg. vom Max-Planck-Institut für Geschichte NF. 12. Die Bistümer der Kirchenprovinz Köln. Das Erzbistum Köln 3. Die Reichsabtei Werden an der Ruhr. 1980 S. 88 f.

das Kloster ganz aufgehoben werden könne[9], und für diesen Fall Vorsorge zu treffen versucht. Die Gefährdung hat ungefähr zehn Jahre lang gedauert, in denen allem Anschein nach mancher Besitz in die Gefahr geriet, entfremdet zu werden. Die Verhältnisse haben sich zwar seit etwa 865 wieder gebessert, doch das gedeihliche Fortbestehen der Abtei war erst dann gesichert, als sie am 22. Mai 877 dem Reich übergeben wurde[10]. Erst die Wiederherstellung geordneter Verhältnisse machte es möglich, ein Verzeichnis der Besitzungen und Einkünfte zusammenzustellen, dessen Notwendigkeit sich in der Krise deutlich genug erwiesen hatte[11]. Es handelte sich dabei um eine sehr nützliche, aber auch ungewohnte, schwierige und zeitraubende Arbeit. Schon während der klösterlichen Zeit, gegen Ende des 16. Jahrhunderts, hatte man erkannt, daß das Urbar gegen Ende des 9. Jahrhunderts begonnen wurde und daß es in den hier geschilderten Zusammenhang gehört[12]. Auf Grund einer zeitgenössischen Notiz glaubte man seine Entstehung in das Jahr 890 setzen zu können[13].

Wie schon erwähnt wurde, ist das Urbar im Original erhalten, so daß zunächst einmal versucht werden kann, eine Zeitbestimmung auf Grund seiner Buchstabenformen vorzunehmen. Bekanntlich hat unsere Schrift im Lauf der Jahrhunderte eine Entwicklung durchgemacht, die manchmal langsamer, manchmal schneller verlaufen ist. Zum Erweis dieser Behauptung genügt es, auf die Tatsache aufmerksam zu machen, daß als ein wenig erfreuliches Ergebnis einer vor ungefähr vier Jahrzehnten durchgeführten Schriftreform viele jüngere Leute Briefe ihrer Eltern oder Großeltern und manchmal sogar Druckwerke aus dieser Zeit nur mit Mühe lesen können. Doch zurück zu dem Fall, der uns hier beschäftigt und der aus mehreren Gründen erhebliche Schwierigkeiten bietet. Die Schrift hat sich nämlich etwa von der Mitte des 9. Jahrhunderts an eine lange Zeit hindurch nur sehr langsam entwickelt. Zudem sind genau datierte Zeugnisse der Buchschrift aus dem Ende des 9. oder der ersten Hälfte des 10. Jahrhunderts recht selten. Doch gibt es nicht aus dieser Zeit genau datierte Urkunden in ausreichender Zahl? Das trifft zwar zu, hilft uns aber nicht weiter, da sich Urkunden- und Buchschrift dieser Epoche so sehr voneinander unterscheiden, daß ein Vergleich kaum durchführbar ist. Außerdem gibt es keine im Original erhaltenen Urkunden aus dieser Zeit, die in Werden geschrieben sind. Selbstverständlich ist bei der folgenden Untersuchung besonders darauf zu achten, wie die Schrift des Abschnitts über den Brukterergau, in dem der freie Mann Arnold aus Dortmund erscheint, sich zu der der anderen Kapitel des Urbars verhält. Bevor wir mit diesem Vergleich beginnen, muß als erstes eine Beschreibung der Schrift erfolgen, die vom Leser anhand der beigefügten Tafeln leicht überprüft werden kann.

Bei der Schrift des Urbars handelt es sich um die sogenannte karolingische Minuskel, also um eine Schrift, deren Buchstaben im Gegensatz zu der Majuskel, der Großbuchstabenschrift, Ober- und Unterlängen haben. Die Minuskel hat sich im Frankenreich allmählich seit dem Ende des 8. Jahrhunderts, in der Zeit Karls des Großen, herausgebildet. Aus ihr ist unsere lateinische Schrift entstanden, deren Buchstabenformen sich trotz des großen zeitlichen Abstands von denen des späten 9. Jahrhunderts meist nur unerheblich unterscheiden. Wie schon gesagt wurde, war an dem Urbar eine Anzahl von Schreibern tätig. Bei allen wirkt die Schrift alles andere als flüssig, was wohl darauf mit zurückzuführen ist, daß diese Leute wenig Praxis hatten. Jeder Buchstabe steht in der Regel für

---

9   In einer Schenkungsurkunde des Jahres 855 wird bestimmt, daß bei einer etwaigen Aufhebung oder Aufteilung des Klosters der hier geschenkte Besitz an die Abtei Fulda übergeben werden sollte (letzter Druck bei Kötzschke, Urbare A. S. 9—15).

10   Stüwer, Germania sacra. Werden S. 90. Die einschlägige Urkunde des damaligen deutschen Königs ist zuletzt gedruckt in MGH Die Urkunden der deutschen Karolinger I. Die Urkunden Ludwigs des Deutschen, Karlmanns und Ludwigs des Jüngeren. Bearb. von P. Kehr. 1934 Ludwig der Jüngere Nr. 6.

11   Kürzlich hat D. Hägermann, Eine Grundherrschaft des 13. Jh. s. im Spiegel des Frühmittelalters, Rhein. Vjbl. 45. 1981 S. 33 zutreffend betont, daß klösterliches Wirtschaften im Mittelalter nicht auf Profimaximierung gerichtet war, um ein Modewort zu gebrauchen. Aber es muß auch sehr nachdrücklich darauf hingewiesen werden, daß jede Reform des inneren Lebens mit einer Ordnung der wirtschaftlichen Verhältnisse Hand in Hand ging.

12   Kötzschke, Urbare A Einleitung S. CXIII.

13   Kötzschke, Urbare A S. 42.

Abb. 1:   Ältestes Urbar der Abtei Werden, Blatt 31 (Rückseite), mit der Nennung des Ortes Asseln (Ascloon)

IN PAGO BRACBANTI · uilla louueli

Egilhard de manso pleno · ii solidos · xx ii den · xx ii mod esparti

I pre·adem uilla Landbrehc de suo manso · uit · xx mo pisaru & ter
cia· parte· unius

I in eod pago uilla dracini · dato de manni

IN pago angprion · uilla upmenni reginhard de mazo sua xx · iii
de bracile ordeacio solute · & xx uii de auene bracl · xx iii den
herf · duos far mod

in eod pag uit hridhem · uualtrad de dimidio manso · i sol
uel · xx mod salic fit eius de eadem in uilla sunt solute

I in eadem uilla solidos · xx mod de bract · ii far · mo · iiii den herf
I in ead uit ioio dimd manso · xx mo de bract · liber e ille

IN pago berbecron uilla holehem · helm uuini de cia
parte mansi · x mo debr · ii ii far · iiii den herf

I in eod pago uit hamarichi thiadrad de mani suo · x mo debr
xx mo auene · & ii sol · xiiii den herf it duos & panes uiginti
t duos farine mod

I in eade pag uit mulinhusun folkdrahc de dimid manso ·
x mo bract · & dece desigl mod · iiii den herf · ii mod far ·
iti superiores · id al emend

I in uilla ascloon Alfdig dedim unius · xx mo auo · ii mod

sich allein. Die Worttrennung ist dagegen, wie sich an einer Reihe von Beispielen zeigen ließe, schlecht durchgeführt. Manchmal sind zwei Wörter so eng aneinander gerückt, daß man sie ohne weiteres für eins halten könnte. Die Oberlängen sind kolbenförmig verdickt. Der Schaft des a ist noch ziemlich stark nach links geneigt. Das altertümliche offene a, das in den Urkunden dieser und noch weit späterer Zeit regelmäßig anzutreffen ist, fehlt hier völlig. Das g, das in etwas älteren Beispielen wie eine 3 aussieht, ist im oberen Teil meist geschlossen, im unteren noch weit geöffnet. Die Beine der Buchstaben m und n haben nur selten den später ganz gewöhnlichen Abstrich nach rechts. Die hier aufgeführten Merkmale sprechen, wie man sich durch einen Blick in die einschlägigen Handbücher leicht überzeugen kann[14], für eine Entstehung nach der Mitte des 9. und vor dem Beginn des 10. Jahrhunderts, lassen aber aus den schon genannten Gründen keine genauere Festlegung zu.

Bereits Kötzschke, dem wir eine Übersicht über die Schreiberhände des Urbars und die grundlegende Ausgabe der wirtschaftsgeschichtlichen Quellen Werdens verdanken, hat gemeint, daß das Kapitel über den Brukterergau möglicherweise als erstes auf das Pergament gebracht worden sei[15]. Obwohl sich die ältesten Schreiberhände deutlich voneinander unterscheiden[16], gibt es dafür kaum wirkliche Indizien. Sein Urteil könnte vielleicht dadurch beeinflußt worden sein, daß wohl wegen schlechter Präparierung des Pergaments gerade bei dem uns interessierenden Abschnitt einzelne Buchstaben besonders kräftig hervortreten, der größere Teil dagegen ziemlich stark verblaßt ist und einen, man möchte fast sagen, verwitterten Eindruck macht. Unterschiede in den Buchstabenformen lassen sich beim g feststellen[17], aber keine, die für die zeitliche Abfolge dieser Hände etwas hergäben. Immerhin ist soviel sicher, daß das Brukterergaukapitel keinesfalls jünger ist als die sonstigen ältesten Teile des Urbars.

Die Analyse der Schrift hat uns eine annähernde Datierung geliefert; wir haben jetzt danach zu sehen, ob inhaltliche Kriterien eine genauere Festlegung ermöglichen. Sie sind vorhanden, wenn auch nicht in unserem Abschnitt. Zu erwähnen sind an erster Stelle eine größere Anzahl knapp gefaßter Notizen über Schenkungen, die laut einem zeitgenössischen Eintrag von 890 an erfolgt sind und offenbar kurz danach Aufnahme in dem Urbar gefunden haben[18], was ja mit dem Schriftbefund vortrefflich zusammenpaßt. Kötzschke hat ebenfalls festgestellt, daß der im Jahre 889 urkundlich geschenkte Besitz zu Olfen und Selm sich im Urbar noch nicht findet[19], was nur bedeuten kann, daß der einschlägige Abschnitt des Urbars vorher niedergeschrieben wurde. Besonders wichtig für die zeitliche Fixierung ist ein dritter Umstand. Verschiedentlich werden in dem Kapitel, das den Werdener Besitz im Osnabrücker Land behandelt, an bestimmten Orten Abgaben erwähnt, die nur verhältnismäßig kurze Zeit gezahlt wurden. Augenscheinlich in einem Zug hat nämlich die gleiche Hand hinzugefügt, daß die Bauernstellen, von denen sie herrührten, verlassen waren und folglich nichts mehr einbrachten[20]. Eine Erklärung dieses Tatbestandes ist nicht sonderlich schwierig. Schon früh hat man darin Hinweise auf von den Normannen, von diesen aus Dänemark stammenden Seeräubern, verursachte Schäden gesehen, die das in Frage kommende Gebiet in den Jahren

---

14   Ich nenne hier nur H. Foerster, Abriß der lateinischen Paläographie 2. Aufl. 1963, S. 193. Es sei noch angemerkt, daß sich die Forschung bei der Datierung des Urbars erstaunlich einig ist. Vgl. etwa R. Drögereit, Werden und der Heliand, Beiträge zur Geschichte von Stadt und Stift Essen 66 (1950) S. 46, der den ältesten Teil in die Zeit von 880—890 setzt. Besonderes Gewicht hat das Urteil von B. Bischoff, Paläographische Fragen deutscher Denkmäler in der Karolingerzeit, Frühmittelalterliche Studien 5 (1971) S. 127, Anm. 147, nach dem das Werdener Urbar um 880 einsetzt.

15   Kötzschke, Urbare A Einleitung S. CXIV.

16   Kötzschke, Urbare A S. 42 ff.

17   In unserem Abschnitt weist das g recht regelmäßig einen Knick auf, der bei den übrigen älteren Händen nicht oder nicht so ausgeprägt begegnet.

18   Kötzschke, Urbare A S. 42—44.

19   Es handelte sich dabei um eine Schenkung des Bischofs Wolfhelm von Münster (gedruckt von R. Wilmans, Die Kaiserurkunden der Provinz Westfalen I. 1867, S. 528 ff.).

20   Vgl. dazu Kötzschke, Urbare A S. 36, 37, 38, 39, wo keine Abgaben genannt sind, ferner S. 66.

Abb. 2:   Ältestes Urbar der Abtei Werden, Blatt 32, mit der Nennung der Orte Wambel (Unonomanha), Dortmund (Throtmanni), Dorstfeld (Dorstidfelde), Kirchlinde (Linni), Bövinghausen (Bovinkhusun), Oespel (Tospelli).

bract auene. xiiii den herf ii afii ii

i

i nuilla cunonomanha. lib homo siuuard den parit mant
octo denarios

Radnoch lib homo ineadē sol soluit

i ncbrormanni liber homo arnolec xii den hob plur   dortman

i nuilla dorsidfelde. lib homo berahger dedimcta xiii
ord, ineadē uit. egiluuard lib xii den

i nuilla linm. lib homo egilmar demant xii ual desigt
& touidē deordeo xx m auene l xi ord

i neadē uualdger dedim x mod ord

i nuit. bouink hufun uualdger dedim manit m desigt
& xiii dēn herf

i nuilla corpelli cidbald demant pleno xxviii
& touidē desigt. viii den herf m tant maant & galt

i neadē sebrahe dcxa parit manit x m desig. viii den herf

i nuit srochem lib homo druholf. iii m ord

i neadē odger lib xii m ord

i neadē uilla athilmund demant pleno iii sol
& quartū herf xxxii m ord

i neadē uuinburg demant xxviii m ord & xii den herf

ii dod parit mant

884 und 885 heimgesucht haben[21]. Eine erste Aufnahme des Klosterbesitzes in diesem Bereich müßte demnach vor 884 erfolgt sein. Kurze Zeit später wurden die Einträge, bei denen das notwendig war, auf den neuesten Stand gebracht. Als dann wieder wenig später mit der endgültigen Niederschrift des Urbars begonnen wurde, hat man sie in der vorgefundenen Form aus den Konzepten übernommen.

Wir haben damit erörtert, was es an Hinweisen und Argumenten zur Datierung des Urbars und vor allem auch der Dortmunder Notiz gibt, so daß jetzt eine Zusammenfassung versucht werden kann. Mit der Anlage des Urbars ist fraglos nach 877 begonnen worden. Die ältesten Teile, zu denen, wie nochmals betont sei, auch der uns vor allem interessierende Abschnitt über den Brukterergau gehört, sind sicher vor 884 konzipiert worden. Ob man sich sofort nach dem 22. Mai 877, nach dem Übergang des Klosters an das Reich, an die Arbeit gemacht hat, ist einigermaßen fraglich. Die Aufnahme des Besitzes und der Einkünfte hat wegen der vielen Einzelnachweise — allein im Brukterergau waren es 76 — ohne Frage erhebliche Zeit erfordert. Ein erstes Ergebnis konnte unter diesen Umständen kaum vor 880 vorliegen. Die Jahre 881 und 883, vielleicht sogar noch 880 und 884, wären demnach als Ausgangspunkt für den Festtermin wohl ebenso geeignet gewesen wie 882.

Wir wenden uns jetzt dem sachlichen Gehalt der Notizen des Urbars über Dortmund und seine Vororte zu. Der erste namentlich bekannte Dortmunder Arnold wird als Freier bezeichnet. Das klingt recht bedeutend[22], aber freie Leute sind auch sonst unter den Pflichtigen des Brukterergaus nicht gerade selten vertreten[23]. In einigen Fällen waren sie im Besitz von Klosterland. Die Abgaben, die sie davon dem Grundherrn in Werden entrichten mußten, waren ebenso wie die der anderen Werdener Hintersassen so hoch, daß eine Weiterverpachtung sinnlos war und zwar deshalb, weil sie keinen nennenswerten Ertrag mehr gebracht hätte. Die genannten freien Leute haben demnach wohl als kleine Landwirte ihren Besitz mit eigenen Händen bewirtschaftet; eine andere Möglichkeit scheint nicht gegeben zu sein. Dieser Gruppe dürfte auch unser Arnold angehört haben, sei es, daß er Land eines anderen Herrn bebaute, sei es, daß er über Eigenbesitz verfügte. Allerdings erscheint es bei der weit zurückreichenden Tradition Dortmunds als Kaufmannsstadt[24] nicht ausgeschlossen, daß er seinen Lebensunterhalt im Handel verdient hat. Weshalb Arnold die genannten acht Pfennige im Jahr bezahlen mußte, wissen wir nicht. Die Vermutung, daß es sich um den gerade im Brukterergau öfter genannten Heerschilling handeln könnte, der in der Regel ebenfalls acht Pfennige betrug, erscheint wenig begründet[25]. Jedenfalls stellten diese acht Pfennige einen erheblichen Betrag dar, für den man damals schon ein Schwein bekommen konnte[26]. Schließlich liegt es nahe, unseren Mann mit einem in einer undatierten Schenkungsnotiz des großen Werdener Privilegienbuchs aus der Mitte des 12. Jahrhunderts erwähnten Arnold gleichzusetzen, durch dessen Vermittlung eine nicht weiter bekannte Frau Thiatlinde zum Seelenheil ihres Sohnes dem Kloster ein Stück Land zu Dortmund übergab, von dem in jedem zweiten Jahr sechs Pfennige gezahlt werden mußten[27]. Das ist eine Vermutung, die erstens wegen der Dortmunder Beziehungen dieses Arnold vertretbar erscheint, zweitens aber deshalb, weil der Name Arnold unter den hunderten von Nennungen des ältesten Werdener Urbars und der Schenkungsnotizen nicht mehr begegnet.

---

21   Dazu Kötzschke, Urbare A Einleitung S. CXIII f.

22   Anfang des 12. Jahrhunderts sind nicht selten in niederrheinischen Urkunden Herzöge, Grafen und andere hohe Herren als Freie aufgeführt (vgl. Lacomblet, UB. Niederrhein I 272, 275, 280, 289, 292, 300, 301, 302).

23   Kötzschke, Großgrundherrschaft S. 62 f.; s. auch die oben Anm. 4 genannten Belege.

24   Es dürfte genügen, hier auf die bekannten Urkunden Ottos III. hinzuweisen (MGH, Die Urkunden der deutschen Könige und Kaiser II 2. Die Urkunden Otto des III. 1893. Bearb. von Th. Sickel, Nr. 66 von 990 August 4 und Nr. 357 von 1000 April 30.).

25   Kötzschke, Großgrundherrschaft S. 64 hat dargelegt, daß es sich um eine Abgabe handelt, die typisch für Hörige war.

26   Einige Belege dafür bei Kötzschke, Urbare A S. 21 f. Es werden allerdings auch höhere und niedrigere Zahlen genannt.

27   Kötzschke, Urbare A S. 155: Tradidit Arnoldus in vice cuiusdam Thiatlinde pro anima filii eius terram in Throtmenni, de qua uno anno solvantur sex den., altero nil. Zuvor ist eine Schenkung zu Marten erwähnt, die jedoch nicht genauer datiert werden kann.

Abb. 3:   Ältestes Urbar der Abtei Werden, Blatt 34, mit der Nennung des Ortes Mengede (Megnithi)

oc den her nifar in kmareſ

I nuit dunc ſchon · gerolf eh ꝛ uii · xii den her · *dingolin*

I nead · uulfric · quonda̅ nobit iſolid · ocnr ſicut eſt

I nuit langꝃuaduu · uualdgrim · xiui̅ deſig · dxxl brac xii den *Zangowend*

her · xx · paneſ kmarſ;

I nuit caſtorpa · riuaddo · demanſo pleno · xii i̅ deſig t · xii deo ꝛ t *caſtorp*

xiii den her · iiſar m̅ kmarſ

I nead · uuilmund · ſint

I nead · aldbraht lib dedim · xui̅ i̅ deſig · ꝛ xiui · deoꝛd

I nuit megzirchi · ricuuini paup · xiiii i̅ ort · occ den herſ *mingirchi*

unu farine i̅ kmarſ

I nead · achalmund ſint · ꝶcu ſup · nouemod · br · i · x i̅ auen

ꝶ porcu ſolid ualen·

I puilla ſce̅ he · herding · xiiui̅ orđ ꝶ xuiiu dimidium brac

xii den

I nuit gerchrium · brun · xiui̅ orđ · xiiii den · xii den

Ad h̅ð · uuedirichem · Smimi · Bedſtuppi · hramerſchorp · louerno · *berghouſnippi* *Zmſtorp*

Ad Sur · Regnun · helinun · chiuana · Saltbem · Durkina · Emilighem *linſton* *Emlighem*

Riſcichi · Mukilerhem · Drumeiki · ꝉſadi · bꝛotharfeld *Riſchidi* *durgina* *ꝉſadi* *Raiſfeldt*

Ad Vuald · Loghere · hemidene · Lauuik · Dukhem · Mar̅ou · Mar̅ke · uuoſiki *Fouthin* *wiku* *marrop*

Burke · Uelie · Marckapu·

Gehen wir nun zu den Vororten Dortmunds über, in denen Werden stärker begütert war und in denen um 882 acht oder neun Leute als Hintersassen des Klosters genannt werden[28]. Wir befinden uns hier in einem eindeutig landwirtschaftlich geprägten Bereich. In Asseln saß ein Freier namens Alfdag auf einer halben Hufe, in Dorstfeld ein weiterer Freier Berahtger ebenfalls auf einer halben Hufe sowie ein Egilward, der sechs Pfennige entrichtete, ohne daß er Land vom Kloster hatte. In Kirchlinde finden wir einen Freien Egilmar auf einer vollen Hufe wie auch einen Waldger, der eine halbe Hufe besaß. In Bövinghausen erscheint wieder ein Waldger — wir wissen nicht, ob er mit dem in Kirchlinde identisch war — auf einer halben Hufe, in Oespel ein Tidbald mit einer vollen Hufe, weiter ein Sebraht mit dem dritten Teil einer Hufe und schließlich in Mengede ein Richwin, der als arm bezeichnet wird, aber dennoch erhebliche Zahlungen leisten mußte. Die genannten Leute hatten von dem von ihnen bewirtschafteten Klosterland Abgaben in stark wechselnder Höhe zu entrichten. Von den vollen Hufen war die Tidbalds in Oespel am stärksten belastet, die 24 Scheffel — ein Scheffel hielt etwa 50 Liter — Gerste, 24 Scheffel Roggen, acht Pfennige als Heerschilling, zwei Scheffel Mehl und ein Huhn abliefern mußte. Daneben bestand noch eine nicht näher erläuterte Herbergspflicht, vermutlich für die Boten des Klosters. Egilmar in Kirchlinde kam dagegen mit je zwölf Scheffeln Gerste und Roggen sowie 20 Scheffeln Hafer, an deren Stelle auch zehn Scheffel Gerste abgeliefert werden konnten, erheblich besser weg. Von den halben Hufen zahlte die in Asseln mit 20 Scheffeln Gerste, fünf Scheffeln Brauhafer, acht Pfennigen als Heerschilling und zwei Scheffeln Mehl am meisten. Am wenigsten war die halbe Hufe in Bövinghausen belastet, die nur zehn Scheffel Gerste zahlte. Gerste, das sei hier noch erwähnt, wird in unserer Quelle ebenso hoch wie der Roggen bewertet.

Was bedeuten nun diese Abgaben und in welchen Verhältnissen lebten diese ältesten Dortmunder? Auch hier sind zunächst einige Bemerkungen vorauszuschicken. Die Böden in der Dortmunder Gegend sind von unterschiedlicher Qualität, je nachdem ob es sich um die Emscherniederung mit wenig geeignetem oder den Hellweg mit vortrefflichem Ackerland handelt[29]. Man wird bei der geringen Bevölkerungsdichte der damaligen Zeit[30] zwar nicht anzunehmen brauchen, daß etwa ausgesprochen schlechte Böden unter den Pflug genommen wurden. Andererseits sind die Leistungsunterschiede der oben näher vorgestellten Hufen so schwerwiegend, daß mit wesentlichen Unterschieden bei der Bodenqualität gerechnet werden muß. Als nächstes stellt sich die Frage nach der Größe der Hufe, die von Fall zu Fall erheblich wechseln konnte. In der Werdener Grundherrschaft zu Friemersheim am Rhein gegenüber von Duisburg kann die Hufe auf etwa zehn Hektar veranschlagt werden[31]. Notizen des späten 14. Jahrhunderts besagen — frühere sind leider nicht vorhanden, daß die Dortmunder Königshufe wesentlich größer war und im Durchschnitt wohl 14 Hektar hielt[32]. Mangels zeitlich früherer Nachrichten müssen wir wohl mit dieser Größe rechnen. Auf halbwegs sicherem Boden stehen wir mit der Feststellung, daß drei Scheffel Roggen etwa einen Doppelzentner gewogen haben. Es ist weiter notwendig, die Dortmunder Verhältnisse mit denen in anderen Teilen der Werdener Grundherrschaft am Rhein, an der Ruhr in der Umgebung Werdens und im übrigen Westfalen zu vergleichen. In Friemersheim betrug die hauptsächliche Naturalleistung der Hufe nur zwölf Scheffel Korn, die von den Hörigen zu Bier verarbeitet werden mußten. Weiter waren 56 Pfennige, also der Gegenwert von ungefähr sieben Schweinen, in bar zu entrichten. Vor allem aber fielen die Arbeitsdienste auf dem Land des dortigen Herrenhofs, im Garten, an den Zäunen und Gebäuden ins Gewicht, die den einzelnen Hufenbauern schätzungsweise zehn Wochen im Jahr voll und ganz beansprucht haben[33]. Auch in der Umgebung des Klosters wur-

28   S. dazu oben Anm. 4.

29   K. Rübel, Geschichte der Grafschaft und der freien Reichsstadt Dortmund I. 1917, S. 52 ff.

30   W. Abel, Geschichte der deutschen Landwirtschaft, 3. Aufl (1978) S. 16, wo auf Grund verschiedener früherer Berechnungen für das Jahr 500 nach Christus eine Bevölkerung von 700 000 Leuten für das Gebiet der heutigen Bundesrepublik angenommen wird. Bis etwa 850 hat die Bevölkerung erheblich zugenommen. Die Bevölkerungsdichte war selbstverständlich von Ort zu Ort sehr verschieden. In Dortmund und Umgebung darf mit einer vergleichsweise hohen Siedlungsdichte gerechnet werden.

31   Kötzschke, Großgrundherrschaft Werden, S. 14. Der Morgen dürfte dort etwa dem späteren kölnischen Morgen von 3176 qm entsprochen haben.

32   Erwähnt bei Rübel, Geschichte S. 61.

33   Kötzschke, Großgrundherrschaft Werden, S. 17.

den Abgaben und Arbeitsdienste verlangt, beides jedoch in geringerem Umfang als in Friemersheim [34]. In Westfalen gab es zu dieser Zeit wenigstens in der Regel keine Arbeitsverpflichtungen. Als Ersatz dafür forderte das Kloster höhere Abgaben. Kötzschke hat die durchschnittliche Naturallieferung der vollen Hufe in Westfalen auf 24 Scheffel, der halben Hufe auf 16 und der Drittelhufe auf 12 Scheffel Gerste oder Roggen berechnet [35]. Das war eine Staffelung, in der die auch damals schon bekannte Tatsache ihren Ausdruck findet, daß der Boden um so höhere Erträge bringt, je mehr Arbeit man in ihn hineinstecken kann.

Zahlungen wie sie beispielsweise in Oespel in Höhe von acht Doppelzentnern Roggen, acht Doppelzentnern Gerste, dem Gegenwert eines Schweins in Geld sowie wohl eines Doppelzentners Mehl von 14 Hektar Ackerland gefordert wurden, noch mehr natürlich die wesentlich geringeren von Kirchlinde oder Bövinghausen mögen dem heutigen Betrachter als geradezu lächerlich gering erscheinen. Er kann sich ja leicht in der statistischen Literatur vergewissern, daß heutzutage von einem Hektar Land mittelmäßiger Qualität ohne weiteres 30 Doppelzentner Getreide eingebracht werden können und daß die Höchstquoten weit darüber liegen. Doch es ist hierbei in Rechnung zu stellen, daß im Mittelalter in der Regel ein Drittel des Bodens reihum brach liegen mußte, daß der Landwirt damals keinen Kunstdünger, kein Hochzuchtsaatgut, keine moderne Unkrautbekämpfung kannte, daß weder Mist noch geeignetes Werkzeug reichlich vorhanden war. Die Erträge waren deshalb nach heutigen Begriffen unvorstellbar niedrig [36]. Im Spätmittelalter läßt sich gelegentlich recht exakt nachweisen, daß auf nicht einmal schlechten Böden langfristig nur die dreifache Menge des Saatguts wieder bei der Ernte eingebracht werden konnte [37]. Es wird nicht allzu gewagt sein, diese Ertragsquote im Fall von Bövinghausen zu unterstellen. Der dort ansässige Waldger konnte jährlich 4 2/3 Hektar, zwei Drittel des ihm zur Verfügung stehenden Lands, beackern und darauf rund gerechnet 18 Scheffel Korn aussäen. Er durfte dann mit einem Getreideaufkommen von 54 Scheffeln rechnen. Für die neue Aussaat mußten 18 Scheffel, für den Grundherrn zehn und für den Zehnt 5,4 Scheffel abgezweigt werden, so daß dem Bebauer des Bodens als Ertrag seiner Mühen 20,6 Scheffel verblieben, eine Menge, die ausreichte, 4,3 Personen ein Jahr lang täglich ein Pfund Brot zu sichern. Wie aus anderen Quellen bekannt ist, entsprachen diese 4,3 Personen etwa der Größe der Durchschnittsfamilie der Karolingerzeit [38]. In Oespel ist wegen der erheblich gesteigerten Forderungen des Grundherrn mit besserem Boden und höherem, wohl dem vierfachen Ertrag zu rechnen. Das hätte eine durchschnittliche Ernte von 144 Scheffeln bedeutet. Zurückgelegt werden mußten davon 36 Scheffel als Saatgut, 51 Scheffel für den Grundherrn und 14,4 Scheffel für den Zehnt. Die nach dieser Rechnung verbleibenden 42,6 Scheffel Getreide hätten ein Pfund Brot täglich für neun Leute ergeben.

Eine Familie normaler Größe konnte demnach auf einer vollen Hufe fast schon vom Getreidebau allein ihren Lebensunterhalt bestreiten, doch der Bauer des frühen Mittelalters brauchte nicht vom Brot allein zu leben. Zweifellos besaßen die genannten Hörigen Werdens einen Garten [39], der gewiß intensiv bearbeitet wurde, schon aus dem einleuchtenden Grund, weil von der Ernte kaum etwas abgeliefert werden mußte. Zudem war das Bild der Land-

---

34 Kötzschke, Urbare A, S. 40.

35 Kötzschke, Großgrundherrschaft Werden, S. 60. Schon die oben Anm. 4 gebrachten Angaben zeigen, daß dieser Durchschnitt aus Leistungen sehr unterschiedlicher Größe zusammengesetzt ist.

36 Auf sehr niedrige Werte kam G. Duby, L'économie rurale et la vie des campagnes dans l'occident médiéval I (1962), S. 84 ff., der damit geradezu Schule gemacht hat. Eine Widerlegung lieferte R. Delatouche, Regards sur l'agricultare aux temps carolingiens, Journal des Savants 1977, S. 73 ff. Abel, Geschichte S. 16 hat für seine Berechnungen den dreieinhalbfachen Ertrag vom Saatgut zugrundegelegt. Zu den Verhältnissen in Friemersheim s. demnächst E. Wisplinghoff, Bäuerliches Leben am Niederrhein im Rahmen der benediktinischen Grundherrschaft, Beihefte der Francia 10, 1982.

37 E. Wisplinghoff, Zur Lage der Landwirtschaft und der bäuerlichen Bevölkerung im Klever Land während des späten Mittelalters, Klever Archiv 3 (1981), S. 45.

38 Nach dem Polyptichon der Pariser Abtei Saint-Germain-des-Prés belief sich die Größe der bäuerlichen Familie im Anfang des 9. Jahrhunderts auf 4,7 Köpfe (Duby, L'économie S. 68).

39 Von dem Garten des Herrenhofs zu Friemersheim ist bei Kötzschke, Urbare A, S. 18 die Rede; vgl. weiter auch Kötzschke, Großgrundherrschaft Werden S. 17.

schaft mehr als von den Feldern [40], von ausgedehnten Wäldern und Ödländereien bestimmt, die nicht nur Beeren und Nüsse für den menschlichen Verzehr, sondern auch mit Eicheln, Bucheckern und Gräsern Nahrung für das Vieh boten. Ganz selbstverständlich hielt der karolingerzeitliche Bauer Federvieh und Schweine [41]. Die Frage, ob er auch über Hornvieh verfügte, scheint nicht so leicht beantwortet werden zu können. Für die Bewirtschaftung der ausgedehnten Ländereien — hier sei bemerkt, daß in Friemersheim jeweils ein Umbrechen, Pflügen und Eggen des Bodens gefordert wurde — war tierische Zugkraft unentbehrlich. Sie wurde von Ochsen oder Kühen gestellt [42]; der Einsatz von Pferden wäre zu aufwendig gewesen. Der Bauer hatte somit auch Rind- und Kuhfleisch, Milch- und Milcherzeugnisse. Wer über eine ganze Hufe verfügte, lebte demnach in durchaus erträglichen Verhältnissen. Es gibt lange Epochen der mittelalterlichen und frühenzeitlichen Geschichte, in denen es dem größeren Teil der Bevölkerung wesentlich schlechter ging und der Genuß von Fleisch allenfalls an hohen Festtagen möglich war [43].

Ein Einkünfteverzeichnis der Werdener Abteihöfe nennt wieder im 2. Drittel des 12. Jahrhunderts die Mehrzahl der in dem ältesten Urbar aufgeführten Orte in unserem Raum und dazu einige weitere, so Lütgendortmund, Kley, Salingen und Marten [44]. Nach Marten ist sogar der Hofesverband genannt, an dem die Leistungen der Orte aus der näheren und weiteren Umgebung zusammenflossen. Allerdings hatte sich die Art der Abgabeverpflichtungen völlig gewandelt. So zahlte ein in Oespel ansässiger Reinbodo zwölf Pfennige, ohne daß ein Grund für diese Zahlung angegeben ist — im Kloster hat man ihn sicher gekannt —, weiter acht Pfennige Heerschilling, sechs Pfennige als Ablöse eines Arbeitsdienstes von anscheinend zwei Wochen Dauer [45], einen Pfennig für Wein, einen für ein Huhn und zehn Eier in natura. Getreide war nur noch von Bövinghausen, Oespel und Lütgendortmund zu liefern; in Bövinghausen waren es gerade noch zwei Scheffel Braugerste [46]. Da die Forderungen der Grundherren an ihre Hörigen im Laufe des hohen Mittelalters ganz allgemein zurückgegangen sind, fügt sich die hier zu beobachtende Entwicklung gut in das Bild. Es bleibt jedoch die Frage, ob die Abgaben in Oespel, Bövinghausen, Dorstfeld, die unsere Quelle verzeichnet, immer noch von den gleichen Ländereien wie zum Ende des 9. Jahrhunderts kamen. Konkrete Nachrichten dazu fehlen. Für Umschichtungen nicht geringen Ausmaßes spricht die Nennung einer vollen Hufe zu Bövinghausen [47] — Ende des 9. Jahrhunderts hatte Werden dort nur eine halbe Hufe besessen —, von der aber offensichtlich keine Abgaben entrichtet wurden.

Ebenso wie manche andere westfälische Stadt hat Dortmund nachweisbar von der Einwanderung aus der Werdener Grundherrschaft profitiert. Das ist eine Tatsache, auf die zuerst mehr beiläufig Kötzschke und dann betont Hömberg hingewiesen haben [48]. Ein Einnahmeverzeichnis der Werdener Propstei aus dem 2. Drittel des 12. Jahrhunderts nennt insgesamt sechs Leute [49], die offenbar ihre grundherrlichen Bindungen noch nicht ganz abgestreift hat-

---

40 W. Abel, Geschichte S. 16 hat eine Auffassung zitiert, nach der um 500 das Ackerland in Deutschland etwa 1,4 % der Gesamtfläche einnahm. Im Raum von Friemersheim wird man um 890 mit circa 30 % Ackerland rechnen dürfen. Das war jedoch eine ganz außerordentlich hohe Zahl.

41 Hier ist an die Ablieferung von Hühnern, Eiern und Schweinen laut dem Werdener Urbar, auf die oben schon hingewiesen wurde, zu erinnern.

42 In Friemersheim waren die Hintersassen dazu verpflichtet, Zäune von solcher Güte herzustellen, daß das Rindvieh nicht in das Saatfeld einbrechen konnte.

43 Vgl. dazu W. Abel, Agrarkrisen und Agrarkonjunktur, 3. Aufl. 1978; weiter kurzgefaßt ders., Stufen der Ernährung, Kleine Vandenhoeck-Reihe, 1981.

44 Kötzschke, Urbare A, S. 215 f. Es handelte sich in Kley um einen Berthold, in Lütgendortmund um einen Thiezo, in Bövinghausen um einen Hardwin, in Salingen um eine Hiddelo, in Dorstfeld um einen Meinhard, in Oespel um einen Reinbodo und um einen Bernhard, in Marten um Walbert und Lenderic.

45 Kötzschke, Großgrundherrschaft Werden S. 80, Anm. 4.

46 Kötzschke, Urbare A, S. 215.

47 Kötzschke, Urbare A, S. 216; auch eine im gleichen Zusammenhang aufgeführte Hufe zu Oespel (Kötzschke, Urbare A, S. 217) sei hier genannt.

48 Kötzschke, Großgrundherrschaft Werden, S. 83; A. K. Hömberg, Zur Erforschung des westfälischen Städtewesens, Westfälische Forschungen 14 (1961) S. 37 ff.

49 Kötzschke, Urbare A, S. 250, 264, 291.

ten und deshalb an die Werdener Haupthöfe Rassenhövel, Nordkirchen-Eickholt und Schöpplenberg kleinere Geldbeträge zahlen mußten. Der Fall ist klar: Es handelte sich um Leute oder vielleicht auch um ihre Nachkommen, die aus unbekannten Gründen, vermutlich aber der besseren Lebens- und Verdienstmöglichkeiten halber den Weg in die Stadt angetreten hatten. Abschließend sei bemerkt, daß es sich um außergewöhnlich frühe Belege für diese Entwicklung handelt.

Dortmund in der Überlieferung des Klosters Werden: das damit gestellte Thema scheint auf den ersten Blick in höchstem Maße unergiebig und undankbar zu sein. Was können schon einige Namen von Zinspflichtigen samt der Aufzählung ihrer Abgaben hergeben? Zweierlei kommt zusammen, was diesen Zweifel nährt. Die Quellen sind wortkarg; zudem war der Besitz des Klosters hier recht gering und zersplittert. Doch es handelt sich um die ältesten schriftlichen Zeugnisse der Stadt und einiger ihrer Vororte, ein Umstand, der allein schon genügt, intensive Bemühungen lohnend erscheinen zu lassen. Anders als die ebenfalls sehr spärlichen Nennungen Dortmunds in den Königsurkunden des 10. Jahrhunderts erlauben es diese Quellen, bei vorsichtiger Interpretation einige Aussagen über die soziale Struktur und die Lebensverhältnisse der in diesem Raum ansässigen Bevölkerung zu machen.

Norbert Reimann

Vom Königshof zur Reichsstadt.

Untersuchungen zur Dortmunder Topographie im Früh- und Hochmittelalter.

Die älteste Urkunde des Dortmunder Stadtarchivs ist ein kleines, unscheinbares Pergamentblatt, auf dem König Heinrich (VII.) der Stadt am 30. September 1232 in Speyer einen zweiten jährlichen Markt gestattete, um ihr dadurch über die Folgen eines verheerenden Stadtbrandes hinwegzuhelfen[1]. Sicherlich ist diese Katastrophe, bei der nachweislich die älteren Privilegien der Stadt verbrannten[2], mit ein Grund dafür, daß die Geschichte Dortmunds im Früh- und Hochmittelalter so sehr im Dunkeln liegt, selbst wenn man die Zahl der möglicherweise vernichteten Schriftstücke nicht zu hoch veranschlagen darf[3]. Schon die Dortmunder Chronisten des Spätmittelalters[4] und der frühen Neuzeit[5] mühen sich mit der schlechten Überlieferung ab und füllen die Lücken hin und wieder mit Produkten ihrer Phantasie. Die modernen Dortmunder Historiker, so vor allem Karl Rübel[6], August Meininghaus[7] und Luise v. Winterfeld[8], haben intensiv an der Aufhellung der frühen Dortmunder Stadtgeschichte gearbeitet und sind auch zu beachtlichen Ergebnissen gekommen. Dennoch haben wichtige Probleme bisher keine befriedigende Lösung erfahren, sind kontrovers geblieben oder müssen heute in anderem Lichte gesehen werden[9]. Es kommt erschwerend hinzu, daß von Seiten der Archäologie aus dem Bereich des eigentlichen Stadtkerns so gut wie keine gesicherten Ergebnisse vorliegen.

Wenn an dieser Stelle ein Teil der offenen Probleme der Stadtgeschichte bis zur Mitte des 13. Jahrhunderts neu angegangen wird, so geschieht dies einmal, weil sich aus Anlaß des Gedenkens an die Ersterwähnung Dortmunds im Werdener Urbar vor rund 1100 Jahren die Frage nach der Entstehung der Stadt ganz besonders stellt. Zum anderen hat die historische Wissenschaft gerade zu den Komplexen der Burgen- und Pfalzenforschung sowie der mittelalterlichen Stadtgeschichte in den letzten Jahrhunderten eine Fülle neuer Ergebnisse erarbeitet[10], die auch die Dortmunder Verhältnisse vielfach in anderem Licht erscheinen lassen, aber hierfür bisher noch nicht herangezogen worden sind. Dies versucht vorliegender Beitrag zu leisten. Er richtet dabei sein Augenmerk vornehmlich auf das Entstehen und Wachsen der äußerlich sichtbaren Stadt und versucht, diese Vorgänge, soweit möglich, zu erklären und zu erläutern. Die soziale und die kirchliche Entwicklung bleiben weitgehend außer Betracht, da beide Komplexe an anderer Stelle dieses Bandes eingehend behandelt werden. Ebenfalls i. W. unberücksichtigt bleibt die Verfassungsgeschichte dieser Epoche, die von ihrer Gewichtung her Gegenstand einer eigenen Untersuchung werden muß. Wenn zu Beginn dieses Beitrages auch die Frühgeschichte kurz gestreift wird, so deshalb, um die Voraussetzungen darzulegen, an die die frühmittelalterliche Entwicklung anknüpft. Eine grundsätzliche Neubearbeitung der Vor- und Frühgeschichte durch einen Prähistoriker soll damit keineswegs vorweg genommen werden.

---

1 Dortmunder Urkundenbuch, Bd. I—III u. Ergänzungsband, hrsg. von Karl Rübel, Dortmund 1881—1910 (künftig zit. Dortm. UB), hier Bd. I, Nr. 71.

2 Dortm. UB I, 74.

3 Vgl. hierzu in diesem Bande den Beitrag von F. J. Schmale.

4 Für die älteste Chronik, die Ende des 14. Jahrhunderts von Heinrich Broke, dem Rektor der Dortmunder St. Benedikts-Kapelle verfaßt wurde, ist seit Rübel die von diesem geprägte (polemische) Bezeichnung „Pseudorektorenchronik" üblich. Sie ist hrsg. von Joseph Hansen: Chronik der Pseudorektoren der Benediktskapelle zu Dortmund, Neues Archiv 11, 1886, 491—550. — Die Nederhoff-Chronik wurde Mitte des 15. Jahrhunderts geschrieben, hrsg. von Eduard Roese: Des Dominicaners Jo. Nederhoff Cronica Tremoniensium, Dortmund 1880.

5 Chronik des Dietrich Westhoff (um 1550), ediert in: Die Chroniken der deutschen Städte, Bd. 20, Leipzig 1887; im gleichen Band auch die Chronik des Johann Kerkhörde, der aber im wesentlichen nur über die Zeit von 1405—1465 berichtet.

6 Karl Rübel, Geschichte der Grafschaft und der freien Reichsstadt Dortmund, Bd. I: Von den Ersten Anfängen bis zum Jahre 1400, Dortmund 1917 (mehr nicht erschienen); ders., Reichshöfe am Lippe-, Ruhr- und Diemelgebiete und am Hellwege, in: Beiträge zur Geschichte Dortmunds und der Grafschaft Mark (künftig zit. Beiträge) 10, 1901.

7 August Meininghaus, Burg und Stadt Dortmund, Dortmund 1907; ders., Wo lag die Burg Dortmund? Beiträge 22, 1913, 18—23; ders., Königshof und Königspfalz Dortmund, a. a. O., 24—36; ders., Aus Stadt und Grafschaft Dortmund, Dortmund 1917; ders., Die Entstehung der Stadt und der Grafschaft Dortmund, Dortmund 1920.

8 Luise v. Winterfeld, Geschichte der freien Reichs- und Hansestadt Dortmund, 7. Aufl., Dortmund 1981; dies., Untersuchungen zur ältesten Geschichte Dortmunds, in: Beiträge 31, 1924, 1—76; dies., Die Entstehung der Stadt Dortmund, in: Beiträge 48, 1951, 1—98.

9 So z. B. die Probleme „altes und neues Dorf", Lage und Bedeutung der „Burg", Verhältnis Martinskapelle — Reinoldikirche.

10 Erwähnt seien hier nur die zahlreichen Arbeiten in der Reihe der „Vorträge und Forschungen" des Konstanzer Arbeitskreises für mittelalterliche Geschichte, sowie die Reihe „Deutscher Königspfalzen" des Max-Planck-Instituts für Geschichte.

1. Die Anfänge

Die Voraussetzungen für eine vor- und frühgeschichtliche Besiedlung im Bereich der Dortmunder Innenstadt lagen, wie noch heute erkennbar ist, nicht in besonderen natürlichen Gegebenheiten: Weder ein Fluß, noch ein geschütztes Tal oder sonst eine durch die Natur bevorzugte Stelle konnte Anlaß für die früheste Besiedlung gewesen sein. Vielmehr war es ein bereits anthropogener, d. h. von Menschenhand geschaffener Umstand, der die ersten Siedler angelockt haben dürfte, nämlich die Tatsache, daß sich hier zwei wichtige Straßen kreuzten, deren Anfänge bis weit in die vorgeschichtliche Zeit zurückreichen. Der in West-Ost-Richtung verlaufende Hellweg ist noch heute für jedermann ein Begriff. Er ist nach wie vor die wichtigste innerstädtische und zwischenstädtische, mit seiner etwa 1 km südlich verlaufenden Parallelspur (Bundestraße 1) auch überregionale Ost-West-Verbindung im Ruhrgebiet. Er führt von Duisburg über Essen, Bochum, Dortmund, Unna, Werl, Soest nach Paderborn und weiter bis zur Weser. Eine nord-südliche Verbindung führte vom Kölner Raum durch das Bergische Land zur Ruhr, überquerte diese an der Hohensyburg, führte weiter nach und durch Dortmund (als spätere Wißstraße), kreuzte den Hellweg südwestlich der Reinoldikriche, um (als spätere Brückstraße) das Stadtgebiet an der Burgpforte wieder zu verlassen und über Brechten zur Lippe und weiter in den norddeutschen Raum zu gelangen. Der Hellweg, die topographische, wirtschaftliche und politische Lebensachse[11] dieses Gebiets, reicht mit seiner Entstehung bis in die Antike zurück. Zahlreiche Funde aus vorgeschichtlicher, römischer und merowingischer Zeit erweisen ihn als uralte Völker- und Heerstraße[12]. Von daher überrascht es nicht, daß sich gerade an der Kreuzung des Hellwegs mit der ebenfalls bedeutsamen Nord-Süd-Straße bereits frühgeschichtliche Siedlungen befunden haben, wie zahlreiche Bodenfunde bestätigen. So stieß man insbesondere in der Mitte des vergangen Jahrhunderts westlich vor dem Westentore auf einen größeren Urnenfriedhof, der allem Anschein nach der Spät-Latène- bis römischen Kaiserzeit angehörte[13]. Leider sind die Funde heute verschollen, ohne daß vorher ein eindeutige wissenschaftliche Untersuchung und Einordnung erfolgt wäre. Schon im 15. Jahrhundert berichten die Chronisten über Leichen- und Waffenfunde nordöstlich des Burgtores außerhalb der Stadtmauern[14]. Bei den Ausschachtungsarbeiten für die Keller der Thier-Brauerei schließlich fand sich im Jahre 1854 eine Urne aus terra sigillata (2—3. Jahrhundert n. Chr.)[15].

Der aufsehenerregendste Bodenfund im Dortmunder Raum weist jedoch in die Zeit der Völkerwanderung. Im Jahre 1907 wurde ebenfalls westlich der ehemaligen Stadtmauern an der Ritterstraße/Ecke Übelgönne, auf dem Gelände der heutigen Unionbrauerei, der größte Schatz römischer Goldmünzen gefunden, der jemals nördlich der Alpen ans Licht kam. Es handelt sich hierbei um 444 römische Goldmünzen aus der Zeit von 307—408 sowie 16 Fragmente fränkischer Silbermünzen, die sich in einem von drei ostgermanischen, goldenen Halsreifen umwickelten römischen Tongefäß befanden[16]. Dieser Goldschatz bildet heute des Glanzstück der vor- und frühgeschichtlichen Abteilung des Dortmunder Museums.

Aber auch die natürlichen Gegebenheiten waren für eine Ansiedlung günstig. So ist es auffallend, daß sämtliche Hellwegdörfer (mit Ausnahme von Körne) von Dorstfeld bis nach Unna auf der unmittelbar nördlich des Hellwegs verlaufenden 80-m-Isohypse liegen. Dies hat seinen Grund darin, daß auf dieser Höhenlinie zwei verschiedene morphologische Elemente zusammentreffen, wodurch ein Quellhorizont entsteht, der bis zum Beginn unseres

---

11 Albert K. Hömberg, Der Hellweg. Sein Werden und seine Bedeutung, in: ders., Zwischen Rhein u. Weser, Aufsätze u. Vorträge, Münster 1967, 196—207; Heinz Stoob, in: Westfälischer Städteatlas, Lief. 1, Nr. 6 (Dortmund), Dortmund 1975 (Veröff. d. Hist. Komm. für Westfalen).

12 Die Ansicht Rübels, daß der Hellweg erst durch Karl den Großen angelegt sei (Rübel, Geschichte, S. 14 ff.; ders., Die Franken. Ihr Eroberungs- u. Siedlungssystem im dt. Volkslande, 1904, S. 6 u. Ö.) ist widerlegt; vergl. Luise v. Winterfeld, Untersuchungen, S. 17; Entstehung, S. 5 ff.; Hömberg, Hellweg, a. a. Ö., S. 198.

13 Vgl. Fundberichte bei v. Winterfeld, Untersuchungen, S. 56 ff.; Entstehung, S. 78 ff.; Eberhart Ortmann, Vororte Westfalens seit germanischer Zeit, Paderborn 1949, S. 130—142.

14 Nederhoff, Chronik Forts., Stadtarchiv Dortmund, Best. 202 — XIII 2, fol. 38 zu 1456 und 1457; Westhoff, S. 325; vgl. v. Winterfeld, Untersuchungen, S. 56 ff.

15 v. Winterfeld, Geschichte S. 5 f. Die Urne befindet sich heute im Museum für Kunst und Kulturgeschichte der Stadt Dortmund.

16 Kurt Regeling, Der Dortmunder Fund römischer Goldmünzen, Dortmund 1908 (mit Lageplan des Fundortes); Christoph Albrecht, Dortmunder Schatzfund römischer Goldmünzen (Geschichtliches Museum der Stadt Dortmund, o. J.).

Jahrhunderts zahlreiche Quellen zu Tage treten ließ. Erst durch die Anlage der Tiefbauzechen wurde diese Wasserzirkulation gestört, so daß die Quellen um die Jahrhundertwende alle versiegten. Für die Ansiedler in vorgeschichtlicher Zeit war dieser Quellhorizont von großer Bedeutung, da sich die Anlage von Brunnen erübrigte[17]. Im Gebiet der mittelalterlichen Stadt Dortmund schwenkte die 80-m-Isohypse übrigens nach Norden aus, so daß sich der Abstand zu der südlich des Hellwegs verlaufenden 90-m-Isohypse von ansonsten 200 m auf etwa 500 m erweiterte und sich somit eine fast ebene Fläche ergab. Es ist geradezu auffällig, wie diese Höhenlinie fast parallel vor dem nördlichen Teil der späteren Stadtmauer verlief und damit die letzte mittelalterliche Ummauerung in der Topographie schon gewissermaßen vorzeichnete[18]. Im Süden erstreckte sich die Stadtmauer vor der 100-m-Isohypse, so daß der gesamte Höhenunterschied innerhalb der späten Stadtmauern weniger als 20 m betrug.

Wieweit die Besiedlung in Dortmund zurückgeht, läßt sich kaum auch nur annähernd bestimmen[19]. Die erwähnten Urnenfunde im Westen der Stadt weisen zumindest in die Zeit um Christi Geburt. Die Bewohnerschaft dürfte im Laufe der Jahrtausende mehrfach gewechselt haben. Ob ursprünglich Kelten oder Germanen ansässig gewesen sind, ist nicht zu entscheiden. Zur Römerzeit bewohnte der Frankenstamm der Sigambrer das Gebiet zwischen Ruhr und Lippe. Nach deren Vertreibung durch die Römer folgten von Osten her die Marsen, die jedoch in den Feldzügen des Germanicus zugrundegingen. In dem fruchtbaren Hellweggebiet ließen sich daraufhin die Brukterer nieder. Das Land zwischen Ruhr und Lippe wurde daher noch im Frühmittelalter Brukterergau genannt, so auch in dem Werdener Urbar, dem Dortmund seine erste schriftliche Erwähnung verdankt. Die Brukterer gehörten zum Stamm der Franken, so daß sich nun zwischen diesen und den fränkischen Gebieten im Westen ein lebhafter Handel entwickelte. Die schon erwähnten fränkischen Silbermünzen, die sich bei dem Goldschatz befanden, bestätigen die fränkische Ansiedlung.

Die Frage, wo sich im Bereich der späteren Reichsstadt frühgeschichtliche Siedlungen befunden könnnten, läßt sich naturgemäß nur mit Erkenntnissen aus dem Bereich der Archäologie und Siedlungsgeographie klären. Daß in der ältesten Dortmunder Lokaltradition, die erst seit Ende des 14. Jahrhunderts aufgezeichnet worden ist[20], noch echte Überlieferungen aus vorkarolingischer Zeit enthalten sein könnten, ist recht unwahrscheinlich. So muß man auch ihre Angaben über zwei Dörfer, das sog. ,,alde" und das ,,neue Dorp", die bei der Burg ,,Munda" gelegen haben sollen, zunächst auf sich beruhen lassen. Zumindest eine Ansiedlung läßt sich durch Bodenfunde verhältnismäßig sicher bestimmen: der Fundort des Goldschatzes. Dieser stellt in der Tat damals wie heute einen außergewöhnlichen Wert dar und kann kaum fernab einer Ansiedlung irgendwo im freien Gelände vergraben worden sein. Durch den Erhaltungszustand seiner Münzen — zumindest die jüngeren sind durchweg stempelfrisch, also kaum in Umlauf gewesen — erweist er sich als sorgfältig angesparter Schatz, den jedermann nur dort vergraben wird, wo er ihn auch weiterhin unter Kontrolle hat, ihn ohne Schwierigkeiten wiederfindet und wo ihn niemand hindern kann, das Geld bei Bedarf oder Gefahr jederzeit wieder auszugraben. Hierfür kommt im Grunde nur das Grundstück des eigenen Hauses und Hofes in Frage.

Diese Überlegung wäre freilich für sich allein noch nicht ausreichend, um das Gelände des Goldmünzenfundes als Ort eines frühgeschichtlichen Dorfes anzusehen. Hinzu kommt jedoch, daß südöstlich davon (vor dem Westentor) das erwähnte Urnengräberfeld gefunden wurde, das somit als außerhalb gelegener Friedhof dieser Siedlung angesehen werden kann. Weiterhin liegt auch der Fundort des Goldschatzes, wie die anderen Hellwegdörfer, unmittelbar nördlich der 80-m-Isohypse. Schließlich erstrecken sich südlich dieses Bereiches auffälligerweise Langflurbezirke den Dortmunder Rücken hinauf. Diese sind als die ältesten germanischen Flurformen anzusehen und deuten daher gleichfalls auf eine alte Siedlung hin[21]. Wenn man all diese Indizien zusammennimmt, ist die Annahme, daß der Ort des Goldschatzfundes, also das Gelände der heutigen Unionbrauerei, die Lage einer frühgeschichtlichen

17 Friedrich Eulenstein, Die Besiedlung des Dortmunder Raumes in vorkarolingischer Zeit, in: Beiträge 51, 1954, 5—27, hier S. 9—11.

18 Vgl. ,,Übersichtsplan der Altstadt Dortmund", bei Eulenstein, a. a. O. S. 13.

19 Zum folgenden vgl. v. Winterfeld, Geschichte, S. 4—7.

20 So die Pseudorektorenchronik und Johann Nederhoff.

21 Vgl. Eulenstein, S. 11.

Siedlung bezeichnet, kaum noch von der Hand zu weisen. Ein Langflurbezirk dieser Art findet sich darüber hinaus auch östlich der späteren Stadt. Er könnte darauf hindeuten, daß sich hier ebenfalls eine frühe Siedlung befunden hat, in gleicher Weise nördlich des Hellwegs an der 80-m-Isohypse. Bodenfunde, die eine solche Annahme bestätigen könnten, sind allerdings bisher nicht gemacht worden [22].

Sind somit tatsächlich zwei frühgeschichtliche Dörfer (oder zumindest eines) in umittelbarer Nähe der späteren Stadt erschlossen, so sind diese jedoch keineswegs mit dem in den spätmittelalterlichen Quellen erwähnten alten und neuen Dorf gleichzusetzen. Schon die Bezeichnungen könnten dies logischerweise nicht zulassen: da beide Dörfer nach Lage und Siedlungsform auf nahezu gleiche Voraussetzungen zurückgehen, müßten sie auch in etwa gleich alt sein und könnten kaum als altes und neues Dorf bezeichnet werden. Schließlich ist von Bedeutung, daß beide Dörfer — immer unter der Voraussetzung, daß auch das östliche tatsächlich existiert hat — außerhalb der späteren Stadt blieben und somit nicht als deren Keimzellen angesehen werden dürfen. Dagegen ist anzunehmen, daß sich im Bereich der Martinskirche im Frühmittelalter eine weitere dörfliche Ansiedlung bildete, da sonst die Entstehung der Kirche an diesem Platz kaum erklärlich wäre [23].

Die aus dem Nordosten vordringenden Sachsen drängten die fränkischen Brukterer um 695 nach Westen ab und ließen sich selbst in deren Wohngebiet nieder [24]. Die bereits zuvor unter dem Angelsachsen Suitbert begonnene Christianisierung dieses Landes wurde durch die heidnischen Sachsen wieder zunichte gemacht. In diese Zeit gehört die Legende von der Ermordung der beiden heiligen Ewalde durch die Sachsen, die sich angeblich bei Aplerbeck zugetragen haben soll [25]. Die unangefochtene Herrschaft der Sachsen dauerte jedoch nur ein knappes Jahrhundert und endete bereits 772, als Karl der Große mit der Eroberung und Christianisierung des Sachsenlandes begann, die er allerdings erst nach zahlreichen erbitterten Kriegen 804 erfolgreich beenden konnte [26].

2. Die karolingische Befestigung

Obgleich Dortmund in den Quellen der karolingischen Zeit, insbesondere den Berichten über die Eroberung Sachsens, nicht erwähnt wird, ist davon auszugehen, daß Karl der Große durch Dortmund gekommen ist. Die Reichsannalen berichten nämlich zum Jahr 775, daß der König von Düren nach Sachsen gezogen sei. Auf diesem Wege eroberte er die Sachsenfestung Syburg [27]. Gleichgültig nun, welchen Weg er genommen hat, ob er vom Rhein her über Duisburg dem Hellweg bis nach Dortmund folgte, um von hier nach Süden zur Syburg abzubiegen, oder aber die schon erwähnte Straße von Köln durch das Bergische Land benutzte, um unterhalb der Hohensyburg die Ruhr zu überqueren: in beiden Fällen muß er auf seinem Weg ins Innere des Sachsenlandes Dortmund berührt haben. Hier dürfte er vermutlich die beiden frühgeschichtlichen Dörfer westlich und östlich der späteren Stadt vorgefunden haben. Der engere Kreuzungsbereich der beiden Straßen wird höchstwahrscheinlich noch nicht

---

22 A. a. O.

23 Siehe unten Kap. 2

24 Vgl. v. Winterfeld, Geschichte, S. 6.

25 Vgl. aber hierzu J. M. Lohoff, Kritische Untersuchungen der Geschichte der beiden Ewalde unter besonderer Berücksichtigung der Aplerbecker Tradition, in: Beiträge 1, 1875, 106—126.

26 Vgl. v. Winterfeld a. a. O., S 7 ff.

27 Annales regni Francorum in: Monumenta Germaniae Historica, Scriptores (= MG SS rer. Germ.) (1895), a. 775 und 776.

Abb. 4:   Statue Karl d. Großen in der Reinoldikirche (Mitte 15. Jahrhundert)

besiedelt gewesen sein[28]. Die Annahme Luise v. Winterfelds, daß sich nördlich der späteren Stadt bereits eine vor-karolingische Befestigung befunden habe[29], entbehrt jeder Grundlage[30].

Bei der Eroberung des Sachsenlandes legte Karl der Große an allen strategisch wichtigen Stellen Burgen und Königshöfe[31] an, durch die die Straßen gesichert und das umgebende Land urbar gemacht und bewirtschaftet werden konnte. Insbesondere der Hellweg wurde für Karl den Großen zum wichtigsten Nachschubweg, da er die kürzeste und bequemste Verbindung vom Niederrhein nach Paderborn darstellte[32]. Es war daher naheliegend, dort, wo sich der Hellweg mit einer wichtigen Nord-Süd-Straße kreuzte, einen Stützpunkt anzulegen. Neben der militärischen Sicherung dieses Knotenpunktes war von dieser zentralen Stelle aus auch der große westfälische Reichsgutkomplex besonders gut zu kontrollieren und zu verwalten. Königshof und Königspfalz, aus denen sich die Stadt Dortmund als einzige Reichsstadt Westfalens entwickelte[33], haben in diesen Gegebenheiten ihren Ursprung.

Obgleich es gewiß ist, daß die königliche Besitznahme in Dortmund in der Zeit Karl des Großen erfolgt sein muß, so ist dennoch festzuhalten, daß es aus dieser Zeit keinerlei Quellen gibt, die Angaben über die genaue Lage, den Umfang und die Ausgestaltung dieses königlichen Gutes machen. Will man demnach Feststellungen hierüber treffen, muß man prüfen, welche Rückschlüsse sich aus jüngeren Quellen und späteren Zuständen — bei aller ge-botenen Vorsicht — ziehen lassen. Darüber hinaus müssen Vergleiche mit anderen Königshöfen vorgenommen werden, bei denen ähnliche Voraussetzungen, aber reichhaltigere Quellen und archäologische Befunde vorliegen. Solche Untersuchungen[34] zeigen uns, daß Karl der Große neben der Sicherung der vorhandenen Festungen zahl-reiche neue Anlagen, besonders im westlichen Sachsen, errichtete. Sie folgen durchweg einem einheitlichen Plan, der eine gewisse Ähnlichkeit mit spätrömischen Kastellen aufweist. Ihr Grundriß ist quadratisch mit einer Seiten-länge von ca. 100 m. Das Gelände war von einer etwa 1 m starken Mauer aus Bruchsteinen, die mit Kalk vermörtelt sind, umgeben. Davor lag noch eine 1,5 bis 2 m breite ebene Fläche sowie ein Spitzgraben. Ein gut befestigtes Tor sicherte den Eingang. Im Inneren befanden sich in karolingischer Zeit keine festen Gebäude, sondern lediglich kleine Hütten und Unterstände. Daraus ergibt sich, daß diese Burgen zunächst nicht dauernd bewohnt waren. Ihre Besatzungen lebten vielmehr auf einem nahegelegenen Wirtschaftshof und bezogen nur im Ernstfall ihre Positio-nen innerhalb der Befestigung[35]. Falls Karl der Große eine solche Anlage auch in Dortmund errichtet hat, müßte diese sich aus strategischen Gründen in der Nähe der Straßenkreuzung befunden haben. Aus ihr hätte sich dann in

---

28   v. Winterfeld, Entstehung, S. 28, nimmt an, daß zwischen den beiden Dörfern ,,ein breiter, seiner Sumpfigkeit wegen nicht oder nur wenig bebauter Streifen'' gelegen habe.

29   v. Winterfeld, Untersuchungen, S. 18 f.; Heinz Stoob, Westf. Beiträge zum Verhältnis von Landesherrschaft und Städtewegen, in: Westf. Forschungen 21, 1968, 69—97, hier S. 79 spricht von einer ,,nicht näher datierten altsächsisch-lindolfingischen Burg''.

30   Bei den vorkarolingischen Befestigungen handelte es sich in der Regel um Fluchtburgen, die nicht nach strategischen Gesichtspunkten, sondern im Hinblick auf günstige topographische Verhältnisse angelegt wurden und weitgehend ,,natürliche'' Festungen darstellten; bestes Beispiel hierfür ist die Hohensyburg. Für Dortmund treffen solche Voraussetzungen in keiner Weise zu; vgl. Gerhard Baaken, Königtum, Burgen, Königsfreie. Studien zu ihrer Geschichte in Ostsachsen, in: Vorträge und Forschungen, Bd. 6, Konstanz-Stuttgart 1961, S. 9—95, hier bes. S. 30.; vgl. unten S. 41 ff.

31   Der von Rübel und anderen eingeführte Terminus *curtis* für diese karolingischen Anlagen ist heute sehr umstritten (vgl. G. Wrede, Hes-sische Curtis-Fahrt, Jahrbuch für hessische Landesgeschichte 13, 1963, 321—325; ders., Castrum und Curtis. Fs. f. Herbert Jankuhn, Neu-münster 1968, 329—333). Er wird heute meist nur noch für den zur Burg gehörenden Wirtschaftshof verwendet. Die terminologischen Schwierigkeiten bei der Abgrenzung der Begriffe Königshof, Pfalz, Burg, (lat. curtis, curia, palatium, urbs etc.) sind damit freilich noch nicht behoben; vgl. auch Baaken, a. a. O., S. 43; Fred Schwind, Zur Verfassung und Bedeutung der Reichsburgen, vornehmlich im 13. und 14. Jahrhundert, in: Die Burgen im deutschen Sprachraum, hrsg. von H. Patze, Bd. I (= Vorträge und Forschungen, 19) S. 85—122, hier bes. S. 90 f. — Um in den folgenden Ausführungen Mißverständnisse auszuschließen, wird die karolingische Befestigung durchgehend als *Burg* bezeichnet, von der der dazugehörende Wirtschaftshof (Salhof) unterschieden wird. Der Begriff *Königshof* bzw. *curtis* wird dagegen für den *Gesamtkomplex* verwendet.

32   Vgl. Hömberg, Hellweg, a. a. O.

33   Vgl. Karl Bosl, Pfalzen und Forsten, in: Deutsche Königspfalzen, Bd. I, Göttingen 1963, S. 3.

34   Für das Folgende s. G. Baaken, Königtum, Burgen, Königsfreie, S. 44; H. Jankuhn, ,,Heinrichsburgen'' und Königspfalzen, in: Deut-sche Königspfalzen, Bd. 2, 1965, 61—69.

35   Baaken, a. a. O., S. 45, betont, daß es vor dem 10. Jahrhundert keinerlei Nachrichten über ein dauerhaftes Wohnen innerhalb einer Burg gibt.

ottonischer Zeit die königliche Pfalz entwickelt, die wiederum den Ansatzpunkt für die spätere Stadt darstellte. Daher müßte sich der Grundriß der fränkischen Anlage eigentlich im mittelalterlichen, vielleicht sogar im heutigen Stadtplan wiederfinden lassen.

Dies ist tatsächlich der Fall! Schon Luise v. Winterfeld machte auf das eigenartige Rechteck nördlich der Reinoldikirche aufmerksam, das in reichsstädtischer Zeit durch die Straßen Vrithof im Süden, Stubengasse im Westen und Norden und Kuckelke im Osten begrenzt wurde und heute ungefähr mit dem Verlauf der Straßen Friedhof, Reinoldikirche, Stubengasse und Kuckelke übereinstimmt. Die Ost-West-Ausdehnung mißt ziemlich genau 100 m, die Nord-Süd-Ausdehnung ca. 130 m [36]. v. Winterfeld legte überzeugend dar, daß nur dieses Geviert als Ort der königlichen Pfalz in Betracht kommt [37]. Im späten Mittelalter lag hier der Hof des Erzbischofs von Köln. Dieser ist urkundlich freilich erst im Jahre 1316 erwähnt. Damals gestattete der Kölner Erzbischof dem Pfarrer von St. Reinoldi, den Kirchhof zu seinem Hof und der Margaretenkapelle hin zu erweitern, da infolge einer Seuche, die die Stadt heimgesucht hatte, die zahlreichen Toten sonst nicht mehr hätten bestattet werden können [38]. Auch die Pseudorektorenchronik bestätigt unzweifelhaft, daß es sich bei diesem Areal um den Hof und die Residenz des Erzbischofs handelte und die Margaretenkapelle als Kapelle des Erzbischof galt [39]. Darüber hinaus wird erklärt, daß dieses Gebiet die Bezeichnung *Vrithof* [40] trägt, weil es als Asylstätte für Verfolgte galt. Der Chronist Westhoff schließlich übernimmt die Angaben der Pseudorektorenchronik, ergänzt sie aber um die Bemerkung, daß zu seiner Zeit (um 1550) der Erzbischof nicht mehr Eigentümer dieses Hofes gewesen sei und er nicht habe ermitteln können, wann der Hof der Kölner Kirche entfremdet worden sei. Die Wohnung des Bischofs war inzwischen in eine Klause (Margaretenklause) umgewandelt worden [41].

Damit sind alle wesentlichen Nachrichten über dieses Areal erschöpft. Es gibt also kein direktes Zeugnis, daß es sich hierbei tatsächlich um den Bereich der ehemaligen Königspfalz handelt. Dennoch sprechen gewichtige Gründe dafür, so die Überlegung, daß sich der Erzbischof mit Sicherheit zum Stadtherrn von Dortmund entwickelt hätte, wenn er frühzeitig, d. h. von karolingischer Zeit an, Eigentümer eines so großen Komplexes *in zentraler Lage der Stadt* gewesen wäre, an den sich darüber hinaus die entstehende städtische Siedlung anlehnte [42]. Auffallend ist auch, daß die dort befindliche Margaretenkapelle in den Quellen so gut wie nicht in Erscheinung tritt. Kein Rektor dieser Kapelle ist bekannt, keine fromme Stiftung für sie ist überliefert, keine Bruderschaft oder dergleichen ist erwähnt. Im kirchlichen Leben der Stadt spielte sie absolut keine Rolle [43]. Dies läßt vermuten, daß sie als Immunitätskapelle der erzbischöflichen bzw. vorher kaiserlichen Pfalz diente und für öffentlichen Gottesdienst nicht verwendet wurde. Freilich ist damit nicht erwiesen, daß es sich damit bei der Margaretenkapelle um die *ursprüngliche* Pfalzkapelle handelt. Sie kann durchaus auch später als erzbischöfliche Hauskapelle entstanden sein.

Ausmerksamkeit verliehen zudem Funde, die 1953 bei Straßenbauarbeiten im Bereich der Kampstraße nördlich der Reinoldikirche zufällig gemacht wurden, die aber dennoch heute praktisch ohne Wert sind, weil sie damals weder ordnungsgemäß dokumentiert, noch die Ergebnisse in hinreichender Form publiziert wurden. Lediglich eine Dortmunder Tageszeitung [44] berichtete seinerzeit, daß unter der Kampstraße in Höhe des Reinolditurms eine in

---

36 Vgl. Abb. 5

37 v. Winterfeld, Untersuchungen S. 26.

38 Dortm. UB II, 432. Die Formulierung der Urkunde „*ut idem simiterium usque ad plancercas in aerio episcopali iuxta idem simiterium versus capellam beate Margarete sitas ... extendi ... valeat*", ist leider nicht ganz eindeutig, da insbesondere der Begriff *plancerae* unklar ist; vgl. v. Winterfeld, Reichsleute, S. 17 f.; dies., Untersuchungen, S. 26. f.

39 *... propriam habitationem et curiam ibi (sc. archiepiscopi) habeant*, Pseudorektoren, S. 518 f.

40 *Et illa habitatio et curia dicitur libera ...*, a. a. O.

41 Westhoff, S. 182 f.

42 S. v. Winterfeld, Untersuchungen, S. 26 ff.; Entstehung, S. 19 ff.

43 Vgl. J. Hansen, in: Pseudorektoren, S. 18, Anm. 1; Anna Rüschenschmidt, Entstehung und Entwicklung des Dortmunder Pfarrsystems, sein Dekanat und Archidiakonat bis zum Ausgang des 14. Jahrhunderts, in: Beiträge 33, 1926, 54—128, hier S. 84 f.

44 Westfälische Rundschau, Jg. 8, Nr. 167 vom 22. 7. 1953: „Königshof Karls des Großen gefunden. Mauerausgrabungen an der Reinoldikirche aus karolingischer Zeit".

Nord-Süd-Richtung verlaufende 14 m lange Mauer aus karolingischer Zeit gefunden worden sei. 30 m weiter östlich wurden weitere Mauerreste entdeckt. Eine dem Zeitungsartikel beigefügte grobe Skizze läßt möglicherweise
Umrisse eines *palatium* erkennen. In einem ein Jahr später erschienenen Kurzbericht über Grabungen in St. Reinoldi ist demgegenüber von einer innerhalb der Kirche aufgefundenen in West-Ost-Richtung verlaufenden Mauer
die Rede, die gleichfalls als Teil (,,Nordmauer") eines ,,karolingischen Königshofes" bezeichnet wurde[45]. Bei aller
Dürftigkeit dieser Angaben ist es doch unverkennbar, daß sie die aus historischen Quellen und topographischen
Befunden erschlossene Lage des Königshofes zu bestätigen scheinen.

Kann somit die Lage der karolingischen Befestigung, aus der die ottonisch-salische Pfalz hervorging, als gesichert
angesehen werden, so sind wir bezüglich ihrer Gestalt mangels archäologischer Erforschung fast ausschließlich auf
Vermutungen angewiesen. So ist nicht endgültig zu entscheiden, ob es sich auch hier — wie anderen Orts festgestellt — um eine rein militärische, in Friedenszeiten unbewohnte Anlage handelte, oder ob sich schon in dieser
Zeit wegen der besonderen Bedeutung Dortmunds für die Verwaltung des großen westfälischen Reichsgutkomplexes innerhalb oder in unmittelbarem Anschluß daran eine Pfalzanlage befand, d. h. ein Gebäudekomplex, welcher der Beherbergung des Königs und der Verwaltung der königlichen Güter diente. Gegen die letztgenannte
Möglichkeit spricht zunächst schon einmal die Tatsache, daß Dortmund erst am Ende der karolingischen Ära in
den Quellen erwähnt wird[46], zuvor also kaum schon eine überragende Bedeutung besessen haben dürfte. Vor
allem aber wäre die Lage des Grafenhofs und der Martinskapelle am südwestlichen Rande der späteren Stadt, etwa
500 m Luftlinie von der fränkischen Burg entfernt[47], nicht zu erklären.

Im Gegensatz zur Martinskapelle, bei der die Frage der Entstehung und der Lage weitab vom späteren Stadtkern
viel erörtert worden ist[48], hat man die Lage des Grafenhofs an dieser Stelle immer als gegeben angesehen[49]. Diese
fügt sich tatsächlich in das Bild ein, das wir von anderen fränkischen Königshöfen haben[50]: In einer gewissen Entfernung von der Burg, in Dortmund somit auf dem späteren Grafenhof, sitzt der Befehlshaber dieser Anlage mit
seinen Leuten auf einem Gutshof *(curtis)* und bewirtschaftet die königlichen Güter. Daß bei dem Amtssitz des königlichen Beamten bald eine Kirche und sicher auch eine kleine dörfliche Ansiedlung (für die übrigen zur Burgbesatzung gehörenden Leute) entsteht, entspricht ebenfalls dem gewohnten Bild[50a].

Auch der Quellenbefund hinsichtlich der bereits 1662 abgebrochenen Martinskapelle, so spärlich er auch ist, fügt
sich hier ein. Sie wird in der Dortmunder Tradition stets als uralte Kirche angesehen und hat offenbar zeitweilig
Pfarrecht besessen[50b]. Doch auch in diesem Falle ist es sehr schwer, aus den erst spät niedergeschriebenen Berichten einen unzweifelhaften historischen Kern herauszuschälen. Erst Mitte des 13. Jahrhunderts wird die Martinskir-

45   Christoph Albrecht, Die Ausgrabungen in der Reinoldikirche und in der Peterskirche auf der Hohensyburg, in: Beiträge 51, 1954,
127—135.

46   Zur Ersterwähnung im Werdener Urbar um 882 vgl. den vorhergehenden Aufsatz von E. Wisplinghof. Die nächste Erwähnung erfolgt
899 V 14 (Dortm. UB I, 1 und Ergbd. 2).

47   Der Grafenhof lag südlich des Westenhellwegs zwischen der heutigen Martinstraße und der Straße Grafenhof. Die genaue Lage ist (mit
Quellenbelegen) angegeben bei Meininghaus, Die Grafen von Dortmund, in: Beiträge 24, 1915, S. 33 f.

48   Vgl. v. Winterfeld, Entstehung, S. 3 ff.; Rüschenschmidt, Pfarrsystem, S. 62 ff.

49   Vgl. Meininghaus, a. a. O.

50   Baaken, a. a. O., S. 43 f.

50a A. K. Hömberg, Probleme der Reichsgutforschung in Westfalen, Blätter f. dt. Landesgeschichte 96, 1960, 1—21, hier S. 19.

50b So werden die beiden ersten uns bekannten Pfründeninhaber als *plebani* bezeichnet (1241/1287), die folgenden meist als *pastor* oder
rector (v. Winterfeld, Entstehung, S. 92 f.). Darüberhinaus ist die Kirche reich bepfründet (vgl. a. a. O., S. 13 ff.). Der *Liber Valoris* des Erzbistums Köln von ca. 1300 verzeichnet St. Martin als einzige der Dortmunder Nichtpfarrkirchen (Der Liber valoris, hrsg. von Friedrich Wilhelm Oedinger, Bonn 1967 (= Publ. d. Ges. f. rhein. Geschichtskunde XII, 9,) S. 89; vgl. auch Rüschenschmidt, a. a. O., S. 62—67).

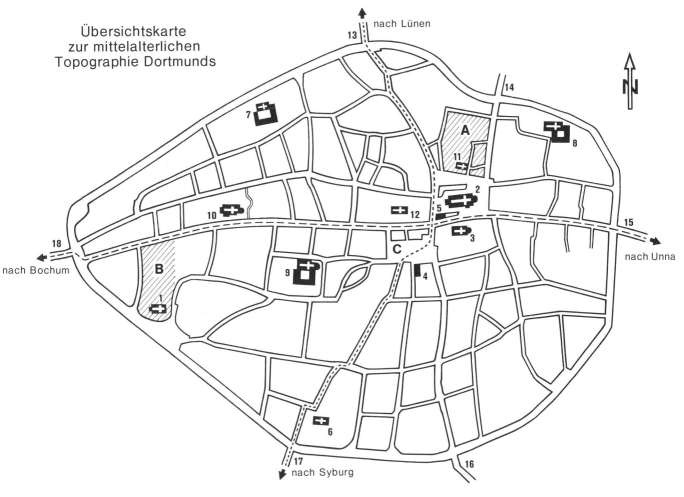

Übersichtskarte
zur mittelalterlichen
Topographie Dortmunds

nach Lünen

nach Bochum

nach Unna

nach Syburg

Entwurf : Reimann

Kartographie : Stadt Dortmund - Vermessungs- und Katasteramt - 62/4

A Bereich der karolingischen Burg
  bzw. der ottonisch-salischen Pfalz
B Bereich des karolingischen Salhofes
  (Grafenhof)
C Markt

– – – – – – – Verlauf des Hellwegs

– – – – – – – – – Verlauf der Wißstraße/Brückstraße

1 Martinskapelle
2 Reinoldikirche
3 Marienkirche
4 Rathaus
5 Richthaus
6 Nicolaikirche
7 Katharinenkloster
8 Minoriten- (Franziskaner-) kloster
9 Dominikanerkloster

10 Petrikirche
11 Margaretenkapelle
12 Heiliggeist-Hospital
13 Burgtor
14 Kuckelketor
15 Ostentor
16 Neutor
17 Wißstraßentor
18 Westentor

Abb. 5:   Übersichtskarte zur mittelalterlichen Topographie Dortmunds

che urkundlich erwähnt. Sie befindet sich zu diesem Zeitpunkt schon im Besitz des Grafen von Dortmund[51], wie sie überhaupt in der Folgezeit als Hauskapelle des Grafenhofs fungiert und in die Immunität des Grafenhofes ausdrücklich mit einbezogen wird. In der chronikalischen Überlieferung wird sie zuerst bei Nederhoff erwähnt, der berichtet, daß im Jahr 1021 dort ein Johann Baptist-Altar geweiht worden sei[52]. Diese Nachricht, die offenbar auf eine in der Kirche vorhandene Inschrift zurückgeht, wird von den Chronisten Kerkhörde und Westhoff übernommen[53]. Darüber hinaus betonen alle das hohe Alter der Kirche, über deren Geschichte sie aber ansonsten nichts hätten ausfindig machen können. Nur Westhoff geht noch darüber hinaus und äußert die Vermutung, daß die St. Martins-Kirche, die er für die Kirche des „alden dorps" ansieht, nach der Bekehrung der Sachsen durch Karl den Großen an der Stelle eines heidnischen Heiligtums errichtet worden sei. Ein Bildnis am Chorgewölbe wurde zu seiner Zeit offenbar als Darstellung des Philosophen Aristoteles angesehen[54].

Besonders die letzte Bemerkung macht deutlich, wie wenig Wert man den sachlichen Angaben dieser späten Zeugnisse beimessen darf. Andererseits lassen sie aber erkennen, daß St. Martin auf die Zeitgenossen tatsächlich einen „uralten" Eindruck machte und man insbesondere ihre ornamentale Ausstattung im 16. Jahrhundert nicht mehr zu deuten wußte. Demnach ist es sicher, daß St. Martin zumindest im Spätmittelalter die älteste Kirche der Stadt war[55]. Das eigentlich auffallende an ihr ist einmal ihr Patrozinium, das möglicherweise, wenn auch nicht zwingend, auf eine Entstehung in fränkischer Zeit hindeutet. Zum anderen ist es ihre Lage weitab vom hochmittelalterlichen Stadtzentrum und der sich daran anlehnenden Stadt, in einem Bereich, der wahrscheinlich erst im Zuge der vorletzten mittelalterlichen Stadterweiterung um 1130 in die Stadt miteinbezogen wurde[56]. So bleibt als plausible Erklärung eigentlich nur die Möglichkeit, daß bei der Anlage der Burg die Burgbesatzung unter ihrem Anführer, wie anderenorts auch, in einer gewissen Entfernung auf einem fränkischen Gutshof angesiedelt wurde, ebendort, wo später der Grafenhof lag. Möglicherweise wurde diese Stelle gewählt, weil sie in der Nachbarschaft der frühgeschichtlichen Siedlung im Westen lag. Bald schon dürfte die neue Siedlung einen dörflichen Charakter angenommen haben, und so überrascht es nicht, daß hier auch eine kleine Kirche entstand, die dem hl. Martin, dem fränkischen Nationalheiligen, geweiht war. Im Zentrum hingegen bestand naturgemäß noch kein Bedarf für ein Gotteshaus. Dieser ergab sich erst, als sich dieses zur *urbs,* zur bewohnten Befestigung mit dem *palatium,* der Pfalz, im Mittelpunkt, weiterentwickelte.

3. Pfalz und Königshof

Mit dem allmählichen Niedergang des Karolingerreiches in der zweiten Hälfte des 9. Jahrhunderts geriet auch das von Karl d. Großen so sorgfältig aufgebaute Befestigungssystem in Verfall. Das Reich wurde von den Normannen, später auch von den Ungarn angegriffen, ohne daß das Königtum in der Lage gewesen wäre, der Feinde Herr zu werden. Dies führte zu einem erneuten Erstarken der Stammesherzogtümer. In Sachsen gelang es dem Geschlecht der Liudolfinger, zu Macht und Ansehen zu gelangen und den sächsischen Herzogtitel zu erwerben. König Konrad I. (911—918), der letzte Herrscher aus fränkischem Stamme, erkannte, daß nur ein wirklich starker König die Bedrohung durch die Ungarn abwehren konnte. Er empfahl daher den Großen des Reiches, den sächsischen Her-

---

51 1241 II 20 wird ein „*H. plebanus s. Martini*" genannt (Dortm. UB I, 79); 1255 X 1 kauft Heinrich, Priester der Kapelle St. Martin, ein Grundstück mit einem Haus zurück, das früher seiner Kapelle gehört hatte, aber durch Verlehnung in Laienhand geraten war. Dies geschieht mit ausdrücklicher Zustimmung des Grafen Herbord von Dortmund *(comite domino meo collandante)* Dortm. UB I, 103; v. Winterfeld, Entstehung S. 2 ff. Bei dem Verkauf der halben Grafschaft an die Stadt 1320 XI 5 durch Graf Konrad wird die Kapelle zusammen mit dem gräflichen Wohnhaus ausdrücklich ausgenommen (Dortm. UB I, 385 und 549).

52 Nederhoff, S. 37.

53 Kerkhörde, S. 118; Westhoff, S. 183.

54 Westhoff, S. 179 f.

55 Die Marien- und die Nicolaikirche sind mit ihrem heutigen (bzw. letzten) Bau in der 2. Hälfte des 12. Jahrhunderts entstanden, Reinoldi wurde in der 2. Hälfte des 13. Jahrhunderts neu gebaut, die Petrikirche entstand erst in der 1. Hälfte des 14. Jahrhunderts. Die drei Klosterkirchen entstanden Ende 12. Jahrhundert (Katharinen), im 13. Jahrhundert (Franziskaner) und im 14. Jahrhundert (Dominikaner).

56 Siehe unten S. 36 ff.

Abb. 6:   Dortmund 1826. Zusammengestellt nach der Urkatasteraufnahme von 1826, mit Deckblatt Dortmunder Innenstadt 1981.

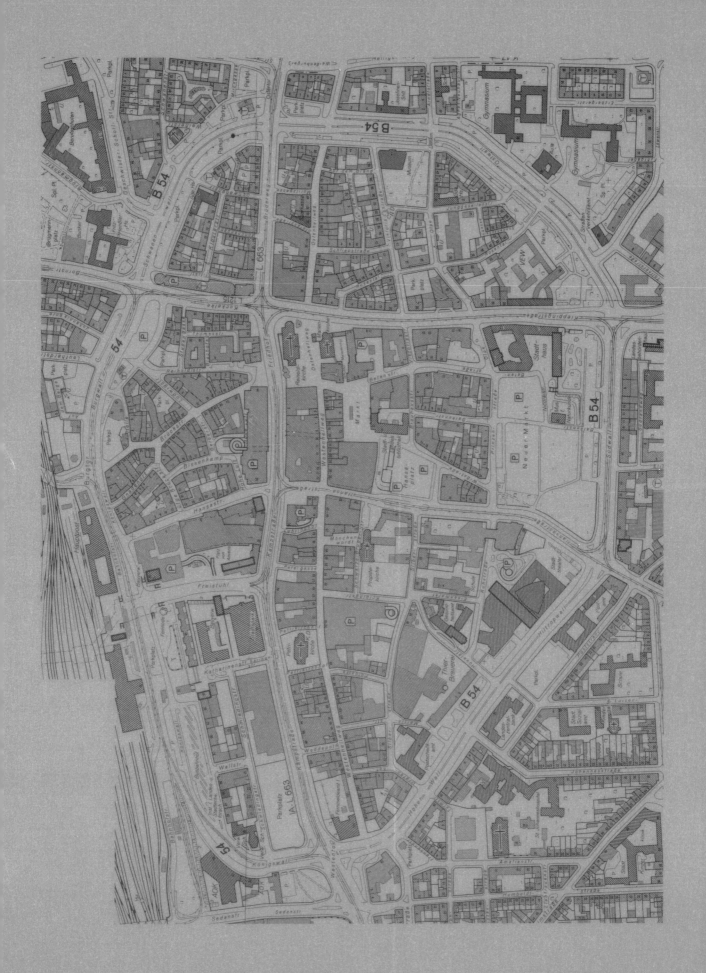

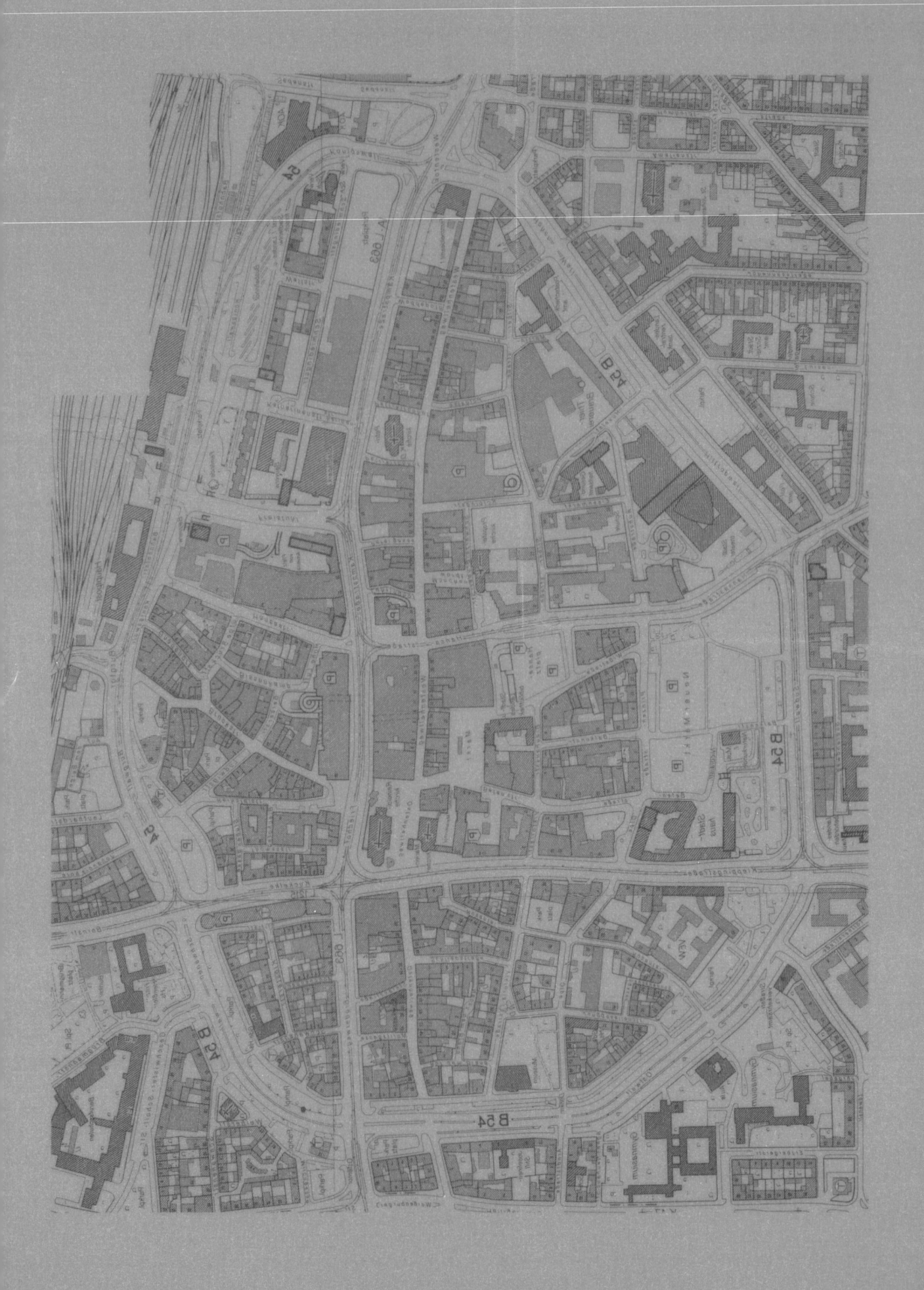

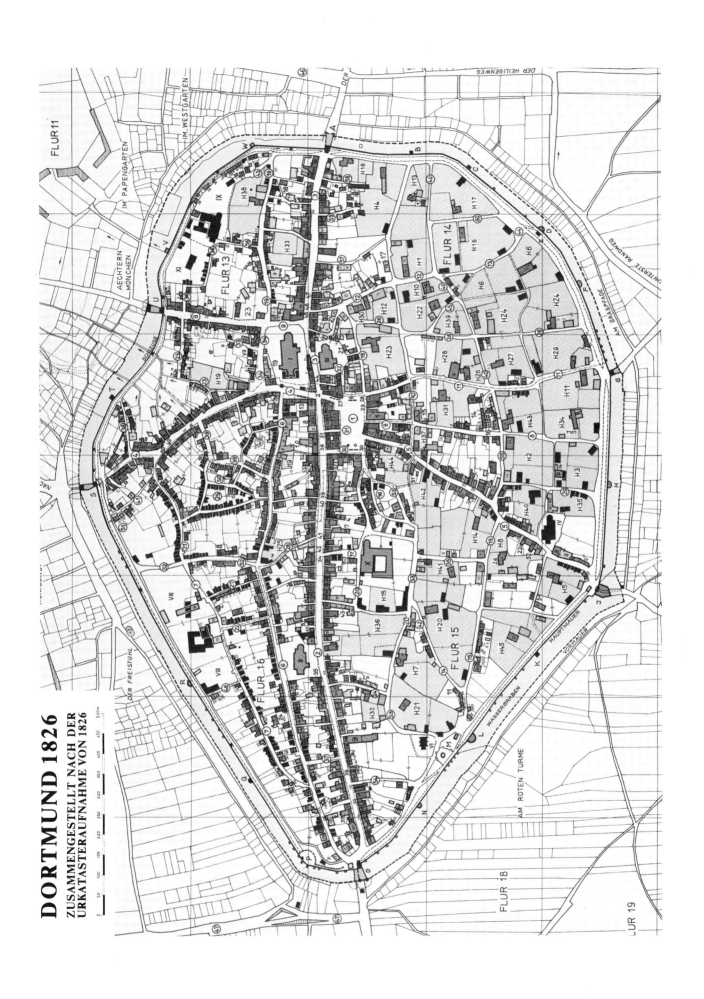

DORTMUND 1826

ZUSAMMENGESTELLT NACH DER URKATASTERAUFNAHME VON 1826

Zeichenerklärung: zu umseitigem Stadtplan:

Stadtbefestigung:

A Ostentor — 1810 abgebrochen
B Eulenflucht — um 1810 abgebrochen
C Judenturm — um 1810 abgebrochen
D vorderster Pulverturm — 1610 Palenturm — 1828 noch vorh.
E Hinterster Pulverturm — 1610 Pulverturm — 1826 noch vorh.
F Adlerturm — 1826 noch vorh.
G Neuetor — 1810 abgebrochen
H Martinsturm — 1610 Reifschlägerturm — 1826 noch vorh.
J Wiss-Strassentor — 1826 noch vorh.
K Silberturm — 1610 Stiepelsturm — 1826 nicht mehr vorh.
L Roterturm — 1826 noch vorh.
M Windmühlenberg — 1826 noch vorh.
N Kaiserturm — 1826 noch vorh.
O Westentor — 1810 abgebrochen
P Westenrondell — 1826 noch vorh.
Q Pockenturm — 1826 noch vorh.
R Pulverturm — 1610 Katharinenturm — 1826 noch vorh.
S Burgtor — 1610 Brüggepforte — 1826 nicht mehr vorh.
T Höllenturm — 1800 abgebrochen
U Kuckelketor — 1806 abgebrochen
V Schwanenturm — 1826 noch vorh.
W Schlangenturm — 1826 noch vorh.

Kirchen und Klöster

I   Reinoldikirche
II   Petrikirche
III   Marienkirche
IV   Nicolaikirche — 1812 abgebrochen
V   Heiligengeistkapelle — 1819 abgebrochen
VI   Martinskapelle — 1662 abgebrochen
VII   Margaretenkapelle — um 1680 abgebrochen
VIII Katharinenkloster — 1809 abgebrochen
IX   Franziskanerkloster — 1809 abgebrochen
X   Dominikanerkloster — ab 1816 kathol. Kirche und -Schule
XI   Kohlgartenstift — 1826 nicht mehr vorh.

Straßen und Plätze

① Marktplatz
② Westenhellweg
③ Ostenhellweg
④ Brüggestraße — heute Brückstraße
⑤ Wiss-Straße
⑥ Vorderste Kampstraße — heute Kampstraße
⑦ Hinterste Kampstraße — heute eingezogen
⑧ Balkenstraße
⑨ Kuckelkestraße
⑩ Grüdtstraße — 1826 unbenannt — heute Brauhausstraße
⑪ Betenstraße
⑫ Rosental
⑬ Töllnerstraße
⑭ Düstre Gasse — 1610 Hövelstraße
⑮ Kuhstraße — 1610 Kühestraße
⑯ Karpenpoot — 1610 im Karpfenpoth — heute Hansaplatz
⑰ Mönchenwoordt
⑱ Kölnische Straße — heute eingezogen
⑲ Brüderweg — 1610 Der grauen Brüderweg
⑳ Schwarzebrüderstraße
㉑ Lütkebrügstraße — 1610 Lütkenbrüggestraße
㉒ Breite Gasse — heute eingezogen
㉓ Stubengasse
㉔ Pottgasse — 1610 Potgasse
㉕ Wüstehof — 1610 Woestenhof — heute eingezogen
㉖ Klettergasse — heute Kleppingstraße
㉗ Riemengasse — heute eingezogen
㉘ Judengasse — heute Lühringhof
㉙ Foule Gasse — heute Vaerststraße
㉚ Trissingsgasse — heute Am Trissel
㉛ Salzgasse
㉜ Auf'm Schohof
㉝ Papengasse
㉞ Friedhof — auch Drigger Gademe
㉟ Goldstraße — 1610 Goldgasse
㊱ Kühl — 1610 In dem Khule — heute Klosterstraße
㊲ Westerweddepoth — heute Weddepoth
㊳ Hölle — heute Helle
㊴ Bisenkamp — 1610 Biessenkamp
㊵ Olpenstraße — 1610 In der Olpe
㊶ Quadeort — heute Gnadenort
㊷ Am Eisenmarkt
㊸ Am Gänsemarkt
㊹ Am Sonnenschein
㊺ Am Spithof
㊻ Oesterviehgasse — heute Weißenburgerstraße
㊼ Westerviehgasse — heute Sedanstraße
㊽ Klostergang — 1610 unbenannt — heute Katharinenstraße
㊾ Hoheluft — 1610 unbenannt — heute eingezogen
㊿ Katthagen — 1610 unbenannt — heute eingezogen
51 Müggenburg — 1610 unbenannt — heute eingezogen
52 Weberstraße — 1610 unbenannt
53 Silberstraße — 1610 unbenannt
54 Schüsseldrehergasse — 1610 noch nicht vorhanden
55 Hahnen- od. Prinzenstraße — 1610 unbenannt
56 Mönchengasse — 1610 unbenannt — heute Mönchengang
57 Schliepstraße — 1610 unbenannt
58 Brand — 1610 unbenannt — heute Auf dem Brand
59 Pollackengasse — 1610 unbenannt — heute Neben dem Brand
60 Junggesellschstraße — 1610 unbenannt

Besondere Häuser

1. Rathaus
2. Richthaus
3. Sechsgildenhaus oder Lohhaus — 1826 nicht mehr vorh.
4. Der Gier — Ämterhaus — 1826 nicht mehr vorhanden
5. Rüsthaus oder Münze
6. Stadtwaage — 1826 Oberbergamt
7. Gymnasium
8. Stadtweinhaus — 1826 nicht mehr vorhanden
9. Weisenhaus — 1610 Neues Gasthaus
10. Heiligengeisthospital — 1826 nicht mehr vorhanden
11. Die Elende — Armenhaus, später Altersheim für Frauen
12. Das Kinderhaus — Armenhaus für Frauen
13. Fleischhaus — 1826 nicht mehr vorhanden
14. Städtischer Zimmerhof — 1826 nicht mehr vorhanden
15. Ratsbrauhaus — 1826 nicht mehr vorhanden
16. Ratsstallung — 1826 nicht mehr vorhanden
17. Beginenhaus — 1826 Predigerwitwenhaus
18. Reinoldi-Kornhaus
19. Reinoldischule
20. Petrischule
21. Marienschule
22. Nicolaischule
23. Reindolipastorat
24. Petripastorat
25. Marienpastorat
26. Nicolaipastorat oder Boenenhof II
27. Adlerapotheke
28. Krone — Wirtshaus
29. Zum Spiegel — Kaufmannshaus
30. Im Valde — Wirtshaus
31. Zum Stern — Weinhaus
32. Der Bock — Weinhaus
33. Zum Rehfuß — Weinhaus
34. Im schwarzen Pferd — Wirtshaus
35. Im Monde — Wirtshaus
36. Im roten Hirsch — Wirtshaus
37. Im weißen Pferd — Wirtshaus
38. Zum Schwanen — Kaufmannshaus
39. Am Breitenstein — Wirtshaus auf dem Westenhellweg
40. Zum Engel — Wirtshaus
41. Zum Strauss — Wirtshaus
42. In der Rose — Wirtshaus
43. Münstersches Haus — Kaufmannshaus
44. Haus Engelland — ehem. Wandhaus?, 1826 nicht mehr vorh.
45. Der lange Bachus — Wirtshaus
46. Im güldenen Löwen — Wirtshaus (Gildenhaus bis 1945)
47. Im güldenen Pott — Wirtshaus
48. Im Bock — Gasthaus, später Hotel Römischer Kaiser
49. Am Breitenstein — Wirtshaus auf der Brüggestraße
50. In dem Esel — Wirtshaus
51. Im Siepen — Wirtshaus
52. Im Raben — Wirtshaus
53. Zum Drachen — Wirtshaus

Wohnhöfe innerhalb der Stadtmauer

Hofname	Besitzer 1826
H 1 Anholtshof	Brügmann
H 2 Balkenhof — ehem. Patrizierhof vor 1610	Hiltrop
H 3 Berswordtshof I — 1610 noch Patr.-Hof	Vaerst
H 4 Berswordtshof II- — 1610 noch Patr.-Hof	von Sydow
H 5 Berswordtshof III — 1610 noch Patr.-Hof	Hausemann
H 6 Berswordtshof IV — 1610 noch Patr.-Hof	Mallinckrodt
H 7 Boenenhof I	Beurhaus
H 8 Boenenhof II — um 1700 Nicolaipastorat	Böcking
H 9 Bodelschwinghof	Hof untergegangen
H10 Brügmannshof	Brügmann
H11 Deggingshof I — vor 1610 Patrizierhof	Schaeffer
H12 Deggingshof II	Jucho
H13 Deggingshof III	Brügmann
H14 Ennigmannshof	Wille
H15 Hardenrothshof — 1610 noch Patr.-Hof	Hof untergegangen
H16 Hanenhof I — 1610 noch Patrizierhof	Borsdorf
H17 Hanenhof II — vor 1610 Patrizierhof	Martini
H18 Hanenhof III — vor 1610 Patrizierhof	Lent
H19 Hof an der Neustadt	Ruhfus
H20 Hövelshof I — 1610 noch Patrizierhof	Mallinckrodt
H21 Hövelshof II — vor 1610 Patrizierhof	Nettlar zu Husen
H22 Kagenbuschhof	Plettenberg
H23 Kleppinghshof — 1610 noch Patrizierhof	Berswordt
H24 Küpferscher Hof	Ruhfus
H25 Lühringshof	Hof untergegangen
H26 Mallinckrodtshof	Mallinckrodt
H27 Mellmannshof	Mellmann
H28 Nieshof	Hof untergegangen
H29 Palantshof	Hof untergegangen
H30 Pfannkuchschenhof	Wenker
H31 Plettenbergshof — 1610 noch Patr.-Hof	Brügmann
H32 Pöppinghaus-Hof — 1610 noch Patr.-Hof	Hof untergegangen
H33 Prumenhof — vor 1610 Patrizierhof	Gerstein
H34 Reckehof I	Beurhaus
H35 Reckehof II — ab 1671 Nicolaipastorat	Hof untergegangen
H36 Repschlägerhof	Hof untergegagnen
H37 Schüngelscherhof	Wiskott
H38 Schwarzenhof — 1610 noch Patrizierhof	Nies
H39 Strünkedehof — ab 1752 Marienpastorat	Hof untergegangen
H40 Sudermannshof — vor 1610 Patrizierhof	Hof untergegangen
H41 Sybergshof — vor 1610 Patrizierhof	Beurhaus
H42 Varsemshof — 1610 noch Patrizierhof	Hof untergegangen
H43 Vemerenshof — vor 1610 Patrizierhof	Löbbecke
H44 Wickedehof — 1610 noch Patrizierhof	Hof untergegangen
H45 Wortmannshof	Brölemann

zog Heinrich, genannt der Vogler, nach seinem Tode zu seinem Nachfolger zu wählen. Dies geschah am 12. Mai 919. Das Zentrum des Reiches verlagerte sich nun nach Sachsen, eine Entwicklung, die für den Hellweg und insbesondere für Dortmund von außerordentlicher Bedeutung sein sollte, zogen die Könige auf ihrem Weg von Sachsen an den Rhein doch regelmäßig über diese Straße.

König Heinrich trachtete danach, das von Karl dem Großen aufgebaute Befestigungssystem wieder in Ordnung zu bringen, um dem Lande Sicherheit gegen die wilden Reiterscharen der Ungarn zu bieten, die immer wieder überraschend in das Land einfielen, raubten und plünderten und blitzschnell wieder verschwunden waren. Insbesondere hatte sich herausgestellt, daß es ein großer Nachteil war, wenn die Burgen nicht über eine ständige Besatzung verfügten. Die Reiterhorden hatten nämlich vielfach eine Burg bereits zerstört, noch bevor die auf dem benachbarten Hof wohnenden Burgbesatzung eingreifen konnte. Während eines neunjährigen Waffenstillstandes[57], den König Heinrich mit den Ungarn aushandeln konnte, ging er daran, die Burgen *(urbes)* instandzusetzen, zu befestigen und zu stadtähnlichen Siedlungen auszubauen. Zu diesem Zweck bestimmte er, daß innerhalb dieser Burgen feste Häuser gebaut wurden und die Burgbesatzungen fortan innerhalb der Befestigung wohnen mußten. Außerhalb davon gab es fortan ,,nur noch geringe oder gar keine festen Häuser mehr", wie Widukind v. Corvey, der bedeutendste sächsische Geschichtsschreiber der Zeit, bemerkt[58]. Darüber hinaus ordnete der König an, daß in Zukunft auch Versammlungen und Zusammenkünfte[59] jeder Art innerhalb der *urbs* veranstaltet werden sollten. Wegen der akuten Bedrohung mußte die Bauarbeiten mit äußerster Eile, mit Tag- und Nachtarbeit, wie der Chronist bemerkt[60], vorangetrieben werden.

In Dortmund führten diese Maßnahmen dazu, daß sich der Schwerpunkt der Ansiedlung vom Grafenhof, wo neben den Wohn- und Wirtschaftsgebäuden der Burgmannen[61] auch St. Martin als früheste Dortmunder Kirche entstanden war, nun in den Bereich der karolingischen Burg an der Hellwegkreuzung verschob. Hier konnte nun die *urbs,* die befestigte stadtähnliche Siedlung entstehen, deren Kern zunächst das *palatium,* die Pfalz bildete, die dem König als Residenz bei seinen zahlreichen Aufenthalten in Dortmund diente und von wo aus das umliegende Reichsgut verwaltet wurde. Gerade die von Widukind erwähnten Versammlungsgebäude innerhalb des Burgbezirks waren für diesen Zweck erforderlich.

Leider sind wiederum keine direkten Zeugnisse für die Weiterentwicklung vorhanden. Dennoch kann man davon ausgehen, daß diese Maßnahmen König Heinrichs gerade in Dortmund durchgeführt wurden. Noch bevor er nämlich zu einem Feldzug gegen die Slaven aufbrach, hielt er sich am 13. April 927[62] in Dortmund auf. Dies ist der erste nachgewiesene mittelalterliche Königsaufenthalt in Dortmund, etwa 30 weitere lassen sich für die nächsten 150 Jahre noch urkundlich belegen, etwa die gleiche Anzahl noch zusätzlich erschließen. Dortmund nimmt also für die Folgezeit unzweifelhaft die Funktionen einer königlichen Pfalz, eines ,,mit einem palatium ausgestatteten königlichen Wirtschaftshofes" wahr. Die Pfalz im engeren Sinne, also das *palatium,* ist ,,mit Sicherheit an allen Orten vorauszusetzen ..., die nach Ausweis der Itinerare zumindest für eine gewisse Zeit wiederholt die Könige und Hof- und Reichstage beherbergt haben", wenn auch eine solche oft nicht ausdrücklich in den Quellen bezeugt ist[63].

57 Die folgenden Maßnahmen sind beschrieben bei Widukind von Corvey, Sachsengechichte, hrsg. von P. Hirsch [5]1935 (MGSS rer. Germ.), lib. I, c. 35, p. 48—51; deutsche Übersetzung von A. Bauer und R. Rau, in: Quellen zur Geschichte der sächsischen Kaiserzeit. Darmstadt [2]1977 (= Ausgewählte Quellen zur deutschen Geschichte des Mittelalters, Bd 8), S. 69; vgl. auch Baaken, a. a. O. S. 59 ff.

58 Widukind, a. a. O.: *velia aut nulla extra urbes fuerunt moenia.*

59 Widukind, a. a. O.: *concilia et omnes conventus atque convivia in urbibus voluit celebrari.*

60 *in quibus extruendis die noctuque operam dabant* (a. a. O.).

61 *agrarii milites* bei Widukind (a. a. O.).

62 MGH DH I, 18; Dortm. UB Ergbd 5; die Datierung dieser Urkunde ist nicht eindeutig. Falls sie tatsächlich in das Jahr 927 gehört, so hätte der König sich Palmsonntag 18. März in Essen aufgehalten, dort möglicherweise auch das Osterfest gefeiert (25. März) und in der Nachosterzeit Dortmund besucht. Sollte die Urkunde aber, wie der Herausgeber der Diplomata annimmt, in das Jahr 928 gehören, so hätte König Heinrich das Osterfest selbst in Dortmund zugebracht. Es wären dann insgesamt drei Herrscheraufenthalte zu Ostern in Dortmund nachzuweisen (vgl. unten S. 38).

63 Adolf Gauert, Zur Struktur und Topographie der Königspfalzen, in: Deutsche Königspfalzen, Bd. II, 1965, 1—60, hier S. 2 f.

Als wichtigste Bauglieder einer solchen Pfalzanlage sind die Königsunterkunft, der Reichssaal und die Pfalzkapelle anzusehen[64]. Über die Funktion der Königsunterkunft kann kein Zweifel bestehen, wobei man jedoch berücksichtigen muß, daß auch das unter Umständen große Gefolge sowie die zahlreichen bei Reichs-, Hoftagen und Synoden anwesenden Fürsten und Bischöfe mit ihren Begleitern unterzubringen waren und man sich daher diesen Komplex nicht zu klein vorstellen darf. Der Reichssaal diente als Veranstaltungsstätte für eben diese Reichsversammlungen. Leider gibt uns keine Quelle sichere Auskunft über die Lage und die Beschaffenheit dieser Gebäudekomplexe in Dortmund. Auch sind auf diesem Gelände noch niemals systematische archäologische Forschungen angestellt worden, da es in zentraler Lage der Innenstadt mindestens vom 13. Jahrhundert an bis heute immer anderweitig überbaut gewesen ist.

Was die Frage nach der Pfalzkapelle angeht, so ist es einleuchtend, daß die Martinskapelle, die bisher als Pfarrkirche für die Burgmannen und die bäuerliche Bevölkerung der Umgebung diente, diese Funktion nicht mehr wahrnehmen konnte, als sich der Siedlungsschwerpunkt an die Hellwegkreuzung verschob und dort Pfalz, Königshof und stadtähnliche Siedlung, also die *urbs* Dortmund entstand. Sowohl die Bedürfnisse des königlichen Hofes, wenn er in Dortmund weilte, als auch die der Burgmannen und der Ansiedlung benötigten eine im Nahebereich der urbs gelegene Kirche. Hierfür bietet sich die unmittelbar südlich der Pfalz liegende Reinoldikirche wie von selbst an. Als Hauptpfarrkirche Dortmunds und als Mittelpunkt des Dortmunder Archidiakonats, der sich von Osterfeld (Stadt Oberhausen) im Westen bis kurz vor Werl im Osten erstreckte[65], hat sie darüber hinaus stets eine herausragende Rolle gespielt. Zwar ist der heutige Bau erst zwischen 1250 und 1270 entstanden[66]; in der Nachkriegszeit wurden jedoch in der zerstörten Kirche Grabungen durchgeführt, bei denen die Grundmauern einer T-förmigen Saalkirche mit halbrunder Apsis ans Licht kamen, die aus der 2. Hälfte des 10. Jahrhunderts stammen sollen. In der Vierung dieses Bauwerks stieß man wiederum auf Spuren eines weiteren kleinen Gebäudes mit einer halbrunden Apsis. Der Ausgrabungsleiter sah es für eine Krypta der Kirche des 10. Jahrhunderts an[67]. Die Entstehung dieser frühen Kirche fügt sich somit ohne Schwierigkeiten in das Gesamtbild ein. Doch leider ist auch in diesem Falle kein ordnungsgemäßer Grabungsbericht veröffentlicht worden, so daß letzte Klarheit, ob dieses kleine Gebäude vielleicht als selbständiges Bauwerk anzusehen ist[68], nicht besteht. Auch unter der benachbarten Marienkirche sind alte Fundamentreste aufgedeckt worden, die angeblich in Beziehung zur Pfalz stehen sollen[69], ohne daß auch hier ein klares Ergebnis vorliegt. Somit muß man feststellen, daß die Frage nach der südlichen Abgrenzung des königlichen Pfalzbezirks und der Einbeziehung der Reinoldi- und Marienkirche, die nur durch archäologische Forschungen beantwortet werden könnte, noch offen ist. Es bleibt zu hoffen, daß in Verbindung mit den noch geplanten Stadtbahnbauarbeiten im Kreuzungsbereich Friedhof/Kleppingstraße/Kuckelke nördlich der Reinoldikirche noch archäologische Untersuchungen durchgeführt werden können. Im übrigen wird die Reinoldikirche, ihre Entstehung und ggf. ihr ursprüngliches Patronat an anderer Stelle dieses Bandes behandelt. Die Martinskapelle fiel in ihrer Bedeutung durch die Entwicklung des 10. Jahrhunderts zurück und war fortan nur noch eine Hauskapelle auf dem Dortmunder Grafenhof[69a].

Die Bedeutung der Pfalz in Dortmund, das wurde schon betont, erhellt sich in erster Linie aus den zahlreichen Besuchen der deutschen Könige und Kaiser im 10. und 11. Jahrhundert. Von König Heinrich I. bis zu Heinrich IV. haben sich alle deutschen Herrscher in Dortmund aufgehalten, mit Ausnahme Heinrichs I. sogar alle mehrfach[70].

---

64 Gauert, S. 5.

65 Rüschenschmidt, Pfarrsystem, a. a. O.; Der Liber Valoris, hrsg. von Friedrich Wilh. Oediger, a. a. O.

66 Erich Hammer, Erhaltene historische Bauwerke in Dortmund und seinen Vororten, Dortmund 1965, S. 8.

67 Albrecht, Ausgrabungen, a. a. O.; Dortmund, Reinoldikirche (Denkmalpflegebericht) in: Westfalen 31, 1953, 277 f.

68 Diese Ansicht vertritt Museumsdirektor Dr. Clemens Weißgerber, Dortmund, der seinerzeit an den Grabungen selbst beteiligt war.

69 Hermann Kessemeier, Die Ausgrabungen in der St. Marien-Kirche, in: Die St. Marien-Kirche zu Dortmund, hrsg. von K. Lorenz, Dortmund 1957 (Neuaufl. 1981), 40—45.

69a Ähnlich liegen die Verhältnisse bei der Kapelle St. Johann Baptist in Erwitte und der Martinskapelle in Geseke, vgl. A. K. Hömberg, Wie das südliche Westfalen christlich wurde, in: Westf. Heimatkalender 14, 1960, 54—60, bes. S. 59.

70 Vgl. Zusammenstellung bei Wolfgang Mutz, Das Servitium Regis. Zur Erforschung der wirtschaftlichen Grundlagen des hochmittelalterlichen deutschen Königtums, Darmstadt 1978 (= Erträge der Forschung, 89), S. 126 f.

Von dieser intensiven Nutzung des Dortmunder Reichsgutes durch die Könige werden entscheidende Impulse für die Entwicklung der Stadt, insbesondere für das wirtschaftliche Leben, ausgegangen sein. Den Anfang in der langen Reihe der Königsaufenthalte machte, wie bereits erwähnt wurde, König Heinrich I. im Jahre 927[71]. Otto der Große hielt sich in den Jahren 939, 941, 947, 953 und 960 in Dortmund auf[72]. Bedeutsam ist vor allem der Aufenthalt im Jahre 953, als er hier das Osterfest feierte, nachdem er infolge einer von seinem Sohn Liudolf und seinem Schwiegersohn Konrad angezettelten Empörung das Fest weder in Ingelheim, noch in Mainz oder Aachen verbringen konne oder mochte[73]. Sein Sohn, Otto II., weilte mindesten dreimal in Dortmund, und zwar 974, 978 und 979[74]. Im Juli 978 hielt er hier einen Hoftag ab[75], im folgenden Jahr feierte auch er hier das Osterfest[76]. Otto III. war 986, 993 und 997 in Dortmund[77]. Heinrich II. besuchte Dortmund nachweislich fünfmal[78]. Im Juli 1005 hielt er hier eine Synode ab, an der neben den Erzbischöfen von Köln, Bremen und Magdeburg weitere 12 Bischöfe teilnahmen[79]. Eine weitere Synode in Dortmund folgte im Januar 1016[80]. Konrad II. kam bereits im Dezember 1024, wenige Wochen nach seiner Wahl, im Zuge des üblichen „Königsumritts" und empfing hier die Anerkennung der sächsischen Großen als König[81]. Zwei weitere Aufenthalte folgten[82]. Heinrich III. ist dreimal in Dortmund nachzuweisen[83], Heinrich IV. 1066 und 1068[84]. Mit dem sächsischen Aufstand im Jahre 1073 bricht die Kette der regelmäßigen Herrscherbesuche in Dortmund ab. Lediglich Heinrich V. kam um 1114 nach Dortmund und befestigte die Stadt neu, nachdem diese kurz zuvor von den Gegnern des Kaisers in Brand gesteckt worden war[85]. Erst in staufischer Zeit widmeten die deutschen Herrscher ihrer Stadt Dortmund wieder größere Aufmerksamkeit[86].

In den bisherigen Ausführungen wurde die Pfalz im engeren Sinne untersucht, das *palatium,* also die Funktion des Königshofes, die im wesentlichen in der Beherbergung des Herrschers und seines Gefolges besteht. Im Folgenden soll nun das Augenmerk auf die wirtschaftliche Seite, den königlichen Wirtschaftshof (Reichshof, Salhof, Fronhof) sowie die Rolle der Pfalz Dortmund als Zentrum eines großen Reichsgutkomplexes gelenkt werden. Der königliche Wirtschaftshof stellte ein unentbehrliches Grundelement im Gefüge einer jeden Pfalz dar[87]. Denn sollte die Pfalz ihrer Aufgabe der Beherbergung des Königs und der Ausrichtung von Reichstagen und Synoden nachkommen können, mußte die wirtschaftliche Versorgung, besonders die Verfügbarkeit stets ausreichender Lebensmittelvorräte, gewährleistet sein. Mitgeführt wurden Vorräte nur in solcher Menge, daß sie bis zur nächsten Pfalz am geplanten Reiseweg ausreichten.

---

71 Siehe oben Anm. 62.

72 MHG DO I 42, 91, 212; Dortm. UB Ergbd. 6, 7, 8, 10, 11.

73 Vgl. hierzu Widukind v. Corvey, a. a. O., III, 13—15; Alberti Continuatio Reginonis, MGSS 1, 622; deutsche Übersetzung beider Chroniken von A. Bauer und R. Rau in: Quellen zur Geschichte der sächsischen Kaiserzeit, Darmstadt 1977 (= Ausgew. Quellen zur deutschen Geschichte des Mittelalters Bd 8); Annalista Saxo MGH SS6, 556, 609; zum Ereignis in Dortmund s. auch: Horst-Oskar Swientek, Drei Dortmunder Gedenktage, 953—1253—1803, in: Beiträge 50, 1953, 155—169.

74 MGH DO II 95, 180; Dortm. UB Ergbd. 14—18.

75 MGH SS 4, 417 und 7, 441; Dortm. UB Ergbd. 15.

76 MGH SS 2, 211; 6, 627; 13, 235; Dortm. UB Ergbd. 17 und 18.

77 MGH DO III 29, 111, 112, 242, 243; Dortm. UB Ergbd. 16—25.

78 1005 VII 6 und XI 27, 1009, 1014 und 1016: MGH DH II, 98, 99, 105, 189, 320, 341, 342, 343; Dortm. UB Ergbd. 32—40.

79 Vgl. hierzu Joachim Wollasch, Geschichtliche Hintergründe der Dortmunder Versammlung des Jahres 1005, in: Westfalen 59, 1981, 55—69.

80 Vita Meinwerci, MGH SS rer. Germ., S. 64—69; Dortm. UB Ergbd. 36—40; Frensdorff, S. CI, Anm. 6.

81 Vgl. hierzu Roderich Schmidt, Königsumritt und Huldigung in ottonisch-salischer Zeit, in: Vorträge und Forschungen 6, 1961, 97—233, bes. S. 150 f.

82 1028 u. 1030: MGH DK III, 121, 122, 144, 190; Dortm. UB Ergbd. 61—46.

83 1046, 1051, 1052: MGH DH III, 269 u. 282; Dortm. UB Ergbd. 48—51.

84 MGH DH IV, 178 u. 203; Dortm. UB Ergbd. 55 u. 56.

85 Dortm. UB, Ergbd. 60; Chronica regia Coloniensis, MGH SS rer. Germ., S. 54 f., Annalista Saxo, MGH SS 6, S. 751.

86 S. unten Kap. 5.

87 Vgl. Adolf Gauert, Zur Struktur und Topographie der Königspfalzen, a. a. O., S. 3.

Der Reichshof Dortmund war ohne Zweifel ursprünglich ein größerer, zusammengehöriger Komplex gewesen, zu dem nicht nur das
gesamte spätere Stadtgebiet, sondern auch außerhalb der Mauern
umfangreiches Ackerland im Süden sowie große Weide- und Forstgebiete im Norden gehörten. In vorkarolingischer Zeit dürften nur
die Bezirke der alten Langstreifenfluren südlich der beiden frühgeschichtlichen Dörfer im Osten und Westen bereits kultiviert gewesen sein. Das übrige Gebiet, so also auch der überwiegende Teil der
späteren Stadt, das zwischen den beiden Ansiedlungen lag und in
dem sich das Straßenkreuz befand, wird sich noch als weitgehend
ungerodete Wald- und Sumpffläche dargeboten haben. Sowohl die
morphologische Struktur des Geländes als auch die unregelmäßige
Parzellierung sprechen für eine spätere Urbarmachung dieses
Gebietes[88]. Als unter den Karolingern ein Stützpunkt zur Sicherung des Straßenkreuzes entstand, konnte daher der größere Teil des
Gebietes für das Reich in Besitz genommen werden. Das Bewußtsein, daß ursprünglich die ganze Stadt auf Reichsboden angesiedelt
war, drückt sich noch in den ältesten städtischen Statuten aus: „Unsere Stadt liegt vollständig auf dem Boden des hl. Reichs, von dem
ein jeder seinen Boden frei und ohne jede Abgabe und Steuer besitzt"[89]. Um 1250, als die uns vorliegende älteste Fassung der Statuten niedergeschrieben wurde, stimmte diese Aussage längst nicht
mehr. Daß man sie dennoch so aus einer älteren Vorlage übernahm,
läßt darauf schließen, wie lebendig das Bewußtsein um die Stellung
des Reiches in Dortmund in der Mitte des 13. Jahrhunderts noch
war.

Für die karolingische Zeit muß man davon ausgehen, daß die Bewirtschaftung des Reichsgutes vom Grafenhof aus erfolgte. Ob diese
im 10. Jahrhundert in den Pfalzbezirk verlagert wurde oder ob noch
ein von beiden Zentren unabhängiger königlicher Wirtschaftshof
entstand, ist unbekannt. Erst im Jahre 1335 wird in einer Urkunde
die Lage des „Königshofes" beschrieben, anläßlich der Belehnung
eines Freigrafen mit dem Dortmunder Freistuhl, der sich „up dem
Königeshove bi der Burporten" befand. Doch ist zu diesem Zeitpunkt das Reichsgut bereits völlig zersplittert und findet sich in Gemengelage mit Gütern der verschiedensten Eigentümer[90]. Zweifellos lag ein bedeutender Teil der Ländereien des Königshofes im
Nordwesten der Stadt in einem Areal, dem seit dem Spätmittelalter
die Bezeichnung *Königshof* anhaftet. Hier lag auch der *Königs-*

Abb. 7:   Kaiser Heinrich II., Statue im
Bamberger Dom

kamp, der von Kaiser Heinrich VI. 1193 zur Stiftung des Katharinenklosters hergegeben wurde[91]. Der Hof als solcher (d. h. der engere Bereich mit den Wirtschaftsgebäuden) muß sich aber auf jeden Fall innerhalb der Stadtmau-

---

88   Vgl. Eulenstein, a. a. O.

89   Statut 26: *De libertate oppidi nostri. Civitas nostra integraliter sita est in fundo sacri imperii, unde unusquisque possidet fundum et are-*
am suam libere et absque omni pensione et tributo (Frensdorff, Dortmunder Statuten und Urtheile, Halle a. S. 1882 (= Hansische Geschichtsquellen, 3), S. 33; deutsche Übersetzung in Beitr. 46, 1940, S. 14).

90   Dortm. UB Ergbd., 692. Seit dem 20. Jan. 1300 ist im übrigen der Reichshof durch König Albrecht an die Grafen v. d. Mark verpfändet
(Dortm. UB Ergbd., 406). 1376 IV 23 verpfändet Graf Engelbert III. v. d. Mark den Hof für 6800 Gulden an die Stadt (Dortm. UB II,
58—71).

91   Dortm. UB Ergbd. 74; es ist hier ausdrücklich die Rede von *terram curie nostre et imperii adiacentem.*

ern befunden haben[92]. Schon aus Sicherheitsgründen ließ die Stadt keine Bebauung außerhalb der Mauern zu[93]. Im 16. Jahrhundert erklärt die Stadt übrigens, niemand wisse, wo der Königshof gelegen habe[94]. Über den Umfang der zum Reichshof gehörenden Ländereien und der mit ihm verbundenen Höfe bzw. Hufen sowie die rechtliche Stellung ihrer Aufsitzer wird an anderer Stelle dieses Bandes gehandelt[95].

Die Verwaltung des Reichshofes oblag dem Reichsschultheißen, der auch insbesondere darüber zu wachen hatte, daß der Bestand des Reichshofes nicht zersplittert wurde[96]. Der Vertreter des Königs, der ursprünglich alle königlichen Rechte am Ort in seiner Hand vereinigte, insbesondere die Gerichtshoheit und die Regalien, war der *comes,* der Graf von Dortmund. Aus seinem Amt, das er vom König zu Lehen hatte, entwickelte sich im Spätmittelalter ein kleines, geschlossene Territorium um Dortmund herum, die sog. Grafschaft Dortmund, die 1320 zur Hälfte, 1504 schließlich ganz in den Besitz der Stadt gelangte. Eine verfassungsrechtliche Untersuchung der Stellung des Grafen im Spannungsfeld zwischen Reich und Stadt, die die neueren Forschungsergebnisse aus dem Bereich Stadt und Territorium berücksichtigt, steht noch aus. Deswegen muß auf eine Erörterung dieser Frage hier verzichtet werden.

Nun war, wie schon verschiedentlich erwähnt, der unmittelbar zum Dortmunder Königshof gehörende Reichsbesitz nur Teil eines großen, ursprünglich weitgehend zusammenhängenden Reichsgutkomplexes im westfälischen Raum. Rübel hat in seiner immer noch grundlegenden Untersuchung zu diesem Problem[97] dargelegt, daß dieses Reichsgut vornehmlich entlang wichtiger Straßen und an Flüssen entstand. So findet es sich in unserem Raum an der Ruhr, der Lippe und der Diemel. Von besonderer Wichtigkeit ist jedoch der Hellweg, der unter Karl dem Großen zur wichtigsten Verbindung von Rhein nach Paderborn wurde und unter den sächsischen Kaisern sich zur ,,Königsstraße im wahren Sinne dieses Wortes"[98] entwickelte. Eine Kette von Stützpunkten in regelmäßigen Abständen garantierte dem königlichen Hof eine Reise ohne Nachschubsorgen: Duisburg, Essen, Bochum, Dortmund, Unna, Werl, Soest, Erwitte, Geseke, Paderborn. Der Abstand zwischen diesen Orten beträgt jeweils etwa zwischen 16 und 19 km[99]. Dortmund nahm unter den Hellwegorten in der sächsischen und salischen Kaiserzeit eindeutig den ersten Platz ein[100]. Als königliche Pfalz, die die größte Anzahl von Herrscheraufenthalten in dieser Zeit in Westfalen aufzuweisen hat, ist Dortmund zugleich als Mittelpunkt des westfälischen Reichsgutes anzusehen, als ,,Zentrale einer von direkter Königsherrschaft durchtränkten Landschaft"[101]. Zwar können wir diese Tatsache nicht durch direkte Quellenzeugnisse belegen, andererseits sind aber die Tatsachen, daß sich das Dortmunder Gericht zum rechtlichen Oberhof für weite Teile des norddeutschen Raumes entwickelte[102], der Dortmunder Freistuhl im Spätmittelalter zum obersten Femegericht im Deutschen Reich emporstieg[103] und die Stadt zur einzigen Reichsstadt in Westfalen wurde, aus einer anderen Wurzel nicht zu erklären. Darüber hinaus ist zu beachten, daß drei weitere bedeutsame Reichshöfe in unmittelbarer Nachbarschaft Dortmunds lagen: im Süden an der Ruhr

92 Anders dagegen August Meininghaus, Königshof und Königspfalz Dortmund, in: Beiträge 22, 1913, S. 26, der glaubt, der Hof habe außerhalb der Mauern gelegen.

93   Die einzige Ausnahme bildete die Leprosenkapelle vor dem Ostentor, vgl. A. Meininghaus, Lagen im mittelalterlichen Dortmund Wohnhäuser außerhalb der Stadtmauern?, in: ders., Aus Stadt und Grafschaft Dortmund, Heimatgeschichtliche Aufsätze, 1917, S. 26—28.

94   Klemens Löffler, Die preußischen Ansprüche auf den Königshof Dortmund 1705—1710, in: Beiträge 17, 1909, S. 347.

95   Vgl. unten die Arbeit von F. J. Schmale.

96   Rübel, Geschichte, S. 67 ff. u. 93 f.

97   Rübel, Reichshöfe a. a. O.

98   Hömberg, Der Hellweg a. a. O., S. 200 f.; ders., Probleme der Reichsgutforschung, a. a. O., S. 1 f.

99   Hömberg, Hellweg a. a. O., S. 198 f.

100   Hömberg a. a. O., S. 201.

101   Karl Bosl, Pfalzen und Forsten, in: Deutsche Königspfalzen 1, 1963, S. 28.

102   L. v. Winterfeld, Die stadtrechtlichen Verpflechtungen in Westfalen, in: Der Raum Westfalen, Bd. II / 1, hrsg. v. Hermann Aubin und Franz Petri, Münster 1955, S. 173—254.

103   L. v. Winterfeld, Geschichte, S. 99.

Westhofen [104], im Osten Brackel [105] und im Norden an der Lippe Elmenhorst [106]. Diese königlichen Güter werden überaus häufig in Urkunden des 13. und 14. Jahrhunderts in direktem Zusammenhang mit Dortmund erwähnt, insbesondere bei den zahlreichen Verpfändungen von Reichsgut an die Erzbischöfe von Köln, die die Könige jeweils anläßlich ihrer Wahl vornahmen [107]. Solche einzelnen Königsgutkomplexe pflegte man häufig als *Reich* zu bezeichnen [108]. So ist *dat Ryck van Brackel* bis heute ein geläufiger Begriff [109].

Zum typischen Erscheinungsbild von Königspfalzen und Reichsburgen gehören große, zusammenhängende Forstgebiete in der unmittelbaren Umgebung. Durch *Einforstung* wurde ein solches Waldgebiet der allgemeinen Nutzung entzogen und dem königlichen Gebrauch für Jagd, Fischfang, Holzschlag, Schweinemast etc. reserviert [110]. Auch am Hellweg erstreckten sich große Waldgebiete, einmal im Süden auf der Höhe des Harrstranges, zum anderen im Norden in den Niederungen zwischen Hellweg und Lippe [111]. In den Flurbezeichnungen *Königssundern* in Brackel und *Sunderfeld* und *Sunderholz* kommt die Eigenschaft dieser Waldgebiete als ehemalige, königliche *Sundern*, also abgesonderte Gebiete, noch heute zum Ausdruck.

4. Die Stadtwerdung

Der Leser, dem die mittelalterliche Geschichte Dortmunds ein wenig vertraut ist, wird sich vielleicht wundern, daß bisher noch nicht von jener ,,Burg" die Rede war, die nach landläufiger Meinung nördlich des Burgtores außerhalb der Stadtmauern gelegen haben soll. Schon die Pseudorektorenchronik erwähnt eine zwischen dem alten und dem neuen Dorf gelegene Burg ,,Munda". Sie berichtet, daß die Römer oder die Franken — der Chronist läßt die Frage offen — ihre Truppen im alten Dorf gesammelt und von da aus die Burg belagert und schließlich erobert hätten [112]. Der Chronist Nederhoff stellt Erwägungen über die angebliche Lage der Burg an. Nach seiner Schilderung scheint es ihm unzweifelhaft zu sein, daß die Burg hinter der Burgpforte außerhalb der Stadtmauern gelegen hat, auf einem Gelände, das seinerzeit *up der Borch* genannt wurde und noch heute als Straße die Bezeichnung ,,Auf dem Berge" führt. Die zur Burgpforte und zur Burg führende Brückstraße habe ihre Namen ,,vielleicht" von einer Brücke, die zur Burg geführt habe [113]. Offensichtlich waren aber schon damals keine baulichen Überreste oder Bodenveränderungen mehr sichtbar, die auf die Existenz der Burg nördlich des Burgtores hingewiesen hätten. Der Chronist bemüht sich daher, die überlieferten topographischen Benennungen Burgpforte, Brückstraße und ,,up der Borch" so zu interpretieren, daß eine plausible Lösung der Frage, wo die Burg gelegen habe, möglich wird. Er zeigt uns damit, daß diese Frage schon zu seiner Zeit gestellt wurde und keinerlei sichere Kunde mehr

---

104   Liselotte Nieland, Der Reichshof Westhofen im Mittelalter, in: Beiträge 50, 1953, 171—351.

105   Karl Rübel, Zur Abscheidung des Reichshofes Brackel von dem Reichsgut Dortmund 1567, in: Beiträge 22, 1913, 73—76; Th. Bräcker, Ländliche Verhältnisse aus älterer und neuerer Zeit veranschaulicht durch Bilder aus der Geschichte Brackels, Dortmund 1896 (Neudr. 1980).

106   Rübel, Geschichte, S. 55 f.

107   Vgl. u. a. folgende Urkunden: 1248 (Dortm. UB Ergbd. 138), 1292 (a. a. O., II, 409 u. 410), 1298 (a. a. O., 384 u. 385), 1299 (a. a. O., 398—403), 1300 (a. a. O., 406), 1301 (a. a. O., 418 u. 419), 1308 (a. a. O., 457), 1314 (a. a. O., 481), 1317 (a. a. O., 517).

108   Bosl, Pfalzen und Forsten, S. 4.

109   Bräcker, Ländliche Verhältnisse, S. 5; unter diesem Motto stand auch die 1980 gefeierte 1000-Jahr-Feier Brackels.

110   Bosl, Pfalzen und Forsten, S. 1—3.

111   Vgl. Rübel, Reichshöfe, S. 11, sowie dort die Skizze II im Anhang.

112   Pseudorektorenchronik, S. 513 f.; Westhoff, S. 178.

113   Nederhoff, S. 11.

hierüber existierte. Aber auch die modernen Historiker haben durchweg bis in die Gegenwart an der Existenz einer Burg nördlich der Stadt außerhalb der Mauern festgehalten[114].

Demgegenüber ist festzustellen, daß es weder ein urkundliches Zeugnis noch einen chronikalischen Hinweis gibt, der als Beleg für eine dort zu lokalisierende Burg angesehen werden kann[115]. Wann immer in den Quellen von einer *Burg* die Rede ist, spricht nichts dagegen, dies auf die *fränkische curtis* bzw. königliche *Pfalz* oder die *Stadt* selbst zu beziehen. Schließlich ist zu beachten, daß nirgendwo sichtbare Überreste der Burg (z. B. von Mauern, Türmen oder Gräben) bezeugt sind, obwohl die vermeintliche Stelle bis zur Mitte des 19. Jahrhunderts nicht überbaut war. Die archäologischen Funde hingegen, die dort schon im 15. Jahrhundert und später im 19. Jahrhundert gemacht wurden, insbesondere zahlreiche Leichenfunde sowie ein Bleisarg mit den Gebeinen zweier Kinder[117], sind zwar auffallend, lassen aber keinesfalls Schlüsse auf eine Burg zu[118]. Zudem sind sie nie wissenschaftlich exakt untersucht worden. Die Datierung des Bleisargs in das 11. Jahrhundert, die seinerzeit Rübel vornahm, ist höchst fragwürdig. Auch darf nicht übersehen werden, daß man, wollte man der Lage der Burg nördlich der Stadt festhalten, erklären müßte, wieso diese Befestigung außerhalb der späteren Stadt blieb; sie hätte vielmehr die Keimzelle der Stadt bilden und sich dementsprechend in ihrem Mittelpunkt befinden müssen. Hinzu kommt, daß eine Befestigung an dieser Stelle strategisch weder notwendig noch plausibel ist. Die Geländeform bot keinerlei natürlichen Anreiz für eine solche Anlage[119], und diese wäre zudem von der wichtigeren der beiden Straßen, dem Hellweg, zu weit entfernt gewesen, um ihn zuverlässig kontrollieren zu können. Aus alldem ergibt sich, daß eine Burg nördlich der Stadt nie existiert hat.

Die Hauptursache dafür, daß es zu dieser Fiktion kommen konnte, scheint indes in einer falschen Deutung des Begriffes *Burg* zu liegen. Schon die spätmittelalterlichen Dortmunder Chronisten verstanden den Begriff *Burg* so, wie wir ihn im heutigen Sprachgebrauch auffassen, nämlich im Sinne einer Festungsanlage, die vornehmlich militärischen Zwecken dient. Insbesondere ging Meininghaus bei seinen Forschungen nach der Burg von diesem Verständnis aus[120]. Durch die begriffsgeschichtlichen Forschungen Walter Schlesingers[121] wissen wir, daß im Früh- und Hochmittelalter das Wort *burg* in der Regel *Stadt*, lateinisch *civitas*, bedeutet. „Es hat eine Zeit gegeben, in der burg das geläufige deutsche Wort für *Stadt* war"[122]. Ferner legt Schlesinger dar, daß die später als Burg bezeichne-

---

114   Am ausführlichsten hat sich A. Meininghaus mit der Frage befaßt: Burg und Stadt Dortmund (1907); ders., Wo lag die „Burg Dortmund", in: Beitr. 22, 1913, 18—23 (mit Kartenskizze); ders., Königshof und Königspfalz Dortmund, a. a. O., S. 24—36. M. tritt entschieden für die Lage der Burg nördlich der Stadt an der Straße „Auf dem Berge" ein. Karl Rübel, Dortmunder Finanz- und Steuerwesen, Bd. I, (1892), S. 96—99, und Geschichte, S. 69—71, möchte die Burg etwas weiter südlich unmittelbar vor die Stadtmauern verlegen. Winterfeld, Untersuchungen, S. 24 und Geschichte, S. 16—24, weicht der Frage aus, neigt aber wohl dazu, die Burg noch ein wenig weiter nach Süden innerhalb der Mauern nördlich der Helle zu lokalisieren. Im Gegensatz dazu erklärt sie, Geschichte, S. 9, die Reinoldikirche habe südlich der Burg gelegen. Obgleich sie Entstehung, S. 18 f., entschieden die Meinung vertritt, Burg und Pfalz seien nicht identisch, gehen bei ihr die Begriffe immer wieder durcheinander; Vgl. auch Stoob, Städteatlas, Lief. I, und ders., Westf. Beiträge z. Verhältnis Landesherrschaft u. Städtewesen, a. a. O., S., sowie oben Anm. 29.

115   Den ersten Zweifel an dieser „hypothetischen älteren Burg" äußert, soweit ich sehe, W. Schlesinger, Burg u. Stadt, (s. Anm. 121).

117   v. Winterfeld, Untersuchungen, S. 57 f. und 63 f. Dortm. UB Ergbd. 49; Finanz- und Steuerwesen, S. 97; vgl. v. Winterfeld, Geschichte, S. 13 f. Der Sarg ging im Krieg verloren.

118   Die in dieser Hinsicht vorgebrachten Argumente von Meininghaus, Wo lag die „Burg Dortmund"? sind unhaltbar.

119   Meininghaus, Wo lag die Burg Dortmund? (S. 7) glaubt, nordöstlich des Burgtores unter der heutigen Bahnlinie vor deren Bau einen kleinen Hügel feststellen zu können, der aber nach Ausweis der beigefügten Kartenskizze sich keine 10 m über seine Umgebung erhoben haben kann. Zudem ist für eben diese Stelle bezeugt, daß dort 1457 ein Hügel für eine Windmühle künstlich aufgeschüttet wurde (Westhoff, S. 325).

120   Meininghaus, Burg und Stadt Dortmund und Wo lag die „Burg Dortmund"?, a. a. O.

121   Walter Schlesinger, Burg und Stadt, in: Aus Verfassungs- und Landesgeschichte, Fs. Theodor Mayer, Bd. 1, 1954, 97—150; neugedr. in: W. Schlesinger, Beiträge zur dt. Verfassungsgeschichte des Mittelalters, Bd. II, Göttingen 1963, 92—147; zitiert ist im folgenden die letzte Ausgabe. Vgl auch ders., Stadt und Burg im Lichte der Wortgeschichte, in: Studium Generale 16, 1963, 433—444, neugedr. in: Die Stadt des Mittelalters, hrsg. v. Carl Haase, Bd. I, 1978, 102—128.

122   Schlesinger, Burg u. Stadt, S. 104.

ten Stadtteile die alten Stadt*kerne* darstellen. Dies überrascht gar nicht so sehr, wenn man bedenkt, wie selbstverständlich uns die Bezeichnung *Bürger* für den *Stadtbewohner* ist[123].

Für Dortmund sind diese Feststellungen im Hinblick auf das Burgtor[124] *(borgporten)* von Interesse. Dies ist demnach nicht das Tor, das zu einer außerhalb gelegenen Burg führte, sondern schlicht das *Stadttor,* durch das man in den ältesten Stadtkern, die *Burg,* gelangte. Solche Burgtore gab es übrigens auch in Straßburg, Regensburg, Wien und Konstanz[125].

Kann man nach dem bisher Festgestellten davon ausgehen, daß zu Beginn der sächsischen Kaiserzeit die Weiterentwicklung der fränkischen *curtis* zu einem bedeutenden Königshof mit einer königlichen Pfalz erfolgte, die fortan eine zentrale Rolle in Verwaltung des westfälischen Reichsgutes spielte und zu einem wichtigen Aufenthaltsort der deutschen Könige wurde, so ist die Folgerung naheliegend, daß auch in dieser Zeit die Entwicklung des Ortes zur Stadt Fortschritte gemacht haben muß. Doch obgleich Dortmund von nun an häufiger in den Quellen genannt wird, ist auch für die folgenden dreihundert Jahre die Quellenlage insgesamt schlecht. Meist erwähnen die Quellen nur den Namen der Stadt in Verbindung mit einem politischen Ereignis oder einem Rechtsgeschäft, das in Dortmund abgewickelt wurde. Nur gelegentlich ist der Ortsname durch eine Bezeichnung wie *locus, urbs, vicus, curtis regia, oppidum* oder *burgus* ergänzt, welche jedoch allesamt zu vieldeutig sind, als daß man daraus konkrete Schlüsse für den jeweiligen Entwicklungsstand der Stadt ziehen könnte.

Die erste anläßlich eines Königsbesuchs ausgestellte und erhaltene Urkunde gibt aber dennoch einen vorsichtigen Hinweis auf den Entwicklungsstand, den Dortmund damals erreicht hatte. Sie ist von Heinrich I. am 13. April 927 *in loco Trutmenni nuncupato,* also in dem „Ort, der Dortmund genannt wird", ausgestellt[126]. Die Bezeichnung *locus* ist als eine allgemeine etwas unscharfe Umschreibung anzusehen, die im damaligen Sprachgebrauch auf eine *Siedlungsverdichtung*[127] angewendet wird, die bereits über einen rein dörflichen Charakter hinausgeht. Durch den Zusatz des *nuncupato* wird aber deutlich, daß dieser Ort Dortmund noch keineswegs als allgemein bekannt vorausgesetzt wird. Für eine Stadt wie Köln beispielsweise wäre eine solche Formulierung kaum denkbar. Dieser Befund entspricht jedoch dem, was man für diese Zeit erwarten kann. Dortmund steht am Anfang seiner Stadtwerdung. Durch die bei Widukind v. Corvey geschilderten Maßnahmen des Königs, die ja, wie es heißt, mit großem Nachdruck betrieben wurden, entwickelte sich der Königshof (die *curtis*) zur *urbs*[128], d. h. zur *Burg,* zur *befestigten stadtähnlichen Siedlung.*

Im übrigen ist man, um die einzelnen Wachstumsphasen der Stadt bis zu Beginn des 13. Jahrhunderts im einzelnen zu verfolgen, fast ausschließlich auf Rückschlüsse aus dem späteren Stadtgrundriß angewiesen. Ein exakter Stadtplan liegt jedoch erst mit der preußischen Urkatasteraufnahme vor, die in Dortmund in den Jahren 1826—28 erfolgte[129]. Da im Spätmittelalter und in der Neuzeit vor der Industrialisierung nicht mit bedeutsamen Änderungen im Straßenverkauf zu rechnen ist, ja sogar die Flurstücksgrenzen aller Erfahrung nach über Jahrhunderte hinweg konstant geblieben sind, ist es durchaus zulässig, die Katasterkarte von 1826 als Grundlage für die Untersuchung der topographischen Entwicklung der Stadt auch im Früh- und Hochmittelalter heranzuziehen[130].

123 Abgeleitet von *burgare;* diese Bezeichnung ist in deutschen Texten schon lange in Gebrauch, als sich im 12. Jahrhundert in Deutschland der Begriff *burgensis* in lateinischen Texten durchsetzt, der von dem germanisch-lateinischen Wort *burgus* abgeleitet ist. Bereits 1152 wird Dortmund als *burgus* bezeichnet (Dortm. UB Ergbd., 64).

124 Zuerst urkundlich erwähnt 1257 VIII 22 als *porta urbis* Dortm. UB I, 105.

125 Schlesinger, a. a. O., S. 109, sowie in: Stadt u. Burg (Neudr. 1978), S. 113.

126 MGH DH I, 18; Dortm. UB Ergbd., 5; zur Datierung vgl. Anm. 62.

127 Schmale, unten S. 58.

128 Als *urbs* wird Dortmund bereits 939 von Widukind v. Corvey bezeichnet.

129 Die gesamten Urkatasterkarten des heutigen Dortmunder Stadtgebietes befinden sich samt dem dazugehörigen Aktenschriftgut als Depositum des Staatsarchivs Münster im Dortmunder Stadtarchiv, Best. 162—001

130 Vgl. hierzu: Heinrich Scholle, Perspektivplan der Stadt Dortmund für das Jahr 1610 nebst Grundrißplan für 1826, in: Beiträge 68, 1973, 183—235, in diesem Band Abb. 6 verkleinert wiedergegeben.

Der Ausgangspunkt der Stadtwerdung ist nach dem bisher Gesagten zweifellos in dem Rechteck nördlich der Reinoldikirche zu suchen, das als karolingische Burg entstanden ist und sich in ottonischer Zeit zur königlichen Pfalz und zum Zentrum der Reichsgutverwaltung fortentwickelte. Mit dem nach 919 einsetzenden Ausbau der Anlage dürfte gleichzeitig eine erste Siedlung in unmittelbarer Nachbarschaft entstanden sein, in der sich die Personen niederließen, die für die Existenz der Pfalz und die Erfüllung ihrer Aufgaben benötigt wurden, nämlich Handwerker der verschiedensten Berufe, sowie Kaufleute, die den Nahhandel abwickelten und die Siedlung mit den Waren versorgten, die nicht am Ort herzustellen waren. Diese dürfte zunächst links und rechts der Brückstraße zu suchen sein, die den Königshof an seiner Südwestecke tangential berührt. Eine besonders enge Bebauung mit recht kleinen Parzellen läßt bereits den städtischen Charakter dieser Siedlung erkennen. Für bäuerliche Hofstellen kommen diese Grundstücke nicht in Betracht.

Südlich des Pfalzbezirks wurde etwa um die Jahrhundertmitte mit dem Bau der Reinoldikirche begonnen, die sowohl für die Betreuung der Pfalz als auch für die Seelsorge an der hinzuziehenden Bevölkerung erforderlich war. Damit hatte die Siedlung den direkten Anschluß an den Hellweg erreicht. Sie dehnte sich in der Folgezeit in erster Linie den Hellweg entlang nach Westen aus, ganz offenbar dem Verkehr entgegen, der auch damals schon in der Hauptsache vom Rhein her nach Dortmund kam. Selbstverständlich gehörte zu dieser Siedlung auch ein Markt, möglicherweise zunächst ein Straßenmarkt [131] im Bereich Brückstraße/Reinoldikirche für den Nahhandel.

Wahrscheinlich ist dieser Komplex, der die erste Stufe der städtischen Entwicklung darstellt, noch im 10. Jahrhundert befestigt worden. Schon die Schilderung Widukinds von Corvey, der bereits 939 von einer *urbs Thortmanni* spricht, die von den Gegnern des Königs Otto des Großen besetzt war, belegt diese Annahme [132]. Dieser erste, fast kreisförmige Bering mit einem Durchmesser von ca. 300 m, den man aus Straßenverlauf und Flurstückgrenzen rekonstruieren kann [133], kreuzte in Höhe der heutigen Hansastraße den Westenhellweg und die Kampstraße, bei der Einmündung der Lütge Brückstraße die Brückstraße, bei der Schliepstraße den Ostenhellweg und verlief dann etwas südlich von Kölnischer Straße und Brüderweg. Ein im Jahre 1922 im Bereich der Ostseite der Hansastraße (zwischen Westenhellweg und Kampstraße) gemachter Fund, bei dem Reste einer Befestigung entdeckt wurden [134], erhärtet diesen Verlauf zumindest im Westen. Das Vorkommen von Familiennamen wie *up der Muren, super Muro* und *iuxta Fossam* deutet darüber hinaus generell auf Reste älterer Ummauerung hin, die sich nach entsprechenden Erweiterungen innerhalb des Stadtgebietes befanden und überbaut wurden [135].

Es spricht für das schnelle Wachstum der Stadt, daß sie innerhalb der folgenden zwei Jahrhunderte noch dreimal erweitert wurde, bis sie schließlich um 1200 ihre wahrscheinlich vierte und endgültige Ummauerung erhielt. Die Erweiterungen erfolgten vornehmlich nach Westen und Süden, wobei über den jeweiligen Zeitpunkt nur Vermutungen angestellt werden können. Die erste Ausdehnung ging zunächst im Westen bis zur Judengasse, im Süden bis zur Grüdtstraße (heute Brauhausstraße). Die zweite Erweiterung griff nach Westen bis zur Breiten Gasse aus, die dritte, die nach Stoob [136] um 1130 erfolgt sein soll, reichte im Nordwesen bis zur früheren 2. Kampstraße und im Süden bis zur Linie Kuhstraße, Hahnenstraße (Prinzenstraße), Olpe. Ihre endgültige Ausdehnung erhielt die Stadt schließlich um 1200 [137]. Die Mauern umschlossen jetzt eine Gesamtfläche von 81 ha. Am dichtesten besiedelt war und blieb der alte Stadtkern im Bereich der Brückstraße sowie der Westenhellweg, während der Süden, wo die großen Wohnhöfe lagen, am geringsten besiedelt war.

---

131   Vgl. v. Winterfeld, Entstehung, S. 42 ff.

132   Vgl. hierzu Schmale, S. 58.

133   Stoob, Landesherrschaft und Städtewesen, a. a. O., S. 200 ff.; ders., Städteatlas, mit Karte Wachstumsphasen der Stadt; diese Angaben stimmen i. w., bei Abweichungen im Detail, mit den Phasen der Stadterweiterung bei v. Winterfeld, Entstehung, Karte 5 (S. 69) überein.

134   v. Winterfeld, Untersuchungen, S. 68.

135   v. Winterfeld, a. a. O.

136   Stoob, a. a. O.

137   Der Zeitpunkt der letzten Erweiterung ergibt sich im Zusammenhang mit dem Bau des Katharinenklosters, das bei seiner Gründung 1193 noch außerhalb, 1219 jedoch innerhalb der Stadtmauern lag (vgl. Winterfeld, Entstehung, S. 75).

In dem neu hinzugewonnenen Gebiet wurden auch zwei geistliche Institutionen angesiedelt. Als dritte Pfarrkirche entstand in der zweiten Hälfte des 12. Jahrhunderts östlich der Wißstraße, dicht bei dem gleichnamigen, ebenfalls neu gebauten Tor, die Nicolaikirche. Nach Angabe des Chronisten Nederhoff wurde sie 1198 konsekriert [138]. Der Bau der Kirche ist demnach in direktem Zusammenhang mit der letzen Stadterweiterung, die zwischen 1193 und 1219 abgeschlossen wurde, zu sehen. Das Nikolauspatrozinium gilt als ein ausgesprochenes Bürgerpatrozinium, insbesondere für Kaufleutegemeiden [140]. Die Wahl dieses Schutzheiligen ist daher ein Hinweis auf das Erstarken des bürgerlichen Selbstbewußtseins und des Einflusses der Fernkaufleute in Dortmund [141]. An der Stiftung des Katharinenklosters, die etwa zur gleichen Zeit erfolgte, war Kaiser Heinrich VI. direkt beteiligt, indem er den zum Reichsgut gehörenden Königskamp hierfür zur Verfügung stellte [142]. Auch diese Gründung lag im Gebiet der letzten Erweiterung. Der Zusammenhang zwischen diesen Kirchengründungen und der Stadterweiterungen läßt erkennen, daß die letzte Ummauerung sorgfältig und langfristig geplant wurde und ihre Realisierung sich über einen längeren Zeitraum hinzog.

Der Stadtkern selbst hat sich vom 10. bis 13. Jahrhundert kontinuierlich nach Süden verlagert. Bildete zunächst die Burg bzw. die Pfalz das Zentrum, an das sich die Brückstraßensiedlung anlehnte, so erfolgte eine erste Akzentverschiebung nach Süden bereits durch den Bau der Reinoldikirche. Es folgte die Bebauung des östlichen Endes des Westenhellwegs mit Gebäuden von großer Tiefe, die offenbar für Zwecke der Fernhandelskaufleute berechnet waren. Diese Bebauung reichte beiderseits des Westenhellwegs bis unmittelbar an die Staßenkreuzung. Durch den Bau der Marienkirche südlich des Hellwegs, offenbar als Marktkirche geplant [143], erfolgte eine zweite Schwerpunktverlagerung. An der Ecke Ostenhellweg / Brückstraße entstand das Richthaus, in dem der vom Grafen von Dortmund eingesetzte Stadtrichter Recht sprach [144]. Offenbar lag hier auch ein erstes Rathaus [145].

Ein weiterer, wesentlich bedeutsamer Schritt in diese Richtung war die Ausgestaltung des Marktplatzes. Er grenzte zu keinem Zeitpunkt direkt an den Westenhellweg, wie schon Luise v. Winterfeld überzeugend dargelegt hat [146]. Die zwischen Markt und Westenhellweg gelegenen Parzellen haben ein Tiefe von mehr als dreißig Metern. Weder ist es denkbar, daß diese Flächen auf dem städtischen Marktgelände nachträglich zur privaten Bebauung freigegeben wurden, noch, wie Stoob annimmt [147], daß sie mit diesen Ausmaßen auf Marktbuden (Schrannen) zurückgehen. Vielmehr ist der Markt offensichtlich auf einer Freifläche *hinter* der Bebauung auf der Südseite des Westenhellwegs entstanden, zu einem Zeitpunkt, als diese noch die südliche Bebauungsgrenze bildete. Mit dem Anwachsen des Marktbetriebes stieg naturgemäß der Wert der angrenzenden Grundstücke, so daß man nun auch die südliche Hälfte der Parzellen zwischen Westenhellweg und Markt, die vorher Hofgrundstücke waren, von der Marktfront her bebaute [148]. Daraus ist zu schließen, daß der Markt an dieser Stelle nicht bis in die ersten Anfänge

138 Nederhoff, a. a. O., S. 43 f.

140 Vgl. H. Kampschulte, Die westfälischen Kirchenpatrocinien, Paderborn 1867, S. 169—172.

141 Rüschenschmidt, S. 74 f.

142 1193 III 23: Dortm. UB, Ergbd. 74; Westhoff, S. 188; Nederhoff, S. 44; vgl. F. W. Saal, Das Dortmunder Katharinenkloster, in: Beiträge 60, 1963, 1—90.

143 v. Winterfeld, Entstehung, S. 20.

144 v. Winterfeld, Die sonderbare Geschichte des Dortmunder Richthauses, in: Beiträge 63, 1966, 213—225.; man beachte, daß die Brückstraße bis zur Hellwegkreuzung führte und nicht (wie heute) nördlich der Kampstraße endete.

145 Dies nimmt v. Winterfeld, Untersuchungen, S. 53, an; vgl. auch v. Winterfeld, in: A. Meininghaus, Die Entstehung von Stadt und Grafschaft Dortmund, Dortmund 1920, S. 26 ff.; tatsächlich ist ein Haus genannt „quondam des Raides hus", auf dem Ostenhellweg (in platea orientali) gelegen, urkundlich belegt, welches 1345 VI 18 im Besitz des Klosters Altenberg ist und an Dortmunder Bürger verpachtet wird (Dortm. UB Ergbd., 803).

146 v. Winterfeld, Entstehung, S. 45 f.; die gegensätzliche Ansicht vertritt Stoob, Städteatlas.

147 Stoob, a. a. O.

148 v. Winterfeld, a. a. O.

der städtischen Siedlung zurückreicht, aber gleichwohl bereits vorhanden war, bevor sich die Besiedlung über den Westenhellweg nach Süden hin ausdehnte. Dies war sicher noch im 10. Jahrhundert der Fall. Nicht unwahrscheinlich ist es, daß hier tatsächlich der erste Dortmunder Fernhandelsmarkt entstand [149], als der Nahhandel noch weiter nördlich in engerem Kontakt zu der bereits vorhandenen Besiedlung erfolgte.

Mit dem Bau des Rathauses an der Südseite des Marktes erfolgte die letzte Schwerpunktverlagerung nach Süden. Es ist jedoch gegenwärtig nicht zu beurteilen, ob das nach dem Stadtbrand von 1232 erbaute Rathaus das erste an dieser Stelle war oder ob sich hier bereits ein Vorgängerbau befunden hat [150].

5. Die freie Reichsstadt

Die topographische Entwicklung der Stadt hat, wie aus dem vorigen Kapitel hervorgeht, im 12. Jahrhundert, besonders seit Beginn der staufischen Ära, bedeutende Fortschritte gemacht. Baulich, rechtlich und institutionell erreichte Dortmund jenes charakteristische Erscheinungsbild als freie Reichsstadt, welches für Jahrhunderte im wesentlichen erhalten blieb. Im Folgenden soll untersucht werden, ob entscheidende Impulse für diese letzte Phase der hochmittelalterlichen Stadtentwicklung weiterhin, wie in den vorausgegangenen Jahrhunderten, vom Königtum ausgingen und welche Bedeutung Dortmund noch in dieser Zeit für das Königtum hatte,

Es ist kennzeichnend für die staufische Innenpolitik, daß sie bestrebt war, ihre Macht von neuem auf die Besitzungen in den zentralen Königslandschaften zu stützen. Allerdings war inzwischen, insbesondere während der Minderjährigkeit König Heinrich IV., ein großer Teil der Reichsgüter dem Reich entfremdet worden und in die Hände kirchlicher und weltlicher Fürsten gelangt. Luise v. Winterfeld vermutet, daß zu diesem Zeitpunkt auch der Komplex der Dortmunder Königspfalz in den Besitz des Kölner Erzbischofs übergegangen sei [151]. Obwohl eine solche Möglichkeit nicht auszuschließen ist, möchte ich mich dieser Ansicht nicht anschließen. Dagegen spricht nicht nur die Tatsache, daß Dortmund zumindest unter Friedrich I. noch Funktionen ausgeübt hat, für die eine pfalzähnliche Anlage erforderlich war; auch das Interesse der staufischen Könige insgesamt an Dortmund, das nachfolgend dargestellt wird, ließe sich in diesem Falle kaum hinreichend erklären. Darüber hinaus sollte man annehmen, daß es auch dann noch dem Erzbischof von Köln gelungen wäre, sich zum Stadtherrn von Dortmund zu erheben, wenn er bereits seit Mitte des 11. Jahrhunderts Grundherr der zentralen Stelle der urbs Dortmund gewesen wäre. Nach der Zäsur, die die Regierungszeit Heinrichs IV. nach 1068 für die Beziehungen Dortmunds zum Königtum darstellte, ist für einige Jahrzehnte kein Herrscheraufenthalt in Dortmund mehr belegt. Doch schon unter Heinrich V. spielte die Stadt 1114/1115 bei seinen Kämpfen gegen die sächsische Fürstenopposition eine Rolle; sie wurde von den Gegnern des Kaisers in Brand gesteckt und von diesem anschließend aber wieder neu befestigt [152]. Auch Lothar III. muß bei seiner Reise von Duisburg nach Goslar 1129 durch Dortmund gekommen sein [153]. Ein Aufenthalt Konrads III. in Dortmund im September 1145 ist zwar nicht quellenmäßig zu belegen, aber dennoch nicht unwahrscheinlich, da er sich in dieser Zeit nachweislich erst in Werden und wenig später in Fritzlar aufgehalten hat und bei dieser Reise bis Paderborn sicherlich ebenfalls dem Hellweg folgte [154]. Bei dieser Gelegenheit mög-

---

149   Vgl. Schmale, unten S. 60 u. Anm. 32.

150   Zur Baugeschichte des Rathauses siehe Eberhard G. Neumann, Geschichte und Bau, in: Das alte Rathaus zu Dortmund, Dortmund (Stadtsparkasse) 1968, 10—56.

151   v. Winterfeld, Entstehung, S. 22.

152   Vgl. oben Anm. 85; über den genauen Verlauf der Ereignisse ergibt sich aus den Quellen kein klares Bild.

153   Er hielt sich 1129 III 8 in Duisburg und ab III 24 in Goslar auf (MGH DL III, 17 und 18). Der Reiseweg kann nur den Hellweg entlang geführt haben.

154   Der Reiseweg von Paderborn nach Fritzlar war zumindest in ottonisch-salischer Zeit üblich, vgl. Hans-Jürgen Rieckenberg, Königsstraße und Königsgut in liudolfingischer und frühsalischer Zeit, Archiv für Urkundenforschung 17, 1942, bes. S. 59—61 und Tabelle XII, S. 147, sowie Karten I—III.

licherweise stellte er Dortmund das früheste Privileg aus, von dem wir Kenntnis haben, das für die städtische Autonomie von großer Bedeutung war[155]. Sein Nachfolger, Kaiser Friedrich I. Barbarossa (1152—1190), erneuerte das Privileg seines Oheims, vielleicht erweiterte er es auch[156].

Unter Barbarossa gewann die Stadt aber offensichtlich wieder an Bedeutung für den König. Nachdem er am 4. März 1152 in Frankfurt gewählt und am 9. März in Aachen gekrönt worden war, begann er seinen *Königsumritt* durch das Reich, der ihn über Utrecht und Köln bereits Ende April / Anfang Mai nach Dortmund führte[157]. Hier hielt er offenbar einen Hoftag ab. Ein kurzer Bericht hierüber findet sich in einer ein Jahr später vom König in Worms für den Erzbischof von Köln ausgestellten Urkunde[158], in der es heißt, daß er in Dortmund *(in burgo Tremonia)* in Anwesenheit vieler Fürsten dem Erzbischof die Unveräußerlichkeit der erzbischöflichen Tafelgüter bestätigt habe. Es ist zu vermuten, daß auch bei diesem ersten Besuch Barbarossas die Bestätigung des Privilegs Konrads III. erfolgte, von der in der Urkunde Friedrich II. die Rede ist[159].

Im Jahre 1154 entfaltete König Friedrich I. im Zusammenhang mit der Vorbereitung seines ersten Italienzuges eine besonders rege Reisetätigkeit[160]. Von Goslar aus, wo er sich Ende Mai / Anfang Juni aufhielt[161], zog er nach Dortmund. Er weilte hier mindestens vom 17. bis 23. Juni und stellte Urkunden für das Stift Park bei Löwen und den Prämonstratenserorden aus[162]. Das große Gefolge, das in Dortmund anwesend war und bei dem sich die Erzbischöfe von Mainz und Köln, der sächsische Herzog Heinrich der Löwe sowie die Grafen von Kleve und Tecklenburg befanden, läßt den Schluß zu, daß auch jetzt wieder ein Hoftag in Dortmund stattfand. Zu erwähnen ist schließlich noch eine Notiz des Dortmunder Chronisten Johann Kerkhörde, in der es heißt: ,,Als der Brand geschehen war, da kam Kaiser Friedrich in diese Stadt, baute sie wieder auf und verlegte sein Hofgericht für zwei Jahre nach hier, damit fremde Leute nach hier kommen sollten"[163]. Auch bei dieser Nachricht ist es schwer — ähnlich wie bei anderen Angaben der spätmittelalterlichen Chronisten — den tatsächlichen historischen Kern herauszuschälen. Als solcher dürfte wohl auf jeden Fall die Aussage anzusehen sein, daß Friedrich sich mehrfach in Dortmund aufgehalten hat und der Stadt seine besondere Förderung angedeihen ließ. Der Zeitraum von zwei Jahren, in denen das königliche Hofgericht in Dortmund getagt haben soll, paßt im übrigen genau in die Spanne, die zwischen dem ersten und dem zweiten Aufenthalt des Königs lag.

In der Urkunde von 1153, die über den im Jahr zuvor erfolgten Aufenthalt des Königs berichtet, ist zudem noch ein anderer Aspekt für die Geschichte Dortmunds von Bedeutung: die Ortsbezeichnung *in burgo Tremonia*. Das aus lateinisch-deutscher Kontamination entstandene Wort *burgus*, das mehrfache Bedeutungswandlungen erfahren hat, bezeichnet in dieser Zeit in Deutschland eine *Stadt*. Der Dortmunder Beleg ist der zweitälteste für Deutschland überhaupt (nach Mühldorf am Inn 1120)[164]. Noch wichtiger ist jedoch, daß die Stadt in dieser Urkunde erstmalig *Tremonia* genannt wird. In den 270 Jahren seit der ersten schriftlichen Erwähnung Dortmunds als *Throtmanni* begegnen zahllose Varianten dieses Namens, sich sich i. w. um den Lautbestand *Throtmanni, Trutmannia, Thortmanni, Throtmennia, Drutmunni (Drutmannia), Trutmunde (Throtmunde, Drutmunne)*

---

155 MGH DKIII, 134; das Privileg ist nicht erhalten und nur durch die Erwähnung im 2. Privileg Friedrich II. v. 1236 V (Dortm. UB I, 74) bekannt. Zum Inhalt und zur Bedeutung vgl. Schmale, unten S. 63.

156 Das Privileg Friedrich I. ist ebenso wie das seines Vorgängers nicht erhalten; erwähnt a. a. O.

157 Ferdinand Opll, Das Itinerar Kaiser Friedrich Barbarossas (1152—1190), Wien-Köln-Graz 1978 (= Forschung zur Kaiser- und Papstgeschichte des Mittelalters, Beiträge zu J. F. Böhmer, Reg. Imp., 1), S. 8, 127 und 165.

158 1153 VI 14; MGH DFI, 59; Dortm. UB Ergbd. 64.

159 Dortm. UB I, 74.

160 Opll, a. a. O.

161 MGH DFI 79 und 80.

162 MGH DFI 81 und 82; Dortm. UB Ergbd. 65.

163 Kerkhörde, S. 118; vgl. Opll, S. 127.

164 Vgl. zum Begriff *burgus:* Schlesinger, Burg und Stadt, a. a. O., S. 124 ff.

bewegen [164a]. Betrachtet man diese Namensformen, so ist man zwangsläufig überrascht, in der Urkunde vom 14. Juni 1153 nun plötzlich die Form *Tremonia* zu finden, da sich diese, im Gegensatz zu den deutschen Formen *Dortmund* und *Düörpm* [165], sprachlich aus keiner der vorausgegangenen Namensformen ableiten läßt. Auch die beiden Barbarossaurkunden von 1154 sowie alle nachfolgenden Königsurkunden nennen die Stadt *Tremonia* [166]. Selbst andere Urkundenaussteller, so z. B. der Erzbischof von Köln und der Bischof von Münster, schreiben jetzt nur noch *Tremonia* [167], ja sogar alle Dortmunder Münzen führen als Bezeichnung der Prägestätte fortan diesen Namen [168]. Herkunftsnamen von Personen machen die Veränderung zur gleichen Zeit mit [169].

Der Quellenbefund ist so eindeutig, daß die Namensänderung — denn als solche muß man den Vorgang wohl bezeichnen — nicht auf einen Zufall beruhen bzw. sich durch eine allmähliche Entwicklung ergeben haben kann. Es muß vielmehr ein administrativer Akt gesetzt worden sein, durch den der Stadt ein eindeutiger, unverwechselbarer und phonetisch gut klingender Name beigelegt wurde. Als Urheber kommt nur der König selbst in Frage. Dieser Akt muß in staufischer Zeit erfolgt sein [170], entweder durch Konrad III., als er der Stadt ihr erstes Privileg verlieh [171], oder aber durch Friedrich Barbarossa bei seinem ersten Aufenthalt 1152. In diesem Falle könnte ein möglicher Anlaß für die Festlegung einer einheitlichen Namensform der sein, daß man aus Gründen der Rechtssicherheit eine eindeutige Benennung des Ortes benötigte, an dem für längere Zeit das königliche Hofgericht tagen sollte. Bei der Wahl des Namens scheint man sich bemüht zu haben, im Anklang an die überkommenen Namensformen ein ,,sinnvolles'' neues Wort zu bilden. Offensichtlich hat man hierbei an ,,Dreimauerstadt'' *(tria moenia)* gedacht, vielleicht im Hinblick auf die geplante oder schon begonnene neue Ummauerung [172].

Das Interesse der staufischen Könige an Dortmund war auch bei den Nachfolgern Barbarossas durchaus noch vorhanden. Eine Urkunde König Heinrich VI. läßt die Bedeutung der Dortmunder Münzstätte erkennen [173]; durch die Stiftung des Katharinenklosters auf Königsgrund [174] beeinflußte er das kirchliche Leben in Dortmund nachhaltig. Friedrich II. erneuerte am 1. Mai 1220 die Privilegien seiner Vorgänger Friedrich I. und Konrad III. [175]. Sein Sohn Heinrich (VII.) besuchte als einziger Herrscher des 13. Jahrhunderts die Stadt am 4. September 1224 und erneuerte einen Schutzbrief seines Vaters für das Katharinenkloster [176].

164a   Eine verhältnismäßig vollständige Zusammenstellung bietet L. v. Winterfeld, Dortmund, in: Deutsches Städtebuch III/2 (Westf. Städtebuch), hrsg. von E. Keyser, Stuttgart 1954.

165   Die moderne deutsche Namensform taucht als *Dorpmunde* 1222 zum ersten Male auf (Dortm. UB II, 388, S. 396).

166   1184 I 3: Dortm. UB Ergbd. 70; 1190 III 25: a. a. O., 73; 1193 III 23: a. a. O., 74; 1202 IX: a. a. O., Bd. I 57 usw.; daß in der Urkunde Ottos IV 1208 XII (Dortm. UB Ergbd. 82) noch einmal *Drutmunde* erscheint, erklärt sich daraus, daß die Namen der Reichsorte aus der Urkunde Heinrichs IV. v. 1074 I 18 übernommen worden sind.

167   Vgl. Dortm. UB Ergbd., 66.

168   Die letzte Münze mit dem alten Namen *(Thertmanne)* begegnet unter Heinrich V., vgl. Peter Berghaus, Dortmunder Münzgeschichte, Bd. I, Dortmund (Stadtsparkasse) 1978, S. 44, Nr. 50, die erste mit *Tremonia* unter Otto IV. (a. a. O., S. 48, Nr. 48). Die in der Zwischenzeit geschlagenen Münzen nennen die Prägestätte nicht.

169   1092 ist ein *Sigefridus de Throdmannia* genannt (Dortm. UB Ergbd. 58), 1152 (April) bereits ein *Philippus de Tremonia* in einer Barbarossa-Urkunde (a. a. O., 63); 1186 und öfter *Henricus de Tremonia* (a. a. O., 71).

170   Der letzte urkundliche Beleg für die alte Form ist 1082 (Dortm. UB Ergbd. 58), der letzte chronikalische 1114 (a. a. O., 60). Die Urkunde 1112 X 16 (a. a. O., 59) bleibt außer Betracht, da sie eine ältere transumiert.

171   MGH DKIII, 134; vgl. oben S. 46.

172   Diese Erklärung gibt übrigens schon die Pseudorektorenchronik (S. 529); Nederhoff (S. 111) will den Namen von ,,tria demonia'' herleiten; vgl. auch v. Winterfeld, Geschichte, S. 10 ff.

173   1190 III 25: Dortm. UB Erbd. 73.

174   siehe oben S.

175   Transumpt in 1236 V (Dortm. UB I, 74).

176   Dortm. UB I, 63. Die Urkunde Friedrichs II. datiert v. 1218 VI 20 (a. a. O., 59).

Abb. 8: Kaiser Friedrich I. Barbarossa, Kopfreliquiar Bronzeguß vergoldet, 2. Hälfte des 12. Jahrhunderts
Pfarrkirche Cappenberg

Bald wurde der Aufschwung, den die junge Reichsstadt — als solche wird sie jetzt erstmalig bezeichnet[177] — im letzten Jahrhundert erlebt hatte, von einer Katastrophe unterbrochen: durch einen, wie es heißt, verbrecherischen nächtlichen Brandanschlag wurde die Stadt völlig zerstört. Ein direktes Quellenzeugnis über dieses Ereignis liegt nicht vor. Wir wissen davon aus der eingangs erwähnten Urkunde, die König Heinrich (VII.) am 30. September 1232 in Speyer ausgestellt hat und in der er der Stadt zugesteht, neben dem Markt, der von Himmelfahrt bis Pfingsten jährlich stattfand, einen weiteren von 14 Tagen Dauer abzuhalten, der jeweils am Michaelistag beginnen sollte. Hierdurch wollte der König Handel und Wandel in der Stadt neuen Auftrieb geben[178].

Da das Feuer offenbar auch das Rathaus und mit ihm die von den früheren Königen erteilten Privilegien vernichtet hatte, sah sich Friedrich II. veranlaßt, in einem feierlichen, mit einer Goldbulle besiegelten Diplom[179] sein eigenes Privileg und die seiner Vorgänger zu erneuern. Im übrigen scheint die Stadt den Schaden schnell überwunden zu haben.

Dortmund machte demnach in staufischer Zeit entscheidende Fortschritte auf dem Wege von der *urbs,* der königlichen Burg mit einer angelehnten städtischen Siedlung, die in erster Linie den Bedürfnissen des königlichen Hofes in der Reichsgutverwaltung zu dienen hatte, hin zu *civitas imperialis,* zur bürgerlich bestimmten, selbstverwalteten freien Reichsstadt, die lediglich die Oberhoheit des Königs anerkannte. Die einzelnen Etappen auf diesem Weg durch vier Jahrhunderte seien zum Abschluß noch einmal kurz zusammengefaßt: Die Anfänge der Besiedlung, die der Stadtwerdung vorausgehen, dürften in dem frühgeschichtlichen Dorf westlich und möglicherweise einem weiteren östlich der späteren Stadt zu suchen sein. Sie lagen in einem gewissen Abstand, aber dennoch gut erreichbar von den beiden alten Straßen, die in West-Ost- und Nord-Süd-Richtung verliefen und sich im Zentrum der späteren Stadt kreuzten. An dieser Kreuzung entstand in karolingischer Zeit eine Befestigung, die die Straßen militärisch sichern sollte. Der Befehlshaber dieses Kastells mit seinen Leuten war auf einem Salhof südwestlich davon, dem späteren Grafenhof, ansässig. Dort wurde auch die erste Kirche, die St. Martins-Kapelle, errichtet. In ottonischer Zeit verlagerte sich die Besiedlung in den Bereich der Befestigung, wo nun ein Königshof mit einer Pfalz entstand, in der die Könige fortan bei ihren häufigen Aufenthalten in Dortmund wohnten und die Geschäfte des Reiches führten. Westlich der Pfalz entstand ein *suburbium,* eine Siedlung von königlichen Dienstmannen, Handwerkern und Kaufleuten. Südlich der Pfalz wurde eine Kirche gebaut (St. Reinoldi), die die Funktion einer Pfalzkapelle und einer Pfarrkirche für das suburbium erfüllte. Der ganze Komplex erhielt den Charakter einer *urbs,* einer städtähnlichen befestigten Siedlung. Mit der Ausdehnung der Stadt, die im wesentlichen nach Westen und Süden erfolgte und mehrfache Erneuerungen des Mauerringes erforderlich machte, verlagerte sich das Zentrum an den Markt, wuchs das bürgerliche Element in der Stadt, ging das herrschaftliche zurück. In staufischer Zeit schließlich erreichte die Stadt ihre endgültige mittelalterliche Ausdehnung und ihren Rechtscharakter als einzige freie Reichsstadt in Westfalen, die im 14. Jahrhundert ihre größte wirtschaftliche und politische Blüte in der vorindustriellen Zeit erlebte.

---

177   *civitati nostre imperiali* (a. a. O., I, 71).

178   Original Stadtarchiv Dortmund Urk. 4; gedr. Dortm. UB I, 71.

179   Original Stadtarchiv Dortmund, Urk., s. Abb. 10.; die Goldbulle ging im Krieg verloren; gedruckt Dortm. UB I, 74.

Abb. 9: Kaiser Friedrich II., Miniatur aus dem Falkenbuch

Franz-Josef Schmale

Die soziale Führungsschicht des älteren Dortmund

Beobachtungen und Überlegungen zur hochmittelalterlichen Stadtgeschichte

Nach herrschender Ansicht, die bereits von Frensdorff und Rübel begründet und zuletzt von L. v. Winterfeld und Solbach mit Nachdruck vertreten wurde[1], verdankt Dortmund seinen Aufstieg vom ehemaligen Königshof zur freien Reichsstadt seiner früh bezeugten Rolle als Markt und den Fernhandelskaufleuten, deren besondere Rechtsstellung und Privilegierung spätestens im 13. Jahrhundert zur Bildung eines Rates und zur Selbständigkeit führten. Wirklich verfolgen, beschreiben und belegen läßt sich eine Entwicklung Dortmunds zur Reichsstadt, die im Markt und einer angenommenen Fernhandelskaufmannschaft ihre wichtigsten dynamischen Kräfte besessen hätte, allerdings nicht. Sie ist in der Hauptsache erschlossen aus einigen wenigen Quellen seit der zweiten Hälfte des 13. Jahrhunderts, die verallgemeinert und unter Vernachlässigung anderer Aussagen isoliert oder einseitig durch die Fixierung auf Dortmund als Marktort interpretiert wurden.

1. Die Quellen

Die Frage nach den Quellen zur älteren Geschichte Dortmunds sowie die Erörterung der konkreten Quellenlage und ihrer möglichen Begründung ist von ganz unmittelbarer Bedeutung für das Problem der Entwicklung Dortmunds[2]. Urkunden — und es handelt sich bis in die zweite Hälfte des 13. Jahrhunderts fast ausschließlich um urkundliche Nachrichten — sind bis in die ersten Jahrzehnte nach dem Jahr 1200 so selten, daß konkrete Aussagen über die individuellen inneren Zustände Dortmunds kaum zu machen sind. Die meisten Zeugnisse belegen nicht sehr viel mehr, als daß Dortmund in dieser Zeit königlicher Besitz und in ottonischer und frühsalischer Zeit ein oft besuchter Aufenthaltsort der Herrscher war. Dies kann aber nur heißen, daß Dortmund in diesem Zeitraum von etwa 150 Jahren ein unvermindert leistungsfähiger und im Kern ungeschmälerter Reichsgutkomplex geblieben ist. Damit erscheint es aber auch als gewiß, daß entgegen der verbreiteten Annahme, die Stadt habe durch den Brand im Jahre 1232 größeren oder gar totalen Verlust an älteren Quellen erlitten, mit einer wesentlich größeren Anzahl von Quellen, als heute bekannt ist, gar nicht gerechnet werden darf. Da die Könige das Reichsgut lange und intensiv durch Aufenthalte unmittelbar nutzten, wurde es offensichtlich nicht durch Schenkungen oder Verleihungen zersplittert[3]. So entfiel der Hauptanlaß, Dortmund betreffende Urkunden auszustellen. Gesamtschenkungen Dortmunds an kirchliche Institutionen wie die Ottos III. an das Aachener Marienstift sind nicht auf Dauer wirksam geworden, da Bestätigungen des neuen Herrschers ausblieben — vielleicht eben weil Dortmund einer der wenigen leistungsfähigen im westlichen Sachsen gelegenen Reichsgutkomplexe war. Überdies wären solche Schenkungsurkunden beim Empfänger aufgehoben worden, hätten also nicht in Dortmund verloren gehen können. Mit Verlusten anderer als urkundlicher Quellen ist ebensowenig zu rechnen: Für eine Historiographie fehlte es in Dortmund an allen Voraussetzungen. Man kann daher feststellen: Die Nutzung als Reichsgut und der Mangel an Quellen bedingen und bestätigen sich eher gegenseitig.

Was als möglicher Verlust noch bliebe, wäre einmal ein bei dem zuständigen Verwalter des Krongutes vorhandenes Urbar, zum anderen die Aufzeichnung oder schriftliche Verleihung einer *lex* oder von *iura* (Hofrecht) an die *servientes* des Königshofes. Besonders wahrscheinlich ist es in beiden Fällen nicht. Von einer lückenlosen Aufzeichnung des Königsgutes in Urbaren ist kaum auszugehen, und die Aufzeichnung von Hofrechten im Rahmen eines Königshofes ist in der Regel nur bei Verschenkungen zu belegen. Schließlich — wenn auch nur am Rande, weil

1 F. Frensdorff, Dortmunder Statuten und Urtheile, 1882, bes. S. XLVIII ff. § 3; K. Rübel, Dortmunder Finanz- und Steuerwesen I. Das vierzehnte Jahrhundert, 1892; Ders., Geschichte der Grafschaft und der freien Reichsstadt Dortmund I, Von den Anfängen bis zum Jahre 1400, 1917, bes. S. 115 ff. Kap. V u. passim; L. v. Winterfeld, Geschichte der freien Reichs- und Hansestadt Dortmund, 1934 ([7]1981; hier nach [4]1963), bes. S. 13—50; G. E. Solbach, Autonomie und Selbstverwaltung der Reichsstadt Dortmund im Mittelalter, in: Jb. d. Ver. f. Orts- u. Heimatkunde in d. Grafsch. Mark 73, 1975, 3—246 (nur zusammenfassend und ohne selbständigen Wert, im Folgenden nicht mehr zitiert).

2 Für einen Überblick noch immer Frensdorff, S. I ff. zutreffend; sämtl. Quellen der Frühzeit in Dortmunder Urkundenbuch, bearb. v. K. Rübel, I1, 1881; I2, 1885; II1, 1890 (im Folg. zitiert als Dortm. UB I usw.); Ergänzungsband I, 1910 (im Folgenden Dortm. UB Ergbd.).

3 Grund mag sein, daß es in umittelbarer Nähe keine bedeutenderen geistlichen Institutionen gab; die Schenkung Ottos III. (997 Okt. 12, MGH DO III 257) wurde von den Nachfolgern offenbar nicht bestätigt.

nicht beweisend — sei noch erwähnt, daß bei den meisten Städten ebenfalls erst zu ungefähr demselben Zeitpunkt die Quellen reichlicher zu fließen beginnen, an dem sie auch in Dortmund einsetzen.

Gleichwohl ist das Forschungsinteresse gegenüber dieser quellenarmen Zeit verständlicherweise groß, müssen in ihr doch die Elemente gelegen oder entstanden sein, aus denen die Freie Reichsstadt möglich wurde; auch das Verfahren, zu entsprechenden Aussagen zu kommen, war naheliegend: Die Befunde einer quellenreicheren Zeit wurden in frühere Epochen zurückprojiziert, und ältere, an sich knappe Nachrichten wurden im Sinne späterer Verhältnisse gedeutet. Genannt seien hier nur Sachverhalte und Begriffe wie Marktort, Kaufmann, Freiheit, Erbe, Rat usw. Da die tatsächliche Entwicklung nicht beschrieben werden konnte, wurde sie durch lineare Zurückprojizierung später anzutreffender Zustände gewonnen[4]. Wenn auf ein solches Verfahren im Sinne historischer Fragestellung auch nicht völlig zu verzichten ist, liegt doch als Gefahr darin, mit der Möglichkeit von Brüchen oder Neuerungen, die als solche in den Quellen nicht aufscheinen, gar nicht erst zu rechnen. Immerhin umfaßt die Geschichte Dortmunds bis zur Mitte des 13. Jahrhunderts mit einiger Wahrscheinlichkeit fast 500 Jahre, und dies ist auch im Mittelalter ein langer Zeitraum, der zudem eine Epoche sozialer, rechtlicher, wirtschaftlicher und mentaler Dynamik mit ausgesprochen revolutionären Zügen einschließt und nicht einfach durch Rückschluß aus späteren Verhältnissen erhellt oder überbrückt werden kann.

Man muß sich also für die ersten fünf Jahrhunderte Dortmunds mit einem außerordentlich beschränkten und spröden Quellenmaterial begnügen, das zu keiner Zeit jemals wesentlich umfangreicher gewesen sein dürfte. Dieses Material aber ist, zunächst wenigstens, in streng chronologischer Ordnung zu interpretieren und unter Begrenzung auf seinen tatsächlich erkennbaren Inhalt, der allenfalls im Vergleich mit anderen zeitgenössischen Aussagen und Verhältnissen, nicht aber im Licht sehr viel späterer Zustände erschlossen werden kann. Daraus werden sich Vorbehalte und Einschränkungen gegenüber manchem ergeben, was längst als gesichertes geschichtliches Wissen betrachtet wurde. Solcher ,,Destruktion'' dürften andererseits aber ein genauer bestimmter Grad der Gewißheit und der Gewinn neuer oder vernachlässigter Züge gegenüberstehen.

2. Karolingische *curtis* und ottonisch-salische *urbs*

Obwohl Nachrichten fehlen, müssen die Anfänge Dortmunds in die hochkarolingische Zeit zurückreichen. Die Eroberung der Sigiburg durch Karl d. Großen[5], die Organisation des Westhofener Königsgutkomplexes[6] und die kontinuierliche Nennung und Nutzung Dortmunds als königlicher Aufenthaltsort seit Heinrich I. (927) lassen die Entstehung in den Zusammenhang der Reichsgutorganisation in diesem Raum rücken. Spätestens die Forschungen von W. Metz zum karolingischen Reichsgut haben nun gezeigt[7], daß ein Reichsgutkomplex stets unterteilt war in den eigentlichen Fronhof mit dem Salland, das in Eigenregie bewirtschaftet wurde (Königshof im engeren Sinn) und nach allen Zeugnissen eine Fläche von 100 bis 400 ha allein an Ackerland — ohne dazugehörige Weiden und Forsten — umfaßte[8], und das übrige Land, das als Hufen *(mansus)* von durchschnittlich etwa je 14,4 ha ausgetan war; und zwar als *mansi ingenuiles* mit Lasten, Abgaben, Boten- und Kriegsdienst an Freie oder als *mansi serviles,* die von unfreien Manzipien bewirtschaftet wurden und auf denen ebenfalls Abgaben und Dienstleistungen ruhten. Was später in Dortmund als Königshof außerhalb der spätmittelalterlichen Mauer Dortmunds im Nordwesten der Stadt lag und eine Größe von ca. 45 ha hatte, kann nicht der ehemalige gesamte Salhof gewesen sein. Zu ihm müssen zumindest noch jene von Rübel als Reichshöfe bezeichneten insgesamt 18,5 ganzen und sechs 2/3 Hufen bebauten Landes gehört haben, so daß für den Salhof ein ,,Normalmaß'' von mindestens ca. 360

4   Am stärksten ausgeprägt bei v. Winterfeld, z. B. in der angeblichen Rolle der Fernkaufleute.

5   Ann. regni Franc., ed. G. H. Pertz — F. Kurze, MG. SS. rer. Germ. 1895 (ND 1950) a. 775, 776.

6   Vgl. Rübel, Gesch. passim.

7   W. Metz, Das karolingische Reichsgut, Eine verfassungs- und verwaltungsgeschichtliche Untersuchung, 1960, bes. S. 91 ff.

8   Ebd. S. 111 ff.

bis 370 ha allein an Ackerfläche anzunehmen wäre[9]. Eine wesentlich geringere Größe würde auch die intensive Nutzung Dortmunds in den königlichen Itinerarien nicht zugelassen haben.

Die Entwicklung karolingischen Reichsgutes, das quellenmäßig besser verfolgbar ist als Dortmund, hat hinsichtlich der sozialen Lage derjenigen, die insgesamt einen solchen Salhof bewirtschafteten, generell zu folgendem Bild geführt[10]: Während die Inhaber von *mansi ingenuiles* durch die auf ihrer Hufe lastenden Abgaben ihre ursprüngliche ständische Freiheit minderten und verloren, die unfreien Inhaber von *mansi serviles* aber eine soziale Besserstellung und beschränkte ,,Freiheit" erreichten, haben die unfreien *servi*, die das Salland bewirtschafteten oder die sonstigen Hofdienste versahen, den größten sozialen Aufstieg erlebt. Als Nicht-Schollegebundene und Inhaber von ,,Hofämtern" gelangten sie vielfach über Hofrecht und Ministerialenrecht in die Vollfreiheit oder vereinzelt sogar in den Adelsstand. Solche Entwicklungen dürfen daher auch für Dortmund angenommen werden, auch wenn sie im einzelnen nicht nachgewiesen werden können. Die Ergebnisse solcher Entwicklungen sind aber, das sei hier schon vorweggenommen, auch in Dortmund festzustellen.

Auch über die genaue Lage des königlichen Haupthofes Dortmund kann man für das (8. ? und) 9. Jahrhundert zumindest schwerlich sichere Angaben machen[11]. Anzunehmen ist nur, daß das Salland einen relativ geschlossenen Komplex bildete, der sich in der Hauptsache südlich des hoch- und spätmittelalterlichen Königshofes erstreckte, da nördlich das zum Salhof gehörige Weideland und der Forst lagen; aber die Hofstätte ist kaum genau zu lokalisieren. Nimmt man, wie es meist geschieht und auch topographisch plausibel erscheint, das Areal nördlich von St. Reinoldi[12] als das des eigentlichen Königshofes an, muß man dennoch unterstellen, daß die Hofstätte noch im früheren Mittelalter aus dem urbanen Kern an die Stelle des späteren Königshofes verlegt worden sein muß, weil sich später dort auch das Freigericht befand. Wiederum aus Kenntnis anderer Reichsgutkomplexe von der Art, die auch für Dortmund aufgrund der zahlreichen Königsaufenthalte gelten muß, kann man auf einige weitere Elemente schließen, die in Dortmund schon in der Frühzeit vorhanden gewesen sein müssen und an die man mühelos spätere Einrichtungen in Dortmund anschließen kann. Selbst wenn die Organisationsvorschriften und die sich daraus ergebenden Strukturen im Capitulare de villis[13] nicht allgemein verbindliche Richtschnur waren, ergäbe sich schon aus der Sache, daß ein solches Reichsgut Menschen und Institutionen benötigte, die nicht dem agrarwirtschaftlichen Bereich angehörten. Neben einem Verwalter *(exactor, actor, iudex),* der die Gerichtsbarkeit zugleich ausübte, entweder selbst oder durch Vergabe, und auf den der Dortmunder *comes* des Hochmittelalters zurückzuführen sein dürfte, muß es Handwerker aller Art gegeben haben (Gerber, Schuster, Bäcker, Schmiede usw.), die Rohstoffe und Naturprodukte für den Königshof selbst verarbeiteten, andere, die für Waffen und Geräte sorgten, aber auch solche, die — zumal für königliche Aufenthalte — Wein und andere Fremdprodukte wie z. B. Tuche heranschafften. Daraus ergab sich eine relativ große Zahl von Menschen, von denen nur ein Teil im landwirtschaftlichen Bereich tätig und unmittelbar dem Wirtschaftshof zuzuordnen war, während ein anderer, wenn auch dem Hof geographisch, rechtlich und natürlich auch mittelbar wirtschaftlich verbunden, doch eher in verdichteter Wohnweise in einer nichtagrarischen Siedlung lebte; wahrscheinlich schon deshalb, weil der Verkauf der Über-

---

9 Rübel, Geschichte I, S. 61 ff.

10 Ich verweise hier nur zusammenfassend auf K. Bosl, Die Grundlagen der modernen Gesellschaft im Mittelalter, Eine deutsche Gesellschaftsgeschichte des Mittelalters, 2 Bde., Monographien zur Geschichte des Mittelalters 4/I u. II, 1972, bes. S. 179 ff. u. passim.

11 A. Meininghaus, Königshof und Königspfalz Dortmund, Beiträge z. Geschichte Dortmunds u. d. Grafschaft Mark 22, 1913, 24—40. Einiges an den Ansichten M. s., die auch L. v. Winterfeld übernommen hat (Geschichte S. 8), ist ungesichert und bedarf der Revision; vgl. unten S. xx.

12 Hierzu sei nur angemerkt, daß der ,,Friedhof" bei St. Reinoldi (vgl. Stadtbauplan für Dortmund und Umgebung, bearb. v. Brandhoff, 1857/58) ursprünglich den gesamten Platz um St. Reinoldi umfaßt haben muß. Nach kanonischen Vorschriften sollte der ,,Friedhof" (= Asylraum) bei größeren Kirchen 60, bei kleineren Kirchen 30 Schritt im Umkreis der Kirche umfassen (Jaffé — Loewenfeld, Regesta Pont. Rom. 1, n. 4404; MGH. Constitutiones I, S. 549 n. 385); der Platz um den vermutlich kleineren Vorgängerbau von St. Reinoldi hätte der zweiten Forderung genau entsprochen.

13 MGH. Capit. I, S. 82 ff. n. 32; Capitulare de villis, hg. C. Brühl, 1971; Quellen zur Geschichte des deutschen Bauernstandes im Mittelalter, ges. u. hg. G. Franz, Ausgew. Quellen z. dt. Gesch. d. Mittelalters, Frh. vom Stein-Gedächtnisausgabe 31, 1974, S. 38 ff. n. 32 (mit dt. Übers.).

schüsse aus Landwirtschaft, gewerblicher Verarbeitung, aber auch von im Fernhandel herangeschafften Waren eine solche Siedlungsverdichtung geradezu forderte. Schließlich muß es auch eine Kirche mit Pfarrrechten (Urpfarrei) gegeben haben, die man ebenfalls nicht irgendwo, sondern in der Nähe des Haupthofes zu suchen hätte und die ein in karolingischer Zeit mögliches Patrozinium [14] besessen haben müßte.

Was für die karolingische Epoche aus der Tatsache, daß Dortmund Reichsgut war, erschlossen werden kann, wenn auch nur als generell vorhandene und nur abstrakt zu formulierende Strukturen, das wird im 10. Jahrhundert zum Teil konkretisierbar [15]. Mit dem ersten bezeugten Aufenthalt eines Königs, nämlich Heinrichs I., *in loco Trutmanni nuncupato* betritt man zum ersten Mal festen Boden im Gebiet der eigentlichen Siedlung Dortmund [16], denn bei der frühesten Nennung überhaupt, aber auch noch bei manch späterer ist es durchaus möglich, ja wahrscheinlich, daß nur der Reichsgutkomplex insgesamt, nicht aber der *locus (urbs)* Dortmund gemeint ist [17], mit dem — entsprechend dem überwiegenden Gebrauch des Begriffs *locus* zur Bezeichnung einer Siedlungsverdichtung — hier die Siedlung Dortmund identifiziert werden kann. Eine solche Siedlung, und zwar von einiger Ansehnlichkeit im Sinne der Zeit und nicht ausschließlich agrarischen Charakters, bestand mit Sicherheit aber im Jahre 939. Nimmt man aufgrund der Ergebnisse W. Schlesingers [18] Widukind von Corvey beim Wort, der von der *urbs Thortmanni* spricht [19], dann war Dortmund oder gab es in Dortmund damals eine befestigte „stadtähnliche" nichtagrarische Siedlung, die 939 von Anhängern des aufständischen Thancmar hätte verteidigt werden sollen. Für die Topographie Dortmunds ist die Widukind-Stelle insofern noch von Bedeutung, als der von Widukind verwendete Begriff *urbs* auf keinen Fall eine Burg im heutigen Sinn bezeichnet und auch so nicht übersetzt werden darf; diese hätte *castrum* oder noch wahrscheinlicher *castellum* heißen müssen. Damit entfallen an die Widukind-Stelle anknüpfende Behauptungen über eine eigentliche Burg in Dortmund, die man immer wieder außerhalb der Stadt nördlich des Burgtores (= Stadt- *[urbs]* tor) hat lokalisieren wollen, obwohl es für die Existenz einer solchen Burg nie einen ernst zu nehmenden Beleg gegeben hat [20].

Genaueren Aufschluß über diese *urbs* gewähren weitere Nachrichten aus ottonischer und frühsalischer Zeit. Das wichtigste Moment, das allen weiteren Überlegungen stets zugrundezulegen ist, sind die zahlreichen Aufenthalte der Könige und Kaiser in Dortmund. Von Heinrich I. (927) bis in die ersten Jahre Heinrichs IV. (1068) ist Dortmund 26 Mal als Aufenthaltsort der Könige aufgrund von Nennungen als Ausstellungsort von Königsurkunden und durch historiographische Nachrichten belegt [21]; dies ist sicher nur eine Mindestzahl. Erfährt man aus derartigen Nachrichten in der Regel auch nur den bloßen Aufenthalt in Dortmund, so läßt die Feier des Osterfestes in den

---

14   Dazu unten S. xx.

15   Bei der ältesten Erwähnung Dortmunds im Werdener Heberegister: *In Throtmanni liber homo Arnold VIII den. nobis solvit* (880/90; Dortm. UB I 1, S. 5 n. 4 nach: Die Urbare der Abtei Werden an der Ruhr, A: Die Urbare vom 9.—13. Jahrhundert, 1906, S. 68 f.) scheint es mir unsicher, welchen genauen geographischen Raum „Throtmanni" abdeckt; es ist eher unwahrscheinlich, daß damit der eigentliche Königshof (in seinem ursprünglichen Umfang) gemeint ist, ganz sicher aber nicht das Salland. M. E. dürfte es sich bei dem Arnold eher um den Inhaber eines *mansus ingenuilis* des Dortmunder Reichsgutkomplexes gehandelt haben. Vgl. oben E. Wisplinghoff, S. xx.

16   Dortm. UB S. 6 n. 5 — (in einem Ort namens Trutmaun).

17   Vgl. oben Anm. 15 und Dortm. UB Ergbd. I S. 15 nn. 28, 29.

18   W. Schlesinger, Stadt und Burg im Lichte der Wortgeschichte, Studium Generale 16, 1963, S. 433—444 (= Die Stadt des Mittelalters 1, Wege der Forschung 243, 1969, S. 95—121, bes. 101 ff.; ähnlich schon H. Planitz, Die deutsche Stadtgemeinde, ZRG. GA. 64, 1944, S. 1—85 (= Die Stadt des Mittelalters 2, Wege der Forschung 244, 1972, S. 55—134, bes. 59 f.).

19   Die Sachsengeschichte des Widukind von Korvei, hg. H.-E. Lohmann — P. Hirsch, MGH. SS. rer. Germ. [5]1935, S. 80: *appropiat urbi praesidiis fratris munitae quae dicitur Throtmanni . . .* (er nähert sich der durch eine Besatzung gesicherten Stadt Dortmund . . ., Dortm. UB Ergbd. S. 6 n. 6).

20   Die Annahme einer Burg nö. des ehemaligen Burgtores ist schon aus topographischen Gründen wenig einleuchtend; archäologische Anhaltspunkte gibt es jedenfalls nicht, ebensowenig irgendwelche Hinweise in schriftlichen Zeugnissen. Einziger Anhaltspunkt ist im Grunde die Erwähnung eines „hus op der Borgh" in den Puntinge von 1393 (Rübel, Finanzwesen S. 271, dazu ebd. S. 96 ff.); vgl. auch N. Reimann o. S. 41.

21   Dortm. UB Ergbd. I nn. 5, 6, 7, 8, 10, 14, 15, 17/18, 19, 20, 22/23, 24/25, 30/31/32, 33, 34, 35, 36/37/38/39/40, 41, 42 (= MGH. DK II 121) /43 (= MGH. DK II 122), 44 (= MGH. DK II 144), 46 (= MGH. DK II 190), 48, 50 (= MGH. DH III 269), 51 (= MGH. DH III 282) /52 (= MGH. DH III 286), 53 (= MGH. DH IV 53), 55 (= MGH. DH IV 178), 56 (= MGH. DH IV 203).

22   Dortm. UB Ergbd. I 10, 17/18.

Jahren 953 und noch mehr 979[22], sowie die Versammlung von Reichssynoden und Hofgericht[23] in den Jahren 1005 und 1016 erkennen, daß Dortmund nicht nur solche ansehnlichen Versammlungen mit allem Notwendigen versorgen konnte, sondern auch bereits eine größere Kirche und einen entsprechenden Klerus besaß. Diese Kirche kann weder eine „Kapelle" auf dem Salhof[24], d. h. dem spätmittelalterlichen Königshof, noch die Martinskapelle auf dem späteren Grafenhof in der Westerburschap[25], noch gar eine angeblich weit vor dem Ostentor gelegene Benediktkapelle[26] gewesen sein. Nur eine (vielleicht ottonische) Vorgängerin von St. Reinoldi kommt in Betracht, die damals allerdings noch ein anderes Patrozinium gehabt haben muß[27]. Wo der König und seine gelegentlich zahlreiche Begleitung in Dortmund wohnten, ob es eine Pfalz gab, bleibt offen[28], später jedenfalls wohnten Herrscher in Dortmund bei Bürgern[29]. Insgesamt bestätigen aber selbst solche an sich dürre Nachrichten über Königsaufenthalte, daß Dortmund ein relativ großer und leistungsfähiger Königsbesitz war, der auch über nichtagrarische Einrichtungen, vor allem eine befestigte nichtagrarische Siedlung mit einer entsprechenden, gewerbstätigen Bevölkerung verfügte.

Die zuletzt genannte Seite der Dortmunder Geschichte erhellen ein wenig zwei Urkunden Ottos III. über Marktschenkungen an Gandersheim und Helmarshausen, in denen für die rechtliche Ordnung auf den neu einzurichtenden Märkten unter anderem auch auf Dortmund als Vorbild verwiesen wird. In der Gandersheimer Urkunde heißt es[30]: „daß Händler und Bewohner dieses Ortes dasselbe Recht nutzen sollen, das auch sonstige Kaufleute von Dortmund und anderen Orten benutzen", und in der für Helmarshausen[31]: „daß alle Kaufleute und die, die sonst den Markt ausüben, sich dort aufhalten, ihn besuchen und verlassen, solchen Frieden und solches Recht haben sollen, wie es diejenigen haben, die zu Mainz, Köln und Dortmund Handel treiben, und denselben Bann zahlen sollen [wie die], die dort den Markt stören oder brechen wollen".

Ohne Zweifel gibt es in Dortmund also im 10. Jahrhundert *auch* einen Markt. Dies ist nichts Besonderes, das Dortmund über sonstige Königsstädte und Mittelpunkte anderer Reichsgutbezirke herausheben würde. Hier war die Existenz eines Marktes fast eine notwendige Selbstverständlichkeit, die als ein Recht des Königs natürlich auch so lange keines Privilegs bedurfte, so lange ein Markt unmittelbar in der Verfügungsgewalt des Königs blieb. Schon im Capitulare de villis wird der Verkauf von Überschüssen einer königlichen *villa* zur Pflicht gemacht (cc. 33, 39), und in c. 54 (ebd.) wird ein Markt offenbar als eine regelmäßig vorhandene Einrichtung vorausgesetzt. Die Lage dieses Marktes in Dortmund, zumindest aber die des Fernmarktes, wird man wenigstens im 10. Jahrhundert schon an seiner späteren Stelle an der Südseite des Hellwegs und nach Analogie der Märkte in den meisten alten Orten

---

23 Dortm. UB Ergbd. I 32, 36.

24 Daß die ehemalige Margaretenkapelle, nördl. S. Reinoldi, tatsächlich in die Frühzeit zurückreichte, weil sie auf dem Boden stand, der als *fundus* der eigentlichen alten *curia regia* (= Königshof) angenommen wird, entbehrt jeden überzeugenden Anhaltspunktes; sie kann aus sehr viel späterer Zeit stammen; vgl. v. Winterfeld, Geschichte S. 19 u. unten S. 75 m. Anm. 106. Selbst oder auch gerade wenn an der genannten Stelle der alte Königshof zu suchen ist, dann muß die Vorgängerin von St. Reinoldi auch die zur *curia* gehörige Kirche gewesen sein.

25 Vgl. unten S. 66 ff.

26 Die Benediktskapelle ist zuverlässig nur als Kapelle auf dem Ostentor bezeugt; die Bemerkung v. Winterfeld, Geschichte S. 9, über die frühere Lage der Kapelle vor dem Ostentor und daß sie Ansatz einer Benediktinerabtei als Missionszentrum gewesen sei, entbehren nicht nur jeder quellenmäßigen Grundlage, sondern geht auch von falschen Vorstellungen über Kirchenorganisation und Mission aus; Dortmund war kein Reichskloster, sondern ein Reichshof.

27 Dazu unten S. 75.

28 Eindeutigster Hinweis ist wohl die schöffenbare und ratsfähige Familie *de Palatio (Palas, Pallays)*, die erstmalig 1261 (Dortm. UB I1, S. 50 n. 110) genannt ist, deren Wohnsitz in Dortmund aber leider nicht zu lokalisieren ist.

29 Karl IV. 1377 im Stegerepeshof der Familie Wickede.

30 *ut negotiatores et habitatores eiusdem loci* (scil. Gandersheim) *eadem lege utentur, quae et caeteri emptores Trotmannie aliorumque locorum utuntur*, MGH. DO III 111 (Auszüge in Dortm. UB I1, S. 5 n. 17 u. Dortm. UB Ergbd. S. 13 n. 21 ganz unzureichend für das richtige Verständnis).

31 *ut omnes negotiatores ceterique mercatum excolentes, commorantes, euntes et redeuntes talem pacem talemque iustitiam obtineant, qualem illi detinent, qui Moguntiae, Coloniae et Trutmanniae negotium exercent, talemque bannum persolvant qui ibidem mercatum inquietare vel infringere praesumant*. MGH. DO III 357 (Auszüge in Dortm. UB I1, S. 6 n. 23 u. Ergbd. S. 14 f. n. 27).

außerhalb des *locus* oder der *urbs* annehmen müssen [32]. Erst in einer nicht mehr datierbaren Erweiterungsphase der Stadt dürfte der Markt in die Siedlung selbst einbezogen worden sein.

Die Existenz eines Marktes setzt sowohl einen Zoll und damit einen *teleonarius* (Zöllner) sowie eine Münzstätte mit einem Münzmeister *(monetarius)* als herrschaftliche (ministerialische) „Beamte" voraus. Der Dortmunder *teleonarius* ist noch im 13. Jahrhundert durch den Namen einer ratsfähigen Familie belegt [33]; die Dortmunder Münzstätte und damit indirekt den Münzmeister erhärten die Dortmunder Münzprägungen seit ottonischer Zeit [34]. Sowohl Zöllner wie Münzer waren mit großer Wahrscheinlichkeit keine Freien, sondern Angehörige der Dortmunder Hoffamilie des Königs, mit Sicherheit aber nicht der Gruppe der Gewerbetreibenden oder „freien" Fernkaufleuten entnommen.

Was sonst die beiden zitierten Urkunden über das Dortmunder Marktrecht und vor allem die am Marktgeschehen beteiligten Personen mitteilen, ist nicht so klar und nicht so weitgehend, wie oft behauptet wird. Das gilt besonders von der jüngeren Helmarshausener Urkunde, die zwar die an sich wortreichere ist, bei der es jedoch fraglich erscheint, ob und was sie gegebenenfalls über die „Bewohner" Dortmunds erkennen läßt. Strenggenommen ist in ihr nur von den am eigentlichen Marktgeschehen Beteiligten, aber *allen* Beteiligten, nämlich *negotiatores ceterique mercatum exolentes* (= Händler und Käufer) in Helmarshausen die Rede, die sich auf dem Markt (Geschäfte halber) aufhalten, ihn betreten und wieder verlassen, — wer das auch immer sein mag, gewiß nicht nur Leute aus Helmarshausen, sondern Marktbesucher schlechthin. Sie alle sollen Recht und Frieden (auf dem Markt) genießen, wie ihn diejenigen genießen, die in Mainz, Köln und Dortmund, d. h. auf den dortigen Märkten, Handel treiben, und sie sollen bei Bruch des Marktfriedens in Helmarshausen die gleichen Bußen leisten, wie sie auf den genannten Märkten im gleichartigen Fall üblich sind. Man erfährt, daß zu Dortmund ein Markt existiert, daß auf diesem Markt ein „Friede" gilt und dessen Bruch nach Recht geahndet wird — eine selbstverständliche Konsequenz —, daß für Friede und Recht auf dem Dortmunder Markt die gleichen Bedingungen gelten wie in Mainz und Köln und sie nun auch auf dem Markt von Helmarshausen gelten sollen. Damit ist nichts gesagt über die Bevölkerung Dortmunds, weder allgemein über ihre soziale Struktur, noch schon gar über einen dauernden Rechtsstand der Dortmunder insgesamt (so weit es die Urbanen betrifft), sondern ausschließlich etwas über das Recht, das für das Marktgeschehen als solches und dabei für Auswärtige ebenso wie für Dortmund galt. Weder sind die am Marktgeschehen Beteiligten eine konstante, noch eine ausschließlich Dortmunder oder Dortmunder urbane Gruppe, noch lediglich Fernkaufleute. Das Recht von dem hier die Rede ist, betrifft nicht einen dauernden Rechtsstatus von Personen, sondern im Grunde den eines bestimmten Ortes — d. h. des Marktes, der nicht mit dem *locus* oder der *urbs* Dortmund identifiziert werden kann — zu einer bestimmten Zeit, in dessen Genuß alle kommen, die diesen Ort zu gegebener Zeit aufsuchen, aber auch nur solche. Es ist darum auch selbstverständlich, daß dieses Marktrecht, d. h. das auf dem Markt herrschende Recht, kein genossenschaftlich orientiertes Recht war, sondern ein gesetztes Recht *(lex)*, dessen Einhaltung von dem „Gesetzgeber", bzw. seinen „Beamten" wahrgenommen wurde oder allgemein dem Inhaber des Marktrechtes, d. h. in Dortmund durch den *iudex (comes)*, anderswo durch den Vogt. Daß im übrigen der Reichsgutkomplex Dortmund nicht nur aus dem Markt bestand und seine Bevölkerung nicht nur aus Kaufleuten, daß auch weiterhin Markt, *urbs* und der Königshof mit seinen *servientes* und „Beamten" zu unterscheiden und gegenwärtig zu halten sind, sei hier nur am Rande, aber als letztlich doch gewichtiger Punkt erinnert.

---

32   Ich habe erhebliche Zweifel, daß nördl. St. Reinoldi, also zwischen der Kirche und dem vermuteten Königshof je ein Markt lag, kaum aber jemals ein Fernmarkt. Direkte Hinweise für einen Markt an dieser Stelle gibt es nicht; die späteren Bänke an dieser Stelle sind kein verwertbarer Beleg. Für „außerhalb" gelegene Märkte sei hier nur Köln genannt.

33   Vgl. unten S. 67.

34   Vgl. P. Berghaus, Münzgeschichte der Stadt Dortmund, Bd. I, Dortmund (Stadtsparkasse) 1978, S. 9 ff.

Aussagekräftiger für die Dortmunder Verhältnisse erscheint die Gandersheimer Urkunde, aber doch wiederum nicht so eindeutig und zu so weitgehenden Schlußfolgerungen berechtigend, wie v. Winterfeld offenbar meinte[35]. Wenn die Gandersheimer Kaufleute und Bewohner dieselbe *lex* gebrauchen (nutzen) sollen, wie sie auch sonst die Käufer von Dortmund und anderen (königlichen) Orten verwenden, so zielt auch dies nicht auf den Ort und seine Bewohner schlechthin und meint nicht deren gesamten und dauernden rechtlichen Status, sondern den Markt, den einzurichten mit dieser Urkunde die Äbtissin von Gandersheim das Recht erhält. Es ist zu beachten, daß an Gandersheim nicht der gesamte Ort geschenkt wird; dieser und damit auch seine Bewohner und deren Rechtsverhältnisse unterstehen längst, wie die Urkunde ausdrücklich sagt, der Verfügungsgewalt der Äbtissin. Die Rechte, die der Äbtissin nun noch verliehen werden (können), beziehen sich daher ausschließlich auf einen Bereich, der Gegenstand der nunmehrigen königlichen Verleihung ist, der bis zum Moment der Verleihung noch der Verfügung des Königs unterstand und erst von nun an der Äbtissin überlassen wird, den daher der König aber auch in einem von ihm gewünschten Rechtszustand an die Äbtissin übergibt. Dies ist ausschließlich der Markt, der aber natürlich auch für die Bewohner *(habitatores)* von Gandersheim von Interesse ist. Mit anderen Worten: Auch diese Urkunde betrifft wiederum nur das auf dem eigentlichen Markt geltende Recht, das sich nach der Überlassung des Marktes an die Äbtissin nicht von dem königlicher Märkte unterscheiden soll, und sagt damit auch bezüglich Dortmunds nur etwas über das Recht aus, das z. B. Dortmunder Kaufleute auf Märkten überhaupt und natürlich dem Markt ihres eigenen Ortes besitzen. Dies könnten entweder die in der Helmarshausener Urkunde angesprochene Marktordnung von Köln, Mainz und Dortmund sein oder aber — wenn man *emptores Trotmanniae* ganz wörtlich übersetzt — besondere Rechte von Dortmunder Käufern auf *ihrem* Markt, wie sie etwa noch später die Dortmunder Statuten nennen: Also z. B. die Zollfreiheit der Gandersheimer auf ihrem Markt, wie sie auch die Dortmunder und die Dortmunder ,,Reichsleute'' auf dem Dortmunder Markt besaßen.

Aus den Quellen des 10. und — so kann man hinzufügen — des 11. Jahrhunderts erfährt man also wenig bis nichts über die inneren Zustände und die Lage der Dortmunder Bevölkerung in rechtlicher und sozialer Hinsicht, vor allem nichts über Entwicklungen und Veränderungen oder etwas, das über den Rechtskreis der im engsten Sinn königlichen Rechte und ihre unmittelbare Wahrnehmung hinausginge, nichts, das auf irgendwelche generell oder wenigstens dauernd für eine Gruppe bestehenden oder verliehenen ,,Freiheiten'' hinwiese.

Im Hinblick auf Dortmund als Ganzes, auf seine Bevölkerung insgesamt und schließlich auch auf die als solche belegten Kaufleute kann man also wenig Spezifisches sagen. Nur an Hand anderweitig und in hinreichender Breite nachgewiesener sozialgeschichtlicher Trends, die sowohl an der Entwicklung ehemaligen Königsgutes in geistlicher Hand wie noch immer unmittelbar durch den König genutzten Reichsgutes zu beobachten sind, können einige Vermutungen geäußert werden, die auch für Dortmund bestimmte Zustände annehmen lassen. Sie seien hier nur in aller Kürze und Knappheit skizziert.

Die Handhabung der königlichen Rechte dürfte nach vergleichbaren Quellen über Königsgut und verschenktes ehemaliges Königsgut eingeschlossen haben, daß dessen Bewohner und in erster Linie die auf dem Salhof lebenden Abhängigen — sowohl diejenigen, die das Salland bewirtschafteten, wie die anderen, die sonstige zentrale (,,Ämter'') und andere Aufgaben (Gewerbe, Boten- und Kriegsdienst, Transporte) erledigten, nicht absolut rechtlos, d. h. ohne eine kontinuierlich geltende Ordnung, sondern nach einem Hofrecht lebten, dessen Existenz schon aus dem Capitulare de villis, aber auch aus Urkunden Arnulfs von Kärnten[36] oder der Ottonen[37] und Salier[38] in den verschiedenen Stationen einer als kontinuierlich erscheinenden Veränderung entgegentritt. Ohne ein solches Hofrecht — ob geschrieben oder umgeschrieben — wäre ein geordnetes Leben nicht möglich gewesen. Ebenso ist

---

35 A. a. O. S. 16. — Noch unzulässiger erscheint ebd. S. 22 die Übertragung der Verhältnisse von Tiel auf Dortmund; die daraus gezogenen Konsequenzen sind kaum zu verantworten.

36 Vgl. MGH. DArn 32, 157, 158.

37 MGH. DH II 319; vgl. auch das Hofrecht des Bischofs Burchard von Worms (1024/25), MGH. Constitutiones I, S. 640 ff. n. 438.

38 Vgl. MGH. DK II 216. — Die in Anm. 30 f. genannten Urkunden und zahlreiche weitere einschlägige Belege mit dt. Übersetzung auch in: Quellen zur dt. Verfassungs-, Wirtschafts- und Sozialgeschichte bis 1250, ausgew. u. übers. v. L. Weinrich, Ausg. Quellen z. dt. Gesch. d. Mittelalters 32, 1977.

anzunehmen und auch belegbar, daß dieses Hofrecht schon früh genossenschaftliche Elemente einschloß (z. B. Heranziehung von Mitgliedern der *familia* = Standesgenossen, als Schöffen zum Hofgericht). Wirtschaftlich und „sozial" war diese Familie keine Einheit. Sie differenzierte sich aus in „Beamte" als Inhaber der Hofämter (Ministerialen), landwirtschaftlich Tätige, Handwerker und Gewerbetreibende, aber auch Kaufleute, die Fremdprodukte im Rahmen der Herrschaftsorganisation, die auch eine Wirtschaftsorganisation darstellte, heranzuschaffen hatten. Es ist ein inzwischen anerkannter Befund, daß auch der Handel im früheren Mittelalter weitgehend herrschaftlich, besonders von der königlichen Gewalt organisiert war und die Kaufleute selbst aus der königlichen *familia,* der Gruppe der Hofesleute stammten, aus den zum Salhof gehörigen *servientes* — ich möchte hinzufügen, schon weil die Beschaffung der für einen Aufenthaltsort des Königs notwendigen Fremdprodukte nicht dem bloßen Zufall überlassen sein konnte. Es ist übrigens auffällig genug, daß in Dortmund, wenn hier freie Fernhändler unter dem Schutz des Königs eine so große Rolle, wie meist angenommen, gespielt haben sollen, solche Kaufleute nicht nachgewiesen werden können und vor allem ihre typischsten Vertreter, Juden, erst im späten Mittelalter nach Dortmund kamen[39]. Auch in Dortmund dürften die zweifellos vorhandenen Kaufleute *(negotiatores)* daher der Herkunft nach Eigenleute des Königs, Mitglieder der Hoffamilie gewesen sein, die allerdings schon aus Gründen ihres „Berufes" weitgehende Freizügigkeit genossen und eine gewisse Handlungsfreiheit im Rahmen ihrer Tätigkeit besitzen mußten, die es ihnen ermöglichte, sich als Gruppe zu profilieren, zu Geld zu kommen, sich über Handwerker und Krämer zu erheben und zu einer angesehenen sozialen Schicht zumindest in der „Markt- und Gewerbesiedlung" Dortmund zu werden[40]. Aber all dies muß Vermutung bleiben; schon gar nicht ist damit gesagt, welche Rolle Kaufleute im ganzen des auch im 11. Jahrhundert noch voll funktionsfähigen Königshofes spielten, in denen auch noch andere Gruppen wie die der „Beamten" und Dienstleute eine nicht zu unterschätzende Bedeutung besessen haben müssen.

3. Die *civitas*

Im Jahre 1068 ist mit Heinrich IV. für fast ein halbes Jahrhundert letztmalig ein König in Dortmund bezeugt und damit beginnt erneut eine so gut wie absolut quellenlose Zeit. Dies ist um so mehr zu bedauern, als in diesem Zeitraum die Entwicklung des noch völlig intakt scheinenden Reichsgutes Dortmund zur weitgehend verselbständigten *civitas* schon im 12. Jahrhundert sich vollzogen haben muß, an deren Ende der ehemalige Reichshof aufgeteilt, weitgehend der Selbstverwaltung überlassen erscheint und nur noch ein Bruchteil des Hofes sich in der unmittelbaren Verfügung des Königs befindet. Wenig wahrscheinlich ist aber, was v. Winterfeld zu vermuten scheint, daß nämlich die erst in ihrem Ergebnis erkennbaren Veränderungen dieser Epoche unmittelbar durch den König Heinrich IV. gefördert wurden[41]. Hinweise auf Heinrichs Privilegien für Worms oder Halberstadt, in denen in herkömmlicher Weise Dortmund lediglich als einer der Märkte genannt wird, an denen Wormser oder Halberstädter Kaufleute Zollfreiheit genießen sollen, geben für Dortmund keinen Hinweis, der über das schon im 10. Jahrhundert Erkennbare hinausweisen könnte[42]. Die Verhältnisse in Sachsen unter Heinrich IV. und seinem Sohn Heinrich V. sprechen überhaupt nicht dafür, daß dem König irgendein nennenswerter Einfluß zukam, eher haben ihn

---

39 Juden sind im früheren Mittelalter die Fernkaufleute; die Begriffe *iudaeus* und *mercator (negotiator)* werden z. T. synonym gebraucht (MGH. Capitularia 2, S. 250 ff. n. 253, Raffelstettener Zollweistum: *Mercatores, id est Iudei et ceteri mercatores;* MGH. DO I 300: *Iudei vel ceteri . . . mercatores).* Auch in Dortmund scheint der Fernmarkt z. T. durch Juden bedient worden zu sein, wenn 1096 der Kölner Jude Schemarja zu Dortmunder christlichen Bekannten flüchtete. Aber die gleiche Quelle (Westfalia Iudaica. Urk. u. Regesten z. Geschichte der Juden in Westf. u. Lippe I: 1005—1350, hg. v. B. Brilling u. H. Richtering, Studia Delitzschiana 11, 1967, S. 24 ff. n. 3) beweist auch, daß es Ende des 11. Jh. noch keine Juden in Dortmund gab und damit die typischen Fernhändler in Dortmund fehlten. Erst im 13. Jh. können Juden in Dortmund nachgewiesen werden; vgl. Westfalia Judaica S. 35 f. n. 9 u. 10.

40 Zu der hier skizzierten Entwicklung vgl. K. Bosl, Grundlagen (o. Anm. 10), bes. I, S. 179 ff.; II S. 212 ff.

41 A. a. O. S. 25 f.

42 Ebensowenig kann aus dem einen Privileg Heinrichs IV. für Worms (MGH. DH IV 267 v. 1074 — Januar — 18) auf eine allgemeine städtefreundliche Politik des Königs geschlossen werden.

zeitweilig Erzbischof Anno von Köln[43] und danach Lothar von Süpplingenburg besessen. 1152 ist mit Friedrich I. noch einmal ein König in Dortmund zum letzten Mal im 12. Jahrhundert nachweisbar[44].

Gleichwohl muß aber kurz zuvor unter Konrad III., dessen persönliche Anwesenheit in Dortmund wenig wahrscheinlich ist[45], eine für Dortmund wichtige Entscheidung gefallen sein, durch die der Weg zur Stadt im Rechtssinn und zur rechtlichen Verselbständigung zum ersten Mal unmittelbar erkennbar wird. Da sie wahrscheinlich außerhalb Dortmunds fiel, dürfte sie auf eine Initiative der Dortmunder selbst zurückgehen, die ausdrücklich darum nachsuchten. Nicht zu erfahren ist leider, wer den Anstoß zu dieser Initiative gab, sie trug oder beim König vorbrachte.

Bekanntlich erneuerte Friedrich II. im Jahre 1236 den Dortmundern ein schon 1220 einmal von ihm ausgestelltes, nach Aussage der Dortmunder 1232 beim Brand vernichtetes Privileg, das der *universitas Tremoniensium civium* erteilt ist[46]. Der Kaiser nahm diese in Schutz und erneuerte die Rechte, die nach Aussage der Urkunde schon Konrad III. und Friedrich I. den Dortmundern gewährt hatten, nämlich 1. den ausschließlichen Gerichtsstand vor einem Gericht innerhalb der *civitas* in Anwesenheit des *comes* oder dessen Richters[47]; 2. die Befreiung vom Zweikampf aus *unrechtmäßigem* Grund *(inusta occasione)*[48], wenn Dortmunder aus Gründen des Handels über Land fahren; 3. die Zollfreiheit von handeltreibenden Dortmundern im gesamten *imperium*.

Leider sind die im Privileg angezogenen Vorurkunden Konrads und Friedrichs nicht erhalten — möglicherweise gingen auch sie beim Brand 1232 verloren —, darum muß offen bleiben, wie weit auch die Narratio den älteren Vorlagen folgt, ob also auch Konrad schon von der *universitas civium* gesprochen hat. Mit Sicherheit aber kann man die von Friedrich II. bestätigten Rechte schon für das Privileg Konrads in Anspruch nehmen. Sollte dies sich schon an die *universitas* gewandt haben, dann hätten die *cives* von Dortmund schon um 1140/50 eine rechtsfähige Körperschaft oder Genossenschaft mit Genossen gleichen Rechts gebildet, die zwar nach wie vor einem Richter unterstand, der seine Kompetenz von der königlichen Autorität erhielt, nämlich dem (Stadt-)Grafen, aber dennoch auch selbst eine gewisse rechtliche „Kompetenz" insofern besaß, als das Gericht selbst nur in *Anwesenheit* des Grafen oder seines Richters tagte, im übrigen aber ein Schöffengericht gewesen sein muß, dessen Schöffen nur aus dem Kreis der angesprochenen *cives* gekommen sein können[49]. Diese *cives* verfügten über Eigentum *(praedia)*

43   Aus der unechten Urkunde Erzbischofs Anno von Köln (Dortm. UB Ergbd. I, S. 25 ff. n. 54) für das Kölner Mariengradenstift, in der die Dortmunder Mutterkirche dem Stift übertragen wird und die offensichtlich den im 13. Jh. behaupteten Patronatsanspruch des Stiftes stützen sollte, können natürlich keine Schlüsse gezogen werden. Dennoch bot die Zeit Annos, zumal die seiner Vormundschaft gegenüber dem unmündigen Heinrich IV., am ehesten Gelegenheit zu engeren Beziehungen — vielleicht vorübergehend auch solchen besitzrechtlicher Art — zwischen der Kölner Kirche und Dortmund. Solche Beziehungen und etwa in dieser Zeit müssen schon wegen des Dortmunder Patrozinienwechsels, der nur mit Einwilligung oder auf Betreiben des Kölner Erzbischofs erfolgt sein kann, bestanden haben. — Vgl. auch unten S. 75 mit Anm. 106.

44   Bzw. 1154; vgl. Dortm. UB Ergbd. I, S. 30 f. nn. 64 f., jetzt auch MGH. DF I 59 u. DF I 81 u. 82. Vgl. F. Opll, Das Itinerar Kaiser Friedrich Barbarossas (1152—1190), Forsch. z. Kaiser- u. Papstgesch. f. Mittelalters, Beihefte zu J. F. Böhmer, Regesta Imperii, 1, 1978, S. 8 ff., 165, 168. Als einziger Herrscher des 13. Jhs. war Heinrich (VII). 1224 in Dortmund (Dortm. UB I, 63).

45   Vgl. das Itinerar Konrads III. bei Th. Mayer, Der Wandel unseres Bildes vom Mittelalter, Blätter f. d. Landesgesch. 94, 1958, Tafel III (nach S. 24).

46   Dortm. UB I 1, S. 27 ff. n. 74.

47   Es ist aber mit Nachdruck zu betonen, daß der Graf, bzw. sein Richter herrschaftliche und nicht städtische „Beamte" sind. Im übrigen schloß das Privileg auch in Zukunft nicht aus, daß z. B. ein andernorts strafrechtlich schuldig gewordener Dortmunder auch außerhalb vor Gericht gezogen werden konnte.

48   Der lateinische Wortlaut läßt es genau genommen nicht zu, in der herkömmlichen Weise von einer Befreiung vom gerichtlichen Zweikampf zu sprechen; vgl. v. Winterfeld, Geschichte, S. 28.

49   Dortm. UB I 1, S. 28: *tantum in civitate nostra in presentia comitis, qui pro tempore fuerit, vel iudicis sui provide respondeant* (nur in unserer Stadt in Gegenwart des Grafen, der das Amt zur Zeit innehat, oder seines Richters sollen sie weiterhin sich verantworten). Der Graf bzw. sein Richter ist Vorsitzender des Gerichts; das Urteil selbst wird von den Schöffen gefunden, der Graf oder Richter verkündet es nur und setzt es damit in Kraft.

und verantwortete sich selbst in Person vor Gericht *(super eorum personis)* [50]. Schließlich sind die *cives* aber auch dadurch gekennzeichnet, daß sie — „wenn sie es nötig haben" oder „da sie genötigt sind" *(cum ... necesse habeant)?* — mit ihren Waren über Land ziehen.

So klar und einfach diese Aussagen scheinen, stellen sich dennoch einige Fragen, zumal im Vergleich mit Beobachtungen aus anderen Städten: Wer sind die Bürger? Welche Personen umfaßt die *civitas?* Auf welche Personen zielen in erster Linie diese Rechte? Denn: Sind wirklich alle Bewohner gemeint und besitzen alle ein *praedium,* oder handelt es sich nur um *praedium* an Grund und Boden, gleichsam um ein „*praedium libertatis*"? Sagt die Passage über die Befreiung vom Duell, die eine besondere Qualifikation derer zu bezeichnen scheint, die als Bürger gelten sollen, daß nur Kaufleute gemeint sind, wenn es heißt: „Da diese (dieselben?) Bürger es nötig haben ...? So hat diese Worte jedenfalls v. Winterfeld offenbar verstanden [51].

Manche jüngere Arbeiten zur Stadtgeschichte etwa von Planitz, Rörig, Fröhlich und z. T. auch Ennen schienen v. Winterfelds These zu stützen, die Dynamik der städtischen Entwicklung sei von der Kaufmannschaft, genauer von den Fernhandelskaufleuten und ihren „genossenschaftlichen" Einrichtungen getragen worden, sobald diese Gruppe an Marktorten sich niedergelassen habe [52]. Aber diese Aussage kann nicht verallgemeinert werden, mag sie mancherorts auch zutreffen. Im Dortmunder Privileg auch das erste und damit offenbar wichtigste und grundlegende Recht, das des städtischen Gerichtsstandes, nur oder überhaupt als im Interesse der Ferndhandelskaufleute gelegen zu werten, besteht kein Anlaß. Es ist auch ein Interesse des Stadtherrn, hier des Königs, Zuzügler nach Dortmund zu gewinnen und diese keinem fremden Gericht mehr unterstellt zu sehen, wie dies natürlich ebenso im Interesse der Bürger und nicht zuletzt der Neubürger liegt. Auch das zweite Recht mit seiner Eingangsformulierung: *Preterea cum ipsi cives necesse habeant ...* gestattet eine entsprechende Deutung: „Außerdem, wenn diese Bürger genötigt sind ...", d. h. daß jeder Bürger in den Genuß genannter Rechte kommt, sofern und so bald er Handel treibt [53]. Natürlich waren Befreiung von Zweikampf und Zoll im Interesse der Kaufleute, aber für den inneren Zustand Dortmunds war dennoch in erster Linie der Gerichtsstand das entscheidende und wichtige Moment, und dieser städtische Gerichtsstand war auf keinen Fall ein Recht, das nur oder in der Hauptsache die Kaufleute betraf, sondern alle Bürger; Zweikampf- und Zollbefreiung wurden nur gegebenenfalls von Bedeutung und dienten im übrigen wohl ebenso der Werbung von Neubürgern. Gerade der „Gerichtsstand" erweist sich so als das für die Stadt selbst entscheidende Privileg, ihn als Ausdruck vornehmlich des Interesses der Fernhandelskaufleute zu sehen, ist zu eng, wenn nicht falsch. Dann aber stellt sich erneut die Frage, ob die *cives,* die Fernhandel treiben, eine abgeschlossene oder scharf umrissene gesellschaftliche Gruppe sind, die das Privileg bewirkte und um deretwillen es erteilt wurde. Anhand des soeben erörterten Privilegs selbst läßt sie sich allerdings nicht entscheiden; denn neue, genauere und von da an kontinuierlich sich vertiefende und differenzierende Einblicke gewinnt man erst nach 1232, beginnend mit Friedrichs II. Bestätigung seines eigenen älteren Privilegs von 1220 aus dem Jahre 1236.

Bezüglich des dispositiven Teils bringt die Bestätigung zwar offensichtlich nichts Neues gegenüber dem Privileg von 1220, das als Insert mitgeteilt wird, aber die Narratio der Bestätigung verdient einen Moment der Aufmerksamkeit. In ihr wird erzählt: *quod cives Tremonienses fideles nostri ... supplicarunt* (daß unsere getreuen Dortmunder Bürger ... baten) etc. Daß diese Bitte tatsächlich nur von einigen wenigen *cives* dem Kaiser unmittelbar

---

50 Es ist wohl dasselbe gemeint wie im Privileg Ludwigs d. Bayern von 1332 (Dortm. UB I 1, S. 338 n. 489 § 1): *pro quacumque causa civili vel criminali.*

51 ebda.: *... respondeant. Preterae cum ipsi cives necesse habeant.* Vgl. v. Winterfeld, Geschichte S. 28.

52 K. Fröhlich, Kaufmannsgilden und Stadtverfassung im Mittelalter, Festschr. Alfred Schultze z. 70. Geburtstag, hg. v. W. Mark, 1934, 85—128; H. Planitz, Die deutsche Stadtgemeinde, ZRG. Germ. 64, 1944, 1—85; F. Rörig, Die Stadt in der deutschen Geschichte, Zs. d. Ver. f. Lübeckische Gesch. u. Altertumskunde 33, 1952, 13—32 (alle auch: Die Stadt des Mittelalters I u. II, Wege der Forschung 243 u. 244, 1969/72). H. Planitz, Kaufmannsgilde und städtische Eidgenossenschaft in niederfränkischen Städten im 11. und 12. Jahrhundert, ZRG. Germ. 60, 1940, 1—116; Ders., Die deutsche Stadt im Mittelalter, 1954; E. Ennen, Frühgeschichte der europäischen Stadt, [1]1953. — L. v. Winterfeld, Geschichte (zuerst 1934 ersch.), steht ganz im Trend dieser Arbeiten.

53 Vgl. auch unten S. 74 ff.

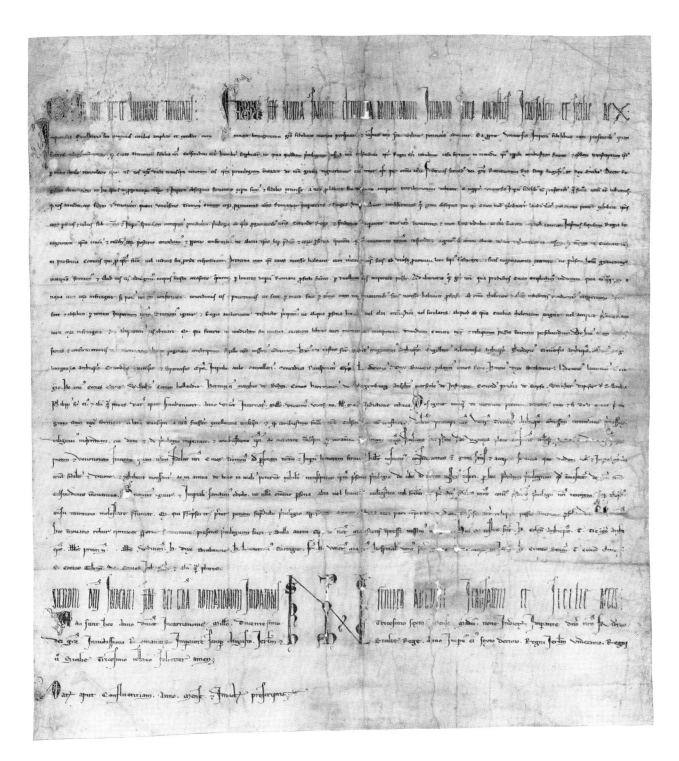

Abb. 10: Privileg Kaiser Friedrich II. für die Stadt Dortmund vom Mai 1236

vorgetragen worden sein kann, die im Namen der *cives* insgesamt sprachen, ist selbstverständlich; aber um so wichtiger wäre es zu wissen, wer hier im Namen der *cives* sprach und sprechen konnte, oder wenigstens, welcher sozialen Gruppe er (oder sie) angehörte(n). Mit einiger Gewißheit läßt sich nur feststellen, daß die Bezeichnung der *cives* als *fideles* erkennen läßt, daß dieses *cives* dem König und Kaiser einen Treueid geleistet haben und infolgedessen über Besitz verfügten, der vom König herrührte[54]. Es mag zumindest noch dahingestellt sein, wer das nun eigentlich ist; nur, eine Beschränkung auf Fernkaufleute ist nicht erlaubt. Es wird sehr schnell aus den weiteren Quellen deutlich, kann aber auch bereits zu diesem Zeitpunkt als Tatsache angenommen werden, daß noch ganz andere Leute als Kaufleute über Besitz aus Königshand als „Eigentum" verfügten. In anderen Städten sind jedenfalls nachweislich *servitores* oder *servi fiscalini,* Angehörige der Hoffamilie, als solche *fideles* bezeugt[55].

Namentlich werden Dortmunder *cives* zuerst 1238 genannt: Ludgerus, Wasmodus, Herimannus de Dalewic, Heinricus de Colle, Arnoldus de Colle *(cives Tremonienses),* aber sie bleiben für uns auch bloße Namen[56]. Aufschlußreicher ist es, daß in einem beurkundeten Schiedsgerichtsurteil, das nicht genauer als zwischen 1230 und 1240 zu datieren ist, 16 Dortmunder Bürger *(burgenses)* als Zeugen aufgeführt sind[57], deren Funktion, soziale Stellung und etwaige Gruppenzugehörigkeit der Urkunde selbst zwar nicht zu entnehmen sind[58], aber sieben von ihnen treten unter jenen 18 Personen wieder auf, die in der wichtigen Urkunde über Verkäufe des Dortmunder Grafen an die Dortmunder Bürger im Jahre 1241 zum ersten Mal als *consules* bezeichnet werden[59]. Zwei von den erwähnten sieben der Reihe von 1230/40 und von 1241 sind auch in der *consul*-Reihe von 1253 genannt[60], in der daneben noch je einer aus den Reihen von 1230/40 und von 1241 begegnen[61]. In der nächsten überlieferten *consul*-Reihe, der von 1256[62], sind noch einer aus der Reihe von 1230/40[63], zwei aus schon 1241 beteiligten Familien[64] und acht Mitglieder der Reihe von 1253[65]. An der Spitze dieser Ratsreihen stehen in diesen und noch vielen folgenden Jahren keine Bürgermeister oder *proconsules,* wie sie in Dortmund dann genannt werden, sondern *iudices,* die Stellvertreter oder beauftragte Richter des Grafen — im Einvernehmen mit den *cives* — sind, denselben Familien angehören wie die *consules* und auch selbst vor oder nach ihrem Richteramt unter den *consules* begegnen[66].

---

54 Allgemeiner: vom Grund- und Leibherren. — Vgl. im Einzelnen H. Helbig, Fideles Dei et Regis, Arch. f. Kulturgesch. 33, 1951, S. 275 ff.; zusammenfassend Bosl, Grundlagen I, S. 198 ff.

55 Vgl. MGH. D Arn. 158 f. Worms; Erzbischof Adalbert I. von Mainz, Mainzer Urkundenbuch I, hg. M. Stimming, 1932, S. 517 ff. n. 600.

56 Dortm. UB I 1, S. 30 n. 75, Macharius von Linne und Erben für das Dortmunder Katharinenkloster. — Die Gründe, weshalb die Genannten unter den Zeugen auftreten, sind nicht erkennbar. Keiner von ihnen kann sicher an den Kreis der Schöffenbaren und Ratsfähigen angeschlossen werden, aber wenigstens für Ludgerus ist dies auch nicht völlig auszuschließen; vgl. die Zeugenreihe Dortm. UB I 1, S. 32 n. 77.

57 Dortm. UB I 1, S. 31 f. n. 77. — Ich stütze mich im Folgenden ausschließlich auf urkundlich belegte Schöffen- und Ratsreihen; die frühen „Ratsverzeichnisse" (z. B. Dortm. UB I 1, S. 22 n. 68, 31 n. 76) aus dem Dortmunder Ratsbuch werden als nachträgliche und nicht kontrollierbare Zusammenstellungen aufgrund von Urkunden nicht berücksichtigt.

58 Es ergibt sich aus der Sache — Schiedsspruch des Burggrafen von Kaiserswerth zwischen dem Grafen und den *burgenses* von Dortmund über Rechte bei Erbschaften —, daß die als Zeugen genannten 16 *burgenses* als Vertreter der Partei der Bürger anzusehen sind. — Übrigens ist die Urk. eher noch weniger genau zu datieren, als — nach Dortm. UB I 1 — hier angegeben; sie kann auch noch nach 1240, aber in jedem Fall vor 1249, ebenso jedoch auch vor 1230 entstanden sein, da die Datierung nach nur zufälligen weiteren urkundlichen Erwähnungen von Personen vorgenommen ist, über deren tatsächliche größere Lebenszeit damit nichts ausgesagt ist. In der Namenreihe könnte also durchaus auch eine ältere Schöffen- oder jüngere Ratsreihe vorliegen.

59 Dortm. UB I 1, S. 33 n. 78: Thidericus de Lunen, Heinricus de Kelinghusen, Herimannus Ibe, Engelbertus Sudermann, Wernerus in occidente, Bruno Niger (Schwarz), sowie Hildebrandus Radevang (statt des Radolfus Radevang 1230/40).

60 Dortm. UB I 1, S. 39 n. 94: Heinricus de Kelinghusen, Engelbertus Sudermann.

61 Ebda: Arnoldus clericus, Bertramnus de Puteo.

62 Dortm. UB I 1, S. 48 n. 105.

63 Ebda: Arnoldus clericus (ebenso 1253).

64 Ebda: Arnoldus de Puteo, Conradus de Hirreke.

65 Ebda: Henricus Elene, Johannes Beionis, Albertus Teleonarii, Sigebodo in Oriente, Albertus de Holtekoten, Bertramnus Hilgemann (Sanctus Vir), Arnoldus Uncus (Haken), Hinricus de Mockershove.

66 P. Baedeker, Richter und Gericht im alten Dortmund, Beiträge z. Gesch. Dortmunds u. d. Grafsch. Mark 17, 1909, 217—276; L. v. Winterfeld, Die Entstehung des Dortmunder Stadtrichteramtes, ebd. 31, 1924, 147—153.

Es ist nicht nötig, hier die Ratsreihen erneut im einzelnen vorzuführen, aber folgendes ist festzuhalten: 1. Da die Konsuln keine aus ihren Reihen stammende personale Spitze ihres Gremiums besitzen, sondern dem *iudex* zugeordnet erscheinen, ist es klar, daß die *consules* zugleich *scabini* des ,,Grafen''-und Stadtgerichtes sind, nicht lange vor diesen Jahren aus der bloßen Funktion als Schöffen herausgetreten sein und die Bezeichnung *consul* gewonnen haben können. 2. Von Anfang an ist der Kreis der schöffenbaren und ratsfähigen Familien eng begrenzt, immer wieder tauchen die selben Personen- und Familiennamen auf. ,,Schöffenbar'' zunächst, dann ,,ratsfähig'' muß für diese Gruppe von Familien seit langem ein soziales, rechtliches und politisches Kennzeichen sein. 3. Bis auf wenige mögliche Ausnahmen — wobei um diese Zeit noch die Unsicherheit von Familiennamen und die verschiedenen Anlässe zur Bildung von Herkunftsnamen zu berücksichtigen sind — ist kaum eine Person darunter, deren Herkunft aus einem anderen Ort als Dortmund nachweisbar ist. — Über ,,Beruf'' oder wirtschaftliche Existenzgrundlage dieser Personen und Familien ist allerdings aufgrund der Ratsreihen allein nichts zu sagen. Wenn jedoch v. Winterfeld meinte, keines der früheren Ratsgeschlechter sei auf ältere Zugehörigkeit zum Reichshof zurückzuführen[67], so ist der tatsächliche Wert dieser Behauptung durch eben diesen Hinweis gekennzeichnet.

4. Der Kreis der Ratsfähigen

Der Inhalt der Urkunde von 1241 darf wohl grundsätzlich als bekannt vorausgesetzt werden[68], er sei darum nur in aller Kürze skizziert: Graf Konrad von Dortmund verkauft den *burgenses*[69] und der *civitas* Besitz und Rechte, die er selbst und von Reiches wegen besaß: 1. sein Haus am Markt; 2. seine vom Reich herrührenden Rechte an den Fleisch- und Schuhbänken, soweit sie Boden beanspruchen, sowie an dem Grundstück des Brothauses und an dem Gebäude, das über dem Tribunal gelegen ist. Die Stadt erhält also erst 1241 ein Haus, das zum Bürgerhaus und Rathaus wird[70], und bis zu diesem Jahr besitzt noch immer das Reich durch die Hand des Grafen die unmittelbaren Rechte an Grund und Boden, auf dem Fleisch- und Schuhbänke sowie das Brothaus stehen. Wichtige Elemente des Handwerks und der Versorgung wiesen also noch 1241 auf die Bedeutung der herrschaftlichen und hofrechtlichen Organisation in diesem Bereich hin, die erst jetzt — im Kern der *urbs!* — in die Hände der *civitas* kam. Dies unterstreicht auch der Verkauf des Hauses *super tribunal*, in dem später nachweisbar und tatsächlich auch vielleicht schon damals die Wandschneider ihre Ware verkauften. Die Wandschneider, damals wohl schon als Reinoldi-Gilde organisiert, besaßen bis dahin ebenfalls kein eigenes Haus und verkauften ihr Tuch in einem Gebäude, auf dem bis zu diesem Augenblick noch immer Rechte des Grafen und damit des Reiches ruhten.

All dies — nimmt man die erste Nennung von *consules* hinzu, die damit in einen Zuammenhang gestellt wird, den man nicht übergehen darf — macht deutlich, daß diese Urkunde und damit das Jahr 1241 ein wichtiges Moment in der Stadtentwiicklung enthalten müssen und auf eine grundlegende, die *burgenses* und die *civitas* in einen neuen Rechtsstand setzende Veränderung hinweisen. Auch daß dieses alles am 19. Februar, unmittelbar vor dem Fest Petri Stuhlfeier (22. II.) geschah, an dem (in Zukunft) jeweils das Amtsjahr der Konsuln begann, scheint das konstitutive Gewicht dieser Vorgänge zu unterstreichen.

Aber mehr als die Erörterung dieser Vorgänge selbst interessiert in unserem Zusammenhang die Frage nach der sozialen Gruppe, der die ,,*consules scabini*'' möglicherweise angehören. In dieser Hinsicht verdient eine Regelung Beachtung: Sollte am vereinbarten Tag (11. XI.) der vereinbarte Zins für den Verkauf und Verzicht des Grafen nicht gezahlt werden, *unus consulum eiusdem civitatis, qui Teutonice richteman dicitur et qui est de concivio occi-*

---

67 Geschichte S. 39. — Wie soll man, wenn Mitte des 13. Jh. zum ersten Mal überhaupt Bürger genannt werden, beweisen können, daß diese n i c h t ,,auf altangesessene Dortmunder Reichsleute'' zurückgehen?

68 Dortm. UB I 1, S. 33 n. 78, (Dortm. UB Ergbd. S. 47 n. 120).

69 Auf den Begriff ,,burgenses'' (vgl. dazu etwa K. Fröhlich, Kaufmannsgilden und Stadtverfassung, S. 30 ff.) möchte ich an dieser Stelle nicht eingehen, weil für Dortmund m. E. eine besondere verfassungsrechtliche Bedeutung des Begriffs *burgensis* gegenüber anderen wie etwa *civis* nicht nachzuweisen ist und beide Begriffe völlig synonym verwendet werden.

70 Daß es bereits vor 1241 ein (anderes) Bürgerhaus gegeben haben müsse, das am Ostenhellweg lag und 1232 niederbrannte (so v. Winterfeld, Geschichte S. 35), entbehrt jedes Belegs. Auch wenn die Bürger erst Februar 1241 ein Bürgerhaus (Rathaus) durch Kauf gewannen, konnte im Weseler Stadtrecht durchaus schon im September des Jahres (Dortm. UB I 1, 34 n. 81) vom *domus burgensium* in Dortmund die Rede sein.

dentali, quod Westerburscap appellatur, vadium porriget (dann soll einer der Konsuln der Stadt, der zu deutsch „richteman" heißt und aus der Westerburschaft ist, gemäß dem Zinsrecht Bürgschaft leisten, von der ihn die Stadt befreien soll). „Richteman" — eine Bezeichnung, die auch bei den Dortmunder Gilden vorkommt[71] — ist nicht Synonym für den *consul* schlechthin, auch nicht für den *scabinus,* sondern spricht einen ganz bestimmten *consul* an, schon aus grammatisch-syntaktischen Gründen: Es ist ein *consul* aus der *Westerburscap* (Westerburschaft = Westernachbarschaft, nicht Westerbauernschaft), der entweder als *consul* erst mit der Funktion des „richteman" betraut wird, — Voraussetzung wäre, daß er der *Westerburscap* angehört und daß immer Angehörige der *Wester-burscap* auch unter den *consules* sind — oder aber jemand aus der *Westerburscap,* (deren) *richteman* er ist, als solcher einen Anspruch auf einen Platz unter den *consules* hat[72]. So oder so ist damit aber bewiesen, daß nicht nur die *Westerburscap* stets im Rat vertreten ist, sondern in den Augen und nach dem Willen des Grafen eine besondere Verantwortung und Verantwortlichkeit im Rahmen der Stadt und des Rates gegenüber dem Repräsentanten des königlichen Stadtherrn besitzt. Dafür mögen verschiedene Erklärungen möglich sein, auch die einer rein willkürlichen und insofern zufälligen Regelung; aber naheliegend erscheint doch die einer besonderen Stellung und Bedeutung der *Westerburscap.* Es ist zu prüfen, ob diese auch aus anderen Indizien abzuleiten sind und worin sie gegebenenfalls ihren Ursprung haben könnten.

Von Anfang an und noch im gesamten 14. Jahrhundert sind die Mitglieder des Schöffen- und Ratskollegiums Angehörige einer sehr begrenzten Gruppe von Familien. In den Jahren von 1230/40 bis 1268 zum Beispiel, in denen insgesamt 9 verschiedene, leider nicht immer ganz vollständige Ratsreihen überliefert sind[73], werden zwar 131 Schöffen/Ratsherren genannt, aber in Wirklichkeit nur 78 verschiedene. Mindestens 26 bekleiden zwischen zwei und fünf Mal das Amt des Ratsherren. 104 Mal insgesamt, aber nur mit 54 verschiedenen Personen, ist ein Kreis von 32 Familien vertreten, bei möglicherweise 55 unterschiedlichen Familien im Ganzen. Wo diese Familien oder einzelnen Konsuln in Dortmund ansässig sind in der Mitte des 13. Jahrhunderts, ist allerdings kaum nachzuweisen, da Angaben fehlen, — sieht man einmal von *unus consulum . . ., qui est de concivio occidentali* und *Werner de occidente* (Westerburschaft) (1241) oder *Sigebodo in Oriente* (Osterburschaft) ab[74]. Aufgrund der reicheren und aussagefähigeren Quellen des 14. Jahrhunderts gewinnt man indessen den Eindruck, daß die in dieser Zeit im Rat vertretenen Familien, die noch immer dieselben sind, deren Angehörige schon 1241 unter den *consules* auftreten, auf Hofstätten (Höfen) leben, die so gut wie ausschließlich in der Wester- und in der Osterburschap liegen (z. B. Sudermann, Balke, Hirreke, Beio, Wickede, Palas, Hövel bzw. Nigger/Schwarz, Cesar/Kaiser, Puteus)[75]. Die Anwesen befinden sich fast alle außerhalb der Borgburschap[76] — so weit sie zu dieser gehören, nur an deren Randzone —, die die alte *urbs* umfaßt, in jenem Teil Dortmunds also, den v. Winterfeld den Phasen 3 und 4 der Stadterweiterung — die Richtigkeit der Datierung dieser Stadterweiterungen auf „nach 1115" und „ca. 1200" einmal dahingestellt — zurechnet[77]. Als Gegenprobe mag es gelten, daß in dem Steuerverzeichnis von 1393 (Puntinge), das nur für die Borgburschaft vollständig erhalten ist, kaum ein Name einer ratsfähigen Familie vorkommt und die wenigen Ausnahmen Charakteristika aufweisen, die sie sozial den in der Masse aus Wester- und Osterbur-

71 Vgl. Frensdorff, Statuten, Beilage X, S. 210 Z. 31; Beilage XII, S. 217 Z. 13.

72 Es ist ohne Bedeutung für unsere Fragen, ob der „richteman" einen Burrichter meint. Wenn in Dortmund entsprechende richterliche Funktionen in den Burschaften nicht (mehr) nachgewiesen werden können, können sie auch ebensowenig einfach geleugnet werden. Selbst wenn sich die Tätigkeit des richteman der Westerburschaft nur auf die Ordnung der Allmende erstreckt haben sollte, wäre dies im mittelalterlichen Sinne eine „richterliche" Tätigkeit.

73 Auch hier beziehe ich mich ausschließlich auf urkundliche Belege, nicht auf die nachträglich zusammengestellten Ratslisten dieser Zeit im Ratsbuch. Im einzelnen handelt es sich um Dortm. UB I 1, S. 32 n. 77 (1230/40); 33 n. 78 (1241); 39 n. 94 (1253); 48 n. 105 (1256 [1257]); 50 n. 110 (1261); 52 n. 113 (1262); 53 n. 114 (1263); 59 n. 123 (1267); 61 n. 125 (1268).

74 Vgl. Dortm. UB I 1, S. 32 n. 77; 33 n. 78 und ebd. 39 n. 94; 48 n. 105; 50 n. 110.

75 Vgl. Dortm. UB I 1, S. 554 ff. n. 767, bes. S. 558 ff.

76 Vgl. auch die Pläne bei H. Scholle, Perspektivplan der Stadt Dortmund für das Jahr 1610 nebst Grundrißplan für 1826, Beiträge 68, 1973, S. 185—235., im vorliegenden Band als Abb. 5.

77 Vgl. v. Winterfeld, Geschichte, Abb. nach S. 16.

schaft stammenden Ratsfähigen zuordnet[78]: In der Borgburschaft besitzen nur die beiden schon im 13. Jahrhundert als ratsfähig begegnenden Familien Murmann und Wickede Hufen — so möchte ich schon aus sprachlichen Gründen *dey hoeve* übersetzen, unter denen immer nur das Land und nicht die *hovestat* mit Wohn- und Wirtschaftsgebäuden genannt ist —, die dem Reich zinsen. Aus dem Verzeichnis der von Rübel sogenannten „Reichshöfe" (Reichshufen) aus dem Jahre 1399 ist zu entnehmen, daß diese sich fast alle in den Händen von ratsfähigen Familien befinden, von denen die meisten schon in den ersten Ratsreihen seit 1241 begegnen: Ergste, Brake/Longus, Klepping, Saltrump, Schwarze/Niger, Palzoede/Palatio, Berswort/de Area Capri, Wickede, Hovele, Sudermann, Murmann, Herrike, Putte/de Puteo.

5. Ratsfähige und Reinoldigilde

Die bisherigen Deutungen dieses Befundes gehen in erster Linie von Quellen oder Teilen von Quellen des 14. und 15. Jahrhunderts aus und betrachten die dort anzutreffenden Elemente — häufig in einer Isolierung, die von einseitigen Prämissen geprägt ist — als unverändert in eine frühere Zeit zurückprojizierbar und somit als Ausdruck gleich gebliebener älterer Zustände.

Zwei von drei Bestimmungen des Privilegs von 1220/36 betreffen Dortmunder bei Fernhandelsunternehmungen. In der ersten schriftlich erhaltenen Ratswahlordnung[79] werden an der Wahl des neuen Rates neben den Mitgliedern des alten Rates je 2 Vertreter der Sechs (Handwerker- und Gewerbe-) Gilden sowie 6 Vertreter der Reinoldigilde, die von den Vertretern der Sechs Gilden gewählt werden, beteiligt. Zweifellos nehmen also die Mitglieder der Reinoldigilde eine besondere Rolle ein, die auch in den lateinischen Statuten von 1256/60 und in den Deutschen Statuten von vor 1340 ergänzend belegt ist: 1256/60 ist den Mitgliedern der Reinoldigilde, die sich einer Körperverletzung schuldig gemacht haben, ein gegenüber der allgemein fixierten Buße nur für sie geltende zusätzliche von einem Ohm Wein für den Rat auferlegt, — offenbar sind die Reinoldibrüder also Weinhändler[80]; vor 1340 ist ihnen ein besonderes Zeugnisrecht zugestanden, das dem von Ratsmitgliedern gleichgestellt ist[81]. Im „Sechsgildenrecht" von 1403 ist dann zwar nicht mehr von der Reinoldigilde die Rede, aber — und das erinnert natürlich an 1260 — die Sechs Gilden wählen zur Beschickung des Gremiums, das mit dem alten Rat den neuen wählt, neben ihren eigenen zwölf Vertretern sechs „Erbsassen", die wenigstens teilweise mit ehemaligen Reinoldibrüdern identifizierbar erschienen[82]. Da schon 1332 in dem großen Stadtprivileg Ludwigs des Beyern als Bedingung für die Wählbarkeit zum Rat festgelegt ist, daß jemand *de parentelis melioribus antiquioribus discretioribus uxoratis melius hereditatis et legitime natis* sei[83], lag es nahe, die erbsässigen Leute von 1403 mit den *melius hereditatis* von

---

78 Rübel, Finanz- und Steuerwesen S. 209 ff., bes. S. 249 ff. (Murmann); Einschätzung des Johann von Wickede, ebd. S. 271 ff.; vgl. dazu auch ebd. S. 143 f. (Verzeichnis der Reichshöfe). — Selbstverständlich erlauben die diesen Quellen zugrunde liegenden Verhältnisse aus dem Ende des 14. Jahrhunderts nur ganz grobe Rückschlüsse auf die Verhältnisse des 13. Jahrhunderts.

79 Frensdorff, Statuten S. 192 f.

80 Ebd. S. 25 § 9.

81 Ebd. S. 51 § 14.

82 Ebd. S. 215 ff. n. XII.

83 „... von besseren, älteren, vernünftigeren, verehelichten, besser mit Erbe ausgestatteten Vorfahren und von legitimer Geburt sei ..." — Dortm. UB I 1, S. 342 § 22. — Frensdorff, Statuten S. LIV: „Seit dem 14. Jahrh. ... begegnet an dem Platze, den jene Gilde einzunehmen hatte, der Name der Erbsassen ...; und dieselbe Rechtsstellung, welche ... die Reinoldsgilde bei der Ratswahl inne hatte, ist nachher den Erbsassen zugewiesen. Da von der Neubildung und Einschiebung eines solchen Standes ... nirgends die Rede und kaum die Rede sein kann, so dürfen wir in den Mitgliedern der Reinoldsgilde zugleich die Vollgrundbesitzer erblicken ..." — In ihren Untersuchungen versuchte L. v. Winterfeld, Zusammenhänge und Entwicklungen zwar differenzierter zu zeichnen (Reichsleute, Erdsassen und Grundeigentum in Dortmund, 1917; Die Dortmunder Wandschneidergesellschaft, Beiträge 29/30, 1922), zog in ihrer Geschichte Dortmunds (S. 44 f.) aber doch wieder sehr kräftige Linien: „Die politischen Vorrechte der Reinoldigilde, aus der allein bisher die Ratsherren gewählt wurden, hob man auf und spaltete die große erbsässige Gesellschaft in zwei kleinere: die der Junker oder Patrizier und die der Wandschneider oder Honoratioren. Beide nahmen nur Erbsassen ... auf." — Es ist in diesem Rahmen nicht möglich, das Problem insgesamt aufzurollen, dessen Behandlung durch v. Winterfeld noch mit zu vielen Hypothesen durchsetzt erscheint und unter verändertem Ansatz einer neuerlichen Erörterung bedürfte. Hier kam es darauf an, die Linie aufzuzeigen, die die Interpretation der Dortmunder Verfassungs- und Sozialgeschichte durchzieht und sich stets an den Kaufleuten orientiert. — Ein neuerlicher, in einer Reihe von Punkten aber im Vergleich zu v. Winterfeld vorsichtiger zusammenfassender Überblick des bisherigen Kentnisstandes bei G. Luntowski (u. A. 100).

1332 zu verbinden. Konnte man dann auch noch Angehörige von ratsfähigen Familien im Fernhandel nachweisen[84], schien eine bestimmte Entwicklungslinie einleuchtend: Die Reinoldigilde war die Gilde der Wein- und Tuchhändler (Wandschneider), d. h. der eigentlichen Fernhändler. 1403 wurden sie zwar „ersetzt" durch die *erfhachtigen Leute,* die aber bis dahin einen Teil der an der Ratswahl 1260 nachweislich an hervorragender Stelle beteiligten Brüder der Reinoldigilde gebildet hatten und deren 1256/60 und vor 1340 bezeugte besondere „Vorrechte" insgesamt es als plausibel vertreten ließen, daß die Reinoldigilde, die *maior gilda,* bzw. ihre Mitglieder, die eigentliche und älteste bevorrechtete Gruppe in Dortmund war. Ihre „Vorrechte" gründeten sich darin, daß sie Träger, und zwar aus genossenschaftlichem Ursprung, der ältesten Rechte und Freiheiten in Dortmund war, für die man die frühesten Zeugnisse in dem Dortmunder Marktrecht sehen zu können meinte und das man seinerseits als Ausgangspunkt der stadtrechtlichen Entwicklung verstand.

Dennoch halte ich eine solche Interpretation für falsch, zumindest aber für fragwürdig, und die Aufstellung einer derartigen Entwicklungslinie für unzulässig. Auf die Begrenztheit des Marktrechtes, das weder ein „personales" noch die Gesamtverhältnisse eines Ortes und seiner Bewohner oder auch nur einer Gruppe auf Dauer und auch unabhängig vom Markt regelndes Recht ist, wurde schon hingewiesen. Vor 1140/50 bzw. 1220 treten Fernhandel betreibende Dortmunder in einem auf Dauer angelegten Rechtsstatus nicht hervor. Deren besonderer Rechtsstatus ist auch 1236 noch auf den zeitlich und bedingungsweise zu verstehenden Fall begrenzt, daß sie Fernhandel betreiben, während das wichtigste Recht, der städtische Gerichtsstand, in keiner Beziehung zu dieser Bedingung steht. Im Jahre 1241 ist nicht etwa ein Mitglied der Reinoldigilde, sondern der „richteman" der Westerburscap gegenüber dem Grafen verantwortlich. Es ist auch nicht davon die Rede, daß Mitgliedschaft in der Reinoldigilde Bedingung der Ratsfähigkeit ist. Diese Gilde ist lediglich seit 1260 (?) an der Ratswahl *beteiligt, zusammen* mit den Sechs Gilden. Auch 1332 ist die Herkunft *de melius hereditatis,* nicht die Zugehörigkeit zur Reinoldigilde, Bedingung der Ratsfähigkeit. Allerdings sind ratsfähige Familienmitglieder, wenn auch noch nicht im 13. Jahrhundert, später als Fernhandelskaufleute nachweisbar, aber noch mehr Personen, die keinen (alten) ratsfähigen Familien zuzuordnen sind[85].

Betrachtet man also auch nur in aller Kürze die oben genannten einschlägigen Quellen in ihrer zeitlichen Reihenfolge, ist zwar keineswegs eine besondere Stellung der Reinoldigilde zu verneinen, aber es sind auch keine zwingenden Argumente zu erkennen, daß die Reinoldigilde rechtlicher Träger und Promoter der stadtrechtlichen Entwicklung oder die politische, soziale und rechtliche Führungsgruppe in diesem dynamischen Prozeß war, deren Mitglied zu sein auch über die Ratsfähigkeit entschied. Macht man sich von bisherigen Hypothesen frei und betrachtet man die zu Gunsten der Reinoldigilde angeführten Belege in ihrer tatsächlichen Konkurrenz und Widersprüchlichkeit zu anderen Nachrichten, die für die Sozial- und Verfassungsentwicklung Dortmunds nicht minder wichtig sind, läßt sich auch eine ganz andere Hypothese plausibel machen.

Die Dortmunder haben stets betont, sie seien frei und niemandem zinspflichtig, weil sie unmittelbar dem Reich und nur diesem unterstünden und ihre gesamte Stadt auf Reichsboden läge[86]. Die Zinsfreiheit bezieht sich natürlich zunächst einmal auf die Bürger als Personen; ihr entspricht der Dortmunder Rechtssatz, daß kein Bürger irgendjemandes Ministeriale/Ritter, Knappe oder Knecht sein dürfe[87]. Die damit verbundenen Verpflichtungen

---

84 Dortmunder im Fernhandel, genauer: bestimmte Dortmunder im Fernhandel, sind vor der zweiten Hälfte des 13. Jahrhunderts nicht nachzuweisen, auch dann zunächst aber nur vereinzelt, und kaum einmal findet sich darunter jemand, der eindeutig Angehöriger der damals ratsfähigen Familien ist. Im übrigen scheint nach gegenwärtigem Kenntnisstand das Moment der Teilnahme am Fernhandel kein so eindeutiges Kriterium für die soziale Herkunft, wie es etwa bei v. Winterfeld, Geschichte passim, gewertet wird; auch die *servientes* ehemaliger Salhöfe sind nach dem Zugeständnis von Eigentum nicht alle oder ausschließlich „Bauern" geblieben, sondern haben ihren Reichtum an Kapital und Arbeitskräften auch im Handel und Gewerbe eingesetzt; vgl. Bosl, Grundlagen, bes. 212 ff., oder z. B. R. Decker, Bürgermeister und Ratsherren in Paderborn vom 13. bis zum 17. Jahrhundert, Untersuchungen zur Zusammensetzung einer städtischen Oberschicht, Stud. u. Quellen z. westf. Gesch. 16, 1977, bes. S. 34 ff.

85 Vgl. Dortm. UB Ergbd. passim (z. B. S. 307 ff. n. 676).

86 Vgl. Rübel, Geschichte S. 166 ff.; Frensdorff, Statuten, S. 33 § 26: *Civitas nostra integraliter est in fundo sacri imperii, unde unusquisque possidet fundum et aream suam libere absque omni pensione et tributo* (Unsere Stadt liegt insgesamt auf dem Boden des heiligen Reiches, daher besitzt jeder seinen Boden und seine Hofstätte frei und ohne jede Pacht und jeden Zins).

87 Vgl. Frensdorff, Statuten, S. 78 §§ 48, 49.

hätten unweigerlich eine Einschränkung des ausschließlich städtischen Gerichtsstandes und der Rechtshoheit bedeutet und dem Rechtsstatus eines Bürgers widersprochen. Niemals aber waren Leistungen an das Reich seitens der
Stadt und mittelbar aller ihrer Bürger ausgeschlossen; sie wurden stets abgefordert[88]. Dortmunder Bürger waren
auch selbstverständlich im Besitz zinspflichtigen Gutes, nämlich alle, die zu ihrem Eigentum dem Reich zins-
pflichtige Hufen oder Teile von Hufen zählten, darunter in erster Linie die Angehörigen ratsfähiger Familien.
Dem Reich gegenüber zinspflichtiges Eigentum und Freiheit als Dortmunder Bürger schlossen sich also nicht aus,
eher scheinen gerade ratsfähige Familien auf den Besitz zinspflichtigen Reichsgutes besonderen Wert gelegt zu haben, — auch wenn dann immer noch der Besitz auch von zinsfreiem Eigentum die eigentliche Voraussetzung der
Freiheit hätte sein können[89]. Der Besitz zinspflichtigen Reichsguts schränkte jedenfalls den Rechtsstatus des Bürgers nicht ein. Pflichten gegenüber dem Reich schmälerten nicht die Rechtshoheit der Stadt gegenüber derartigen
Bürgern.

Dies ist deshalb wichtig, weil der Besitz an Reichsgut gerade bei den Ratsfähigen nicht einfach beiseite geschoben
werden darf, wenn man die Dortmunder Aussage zur Begründung der Freiheit der Bürger, die Stadt liege ganz auf
Reichsboden, gleichwohl akzeptiert. Die sogenannten ,,Reichshöfe" in Dortmund, eher aber ,,Reichshufen",
werden in den Quellen genannt, ohne daß dabei zugleich auch von einer Hofstatt, also Wohn- und Wirtschaftsgebäuden, die Rede wäre. Sie liegen, wie es scheint, ausnahmslos außerhalb der Stadtmauern, aber Hofstätten scheinen nicht in unmittelbarem räumlichen Zusammenhang mit den Hufen vor der Stadt gestanden zu haben.
Gleichwohl muß es entsprechende Hofstätten gegeben haben, da Eigentümer und Bewirtschafter der Hufen
schließlich irgendwo wohnen mußten, und sie müssen nach Lage der Dinge innerhalb der Stadt gesucht werden.
Nach deren Topographie waren die nördlich des Hellwegs gelegenen Teile im östlichen Abschnitt vorwiegend von
der eigentlichen *urbs* eingenommen, im westlichen lag noch in der Hauptsache unbesiedeltes Land des hoch- und
spätmittelalterlichen Königshofes im engeren Sinn (Königskamp = eingehegtes Land des Königshofes)[90]. Daher
müssen die Hofstätten der Reichshöfe in der Masse jedenfalls außerhalb dieser Areale, also vornehmlich südlich des
Hellwegs in der Wester- und in der Osterburscap sich befunden haben, dort, wo noch in der Neuzeit die Höfe der
führenden Familien und die sogenannten Patrizierhöfe lagen, vielfach noch unter dem Namen oder gar in der
Hand der schon im 13. Jahrhundert Ratsfähigen[91]. Es bleibt nur der Schluß, daß diese Höfe ursprünglich die zu den
Reichshufen gehörigen Hofstätten waren oder auch umgekehrt zu diesen Hofstätten die Reichshufen gehörten.

Auf das Problem von Königshof und Reichshufen (-höfen) ist zunächst Rübel ausführlich eingegangen, vor allem
aufgrund des Verzeichnisses von 1399, und seine Ergebnisse sind bis auf den heutigen Tag im wesentlichen unverändert akzeptiert. Aus dieser Liste hat Rübel — abgesehen von dem eigentlichen Königshof, dessen bebaute Fläche er mit drei Hufen oder ca. 45 ha ansetzte — 18 $^{1}/_{2}$,,Reichshöfe" von je einer Hufe und 6 dem Reich ebenfalls
zinsende Tvydehöfe errechnet. Daraus ergab sich für ihn als Größe des ehemaligen Reichsgutkomplexes etwa 370
ha. Dem kann man zustimmen. Fraglich bleibt, ob die drei in der Liste genannten ganzen und 29 halben Hufen
zu 18 $^{1}/_{2}$ Hufen (Höfen) zusammenzulegen sind oder nicht vielmehr die Aufteilung in ganze, halbe und Tvyde-

---

88 Vgl. die Steuermatrikel der Reichsstädte (1241), MGH. Constitutiones III, S. 2—4 n. 1 (= Weinrich [o. Anm. 38] S. 510—519, bes.
512/13); vgl. dazu W. Metz, Staufische Güterverzeichnisse, Untersuchungen zur Verfassungs- und Wirtschaftsgeschichte des 12. und 13.
Jahrhunderts, 1964, S. 98 ff.

89 Da auch die Besitzer von zinspflichtigen Reichshufen über zinsfreie Höfe innerhalb der Stadt *(area/*Hofstätten) verfügten, scheint nur
Besitz *a u c h* an zinsfreiem Gut rechtlich relevant gewesen zu sein.

90 Vgl. die Gründung des Katharinenklosters Dortm. UB Ergbd. I, S. 34 n. 74.

91 Vgl. die Karten bei H. Scholle, Perspektivplan, bes. die Höfe Balkenhof (Schöffenreihe 1230/40), Berswordtshöfe (Ratsreihe 1261),
Boenenhof (1253), Hövelshöfe (1261), Kleppingshof (1312, Dortm. UB I 1, S. 226 n. 325), Sudermannshof (1230/40), Schwarzenhof
(1230/40); vgl. oben Anm. 59 ff. u. Rübel, Finanz- und Steuerwesen S. 143 f. Selbstverständlich konnten Besitzwechsel durch Kauf und Erb-
gang eintreten und sind auch eingetreten (vgl. Verkauf einer halben Königshufe an Johan Sudermann 1367/72, Dortm. UB I, 2, S. 605 n.
817), aber die gerade genannten Sudermann waren auch schon zuvor im Besitz von Reichshöfen (vgl. Rübel, Finanz- und Steuerwesen, S. 143
Z. 23 u. 27). Es wäre also durchaus möglich, daß ein solcher Verkauf von Reichshufen noch lange nur an ,,Standesgenossen" (der ehemaligen
Hufenbesitzer) möglich war.

hufen ursprünglich ist[92]. In anderen Punkten sind die Rübelschen Überlegungen noch zu präzisieren. Denn Rübels Königshof und Reichshöfe zusammen bildeten gewiß nicht den gesamten Dortmunder Reichsgutkomplex, sondern nur den Salhof, genauer dessen kultiviertes Land. Forsten, Weide und Bruchland im Norden Dortmunds sind noch hinzuzuzählen[93], aber ebenso auch das Gebiet der spätmittelalterlichen Stadt innerhalb der Mauern, das von den Dortmundern immer als „auf Reiches Boden" bezeichnet und zunächst partiell gleichfalls landwirtschaftlich genutzt wurde. Rechnet man 81 ha für die mittelalterliche Stadtfläche hinzu, ergäben sich etwa 450 ha für den Salhof, eine noch immer plausible Größe, aus der sich auch die früher behauptete Leistungsfähigkeit direkt ableiten ließe.

Nun müssen zwar in verhältnismäßig früher, wahrscheinlich noch karolingischer Zeit, auf dem Areal des Salhofes Gewerbesiedlung *(locus, urbs)* und Markt angelegt worden sein, aber kaum war damals auch schon der gesamte Dortmunder Raum innerhalb der Mauern für eine nichtagrarische Siedlung vorgesehen und ausgeschieden, sondern wohl nur die alte *urbs* und der Markt. Das gesamte übrige Salland konnte nur vermittels einer verhältnismäßig großen Zahl von *servi, servitores* bewirtschaftet werden, ganz abgesehen von sonstigen notwendigen „Diensten". Diese *servi* gehörten zum Salhof und besaßen ursprünglich keine eigenen Hufen, da das Salland als solches nicht in Hufen unterteilt war. Zumal ein königlicher Salhof ist ohne solche Menschen nicht denkbar, auch wenn man in Dortmund nichts darüber erfährt. Da man aber auch im 13. und 14. Jahrhundert nichts (mehr) von ihnen hört, dürften, ja müssen ihre sozialen und rechtlichen Verhältnisse sich nach denselben Grundzügen verändert haben, wie sie überall bei besserer Quellenlage zu beobachten sind: Beim ehemaligen Reichsgut in Worms saßen schon Ende des 9. Jahrhunderts die *servi, servitores* oder auch *fiscalini* in „eigenen" Häusern und verfügten über ein „Eigentum" an Königsland, genauer natürlich über Inwärtseigen, das sie bewirtschafteten und vererbten und das sie zu „unfreien Freien" machte[94]. Sie lebten nach einem Hofrecht, das sie zu einer durch die Herrschaft begründeten Genossenschaft zusammenfügte, natürlich nach wie vor zu Leistungen verpflichtet (Kriegs- und Botendienst, Transportdienste, Mauerbau), aber auch ein Recht genießend (z. B. auch Allmende, Weiderechte, Holzrechte), das dem einzelnen durch seine Zugehörigkeit zu einer bestimmten sozialen Gruppe — man könnte gewissermaßen von einem „Stand" sprechen — zuteil wurde und ein Gericht vor „standesgleichen" Genossen (= Schöffen), also geradezu „Selbstverwaltungsrechte" garantierte[95].

In diesem Zusammenhang verdient eine Stelle aus den Akten des Prozesses, den die Stadt Dortmund um das Besetzungsrecht der Rektorenstelle an St. Reinoldi führte, besondere Aufmerksamkeit. In der Appellation an den Papst führte der Magister Gottfried, Procurator der Richter, Schöffen, Konsuln, der *maiores* und der gesamten Stadt, unter anderem aus[96]: „Erstens ..., daß bei der ersten Gründung der Stadt Dortmund der Boden oder der Ort, wo die Stadt liegt, aufgrund kaiserlicher Vollmacht nach bestimmten Areae unterschieden wurde, ... zweitens, daß eines der Grundstücke, Königskamp genannt, mit allem Zubehör dem König zur Nutzung besonders vorbehalten wurde; ebenso ein gewisses anderes Grundstück, ihm benachbart, das später zum Gebrauch des Katharinenklosters, und ein weiteres, das mit seinem Zubehör zum Gebrauch des Herzogtums und Herzogs von

92 Ich will auf das Folgende kein beweisendes Gewicht legen, auch wenn es sich um eine zumindest auffällige annähernde Übereinstimmung handelt: Nach H. Scholle sind noch um 1610 insgesamt 42 Patrizierhöfe feststellbar. Rechnet man — ich übergehe mit Absicht im Rahmen sozialgeschichtlicher Überlegungen die Hufe des Katharinenklosters — 3 Voll-, 29 halbe und 12 halbe Tvrydehufen ergibt sich eine Gesamtzahl von 44!

93 Es paßt zu diesem Befund, daß nur die Besitzer von Reichshufen, die in Dortmund Reichsleute genannt werden („*fiscalini*"?), auch die vollen Allmenderechte besaßen; vgl. Dortm. UB I 1, S. 370 ff. n. 546.

94 Vgl. MGH. D. Arn. 157; DH II. 319.

95 Vgl. Wormser Hofrecht, MGH. Constitutiones I, S. 640 ff. n. 438; Limburger Hofrecht, MGH. DK II. 216; Bamberger Ministerialenrecht, ed. Weinrich (o. Anm. 38) S. 120 ff. n. 31; Freiheitsbrief von Beaumont, Quellen zur Geschichte des deutschen Bauernstandes, hg. v. G. Franz, Ausgew. Quellen z. dt. Gesch. d. Mittelalters 31, ²1974, S. 250 ff. n. 95. — Bosl, Grundlagen S. 194 ff.

96 *Primum est ..., quod in prima fundatione oppidi Tremoniensis ipse fundus seu locus, in quo situm est oppidum, distinguebatur auctoritate imperiali per certas areas, ... Item quod illarum arearum una, que Kunincskamp dicitur, utilitati regie cum suis appenditiis specialiter reservabatur et etiam quedam alia area adiacens ei, que postea deputata est ad usum monasterii sancte Katarine et quedam alia area cum suis appendiciis deputabatur ad usus ducatus seu ducis Westfalie, relique autem incolis ipsius oppidi presentibus et futuris libere et deliberate deputate et assignate fuerunt inhabitande, colende, construende et habende ad usus publicos communes et singulares.* Dortm. UB I 1, S. 120 n. 182 v. 1287 Juli 15.

Westfalen bestimmt wurde; die anderen aber wurden für die gegenwärtigen und zukünftigen Bewohner derselben Stadt, frei und wohl überlegt, bestimmt und zugewiesen zum Bewohnen, zum Bebauen, zum Errichten und Besitzen, für öffentlichen, gemeinsamen und individuellen Gebrauch''.

Das Datum einer solchen Aufteilung ist nicht bekannt, und die hier angeführte Erinnerung der Dortmunder wird kaum historisch präzise sein. Was als ein einziger Aufteilungsakt erscheint, muß mehrere zeitlich getrennte Vorgänge zusammenfassen, die insgesamt vor dem Ende des 12. Jahrhunderts liegen; die Aufteilung des Salhofes in verschiedene *areae* und die Aussonderung des *Kunincskamp ... cum suis appenditiis* muß längst vor der Gründung des Katharinenklosters erfolgt sein, die schon auf dessen Existenz Bezug nimmt. Grundsätzlich aber beweist die Aussonderung des Kunincskamp, unter dem nur der spätmittelalterliche Königshof im engeren Sinn zu verstehen ist, daß in Dortmund eine Aufteilung des ursprünglich einheitlichen Sallandes erfolgt sein muß, und damit die allgemeine Richtigkeit der zitierten Behauptung. Bei dieser Aufteilung müssen erhebliche Unterschiede gemacht worden sein. Unter *incolae,* denen *areae* (auch *cum appendiciis?*) zugewiesen wurden, können weder alle tatsächlich in Dortmund Wohnenden verstanden werden, noch dürften etwa alle Bewohner gleichgroße *areae* bekommen haben; es muß bevorzugte und minder bevorzugte oder gar nicht unmittelbar bedachte Bewohner schon deshalb gegeben haben, weil in Dortmunds Topographie sich bis ins 19. Jahrhundert diese Unterschiede erhalten haben. Auf keinen Fall aber können nach den Beobachtungen an vergleichbaren Objekten gerade die ,,Amtleute'' oder die bisher auf und von dem Salhof lebenden *servi* oder auch *fiscalini* unberücksichtigt oder auch nur minder bedacht geblieben sein und unter ihnen damit auch diejenigen, die nach Hofrecht längst zu den Angesehenen gehörten, weil sie z. B. als Schöffen im Hofgericht tätig waren. Gewiß standen sie nicht hinter ,,Fernhandelskaufleuten'', Handwerkern und Gewerbetreibenden zurück, schon weil sie auch weiterhin die unverändert bleibenden Leistungen des bisherigen Salhofes in Form von Getreidezins[97], Kriegsdienst (Reiterdienst)[98] zu erbringen hatten. Wenn die Dortmunder Quellen für diese Vorgänge auch keinen unmittelbaren Einblick gewähren, sehe ich doch z. B. in der Tatsache, daß sich unter den ersten erkennbaren ratsfähigen Familien die Teleonarii (Zöllner)[99] befanden oder daß die frühesten ratsfähigen ,,Nicht-Dortmunder'' wie Brakele/Longus/Lang, Holtekoten, Wickede ihre Familiennamen ebenfalls von Reichsgut herleiten und sie damit den ehemaligen Dortmunder *servi* standesgleich erscheinen lassen, einige der Argumente für diese Interpretation.

Ist sie richtig — oder unterstellt man auch nur einmal, daß sie richtig sein könnte —, bleiben dennoch die besondere Rolle und Stellung der Reinoldigilde unbestreitbar, und es muß zumindest versucht werden, ob man sie mit dieser Interpretation vereinbaren kann.

Die Nachrichten über diese Gilde sind mehr als dünn[100], besonders für ihre Frühzeit, in der am ehesten ihre Besonderheit erkennbar sein müßte. Wenn man zum ersten Mal von ihr hört, nämlich in der Ratswahlordnung von 1260[101], ist ihre Bedeutung offensichtlich schon im Schwinden, wenn auch noch in einigen Punkten sichtbar, so auch in dem besonderen, dem der Ratsherren gleichwertigen Zeugnisrecht ihrer Mitglieder gemäß den Deutschen Statuten. Hinsichtlich der Beteiligung an der Ratswahl ist aber mit allem Nachdruck festzustellen, daß die Ordnung von 1260, hinter die nicht zurückgegangen werden kann, in keinem Fall die Ratsfähigkeit der Reinoldibrüder zu behaupten erlaubt, auch nicht die Mitgliedschaft in der Reinoldigilde als Voraussetzung der Ratsfähigkeit, sondern lediglich eine besondere Art der Beteiligung der Reinoldibrüder an der Ratswahl. Dabei erscheint aber nicht nur interessant, daß die Reinoldigilde sechs Mitglieder in das Wahlgremium entsendet, das zusammen mit dem alten Rat den neuen wählt und in das die Sechs (Handwerker-) Gilden nur je zwei schicken. Ebenso wichtig ist

97 Vgl. Rübel, Finanz- und Steuerwesen, S. 89 ff.

98 Vgl. dazu die Bestimmungen über die Verpflichtung der Bürger zum Unterhalt von Pferden, Dortm. UB I 2, S. 554 ff. n. 767. In den Jahren 1361, 1362, 1363 und 1364 bilden den Kreis dieser Bürger fast ausschließlich die ältesten schöffenbaren/ratsfähigen Familien. Zwar ist maßgebend für die Verpflichtungen ein Besitz von wenigstens 2000 Mark, darüber verfügen offenbar aber fast nur die alten Familien.

99 Dortm. UB I 1, n. 94 (1253).

100 Vgl. zuletzt G. Luntowski, Bemerkungen zu einigen Fragen der Sozial- und Verfassungsgeschichte der Städte Dortmund und Lüneburg, Beiträge 65, 1969, 6—20.

101 Frensdorff, Statuten, S. 192 f. n. III.

es, daß im Gegensatz zu den Sechs Gilden, von denen eine jede ihre zwei Vertreter je selbständig bestimmt, die Vertreter der Reinoldigilde nicht von dieser selbst, sondern von den Vertretern der Sechs Gilden gewählt werden. Es wäre zwar nicht ausgeschlossen, daß die Reinoldigilde ihre Delegierten vorschlug und damit einen unübergehbaren Einfluß auf die Wahl „ihrer" Delegierten besessen hätte, aber tatsächlich waren diese Delegierten davon abhängig, daß sie auch das Vertrauen der Sechs Gilden erhielten. Sagt also die Ratswahlordnung (noch) eine besondere Rolle der Reinoldibrüder bei der Ratswahl aus, so ist sie nicht minder Ausdruck dafür, daß sie unter dem sie einschränkenden Druck der Sechs Gilden stehen. Schon die zeitlich nächste Quelle über die Ratswahl, das Privileg Ludwigs des Bayern, das als ratsfähige Personen *de parentelis melioribus . . ., melius hereditatis* bezeichnet, [102] erwähnt die Reinoldigilde nicht mehr, wohl aber ist klar nach dem etwa gleichzeitigen Mandat des Kaisers [103], daß auf jeden Fall zu den Ratsfähigen die Familien Klepping und Sudermann gehörten, deren Angehörige schon vor 1260 zu den *consules* zählten, ohne daß eine Beziehung zur Reinoldigilde nachweisbar wäre.

Die merkwürdige rechtliche Position der Reinoldigilde im Rahmen der Ratswahlordnung von 1260 läßt eigentlich nur eines mit einiger Sicherheit behaupten: Die Reinoldigilde könnte und dürfte zu einem früheren Zeitpunkt als wohl älteste und wahrscheinlich zunächst alleinige Dortmunder Gilde an der Ratswahl beteiligt worden sein, die Delegierten für die Ratswahl allein und ohne Fremdeinfluß bestellt haben; vielleicht darf man auch noch vermuten, daß sie ursprünglich auch eine größere Zahl von Delegierten, möglicherweise 18, entsprechend der Zahl der *consules (scabini),* benannte, von denen 1260 spätestens nicht nur 12 den Sechs Gilden zugestanden wurden, von denen vielmehr auch die verbleibenden sechs die Zustimmung der Sechs Gilden erhalten mußten. Das Recht, das die Sechs Gilden gewannen, erscheint damit nicht so sehr dem Rat und den Ratsfähigen abgerungen als vielmehr der Reinoldigilde und als ein Recht bei der Auswahl der Personen des Rates, nicht aber als ein Recht gegenüber dem ratsfähigen Personenkreis. Man kann also m. E. kaum behaupten, daß die Ratsfähigen mit den Mitgliedern der Reinoldigilde identisch gewesen sein müssen. Auch 1332 bestand die Ratsfähigkeit in der Zugehörigkeit zu Familien höheren Alters und besseren Erbes. Was dieses höhere Alter und bessere Erbe bedeutet, ist allerdings nicht belegt. Das „höhere Alter" ließe sich noch am ehesten mit Hilfe der weitestgehenden Identität der 1332 ratsfähigen Familien mit den vor 1230/40 schöffenbaren, 1241 ratsfähigen Familien deuten. Dunkler noch erscheint der Begriff des „besseren Erbes". Sicher meint er nicht so sehr oder nur das mobile, sondern oder vor allem das immobile Erbe, und kaum ausschließlich die Quantität, sondern (auch) die Qualität. Wenn aber — auch nach Überzeugung der Dortmunder selbst — der gesamte *fundus* Dortmunds ehemaliger Reichsboden gewesen ist, dann konnte diese bessere Qualität einer *hereditas* eigentlich nur darin bestanden haben, daß sie unmittelbares Eigentum an Reichsboden zum Inhalt hatte. Dies aber ist keine Qualität, die in erster Linie für den „Fernhandelskaufmann" kennzeichnend gewesen sein kann oder gar für herrschaftlich organisierte Händler, sondern eher für die ehemaligen Angehörigen der *familia* des Königshofes.

Unbestreitbar ist die Reinoldigilde die Gilde *(confraternitas)* der Wein- und Tuchhändler (Wandschneider) und damit die der Fernhändler, die fast überall in den Städten, nicht nur Deutschlands, als die älteste und damit auch vornehmste und politisch einflußreichste *confraternitas* begegnet. Im Gegensatz zu Handwerkern und Gewerbetreibenden, die sich als *servientes* im Rahmen der Königshoforganisation und über den Nahmarkt mit Rohprodukten versorgen konnten (Lorer = Gerber, Schuster, Bäcker), mußten Wein, zumindest die feineren Tuche sowie Luxuswaren herangeführt werden. Das setzte für diese Händler frühe Freizügigkeit, Kapital, aber auch Geleit und damit die Gruppe zu einer „Genossenschaft" fügende Organisation ebenso voraus wie die Befreiung von *manopera* (Handarbeit), durch die diese Händler sich einerseits von den das Salland Bewirtschaftenden und Dienstleuten,

---

102   Dortm. UB I 1, S. 342 n. 489 § 22.

103   Ebd. S. 346 f. n. 494. — Die Aufforderung des Kaisers an die Dortmunder, die kurz nach dem genannten Privileg durch den Kleriker Bertram Sudermann eine Abschrift ohne die Ratswahlbestimmungen zur Bestätigung hatten vorlegen lassen, wenn auch vergeblich, den Bertram Sudermann und den Hermann Klepping wegen der Ratswahlbestimmungen nicht der Machenschaften zu verdächtigen, zeigt deutlich, daß mit dem Privileg ältere Verhältnisse gegenüber auflösenden — oder „progressiven" — Tendenzen geschützt werden sollten. Mit den älteren Verhältnissen wurden in Dortmund offensichtlich die Sudermann und Klepping identifiziert; der Kaiser aber betrachtete deren Änderung als gegen die Interessen des Reichs gerichtet. Man darf daher vermuten, daß die soziale Stellung der älteren Ratsfähigen unmittelbar mit dem Reich zu tun hatte.

andererseits von den sonstigen Bewohnern der Gewerbesiedlung als besondere soziale Gruppe unterschieden[104]. Es ist aber unwahrscheinlich, ja aufgrund der für ihren Beruf notwendigen Freizügigkeit fast unmöglich, daß etwa sie ursprünglich die Schöffenbaren stellten und damit das für die gesamte *familia* des Salhofes zuständige Gericht beschickten.

Eine zweite Beobachtung oder Überlegung scheint mir für die Klärung der noch offenen Frage grundlegend: Die Reinoldigilde oder *confraternitas s. Reinoldi,* die sich nach dem Patron der Dortmunder Mutterkirche benannte, ist kaum vor dem 11./12. Jahrhundert entstanden; denn die Verehrung des hl. Reinoldus kann nicht vor dem 11./12. Jahrhundert eingesetzt haben[105]; vorher konnte sich also auch keine *confraternitas* unter seinen Schutz stellen. Dem Dortmunder Reinoldus-Patrozinium muß infolgedessen ein anderes vorausgegangen sein. Ein Martinspatrozinium, eines der typischen Patrozinien für die fränkische Zeit, ist schon deshalb unwahrscheinlich, weil die Dortmunder Martinskapelle offenbar um 1020 geweiht wurde[106], also zu einem Zeitpunkt, als die Hauptkirche noch nicht das Reinoldus-Patrozinium besaß; nach aller Erfahrung aber sind zwei gleiche Patrozinien am selben Ort auszuschließen. Eher und vor allen sonstigen ist an ein Petrus-Patrozinium zu denken, das der Kölner Kathedralkirche, das auch die Kirchen zu Bochum (Peter und Paul), Hohensyburg, Soest übernahmen. Besonders nahe aber liegt ein Petruspatrozinium, weil das Fest Petri Stuhlfeier in Dortmund als Datum des Amtswechsels der Konsuln (und somit auch möglicherweise vorher der Schöffen im Rahmen der *familia* des Königshofes) eine hervorragende Rolle spielte und die Bedeutung dieses Festes für die Stadt Dortmund verständlicher macht.

Jedenfalls ist aber das Petrusfest als Tag des Amtswechsels der Konsuln weniger plausibel, wenn die Reinoldigilde, zudem als eine Einrichtung frühestens des 12. Jahrhunderts, die Vereinigung derjenigen sozialen Gruppe in Dortmund gewesen sein soll, die der Träger der rechtlichen Stadtwerdung gewesen war. Gleichwohl war sie aber, so wie sich ihre Mitglieder schon früh und sicher schon vor ihrem förmlichen Zusammenschluß zur ältesten der Dortmun-

---

104   Vgl. Bosl, Grundlagen, bes. S. 225 ff.

105   Die bisherigen Versuche von G. Knörich, Der heilige Reinold, Beiträge 31, 1924, 77—128 und. P. Fiebig, St. Reinoldus in Kult, Liturgie und Kunst, Beiträge 53, 1956 (vgl. auch unten H. J. Brandt, S. XXff., dem ich für die Zugänglichmachung des Ms. danke), die Translation und etwaigen Patrozinienwechsel ins 10. Jh. zu verweisen, vermögen mich nicht zu überzeugen (vgl. ebenso R. Holtzmann in Wattenbach-Holtzmann, Deutschlands Geschichtsquellen im Mittelalter 1, Neuausgabe 1972, S. 73 m. Anm. 213 [¹1938] und K. Honselmann in LThk. VIII, ²1963, Sp. 1150). — Obwohl es weit über den hier gesetzten Rahmen hinausginge, das Gesamtproblem aufzugreifen, müssen wenigstens einige Gründe für meine Überzeugung, daß von den 11./12. Jh. eine Reinoldtranslation nach Dortmund und ein Patroziniumswechsel nicht angenommen werden können, genannt werden: Der ursprüngliche Kern der Reinold-Legende — die Verknüpfung mit der Haimonskindersage ist für unsere Überlegungen zu vernachlässigen — kann nicht aus Dortmund selbst stammen, sondern angesichts der Überführung des Heiligen aus Köln nur aus Köln selbst. Dieser Kern, der die „Vita" Reinolds betreffen muß, kann nicht vor dem letzten Jahrzehnten der 2. Hälfte des 10. Jhs. — wahrscheinlich aber erst später — entstanden sein, da Reinold Mönch in Köln gewesen sein soll. Das erste Kölner Mönchskloster, St. Pantaleon, wurde indessen erst 964 gegründet, zugleich auch der Kirchenbau begonnen und erst 980 geweiht. — Die älteste erkennbare Tradition bringt die Übertragung der Reinoldreliquien nach Dortmund in einem Zusammenhang mit Erzbischof Anno von Köln, in dessen Pontifikat auch die politische Situation einen Eingriff des Kölner Erzbischofs in den Dortmunder Königsgutkomplex am ehesten wahrscheinlich macht oder möglich macht. — Eine Beziehung des Erzbischofs Brun von Köln (953—965), des Bruders Ottos I., zu Dortmund ist unerweisbar, ja unwahrscheinlich, da die Vita Bruns von Ruotger von solchen Beziehungen nichts weiß. Darum ist auch ein Kirchenbau Bruns in Dortmund, von der die Vita nichts sagt, obgleich das ein recht spektakuläres Unternehmen gewesen wäre, nicht anzunehmen; ja aus rechtlichen Gründen — Königsgut! — nicht ohne weiteres möglich: Brun hat Kirchen nur auf Kölner Besitz, nicht aber auf Reichsgut errichtet. Im übrigen ist die „ottonische" Vorgängerin der Reinoldikirche zwar grundrißverwandt mit St. Pantaleon in Köln, St. Patroklus in Soest (Bauten Bruns von 964), der Pfalzkirche in Ingelheim und der älteren Kirche von Werl (vgl. H. Thümmler, Neue Funde zur mittelalterlichen Baukunst Westfalens 31, 1953, S. 278; U. Lobbedey, Die Ausgrabungen in der Propsteikirche zu Werl, ebd. 50, 1972, S. 316), aber mehr als eine Gleichheit des Typs läßt sich nicht beweisen, zumal dieser Typ auch im 11. und in Westfalen bis ins 12. Jh. verwendet wird (Lobbedey a. a. O. m. Anm. 37). — Ein Interesse der „Stadt" Dortmund an einem „eigenen" Heiligen ist aufgrund der politisch-sozialen Entwicklung Dortmunds kaum vor dem Ende des 11. oder dem Beginn des 12. Jhs. zu vermuten (vgl. das verlorene Privileg Konrads II., das wahrscheinlich erste für die Stadt überhaupt, oben S. XX). — Versuche, aufgrund „textkritischer(?)" Beobachtungen, den ältesten Translationsbericht ins 10. Jh. zu datieren, sind angesichts der Überlieferungslage methodisch kaum möglich; liturgiegeschichtliche Gesichtspunkte lassen kaum eine so bestimmte und enge zeitliche Eingrenzung zu. — Schon aus diesen kurz skizzierten Gründen ist eine Reinold-Translation und ein Patrozinienwechsel kaum vor der Zeit Annos von Köln möglich — in Übereinstimmung mit den erkennbaren historischen Elementen der Dortmunder Reinold-Tradition.

106   Aus dem Wortlaut über eine Datierung in der Martinskapelle (Rübel, Geschichte S. 92 = Die Chroniken der westfälischen und niederrheinischen Städte, 1: Dortmund, Neuss, Die Chroniken der deutschen Städte vom 14. bis 16. Jahrhundert 20, 1887 [ND 1969] S. 25): „Die aldeste kunde stet tho st. Martine boven dem Sudene Altar anno domini 1021", geht nicht völlig klar hervor, ob dieses Datum sich auf den Altar oder die Kapelle bezog (älteste Erwähnung 1241, Dortm. UB I 1, S. 34 n. 79); die Kapelle selbst könnte also älter sein. Sie muß deswegen aber nicht in fränkische Zeit zurückreichen, weil das Martinspatrozinium auch später noch „modern" blieb.

der Gilden von den sonstigen *urbani* und deren späterer Organisation in den Sechs Gilden abhoben und von der Gruppe, die diese stellte, in einer Position, die zu ihrem besonderen Rechtsstatus geführt haben muß.

Die Elemente dieses besonderen Rechtsstatus erscheinen auf den ersten Blick widersprüchlich: Einerseits hervorragende Mitwirkungsrechte bei der Ratswahl und ein dem der *consules* gleichwertiges Zeugnisrecht der Gildemitglieder, andererseits ein erhöhtes „Strafmaß" für die Reinoldibrüder bei Körperverletzung, nämlich die zusätzliche Abgabe von einem Ohm Wein an die *consules,* das sicher ein Hinweis auf den Wein- und Fernhandel der Gildemitglieder ist, aber als zusätzliche Strafe dadurch noch nicht erklärt wird [107]. Mangels jeglicher Begründung oder zusätzlicher Belege muß jede Interpretation dieses höheren Strafmaßes Vermutung bleiben. Frensdorffs Ansatz, solchen höheren Pflichten müßten höhere Rechte entsprochen haben, dürfte zutreffen, bleibt indessen abstrakt oder aber einseitig, wenn solche höheren Rechte ausschließlich als Beleg für die grundsätzliche und alleinige Führungsrolle der Reinoldigilde verstanden werden [108].

In den meisten Stadtrechten findet man das Zeugnisrecht zunächst auf die Schöffen, manchmal unter Hinweis auf ihren Eid, beschränkt; später steht es allen Bürgern zu, unter Eid als Zeugen aufzutreten [109]. Auch in Dortmund findet man eine solche Entwicklung. In den ältesten deutschen Statuten ist das ursprüngliche alleinige Zeugnisrecht des Rates, bzw. der Schöffen noch durchaus erkennbar. Im Privileg Ludwigs d. Bayern von 1332 wird in § 23 zunächst immer noch den *consules (scabini)* dieses besondere Zeugnisrecht zugestanden, dieses dann aber zugleich auf alle Bürger ausgedehnt: *duo consules super singulis causis per ipsos visis vel auditis et specialiter super testamentis et debitis casibus dumtaxat penam corporis tangentibus exceptis, quos antiquam vestre civitatis consuetudinem teneri volumus et servari, sine contradictione qualibet testificare potuerint, etiam ceterorum ydoneorum civium quilibet ad eam summam pecunieque quantitatem, ad quam bona sua propria et immobilia potuerunt extendere, poterit in causis et casibus pecunialibus testificari veritatique testimonium perhiberi.* (Zwei Konsuln können in den einzelnen Rechtsfällen, die sie mit Augen oder Ohren wahrgenommen haben, besonders bei Testamenten und Schuldsachen — ausgenommen solche, die Leibesstrafe betreffen und die wir nach dem alten Herkommen eurer Stadt gehalten und bewahrt sehen wollen — ohne irgendeinen Widerspruch Zeugnis ablegen; auch kann jeder geeignete sonstige Bürger bis zu der Summe und Menge Geldes, bis zu der seine eigenen immobilen Güter reichen, in Rechtsfällen und Geldangelegenheiten Zeuge sein und für die Wahrheit Zeugnis ablegen). Das besondere Zeugnisrecht der Reinoldibrüder (dt. Statuten: *efte mit twen gildebruderen sunte Reynodes*) ist demnach kaum ein ursprüngliches, dem der Schöffen / Ratsherren von Anfang an gleichgestelltes oder ihm gar vorausgehendes Recht, das von ihnen auf die Schöffen / Konsuln übergegangen ist, sondern eine bestimmte Stufe der Entwicklung, in der das Zeugnisrecht der Schöffen / Konsuln zunächst auf die Reinoldigildebrüder als Angesehenste der nicht Schöffenbaren und Ratsfähigen ausgedehnt wird, bevor es allen Bürgern zugestanden wurde.

Im Grunde ordnet sich auch das besondere Ratswahlrecht der Reinoldigilde in eine gleichartige Entwicklungslinie ein. Ursprünglich, und trotz aller Veränderungen im Laufe der Jahrhunderte im Kern beibehalten, scheint das Selbstergänzungsrecht des Rates — und zuvor wahrscheinlich der Schöffen —, das schrittweise eingeschränkt wird durch eine allmähliche Beteiligung der Gilden als den Organisationen der in sich abgestuften „besseren", angeseheneren, vermögenderen und leistungsfähigeren Bürger. Diese Beteiligung wurde zuerst der Reinoldigilde, der Bruderschaft der Weinhändler und Wandschneider, dem Kern der „Fernhändler", zugestanden, dann den Sechs Gilden zu Lasten der Reinoldigilde, ohne daß das Selbstergänzungsrecht des Rates noch weiter beschnitten worden wäre. Die beiden nachweisbaren und hier erörterten „Vorrechte" der Reinoldigilde zeigen also oder widersprechen dem nicht, daß das Schöffenkollegium / Rat zuerst alleiniger Inhaber von Vorrechten war, die erst nach und nach,

---

107 Frensdorff, Statuten, S. LIII Anm. 4, verweist auf höhere civilrechtliche Strafen der Rats- und Zunftmitglieder als Analogie, aber hier handelt es sich eher um einen Strafrechtstatbestand, bei dem eine Analogie gerade nicht gegeben scheint. In den lat. Statuten I 9 (Frensdorff S. 24 f.) handelt es sich eher um einen Bruch des städtischen Friedens, und bezeichnenderweise steht I 9 zwischen anderen Straftatbeständen, die man alle als Bruch des städtischen Friedens bezeichnen könnte (§§ 8—11) und die außer im Fall von § 9 alle durch Leibesstrafen geahndet werden.

108 Vgl. aber unten S. 78.

109 Vgl. z. B. Elenchus fontium historiae urbanae I, Acta collegii historiae urbanae societatis historicorum internationalis, ed. B. Diestelkamp, Leiden 1967, S. 141 n. 82 § 6 u. 7, S 145 n. 85 § 3; S. 171 n. 105 § 18; S. 180 n. 111 § 37; S. 324 n. 30 § 25 u. o.

zuerst der angesehensten sozialen Gruppe unter den *cives,* die in der Reinoldigilde organisiert sind, dann auch den übrigen Sechs Gilden bzw. allen *cives* persönlich oder ihren repräsentativen Organisationen zugestanden werden.

6. Schlußfolgerungen

Angesichts der dürftigen Quellen für die hier behandelten Fragen in der allein erörterten Epoche wurde ein vielleicht als umständlich erscheinender Weg beschritten. Gleichwohl war er unvermeidbar, weil das längst Bekannte und Behauptete Punkt für Punkt aufgegriffen, kritisch geprüft, auf seine Sicherheit oder auf das daran Sichere hin geprüft, auch manche bisher vernachlässigte Vergleichsmöglichkeit in die Überlegungen mit aufgenommen werden mußte. Dies soll auf keinen Fall jetzt nochmals auch nur in den Grundzügen zusammengefaßt werden. Es genügt für die Abschnitte 1—3 in Erinnerung zu rufen, daß es in ihnen darum ging, sich im streng chronologischen Fortschritt einmal mit äußerster Konsequenz auf das zu beschränken, was die Quellen tatsächlich sagen, und diese nicht aus sehr viel späteren Belegen unzulässig anzureichern, zum anderen aber mehr als bisher ins Bewußtsein zu heben, daß Dortmund ein bedeutender Königshof war und sich daraus, gestützt auf längst gesicherte Ergebnisse vergleichender Betrachtung, Konstanten und Konsequenzen besonders für die soziale und rechtliche Entwicklung ergeben, die das bisherige Bild zu differenzieren oder gar zu ändern vermögen.

Auf dieser Grundlage konnte vor allem in den folgenden Abschnitten 4 und 5 dargetan werden, daß der Kreis der nach 1230 erstmalig erkennbaren schöffenbaren und der seit 1241 damit identischen ratsfähigen Familien kaum mit den in der Reinoldigilde organisierten „Fernhandelskaufleuten" oder Wandschneidern identifiziert werden kann, sondern zur *familia* des königlichen Salhofes Dortmund gehört haben muß und trotz ungünstiger Quellenlage noch manche Merkmale dieser Herkunft aufweist. Die *familia* des Salhofes muß das eigentlich dynamische Element dargestellt haben, dem die soziale Führungsgruppe der Ratsfähigen und späteren Patrizier entstammte, die auch die rechtliche Entwicklung zur Reichsstadt vorantrieb. Name und der sich daraus ergebende relativ späte (12. Jahrhundert!) Zeitpunkt der Bildung der Reinoldigilde sowie die sozialen Merkmale ihrer Mitglieder setzten sie weder in der Sache noch zeitlich dazu in die Lage.

Gleichwohl weisen die wenigen Zeugnisse eindeutig darauf hin, daß der Reinoldigilde, bzw. der sozialen Gruppe, die sie repräsentiert, in der Stadt eine größere Bedeutung zukommt als anderen Gruppen, die ihr gegenüber diesen zu Vorrechten und im Verhältnis zur *familia* zunächst zu Sonderrechten verhalf. Alles scheint für eine Deutung zu sprechen, die hier mit aller Vorsicht formuliert werden soll, weil sie gewiß noch einer genaueren Erörterung und Präzisierung bedarf:

Spätestens im 10. Jahrhundert muß der Königshof eine deutliche innere soziale Differenzierung aufgewiesen haben aufgrund der mit einem solchen Königshof verbundenen vielfältigen Funktionen. Neben dem Salhof, nun einmal gefaßt im Sinne des eigentlichen landwirtschaftlichen Großbetriebs, und seiner *familia* mit ihren vielfältigen Diensten und der diesem Personenkreis nahestehenden Dienstmannschaft gab es eine *urbs* mit einer Bewohnerschaft, die sich einmal aus sozial angeseheneren Kaufleuten und zum anderen aus Handwerkern und Gewerbetreibenden zusammensetzte. Lange — es bleibt jedoch unbekannt wie lange — bestanden diese verschiedenen Gruppen „nebeneinander" unter dem König bzw. dessen Vertreter, in dem und in dessen Herrschaftsverwaltung ihre Zusammengehörigkeit als Angehörige des Reichsgutes Dortmund ihren konkreten und hinreichenden Ausdruck fand. Die zunehmende rechtliche Besserstellung der Mitglieder der *familia,* die an fast allen Orten, wo Beobachtungen möglich sind, nachzuweisen ist, die ihren Ausdruck vor allem durch die Beteiligung von Schöffen aus der *familia* am Gericht fand und in der Aufteilung des Salhofes an die Mitglieder der *familia* endete, gab diesen die führende soziale Stellung. Sie war unter anderem durch Schöffenbarkeit, Besitz von Hufen ehemaligen Sallandes, Allmenderechte gekennzeichnet und gipfelte in der Bestellung eines *iudex* aus diesem Kreis, der statt des bisherigen *comes* als dessen Vertreter dem Gericht vorsaß. Das wachsende Ansehen dieses Personenkreises, dem ein ständiger „Rückzug" des Grafen wohl entsprach, mußte schließlich an Stelle des Nebeneinander unter der gemeinsamen Spitze des *comes* zu einer Neuordnung führen, in der die verschiedenen Gruppen ihr Verhältnis zueinander unmittelbar bestimmten; genauer: es mußte geklärt werden, wie zunächst das Verhältnis der sozial angesehensten Gruppe der urbanen Siedlung, nämlich der Reinoldibrüder, zu den Schöffenbaren/Ratsfähigen und dem diesem Kreis entnommenen *iudex* zu gestalten war, in deren Hand weitestgehend die Kompetenzen des *comes* übergegangen waren. Ob die Klärung dieses Verhältnisses zu Konflikten führte, ist unbekannt. Möglicherweise — und nicht vor dem 12. Jahrhundert — erfolgte sie in Form einer „Einung", in der den Mitgliedern der Reinoldigilde eine Beteiligung an der Wahl der Mitglieder des Schöffenkollegiums, später der *consules* und ein Zeugnisrecht zugestanden wurde, das dem der Schöffen/Konsuln gleichwertig erachtet wurde, was die Reinoldibrüder ihrerseits durch ein höheres Strafmaß von einem Ohm Wein an die Schöffen/Konsuln honorieren. Gerade der Umstand, daß das höhere Strafmaß nicht durch Erhöhung der Beträge für den Mauerbau und den Geschädigten zustandekam, sondern in einer zusätzlichen Gabe an die Schöffen/Konsuln bestand, scheint mir für ein solches Geschäft zu sprechen.

Die weitere Entwicklung bis 1403 fügt sich ganz in eine solche Sicht ein: Die führende Rolle der ratsfähigen Familien wurde auch weiterhin nicht im Prinzip eingeschränkt, ihre sozialen Merkmale wurden nicht verändert; verändert wurde vielmehr immer nur die Zusammensetzung und die Gewichtverteilung in der Gruppe der Urbanen: Waren diese — vermutungsweise — in den genannten „Vorrechten" nur durch die Reinoldigilde repräsentiert und beteiligt, so hat diese spätestens 1260 diese Vorrechte quantitativ und damit auch qualitativ zugunsten anderer Aufsteigergruppen der Urbanen, repräsentiert in den Sechs Gilden, mindern und mit diesen teilen müssen. Es läßt sich nicht beweisen, aber auch nicht widerlegen, daß damit auch das höhere Strafmaß verschwand. In den späteren Dortmunder Statuten ist bei der rechtlichen Behandlung von Körperverletzungen von einem besonderen Strafmaß der Reinoldibrüder nicht mehr die Rede.

Wenn diese Überlegungen und Schlußfolgerungen richtig sind, wäre für die Geschichte Dortmunds nicht mehr gewonnen oder verloren als daß es sich, von allen zweifellosen individuellen Ausformungen im einzelnen abgesehen, als ein „Normalfall" in eine Entwicklung einordnete, wie sie mittlerweile längst für ehemalige Bischofsstädte und Städte auf Reichsgut allgemein angenommen wird.

Hans Jürgen Brandt

St. Reinoldus in Dortmund

Zur Bedeutung des „Heiligen Patrons" in der kommunalen Geschichte

I. Die Translation des hl. Reinoldus nach Dortmund. a) Die These vom Mythos des hl. Reinoldus. b) Die Prädestinationstheorie und die These vom Patroziniumswechsel. c) Translation und Grabeskirche im 10. Jahrhundert. d) St. Reinoldus als Ersatz für St. Pantaleon im 11. Jahrhundert? e) Zusammenfassung. II. Die freie Reichsstadt und ihr heiliger Patron. 1. Der heilige Patron und das kommunale Selbstbewußtsein. a) Sakralisierung der Stadt und Orientierung ihrer Bürger. b) Die Kulteinheit der Stadt nach stadtrömischem Vorbild. c) Der heilige Patron als Repräsentant der Stadt. 2. Der heilige Patron als Garant der Stadtfreiheit. a) Die apparitio der heiligen Stadtpatrone. b) Die Erscheinung des hl. Reinoldus auf der Stadtmauer. c) Der Dortmunder Reinold als Roland der Städte. d) Das religiöse Phänomen.

Die mittelalterliche Stadt wird nach den jüngsten Forschungsergebnissen nicht mehr nur als e i n „Glied der Verfassung des Reiches und der Länder" eingereiht. Es ist nicht die Rechtstradition des *imperium,* des Reiches, oder die der frühneuzeitlichen *territorii,* der Landesherrschaften, — es ist die mittelalterliche Stadt, die heute geradezu als d i e „Wiege des modernen Staatsgedankens und der freien Demokratie" erscheint, indem sie nämlich Träger der Selbstverwaltung war und modellhaft die Repräsentation des Gesamtwillens ausbildete. Der Münchener Historiker Karl Bosl sieht als typenprägend für die westlich-abendländische Stadt folgenden „Sozialakt": Nicht schon der Siedlungs- und Rechtsakt schaffen die Stadt. Es muß die Befreiung vom *opus servile* hinzukommen, d. h. die Entlassung aus der Leibeigenschaft. Und wie erfolgt dieser Sozialakt? — Bosl hat es für Regensburg, Augsburg und Nürnberg untersucht: Durch Ergebung, Überantwortung an einen Heiligen Patron! Diesen neuen Sozialrechtsstand bezeichnen die mittelalterlichen Quellen als *servitus et libertas* oder *libera servitus,* d. h. als freie Unfreiheit, als Stadtrecht (*lex urbana*). Bürger werden heißt also, sich unter den Schutz des heiligen Stadtpatrons zu begeben, sich ihm zu verdingen[1]. Der Leibeigene wird frei, indem ihn der irdische Patron, sein Leibherr, einem himmlischen Patron, einem Heiligen, überantwortet.

In klassischen Überlieferungen bedeutet im römischen Rechtsdenken *patronus* Schutz- oder Lehnsherr eines Klienten, — dementsprechend Rechtsbeistand, Anwalt eines Mandanten vor Gericht. Zu den eigentümlichen Erscheinungsformen des mittelalterlichen Kirchenwesens und Rechtsdenkens, die in der kommunalen Geschichte eine besondere Ausprägung erlangten, gehört die *Eigenkirche* mit dem Begriff *Patronat* in einer zweifachen Bedeutung: Der *irdische Patron* als Schutz- und Eigenherr einer von ihm entweder gestifteten oder ihm vollrechtlich übertragenen Kirche, — und deren *himmlischer Patron,* ein Heiliger, dem nach altkirchlicher Tradition ein Gotteshaus geweiht war. Wie der irdische Patronatsherr die zeitlichen Interessen seiner Kirche auf Erden vertrat, so stand nach mittelalterlicher Anschauung der heilige Patron als Bürge ihrer Rechte vor Gottes Thron. In dieser „letztverantwortlichen" Stellung wurde der heilige Kirchenpatron und dann, in erweiterter Kompetenz, der heilige Stadtpatron, der Bürger der himmlischen Stadt Jerusalem, schließlich zum Rechtssubjekt und Vollpräsentant des von ihm schützenden Corpus[2].

Der Rechtshistoriker Hans Erich Feine will in Übereinstimmung mit Ulrich Stutz und seiner Schule die Wurzeln des Eigenkirchenwesens im altgermanischen Hauspriestertum erkennen. Der Hausvater versammelte dort seine Familien- und Hofesangehörigen zum gemeinsamen Gottesdienst, zu Opfer und Mahl. Der religiöse Kult verbinde sich dabei immer mit heiligen Sachen, z. B. dem Ahnengrab. Kultur- wie religionsgeschichtlich muß dieses Phänomen ober offensichtlich als Grundbesitz breiter antiker Tradition gesehen werden[3]. Wir das Ahnen- oder

1 Bosl, K., Staat, Gesellschaft, Wirtschaft im deutschen Mittelalter (dtv-WR 4207) (Stuttgart [3]1976) 193—235, bes. 193—196; vgl. dazu: Meckseper, C., Kleine Kunstgeschichte der deutschen Stadt im Mittelalter (Darmstadt 1982).

2 Grundsätzliches u. Literatur s. bei: Reicke, S., Art.-Patronat, in: Die Religion in Geschichte und Gegenwart, hrsg. v. K. Galling, 6 Bde. u. Reg. Bd., 3. Aufl. 1956—1962, künftig zit. RGG, hier Bd. V 156—159; Lindner, D., Art. Patronat, in: Lexikon für Theologie u. Kirche, 2. Aufl. hrsg. v. J. Höfer u. K. Rahmer, Bd. 1—10 und Ergbde. 1—3 u. Reg. Bd. (1957—1968), künftig zitiert LThK, hier Bd. VIII 192—195.

3 Feine, H. E., Kirchliche Rechtsgeschichte. Die katholische Kirche (Köln—Graz [4]1964) bes. 160—165; Über das Ahnengrab als Träger von Heil und Macht, sowie den Zusammenhang von Ahnengrab, Altar und Recht s. Erler, A., Ahnengrab. In: Handwörterbuch zur deutschen Rechtsgeschichte, hrsg. v. A. Erler u. E. Kaufmann, 2 Bde. (Berlin 1971 u. 1978) künftig zit.: HRG hier I 81 f.; vgl. auch Höslinger, R., Die alt-arische Wurzel des Eigenkirchenrechts in ethnologischer Sicht. In: Österr. Archiv für Kirchenrecht 3 (1952) 267—273; Erler, A., Eigenkirche. In: RGG II 356 f.

Heroengrab als feststehender Topos in der Gründungsgeschichte der antiken Städte steht, so bildete das Heiligengrab die Urzelle der mittelalterlichen Städte. Die antike *urbs* über dem Grab des Romulus und das christliche Rom über der *memoria sancti Petri* sind d a s klassische Beispiel. Der Held wie der Heilige ist schicksalhaft mit seiner Stadt verbunden. Sein Grab wird zum Mittelpunkt sowohl der zivilen wie der kultischen Gemeinde.

Die Geschichte einer mittelalterlichen Stadt ist wie die einer Kirche in unserer Fragestellung aus einer mehrfachen Perspektive zu beobachten. Wer hat sie begründet oder übt im Sinne des Eigenkirchenrechts das Patronat (irdischer Eigenherr) aus? Welches Patrozinium (heiliger Eigenherr) trägt die Stadtkirche und welche Reliquien [4] birgt sie? In welcher Weise identifizieren sich die Schutzbefohlenen mit ihrem himmlischen Anwalt?

Die Patroziniumsforschung hat seit der Mitte des 19. Jahrhunderts wichtige Details zur Erhellung der kirchlichen Verhältnisse gerade des frühen Mittelalters geliefert. Sie erweist sich, da direkte Quellen weithin fehlen, als Brücke des Verständnisses. Ähnliche Aufschlüsse sucht die sog. rechtliche Volkskunde zu liefern [5]. Der letzte Weltkrieg und seine Folgen ermöglichten, durch archäologische Grabungen manche bis dahin in die Gattung der Legende verwiesene Berichte in ihrem Kern als historisch nachzuweisen [6]. Die Quellenstudien zur Theologie und Praxis der Heiligen- und Reliquienverehrung belegen die Bedeutung der Fragestellung für die Frühzeit der Missionierung im alten Sachsenland und sind besonders für das 9. Jahrhundert aufgearbeitet. Vor allem erweisen sich die sog. Translationen (Übertragungen von Reliquien eines Heiligen) als Grundsteine zur Kenntnis der Frühgeschichte kirchlicher Gebäude oder Institutionen (z. B. von Stiften oder Abteien) [7]. Das Verhältnis von Stadt und Stadtpatron ist vor allem für das mittelalterliche Italien durch jüngere Studien dargelegt [8].

Am Beispiel Dortmunds und seines Stadtpatrons St. Reinoldus soll in deutschen Verhältnissen der Frage nachgegangen werden. Dortmund, das sich derzeit anschickt, seiner ersten schriftlichen Nennung vor 1100 Jahren zu gedenken, ist in mehrfacher Hinsicht mit den alten Reichsstädten Goslar, Frankfurt oder Nürnberg zu vergleichen.

---

4 Grundsätzliches u. Literatur s. bei: Zimmermann, G., Patrozinienkunde, in: RGG V 159—161; Lehner, J. B., Patron, in: LThK VIII 187—191; Doyé, F., Verzeichnis von Heiligen und Seligen der römisch-kath. Kirche und deren Attributen, Patronaten u. kurzen biographischen Notizen (Leipzig 1929); in ikonographischer Hinsicht s. bes. Lexikon der christlichen Ikonographie, hrsg. v. E. Kirschbaum u. W. Braunfels, I—VIII (Rom — Freiburg — Basel — Wien 1968—1974), künftig zitiert LCI. I—VIII u. Braun, J., Tracht und Attribute der Heiligen in der deutschen Kunst (Stuttgart 1943, Nachdruck 1964); für Westfalen nur durch Einzelstudien überholt: Kampschulte, H., Die westfälischen Kirchenpatrocinien, bes. auch in ihrer Beziehung zur Geschichte der Einführung und Befestigung des Christentums in Westfalen (Münster 1867, Nachdruck 1963).

5 Allgem. s. Heiler, F., Reliquien, in: RGG V 1044—1047; im einzelnen: Legner, A., Zur Präsenz der goßen Reliquienschreine. In: Legner, A. (Hg.) Rhein und Maas. Kunst und Kultur 800—1400, I—II (Köln 1972/73) hier II 65—94. Torsy, J., Heilige an Maas und Rhein. In: Ebda. I 131—133; Zender, M., Entwicklung und Gestalt der Heiligenverehrung zwischen Rhein und Elbe im Mittelalter. In: Ostwestfälisch-Weserländische Forschungen zur geschichtlichen Landeskunde (Veröffentlichungen des Provinzialinstituts für westf. Landes- und Volkskunde 1. Reihe 15) (Münster 1970) 280—303; Beumann, H., Pusinna, Liudtrud und Mauritius. Quellenkritisches zur Geschichte ihrer hagiographischen Beziehungen. In: Ebd. 17—29; Ewig, E., Die Kathedralpatrozinien im römischen und fränkischen Gallien. In: Histor. Jahrbuch 79 (1960) 1—61; Ders., Die ältesten Mainzer Patrozinien und die Frühgeschichte des Bistums Mainz. In: Böhner, K. u. a. (Hg.) Das erste Jahrtausend. Kultur und Kunst im werdenden Abendland an Rhein und Ruhr (Düsseldorf 1962) 114—158.

6 Es sei hier nur verwiesen auf die Ausgrabungen in Xanten mit Auffindung der ältesten St. Viktor-Memorie u. auf die der Kaiserpfalz und unter dem heutigen Dom in Paderborn; s. bes. auch: Jaszay, G., Heilige Ida von Herzfeld 980—1980. Festschrift zur tausendjährigen Wiederkehr ihrer Heiligsprechung (Münster 1980); Hengst, K., Die Urbs Karoli und das Blutbad zu Verden in den Quellen zur Sachsenmission (775—785) In: Theologie und Glaube, 70. Jg. (1980) 285—299.

7   S. bes. Honselmann, K., Reliquientranslationen nach Sachsen. In: Böhner (wie Anm. 5) I 159—193, bes. 192; verb. u. erg. Nachdruck. In: Pothmann, A. (Hg.) Bischof Altfrid — Leben und Werk (Essen 1974) 29—72; Ders., Die Annahme des Christentums durch die Sachsen im Lichte sächsischer Quellen des 9. Jhs. In: WZ 108 (1958) 201—219; Ders., Eine Essener Predigt zum Feste des hl. Marsus aus dem 9. Jahrhundert. In: WZ 110 (1960) 199—221; erw. Nachdruck. In: Pothmann (wie Anm. 7) 73—94; ders., Gedanken sächsischer Theologen des 9. Jhs. über die Heiligenverehrung. In: Westfalen, Hefte für Geschichte, Kunst und Volkskunde 40 H. 1/2 (1962) 38—43; allgemeiner Überblick bei Schröer, A., Die Kirche in Westfalen vor der Reformation, I—II (Münster 1967); vgl. auch Cohausz, A., Erconrads Translatio S. Liborii (Studien und Quellen zur westf. Gesch. 6) (Paderborn 1966).

8   Picard, J.-Ch., Conscience urbaine et culte des saints. De Milan sous Liutprand à Vérone sous Pépin Ier d'Italie. In: Hagiographie, cultures et sociétés IVe—XIIe siècles. Actes du Colloque organisé à Nanterre et à Paris, 2—5 mai 1979 (Etudes Augustiniennes) (Paris 1981) 455—469; Becker, H.-J., Stadtpatrone und städtische Freiheit. Eine rechtsgeschichtliche Betrachtung des Kölner Dombildes. In: Beiträge zur Rechtsgeschichte (Gedächtnisschrift f. Hermann Conrad) (Rechts und Staatswissenschaftliche Veröffentlichungen der Görres-Gesellschaft, NF 34) (Paderborn — München — Wien — Zürich 1979) 23—45; Peyer, H. C., Stadt und Stadtpatron im mittelalterlichen Italien (Zürich 1955).

Seine Stadtwerdung erfolgte nicht an oder gegen einen Bischofssitz. Die geographische Lage an einer wichtigen Straße hatte den Ort schon früh als Platz einer Kaiserpfalz hervorgehoben. Am Ende des Mittelalters stand die Reichsstadt in einer solchen Blüte, daß Werner Braunfels unter kulturellem Blickwinkel Dortmund als einen der beiden Sonderfälle unter allen freien Städten im Heiligen Römischen Reich deutscher Nation bezeichnet[9]. Zäh wie sie sich bis zur Auflösung des alten Reichs auf der Städtebank neben Hamburg, Köln oder Bremen behauptete, hat sie auch nach ihrem Übergang zur Reformation bis heute das Andenken ihres Stadtpatrons St. Reinoldus lebendig gehalten.

Die Katastrophen der Jahre 1232 und 1297, in denen der Urkundenbestand der Stadt vernichtet wurde, stellt die Erforschung der älteren mittelalterlichen Stadtgeschichte vor nicht geringe Schwierigkeiten. Für die Darstellung der kirchlichen Ortsverhältnisse ist der Historiker weithin an die Kompilation des Dortmunder Klerikers Heinrich von Broke verwiesen, nachweislich eine Fälschung um 1380[10], ferner auf Chroniken aus dem 15. und 16. Jahrhundert, welche diese Fälschung, die sog. Pseudorektoren, kritiklos übernahmen[11]. Die nach den Bränden gesammelten Urkunden lassen vereinzelt eine Rückkontrolle der späteren Überlieferung zu[12]. Das Urteil über die Zeit vor 1232 ist weithin angewiesen auf Rückschlüsse, die aus indirekten Quellen zu ziehen sind. Neben archäologischen Grabungsbefunden am Orte selbst sind vor allem die Forschungsergebnisse bezüglich der alten Erzdiözese Köln und der weltlichen Landesorganisation des südlichen Westfalen zu berücksichtigen[13]. Im Blick auf die älteren Verhältnisse in Städten mit vergleichbarer Ausgangslage, wie Frankfurt am Main, Goslar oder Nürnberg, wird man für Dortmund ähnliche Entwicklungslinien in Betracht ziehen dürfen. Für die hier gestellte Frage nach der Bedeutung des Dortmunder Stadtpatrons St. Reinoldus ist die erwähnte Patrozinien- und Translationsforschung von besonderem Gewicht. Die bisherigen Arbeiten zur Dortmunder Stadtgeschichte belegen das erhaltene Interesse an der Frühgeschichte, mit der die spätere Tradition ihren Stadtpatron als eng verknüpft behauptet[14]. Bei der unbefriedigenden Quellenlage sind die bisweilen weit auseinanderklaffenden Hypothesen nicht verwunderlich.

I. Die Translation des hl. Reinoldus nach Dortmund

Die Vatikanische Bibliothek bewahrt eine Predigt, die im 9. Jahrhundert zu Ehren des aus Auxerre nach Essen übertragenen hl. Marsus gehalten wurde. Der Essener Prediger führt darin aus, wie arm doch das Sachsenland sei. Es berge keine Leiber von Heiligen. Er weiß aber diesen Mangel seinen sächsischen Zuhörern als Tugend zu deuten. Sicher, Germanien, Gallien und Italien, besonders Rom, seien berühmt wegen ihres Reichtums an Leibern von Heiligen. Aber sie leuchteten blutig rot, befleckt durch deren Tod. Die Sachsen könnten sich glücklich schätzen,

---

9   Braunfels, W., Die Kunst im Heiligen Römischen Reich Deutscher Nation, III, Reichsstädte, Grafschaften, Reichsklöster (München 1981) bes. 229—234; zur Dortmunder Stadtgeschichte s. u. a. Winterfeld, L. v., Geschichte der freien Reichs- und Hansestadt Dortmund (Dortmund [7] 1981); Dies., Die Entstehung der Stadt Dortmund. In: Beiträge zur Geschichte Dortmunds und der Grafschaft Mark, künftig zit. *Beiträge* hier Bd. 48 (1950) 5—97; Stoob, H., Deutscher Städteatlas, I, Dortmund (Dortmund 1973); Rübel, K., Geschichte der Grafschaft und freien Reichsstadt Dortmund (Dortmund 1917); weiteres s. Anm. 14.

10   Chronik der Pseudorektoren der Benediktskapelle zu Dortmund, hrsg. v. J. Hansen, in: Neues Archiv 11, 1886, 491—550, künftig zit. *Pseudorektoren-Chronik*.

11   Die Chroniken des Johann Kerkhörde und des Dietrich Westhoff sind hrsg. in: Die Chroniken der deutschen Städte, Bd. 20, Leipzig 1887, künftig zit. *Kerkhörde* bzw. *Westhoff*; — Des Dominicaners Jo. Nederhoff Cronica Tremonieusium, hrsg. v. E. Roese, Dortmund 1880, künftig zit. *Nederhoff*.

12   Dortmunder Urkundenbuch, Bd I—II u. Ergbd., hrsg. von Karl Rübel, Dortmund 1881—1910, künftig zit. *Dortm. UB.*

13   Neuss, W. u. Oediger, W., Geschichte des Erzbistums Köln, I, Das Bistum Köln von den Anfängen bis zum Ende des 12. Jahrhunderts (Köln 1964); neu bearb. v. Oediger, W. (Köln [2]1972) im folgenden zit. Hömberg, A. K., Kirchliche und weltliche Landesorganisation in den Urpfarrgebieten des südlichen Westfalens (Veröffentlichungen der Hist. Kommission Westfalens, 22; Geschichtl. Arbeiten zur westf. Landesforschung, 10 (Münster 1965); Haas, C., Die Entstehung der westfälischen Städte (Veröffentlichungen des Provinzialinstituts für westfälische Landes- und Volkskunde, I. Reihe, 11) (Münster 1960).

14   Fiebig, P., St. Reinoldus in Kult, Liturgie und Kunst. In: Beiträge 53 (1956); Lindemann, H. (Hg.) St. Reinoldi in Dortmund (Dortmund 1956); Rüschenschmid, A., Entstehung und Entwicklung des Dortmunder Pfarrsystems, sein Dekanat und Archidiakonat bis zum Ausgang des 14. Jahrhunderts. In: Beiträge 33 (1926) 54—128; Knörich, G., Der heilige Reinold. In: Beiträge 31 (1924) 77—128; vgl. Anm. 9.

solche Verbrechen nicht begangen zu haben[15]. Der Prediger lehnte also jede Deutung der vorausgegangenen Sachsenaufstände mit Tötung von Priestern und Einäscherung von Kirchen als Glaubenskrieg ab. Auf diesem Hintergrund wird verständlich, warum in dieser frühen Epoche bei den Sachsen „einheimische" Märtyrer keine Ehre der Altäre erwarten durften. Es gab diese durchaus[16]. Aber, ein Sachse tötet niemanden um des Glaubens willen! Die Reliquien mußten von ferne herbeigeholt werden. Klemens Honselmann hat allein 19 solcher Translationen nach Sachsen für das 9. Jahrhundert untersucht[17]. Sie erfolgten durchweg aus Gallien oder Rom.

Wie kam Dortmund an seinen hl. Reinoldus? Schon der Patrozinienforscher Heinrich Kampschulte stellte 1867 fest: Über „keiner heiligen Fahrt schwebt so viel Dunkel, als über dieser"[18]. Er meinte die Frage nach der Translation des hl. Reinoldus. In der Darstellung der Dortmunder Geschichte vom Mittelalter bis zur Gegenwart sind darauf drei unterschiedliche Antworten gegeben worden. Beginnen wir mit der jüngsten.

a) Die These vom Mythos des hl. Reinoldus

In seiner Studie zur sog. Reinoldilegende legte 1924 Gerhard Knörich dem kritischen Leser nahe, „unabweisbar" folgenden Schluß zu ziehen: Der Dortmunder Schutzpatron stammt aus dem germanischen Mythos, dem dichterischen Himmel; längst vor der christlichen Zeit Sachsens in Dortmund zu Hause. Reinold ist ein germanischer Gott, dem die christlichen Missionare einen Nimbus verliehen haben. Der phantastischen Sage vom hl. Reinoldus lägen ursprünglich drei mythische Versionen dieses Namens zugrunde. Einem Reinold des altfranzösischen Epos von den drei Haymonssöhnen korrespondierten je einer in der Sagenwelt Kölns und Dortmunds. Aber nicht so, als seien es drei Götter. Die Dichtung habe lediglich drei verschiedene Traditionsstränge ein und derselben mythischen Person in den Dreiakter eines heidnisch-christlichen Heldenepos gereimt. Der Riese aus dem altfranzösisch-mosanischen Sagenhimmel sei in seiner Kölner Fassung zum heroischen Steinmetz am Dombau bestellt und von neidischen Kollegen mit dem Hammer erschlagen worden. Den Rest bilde die Dortmunder Zutat. Knörich meint damit die Dortmunder Überlieferung der Translation des hl. Reinoldus von Köln in ihre Stadt. Obgleich der Translationsbericht „ziemlich nichtssagend" sei, müsse man ihn aber als das wohl „älteste literarische Erzeugnis" der Stadt Dortmund ansehen. Er gehöre ins 10. Jahrhundert[19]. Man stehe damit in jener Zeit, als vor Ort noch die germanischen Götter lebendig waren. Entsprechend der nachweislichen Missionspraxis der Akkomodation[20] sei der mythische Heroe Reinoldus, der typischen Vorliebe des 10. Jahrhunderts entsprechend, zum Märtyrer geschlagen und am Ort als heilig erklärt worden. Aus dem altgermanischen Gott sei so der mittelalterliche Schutzpatron der Stadt, St. Reinoldus, geworden. Seinem Urteil zu folgen, ist man in der jüngeren Forschung zur kirchlichen Landesgeschichte nicht abgeneigt gewesen[21]. Gehen wir nun hinter das Jahr 1500 zurück und befragen die späteste der mittelalterlichen Interpretationen, mit der St. Reinoldus als Dortmunder Stadtpatron legitimiert werden soll.

---

15   Edition (lat. u. dt.) der Predigt s. Honselmann, Eine Essener Predigt (wie Anm. 7) 208—221 bzw. 82—93; vgl. auch Konermann, H. (Hg.) Marsus — elfhundertjährige Freundschaft zwischen Essen und Sens-Auxerre (Oberhausen — Düsseldorf 1964); allgemein: Lammers, W. (Hg.) Die Eingliederung der Sachsen in das Frankenreich (Wege der Forschung 185) (Darmstadt 1970).

16   Etwa die beiden angelsächsischen Missionare, die Gebrüder, die (695?) unter dem Namen Schwarzer und Weißer Ewald in Westfalen den Martertod erlitten; über ihr angebliches Ende in Dortmund-Aplerbeck s. Kampschulte (wie Anm. 3) 88—91; in Frage gestellt v. Torsy, J., Ewald, zwei hl. Brüder. In: LThK III 1262; vgl. auch Braun (wie Anm. 3) 246 f.; Lohoff, in: Beiträge 1, 1875, 106—126.

17   Vgl. Anm. 7.

18   Kampschulte (wie Anm. 3) 130 f.

19   Knörich (wie Anm. 14) bes. 116—120. Er deutet dies als Beleg für einen Dortmunder Reinoldikult im 10. Jh., ebd. 114.

20   Über missionarische Akkomodation s. Müller, R., Akkomodation. In: LThK I 243 f.; Schäferdick, K. (Hg.) Kirchengeschichte als Missionsgeschichte, II, Die Kirche des frühen Mittelalters (München 1978); zur Missionsmethode im frühen Sachsen s. Dörries, H., Germanische Religion und Sachsenbekehrung. In: Lammers (wie Anm. 15) 261—306; Honselmann, K., Der Brief Gregors III. an Bonifatius über die Sachsenmission, ebda. 307—346; Flaskamp, F., Der Bonifatiusbrief von Herford. Ein angebliches Zeugnis zur Sachsenmission, ebda. 365—388.

21   Vgl. Hömberg (wie Anm. 13) 87.

Abb. 11:   Älteste Stadtansicht Dortmunds.
Ausschnitt aus dem Altarbild des Derick Baegert in der Propsteikirche zu Dortmund, um 1470/80

b) Die Prädestinationstheorie und die These vom Patroziniumswechsel

In seiner „Chronica Tremoniensium" erklärte der Dortmunder Dominikaner Johannes Nederhoff gegen 1450 die Wahl des Stadtpatrons als göttliche Zuweisung. In den Jahren des Erzbischofs Anno hätten die Dortmunder in Köln um einen Patron für ihre Stadt nachgefragt, um die Reliquien eines Heiligen zu erhalten. Denn sie wünschten einen Patron bei sich anwesend nicht nur mit seinem Namen, sondern auch seinem Körper (*patronum nedum nomine, sed etiam corpore presentem*) — einen leibhaftigen Stadtpatron! An eben Reinoldus seien sie so gekommen: Der Erzbischof habe mit seinem Kölner Klerus den berechtigten Wunsch der Dortmunder beraten. Unschlüssig war man sich schließlich nur über die Wahl der hl. Reliquien. Doch sie war bereits getroffen. Denn während Erzbischof und Klerus nach dem richtigen Patron suchten, hatte der Allmächtige den Sarkophag mit den Gebeinen des hl. Reinoldus bereits draußen vor die Kirche gestellt. Blind aber, wie die Kölner Klerusversammlung war, trug sie die Reinoldireliquien wieder ins Kircheninnere. Erst nachdem sich dieser Vorgang mehrmals wiederholt hatte, öffnete Gott ihnen die Augen: Der Herrgott *(Dominus Deus)* selbst hatte St. Reinoldus zum Stadtpatron von Dortmund bestellt[22].

Es dürfte sich unter unserer Fragestellung andeuten, daß Nederhoffs Fassung der Reinoldilegende nicht zuerst historische, sondern rechtliche Aussagen machen wollte. Wem verdankte Dortmund seinen himmlischen Anwalt? Nicht der gnädigen Zuweisung durch den Erzbischof von Köln, sondern allein der Wahl Gottes. Ein Stadtpatron also göttlichen Rechts. Diese rechtliche Perspektive wird noch deutlicher, wenn wir ein weiteres Jahrhundert zurückgehen und die Erklärung des Dortmunder Klerikers Broke zur Kenntnis nehmen.

Zur Untermauerung seiner Klage beim erzbischöflichen Offizialat in Köln gegen die Stadt Dortmund begründete um 1380 Heinrich Broke, Rektor der örtlichen Benediktskapelle, seine Rechtsposition u. a. damit: Ursprünglich habe in Dortmund ein Kollegiatstift unter dem Patrozinium des hl. Pantaleon bestanden. Aus mancherlei Gründen aber hätten die Kanoniker nicht ihr Auskommen gefunden. Erzbischof Anno (1056—1075) habe nach Rücksprache mit seinem Kölner Kapitel deshalb das Dortmunder Pantaleonsstift samt seinen Besitzungen nach Köln transferiert und dem Mariengradenstift eingegliedert. Die bisherigen Privilegien und Rechte des Dortmunder Stiftes habe er sich und seinen Nachfolgern voll *(plene)* reserviert. Erzbischof Anno sei es auch gewesen, der den hl. Märtyrer Reinoldus anstelle des abgezogenen hl. Pantaleon als Patron bestellt habe *(sanctum Reinoldum martyrem pro Pantaleone ibidem pro patrono collocavit)*[23].

c) Translation und Grabeskirche im 10. Jahrhundert

Die neuzeitliche Mythosthese sucht den Heiligen selbst als unhistorisch zu erweisen und schenkt der Frage nach seinen Reliquien oder ihrer Translation dementsprechend keine Würdigung. Die beiden mittelalterlichen Thesen, die des Johannes Nederhoff vom „ius sancti Reinoldi" und jene des Heinrich Broke vom Patrozinienwechsel, die St. Reinoldus als Ersatzpatron erklärt, wollen keine historischen, sondern rechtliche Aussagen untermauern. Sie müssen deshalb nicht in allen Angaben zwangsmäßig unhistorisch sein. Zur Frage, wie und wann die Reliquien des hl. Reinoldus nach Dortmund gekommen sind, müssen jedoch andere Quellen herangezogen werden.

Die früheste Form der Reinolditranslation enthält diese Darstellung: der gottselige Märtyrer Reinold entstammte einer erlauchten Familie. Von Kindesbeinen an liebte er den Urheber des Lebens und wünschte, ihn vollkommen kennenzulernen. Er zeichnete sich durch große Taten aus. Mehr noch überragte er seine Brüder und Zeitgenossen durch Tugend. Mit Gottes Gnade durchschaute er die vergängliche Welt und richtete seinen Sinn auf das, was für die Ewigkeit bleibt. In Köln nahm er das Mönchshabit und senkte sich in die Liebe dessen, dem zu dienen herrschen bedeutet. Dort begann die Kraft Gottes durch ihn Wunder zu wirken: Er machte Lahme gehend, Taube hörend und Blinde sehend. Einige behaupten gesehen zu haben, der Herr habe durch ihn einen Toten auferweckt und seiner weinenden Mutter zurückgegeben. Später bestellte ihn der Abt zum Vorsteher der Steinmetzen *(magister lapicidarum)*. Dort zog er sich wegen seiner Dienstbeflissenheit den Haß der ihm untergebenen Arbeiter zu. Obgleich er wußte, was auf ihn zukam, eilte er zum Martyrium, gleich als sei er zu einem Mahle eingeladen, und bot sich den Räubern wie Freunden an. Die aber drangen auf ihn ein, zerschmetterten mit ihren Hämmern sein Haupt, warfen das Gehirn heraus und versenkten ihn im Rhein. Obgleich der Abt und seine Brüder ihn überall suchten, fanden sie ihn nirgends. Gott aber zeigte seine Liebe zu Reinoldus so: Eine hoffnungslos erkrankte Frau sah sich im Traum von einem strahlenden Mann angesprochen. Sie solle zum Wasser gehen, wo der gottselige Reinoldus versenkt sei. Dort werde sie gesund. In der Tat. An der Stelle, die sie im Traum gedeutet bekommen hatte, tauchte der hl. Leichnam auf. Sie wurde gesund. Mit der Bahre, auf der sie sich hatte hintragen lassen, half sie nun, den Leichnam Reinolds zum Kloster zu tragen, in dem er einst Mönch war. Nach langer Zeit kamen die Bewohner

---

22 Nederhoff 33. Zu dieser Vorherbestimmung des hl. Reinoldus für Dortmund *iure divino* vgl. die Parallele von der *praedestinatio S. Marci* für Venedig, die C. Peyer als „Glaube an die Vorherbestimmung (der Stadt) zu weitgespannter Herrschaft" deutet; vgl. Peyer (wie Anm. 8) 60. Über die Divinaltheorie, die Lehre vom Heiligen als Rechtssubjekt, vgl. Wenner, J., Kirchliches Vermögensrecht (Paderborn ³ 1940) 35.

23 Pseudorektoren-Chronik 519 f.

von Dortmund zum Erzbischof und erbaten von ihm ehrerbietig die Reliquien eines Heiligen, auf daß ihre Erde ehrwürdiger und vor Feinden sicherer sei. (Es folgt sinngemäß die Darstellung, wie sie Johannes Nederhoff vom göttlichen Eingriff gibt.)

Die Überführung des hl. Reinoldus von Köln nach Dortmund *(in Trotmannorum ecclesiam)* schildert der Bericht kurz so: Klerus und Volk legten die Reliquien in ein Behältnis *(capsula)*. Drei Meilen noch in Richtung Dortmund *(ad partes Trotmannie)* gab ihm das Volk das Geleit. Er wurde am 7. Januar in die Dortmunder Kirche überführt, in der er eine würdige Wohnstatt *(dignum habitaculum)* fand. Von ihr aus behütet der gnädige Schutzherr *(patrocinator)* sein Volk, das zu ihm seine Zuflucht nimmt [24].

Die Translatio sancti Reinoldi trägt die Teile der vergleichbaren älteren Translationsberichte. Auf den Abriß des Lebens *(vita)* folgt die Bitte bei einem Bischof um Reliquien und deren Überführung *(translatio)* an ihren neuen Ruheort unter Angabe des Ankunftstages *(adventus)*, der in der Folgezeit liturgisch gefeiert wird [20]. Einen Hinweis auf das Translationsjahr gibt sie nicht. Weder der Kölner Bischof ist mit Namen genannt, noch das Kloster näher bezeichnet, in dem die Reliquien bisher geruht hatten. Lediglich die Charakterisierung der Dortmunder Petenten als Neubekehrte *(populus noviter conversus)* gibt den Hinweis, den Vorgang ziemlich früh anzusetzen. Für die Annahme, die Translation des hl. Reinoldus aus Köln schon in die Jahre Karls des Großen zu verlegen, fehlt allerdings jeder Anhaltspunkt. Da alle bisher bekannten Übertragungen von Reliquien nach Sachsen im 9. Jahrhundert aus Gallien oder von Rom erfolgten, keine aber aus Köln kam, muß ein späterer Zeitraum in Betracht gezogen werden. Aus der Translationsforschung hat sich als Regel bestätigt, daß Berichte von der Übertragung eines Heiligen entweder gleichzeitig oder kurz nach dem Geschehen abgefaßt wurden, und zwar in der Gegend, wo der Heilige neu beheimatet wurde. Als typisches Merkmal sticht hervor, daß der Heilige immer in einer neu errichteten Kirche beigesetzt wurde [25].

Es sei vorausgesetzt, die für das 9. Jahrhundert erwiesenen Regelmäßigkeiten bei Translationen seien auch in den folgenden Jahrzehnten maßgeblich geblieben, dann spricht die hohe Wahrscheinlichkeit dafür, die Reinolditranslation ins 10. Jahrhundert zu datieren, und zwar aus folgenden Gründen: 1. Der älteste Translationsbericht weist aufgrund textkritischer Beobachtungen in genau diese Epoche und 2. nach Dortmund [26]. Gestützt wird diese frühe Datierung durch die Untersuchung der Reinolditexte unter liturgiegeschichtlichem Blickwinkel [27]. 3. Die Ausgrabungen nach dem Zweiten Weltkrieg haben die Grundmauern, — analog der ottonischen Pfalzkirche zu Ingelheim —, einer bis dahin unbekannten Saalkirche ans Licht gebracht, die in eben diese Zeit eingeordnet wird. Der archäologische Befund weist in die Amtsjahre des Kölner Erzbischofs Bruno (953—965), des Bruders Ottos I. Der Grundriß dieser Dortmunder ,,Pfalzkirche'' deckt sich mit den nachweislich von Erzbischof Bruno begonnenen Bauten von St. Pantaleon in Köln und St. Patroklus in Soest [28]. 4. Die Anlage einer Krypta in der Dortmunder ,,Pfalzkirche'' spricht (da ein Stiftergrab ausgeschlossen werden kann) für die Grablege *(memoria)* eines Heiligen.

Wie kaum einer seiner Vorgänger wird Erzbischof Bruno, der jüngste Bruder König Ottos I. (936—973), gerühmt, dem Kölner Dom und den anderen Kirchen seines Bistums die Schätze des Heiles, Reliquien, zugeführt zu

---

24 Textkrit. Edition s. Knörich (wie Anm. 14) 121—127.

25 S. die ,,Regeln'' in der Zusammenfassung bei Honselmann, Reliquientranslationen (wie Anm. 7) 192 f. bzw. 57 f.

26 Knörich (wie Anm. 14) 114: ,,*Wir können also feststellen, daß Reinoldus bereits im 10. Jahrhundert in der ihm geweihten Kirche zu Dortmund verehrt wurde.*'' Über die Abfassungszeit der ,,Legende'' in Dortmund s. ebda. 119 f.

27 Fiebig (wie Anm. 14) 107 f.

28 Albrecht, Ch., Die Ausgrabungen in der Reinoldikirche und in der Peterskirche auf der Hohensyburg. In: Beiträge 51 (1954) 127—135; über die gleichzeitige Datierung der ottonischen Saalkirchen von St. Pantaleon in Köln, St. Patrokli in Soest, St. Walburgis in Werl und St. Reinoldi in Dortmund s. Lobbedey, U., Die Ausgrabungen in der Propsteikirche zu Werl. In: Westfalen 50 (1972) 298—318 bes. 316; über die stilgleiche Pfalzkirche zu Ingelheim, deren Erbauungszeit für die Jahre Ottos I. angenommen wird, dem Bruder Erzbischofs Bruno, s. ebda. 316; allgem.: Thümmler, H., Neue Funde zur mittelalterlichen Baukunst Westfalens. In: Westfalen 31 (1953) bes. 278; Genrich, A., Archäologische Aspekte zur Christianisierung im nördlichen Niedersachsen. In: Lammers (wie Anm. 15) 470—486; Niquet, F., Archäologische Zeugnisse frühen Christentums aus dem südöstlichen Niedersachsen, ebda. 487—501.

haben[29]. In die neue Kirche des von ihm gegründeten ersten Kanonikerstiftes Westfalens in Soest ließ er 964 die aus Troyes empfangenen Gebeine des hl. Patroklus über Köln beisetzen[30]. Ebenso rühmte sich die in seiner Amtszeit mit einem Kanonissenstift errichtete Kirche zu Geseke, von ihm die Cyriakusreliquien erhalten zu haben[31]. Wenn die Stiftskirchen von Köln und die beiden Stiftskirchen in Soest und Geseke am Hellweg von Erzbischof Bruno für ihre Kirchenneubauten Reliquien erhielten, dann machen die in Dortmund ergrabenen Kirchenfundamente nebst einer Krypta aus ebendenselben Jahren die Annahme sehr wahrscheinlich, daß auch die Dortmunder Kirche eigens zur Aufnahme einer heiligen Translation errichtet wurde. Die späteren Quellen sprechen glaubhaft von der Errichtung eines Kanonikerstiftes an dieser Kirche, und zwar in der Zeit v o r Anno. Die Soester Stiftsgründung durch Bruno ist die erste in Westfalen überhaupt. Demnach grenzt sich die Datierung eines Dortmunder Kanonikerstiftes in die zehn Jahrzehnte zwischen Bruno und Anno (1056) ein.

Noch eine weitere Spur führt in die ottonische Zeit, in die Jahre des Erzbischofs Bruno, nämlich die enge Verknüpfung der beiden Heiligennamen Pantaleon und Reinoldus in Legende und Dortmunder Tradition. Weil der Zusatz vom Kölner Pantaleonskloster, in dem Reinoldus Mönch gewesen sein soll, erst von einer Legende des beginnenden 13. Jahrhunderts gebracht wird[32], und die These von einem Dortmunder Patrozinienwechsel von Pantaleon auf Reinoldus gar erst in der gefälschten Chronik des Heinrich Broke am Ende des 14. Jahrhunderts aufgestellt ist, glaubte die kritische Forschung eine historische Grundlage ausschließen zu müssen. Ihr Haupteinwand ist die für Dortmund erst im Spätmittelalter belegbare Pantaleonsverehrung, die überhaupt außerhalb Dortmunds in Westfalen eine geringe Rolle spiele[33].

Nun ist aber nachzuweisen, daß der Kult gerade des hl. Pantaleon im ottonischen Königshaus in hoher Blüte stand. Für Erzbischof Bruno ist Pantaleon *der* Schutzheilige seines Pontifikates. Zusammen mit dem erzbischöflichen Pallium überbrachte ihm 955 der Abt von Fulda aus Rom Reliquien des hl. Pantaleon[34]. Bruno setzte sie in seiner Kölner Lieblingskirche bei, der bereits 867 urkundlich erwähnten Pantaleonskirche. Über diesen Pantaleonsreliquien errichtete er dann auf dem stilgleichen Grundriß, den auch die Soester Stiftskirche und die in Dortmund ergrabenen Kirchenfundamente als Bauten seiner Zeit ausweisen, einen völligen Neubau mit der Stiftung eines Benediktinerklosters.

In der Abteikirche St. Pantaleon fand er 965, wie gewünscht, seine letzte Ruhestätte. Brunos unmittelbare Nachfolger erscheinen als seine Nachlaßverwalter zu Ehren des Heiligen. Erzbischof Folkmar (965—969) übergab der Pantaleonskirche die noch von Bruno ihr zugedachte goldene Altartafel[35]. Erzbischof Gero (970—976) erwarb der Kirche 972 weitere Pantaleonsreliquien[36]. Als besondere Verehrerin des griechischen Heiligen und Gönnerin seiner Kölner Gedenkstätte *(memoria)* zeigte sich die Gemahlin Kaiser Ottos II., die byzantinische Prinzessin Theophanu. Sie wünschte sich ihr Grab bei den Gebeinen St. Pantaleons und fand es († 991) neben Erzbischof Bruno[37]. In gerader Linie ist der Kult früh auch für Westfalen, und zwar in der unmittelbaren Nachbarschaft

---

29 Neuss — Oediger (wie Anm. 13) 104. S. auch: Haaß, R., Bruno I. Erzbischof von Köln. In: Rheinische Lebensbilder, I, hg. v. Strutz, E. (Düsseldorf 1971) 1—11.

30 St. Patrocli 954—1976. Gottesdom und Gottesvolk. Das Rettungswerk von St. Patrokli Soest 1974—1976. Eine Dokumentation, hrsg. v.-St. Patrokli-Propsteigemeinde (Werl 1976); Schwartz, H. u. Deus, W.-H. (Hg.) Der hl. Patroklus. Festschrift zur Tausend-Jahrfeier der Reliquienübertragung nach Soest (Soester wiss. Beiträge 26) (Soest 1964); Neuss — Oediger (wie Anm. 13) 171.

31 Ebda. 280 Anm. 10: Verzeichnis der Kölner Reliquientranslationen zwischen 844 u. 1075; Dehio, G., Handbuch der deutschen Kunstdenkmäler. Nordrhein-Westfalen, II, Westfalen, bearb. v. Kluge, D. u. Hansmann, W. (München—Berlin 1969) 183—185; vgl. Kampschulte (wie Anm. 3) 134 u. 196 f.

32 Knörich (wie Anm. 14) passim.

33 Ebda. 112 f. Anm. 101.

34 Bergmann, K. H., St. Pantaleon in Köln (Rheinische Kunststätten 8—9) (Neuß 1972) 3 f.; Podlech, E., Geschichte der Erzdiözese Köln (Mainz 1879) 74.

35 Neuss — Oediger (wie Anm. 13) 105.

36 Hömberg (wie Anm. 13) 87 Anm. 22.

37 Bergmann (wie Anm. 34) 5; Rübel (wie Anm. 9) 41.

Dortmunds nachzuweisen. Die Enkelin der Kaiserin Theophanu, die gleichnamige Äbtissin von Essen (1039—1056), wünschte laut Testament, nach ihrem Tode, in deutlicher Bevorzugung gegenüber den übrigen Gotteshäusern des Stiftes, die Kapelle St. Pantaleon in Essen bedacht zu wissen[38].

Es bleibt hier zunächst festzustellen: Sowohl die literarischen wie archäologischen Quellen der Reinolditradition in Dortmund führen in die Zeit v o r Erzbischof Anno. Ebenso ist der Pantaleonskult v o r Anno in der Nähe von Dortmund bezeugt. St. Pantaleon ist erwiesen als der spezielle Amtsheilige von Erzbischof Bruno, aus dessen Zeit die Fundamente unter der heutigen Reinoldikirche stammen.

d) St. Reinoldus als Ersatz für St. Pantaleon im 11. Jahrhundert?

In auffälliger Übereinstimmung berichten Urkunden und Chroniken von einem einschneidenden Wandel der Dortmunder kirchlichen Verhältnisse unter Anno II. (1056—1075). Dieser Kölner Erzbischof soll in rechtlicher Hinsicht die Dortmunder empfindlich gemindert haben. Er habe nämlich ein bis dahin an der (1262 erstmals sogenannten Reinoldi-) Kirche bestehendes Kollegiatstift samt seinen Rechten und Privilegien nach Köln genommen und dem dortigen Stift Mariengraden eingegliedert. Im 13. Jahrhundert wurde deshalb zwischen der Stadt Dortmund und dem besagten Kölner Stift ein langwieriger Prozeß geführt. Dem Kern der Aussage widersprach die Stadt nicht[39]. Das Dortmunder Stift war augenscheinlich ein Opfer der von Anno bekannten Reform des Kölner Archidiakonatswesens geworden[40]. Für unsere Fragestellung ist aufschlußreich, daß an keiner Stelle des urkundlich gut belegten Prozesses die Frage des Patroziniums der Kirche oder die von Reliquien eine Rolle spielte. Das eingehend untersuchte Itinerar des Erzbischofs Anno weist eine Reihe bischöflicher Amtshandlungen in der näheren oder weiteren Nachbarschaft Dortmunds nach, auffallend keine einzige in der Stadt selbst. Ebenso sind eine Reihe von ihm veranlaßter Reliquientranslationen bekannt, die aber ausnahmslos der Bischofsstadt Köln oder seiner Lieblingsgründung Siegburg galten[41]. Für irgendeine Reliquienbewegung von Köln in Richtung Dortmund oder umgekehrt fehlt der geringste Anhaltspunkt.

Genau das aber behauptet 300 Jahre später in Dortmund der Schreiber der bereits erwähnten Fälschung von 1380. Anno habe für die Dortmunder Kirche einen Patroziniumswechsel angeordnet. Anstelle des bisherigen St. Pantaleon, den er nach Köln holte, habe er den Dortmundern St. Reinoldus als Patron bestellt. Als historische Aussage ist dieser behauptete Patroziniumswechsel höchst zweifelhaft. Pantaleonsreliquien, — an solche denkt der Fälscher offenbar —, könnten nur unter Erzbischof Bruno oder kurz nachher nach Dortmund gebracht worden sein. Solche für die ottonische Kölner Lieblingskirche erhalten zu haben, schätzten sich Bruno, Gero und Kaiserin Theophanu glücklich. Eine Übertragung von Pantaleonsreliquien nach Dortmund hätte größeres Aufsehen erregt als jene des hl. Patroklus von Köln nach Soest. Nichts macht diese Behauptung wahrscheinlich.

Eine Aussage wollte der späte Pseudochronist aber offensichtlich machen. Dem Schreiber war in dem Prozeß, den er gegen die Stadt Dortmund beim Kölner Offizialat führte, daran gelegen, nachzuweisen, daß unter Erzbischof Anno die älteren Privilegien und Rechte der Dortmunder Kirche nach Köln zurückgeholt wurden. Er führte den Nachweis in der Sprache der Reliquien. Mit anderen Worten: Was unter St. Pantaleon, d. h. unter Erzbischof Bruno oder seinen unmittelbaren Nachfolgern, von Köln aus der Dortmunder Kirche eingeräumt worden war, habe Erzbischof Anno zurückgenommen. Die Wertschätzung des hl. Reinoldus als Patron der Dortmunder Kirche müsse

38 Ribbeck, K., Geschichte der Stadt Essen (Essen 1915) 42—45 bes. 43; Brandt, H. J., Das Herrenkapitel am Damenstift Essen in seiner persönlichen Zusammensetzung und seinen Beziehungen zur Seelsorge 1292—1412 (Beiträge zur Geschichte von Stadt und Stift Essen 87) (Essen 1972) 15 f.

39 In dem von 1262—1290 geführten Patronatsstreit sind aufschlußreich die Klageartikel des Dechanten von Mariengraden in Köln (Dortm. UB I/1 n. 172) und die Darlegung der Dortmunder Position (ebda. n. 182); vgl. Hömberg (wie Anm. 13) 88.

40 Franzen, A., Die Kölner Archidiakonate in vor- und nachtridentinischer Zeit (Reformationsgeschichtl. Studien und Texte 78 u. 79) (Münster 1953) passim.

41 Legner, A., (Hg.) Monumenta Annonis. Köln und Siegburg. Weltbild und Kunst im hohen Mittelalter (Köln 1975) 32 f.

in Abhängigkeit von Köln gesehen werden. So fremd dem neuzeitlichen Menschen eine solche Beweisführung erscheint, so realpräsent war dem mittelalterlichen Menschen der himmlische Patron als Rechtssubjekt, leibhaftig gegenwärtig in seinen Reliquien.

Die Abtei Stablo in der Diözese Lüttich z. B. fühlte sich von Erzbischof Anno in ähnlicher Weise in ihren Rechten beschnitten, wie es für Dortmund behauptet wird. Der Abt, keineswegs bereit die Minderung hinzunehmen, reiste dem Erzbischof bis nach Rom nach. Er warf sich, während Anno am Papstaltar die Messe feierte, an der Confessio des hl. Petrus nieder und bat laut um die Rechte seiner Abtei. Auf den Synoden und Hoftagen trug er jahrelang seine Klage gegen Anno vor. Die Abtei Stablo empfand das Unrecht ihrem Schutzpatron St. Remaklus selbst angetan. Als sich ihr kein anderer Weg mehr wies, mußte der himmlische Schutzpatron die Sache seines Klosters selbst in die Hand nehmen. Der erste Versuch 1066 in Aachen mißlang. Anno hatte die feierliche Prozession mit den Reliquien zur Kaiserpfalz verbieten lassen und war heimlich abgereist. Der entscheidende Schiedstag aber kam im Mai 1071 in Lüttich. Während König Heinrich und Erzbischof Anno im Garten der Bischofspfalz zu Tisch saßen, verschafften sich die Stabloer Mönche mit ihrem hl. Remaklus Zugang und setzten den Reliquienschrein vor den König auf den Tisch. Das beginnende Ringen zwischen König Heinrich, den Erzbischof Anno in die Pfalz gezogen hatte, und den Mönchen, die im Garten mit dem hl. Remaklus ausharrten, dauerte einen Tag und eine Nacht. Dann aber gab sich Erzbischof Anno geschlagen. Die Abtei hatte ihre Unabhängigkeit wiedererlangt. Im „Triumphus sancti Reclami" haben die Mönche die glänzende Prozeßführung ihres Schutzpatrons in allen Einzelheiten überliefert[42].

Wenn dagegen, wie im Dortmunder Fall, weder für die Zeit Annos noch in dem 200 Jahre später zwischen der Stadt und dem Kölner Mariengradenstift geführten Patronatsstreit auch nicht eine Andeutung von einem Reliquien- oder Patroziniumswechsel erwähnt wird, kann das Schweigen indirekt für die Übertragung des hl. Reinoldus aus Köln nach Dortmund v o r Erzbischof Anno gewertet werden. Die Klageartikel des Kölner Mariengradenstiftes von 1285 sprechen ganz selbstverständlich im Rückblick auf die Zeit vor und unter Anno von der „ecclesia sancti Renoldi". Möglicherweise hatte der Verfasser der Pseudorektoren von 1380 mit der Behauptung des Patrozinienwechsels von Pantaleon auf den angeblich dann erst von Anno nach Dortmund transferierten Reinoldus die Kölner Klageartikel gegen die Dortmunder, die er ja kennen konnte, falsch gedeutet. Denn der Rechtsakt der behaupteten Verlegung des Dortmunder Stifts nach Köln wird zweimal mit der Begriffsreihe „translatio, unio et incorporatio" umschrieben. Ab da sei die Reinoldikirche *(ecclesia sancti Renoldi extunc esset ... parochialis)* Pfarrkirche. Im Zusammenhang heißt diese „translatio" hier aber eindeutig „Verlegung" des Dortmunder Stiftes[43].

e) *Zusammenfassung*

Zur Beantwortung der Frage, wann die Gebeine des hl. Reinoldus nach Dortmund übertragen wurden, fehlen bis heute direkte Quellen. Die Mitteilungen, die von den spätmittelalterlichen Dortmunder Chronisten zur translatio sancti Reinoldi behauptet werden, erscheinen als Rückschlüsse aus der Wirkungsgeschichte des hl. Stadtpatrons Reinoldus. Je nach dem kirchen-, kommunal- oder reichsrechtlichem Stand der Stadt Dortmund wird der Akt der Translatio in eine Epoche verlegt, die am ehesten entsprechende Ansprüche legitimiert. Gesicherte historische Erkenntnisse lassen sich für diese Fragestellung aus ihnen schwerlich ableiten.

Aufgrund von Analogieschlüssen neige ich, wie dargelegt (vgl. c), zu der Annahme, daß die Gebeine des hl. Reinoldus in der zweiten Hälfte des 10. Jahrhunderts von Köln nach Dortmund übertragen wurden. Als wichtigster Anhaltspunkte erscheinen dabei die nach dem letzten Krieg unter der Reinoldikirche ergrabenen Fundamente einer dieser Epoche zugeordneten Basilika mit Krypta. Da diese (erste?) Kirche auf Königsgrund erbaut war, dürften, entsprechend ihrer Bedeutung als Pfalzkirche, ihr auch bedeutende Reliquien zugeführt worden sein. In der

---

42 Neuss — Oediger (wie Anm. 13) 119f. u. 278—305; Legner, Zur Präsenz der großen Reliquienschreine (wie Anm. 5) 65—95 bes. 68 f.

43 Dortm. UB I/1 n. 172, art. 1—5.

mittelalterlichen Wertvorstellung hieß in diesem Zusammenhang „bedeutend" vor allem, daß eine Kirche mög-
lichst den *corpus integer* eines Heiligen barg. „Haupt und Gebeine des hl. Märtyrers Reinoldus" ist eine geläufige
Formel in den spätmittelalterlichen Stadtchroniken. Entsprechend den Zäsuren der Dortmunder Stadtentwicklung scheint der Reinoldikult im 10. Jahrhundert (gegen Erzbischof Anno) und im 12. Jahrhundert unter dem
Kölner Erzbischof Rainald von Dassel, der St. Reinoldus als seinen Namenspatron verehrte, jeweils eine besondere
Ausprägung erfahren zu haben. Auf Betreiben von Erzbischof Rainald wurde 1165 Karl der Große heiliggesprochen. Karl, der Reichsgründer und — wie die Dortmunder Tradition alsbald wollte — auch ihr Stadtgründer, ist
zwar in der Legendenbildung des 13. Jahrhunderts (sogar eng verwandtschaftlich) mit dem hl. Kaiser verknüpft
worden. Es ist aber kaum wahrscheinlich, daß gerade Erzbischof Rainald den *corpus integer* seines Namenspatrons
aus Köln hat weggeben und nach Dortmund überführen lassen. Das wäre bei der reichspolitischen Bedeutung Rai-
nalds ein fast heroischer Akt gewesen, der sicherlich in den entsprechenden Quellen Beachtung gefunden hätte.

II. Die freie Reichsstadt und ihr heiliger Patron

Der eigentümliche Gleichschritt von wachsendem kommunalen Bewußtsein und Verehrung des Stadtpatrons, wie
er bei den hochmittelalterlichen Stadtstaaten Italiens in Erscheinung trat, ist in der allgemeinen kulturellen Pha-
senverschiebung auch für Deutschland an den Reichsstädten nachzuzeichnen. Wie dort, ist auch im frühmittel-
alterlichen Deutschland der spätere Schutzheilige als solcher noch nicht auszumachen[44].

Trat in Italien die Wende und damit der Aufstieg des heiligen Stadtpatrons im 11. Jahrhundert ein, so gewinnt sie
hier im 12. Jahrhundert deutliche Umrisse. Köln etwa baut in der ersten Hälfte seine Stadtmauern und sein Bürgerhaus. Das erste bekannte Siegel der Stadt aus dem Jahre 1149 zeigt den hl. Petrus unter einem Baldachin mit
Mauerzinnen und Türmen. Der Patron der Kölner Bischofskirche ist also in dieser kommunalen Anfangsperiode
auch der Patron der Stadt. Im 13. Jahrhundert bildete sich in Köln als weiterer Markierungspunkt auf dem Weg
zur städtischen Freiheit der Rat aus. In heftigen Auseinandersetzungen drängte die Bürgerschaft den Einfluß des
Erzbischofs zurück und blieb schließlich Sieger.

Nach den spätmittelalterlichen Kölner Chroniken hat den Bürgern dabei nicht mehr der hl. Petrus geholfen, der
bisherige gemeinsame Patron von Bischofskirche und Stadt. Es waren die Kölner Lokalheiligen St. Ursula, Gereon
und die hl. Drei Könige, die den Bürgern gegen den Erzbischof Freiheit geschaffen haben. Der Rat beauftragte
Stephan Lochner dieses Heiligenpanier der Stadt in einem Tryptichon zusammenzustellen. 1445 übergab der Meister die (heute im Kölner Dom aufbewahrten) Altartafeln der Stadtpatrone für die Ratskapelle. Eifersüchtig wachte
der Rat vor allem über die Reliquien seiner Patrone. Wiederholt werden Streitigkeiten mit dem Domkapitel
erwähnt, in denen der Stadtrat die Schlüssel zum Schrein der hl. Drei Könige verlangte[45].

Dortmund gehört zum Typus jener Reichsstädte, die ihre Freiheit nicht einem Bischof am Orte abtrotzen mußten.
Seine Anfänge sind mit einer Kaiserpfalz eng in Verbindung zu setzen. Obgleich also ohne römische Tradition,
wie in Köln, zeigen auch die mittelalterlichen Reichsstädte ohne antike Wurzeln die auffällige Parallelität von
kommunalem Selbstbewußtsein und Kult eines eigenen Stadtpatrons. Deutlich ist dies an Nürnberg aufzuzeigen.
Von König Heinrich III. (1039—1056) als Platz einer Burg erwählt und mit Marktrechten ausgestattet, gewann es
seine Bedeutung dank der häufigen königlichen Aufenthalte in der Folgezeit. Noch im selben 11. Jahrhundert
wurde im Schatten der königlichen Burg eine Peterskirche erbaut, die das Grab des hl. Sebaldus barg. Nicht
Petrus, sondern St. Sebaldus, dessen Gebeine die Bürger bei sich wußten, stieg zum Stadtpatron auf. Die Gemein-
samkeiten zur Dortmunder Tradition sind auffällig. Es ist fast im selben Jahrzehnt, als für Dortmund der Patrozi-

---

44 Peyer (wie Anm. 8) 59.

45 Becker (wie Anm. 8) bes. 30—37.

nienwechsel von Pantaleon auf Reinoldus unter Erzbischof Anno behauptet wird, daß in der Nürnberger Peters-
kriche, rechtlich nicht einmal Pfarrkirche, St. Sebaldus Wunder zu wirken beginnt[46].

Die Kirche errang Selbständigkeit als Nürnberger Stadtkirche und wechselte ihr Patrozinium von Petrus auf Sebaldus. Erst das 14. und 15. Jahrhundert, wie in Dortmund, suchte dem Leben des Stadtpatrons (aus Dänemark,
Frankreich oder Ungarn?) auf die Spur zu kommen. Man baute über seinen Gebeinen im 13. Jahrhundert eine ro-
manische Basilika. Auf der Höhe ihrer Macht gab die Stadt in der 2. Hälfte des 14. Jahrhunderts den Auftrag zum
Bau des imposanten Hochchores (1379 geweiht), dem das vier Jahrzehnte später in Dortmund begonnene über
den Gebeinen des hl. Reinoldus durchaus nicht nachsteht[47]. In einem Zweischritt soll im folgenden die Bedeutung des Dortmunder Heiligen Patrons aufgezeigt werden: 1. für das kommunale Selbstbewußtsein und Ordnungsdenken in der Stadt. 2. für die Repräsentation und Sanktionierung ihrer freien Stellung nach außen im
Reich.

1. Der heilige Patron und das kommunale Selbstbewußtsein

a) Sakralisierung der Stadt und Orientierung ihrer Bürger

In Anspielung auf den Stadtpatron Reinoldus bestätigte der Dortmunder Dominikaner Nederhoff im Spätmittelalter das hinter ihm liegende Vierteljahrhundert der Wechselbeziehung von Stadt und Patron unter dreifachem
Aspekt: ,,Wahrhaftig, durch die Gebeine von Heiligen wird eine Stadt geheiligt, die fromme Hingabe ihrer Bürger gemehrt und die Stadt in Gefahren behütet"[48]. Nicht lange nach 1200, als Dortmund mit einer neuen Stadtmauer seine bis ins 19. Jahrhundert gültige flächenmäßige Ausdehnung abgesteckt hatte, markieren die Quellen
die Grundsteine des neuen innerstädtischen Ordnungsgefüges mit Namen: Ein Stadtrat und Ratsmitglieder *(con-
silium, consules)* werden zwischen 1230 und 1240 erwähnt, ein Rathaus 1241[49]. Neben jener Kirche mit Krypta
aus ottonischer Zeit sind in der Stadt bereits zwei weitere Pfarrkirchen (St. Marien und St. Nicolai) errichtet..Ihrer
beider Namen sind in den Urkunden des 13. Jahrhunderts seit Jahren belegt, lange bevor die Dortmunder Haupt-
und Mutterkirche *(maior matrix et superior)*[50], — mehr beifällig —, für 1262 mit dem Namen ihres Patroziniums
genannt wird. Sie war offenbar einfach d i e Dortmunder Kirche. Erst nachdem mit den Klosterkirchen der Prämonstratenserinnen zu St. Katharina, jener der Minoriten und Dominikaner und schließlich weiterer Pfarrkirchen,
denen von St. Marien, St. Nicolai und St. Peter, die Stadt sieben größere Kirchen zählte, bürgerte sich in den
Quellen zur Unterscheidung der Name Reinoldikirche ein. Es kann jedoch kein Zweifel darüber bestehen, daß bereits zuvor St. Reinoldus als ,,der stat principal patron"[51] (Hauptpatron der Stadt) in Ehren stand. Darauf deutet
das älteste Dortmunder Ratswahlstatut mit der Erwähnung der Reinoldigilde 1260[52].

Wenn auch im Unterschied zu den deutschen Städten jene in Italien keine Gilden kannten, überrascht folgende
Gemeinsamkeit: In der innerstädtischen Auseinandersetzung um die kommunale Vorherrschaft berufen sich die
nach der Macht strebenden Parteien auf den Stadtpatron. So nimmt die gegen Bischof und Kaiser im Mailand des
11. Jahrhunderts aufbegehrenden Pataria, eine revolutionäre Volksbewegung, den Stadtpatron St. Ambrosius für sich
in Anspruch. Als im 13. Jahrhundert, — also zur selben Zeit, als die Dortmunder Reinoldigilde erwähnt wird —,

---

46   Schultheiß, W., Nürnberg. In: HRG III 1114—1119 (mit Quellen u. Literatur); Bauch, A., Sebald. In: LThK IX 555 (mit Angabe des Patroziniumswechsels); Fehring, G. P., St. Sebald in Nürnberg (Große Baudenkmäler 163) (München—Berlin 1959); Braunfels (wie Anm. 9) 223
(mit Angabe des Patroziniumswechsels der ehem. Pfalzkapelle u. nachmaligen Hauptkirche Frankfurts a. M. 1239 von St. Salvator auf St. Bartho-
lomäus durch Erwerb der Reliquien des Apostels).

47   Dehio (wie Anm. 31) 127 f.; Fehring (wie Anm. 46) 4—6; Reitzenstein, A., v. und Brunner, H. (Bearb.) Baudenkmäler I, Bayern (Reclams
Kunstführer) (Stuttgart 1961) 580—585.

48   Nederhoff 33: *Revera sanctorum reliquiis civitas ipsa sanctificatur, devocio civium augmentatur et oppidum in periculis defensatur.*

49   Dortm. UB Erg. nn. 119, 120 u. 126; Braunfels (wie Anm. 9) 229—231.

50   Dortm. UB I n. 172, 9.

51   Westhoff 284.

52   Frensdorff 192 f., n. III.

in Mailand der *popolo* gegen den Stadtadel aufbegehrte, legitimierte er sich als vom Stadtpatron zur Wahrung der Stadtfreiheit eingesetzt (*credentia S. Ambrosii*)[53]. In Modena gründete der *popolo* nach Vertreibung des adeligen Stadtherren 1306 die Kampftruppe der Gesellschaft vom hl. Geminiani (*societas S. Geminiani*). Ähnliche Vorgänge sind für Bologna, Florenz oder Siena nachgewiesen[54]. Als die Dortmunder Reinoldigilde 1260 erstmals unter dem Namen des Stadtpatrons urkundlich faßbar wird[55], erscheint sie zwar noch als bevorrechtigte politische Gruppierung, die jedoch ihre Hochzeit bereits hinter sich hatte. Somit dürfen wir mit Recht vermuten, daß v o r 1260 bereits St. Reinoldus als Stadtpatron in hohem Ansehen stand.

Was die schriftlichen Quellen nicht hergeben, erzählen die Steine. Die ottonische Grabeskirche des hl. Reinoldus war möglicherweise beim großen Stadtbrand von 1232 in Schutt und Asche gesunken. Im dritten Viertel des 13. Jahrhunderts (genaue Bauzeiten fehlen) erstand die gotische, dreijochige Pfeilerbasilika mit eingezogenem Querhaus[56], die sich im Kern bis heute erhalten hat. Den Proportionen entsprechend, hat man sich für diese Zeit ein verkürztes Chor zu denken. Es ist nicht überliefert, wie man die Gebeine des Stadtpatrons ehrte, wohl aber, daß er das „Rechtssubjekt" gerade dieser Kirche und für die Dortmunder Bürger der heilige Garant des Rechts war. Ein Freigelassener erhielt 1282 die Verfügung über Güter in Berghofen, die dem hl. Reinoldus (*beato Reynoldo*) zu Zins verpflichtet waren[57]. Es wird nicht die Kirche, das Gebäude, sondern der Heilige als Zinsempfänger adressiert. Daß man Rechtsakten im Angesicht des Stadtpatrons unverletzliche Gültigkeit zuschreiben ließ, ist bereits für 1262 und 1271 urkundlich belegt[58].

b) Die Kulteinheit der Stadt nach stadtrömischem Vorbild

In den liturgischen Prozessionen bündelt sich im Mittelalter wie in einem Brennglas das Verständnis von Einheit und rechtlich geordneter Vielfalt (Bistümer, Städte, Abteien oder Dörfer). Deutlicher als aus einzelnen Nachrichten spiegeln sie in ihrem, bis in die Antike reichenden Rituell die Wertvorstellungen und die soziale Rangordnung der Gesellschaft wider. Bei aller Stabilität, — das verbriefte Recht und die Gewohnheit spielten eine bei weitem bedeutendere Rolle als heute —, ist der mittelalterliche *orbis Christianus* (die christliche Welt) aus besonderem Anlaß immer wieder im Aufbruch.

Wie im Rom des christlichen Frühmittelalters, so hält man es auch in der deutschen Stadt des Hoch- und Spätmittelalters. Kristallisationspunkt ist, wie in Rom die Lateranbasilika (die Haupt- und Mutterkirche des Erdkreises), in den Bischofsstädten die Kathedrale und in den Städten ohne Bischofssitz die Stadthauptpfarrkirche mit dem besonderen Heiligtum, den Gebeinen des Stadtpatrons. Von der Mutterkirche geht der jährliche Reigen der Prozession aus. Zu ihr führen bei besonderen Anlässen aus den Tochterkirchen Prozessionen die geordneten Reihen der Gläubigen[59].

Für Durandus von Mende († 1296), dem bedeutenden kirchlichen Rechtsgelehrten und Liturgiker des 13. Jahrhunderts, ist der Umzug der Israeliten mit der Bundeslade das alttestamentliche Vorbild. Wie in der Wüste die Israeliten die Gesetzestafeln und den grünenden Stab Aarons, den Stab des Stammeshauptes, in der Lade des heiligen Zeltes als den „Ort" achteten, wo Jahwe mit dem Volk zusammenzukommen pflegte (4 Num. 17, 1—5), so ist die mittelalterliche Prozession mit dem Reliquienschrein die deutende Vergegenwärtigung des christlichen Kosmos[60].

53 Picard (wie Anm. 8) 455—462; Peyer (wie Anm. 8) 25 f.; Becker (wie Anm. 8) 27.

54 Peyer (wie Anm. 8) bes. 36, 41 u. 46—58.

55 Vgl. Anm. 52.

56 Dehio (wie Anm. 31) 127 f.

57 Dortm. UB Erg. n. 254.

58 Dortm. UB I n. 113 u. 137; Dortm. UB Erg. n. 179 u. 209.

59 Allgem. s. Jungmann, J. A. u. Schreiber, G., Prozession. In: LThK VIII 843—845; Holl, O., Prozession. In: LCI III 465 f.

60 Durandus, Rationale divinorum officiorum (Hagenau 1509).

Als älteste der sog. festlich-ordentlichen Prozessionen ist für Dortmund die Markusprozession vom April des Jahres 1297 aufgezeichnet. Während man *St. Renolde* durch die Felder nach Hohensyburg geleitete, brannte die Stadt ab[61]. Aus der Beiläufigkeit der Erwähnung ist auf die ältere Tradition dieses Bitt- und Flurganges zu schließen[62]. Den gleichen Charakter trägt die Notiz von der Lichtmeßprozession am Fest Mariä Reinigung (2. Februar), die um den Kirchhof von St. Reinoldi führte[63]. Zu den Dortmunder Eigenprozessionen gehörte die am Pantaleonstag (28. Juli), die in dem kleineren Radius um den Kirchhof von St. Reinoldi führte[64], und die Stadtprozession, die jährlich am Freitag nach dem Fest Johannes des Täufers (24. Juni) den großen Radius abschritt, indem sie die Gebeine des Patrons um die Stadt geleitete[65]. An den darauf folgenden Freitagen zog die Prozession von neuem aus. Ziel war jeweils eine der vier Dortmunder Pfarrkirchen[66]. Der Prinzipalpatron der Stadt visitierte gewissermaßen einmal im Jahr die vier rechtlich hervorgehobenen, ihm unterstehenden Gotteshäuser[67].

Erinnert bereits diese liturgische Praxis an die römische Tradition um die vier Erzbasiliken, so verdeutlichen die aus Dortmund überlieferten Bußprozessionen die getreue Übernahme des römischen Brauchs der Stationsgottesdienste. Wie Rom sieben Hauptkirchen zählt, so sind aus den Dortmunder Gotteshäusern ebenfalls sieben als *stationes* ausgewählt. Im Pestjahr 1503 wurde in Dortmund ein *devoter und bewegender* Bittgottesdienst gefeiert, wie ihn nach Versicherung des Chronisten dort noch kein Mensch erlebt hatte. Die ganze Stadt war auf den Beinen. In wollene Bußkleider gehüllt, begleiteten die Dortmunder barfuß die Monstranz mit dem Allerheiligsten Sakrament und den Heiligtümern *(hilligedombs)*, d. h. den Reliquien. Die Buß- und Bittprozession führte in die sieben Kirchen *(in die seven kerken)*[68].

Aus dem Jahre 1506, als die Stadt in neuer Bedrängnis war, ist der Prozessionsweg durch die sieben Stationskirchen genauer überliefert. Nachdem der Stadtrat (!) eine Bittmesse angeordnet hatte, versammelten sich alle Einwohner Dortmunds bei St. Reinoldi *(to Sanct Reinolt)*. Mit brennenden Wachskerzen geleiteten Klerus und Volk, Männer und Frauen, Knechte und Mägde die Heiligtümer der Stadt in Prozession *(umbdragung)*, deren hierarchische Zuordnung der Chronist in folgender Reihenfolge nennt: Zuerst das *hochwerdige hillige sacrament*, d. h. Christus in der eucharistischen Brotsgestalt (Hostie), dann das (Gnaden-) Bild „Unserer Lieben Frau in der Not"[69] und schließlich das Hauptreliquiar des hl. Reinoldus. Obgleich der Chronist nicht vergißt, St. Reinoldus als der Stadt Dortmund Hauptherrn und Patron *(hoverthern und patron)* zu nennen[70], haben Christus und die Gottesmutter vor ihm Präzedenz.

---

61   Kerkhörde 25, Zeile 10 (im Nachsatz): *Ao Dni 1287 oppe St. Markus dagh, do waß de grote brandt dußer Stadt, alle huese verbranden, dar man St. Renolde in plagh to dregene.* — Es muß 1287 in 1297 korrigiert werden, vgl. UB I n. 253; Westhoff 192 f.: *1297 des neegsten daegs nach sanct Markus dage* (war der große Brand) *dwile die meiste deil der burger binnen Dortmunde to Siburg umb ire bedevart gewesen.*

62   Allgem. s. Fischer, B., Bittprozession. In: LThK II 518 f.

63   Westhoff 316: *Ja es vel alleine die nacht Purificationis Mariae (1443) so weldigen groten snee, dat man umb Sanct Reinolts kerkhof nicht gaen konde mit der procession.*

64   Kerkhörde 83.

65   Ebda. 105; Fiebig (wie Anm. 14) 66.

66   Kerkhörde 119 f. Anm. 6.

67   Über eine Prozession mit Reliquien, die offenbar traditionell am 16. Juni über den Westenhellweg führte, s. Westhoff 294 Anm. 3.

68   Ebda. 373. Für Rom legte Papst Gregor XI. 1373 fest, daß in den vier Erzbasiliken in jedem Heiligen Jahr der Jubiläumsablaß zu gewinnen sei (St. Peter, St. Paul, Laterankirche und S. Maria Maggiore) vgl. Mostra documentaria degli Anni Santi (1300—1975) ed. Archivio Segreto Vaticano (Città del Vaticano 1975) n. 20. — Mit ihnen zählten die Basiliken von S. Sebastiano, S. Lorenz fuori le mura u. S. Croce in Gerusalemme zu den sieben Hauptkirchen Roms. — Als Kardinal Nikolaus von Kues (1464) der Stadt Dortmund 1452 das Indult erteilte, den Jubiläumsablaß des vorangegangenen römischen Heiligen Jahres von 1450 unter gleichen Bedingungen am Ort gewinnen zu können, hatten die Dortmunder nach Empfang des Bußsakramentes z w ö l f Kirchen der Stadt zu besuchen. Vgl. Kerkhörde 119 f.

69   Es handelte sich offenbar um ein sog. Vesperbild, die Marienklage; s. Marienbild in Rheinland und Westfalen. Katalog der Ausstellung vom 14. Juni bis 22. September 1968 in Villa Hügel — Essen (Recklinghausen 1968) bes. 172—185; Grimme, E. G., Unsere Liebe Frau. Das Bild Mariens in der Malerei des Mittelalters und der Frührenaissance (Köln 1968).

70   Westhoff 387, Zeile 28 f.

Wer den mittelalterlichen Stadtplan vor Augen hat[71], kann den Weg der Prozession durch die sieben Stationskirchen nachzeichnen. Von St. Reinoldi führt der Weg zunächst in die Klosterkirche der Minoriten an der nordöstlichen Stadtmauer. Nachdem die Statio mit Lobgesang auf den hl. Franziskus gehalten ist, geleitet das Volk die Heiligtümer zurück zur Stadtmitte in die Marienkirche. Von ihr geht es in den Süden der Stadt zur Nikolaikirche, dann in nordwestlicher Wendung zur Dominikanerkirche. Aus ihr werden die Heiligtümer hinübergetragen zur Petrikirche. Nachdem in gleicher Weise, wie in allen bisher besuchten Kirchen, ein Hymnus auf den jeweiligen Kirchenpatron gesungen worden ist, zieht die Prozession zur Katharinenkirche der Prämonstratenserinnen an der oberen nordwestlichen Stadtmauer und nimmt von dort ihren Weg zurück zur Reinoldikirche. Dort angekommen, beginnt schließlich der Bittgottesdienst[72].

So manifestiert sich in dieser Dortmunder Form des Stationsgottesdienstes nach römischem Vorbild ,,die kultische Einheit der Stadtkirche''[73] um Christus. Unter Anerkennung der besonderen Stellung der Gottesmutter in der Heilsgeschichte folgt für die mittelalterliche Dortmunder Kirche sogleich St. Reinoldus, dessen Gebeine ihren Boden heiligen, ihre Bürger zur rechten Ordnung anleiten und ihre Mauern schützen. Der Lokalheilige St. Reinoldus also als d e r Patron und d a s Haupt der Stadt Dortmund.

c) Der heilige Patron als Repräsentant der Stadt

Die Prozession ist auch die stilisierte Form, mit der nicht alltägliche Besucher vom Haupt der Stadt Dortmund empfangen wurden. Im November 1377 erwartete Dortmund aus Richtung Soest Kaiser Karl IV. Auf Befehl des Rats sind die Bürger aufgefordert, in der Frühe des 22. November ihre *allerzierlichst* geputzten Pferde rittbereit zu halten, um Kaiserlicher Majestät in Unna *herrlich* zu begegnen. Während nun 200 berittene Bürger den Kaiser bei Unna einholen, formiert sich die Stadtgemeinde Dortmund zur großen Prozession in folgender Zuordnung: Die erste Gruppe bilden die Schwestern aus dem Katharinenkloster, die paarweise voranschreiten, eine jede mit einem Heiligenreliquiar in der Hand. Ihnen folgen die Mönche der beiden Bettelorden so, daß immer ein Minorit neben einem Dominikaner geht. Auch sie alle tragen in den Händen Reliquien. Den sich anreihenden Welterikern, ebenfalls alle mit Reliquien, folgen die Scholaren, die sich duftende, grüne Kränze aufgesetzt haben und, wie am Palmsonntag, Zweige tragen. Mit ,,höchster Erfurcht'' wird ihnen das ,,ehrwürdige Heiligtum'', das Haupt des standhaften Ritters und Märtyrers St. Reinoldus mit seinen Gebeinen in einem silbernen Schrein nachgetragen in dem Lichtermeer, — wie der Chronist hervorhebt —, aller damals in Dortmund vorhandenen Wachskerzen.

So schritt man mit Fahnen *(vexillis)* und Reliquien dem Kaiser entgegen, der sich in seinem Geleitzug aus Richtung Körne, wo er die Stadtschlüssel erhalten hatte, dem Haupt der Stadt näherte. Als Kaiserliche Majestät des Dortmunder Heiligtums ansichtig wurde, stieg sie von ihrem Roß, näherte sich in höchster Reverenz und Ehrerbietung dem Haupte St. Reinoldis, neigte sich zu ihm und begrüßte es mit einem Kuß. Nach *dem kusse* bestieg der Kaiser wieder sein Pferd. Beide Prozessionszüge vereinigten sich und zogen mit Posaunenklang *(hellen basunen)* unter dem Geläut aller Glocken zur Stadt. Am Ostentor traten zwei der ältesten Bürgermeister unter *jubilation* in *vollem Harnisch* rechts und links neben das kaiserliche Roß und führten es am Zaume. Während der Reichserzmarschall mit blankem Schwert voranging, wurde Kaiserliche Majestät unter einem blauen Baldachin *(bla hemmel)* in die Stadt Dortmund hineingeführt.

St. Reinoldus selbst hatte als Haupt der Stadt Dortmund den Kaiser des Heiligen Römischen Reiches Deutscher Nation in seiner Stadt willkommen geheißen. Der Prozessionsweg führte durch das Spalier der Männer an der rechten und der Frauen an der linken Straßenseite über den Ostenhellweg zur Hauptstadtpfarrkirche St. Reinoldi. Nachdem Kaiser Karl vor dem Hochaltar kniend in tiefer Andacht *(groter devotion und langer innichheit)* das Allerheiligste Altarsakrament verehrt hatte, stimmte die Stadtgemeinde mit dem Klang der Orgel einen Marienhymnus an.

---

71 Braunfels (wie Anm. 9) 230.

72 Westhoff 387 f.

Der weitere Bericht vom Verlauf des darauffolgenden Tages ist in diesem Zusammenhang insofern aufschlußreich: Nachdem der Kaiser des morgens in St. Reinoldi der hl. Messe beigewohnt hatte, öffneten ihm nach dem Gottesdienst die Bürgermeister den Schrein des hl. Reinoldus. Seiner freien Wahl gemäß, entnahm er sich Reliquien, ebenso der ihn begleitende Bischof von Ermland, Heinrich Soerbom († 1401)[74]. Nicht der Dechant bzw. Pfarrer der „Diözesanen" (diocesanorum)[75] von St. Reinoldi, sondern die Bürgermeister bewahrten die Schlüssel zum Schrein des Prinzipalpatrons der Stadt. Das laikale Stadtregiment beanspruchte demnach den primären und legalen Zugang zum Stadtpatron, nicht die Dignität des Ortsklerus[76].

Die Prozession ist ebenso die stilisierte Form, mit der nicht alltägliche Besucher dem Haupt der Stadt ihre Reverenz zu erweisen hatten. Wie bereits 1354[77], tagte auch 1382 das Kapitel der Sächsischen Ordensprovinz der Dominikaner im Kloster der Predigermönche zu Dortmund. Die zweitägige Beratung der etwa 250 *fratres* am 7. und 8. September zog, wie der Chronist hervorhebt, eine Menge auswärtigen Volks in die Stadt. In drei Prozessionen, gewissermaßen in drei Akten, zollten die geistlichen Gäste der Dortmunder Stadt, in der die Gründungsgeschichte ihres Klosters durchaus nicht ungetrübt verlaufen war[78], ihre Ergebenheit. Zur Salve-Prozession am Abend des ersten Kapitelstages zogen sie zum Markt der Stadt mit dem Rathaus, um dort *statio* zu halten mit dem marianischen Gesang des Salve Regina. Vor der zweiten Nacht, die sie in den Mauern der Stadt verbrachten, führte sie die abendliche Prozession zur *statio* hinüber nach St. Marien, der Dortmunder Ratskirche. Auf Anregung *(ex instinctu)* des Stadtrates, wie eigens vermerkt wurde, hatten sie am Morgen des Tages aber in einer festlichen Prozession St. Reinoldus in der Stadthauptpfarrkirche ihre Aufwartung gemacht. In dem feierlichen Zug zur Dortmunder Mutterkirche, zu den Gebeinen des Stadtpatrons, hatten sie die Reliquien der Schutzheiligen ihres Klosters mitgetragen[79]. Die Dominikaner mit ihren himmlischen Patronen in Dortmund erkannten also die kommunale Vorrangstellung des hl. Reinoldus an!

d) Der theologische Ort des Stadtpatrons

Wie die Prozessionsberichte das Ordnungsdenken, die rechtlichen Verhältnisse und die soziale Gliederung der mittelalterlichen Kommune in mobiler Selbstdarstellung widerspiegeln, so zeigt die Sakralarchitektur der Wohnstätte (habitaculum)[80] des heiligen Hauptes der Stadt, die zentrale Stadtkirche, die Vorstellung vom theologischen „Ort des Stadtpatrons monumental. Auf der Schwelle vom Kirchenschiff zum Hohen Chor der Reinoldikirche steht am Nordpfeiler die aus Nußbaumholz gearbeitete 2,70 m hohe Figur des Stadt- und Kirchenpatrons, wohl „eine der größten gotischen Holzskulpturen" überhaupt[81]. Der in das erste Drittel des 14. Jahrhunderts datierte „hl. Riese"[82] wird getragen von einer 2 m hohen Steinsäule aus der Zeit um 1450, deren Kapitell auf der dem Be-

---

73 Häussling, A., Stationsgottesdienst. In: LThK IX 1021 f.

74 Der Besuch Kaiser Karls IV. ist ausführlich dargestellt von Westhoff 229—237, dem ich gefolgt bin, und von Nederhoff 58—60.

75 Dortm. UB II n. 354 b vom 8. März 1394: ... *per me rectorem diocesanorum ecclesie sancti Reynoldi.*

76 Vgl. die Bedeutung der Schlüsselfrage zu den Gebeinen der hl. Drei Könige für den Kölner Stadtrat (wie Anm. 45).

77 Nederhoff 54: Am 8. September 1354 erstes Provinzialkapitel der Dominikaner in Dortmund mit Weihe des neuen Chores der Klosterkirche zu Ehren der hl. Johannes des Täufers, Johannes des Evangelisten und Maria Magdalena; vgl. Westhoff 217.

78 1310 ließen sich die Dominikaner mit päpstlicher und kaiserlicher Bewilligung in Dortmund nieder. Doch wurden sie bis 1320 dreimal wieder aus der Stadt vertrieben und ihre Kirche jeweils bis auf die Grundmauern zerstört. Erst 1330 kehrten sie endgültig zurück. Nederhoff 48—51; Westhoff 96—198; Dortm. UB. Erg. n. 485 u. 659. — Allgemein s. zur Geschichte der Dominikaner: Lippini, P., S. Domenico visto dai suoi contemporanei (Bologna 1966); Redigonda, L. A., Secoli Domenicani 1216—1966. Sintesi storica dei Fratri Predicatori (Bologna [2] 1967).

79 Dortm. UB Erg. n. 529. Für 1443 ist wiederum ein Provinzkapitel von 200 Mönchen mit neun Prozessionen belegt: Kerkhörde (wie Anm. 11) 66.

80 Nederhoff 33.

81 Fritz, R., Kunstwerke in der Reinoldikirche. In: Lindemann, H. (Hg.) St. Reinoldi in Dortmund (Dortmund 1956) 80—95, hier 94; Dehio (wie Anm. 31) 128.

82 Appuhn, H., Reinold, der Roland von Dortmund. Ein kunstgeschichtlicher Versuch über die Entstehung der Rolande. In: (Hg.) Beiträge zur Kunst des Mittelalters (Festschrift für Hans Wentzel) (Berlin 1975) 1—10 hier 2.

Abb. 12: St. Reinoldus-Statue in der Reinoldikirche, Anfang 14. Jh.

trachter zugewandten Seite den Adler zeigt, das Wappentier der reichsfreien Stadt. Spätestens nach Fertigstellung des neuen Hochchores (1450) erhielt sein Standbild die Einbindung in ein ikonographisches Programm. Dessen Deutung entschlüsselt sich aus dem mittelalterlichen Sichtwinkel. Der Regel entsprechend ist auch die Reinoldikirche nach Osten gebaut, in die Richtung des aufgehenden Lichtes, aus der nach altchristlicher Tradition die Wiederkunft Christi erwartet wird[83]. Von der Feier der Liturgie am Altar im Scheitel des Hochchores, der in besonderer Weise den Raum der himmlischen Vollendung symbolisiert[84], erhält das sakrale Inventar der Kirche seine Zuordnung und Aussagekraft. Die rechte Seite (aus der Sicht des Betrachters im Kirchenschiff) wird zur Epistelseite, die linke, entsprechend der gehobeneren liturgischen Lesart des Evangeliums zur bevorzugten Evangelienseite[85].

Die „Mitte" einer mittelalterlichen Kirche ist die Scheitellinie zwischen Kirchenschiff und Hochchor, über der sich der Triumphbogen erhebt. Zwei Bedeutungen sind in den christlichen Triumphbogen (arcus triomphalis) zusammengeflochten: Der antike Siegesbogen und der biblische Bogen, den Gott nach der Sintflut zum Zeichen seiner Treue in die Wolken setzte (Gen 9, 12—16). Unter diesem Bundeszeichen Gottes mit dem „auserwählten Volk" erwartet die Kirche den zum Letzten Gericht wiederkehrenden Christus[86]. Deshalb wurde der mächtige Kruzifixus, der vom Spätmittelalter bis in die jüngere Gegenwart in der „Mitte" der Reinoldikirche unter diesem Bogen hing[87], einerseits zum Triumphkreuz, andererseits zum Bild des die Welt richtenden Herrn.

Zum ikonographischen Programm gehören im Bild des Weltenrichters in der mittelalterlichen Kunst zwei Assistenzpersonen. Das von Hans Memling um 1470 geschaffene Weltgericht in der Danziger Stadtkirche St. Marien zeigt deren Zuweisung. In der Mitte auf dem Regenbogen sitzt der richtende Christus. Am rechten Bogenende, auf der Epistelseite, bittet Johannes der Täufer um Gnade, als Vertreter des Alten Bundes. Am linken Bogenende, auf der bevorzugten Evangelienseite, fleht Maria, stellvertretend für den Neuen Bund. Was den Danziger Bürgern als glücklicher Zufall erschienen sein mag[88], daß nämlich Maria, die Patronin ihrer Stadtkirche, auf der Evangelienseite die neue Zeit repräsentierte, läßt sich andernorts als bedachtes Programm nachweisen. Auf dem Triumphbogen der Stiftskirche in Bücken steht auf der neutestamentlichen (linken Seite) neben der traditionellen Marienfigur der Prinzipalpatron der Kirche, St. Maternian[89]. Auf der rechten Seite, neben Johannes (dem Evangelisten)[90], hat der Konpatron der Kirche, der hl. Bischof Nikolaus von Myra, seinen Platz erhalten[91]. Der Prinzipalpatron also steht auf der neutestamentlichen, der Evangelienseite!

Der Triumphbogen in St. Reinoldi um 1450 ist in seiner bildlichen Aussage demnach aus antiker Tradition als Siegesbogen der Dortmunder heiligen Helden zu deuten, in christlich-allegorischer Übernahme aber als Dortmunder

---

83   Vgl. allgemein (mit Literatur) Lanczkowski, G. u. Zoepfl, F., Ostung. In: LThK VII 1293—1295; auf die Wiederkunft Christi weist der Schlußstein mit dem Antlitz Christi im Chorgewölbe über dem Hochaltar von St. Reinoldi hin; vgl. zum ikonographischen Programm der Schlußsteine in St. Reinoldi vor der Zerstörung und nach dem Wiederaufbau: Lindemann, H., Die Schlußsteine von St. Reinoldi. In: Lindemann (wie Anm. 81) 96—102, hier 96.

84   Vgl. Rüdiger, W., Die gotische Kathedrale. Architektur und Bedeutung (DuMont-Taschenbücher 78) (Köln 1979) bes. 38—44.

85   In der römischen Meßliturgie feierte der zelebrierende Priester bis zur Liturgiereform auf dem 2. Vatikan. Konzil die Liturgie mit dem Gesicht nach Osten. Im Wortgottesdienst las er auf der rechten Altarseite die Lesung, die entweder dem Alten Testament oder den Apostelbriefen *(epistola — Epistelseite)* entnommen war. Zur Verlesung oder zum Gesang des Evangeliums begab sich der Zelebrant zur linken Altarseite (Evangelienseite). Während die Gläubigen bei der Lesung saßen, hörten sie das Evangelium stehend an.

86   Pressouyre, S., Triumphbogen. In: LCI IV 355 f. (mit Literatur); Brenk, B., Weltgericht. In: LCI IV 513—523; Hausherr, R., Triumpfkreuz. In: LCI IV 356—359.

87   Heute im rechten Querschiffarm von St. Reinolid.

88   Das Bild ist als Beutestück in Danziger Besitz geraten. Abbildung s. bei: Brenk (wie Anm. 86) 517 f.

89   Hl. Maternianus oder Madermannus, Bischof von Reims (ca. 348—368).

90   Über die Sonderform der Auswechselung von Johannes dem Täufer mit Johannes Evangelist s. Brenk (wie Anm. 86) 519 f.

91   Studer, D., Die Stiftskirche in Bücken (Königstein im Taunus o. J.); über die besondere Stellung der Kirchenpatrone im Bild vom Weltgericht s. Hausherr (wie Anm. 86) 358.

„Große Deesis[92]. Das Bild vom Weltgericht ist der Neigung des ausgehenden Mittelalters entsprechend großartig überzeichnet. Auf der Epistelseite (vom Betrachter rechts) steht Kaiser Karl der Große mit den Insignien des Heiligen Römischen Reiches Deutscher Nation. Er steht am Bogen für die alte Zeit. In Karl sah der Ort seinen Gründer[93]. Auf der Evangelienseite, der neuen Zeit, korrespondiert ihm der hl. Patron Reinoldus, unter dem die Stadt frei wurde und zu Bedeutung aufstieg. Über beiden, oben im Scheitel des Bogens, thront der Gekreuzigte als Triumphator und Richter: Karl der Große[94], St. Reinoldus und Christus. In der mittelalterlich-rechtlichen Sichtweise sind mit ihnen in Analogie zur Eigenkirche genannt 1. der Gründer, der vollrechtliche Eigenherr seiner Stiftung und 2. deren heiliger Patron als Anwalt am himmlischen Thron. Der Triumphbogen von St. Reinoldi personifiziert somit die drei Größen im mittelalterlichen Rechts- und Geschichtsdenken Dortmunds: das Reich, die Stadt und den christlichen Glauben.

In der Sprache des zeitgenössischen Chronisten klingt die Verhältnisbestimmung von Stadt und Reich fast servil, wenn er für 1475, als Dortmund sich in Reichsdiensten an der Verteidigung der Stadt Neuß gegen Karl den Kühnen († 1477) beteiligte, sie *als des hilligen romischen rijchs gehorsame stat*[95] erklärte. Diese Unterwürfigkeit aber legitimierte die Reichsfreiheit Dortmunds. Weil sie sich dem Höheren zu Diensten verpflichtet hatte[96], konnte sie Grafen und selbst Bischöfe gegenüber ihre Freiheit verteidigen. Der heilige Patron der Stadt war ihr, wie abschließend aufgezeigt werden soll, der höchste Garant dieses Anspruchs.

2. Der heilige Patron als Garant der Stadtfreiheit

Im späteren Mittelalter stehen die heiligen Patrone, parallel zum gewachsenen und stabilisierten Selbstbewußtsein der Städte, nicht nur an zentraler Stelle des innerkommunalen Lebens. Sie erscheinen auch bei der Verteidigung der Stadtfreiheit als Hauptleute und Anführer der militärischen Abwehr. Zu den bisherigen liturgischen Memorien des Stadtpatrons, seinem Todestag als Geburtstag für die Ewigkeit, dem *adventus,* dem Tag der Ankunft seiner Reliquien[97], tritt bald als dritter Festtag der seiner *apparitio,* seiner Erscheinung.

a) Die apparitio der heiligen Stadtpatrone

In Venedig des 11. Jahrhunderts bezeichnet dieser Terminus aus der Sicht des heiligen Patrons zunächst noch einen passiven Vorgang. Der Doge mit seinen Venezianern hatte den imposanten Dom erbaut, doch waren zur feierli-

---

92 Ursprünglich nennt man *deesis* (griech.: Demütige Bitte, Gebet) eine byzantinische Bildkomposition, die Christus zwischen Maria und Johannes dem Täufer als Fürbittern darstellt. Schließen sich weitere Fürbitter ... an, wird die erweiterte Komposition ‚große Deesis' genannt: Bogyay, Th. v., Deesis. In: LCI I 494—499 hier 494; über ihren ursprünglichen Sinn als Weltgerichtsbild und die Übernahme in die westlich-mittelalterliche Kunst ausschließlich unter dieser Bedeutung s. ebda. 497.

93 Vgl. Pseudorektoren-Chronik 514—516; Nederhoff 1 f.; nach Westhoff 180: soll Karl der Große 794 die Reliquien des hl. Cyprian und des hl. Speratus sowie das Haupt des hl. Pantaleon, des ursprünglichen Dortmunder Patrons, nach Dortmund geschenkt haben.

94 Karl der Große (ca. 742—814) erster mittelalterlicher Kaiser. Ermöglichte durch die Eingliederung der Sachsen in das Frankenreich das spätere Deutschland und schuf die Grundlagen für ein einheitliches Europa. 1165 wurde Karl auf Betreiben des Kölner Erzbischofs Rainald von Dassel (ca. 1120—1167), — der übrigens St. Reinoldus als seinen Namenspatron verehrte —, heiliggesprochen. Doch wurde der Kult des hl. Kaisers Karl in der Folgezeit nur für die Stadt Aachen und das Bistum Osnabrück kirchlich erlaubt; vgl. Karl der Große. Werk und Wirkung, hrsg. v. Europarat (Aachen 1965); Rill, G., Rainald von Dassel. In: LThK VIII 979; über die Rolle Karls des Großen für die Bistums- und Stadtgeschichte Osnabrücks sowie über die angebliche St. Reinoldus-Verehrung im dortigen Dom vgl. Osnabrück — 1200 Jahre Fortschritt und Bewahrung, hrsg. v. d. Stadt Osnabrück (Nürnberg 1980) 24—30; Jostes, F., St. Reinhild von Riesenbeck und St. Reiner von Osnabrück. Ein Beitrag zur vergleichenden Sagenforschung. In: Zeitschrift für vaterländische Geschichte und Altertumskunde 70 (1912) 1. Abt. 191—249, bes. 241—248.

95 Westhoff 339; vgl. auch ebda. Anm. 2.

96 Dieser biblische Gedankengang, daß dem Höheren dienen, herrschen bedeutet, ist dem Mittelalter ein selbstverständlicher Topos. Seinen Niederschlag hat er in der Legende vom hl. Christophorus und in der Kunst als hl. Riese seinen Niederschlag gefunden. Als überragende Beispiele seien nur die Standbilder in den Domen zu Köln, Münster und Paderborn genannt. Vgl. Werner, F., Christophorus. In: LCI V 496—508 (Quellen, Literatur u. Abbildungen).

97 In Übernahme antiker Tradition wurde im frühen Christentum der Geburtstag nur für die drei Hauptpersonen der Deesis in den kirchlichen Festkalender eingeführt: Christi Geburt (3./4. Jh.), Johannes d. Täufer (4. Jh.) u. Maria (8. Jh.) vgl. Beitl., K., Geburtstag. In: LThK IV 569 f. — Sowohl als Todestag wie auch als Tag der Reliquienankunft wurde in Dortmund St. Reinoldus am 7. Januar eines jeden Jahres gefeiert. Vgl. Fiebig (wie Anm. 14) 62 u. 101.

chen Erhebung des Stadtpatrons, des Evangelisten Markus, die vor zwei Jahrhunderten in die Stadt überführten Reliquien nicht mehr aufzufinden. Nach öffentlich angeordneten Gebeten und Fasten ließ sich St. Markus entdecken! In einer Säule der Kirche geborgen, fand man seinen Reliquienschrein[98]. Der Mailänder Stadtpatron St. Ambrosius erscheint im selben Jahrhundert aber bereits aktiv. Er drohte König Konrad II. (1039) im Gewitter zugunsten seiner schutzbefohlenen Bürger[99]. Der *popolo* von Assisi weiß zur gleichen Zeit seinen Santo Ruffino augenscheinlich gegen den Bischof auf seiner Seite[100]. Nicht anders erweisen sich die Patrone von Florenz oder Siena[101]. Die heiligen Patrone legitimierten „das Widerstandsrecht oder gar die Souveränität des Stadtvolkes"[102]. Auf den Fahnen- und Waffenwagen führte man die Standarte mit dem Bild des Patrons oder sein Standbild mit[103].

Die Koelhoffsche Chronik von 1499 deutet in einer Illustration die Belagerung der Bürger von Köln durch ihren Erzbischof Engelbert von Falkenburg 1265 und den für sie günstigen Ausgang so: Hinter den Zinnen der Stadtmauern, im Rücken das Hochchor des Kölner Domes, haben sich zur Verteidigung der bürgerlichen Interessen in vollem Ornat die heiligen Drei Könige, St. Ursula mit ihren Jungfrauen und St. Gereon postiert[104]. Wie hier, so deuten die Kölner Chronisten des 14. und 15. Jahrhunderts auch weitere Stationen der Stadt auf ihrem Weg zur Beschneidung der erzbischöflichen Hoheitsrechte durch das gütige Eingreifen ihrer heiligen Stadtpatrone. Um 1378 bereits hatte der Stadtrat ein Relief an der Stadtmauer anbringen lassen, auf dem Engel mit der Stadt kämpften und der Teufel, auf seiten des Erzbischofs und seiner Verbündeten. Die Stadtheiligen stärkten die gerechte Sache durch ihre Präsenz auf der Stadtmauer[105].

Die Stadt Soest feierte die *apparitio* des hl. Patroklus seit der 2. Hälfte des 15. Jahrhunderts im Juli eines jeden Jahres. Wie in Köln war ursprünglich St. Peter der Hauptpatron. Obgleich die Gebeine des hl. Patroklus in dem der Stadtkirche benachbarten „Dom" in besonderer Weise an die Gnade des Kölner Erzbischofs gegenüber der Stadt erinnerten, zeigte sich in der Soester Fehde (1444—1449) aber gerade er ausschlaggebend bei der Widerstand leistenden Stadt. Während Erzbischof Dietrich von Mörs[106] mit geballter Kraft die ihm unbotmäßig gewordene Stadt in die Knie zwingen wollte, formierten sich, wie der Stadtsekretär von der Lake in seinem Tagebuch festhielt, am Morgen des entscheidenden Tages Klerus und Scholaren zur Prozession. Trotz des ungestümen Getümmels wurden die Reliquien des hl. Patroklus unter der Stadtmauer entlanggetragen und in die vier Himmelsrichtungen die Anfänge der vier Evangelien verlesen. Als das Joch des Erzbischofs von der Stadt[107] abgeschüttelt war, schrieb die Stadt ihren Triumph allein dem hl. Patroklus zu. Zum ewigen Gedenken wurde am Walburgertor die Figur des Heiligen in Waffenrüstung aufgestellt. Eine Inschrift in seiner Grabeskirche wies ihn von da ab als *dux atque*

98   Peyer (wie Anm. 8) 14.

99   Ebda. 28.

100   Ebda. 32.

101   Ebda. 46—58.

102   Ebda. 32.

103   Becker (wie Anm. 8) 35 f.; über das Verhältnis der Koelhoffschen Chronik zu der von Westhoff in Beziehung der von beiden Chronisten aufgezeichneten Wunderberichten, welche angeblich „auf die Phantasie und das Gemüth des Lesers wirken sollten", vgl. die in diesem Punkte zumindest tendentiöse Einleitung von J. Hansen. In: Die Chroniken der westfälischen und niederrheinischen Städte, I, Dortmund und Neuß (Die Chroniken der deutschen Städte 22) (Leipzig 1887) XI—XXXIV hier XXV.

104   Becker (wie Anm. 8) 32.

105   Ebd. 34—37. Die Drei-Königen-Kapelle in Brüssel belegt die „politische" Seite eines Patroziniums. Es war in Anteilnahme an den Patronen der Kölner Bürger g e g e n den Erzbischof übernommen; s. ebda. 34.

106   Vgl. Droege, G., Dietrich von Moers, Erzbischof und Kurfürst von Köln. In: Strutz, E., Rheinische Lebensbilder I (Düsseldorf 1971) 49—65. Zur Prozession in Soest s. Schwartz — Deus (wie Anm. 30) 20.

107   Soest blieb unter Kleve. Zur zeitgenössischen Auseinandersetzung zwischen Köln und Kleve s. Brandt, H. J., Klevisch-märkische Kirchenpolitik im Bündnis mit Burgund in der ersten Hälfte des 15. Jahrhunderts. In: Annalen des Hist. Vereins für den Niederrhein insbes. für das alte Erzbistum Köln 178 (1976) 42—76.

patronus (Führer und Patron) von Soest aus. Unter seinem Bild im Rathaus erwiesen die Ratsherren zu Beginn ihrer Verhandlungen ihm besondere Ehren[108].

b) Die Erscheinung des hl. Reinoldus auf der Stadtmauer

Was die Kölner im Westen und die Soester im Osten erst etappenweise erringen mußten, galt für die freie Reichsstadt Dortmund um dieselbe Zeit zu verteidigen. Bereits 1352, also ein volles Jahrhundert vor Soest, hatte sich St. Reinoldus augenscheinlich (*ogenschijnlich*)[109] als rettender Nothelfer seiner Stadt gezeigt. Als in der Nacht vom Sonntag Laetare auf den nachfolgenden Montag Mannen des Grafen von der Mark durch Verrat heimlich in die Stadt eindringen konnten, um die Tore zu öffnen, wurden nach der älteren Dortmunder Überlieferung[110] von St. Reinoldus nicht nur rechtzeitig die Nachtwächter geweckt. Eine lichte Erscheinung vom Himmel trieb die Verräter Hals über Kopf aus der Stadt hinaus. Dankbar feierte die Stadt diese *apparitio* mit einer jährlichen Prozession um den Reinoldikirchhof, in der die Gebeine des Heiligen Schrein und Haupt, mitgeführt wurden, und anschließendem Hochamt[111].

Wie in Köln und Soest stand auch im spätmittelalterlichen Dortmund der heilige Patron schützend auf der Stadtmauer. Ein steinernes St. Reinoldbild mit ausgestrecktem Arm als Zeichen der Verteidigungsbereitschaft erinnerte auf der Mauer am Westentore an die Rettung der Stadt am 17. Juli 1377. Der Dortmunder Chronist Westhoff hatte es um 1538 noch gesehen. Nicht ohne kritische Anmerkung[112] zeichnete er die sich an diese Reinoldifigur haftende Überlieferung älterer Zeit auf. Als im besagten Jahr die verbündeten Klever und Jülicher unter Verwendung ganz neuen Kriegsmaterials der Stadt eine Niederlage hätten bereiten wollen, habe St. Reinoldus als oberster Patron und Beschirmer seiner Stadt *up der muren gestanden* und nicht nur gesegnet. Augenscheinlich und öffentlich sei er höchst *strijtbarlich* in der Abwehr aktiv geworden. Wie ein Ballschläger habe er den Steingeschossen mit seinem Schwert so geschickt pariert, daß die Kugeln zurück unter die Feinde geflogen seien mit entsprechender Wirkung[113].

Der noch ganz dem mittelalterlichen Denken verhaftete Chronist war gleicherweise geneigt, zwei weitere historische Daten der Stadt in denkwürdigem Zusammenhang mit dem Schutz des Stadtpatrons zu deuten. Erst im letzten Augenblick war im nachfolgenden Jahr 1378 am gleichen Westentor großer Schaden abgewendet worden. Die Dortmunder Witwe Neisa van der Vierbecke hatte mit einer List die Märkischen in die Stadt einschleusen wollen. Doch der Verrat scheiterte. Mitten auf dem Markt wurde Neisa verbrannt, ihr Sohn Arnold und der Dortmunder Junggraf Konrad enthauptet. Das wunderbare Eingreifen beschloß die Stadt Dortmund durch eine jährliche Prozession im Herbst, am Sonntag nach Michelis, auf ewig in Erinnerung zu halten. Nächst dem Allmächtigen und der Fürbitte der Gottesmutter Maria wollte man vor allem dem hl. Märtyrer Reinoldus gegenüber *nicht undankber*

---

108   Jansen, J., Der Triumph des hl. Patroklus. In: Schwartz — Deus (wie Anm. 30) 18—20: Susa Patroclus ego tibi sum Dux atque Patronus. — Zur Aufstellung der Patroklifigur am Stadttor vgl. allgemein auch: Mainzer, U., Stadttore — Denkmale und Symbole in der mittelalterlichen Baukunst des Rheinlandes. In: Annalen des Hist. Vereins für den Niederrhein insbes. für das alte Erzbistum Köln 178 (1976) 31—41.

109   Westhoff 215, Zeile 21.

110   Westhoffs vorsichtige Einschränkung, daß die Erscheinung seinem Dafürhalten die eines Engels gewesen sei, weist darauf hin, daß in der Tradition von Reinoldus die Rede war; vgl. Westhoff 215.

111   Ebda. 213—216; vgl. Nederhoff 53.

112   Westhoff 227, Zeilen 5—11: *Dat it also geschehen und waer sij, heb ich dat stenen belde sanct Reinolts ungeveerlich 1538 up der muren an dem Windenmollenberge neegst der Westenpoerten int norden sehen staende, mit einem uetgerektem arm in manier, als sloge it van sich; welcher belde der tijt to einer ewiger gedechtnisse darselvest (dwile sie domals so schijnbarlich und in angesichte aller menschen sulichs gesehen und bevunden) die stat verschaft und maken laten.*

113   Ebda. 226 f.: Westhoff kannte die Kölner Überlieferung von der Erscheinung der hl. Ursula zugunsten der Stadt gegen den Erzbischof. Obgleich er der Dortmunder Tradition von der apparitio des hl. Reinoldus kritisch gegenüber eingestellt ist, sieht er u. U. deren Möglichkeit wegen des Kölner Beispiels durchaus als annehmbar an. Er kopierte also nicht! — Nederhoff 55—57 spricht ganz allgemein von Gottes Beistand.

bevunden werden. Ebenso schrieb der Chronist die für die Dortmunder ohne allzu großen Verluste ausgegangene Belagerung durch die Kölnischen und Märkischen 1389 letztlich der Gnade Gottes und dem hl. Märtyrer Reinoldus, dem *principal patron* der Stadt, zugute [114].

c) Der Dortmunder Reinold als Roland der Städte

Selbst, wenn man kritisch in Abzug setzt, daß derartige Chroniken die Bilder aus Vorlagen benachbarter Orte kannten [115], wird man sie nicht als bloße Kopie abtun können. Die Zuschreibung der verdienstvollen Rolle des heiligen Patrons in der Verteidigung der Stadtfreiheit hatte längst vor dieser schriftlichen Fixierung ihren Ausdruck in der Sprache der Kunst gefunden. Wie bereits erwähnt, stand wohl schon bald nach 1300 in der Hauptkirche das überdimensionale Standbild des hl. Reinoldus mit erhobenem Schwert und schützendem Schild, des *hovethern*, des Hauptmanns und Patrons *der stat Dortmunde* [116]. Es spricht alles dafür, daß jenes zweite Reinoldbild aus Stein mit dem ausgestreckten Arm auf der Mauer am Westentore bereits 1377 als Denk- und Mahnmal von der Stadt errichtet war [117]. Der späte Chronist hat nur beschrieben, was er in der Stadtkirche und auf der Mauer mit eigenen Augen noch sah, nämlich Denkmäler des Glaubens an die übermenschliche Kraft der Fürbitte des heiligen Stadtpatrons in aussichtslosen Situationen.

Was sahen die Dortmunder im Mittelalter in St. Reinoldus, den Heiligen oder den Helden? Alfred Stange hat bereits 1933 den Dortmunder Reinoldus als einen Roland gedeutet [118], als jene im Mittelalter weit verbreitete Symbolfigur für städtische Freiheit und freies Stadtrecht, wie sie besonders in der Rolandsfigur vor dem Bremer Rathaus bekannt ist. Anhand vergleichender Studien ist Horst Appuhn 1975 dieser Fährte gefolgt, die ihn zu folgendem Ergebnis führte: Das Dortmunder Standbild des heiligen Stadtpatrons in der Reinoldikirche [119] ist mit großer Wahrscheinlichkeit das Urbild, die Idee aller Rolandsfiguren der mittelalterlichen Städte des norddeutschen Raumes. Ob Hamburg, Bremen, Greifswald oder Halberstadt, — alle dortigen Rolande seien nachweislich jüngeren Datums. Von den vergleichbaren Urbildern (St. Georg oder St. Florian) weise er allein die typischen stilistischen Merkmale auf, wie sie die Rolandssage überliefert [120].

Die Spurensicherung des Reinoldikultes, wie sie Paul Fiebig in reicher Fülle zusammengestellt hat, läßt in der Tat St. Reinoldus im späteren Mittelalter nicht nur als den auf Dortmund beschränkten „Lokalheiligen" [121] erscheinen. Bis hinauf nach Thorn, Danzig oder Riga standen in Kapellen der Stadtkirchen Altäre zu Ehren des hl. Reinoldus und saßen geachtete Kaufleute auf den Bänken der Reinoldibruderschaften in den Arthushöfen: Fast durchweg kann glaubhaft gemacht werden, daß der Bezug zur damals noch blühenden Handelsstadt Dortmund für deren Stiftung oder Unterhaltung auslösend war [122].

---

114   Westhoff 237—242; Nederhoff 61—65; Westhoff 276—284.

115   Vgl. Hansen (wie Anm. 103).

116   Westhoff 300.

117   s. Anm. 108 u. 112.

118   Stange, A., Eine Tafel von Konrad von Soest. In: Wallraf-Richartz-Jahrbuch 7/8, NF 2/3 (Frankfurt a. M. 1933/34) 166.

119   Vgl. Abb. 12 in diesem Buch.

120   Appuhn, H., Reinold, der Roland von Dortmund. Ein kunstgeschichtlicher Versuch über die Entstehung der Rolande. In: Beiträge zur Kunst des Mittelalters (Festschrift Hans Wentzel) (Berlin 1960) 1—10 hier 8—10.

121   Vgl. Winterfeld, L. v., Aus der Geschichte der Reinoldikirche. In: Lindemann (wie Anm. 81) 16: Betonung des hl. Reinoldus als „Lokalheiligen". Diese Behauptung übersieht, daß Patroklus in Soest, Liborius in Paderborn oder Sebaldus in Nürnberg auch Lokalheilige waren.

122   Vgl. ausführlich Fiebig (wie Anm. 14) bes. 71—87.

d) Das religiöse Phänomen

Der Dortmunder Chronist Dietrich Westhoff (1509—1551), der noch in der „alten" Zeit geboren war, aber die Hinwendung der Stadt Dortmund zur „neuen" Zeit, der Reformation, erlebte[123], versuchte vor seinem Tode auf die Frage, ob Heiliger oder Held, eine biblische Antwort. Er glaube, mit den Berichten seiner Vorfahren über das direkte Eingreifen St. Reinoldis, seine angebliche *apparitio* 1352 oder 1377 in Schicksalsstunden der Stadt, verhalte es sich so: Es sei jeweils die Stimme eines Engels gewesen! Denn Gott habe ja in seiner reichen Gnade einem jeden Menschen, einer jeden Stadt, ja, allen Landschaften Engel als Wächter und Beschützer zur Seite gegeben[124]. St. Reinoldus also als der Dortmunder Schutzengel! Zwei biblische Engelsbilder mögen dem Chronisten im Anblick der Reinoldibilder mit der „ausgestreckten Hand", dem im Chor und mehr noch dem auf der Stadtmauer am Westentor, zu dieser Assoziation verholfen haben. Der Engel mit dem Flammenschwert, der im Auftrag Gottes das Paradies bewachte (Gen 3, 24) und der schützende Reisegefährte des jungen Tobias, Raphael, der sich nach Vollendung seines Auftrags als „Erscheinung" und Bote in göttlicher Mission mit dem Friedensgruß verabschiedete (Tob 12, 16—20)[125].

Es war eine Handelsstadt, Venedig, in der sich nach unseren derzeitigen Kenntnissen der früheste Nachweis (11. Jh.) für die auffällige Verbindung von Stadtentwicklung und Kult des heiligen Stadtpatrons erbringen läßt. Handel hat auch die weiteren Städte, die als Beispiele angeführt wurden, zu kommunalem Selbstbewußtsein und Blüte gebracht. Das mittelalterliche Dortmund ist allem Anschein nach im Kapitel deutscher Stadtgeschichte nicht nur unter kunsthistorischem Gesichtspunkt ein „Sonderfall"[126]. In der Stadt am Hellweg verband sich seit dem 13. Jahrhundert das kommunale Bewußtsein und der Aufstieg zur Blüte der Stadt nach der Überzeugung am Orte wie im Urteil der zeitgenössischen Städte vor allem im Norden Deutschlands offenbar derart ursächlich mit dem Kult des Stadtpatrons St. Reinoldus, daß sein Bild und Name weit über die Stadtmauern hinaus Programm wurde.

Conrad Peyer hält das Phänomen des mittelalterlichen heiligen Stadtpatrons für eine zeitbedingte Verlegenheitslösung. Es habe sich in der damaligen Vorstellungswelt der Städte offensichtlich kein anderes und geeigneteres Mittel gefunden, um die kommunalen Hoheitsrechte in Geltung zu bringen, als eben die Vorstellung von einem „heiligen Schutzherren"[127]. In Dortmund ist trotz der durch die Reformation im 16. Jahrhundert gewandelten Kultvorstellungen[128] St. Reinoldus als Patron der alle Gotteshäuser der Stadt überragenden Mutterkirche und als Stadtpatron bis auf den Tag mit Bild und Namen lebendig geblieben.

St. Reinoldus als der Dortmunder Schutzengel! Ist das Phänomen des hl. Patrons eine mittelalterliche, zeitbedingte Verlegenheitslösung? Der Theologe fragt sich: Warum war diese Vorstellung mehr als eine andere geeignete, die westlich-abendländische Stadt als „Wiege des modernen Staatsdenkens und der Demokratie" herauszubilden? Engel erscheinen in der biblischen Tradition unter dem Gedanken der Stellvertretung. nach einem Herrenwort (Mt 18, 10) ist die Würde eines jeden Menschen verbürgt durch seinen Engel im „Angesicht des himmlischen

---

123 Dietrich Westhoff wurde 1501 offensichtlich in Dortmund geboren. Nach dem Besuch der Schule erlernte er das Schmiedehandwerk, das er 17 Jahre ausübte. Ab etwa 1544 Dortmunder Gerichtsschreiber, verfaßte er ab 1548 die Chronik. Er starb 1551 an der Pest. Vgl. Hansen, J., Einleitung zu Westhoff 149—176 bes. 173—175.

124 Westhoff 215, Zeilen 26—28. Über die alttestamentliche und neutestamentliche Vorstellung vom Schutzengel eines jeden Menschen, der vereinzelt als Seele des Menschen gedeutet wurde s. Michl. J. u. Semmelroth, O., Schutzengel. In: LThK IX 522—524. Über die Entwicklung der Lehre von den Engeln, besonders auch die von einem Engel als Patron eines Volkes, s. Haubst, R., Engel. In: LThK III 863—872 bes. 866. Zur Ikonographie vgl. Bandmann, G. u. a., Engel. In: LCI I 626—642.

125 Die Darstellung des Erzengels Raphael als Beschützer des jungen Tobias ist im Essener Münster bereits für das frühe 11. Jahrhundert belegt. Als Patron junger Kaufleute, die auf Reisen geschickt wurden, erscheint er besonders in Italien; vgl. Weskott, H., Tobias. In: LCI IV 320—326 bes. 321 f.

126 Braunfels (wie Anm. 9) 229 f.

127 Peyer (wie Anm. 8) 16.

128 Über die Veräußerung der Reinoldireliquien 1614 und ihre heutige Aufbewahrung in der Kathedrale von Toledo s. Fiebig (wie Anm. 14) 40—42. Das Haupt des hl. Reinoldus, die Reliquienbüste, war noch bis 1792 in Dortmund vorhanden, wurde dann aber öffentlich versteigert und kam für 834 Reichstaler unter den Hammer. Es ist seitdem verschollen. Vgl. ebda. 42—47.

Vaters''. Gleicherweise haben Gemeinschaften, Gemeinden, ihren Engel. In der Geheimen Offenbarung, der letzten Schrift der Bibel, die von der Auflösung der irdischen Rätsel spricht, sind die Engel solcher Gemeinden erwähnt (Off 8, 12 u. 18, 3). Engel sind Warner *vor* und Begleiter *in* Gefahr (z. B. der „englische" Rat an Josef, mit dem Kind und seiner Mutter die Flucht nach Ägypten anzutreten, oder der begleitende Schutz des jungen Tobias durch Raphael). In gleicher Weise war darin die Überzeugung der Verankerung von Freiheit und Recht der Stadt vor Gott ausgedrückt, — wie auch die Vorstellung des eigenen Weges der Stadt, ihre Individualität, sanktioniert: Also Bindung und Freiheit! *Servitus et libertas,* so steht es einleitend, *Unterwürfigkeit und Freiheit,* hieß die Kurzformel der mittelalterlichen *lex urbana.* Es war offensichtlich nicht die Unfähigkeit, sich einen freien Gesellschaftsvertrag (*contrat social*) vorzustellen. Es war die religiös begründete Überzeugung des mittelalterlichen Menschen, daß Freiheit und Recht auch einer societas, wie sie die Stadt darstellte, in einer letzten Verantwortung gesehen werden müssen.

Der Dichter und Schriftsteller Reinhold Schneider († 1958) hat in seinem Essay über St. Reinoldus, den unbekannten Heiligen, treffend die zeit- und heilsgeschichtliche Bedeutung des heiligen Patrons der Stadt Dortmund skizziert:
„Niemand weiß, was er (Reinoldus) war vor Gott und den Menschen. Und doch waltet hier nicht Glaube allein — es ist ein Geheimnis, ein Unsichtbarer, nie mehr zu Erkennender.
Glaube und Angst, Freude, Arbeit flüchteten sich zu ihm. Er zog auf Straßen voraus, die nicht mehr begehbar, gleichsam aufgehoben sind, und ist noch immer da ... für Dortmund, über dem Feuer gigantischer Hochöfen ..., im Wirbel einer ihm gänzlich fremden Zeit, er, eine märchenhafte Gestalt, Mönch, Ritter, Krieger, Steinmetz, Märtyrer, Wundertäter, Fürst. Und wenn nun die ihm geweihten Glocken herabschallen in unseren Tag, so verkünden sie die Gegenwart *des* Reiches, das die Zeit überwölbt und sich immer wieder unter uns ereignet.

Wir hören die Botschaft.
Der Bote ist nicht zu begreifen"[129].

---

129 Schneider, R., Der unbekannte Heilige. In: Pfeiler im Strom (Wiesbaden 1958) 223—228 hier 228. Schneiders Reinoldimeditation knüpft an das Tafelbild des Heiligen von Konrad von Soest an; heute in der Alten Pinakothek in München, in diesem Band Abb. 13. Vgl. dazu: Goldberg, G., u. Scheffler, G., Altdeutsche Gemälde. Köln und Nordwestdeutschland (Bayerische Staatsgemäldesammlungen — Gemäldekataloge 14) (München 1972) 185—189.

Für die Beschaffung von Literatur und Hilfe bei der Erstellung des Manuskripts danke ich meinen Mitarbeitern Dipl.-Theol. Peter Schawohl, stud. theol. Dorothea Kollmannsberger, Michael Benz und Ingolf Gensheimer.

Abb. 13: St. Reinoldus, Tafelbild von Conrad v. Soest
auf dem Tragaltar des Segebodo Berswordt, nach 1404

Hans Georg Kirchhoff

Die Große Dortmunder Fehde 1388/89

„Dä Erzbischof Friedrich van Köln und dä Graf Engelbert van dä Mark föngen im Februar des Jahres 1398 met Düopm Strit an, willen dat Düopm wier den Bül lappen soll, ower sä harren de Stadt beide nix te mellen …

Düopm hiet sik dapper hollen … An sine Wälle und Müren konn dä Feind nit, un deshalf het et van Dage noch: Sau fast as Düopm! Ower dä Hannel un Wannel, metsamt den Rikdum van dä Stadt har dä Feind doch te schannen makt.“
(Karl Prümer: Dä Chronika van Düopm, 1891)

Sau fast as Düopm — so fest wie Dortmund: In diese Redensart faßte das 19. Jahrhundert das Ergebnis der großen Bewährungsprobe, der die Stadt im späten 14. Jahrhundert ausgesetzt gewesen war und die sie so glänzend bestanden hatte. In der plattdeutschen Schilderung Karl Prümers[1] spiegelt sich der Stolz, mit dem die Dortmunder, in einer Epoche neuen Aufstiegs und neuer Größe nach langer Verfallszeit, auf die bedeutende mittelalterliche Vergangenheit ihrer Stadt zurückblickten. Und wenn zum Empfang Kaiser Wilhelms II. im Jahre 1899 — der Monarch war zur Eröffnung des Dortmund-Ems-Kanals gekommen — das alte Rathaus restauriert und das Burgtor als hölzerne Attrappe am Eingang der Brückstraße nachgebildet wurde[2], so war das, im Stile des herrschenden Historismus, ein uns heute eher rührender Versuch, an die Tradition der ehemaligen „freien Reichs- und Hansestadt" anzuknüpfen. Immerhin: die Verbindung zum Meer, einst von den hansischen Kaufleuten mühselig auf dem Landweg geknüpft, war durch den Kanal wiedergewonnen; als einst kaiserliche, doch längst preußisch gewordene Stadt konnte sich im Glanze des neuen preußisch-deutschen Kaisertums sonnen, und nur Wilhelm selbst goß einen Wermutstropfen in den Becher der Festesfreude, als er nicht — wie weiland sein „Vorgänger" Karl IV. 1377 beim letzten Kaiserbesuch, den die Stadt gesehen hatte — in Dortmund über Nacht blieb, sondern zu seinem Freunde Krupp nach Villa Hügel weiterfuhr[3].

In der Großen Fehde 1388/89 war Dortmund in der Tat „fest" geblieben: Seine Mauern, Türme und Tore hatten sich auch für eine große Koalition von fürstlichen Herren als uneinnehmbar erwiesen, und es hatte seine Reichsfreiheit und damit seine politische Unabhängigkeit von den benachbarten Territorialmächten bewahren können. Es war und blieb die einzige Stadt Westfalens, die unmittelbar dem König unterstand, der Dortmunder Rat zugleich Stadtverwaltung und Regierung einer kleinen Republik inmitten monarchisch verfaßter Territorien. Für die Dortmunder Stadtgeschichtsforschung war deshalb die Selbstbehauptung Dortmunds in der Großen Fehde der Höhepunkt der älteren Geschichte ihrer Stadt, aber Höhepunkt im doppelten Sinne des Wortes: Gipfel der Kraftentfaltung und des Willens zur Selbstbehauptung, zugleich jedoch Beginn des Abstiegs, gewissermaßen ein Pyrrhussieg.

---

1 Karl Prümer: Dä Chronika van Düopm, Leipzig [2]1922 S. 27 (die erste Auflage erschien 1891). Wissenschaftlich ist die Große Fehde mehrfach untersucht worden. Alexander Mette (Die Große Fehde von 1388/89, in: Beiträge zur Geschichte Dortmunds und der Grafschaft Mark 4, 1886 S. 5—65; diese Zeitschrift wird im folgenden als „Beiträge" zitiert) bot im wesentlichen nur eine Schilderung anhand der Westhoffschen Chronik (vgl. zu dieser Anm. 16). Paul Kirchhoff legte 1910 als erster eine historische Analyse vor (Die Dortmunder Fehde von 1388/89, in: Beiträge 18, 1910 S. 1—68). Im Zusammenhang seiner Darstellung ging auch Christoph Leopold Weber, Graf Engelbert III. von der Mark 1347—1391 (ebd. S. 69—250) auf die Dortmunder Fehde ein (S. 220—231). Die finanziellen Aspekte hatte schon vorher Karl Rübel untersucht (Dortmunder Finanz- und Steuerwesen, Bd. 1: Das vierzehnte Jahrhundert, Dortmund 1892, im folgenden zitiert: Rübel, Finanzwesen; der angekündigte 2. Band ist nicht erschienen). Mehr referierend ist dagegen Rübels Darstellung in seiner: Geschichte der Grafschaft und der freien Reichsstadt Dortmund; von den ersten Anfängen bis zum Jahre 1400, Dortmund 1917 S. 525 ff. (im folgenden zitiert: Rübel, Geschichte). Das gleiche gilt für die Darstellung aus der Feder Luises von Winterfeld (Geschichte der freien Reichs- und Hansestadt Dortmund, Dortmund [1]1934, inzwischen in 7. Aufl. 1981). Die jüngste Untersuchung stammt von Robert Jütte (Territorialstaat und Hansestadt im 14. Jahrhundert; Genese und Verlauf der Konflikte zwischen Landesherren und Hansestädten am Beispiel der Städte Dortmund und Lüneburg nach dem Stralsunder Frieden von 1370, in: Beiträge 73, 1981 S. 169—203). Hier ist auch die allgemeine Literatur zu den Städtekämpfen des Spätmittelalters verzeichnet.

Von populären Darstellungen sei genannt: Carl Heppe, Die Dortmunder Fehde, in: Die Grafschaft Mark; ein Jubiläumsbüchlein, der märkischen Jugend gewidmet, Dortmund o. J. (1909), S. 45—51, kürzlich erneut veröffentlicht in: Kleine Bettlektüre für standhafte Dortmunder, O. O., o. J., S. 45—55.

Unsere wichtigsten Quellen sind die Chroniken Nederhoffs und Westhoffs (zu ihnen vgl. Anm. 16). Die auf die Fehde bezüglichen Akten und Urkunden wurden von A. Mette a. a. O. S. 66—296 sowie im Dortmunder Urkundenbuch ediert (Bd. 2, bearb. von Karl Rübel und Eduard Roese, Dortmund 1890, Nr. 194—227, 547; Bd. 3, bearb. von Karl Rübel, Dortmund 1899 Nr. 23; im folgenden zitiert: Dortm. UB).

2 Vgl. die Abbildung bei Karl Neuhoff, Alt-Dortmund, Dortmund 3. Aufl. o. J., Bild 119.

3 Eine maliziöse Schilderung dieses Kaiserbesuches gab Karl Richter (Horst Mönnich, Ein Dortmunder Agent, Düsseldorf 1974 S. 185—189).

Handel und Wandel, sagt Karl Prümer, mitsamt dem Reichtum der Stadt hatte der Feind zuschandengemacht, und auch die repräsentative Stadtgeschichte aus der Feder von Luise von Winterfeld hat sich von dieser Anschauung noch nicht völlig lösen können. Es wird zu prüfen sein, ob dieses Bild zutrifft.

Chaos und Übergang zu neuer Ordnung

Die politische und militärische Geschichte des Spätmittelalters scheint der großen klaren Linien zu entbehren. Diesen Eindruck gewinnt man vor allem, wenn man die deutsche Geschichte des 14. und 15. Jahrhunderts betrachtet. Der Glanz des Kaisertums, das noch immer de facto mit der deutschen Königswürde verbunden ist, beginnt zu verblassen, seit nach dem Zusammenbruch der staufischen Machtstellung um 1250 die Bedeutung der Zentralgewalt schwindet. Die partikularen Kräfte gewinnen Raum, sich zu entfalten und zu konsolidieren; das deutsche Wahlkönigtum, im wesentlichen auf die eigene Hausmacht angewiesen und deshalb unter den Dynastien der Habsburger, Wittelsbacher und Luxemburger im Süden und Südosten des Reiches konzentriert, verfügt im Norden und Nordwesten kaum noch über Regulierungsmechanismen. Das Spätmittelalter erscheint so dem ersten Blick als ein Kampf aller gegen alle. Die adligen Herren greifen, oft aus nichtigen Anlässen, rasch zur Waffe, um ihr Recht — oder das, was sie dafür halten — zu verteidigen; Bündnisse und Verträge werden beschworen und oft in kürzerer Zeit gebrochen, als man für ihr Zustandekommen benötigt hat. ,,Raubritter'' überfallen die Kaufleute auf offener Straße; die Rechtsprechung erscheint tief erschüttert, so daß man zu ad hoc eingesetzten Schiedsgerichten oder — in Westfalen — zum ,,heimlichen'' Gericht, der Feme, greifen muß. Deutschland ist groß, und der König ist weit. Noch eigentümlicher berührt den modernen Betrachter die Leichtigkeit, mit der man die Fronten wechselt: Gegner, die sich heute erbittert bekämpfen, erscheinen morgen als Freunde, die Hand in Hand auf einen Dritten losgehen, um übermorgen wieder zu Feinden zu werden. Gründe dafür finden sich stets, denn viele Rechtsverhältnisse sind unklar; leichtfertig und skrupellos, so scheint es, werden moralische Bindungen zerrissen, wenn es um Vorteile geht.

Nur geduldiger Musterung gelingt es, in diesem scheinbaren Chaos Leitlinien des Geschehens zu entdecken. Eine dieser Leitlinien erlaubt es, auch die Dortmunder Fehde einzuordnen und zu verstehen: sie gehört in den Zusammenhang der Entstehung der modernen Territorialstaaten im Rahmen des mittelalterlichen deutschen Reiches. Die Fürsten gehen daran, mit Hilfe neuer Verwaltungspraktiken — das Institut des landesherrlichen Amtmanns sei hier stellvertretend genannt — ihre auf sehr unterschiedlichen Rechtstiteln beruhenden Herrschaftsbefugnisse zu normieren, aus bunt zusammengewürfelten Gerichtsrechten, Pfandbesitz, Grundherrschaften und Lehnsverhältnissen einheitliche Territorien zu schaffen, zu einer in sich geschlossenen, territorial möglichst abgerundeten Herrschaft über Land und Leute zu gelangen.

Dortmund, Mark und Kurköln

In unserem Bereich sehen wir im 14. Jahrhundert die Erzbischöfe und Kurfürsten von Köln und die Grafen von der Mark damit beschäftigt, ihre Territorien in dieser Weise auszubauen[4]. Dadurch war die Reichsstadt Dortmund im 14. Jahrhundert politisch in eine zunehmende Isolation geraten. Ursprünglich, seit karolingischer Zeit, Mittelpunkt eines ausgedehnten Reichsgutkomplexes, war die Stadt als einzige übriggeblieben, weil sie sich stets und energisch geweigert hatte, den wiederholten Verpfändungen seitens der Krone Folge zu leisten. Fast der gesamte Reichsbesitz der Umgebung war im Lauf der Jahrhunderte durch Schenkungen, Verpfändungen und Usurpation der Verfügungsgewalt des Königs entglitten, und die hauptsächlichen Nutznießer waren die Grafen von der Mark geworden[5]. Hierzu hatte vor allem auch der Zerfall der ,,Krummen Grafschaft'' der Isenbergischen Linie des Alte-

---

4 Für Kurköln vgl. Sabine Picot, Kurkölnische Territorialpolitik am Rhein unter Friedrich von Saarwerden (1370—1414), (Rheinisches Archiv Bd. 99) Bonn 1977 S. 313—326; für die Mark Uta Vahrenhold-Huland, Grundlagen und Entstehung des Territoriums der Grafschaft Mark (Monographien des historischen Vereins für Dortmund und die Grafschaft Mark Bd. 1), Dortmund 1968 S. 171—177.

5 Vgl. dazu Vahrenhold-Huland ebd. S. 54—57, 129—131, 145, 165, 210 f. und 220—223.

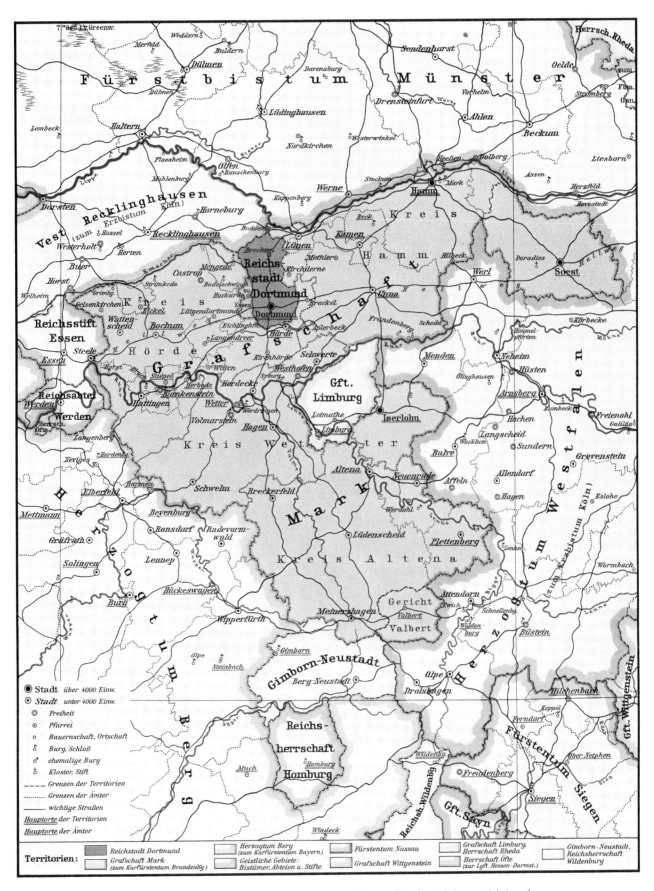

Abb. 14: Stadt und Grafschaft Dortmund sowie die Grafschaft Mark im 18. Jahrhundert

naer Grafenhauses beigetragen, die wie ein Kragen im Osten, Süden und Westen um die Stadt gelegen hatte und anscheinend vor allem auf Vogtei über ursprüngliches Reichsgut gegründet war. Sie fiel im Laufe des 13. Jahrhunderts der märkischen Linie zu; nur im Nordwesten, im Gericht Mengede, konnte die Stadt sich Rechte sichern und damit ein gewisses Glacis aufbauen[6]. Um 1300 gingen die Reichshöfe Westhofen, Brackel und Elmenhorst endgültig in märkischen Pfandbesitz über; den vor Dortmund gelegenen, ebenfalls an Mark verpfändeten Reichshof vermochte die Stadt jedoch schließlich selbst in die Hand zu bekommen, indem sie ihn dem Märker 1376 abkaufte[7]. Im Westen der Stadt hatte die Essener Fürstäbtissin in der Exklave Huckarde-Dorstfeld ein winziges Territorium bewahren können, das allerdings unter märkischer Schutzvogtei stand und politisch nicht zählte. Vom Reichsgut allein übriggeblieben war die Grafschaft Dortmund unter der Verwaltung der Dortmunder Grafen. Jedoch hatte sich die Stadt der gräflichen Herrschaft nach und nach völlig entzogen und ihrerseits den größten Teil der Grafenrechte erworben, so daß sie über die Grafschaft — die sich vor allem im Norden und in einem schmalen Streifen östlich von Dortmund erstreckte — schon im 14. Jahrhundert praktisch allein verfügte[8]. In der zweiten Hälfte des 14. Jahrhunderts stellte sich also die territoriale Situation Dortmunds so dar, daß es fast völlig direkt oder indirekt von märkischem Gebiet umschlossen war. Nur an einer schmalen Stelle im Nordwesten, im sumpfigen Emscherbruch, grenzte die Grafschaft Dortmund an das kurkölnische Vest Recklinghausen und, auf einer noch kürzeren Strecke, mit dem Lippeufer an das Hochstift Münster. Noch stärker erscheint diese Isolierung Dortmunds unter strategischen Gesichtspunkten. Mit Unna und Bochum, Herdecke, Hörde und Lünen beherrschte der Graf von der Mark sowohl die West-Ost-Straße, den Hellweg, als auch die Süd-Nord-Verbindung, an deren Kreuzung Dortmund entstanden war und auf deren Passierbarkeit die Stadt angewiesen war. Angesichts dieser Bedrohung war ein gutes Verhältnis zum märkischen Nachbarn ein zentraler Punkt der städtischen Politik.

Die wohlhabende Stadt besaß dazu geeignete Mittel: ihr Geld und ihre Mauern. Das Wohlverhalten der märkischen Grafen ließ sich erkaufen, und so sehen wir diese das ganze 14. Jahrhundert hindurch als Empfänger von Dortmunder Zahlungen. Seit 1328 wurden ihnen jährlich 60 Mark als Schutzgeld ausgehändigt, und aus den verschiedensten Anlässen kamen oft erheblich höhere Summen hinzu[9]. Trotzdem gestaltete sich das Verhältnis der Stadt zur Mark im Laufe des 14. Jahrhunderts zunehmend prekärer. In der Fehde zwischen Arnsberg und Mark 1352 stand Dortmund auf Arnsberger Seite; Graf Engelbert III. von der Mark versuchte eine Belagerung der Stadt und eine nächtliche Überrumpelung, die nach der Legende der hl. Reinold verhinderte. 1376 kam es zu einer Fehde mit dem Bruder Engelberts, Dietrich von Dinslaken; 1377 zu einer Belagerung und Beschießung durch Graf Wilhelm von Berg, mit dem der andere Bruder Engelberts, Graf Adolf von Kleve, verbündet war (wieder half St. Reinold). 1378 schließlich folgte der berühmte Verrat der Agnes von der Vierbecke[10]. Alle diese Versuche blieben erfolglos.

Die Dortmunder vermuteten hinter all dem als Drahtzieher Engelbert. Anscheinend in Dortmund wurde ein Spottgedicht auf ihn verfaßt, das ihn als Dieb, Räuber, scheinheiligen Verräter und abgefeimten Bösewicht schilderte:

> ,,Graf Engelbert von der Marke
> Makt sich mit fremden gude starke . . .‟[11].

---

6   Zur Krummen Grafschaft vgl. Gerhard Theuerkauf: Die Limburger Freigrafschaften, in: Die Geschichte der Grafen und Herren von Limburg und Limburg-Styrum und ihrer Besitzungen, Teil II Bd. 4, Assen und Münster 1968, S. 59—97, insbes. S. 70—75. Das Gericht Mengede erwarb die Stadt Dortmund 1387 durch Kauf (ebd. S. 76); später wurde es jedoch ebenfalls märkisch.

7   Vgl. vor allem Rübel, Finanzwesen S. 21 f. und S. 87—99.

8   Vgl. Gustav Luntowski, Die kommunale Selbstverwaltung (Geschichte Dortmunds im 19. und 20. Jahrhundert, hg. v. Hans Georg Kirchhoff, Bd. 1), Dortmund 1977 S. 15 f., und Gerhard E. Sollbach, Gerichtsorganisation und Rechtspflege in Grafschaft und Stadt Dortmund während des Mittelalters und der Frühneuzeit, in: Beiträge 70, 1976 S. 203—297, insbes. S. 207—210 und S. 290 f.

9   Rübel, Finanzwesen S. 23 f.

10   Westhoff S. 215—243; v. Winterfeld S. 76—78.

11   Das Gedicht ist bei v. Winterfeld S. 78 f. im Urtext und in Übersetzung gedruckt. Der Druck bei Mette S. 24 zeigt einen etwas abweichenden Text; insbesondere in Teil 5. Dort hat Mette ,,dör‟ (wagt), v. Winterfeld ,,doet‟ (tut). Jütte S. 194 folgt v. Winterfeld.

Engelbert muß dieses Gedicht schwer getroffen haben; denn noch im Friedensvertrag von 1389 mußten die Dortmunder erklären, „dat sey des gedichtes ... rades, dades und aller wysschap unschuldich syn" [12]. Vielleicht gab in der Tat dieses Gedicht, das seine ritterliche Ehre in den Schmutz zog, den letzten Anstoß für seinen Bruch mit Dortmund.

Von der Dortmunder Stadtbefestigung haben wir, obwohl sie im 19. Jahrhundert vollständig geschleift wurde, aufgrund der alten Stadtansichten recht genaue Kenntnis. Sie umschloß in einem nach Westen spitz zulaufenden Oval ein großes Areal und bot reichlich Platz auch für Gärten, Höfe und Grünland, das im Notfall für die Unterbringung des Viehs benötigt wurde. Wie üblich, bestand sie aus Wall und Mauer, denen der Stadtgraben und eine niedrige Vormauer vorgelagert waren. Neuralgische Punkte bildeten die Mauerdurchlässe, die deshalb mit fortifikatorisch sehr aufwendigen Torburgen gesichert waren. Hinzu kamen zahlreiche Mauertürme [13].

Die Belagerung einer so befestigten Stadt konnte nur unter bestimmten Bedingungen zum Erfolg führen. Sie im Sturm zu nehmen, setzte ein erhebliches zahlenmäßiges Übergewicht der Angreifer voraus, weil den Belagerten der Vorteil der Überhöhung und der kürzeren inneren Front zugutekam. Es blieb die Beschießung und/oder der Versuch, die Stadt von ihren Verbindungen abzuschneiden und auszuhungern. Die Stadt hatte jedoch, diese Möglichkeiten im voraus bedenkend, sich auf eine Art Vorwärtsverteidigung eingerichtet. Ihre schon 1387 einsetzenden Vorkehrungen waren nämlich keineswegs nur auf das Speichern von Getreide und auf das Instandsetzen der Mauern sowie deren Verteidigung beschränkt; der Ausbau der berittenen Truppe (also eines Feldheeres) zeigt, daß sie gewillt war, einen etwaigen Belagerungsring immer wieder aufzubrechen, um Lebensmittel und andere wichtige Dinge — zum Beispiel Steinkohlen — hereinzuholen [14].

Ein erfolgreicher Krieg gegen Dortmund bedurfte daher eines großen Einsatzes, der die märkischen Möglichkeiten überstieg. Graf Engelbert mußte sich nach einem starken Bundesgenossen umsehen, und diesen fand er überraschenderweise in einem bisherigen Gegner und Konkurrenten: dem Kölner Erzbischof Friedrich von Saarwerden. Auch dieser hatte ein spezielles Interesse an Dortmund. Die Stadt mitsamt den Königshöfen Dortmund, Brackel, Elmenhorst und Westhofen war nämlich von den Königen nicht nur an die Grafen von der Mark, sondern seit 1202 auch — und zwar häufiger — an die Erzbischöfe von Köln verpfändet worden. Seit 1298 hatte sich dies zu einer Art Ritual entwickelt; der Erzbischof als Königswähler (Kurfürst) ließ sich regelmäßig als Gegenleistung für seine Stimmabgabe die Stadt oder einzelne Reichsrechte in Dortmund (Königshöfe, Schultheißenamt, Judenschutz) verpfänden. Am weitesten ging dabei Heinrich VII., der 1308 die Pfandsumme auf den astronomischen Betrag von 100 000 Mark festsetzte. Diesem Vorbild folgten auch Karl IV. 1346 und sein Sohn Wenzel 1376.

Es würde hier zu weit führen, die überaus komplizierten Rechtsverhältnisse darzulegen, die durch die einander widersprechenden Verpfändungen entstanden, zumal diesen auch noch die königlichen Privilegien für Dortmund ganz oder teilweise entgegenstanden. Dies ist auch nicht nötig, weil die Stadt den Verpfändungen, soweit sie selbst betroffen war, rundweg die Anerkennung versagte. Hinsichtlich des Dortmunder Königshofes löste sie das Problem dadurch, daß sie ihn 1376 dem Grafen von der Mark abkaufte [15]. So gingen die Kölner Erzbischöfe völlig leer aus; sie hatten bloße und dazu noch umstrittene Rechtstitel erworben, die kaum das Pergament wert waren, auf

---

12 Dortm. UB II Nr. 225 Ziffer 11.

13 Einen Eindruck der Dortmunder Stadtbefestigung, wie sie zur Zeit der Großen Fehde bestand, vermittelt das bekannte Altarbild von Dirk Baegert in der Propsteikirche, das um 1480 gemalt wurde. Die späteren Stadtansichten von Hogenberg, Mülher und anderen zeigen die im 16. und 17. Jahrhundert leicht veränderten Verteidigungswerke (vgl. Anm. 57). Sehr informativ ist die Arbeit von Heinrich Scholle, Perspektivplan der Stadt Dortmund für das Jahr 1610 nebst Grundrißplan für 1826, in: Beiträge 68, 1973 S. 183—235, insbes. die beiden Kartenbeilagen.

14 Westhoff S. 253 f. und 276—278; Jütte a. a. O. S. 200.

15 Vgl. Jütte S. 179 ff. Trotz dieses Kaufs (und obwohl 1388/89 keine märkischen Ansprüche an den Königshof vorgebracht wurden) wurden die Verpfändungen der Reichshöfe sehr viel später von märkischer Seite noch einmal aufgegriffen: 1563 durch die Regierung der Vereinigten Herzogtümer in Düsseldorf — was zur Abtretung von Brackel und Schüren durch Dortmund führte — sowie 1705 durch Preußen, allerdings erfolglos (vgl. v. Winterfeld S. 129 und 143).

das man sie geschrieben hatte — solange sich Dortmund weigern konnte, sie anzuerkennen. Aussicht auf ein erfolgreiches Vorgehen gegen die widerspenstige Stadt konnte nur ein Kriegsbündnis mit dem märkischen Konkurrenten bieten, weil eine Belagerung Dortmunds nur vom märkischen Gebiet aus möglich war. Diese Verbindung kam 1388 zustande; ihre Folge war die Große Dortmunder Fehde.

Der Verlauf der Fehde

Der Verlauf der Großen Fehde ist schwer nachzuzeichnen, da er der Dramatik im Großen entbehrt[16]. Am 21. Februar 1388 traf der Fehdebrief des Erzbischofs, am folgenden Tage der des Grafen von der Mark ein. Nach und nach folgten die ,,Absagen" weiterer Landesherren (45 zählt Dietrich Westhoff auf) und des landsässigen Adels, insgesamt mehr als 1200[17]. Die Liste nimmt sich überaus stattlich aus: Auf der Seite des Kölners erscheinen die Erzbischöfe und Kurfürsten von Mainz und Trier; die Bischöfe von Augsburg, Bamberg, Paderborn und Osnabrück, der Pfalzgraf und Kurfürst bei Rhein und seine Söhne, die Herzöge und Grafen von Jülich-Berg-Ravensberg, Württemberg, Moers, Sponheim nebst vielen anderen Grafen und Baronen. In der Partei des Märkers finden sich der Bischof von Münster, der Herzog von Braunschweig, die Grafen von Tecklenburg, Rietberg, Holstein und Schaumburg und einige andere.

Es wäre reizvoll, dieser Liste erlauchter Namen die zur selben Zeit, am Feste Petri Stuhlfeier (22. Februar), erwählte Dortmunder ,,Ratsmannschaft" gegenüberzustellen: Herr Johann von Wickede, Herr Evert Wistrate, Herr Segebode Rike und 15 weitere Ratsmitglieder, denen der Chronist Dietrich Westhoff den Titel des ,,Herrn" versagt[18]. Gewiß hatten einige dieser Namen — etwa Klepping und Berswordt — in der damaligen Weltwirtschaft einen guten Klang; aber was war ein Klepping, ein Berswordt etwa gegenüber den vier rheinischen Kurfürsten oder dem Grafen von Württemberg, der gerade, seit Januar 1388, im Krieg gegen die oberdeutschen Städte lag[19]?

Die nüchternen Dortmunder Fernkaufleute — sie allein besetzten zu dieser Zeit den städtischen Rat — erkannten jedoch sehr wohl die im wesentlichen propagandistische Wirkung dieser Koalition, die nur auf dem Pergament der Fehdebriefe übermächtig schien. Sie wußten um die Geldnot der Fürsten und ihre Schwierigkeiten, ein Heer aufzubieten, das imstande gewesen wäre, eine so befestigte Stadt wie Dortmund aufzubrechen. Denn das Lehnswesen — so wichtig es für den politischen Zusammenhalt des Reiches wie seiner Territorien auch war — gab für militärische Zwecke nur noch wenig her. Söldner ritterlichen und nichtritterlichen Standes führten im wesentlichen die Kriege des Spätmittelalters, und sie wollten bezahlt sein. Söldner heuerte auch die Stadt Dortmund an: 70 Berittene, 49 ,,Pikenmänner", 27 englische Bogenschützen; 4 adlige ,,Helfer" kämpften für die Stadt mit 79 Reitern auf eigene Rechnung[20].

Gegenüber der Fürstenkoalition erwies sich die Solidarität der Hansestädte als überraschend schwach. Dortmund wandte sich an sie mit der Bitte, Darlehen zur Bestreitung der Kriegskosten zu gewähren, aber nur vier Städte wa-

---

16   Unsere Kenntnisse über den Verlauf der Fehde beruhen im wesentlichen auf den Mitteilungen der beiden Dortmunder Chronisten Johann Nederhoff und Dietrich Westhoff. Die lateinische Cronica Tremoniensium des Dominikanermönchs Nederhoff wurde um 1440 verfaßt und von Eduard Roese 1880 im Druck herausgegeben (vgl. zu ihrem Quellenwert die Ausführungen von Joseph Hansen in: Die Chroniken der westfälischen und niederrheinischen Städte, Bd. 1, Leipzig 1887 — photomech. Nachdruck Göttingen 1969 — S. XXII ff.). Dietrich Westhoffs (er war Schmied und wurde Dortmunder Gerichtsschreiber) niederdeutsche Chronik entstand etwa 1548—1557 und ist viel ausführlicher als die Nederhoffs; sie wurde von J. Hansen a. a. O. herausgegeben. Beide Chronisten stützen sich bei ihrer Darstellung der Fehde augenscheinlich auf offizielle (lateinische) Dortmunder Aufzeichnungen, die größtenteils verloren sind. Nur ein einzelnes, zufällig erhaltenes Blatt, das Hansen S. 466—468 veröffentlicht hat, vermittelt noch einen Eindruck von dieser Quelle; es ist in der Form eines Kriegstagebuches angelegt und wohl gleichzeitig mit oder kurz nach der Fehde entstanden.

17   Das von der Stadt angelegte ,,Fehdebuch" verzeichnete die Namen der Herren, die Dortmund ,,absagten"; (hg. von Mette in: Beiträge 4, 1886 S. 66—124); die Gesamtzahl gibt Rübel, Geschichte S. 526.

18   Westhoff S. 251.

19   Mit den gleichzeitigen süddeutschen Städtekriegen besteht wohl eine innere, jedoch keine direkte Verbindung: P. Kirchhoff a. a. O. S. 3, Jütte S. 192.

20   Rübel, Geschichte S. 529 f.

ren dazu bereit. Lübeck, Stralsund, Deventer und Zwolle liehen insgesamt ca. 2000 Gulden, eine eher bescheidene Summe. Aachen entschuldigte sich mit eigenen Schwierigkeiten und Kriegsnöten, die preußischen Städte verwiesen auf ihre angebliche Armut, die Hanse als Ganzes lehnte eine Unterstützung rundweg ab[21].

Es drängt sich die Frage auf, warum der Hansebund, der zu dieser Zeit auf dem Gipfel seiner Machtstellung im Ost- und Nordseeraum stand (Friede von Stralsund 1370), einer seiner führenden Mitgliedsstädte wirksame Hilfe verweigerte. Man wird den Grund darin sehen müssen, daß fast alle Hansestädte in einem fürstlichen Territorium lagen (nur sechs von ihnen waren reichsfrei) und daß deshalb eine neutralistische Politik im Interesse der Gesamtheit zu liegen schien. Der Ausweg, die Hilfeleistung in das Ermessen der einzelnen Mitgliedsstädte zu stellen und im übrigen Vermittlung anzubieten, war zwar bequem, machte jedoch die Schwäche des Bundes in innerdeutschen Angelegenheiten offenkundig, und dies, obwohl Dortmund nur finanzielle, keine direkte militärische Hilfe angefordert hatte. Andererseits ist zu berücksichtigen, daß die Dortmunder Fehde die erste kriegerische Auseinandersetzung einer Hansestadt mit Landesherren war und überhaupt der Beginn der Auseinandersetzung um die Stadtfreiheit in Norddeutschland[22], so daß die Hanse die Bedeutung dieser Fehde vielleicht noch nicht richtig einschätzen konnte.

Die Feindseligkeiten begannen sofort nach Eingang der Kriegserklärungen. Beide Fürsten erschienen vor der Stadt; der Erzbischof schlug sein Lager nördlich des Burgtors auf und ließ dort eine Burg errichten, die er Rovenburg nannte. Das märkische Hauptquartier wurde zunächst im Westen an der Emscher bei der Stadtmühle plaziert, jedoch bald auf das jenseitige Flußufer verlegt, wo man einen starken steinernen Turm errichtete. Damit befand man sich übrigens auf dem Gebiet der Essener Fürstäbtissin, über deren Besitzungen der Graf von der Mark die Schutzvogtei ausübte; der Bau einer steinernen Befestigungsanlage deutet wohl auf die Absicht, hier, wo der Hellweg die Emscher querte, einen Sperriegel auf Dauer zu etablieren und damit — wie schon durch die Stadtfestungen von Lünen und Hörde — auch diesen dritten Flußübergang des Dortmunder Fernstraßennetzes kontrollieren zu können. Zum Bau dieses Turmes verwendete man die Steine der Stadtmühle und der Emscherbrücke, die also beide abgebrochen wurden, sowie diejenigen des „Steinwegs", der auf Dortmunder Gebiet und auch im Dorf Dorstfeld die Hellwegtrasse darstellte. (Dietrich Westhoff vermerkt übrigens, daß noch 1548, also 160 Jahre später, der Dorstfelder Steinweg nicht wiederhergestellt war)[23].

Die Fürsten blieben nur vier Tage bei den Belagerungstruppen. Die nächsten sieben Wochen, während derer die Dortmunder ihre Verteidigung organisierten, vergingen ohne kriegerische Ereignisse. Am 17. April begannen dann die Märker mit der Beschießung der Stadt, am 5. Mai setzten sie sie aus einer Stellung vor dem Westentor fort; jedoch mußten sie diese bald wieder aufgeben, weil die Dortmunder Geschütze — die anscheinend auf dem Westentor plaziert waren — die Kanonade erwiderten und dabei erheblichen Schaden anrichteten. Erst am 30. Juni wurde die Beschießung wieder aufgenommen, und zwar von einer Stellung im Galgenmersch aus. Ein Ausfall der Dortmunder, bei dem es zu einem Kampf in den Östergärten kam, vermochte sie nicht daraus zu vertreiben.

Dies war nun eine systematische, 12 Tage andauernde Beschießung mit schweren steinernen „Kloten", die bis zu 50 Pfund wogen. Insgesamt 238 Kugeln zählte man schließlich, die in die Stadt geschossen worden waren, ohne irgendeinen größeren Schaden anzurichten: kein Mensch wurde getroffen, nur eine Kuh und zwei Schweine. Eine

---

21 Die Höhe der Darlehnssumme nach Rübel, Geschichte S. 528. Das Versagen der Hanse bei der Hilfeleistung für Dortmund (vgl. dazu R. Jütte S. 198 f.) wird verständlicher, wenn man nicht nur politische Überlegungen annimmt. Ähnlich mißlich wie mit dem Dortmunder städtischen Haushalt schon vor der Fehde dürfte es auch mit den Etats zahlreicher anderer Hansestädte bestellt gewesen sein. Dadurch würde in der Tat die „Armut" der preußischen Städte plausibel — Armut der öffentlichen Hände bei verbreitetem privaten Reichtum ist offenbar nicht erst ein Phänomen unserer Zeit. Daß die Hansestädte Hamburg und Lübeck im Satekrieg 1396/97 kriegsentscheidend zugunsten Lüneburgs eingriffen, ist nach Jütte vor allem darauf zurückzuführen, daß die beiden Städte in Lüneburg enorme eigene Investitionen schützen wollten und daß enge freundschaftliche und verwandtschaftliche Beziehungen zwischen den beteiligten städtischen Führungsschichten bestanden.

22 Fritz Rörig, Außenpolitische und innenpolitische Wandlungen in der Hanse nach dem Stralsunder Frieden, in: Historische Zeitschrift 131, 1925 S. 1—18, zit. nach Jütte S. 172.

23 Westhoff S. 253.

Kugel schlug durch das Dachgewölbe von St. Reinoldi, andere trafen Kloster und Chor der Minoriten sowie zwei Häuser in der Hövelstraße; das war alles. Wenn man dem Chronisten Dietrich Westhoff folgt, richtete die Erwiderung des Feuers durch die Dortmunder in den gegnerischen Geschützstellungen erheblich größeren Schaden an. Am 10. Juli nämlich schossen sie mit „irer stat grotestem stucke, dadurch sie in so groten schrecken komen, waneer wanner sie dat hoerden, vor anxt to samen lopen und ouch derhalven die stede des leger verlaten, dan sie schotten donderschotte; wanneer sie sulich scheiten hoerden, dorst sich niemant uet sinem telte oder leger vur vruchten geven oder sehen laten; sie deden schotte durch ir leger, dei in ouch die taffeln mit der kost weg namen, ja ir perde leden groten verderf in iren paulunen overmits gehoertem grusamen scheiten der Dortmuntschen"[24]. Diese „Dicke Berta" beendete das Artillerieduell: Die Gegner verlegten ihr Lager weiter weg und nahmen die Beschießung nicht wieder auf.

Für den ferneren Verlauf der Fehde war dieser Ausgang folgenreich: Der Belagerungsring mußte in respektvoller Entfernung von den Stadtmauern gezogen werden. Dadurch wurden die in ihrer Wirkung ohnehin zweifelhaften Geschütze vollends wertlos; wichtiger war jedoch, daß die Versorgung der Stadt mit Viehfutter und Getreide auf diese Weise erleichtert wurde. Dietrich Westhoff vermerkt nämlich, daß in beiden Jahren der Belagerung Heu und Korn von den stadtnahen Wiesen und Äckern geerntet werden konnte, wenn es dabei auch gelegentlich zu Störversuchen von seiten der Gegner kam[25].

Das nächste größere Ereignis der Fehde war die Eroberung der Rovenburg am 3. Oktober 1388. Gegen dieses kölnische Bollwerk gegenüber dem Burgtor zog die gesamte städtische Mannschaft frühmorgens in der Dämmerung, und bis Mittag hatte man das Ziel erreicht. Nach dem Verlust von 8 Toten ergab sich die Besatzung der Burg, noch 64 Mann stark, das Gebäude wurde angezündet und zwei Tage später dem Erdboden gleichgemacht[26].

Anfang Dezember 1388 planten die Dortmunder einen besonders listigen Coup. Eine Truppe von 600 Mann wurde in der Nacht zum 8. 12. ausgeschickt; ein Teil wandte sich nach Schüren, wo er das ganze Dorf in Brand steckte, der andere Teil legte sich vor der märkischen Stadt Hörde auf die Lauer. Als nun auf den Brand hin die Besatzung von Hörde ausrückte, bemerkte sie noch rechtzeitig den Dortmunder Hinterhalt und floh wieder in die Stadt; der Versuch der Dortmunder, bei dieser Gelegenheit mit hineinzukommen und auf diese Weise den wichtigen Stützpunkt Hörde für sich zu gewinnen, mißlang[27].

Zu einer offenen Feldschlacht von größerem Ausmaß kam es nicht, nur zu einem Scharmützel vor dem Ostentor am 24. März 1389. Westhoff schildert es mit folgenden Worten: „Ein groter hupen unverdeilt sich aneinander haltent vur Dortmund an die Oestenpoerte komen und die burger ut der stat geheischet, umb mit ine ein slacht einmal to wagen. Die von Dortmunde unverzagt geweltlich und krijghaft wedder sie sich heruter geven und vengen an to krigen, aver under langem mangel van den Dortmundeschen 7 umbracht und 7 neven 3 perden dei Colschen und Merkeschen gevangen nomen; und als sie neu to lest de vlucht onvengen, sint underdes in, den vianden, viel perde afgeschotten, und Johan Drosten und Lubbert van Bonen mit 4 perden gefangen und to Dortmunde ingebracht worden"[28].

---

24 Westhoff S. 259. Der Herausgeber der Westhoffschen Chronik, Joseph Hansen, hat S. 256 Anm. 4 gemeint, die Darstellung Westhoffs, der von Pulvergeschützen spricht, sei vermutlich ein Mißverständnis des Chronisten, der seine Vorlage falsch interpretiert habe. Zur Begründung zieht Hansen Nederhoff heran; bei diesem fehlen nämlich entsprechende Stellen, obwohl er dieselbe Quelle wie Westhoff benutzt hat. Jedoch zeigen die urkundlichen Belege bei Mette (Beiträge 4, 1886), die Hansen entgangen sind, daß es sich tatsächlich um Pulvergeschütze handelte. Im Rechnungsbuch finden sich zum Jahre 1389 zwei Ausgaben von 37 bzw. 42 Gulden für Schwefel und Salpeter verzeichnet (ebd. S. 237 und 243), ferner von 38 Gulden für Schwefel und Salpeter (S. 243), von 17 Gulden für eine „pannen tho der dunerbussen", von 165 Gulden 15 Pfennige für „Dey donerbussen dey man in der vede makede", und schließlich 5 Schillinge 1 Pfennig für ein „holt tho der dunerbusse reyse" (die Lafette, S. 254); vgl. auch Rübel, 1917 S. 546 Anm. 8. Bei diesem Geschütz, das also erst während der Fehde angefertigt wurde, dürfte es sich um das „groteste stuck" handeln, von dem Westhoff spricht.

25 Westhoff, S. 277. Störversuche schildert Westhoff S. 260 f.

26 Westhoff, S. 262 f.

27 ebd. S. 265 f.

28 ebd. S. 268.

Erst Ende April 1389 ließen beide Fürsten sich wieder vor Dortmund blicken. Sie blieben acht Tage da und veranlaßten den Bau eines neuen Bollwerks anstelle der zerstörten Rovenburg; es wurde in Lindenhorst errichtet, um die dortige Landstraße zu sperren, wobei der Kirchturm als Bergfried diente. Um freies Blickfeld und Schußfeld zu haben, wurden alle Häuser des Ortes niedergebrannt. Der Hauptzweck des Erscheinens beider Herren war jedoch offensichtlich das Bestreben, die bisher erfolglosen militärischen Anstrengungen mit politischen Mitteln zu verstärken. Sollte einerseits der Bau des Bollwerks Lindenhorst ihren Willen zur Fortsetzung der Fehde demonstrieren, so erklärten sie anderseits ihre Friedensbereitschaft, indem sie einen neuen Termin für Verhandlungen vorschlugen. Dieser kam — unter Vermittlung der Bürgermeister von Soest und Münster — auch bereits am 1. Mai in Brackel zustande, blieb aber völlig ergebnislos, weil nun die Beauftragten der Fürsten von den Dortmundern „so viel hinsichtlich ihrer Freiheit und anderer Güter forderten", daß man im Streit auseinanderging[29].

Allerdings versuchte man auch, die Stadt mit List zu überrumpeln. Am 21. Mai setzte sich eine Reitertruppe von mehr als 400 Mann mitsamt „unzähligem Fußvolk", wie Westhoff schreibt, gegen Dortmund in Bewegung. Man sandte eine kleine Mannschaft voraus, um die Dortmunder herauszulocken. Dies gelang auch, und als man ganz nahe war, ließen sich die Reiter von den Pferden fallen, um rasch zu Fuß das Ostentor zu stürmen, allerdings ohne Erfolg. Auf andere Weise versuchte Graf Engelbert, die mit Dortmund befreundete Stadt Haltern in seine Hand zu bringen. Er ließ als Fuhrleute verkleidete Soldaten drei Karren mit Weizen in die Stadt bringen, in denen 12 Bewaffnete versteckt saßen, während 150 Reiter in einem Hinterhalt lagen. „Es was avermals umbsunst", kommentiert Westhoff lakonisch[30].

Es wäre allerdings falsch, wollte man aus diesen wenigen herausragenden Ereignissen schließen, die Große Fehde sei eine eher langweilige, mühsam sich dahinschleppende Folge von ereignislosen Wochen und Monaten gewesen. Sie war im Gegenteil erfüllt von Raub und Brand, nur waren die Hauptleidtragenden weder die Dortmunder Bürger noch ihre kämpfenden Gegner, sondern eine dritte Gruppe, die niemand nach ihrer Stellung in diesem Krieg gefragt hatte: die Bauern.

Bürger gegen Bauern

Ein weiteres Mittel, das die Stadt zu ihrer Verteidigung bedenkenlos und in größtem Umfang einsetzte, läßt sich nämlich als Strategie der „verbrannten Erde" kennzeichnen. Sie wandte sich gegen die Ressourcen der Belagerer in der näheren und weiteren Umgebung und richtete enorme Schäden an. Es handelte sich dabei keineswegs um gelegentliche Ausfälle[31] der Belagerten, wie die folgende Übersicht zeigt:

Übersicht über die Dortmunder Raubzüge während der Großen Fehde 1388/89

Datum	Ziel	Zerstörung	Beute (Wert in Gulden)	Bemerkungen
(1388)				
29. 5.	Dorstfeld	Brand	Vieh (20)	Nederhoff: 100 Gulden
19. 7.	Lütgendortmund	Brand	Vieh (100)	2 Mann gefangen
9. 8.	Barop	Brand	„Gut" (20)	1 Mann gefangen
24. 8.	Brackel	Brand	„Gut" (40)	Nederhoff: 90 Gulden

---

29   „... tantum postulabant a Tremoniensibus de libertate et aliis bonis, quod indigne divisi sunt domi remeantes" heißt es in dem Bruchstück der offiziellen Aufzeichnungen, hg. von J. Hansen (wie Anm. 20), S. 466.

30   Westhoff S. 271.

31   So Jütte a. a. O. S. 200 f., der nur eine kleine Auswahl aus den bei Westhoff verzeichneten Raubzügen der Dortmunder bringt. Auch aus den Darstellungen der Fehde bei den übrigen Autoren werden Umfang und Bedeutung der Dortmunder Unternehmungen nicht deutlich genug; deshalb wurde hier die Tabellenform gewählt (die Einzelangaben nach Westhoff). Einige Ortsangaben konnten nicht identifiziert werden, deshalb sind sie in der originalen Schreibweise gebracht. Für die ersten Unternehmungen bietet Nederhoffs Darstellung eine Kontrollmöglichkeit; solche Abweichungen von Westhoff sind unter den „Bemerkungen" notiert.

Datum	Ziel	Zerstörung	Beute (Wert in Gulden)	Bemerkungen
28. 8.	„die Welpe"	Brand	—	
	Kemminghausen	Brand	Vieh (30)	nach Nederhoff; Westhoff hat, wohl fälschlich, Recklinghausen
29. 8.	Westhemmerde	Brand	Pferde (50) Brandschatzung (50)	
30. 8.	Marten	Brand (1 Haus)	—	
16. 9.	Derne	Brand	Vieh (70)	
	Barop	—	Vieh (250)	
17. 9.	Kamen	—	Vieh	
22. 9.	Schaephusen b. Werl	—	Brandschatzung (30)	6 Bauern gefangen Nederhoff: 2 Bauern gefangen, 2 getötet
24. 9.	Menglinghausen	Brand	—	
30. 9.	a. d. Rovenburg	—	Vieh (60)	
1. 10.	Dorstfeld	„ganz verbrannt"	—	
	Marten	Abholzung von Bäumen	Vieh (70)	
2. 10.	Marten	—	1 Hengst (4)	
3. 10.	Holthausen	Brand	Vieh (60)	
8. 10.	Kamen	—	2 Pferde	
13. 10.	Eving, Göcking, Brünninghausen	Brand	—	
16. 10.	Kortemollen	—	—	2 Bauern gefangen
23. 10.	Westhausen	Brand	Vieh (150)	2 Gefangene, davon 1 an Brandverletzungen gestorben
27. 10.	Waltrop	—	1 Pferd	1 Gefangener
23. 10.	Mordmühle	Brand	—	
	Schwansbell b. Lünen	Brand	—	
	Kurl	Brand	—	
7. 11.	Deusen	—	Vieh (20)	
	Kurl	—	Vieh (40)	
9. 11.	Mantelo	Brand	—	
13. 11.	Grevel	Brand	Vieh (150)	
	Stockum a. d. Lippe	Brand	Brandschatzung (36)	
	Harpen, Holte	—	Vieh (40)	
15. 11.	Marten, Rodenhem (Rahm?)			
	Wischlingen	—	Vieh (300)	
	Menglinghausen	„ganz verbrannt"	Vieh (50)	1 Bauer gefangen
16. 11.	Wandhofen	Brand	—	
21. 11.	Huckarde	—	Vieh (20)	
	Methler, Bodinkhusen	Brand	—	
24. 11.	Vellinghausen	—	Vieh (20)	

Datum	Ziel	Zerstörung	Beute (Wert in Gulden)	Bemerkungen
2. 12.	Eving	Brand	—	
7. 12.	Altenderne, Kump	Brand	Vieh (150)	
	Schüren	„ganz verbrannt"	Vieh (100)	
	Wambel	Brand	—	4 Bauern gefangen
	Körne	Abholzung	—	
11. 12.	Baukloh	—	Vieh (30)	
19. 12.	Methler	Brand	—	
20. 12.	Marten	Zerstörung von 2 Mühlen	50 Säcke Korn	
23. 12.	Eving	—	Vieh (15)	
	Dorstfelder Holz	„viele Kornhaufen verbrannt"	Vieh (20)	
24. 12.	Dorstfelder Holz	„viele Kornhaufen verbrannt"	—	
(1389)				
7. 1.	Barop	—	Vieh (40)	
	(Lücke in Westhoffs Vorlage vom 8. 1. — 14. 2. 1389)			
15. 2.	Körne	Abholzung aller Bäume	—	
18. 2.	„Holz holen"	—	—	mißlungen unter Verlust von 15 Wagen u. Karren
26. 2.	Hs. Nortkirchen	—	17 Pferde	8 Mann gefangen
27. 2.	Brackel	—	20 Pferde	Schulte zu Brackel gefangen
1. 3.	Renninghausen	Brand	—	
4. 3.	Grevel, Lanstrop	—	Vieh (110)	Rest der Beute; der größte Teil wurde den Dortmundern wieder abgenommen
21. 3.	Kleinholthausen	Brand	—	
24. 4.	Dorstfeld	—	Vieh (15)	1 Mann gefangen
25. 4.	Eichlinghofen	—	Vieh (10)	1 Mann gefangen
29. 4.	„jenseits des Ardey"	—	1 Pferd	9 Mann gefangen
8. 5.	Barop	—	4 Pferde	1 Mann gefangen
14. 5.	Recklinghausen	—	Vieh (36)	
	Kleinholthausen, Lück	—	Vieh (50)	
30. 5.	Brackel	—	— (100)	
12. 6.	Eving	—	Pferde (10)	
	Schüren	—	Pferde (10)	
13. 6.	Recklinghausen	—	—	5 Bauern u. 3 Bürger von Kamen gefangen
8. 7.	Dorstfeld, Marten	—	Vieh (100)	5 Mann gefangen
12. 8.	Brakel	—	Vieh (60)	
	Pöppinghausen	—	Vieh (12)	
18. 8.	3 Orte bei Unna	Brand	—	9 Mann, darunter 3 Bürger von Iserlohn gefangen
19. 8.	Salei (Salingen?)	—	Brandschatzung und Vieh (60)	1 Mann gefangen

Datum	Ziel	Zerstörung	Beute (Wert in Gulden)	Bemerkungen
22. 8.	Ennede	Brand	—	
	Brakel	—	Pferde (25)	
23. 8.	Eichlinghofen	—	—	3 Bürger von Schwerte gefangen
	Marten, Barop	—	Vieh (60)	3 Mann gefangen
	Kurl	—	Vieh (50)	
24. 8.	Holzwickede	—	Pferde (24)	
	„bei Kamen"	Brand	—	
7. 9.	Herne	—	Vieh (50)	
11. 9.	„bei Hohen-limburg"	Brand	—	
13. 9.	Büderich	Brand	—	
	Brockhausen	—	Vieh (50)	
14. 9.	Annen, Rüdinghausen	Brand	Vieh (250)	
30. 9.	Eving, Wande	Brand	—	
	Speckfelde	Brand	Schweine (35)	
3. 10.	Widelink (Wischlingen?)	—	Brandschatzung (40)	
5. 10.	Hohenschwerte	—	Vieh (60)	3 Mann gefangen
6. 10.	Sönnern b. Rhynern	—	Vieh (40)	
	Kalenberg b. Castrop	—	Schweine (25)	
7. 10.	Brünninghausen, Ermlinghofen, Hacheney, Lück, Broke, Lemberg, Renninghausen, Wellinghofen, Berghofen, Schüren	—	Vieh (400)	Die Dortmunder Truppe war 600 Mann stark
8. 10.	Opherdicke	—	Vieh (60)	
10. 10.	Holzwickede	—	Schweine (104)	
12. 10.	Schwerte	—	Vieh (70)	
13. 10.	Hohenschwerte	—	Schafe (50)	
20. 10.	Kurl	Brand (10 Häuser)	—	
27. 10.	Kurl	—	Vieh (250)	
4. 11.	Aldendorpe	—	Vieh (30)	
8. 11.	Lanstrop	—	Vieh (16)	

In dieser Aufstellung sind übrigens die Unternehmungen der adligen Helfer Dortmunds, die auf eigene Faust und Rechnung agierten, nicht enthalten. Eine Analyse der Dortmunder Raubzüge ergibt, daß offensichtlich zwei Gesichtspunkte für sie bestimmend waren: es ging einmal um die Zerstörung von Unterkünften für die Belagerungstruppen — daher das Niederbrennen der Dörfer —, zum andern um die Sicherung der Fleischversorgung in der

Stadt — daher der in großem Stil betriebene Viehraub. Gewiß rechnete man auch mit einer allgemein demoralisierenden Wirkung der ständig wiederholten Aktionen, die fast bis zum Friedensschluß andauerten, und diese Rechnung ging auf.

Die Bauern in der Dortmunder Umgebung hatten also das Elend des Krieges in voller Wucht zu tragen. Das war zwar in den Adelsfehden des Spätmittelalters üblich; aber es verdient doch hervorgehoben zu werden, daß es hier die Dortmunder Bürger waren, die bedenkenlos die Bauern plünderten und ihre Höfe zerstörten. Bezeichnend ist auch, daß keiner der Dortmunder Chronisten ihnen auch nur ein Wort des Mitleids widmet. Wenn man bedenkt, welches Kapital der Viehbestand für die Bauern bedeutete, so kann man den Schaden ermessen, der ihnen erwuchs, aber auch den Schaden des märkischen Adels, der ja in erster Linie von den Abgaben der Bauern lebte. Wahrscheinlich hängt dessen Fronde gegen Graf Engelbert im Jahre 1389 damit ursächlich zusammen[32]. Bemerkenswert ist allerdings, daß in beiden Fehdejahren die Bauern die Felder bestellen und die Ernte einbringen konnten, ohne daß die Dortmunder — was ihnen ein leichtes gewesen wäre — sie daran gehindert hätten. Das lag einerseits daran, daß die Stadt enorme Getreidevorräte eingelagert hatte; zum andern wird man in diesem Verzicht eine letzte Rücksichtnahme der Bürgerschaft gegenüber ihren bäuerlichen Nachbarn sehen dürfen, die man nicht dem Hungertode ausliefern wollte.

Verhandlungen und Friedensschluß

Vermittlungsversuche und Friedensverhandlungen hatten schon früh eingesetzt. Die erste fand am 24. Juni 1388 vor dem Ostentor statt, und hier wurden erstmals die Forderungen der Gegner Dortmunds auf den Tisch gelegt: Die Kölner verlangten 112 000 Mark plus Zinsen aufgrund der Verpfändungen der Stadt durch das Reichsoberhaupt, die Märker legten eine Liste von 17 Beschwerdepunkten vor, die von der angeblich unrechtmäßigen Verurteilung der Agnes von der Vierbecke bis zu geringfügigen Besitzstreitigkeiten reichten. Die Dortmunder erwiderten hinsichtlich der kölnischen Forderungen, man sollte sie beim Reich einklagen, weil sie, die Dortmunder, mit den Verpfändungen nichts zu tun hätten. Was die märkischen Beschwerden betraf, so verwiesen sie auf das dortmund-märkische Bündnis von 1376, nach dem für solche Streitfälle freundschaftliche Verhandlungen vorgesehen seien. Die davon offensichtlich überraschten märkischen Unterhändler ließen sich die Urkunde vorlesen, erklärten dann jedoch, der Vertrag sei von den Dortmundern zuerst gebrochen worden und damit gegenstandslos geworden[33].

Wie diese, so blieben noch zahlreiche weitere Verhandlungen, die während der ganzen langen Dauer der Fehde immer wieder angesetzt wurden, ohne jedes Ergebnis. Vermittelnd war vor allem Soest tätig, das als Mitglied der Hanse wie als kurkölnische Stadt dazu sehr geeignet war, und schließlich waren diese Bemühungen erfolgreich, wohl vor allem aufgrund der allgemeinen Erschöpfung der Gegner, des bevorstehenden Winters 1389/90 und der Aussichtslosigkeit, militärisch zu einer Entscheidung zu gelangen.

Ab dem 4. November wurde 18 Tage lang ununterbrochen verhandelt. Die Gegner Dortmunds hatten alle ursprünglichen Forderungen aufgegeben; es ging ihnen jetzt nur noch um eine Geldzahlung der Stadt in Höhe von 60 000 ,,Alten Schilden'', die 78 000 Gulden entsprachen. Dortmund hingegen wollte überhaupt nichts zahlen; erst durch das Insistieren der Soester Vermittler ließ sich die Stadt schließlich herbei, Erzbischof Friedrich und Graf Engelbert eine Summe von je 7 000 Gulden als ,,freiwilliges Geschenk'' zu versprechen[34]. Damit war der Friede erreicht; die Belagerung wurde aufgehoben, die Gefangenen wurden ausgetauscht und in den Friedensdokumenten der frühere Zustand rechtlich wiederhergestellt. Jedoch schloß sich der Ritter Johann Morrian von Boslar, der auf seiten Dortmunds gekämpft hatte, dem Frieden nicht an. Er hatte nämlich, noch während der abschließenden

---

32 Vgl. Weber (wie Anm. 1) S. 232 f.

33 Westhoff S. 280. Zu den folgenden Verhandlungen, in die sich schließlich auch König Wenzel mit Ermahnungen zum Frieden einschaltete, sowie den beiderseitigen erfolglosen Versuchen, mit Hilfe von Vorladungen vor die Femegerichte den Gegner zum Einlenken zu zwingen, vgl. die in Anm. 1 angegebenen Untersuchungen und Darstellungen.

34 Ebd. S. 283.

Friedensverhandlungen, eine lukrative Beute gemacht, auf die er nicht verzichten wollte: Am 9. November hatte er den märkischen Vasallen Dietrich von Volmarstein mitsamt 12 Knappen und 36 Hengsten in der Gegend von Drensteinfurt im Münsterland gefangengenommen. Wäre Morrian dem Frieden beigetreten, so wäre ihm das geforderte (und gezahlte) Lösegeld von 5500 Gulden entgangen[35]. Die Weigerung Morrians, sich dem Frieden anzuschließen, hatte weitreichende Folgen. Engelbert von der Mark entschloß sich zu einem Rachefeldzug gegen Morrian und seine Helfer, verwüstete dabei im Münsterland die Güter von Schuldigen und Unschuldigen, wie sich Dietrich Westhoff ausdrückt, und rief damit seinen bisherigen Verbündeten, den Bischof von Münster auf den Plan. Dieser verband sich mit dem Bischof von Osnabrück und schließlich mit Erzbischof Friedrich von Köln — binnen weniger Monate war die Fürstenkoalition gegen Dortmund zerbrochen[36].

Dortmund war ohne Zweifel als Sieger aus dem langen Kampf, bei dem die Stadt 30 Tote zu beklagen hatte, hervorgegangen. Die vergleichsweise geringen ,,freiwilligen" Gaben, welche die Stadt an ihre Gegner zu zahlen hatte, waren nicht einmal in die Friedensdokumente aufgenommen worden, um jeden Anschein von Schuld oder Niederlage zu vermeiden. Die später auf dem Ostentor angebrachte Inschrift:

> Dus stat is vry, dem ryke holt,
> verkoept des nicht umb alles golt[37],

faßte diesen Sieg prägnant in Worte: Um ihrer Freiheit willen hatten die Dortmunder schwere finanzielle Bürden auf sich genommen. Auf die Beseitigung des status quo hatten ihre Gegner es abgesehen, und seine Aufrechterhaltung war in der Tat eine bemerkenswerte Leistung gewesen, die die Bürger, praktisch auf sich allein gestellt, erbracht hatten.

Schon Dietrich Westhoff hat um 1550 eine Analyse der Faktoren versucht, die diese Selbstbehauptung ermöglichten, und er kam dabei zu folgenden Ergebnis[38]:

1. Die Aushungerung der Stadt mißlang, weil
   a) die Fleisch- und Milchversorgung intakt blieb,
   b) die Holzversorgung infolge der stadtnahen Wälder unproblematisch war,
   c) Lebensmitteltransporte aus Haltern und Münster herangeführt werden konnten (die der Bischof von Münster, obwohl er der Anti-Dortmunder Koalition angehörte, nicht behinderte),
   d) die Stadt enorme Getreidevorräte angelegt hatte (während einer 12jährigen Niedrigpreisperiode; sie konnte nach dem Ende der Fehde sogar noch Roggen an andere Städte verkaufen).

2. Vor allen Dingen aber — das betont Westhoff mit Emphase — (auf Parteibildungen innerhalb der Bürgerschaft hatten nach ihm die Gegner gesetzt) blieben die Bürger einig; sie befolgten Gebote und Verbote und gehorchten ihren militärischen Befehlshabern; und er schließt daran die allgemeine Maxime: ,,Wo Bürger und Stadtbewohner treu und in Eintracht lieblich zusammenhalten, können sie großer Gewalt ihrer Feinde widerstehen und großen Reichtum und ruhmreiche Ehre erlangen"[39].

---

35 Ebd. S. 283 f.

36 Ebd. S. 284 ff.; Weber S. 231 ff.

37 Nach v. Winterfeld S. 37 war die Inschrift auf dem Ostentor lateinisch und deutsch abgefaßt: ,,Non bene pro toto libertas venditur auro — Dus stat is vry, dem rike holt, Verkoept des nicht umb alles golt". v. Winterfeld gibt jedoch kein Datum für die Entstehung der Inschrift an. Rübel, Geschichte S. 185, hat nur die deutsche Fassung, die im Text zitiert ist, und datiert vage ,,späterhin". Ich habe den Eindruck, daß sich die Inschrift inhaltlich auf die Fehde bezieht.

38 Westhoff S. 276—278.

39 Westhoff S. 278. Die Spekulation der Gegner Dortmunds auf das Ausbrechen von Parteikämpfen in der belagerten Stadt war wohlbegründet; denn 1368 war es wegen Steuerfragen zu gefährlichen Spannungen unter den Bürgern gekommen, die der Rat nur durch drakonische Strafen hatte unterdrücken können (vgl. Westhoff S. 249 f.; danach, nicht ganz korrekt, v. Winterfeld S. 51).

Die Ziele der Gegner

Die Stadt hatte in der Fehde ihr Hauptziel erreicht, ihre Gegner nicht. Was waren aber deren Ziele eigentlich gewesen? So gut wir über den Verlauf des Krieges unterrichtet sind, so wenig wissen wir über das, was Kurköln und Mark eigentlich anstrebten. Unsere Quellen erwähnen nur die Forderungen und Klagepunkte, die in der Verhandlung am 24. Juni 1388 vorgebracht wurden: die Geldforderungen des Kölners und die Rechtsbeschwerden des Märkers. Es ging aber offenbar nicht nur um Geld, Sühnezahlungen und nebensächliche Grenzstreitigkeiten, nicht nur um eine finanzielle Erpressung der Stadt.

Einen ganz schwachen Hinweis darauf gibt uns das zufällig erhaltene Bruchstück einer offiziellen städtischen Aufzeichnung[40]. Es heißt dort nämlich, daß die Friedensverhandlungen am 1. Mai 1389 zu Brackel deswegen scheiterten, weil die Gegner „so viel von den Dortmundern hinsichtlich ihrer Freiheit und anderer Güter forderten"[41]. Die Kargheit dieser Notiz ist bemerkenswert; erklären können wir sie höchstens durch die allgemeine Kürze der Aufzeichnungen, soweit sie uns erhalten geblieben sind[42]. Aber auch die Chronisten Nederhoff und Westhoff wissen nichts über die eigentlichen Kriegsziele, und auch die Dokumente der Gegenseite — Fehdebriefe und Friedensverträge — bleiben in dieser Hinsicht stumm[43]. Man muß aus der zitierten Notiz schließen, daß die Dortmunder Stadtregierung im unklaren blieb über die wirklichen Absichten ihrer Feinde oder daß sie — auf ihren Sieg vertrauend und die zukünftige Gestaltung der Dinge bedenkend — ihrerseits den Mund hielt.

Um angesichts dieser Quellenlage zu einer begründeten Vermutung zu gelangen, ist es zunächst notwendig, sich noch einmal die Situation vor Augen zu stellen. Die ungewöhnlich lange Dauer der Belagerung mit der ganz unüblichen Fortsetzung des Kampfes im Winter 1388/89 zeugt von einem ebenso ungewöhnlichen Interesse der Belagerer, ihre Sache doch noch zu einem erfolgreichen Ende zu bringen, und das unter Inkaufnahme der weiteren Verwüstung märkischen Gebietes und des Einsatzes beträchtlicher Finanzmittel zur Bezahlung des Belagerungsheeres. Dies erscheint um so erstaunlicher, als dem Märker überhaupt nichts daran gelegen sein konnte, Dortmund in kurkölnischer Hand zu sehen, ihm vielmehr die Reichsfreiheit der Stadt — wenn sie schon nicht märkisch sein konnte — allemal als das kleinere Übel erscheinen mußte. Denn Dortmund hätte, da eine Pfandeinlösung durch den König praktisch ausgeschlossen war, für den Erzbischof einen neuen Brückenpfeiler zwischen den rheinischen und westfälischen Teilen des Erzstifts bedeutet, und von hier aus hätten die bedrohten bzw. faktisch schon an die Mark verlorenen alten Besitzungen (Bochum, Volmarstein, Hagen, Schwelm sowie die Reichshöfe Elmenhorst, Brackel und Westhofen) gesichert oder wiedererworben werden können.

Andererseits mußte ein Abhängigwerden Dortmunds von der Grafschaft Mark den Kölner Zielen strikt zuwiderlaufen, denn die Stadt und ihr Territorium bildeten ja neben der unbedeutenden Grafschaft Limburg den einzigen Fremdkörper in dem sonst erstaunlich geschlossenen märkischen Gebiet, dessen wirtschaftliches Zentrum sie ohnehin war. Hinzu kommt, daß wir mit erheblichen politischen Kompensationsansprüchen Engelberts rechnen dürfen. 1371 hatte das Erzstift die Grafschaft Arnsberg erworben und damit seinen Besitz im Sauerland und am

---

40 Wie Anm. 29.

41 Man wird diese Notiz als Forderung nach Anerkennung kölnischer Pfandherrschaft über Dortmund deuten können; es ist aber auch möglich — die Notiz spricht nämlich von Forderungen **beider** Herren, über die die städtischen Vertreter empört waren —, daß noch mehr verlangt wurde.

42 Vgl. Anm. 16.

43 Herr Dr. Norbert Andernach im Nordrhein-Westfälischen Hauptstaatsarchiv Düsseldorf, der die Regesten der Erzbischöfe von Köln für die Jahre 1381—1390 bearbeitet, hat mich freundlicherweise mit Schreiben vom 2. 11. 1981 informiert, daß die wenigen noch nicht veröffentlichten Schriftstücke, die von Beziehungen zwischen Erzbischof Friedrich und Graf Engelbert handeln, ebenfalls nichts für unsere Frage hergeben. Herr Andernach gibt im gleichen Schreiben zu erwägen, ob nicht etwa der Erzbischof den Märker in eine Koalition gelockt haben könnte, um seine Übernahme von Linn (s. unten) nicht durch die Hilfe Engelberts für seinen klevischen Bruder gefährden zu lassen. Führt man diesen Gedanken weiter, so muß man erst recht zu der im Text formulierten Auffassung kommen, daß von kölnischer Seite dem Märker Dortmund als Ergebnis der gemeinsamen Anstrengung versprochen worden sein muß, denn sonst hätte Engelbert ja noch selbst die Hand zum doppelten Kölner Triumph (Linn und Dortmund) über die märkischen Brüder gereicht. Politische Torheit wird man ihm kaum unterstellen können, so sehr er auch zahlreiche Züge eines adligen Raufbolds und unbesonnenen Draufgängers aufweist, wie man bei Weber (wie Anm. 1) überprüfen kann.

östlichen Hellweg, das Herzogtum Westfalen, höchst vorteilhaft abgerundet; dies war in erklärter Gegnerschaft zur Mark geschehen, und die Herrschaft Bilstein war seither zwischen Köln und Mark strittig[44]. Gleichzeitig war — im Jahre 1388 — der Erzbischof gerade dabei, aus der klevischen Erbschaft, die Engelberts Bruder angetreten hatte, das strategisch wichtige Land Linn (zwischen Neuss und Krefeld) auf rechtlich fragwürdige Weise für sich zu gewinnen[45]. Es ist weiter zu bedenken, daß zur Belagerung Dortmunds kein kölnischer Territorialbesitz zur Verfügung stand; sie mußte sich auf märkischem Boden abspielen. Das Bündnis mit dem Märker war also die einzige Möglichkeit für den Erzbischof, seine Rechte gegenüber den widerspenstigen Dortmundern durchzusetzen.

Der Erzbischof von Köln und der Graf von der Mark waren also ausgesprochene Konkurrenten beim Versuch, sich Dortmund zu unterwerfen. Um so mehr bedarf ihre sonderbare Koalition der Erklärung, auch wenn es sich dabei angesichts der Quellenlage nur um eine ungesicherte Hypothese handeln kann. Erzbischof Friedrich muß Graf Engelbert einen hohen Preis für das Bündnis und das Festhalten an ihm über so lange Zeit hinweg geboten haben, und zwar einen Preis, der vor dem Sieg nicht öffentlich bekanntwerden durfte. Dabei kann es sich wohl nicht nur um eine Verteilung der finanziellen Kriegsbeute gehandelt haben, weil eine bloß pekuniäre Beteiligung des Märkers, so sehr sie ihm auch zustatten kam, die politische und wirtschaftliche Bedeutung einer Kölner Pfandherrschaft über Dortmund nicht aufwiegen konnte[46].

Es drängt sich daher die Vermutung auf, daß eine geheime Vereinbarung zwischen den beiden Fürsten bestanden hat, die auf einen umfassenden Ausgleich der kurkölnischen und märkischen Interessen auf Kosten der Reichsstadt hinauslief. Nach Lage der Dinge konnte dieser Ausgleich nur in einer Auslieferung Dortmunds an die Mark geschehen, vielleicht in der Form einer gemeinsamen Ausübung der Pfandherrschaft durch Köln und Mark, eher jedoch in einer Weiterverleihung der Stadt durch den erzbischöflichen Pfandinhaber an den Märker. Zugleich wird man an einen endgültigen Verzicht des Erzbischofs auf die mit Mark strittigen Besitzungen zu denken haben, der 1392 — nach Engelberts Tod — gegenüber seinem Bruder Adolf von Kleve-Mark auch ausgesprochen wurde[47].

Die Reichsstadt Dortmund in märkischer Hand, wenn auch formal als durch Kurköln vermitteltes Reichslehen: ein solches Ziel würde die eigentümliche Koalition der beiden Konkurrenten erklären, zugleich auch die Hartnäckigkeit, mit der die Fehde betrieben wurde. Ein Sieg hätte für Kurköln einen dauerhaften Ausgleich mit dem märkischen Nachbarn herbeiführen können und wäre außerdem geeignet gewesen, diesen politisch an das Erzstift zu binden.

Die Folgen der Fehde

Trotz ihres Sieges waren die Folgen der Großen Fehde für die Stadt bitter. Sie hatte einen finanziellen Verlust erlitten, der nach heutigem Geld gewiß mehrere Millionen Mark bedeutete; ihr Handel war stark zurückgegangen, und die Schuldentilgung erforderte neue Steuern, welche die Bürgerschaft schwer belasteten. So trieb Dortmund auf einen finanziellen Bankrott zu, für den die Handwerkergilden die Unfähigkeit des patrizischen Rates verantwortlich machten: „Daerna gingen unse borger sementlichen op dat Raethues und koren enen nijen raet, und den moste de alde raet stedigen. Und die alde raet moste gaen baven op dat Raethues, und daer worden se afgenommen, und er een deel worden gesat in den kerker, een deel in toerne. Kortlicken se quemen alle up toerne, so twe tosamen und so twe tosamen, die nicht bisunder bevronden tosamen weren, und op toerne, daer se verne van wonden; und daroppe saten se lange tijt"[48].

44   Vgl. Weber (wie Anm. 1) S. 143—145.

45   Vgl. Picot (wie Anm. 4) S. 110—128.

46   Die bisherigen Untersuchungen der Fehde haben sie entweder als bloßes Erpressungsmanöver betrachtet oder das Problem der Motive, insbesondere für das Zusammengehen von Kurköln und Mark, angesichts der Quellenlage für unlösbar erklärt bzw. ganz ignoriert.

47   Hagen und Schwelm wurden in Form einer Verpfändung an Mark abgetreten; vgl. Lacomblet, Urkundenbuch für die Geschichte des Niederrheins, Bd. 3 (Neudruck Aalen 1960) Nr. 968 Anm. 3.

48   Chronik des Johann Kerkhörde von 1405—1465, hg. v. Joseph Hansen (wie Anm. 16) S. 43.

Abb. 15:   Anbetung der Könige. Ausschnitt aus dem Marienaltar des Conrad von Soest in der Marienkirche, um 1400

Die Gilden verlangten von den eingesperrten Ratsherren, sie sollten den Schaden bezahlen, den die Stadt durch ihre schlechte Verwaltung erlitten habe. Schließlich erklärten diese sich dazu bereit, so daß sie ihr Gefängnis verlassen durften. Man fand dann, nach langwierigen Verhandlungen, eine vorläufige Lösung der Finanzkrise: Alle Bürger, die der Stadt in der Notzeit Geld geliehen hatten, verzichteten auf die Rückzahlung. Auch einen politischen Preis mußten die Patrizier zahlen: die Gilden durften fortan 6 von den 18 Ratsmitgliedern stellen, wenn auch nur das unterste Ratsdrittel[49]. Bestehen blieben aber die Forderungen der auswärtigen Gläubiger, und an ihnen scheiterte der Versuch, die Finanzen der Stadt zu sanieren. Schließlich mußte sie die Zahlungen einstellen. Viele Dortmunder Fernkaufleute verloren Kredit und Ansehen in den Handelsorten der Hanse; zahlreiche von ihnen gaben sogar ihr Bürgerrecht auf, um nicht mit ihrem privaten Vermögen für die Schulden der Stadt haften zu müssen.

Erst die energische Hilfe Kaiser Sigismunds leitete ab 1417 eine Konsolidierung ein. Die Dortmunder Münzprägung wurde erneuert, der Stadtrat als oberstes Femegericht eingesetzt; diese und andere Maßnahmen leiteten eine neue Blütezeit ein[50].

„Nachblüte"?

Der finanzielle Zusammenbruch der Stadt war nicht nur eine Folge der Großen Fehde. Der städtische Haushalt war schon vorher in Unordnung gewesen; der Ankauf des Königshofes 1376 und die Vorbereitungen für den Kriegsfall in den folgenden Jahren hatten bereits nur durch Schuldenaufnahme finanziert werden können. Durch die Fehdekosten waren dann, auch durch ein beachtliches Durcheinander in der Buchführung, Einnahmen und Ausgaben in ein so außerordentliches Mißverhältnis geraten, daß der förmliche Bankrott nur eine Frage der Zeit war[51]. Karl Rübel hat 1892 die These aufgestellt, das 15. Jahrhundert stelle für Dortmund „einen stetigen wirtschaftlichen Niedergang dar, der schon in der Mitte des 14. Jahrhunderts in etwa beginnt, durch die finanziellen Wirren gegen Ausgang des 14. Jahrhunderts beschleunigt wird und von 1400 ab sich weiter auch dadurch vollzieht, daß nach dem ausgebrochenen Bankerott diejenigen Familien, die ihren Reichtum vor allem aus dem Handel mit dem Auslande und England beziehen, Dortmund verlassen"[52]. Wilhelm Janssen hat dementsprechend noch 1981 die Meinung vertreten, daß die Stadt dadurch, daß sie sich in der Fehde finanziell übernahm, ihren wirtschaftlichen Niedergang einleitete[53].

Dagegen hat schon Luise von Winterfeld dargetan, daß Dortmund im 2. Viertel des 15. Jahrhunderts begann, die Folgen des wirtschaftlichen Zusammenbruchs zu überwinden, daß seine Kaufleute weiter in London, Brügge und den Ostseeländern Handel trieben und in der Hanse wieder eine wichtige Rolle spielten. Den Erwerb der zweiten Hälfte der Grafschaft Dortmund 1504 verkraftete die Stadt binnen weniger Jahre, so daß sie bereits um 1515 völlig schuldenfrei war[54]. Die nachdrücklichsten Zeugnisse dafür, daß die finanziellen Folgen der Großen Fehde Dortmund nur vorübergehend schädigten, sind im übrigen bis heute erhalten. Es sind dies die Stadtkirchen und ihre Kunstschätze, die zum größten Teil aus dem 15. und frühen 16. Jahrhundert stammen. Die vier Pfarrkirchen St. Reinoldi, St. Marien, St. Petri und St. Nikolai, aber auch die drei Klosterkirchen der Franziskaner, Dominikaner und Prämonstratenserinnen wurden vollendet oder erweitert und mit herrlichen Kunstwerken geschmückt[55]. Die-

---

49   Diese Verfassungsänderung von 1400 blieb die letzte; sie galt bis zum Ende der reichsstädtischen Zeit 1803; vgl. Gustav Luntowski, Kleine Geschichte des Rates der Stadt Dortmund, Dortmund 1970.

50   Vgl. v. Winterfeld S. 92—95.

51   Vgl. Rübel, Finanzwesen (wie Anm. 1).

52   Ebd. S. 102. Vor Rübel hatte 1886 Mette (wie Anm. 1, S. 65) die These formuliert: „Der ... Aufschwung ... hatte keine nachhaltige Wirkung, die Stadt erscheint fast verarmt und wird immer unbedeutender ...", ohne sie jedoch zu begründen.

53   In: Köln-Westfalen 1180—1980, Münster 1981, Bd. 1, S. 62.

54   v. Winterfeld a. a. O., S. 103 ff. Auch Jütte (a. a. O., S. 202) ist der Auffassung, es sei „verfehlt, von einem Niedergang zu sprechen". Bedeutende Kunstdenkmäler aus dem 15. Jahrhundert lassen zumindest auf einen gewissen Wohlstand der Bürger schließen".

55   Ebd. S. 112 ff. Vgl. auch Karl Baedeker, Dortmund, Freiburg 1971 S. 18—21, Wilfried Hansmann, Kunstwanderungen in Westfalen, Stuttgart 1966 S. 256—262, sowie die Zusammenstellung einschlägiger Daten in: Dortmunder Chronik, bearb. v. Norbert Reimann, Hanneliese Palm und Hannelore Neufeld (Veröff. d. Stadtarchivs Dortmund, H. 6), Dortmund 1978 S. 32—35.

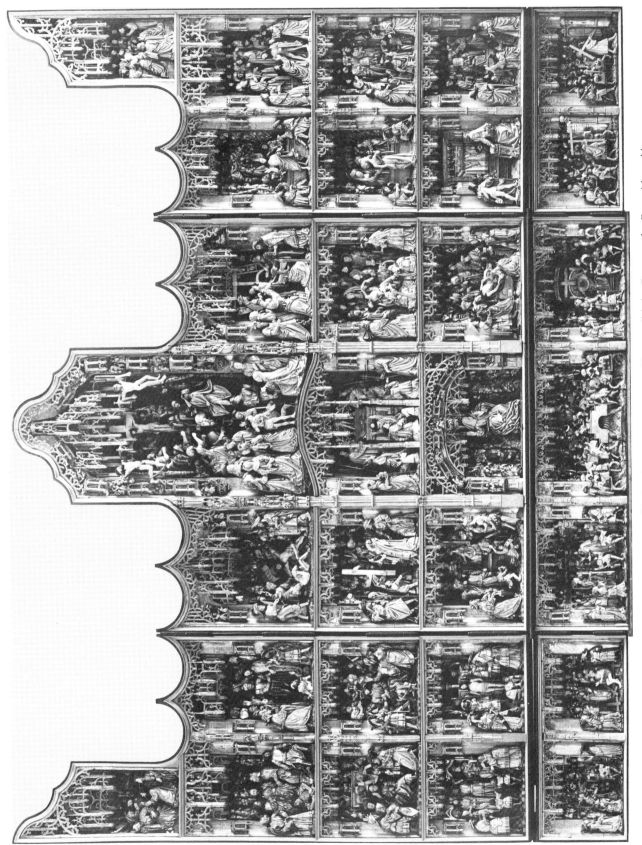

Abb. 16: Der Hochaltar der Petrikirche, Antwerpen um 1520. Ursprünglich im Dortmunder Fransziskanerkloster

se großartigen Leistungen der Spätgotik sind aber nicht nur Zeugnisse der Frömmigkeit und der künstlerischen Vollendung, sondern zugleich Dokumente bürgerlichen Wohlstandes; denn sie alle sind ja auf der Grundlage von Stiftungen und Spenden der Dortmunder Bürger geschaffen worden.

Luise von Winterfeld hat in ihrer Stadtgeschichte noch zahlreiche weitere Belege zusammengetragen, die uns Dortmund im 15. und 16. Jahrhundert als eine wohlhabende, ja reiche Stadt zeigen [56]. Indessen hat sie, offensichtlich im Banne einer im Ursprung romantischen Geschichtsauffassung, dieses Kapitel als ,,Kulturelle Nachblüte" bezeichnet und damit ein Bild verwendet, das mehr verdunkelt als erhellt.

Wir müssen uns daher freimachen von dem Eindruck, als sei die Große Fehde die Peripetie, der Höhe- und zugleich Wendepunkt der älteren Dortmunder Geschichte. Die Stadt überwand den militärisch-politischen Sieg und den daraus folgenden wirtschaftlichen Zusammenbruch ziemlich rasch; sie erlebte im 15. und 16. Jahrhundert eine zweite Blütezeit, der erst die Katastrophe des Dreißigjährigen Krieges ein Ende bereitete. Damit reiht sich Dortmund ein in den allgemeinen Ablauf der niederrheinisch-westfälischen Geschichte dieser Jahrhunderte [57].

---

56   v. Winterfeld a. a. O. S. 112—119.

57   Dieser Aufsatz wurde am 18. 2. 1982 im Historischen Verein für Dortmund und die Grafschaft Mark vorgetragen. In der anschließenden Diskussion stellte Manfred Rasch die hier formulierte These durch den Hinweis infrage, daß es Dortmund nicht gelungen sei, im Laufe des 16. und 17. Jahrhunderts seine mittelalterlichen Befestigungen den modernen kriegstechnischen Anforderungen anzupassen, so daß es vor der Belagerung durch Pappenheim 1632 nach kurzem Widerstand kapitulieren mußte. Die Nachrichten, die Robert von den Berken (Die Befestigungsanlagen im alten Dortmund, in: Beiträge 43, 1937 S. 173—183) zu diesem Problem zusammengestellt hat (S. 175 f.), zeigen allerdings, daß der Dortmunder Rat versuchte, durch Umbauten der Stadtbefestigung (Bau des Roten Turms anstelle der Hövelpforte 1537, Bau eines fünfeckigen Bollwerks vor dem Wißstraßentor 1605 u. a. m.) sowie durch Verstärkung der artilleristischen Verteidigungskraft der neuen Situation zu begegnen. Indessen bedarf die Geschichte Dortmunds im 15. — 18. Jahrhundert ohnehin einer umfassenden Neubearbeitung, in der die im Text vorgetragene These anhand umfassenderen Materials überprüft werden sollte. Dabei ist auch das Problem der allmählichen Veränderungen der Fernhandelsbedingungen und ihrer Auswirkungen auf Dortmund zu berücksichtigen, auf die Gustav Luntowski in der genannten Diskussion hinwies.

Gustav Luntowski

Dortmund und die Hanse

Man hat die Hanse „eine in der mittelalterlichen Geschichte ganz einzigartige Schöpfung" genannt[1] und wollte damit vor allem zum Ausdruck bringen, daß dieses Gebilde, das nahezu ein halbes Jahrtausend die dominierende Wirtschaftsmacht in der nördlichen Hälfte Europas war, sich in Wesen und Struktur weitgehend von den anderen Mächten der Zeit unterschied und als „wandelbarer Organismus"[2] einer eindeutigen Charakterisierung durch die Zeitgenossen wie noch durch die moderne Forschung entzogen hat bzw. entzieht. So ist auch die lange Zeit als verbindlich geltende Ansicht, daß die Hanse „ein Zusammenschluß von norddeutschen Kaufleuten" war, „der in der Mitte des 14. Jahrhunderts in eine Städtegemeinschaft umgewandelt wurde"[3], in dieser Form wieder in Zweifel gezogen worden, und die Frage, ob es sich bei der Hanse vorwiegend um einen kaufmännischen Interessenverband oder ein wirtschaftspolitisches Städtebündnis handelte, wurde erst jüngst erneut in den Vordergrund der hansegeschichtlichen Diskussion gestellt[4].

Wenn man sich mit dem Verhältnis einer Stadt wie Dortmund zur deutschen Hanse bzw. deren geschichtlicher Rolle innerhalb der Hanse befaßt, wird man daher füglich zwischen der Stadt als Korporation einerseits und den einzelnen Kaufleuten oder Kaufleutegruppen als Bürger dieser Stadt andererseits zu unterscheiden haben. Es wird sich zeigen, daß die eigentlich historisch bedeutsamen Unternehmungen aus der Initiative einer Reihe von hervorragenden Persönlichkeiten der Dortmunder Hansegeschichte hervorgegangen sind, ohne daß die Stadt als solche dabei in Erscheinung trat. Jedoch hat die Stadt Dortmund sehr wohl im Rahmen der niederrheinisch-westfälischen Städtelandschaft, die man als die „Keimzelle des hansischen Städtewesens" bezeichnet hat[5], als politische Gemeinde eine wichtige, zeitweise auch führende Stellung innegehabt.

Die ersten Dortmunder Bürger, die im Zusammenhang hansischer Handelsunternehmungen im Ausland namentlich erwähnt werden, Ermbrecht und Albrecht aus Dortmund[6], finden sich unter den deutschen Kaufleuten, die im Sommer des Jahres 1229 jenen Handelsvertrag mit den Fürsten von Smolensk, Polotzk und Witepsk abschlossen, der eine der wichtigsten Rechtsgrundlagen für den hansischen Rußlandhandel darstellt. Ihm waren freilich schon ältere Verträge vorausgegangen[7], und mit großer Wahrscheinlichkeit kann man schließen, daß schon vor jener ersten namentlichen Erwähnung Dortmunder Kaufleute im Handel mit Gotland und Rußland tätig gewesen sind. Es ist auch nicht von ungefähr, daß man den Dortmundern, zusammen mit Bürgern aus Soest und Münster, zuerst im europäischen Nordosten begegnet. Bekanntlich waren an der frühen Erschließung des Baltikums für den deutschen Handel in erster Linie die Westfalen beteiligt. Nach Nordosten war Westfalen das Grenzland des urbanisierten Westeuropa, und durch dieses Land gingen die großen Verkehrswege von den rheinischen Metropolen zu den Küsten von Nord- und vor allem zur Ostsee und in die Weiten des osteuropäischen Raumes. Unter diesen Fernstraßen war die wichtigste der Hellweg, und als erster westfälischer Ort hatte sich Dortmund bereits seit dem 10. Jahrhundert in diesen Verkehr eingeschaltet[8]. Von Dortmund und von Westfalen aus erging auch der größte Teil der Zuwanderer in die neu gegründeten Städte entlang der Ostsee, von Lübeck bis hinauf nach Reval, die seit Mitte des 12. Jahrhunderts nach und nach gegründet worden sind. Noch 1259 stammte ein Drittel der nach ihrer Herkunft identifizierbaren Lübecker Bürger aus dem heutigen Nordrhein-Westfalen[9], und ähnlich lagen die Verhältnisse in allen anderen Hansestädten des Ostseeraums[10].

1   Dollinger, Philippe: Die Hanse. Stuttgart, 2. Aufl. 1976, S. 9

2   Dollinger, ebd.

3   Dollinger, ebd.

4   Dollinger a. a. O., S. 488 f.

5   v. Brandt, Ahasver: Die Hanse und die nordischen Mächte im Mittelalter, in: Lübeck, Hanse, Nordeuropa (Gedächtnisschrift für Ahasver v. Brandt, hrsg. von Klaus Friedland u. Rolf Sprandel, Köln-Wien 1979), S. 13.

6   Hansisches Urkundenbuch (Hans. UB) Bd. I, hrsg. von K. Höhlbaum, Halle 1876, Nr. 232.

7   So beurkundet Fürst Jaroslaw Wladimirowitsch von Nowgorod im Frühjahr 1199 die Wiederherstellung des alten Friedens mit den Deutschen und Goten und setzt die Bedingungen des beiderseitigen Verkehrs fest (Hans UB I, 50).

8   Hömberg, Karl A.: Wirtschaftsgeschichte Westfalens, Münster 1968, S. 64, 72.

9   v. Brandt, Ahasver: Die gesellschaftliche Struktur des spätmittelalterlichen Lübeck, in: Untersuchungen zur gesellschaftlichen Struktur der mittelalterlichen Städte in Europa (Reichenau-Vorträge 1963—1964), Konstanz-Stuttgart 1966, S. 216.

10   v. Brandt, Ahasver: Die Hanse und die nordischen Mächte, S. 14.

Wir finden insonderheit die Dortmunder jahrhundertelang im Osten stark vertreten. Preußen und Livland galten noch im 15. Jahrhundert als „die alte Nahrung" der Dortmunder[11]. In den Artushöfen von Danzig und Thorn gab es die nach den Dortmunder Kaufleuten benannten Reinoldibänke[12], und aus der Gründungsgeschichte Memels (um 1250) ersieht man ferner, daß sich Dortmunder Kaufleute in Preußen eine Niederlassung nach Dortmunder Recht hatten schaffen wollen, wobei jedoch schließlich das Dortmunder Recht vor dem Lübecker zurückstehen mußte[13]. Auch in dem ältesten auswärtigen Hansekontor in Nowgorod spielten die Dortmunder eine bedeutsame Rolle. Nach der ersten bekannten Ordnung des Kontors von 1268 bzw. 1280 sind zwei der acht Oldermänner jeweils Dortmunder Bürger, und noch 1494, als das Kontor von Ivan III. überfallen und geschlossen wurde, sind von den 12 westfälischen Kaufleuten, die mit 36 anderen Kontorinsassen gefangen wurden und hernach ertranken, drei aus Dortmund selbst sowie drei weitere aus den kleinen Dortmunder Beistädten Schwerte, Breckerfeld und Unna. Allerdings macht gerade auch die Entwicklung der Verhältnisse des Nowgoroder Hansekontors deutlich, daß spätestens im 14. Jahrhundert der Einfluß der Dortmunder im Osthandel stark zurückgegangen war. Wie die Satzungen betreffend den Peterhof in Nowgeorod von 1361 und nachfolgend zeigen, hatten sich dort inzwischen neben denen von Lübeck und Visby die Kaufleute der baltischen Städte Riga, Dorpat und Reval endgültig in der Leitung durchgesetzt[15].

Im wesentlichen ist der Rückgang des Dortmundischen wie überhaupt des westfälischen Handels in der Ostsee auf das Aufblühen Lübecks wie der seit Beginn des 13. Jahrhunderts gegründeten anderen Ostseestädte zurückzuführen. Da diese Ostseehäfen eine sehr viel günstigere Ausgangslage als die westfälischen Binnenstädte für den Ostseehandel besaßen, traten die letzteren darin zunehmend zurück. Die Tatsache, daß in den Bürgerbüchern und Ratslisten von Lübeck, Wismar, Rostock, Stralsund, Stettin, Danzig, Königsberg usf. in so großer Zahl die Kaufleute aus Westfalen begegnen, besagt ja, daß sie damit „schon als Bürger der Ostseestädte entgegentreten und als solche für ihre westfälische Heimat verloren waren"[16]. Die unmittelbare Verbindung Westfalens zum Ostseeraum wurde jedenfalls merklich eingeengt.

So dürfte eine gewisse Zwangsläufigkeit darin liegen, daß sich seit etwa der zweiten Hälfte des 13. Jahrhunderts der Schwerpunkt des Handels Dortmunds und einiger im westlichen Westfalen gelegener Städte wie Münster nach Westeuropa, namentlich den Niederlanden und England verlagerte. Hier findet sich das älteste bekannte Handelsprivileg für Dortmund von 1248, als nämlich der deutsche König Wilhelm v. Holland den Dortmunder Kaufleuten gegen Abgabe von einem von hundert vom Werte ihrer Waren den Handelsverkehr in Holland und Seeland gestattete[17]. Sehr bald aber überwiegen die Dortmunder Beziehungen zu Flandern. Bereits in den 50er und 80er Jahren des 13. Jahrhunderts war Dortmund an den verschiedenen Verhandlungen beteiligt, die über die Rechte der deutschen Kaufleute in Flandern geführt wurden[18]. Im 14. Jahrhundert kam den Dortmundern in Flandern bereits eine führende Rolle zu. Als 1307 eine Erneuerung und Erweiterung der flandrischen Privilegien von Graf Robert von Flandern erwirkt wurde, waren der Dortmunder Bürger Johann v. Neuenhof und der einer Dortmunder Familie entstammende Lübecker Ratsherr Arnold Wasmode die Vertreter der deutschen Kaufleute[19]. Um

11   v. Winterfeld, Luise: Dortmunds Stellung in der Hanse, in: Pfingstblätter des Hansischen Geschichtsvereins, XXIII, 1932, S. 17.

12   v. Winterfeld, a. a. O., S. 61.

13   v. Winterfeld, Dortmunds Stellung in der Hanse, S. 15; Frensdorff, S. CXVII ff.

14   v. Winterfeld a. a. O., S. 17.

15   Frensdorff, Ferdinand: Das statuarische Recht der deutschen Kaufleute in Nowgorod, II. Abt., Göttingen 1887, S. 44 f.; v. Winterfeld, Dortmunds Stellung in der Hanse, S. 17 u. Anm. 26a.

16   Hömberg, Wirtschaftsgeschichte Westfalens, S. 73.

17   Frensdorff, S. CXX; Dortm. UB Ergbd., 139.

18   Frensdorff, S. CXX ff.

19   v. Winterfeld, Dortmunds Stellung in der Hanse, S. 24.

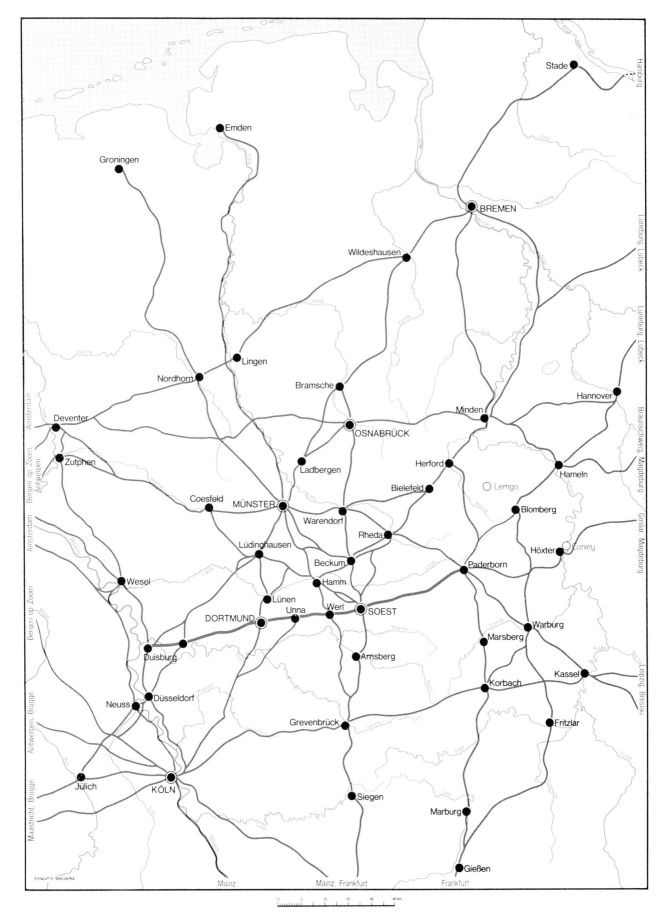

Abb. 17: Mittelalterliche Fernverkehrswege

1330 hatten Dortmunder Kaufleute in Antwerpen eine Genossenschaft gegründet, die eigene Gerichtshoheit besaß; die Dortmunder, allen voran Heinrich Sudermann, haben die damalige Erweiterung der Stadt Antwerpen benutzt, um dort ausgedehnten Grundbesitz zu erwerben[20].

Vor allem aber wird der Dortmunder Einfluß in der flandrischen Hanse durch die Tatsache beleuchtet, daß im Hansekontor zu Brügge nachweislich zwischen 1376 und 1405 fast ununterbrochen einer der beiden Oldermänner des preußisch-westfälischen Drittels aus Dortmund gestellt wurde[21]. Dieses Kontor, das sich seit seiner Erstprivilegierung im Jahre 1252 zum bedeutendsten auswärtigen Stützpunkt der Hanse entwickelt hatte, erhielt 1347 eine Ordnung, nach welcher die deutschen Kaufleute in ein lübisch-sächsiches, ein westfälisch-preußisches und ein gotländisch-livländisches Drittel augeteilt wurden, wobei die Eigenständigkeit der Drittel stark ausgeprägt war. Jedes wurde durch zwei jährlich gewählte Oldermänner geleitet, die ihrerseits wieder sechs Beisitzer ernannten, jedes besaß eine eigene Kasse und verhandelte selbständig mit den regionalen Gewalten[22]. Wiederholt setzte sich auch der Rat der Stadt Dortmund mit Danzig und den anderen preußischen Städten in Verbindung, um die Angelegenheiten ihrer Kaufleute in Flandern zu beraten[23], und auf seine Berichte über die Zustände in Flandern stützten sich beispielsweise die Beratungen des Lübecker Hansetags von 1386, von wo man auch die Vorschläge der Dortmunder Kaufleute über die dort zu treffenden Maßregeln einholte[24].

In enger und zunehmender Verbindung mit den Aktivitäten Dortmunder Kaufleute in Flandern standen ihre Unternehmungen in England, namentlich in London[25]. Dort, wo bereits seit Mitte des 12. Jahrhunderts eine Hanse Kölner Kaufleute bestand, zu der sich später Westfalen und „Osterlinge" gesellten, sind Dortmunder erst im letzten Drittel des 13. Jahrhunderts nachweisbar[26]. Allerdings befinden sich unter den sieben deutschen Kaufleuten, die 1282 deutscherseits einen Vertrag mit der Stadt London abschließen und sich verpflichten, auf ihre Kosten das dem späteren Stahlhofe benachbarte Bischofstor zu bauen, instandzuhalten und zu bewachen, mit Sicherheit gleich drei, möglicherweise vier Dortmunder[27]. Auch fernerhin sind die Dortmunder in großer Zahl unter den Persönlichkeiten anzutreffen, die die „Kaufleute der deutschen Hanse" sowohl mit den Autoritäten in England wie im Verkehr mit der Heimat vertreten[28], und Dortmund ist auch die einzige Stadt Westfalens, die bis 1473 das Gewohnheitsrecht hatte, den Oldermann in London zu stellen[29].

Von Anfang an finden wir die Dortmunder aber auch mit dem englischen Wollgeschäft befaßt. Die Wollausfuhr war in ihrer wirtschaftlichen Bedeutung für das Königreich England bis in die zweite Hälfte des 14. Jahrhunderts unbedingt vorrangig; die englische Wolle beherrschte damals so ziemlich den gesamten nordeuropäischen Markt. So hat seinerseits die Schafzucht in England außerordentliche Dimensionen angenommen; im Jahre 1297 schätzte das englische Parlament den Wert der jährlichen Wollproduktion auf die Hälfte sämtlicher Einkünfte aus Grundbesitz[30]. Seit dem 11. Jahrhundert wurde die Wolle zum weitaus größten Teil nach Flandern, dem damali-

20   v. Winterfeld a. a. O., S. 25.

21   Frensdorff, S. XXII Anm. 3.

22   Dollinger a. a. O., S. 139.

23   Frensdorff, S. CXXI Anm. 9.

24   Die Hanserecesse und andere Akten der Hansetage (HR), I. Abt. 1256—1430, hrsg. von K. Koppmann, Bd. 2, Leipzig 1872, S. 314 f.

25   Zum Thema Dortmunder in England zur hansischen Zeit siehe insbesondere Hansen, Joseph: Der englische Staatskredit unter König Eduard III. (1327—1377) und die hansischen Kaufleute. Zugleich ein Beitrag zur Geschichte des kirchlichen Zinsverbotes und der rheinischen Geldgeschäfte im Mittelalter. Hans. Gesch. Bll. Bd. XVI/1910, 2. Heft; Rübel Bd. I, Kap. VII; v. Winterfeld, Luise: Tideman Lemberg. Ein Dortmunder Kaufmannsleben aus dem 14. Jahrhundert, Hans. Volkshefte Nr. 10 (1925); Luntowski, Gustav: Dortmunder Kaufleute in England im 13. und 14. Jahrhundert, Beitr. 70, S. 80 ff.; Peters, Inge-Maren: Hansekaufleute als Gläubiger der englischen Krone (1294—1350), Quellen und Darst. zur hans. Gesch. NF Bd. XXIV, Köln-Wien 1978.

26   v. Winterfeld: Dortmunds Stellung in der Hanse, S. 18 ff. u. 73 ff.; Luntowski, a. a. O., S. 91 ff.; Frensdorff, a. a. O., S. CXXVII, vermutet als Herkunftsort des bereits 1265 in England verstorbenen Merbode de Tremonia indessen Soest.

27   Luntowski, a. a. O., S. 100; vgl. auch Fensdorff, S. CXXVIII.

28   Frensdorff, S. CXVIII f.

29   v. Winterfeld, Dortmunds Stellung in der Hanse, S. 20.

30   Hansen a. a. O., S. 327.

gen Zentrum der europäischen Tuchindustrie, ausgeführt; dort wurde das englische Produkt zu den anerkannt besten Tuchen der Epoche verarbeitet, um dann von dem schnell zum Weltmarkt heranreifenden Stapelplatz Brügge nach allen Himmelsrichtungen, z. T. wieder nach England zurück, verfrachtet zu werden. Bis zur Mitte des 13. Jahrhunderts lag der Hauptteil der englischen Wollausfuhr nach Flandern noch in den Händen flandrischer Kaufleute. Danach drangen immer mehr italienische bzw. norditalienische Kaufleute in diesen Markt[32], bis sich schließlich in der ersten Hälfte des 14. Jahrhunderts der Anteil der deutschen Hansekaufleute mehr und mehr verstärkte. Und hier waren es zunehmend die Dortmunder, die sich an diesem Geschäft beteiligten.

Der Anteil der Dortmunder an der Wollausfuhr des englischen Reichs betrug um 1277/78 insgesamt nur 520 Sack pro Jahr (der Sack zu 166 kg). Das ist noch nicht ganz ein Drittel der von den Deutschen in der gleichen Zeit exportierten Wollmenge, die sich damals auf 1655 Sack belief[33]. Der Gesamtumfang der Wollausfuhr aus England betrug für das Jahr 1273 32.743 Sack[34]; das bedeutet, daß damals der Dortmundische Anteil am englischen Wollhandel noch wenig mehr als 1,5% ausmachte. Wie sehr sich dieses Verhältnis in der Folge zugungsten der Dortmunder verschob, zeigt eine Durchschnittsrechnung für die Zeit von Michaelis 1338 bis Michaelis 1342. In diesen vier Jahren führten die Dortmunder und die mit ihnen kooperierenden Kaufleute nach den vorliegenden Wollausfuhrlizenzen der englischen Behörden zusammen 13.206 Sack Wolle aus England aus[35]. Das war fast der gesamte deutsche Anteil am englischen Wollexport[36]. Zu dieser Zeit betrug die jährliche Wollausfuhr aus England insgesamt 22.307 Sack, also nahezu die gleiche Menge, die für das Jahr 1273 ermittelt ist[37]. Somit waren die Dortmunder und Konsorten mit nunmehr gut 10% an der englischen Wollausfuhr beteiligt.

Über den englischen Wollhandel gelangten aber die Dortmunder Kaufleute auch in zunehmendem Umfang in das englische Geld- und Kreditgeschäft. Darin waren ihnen in großem Stil bereits die Italiener, d. h. die zu dieser Zeit bedeutendsten Handels- und Bankhäuser aus der Toscana, aus Siena, Lucca und Florenz, vorangegangen, die als erste einen geregelten internationalen Zahlungsverkehr entwickelt hatten[38]. Fast der ganze englische Staatskredit wurde in jener Epoche durch die Wollexporte fundiert. Aus der englischen Wollausfuhr ließ sich aufgrund der Zölle, mit denen die Krone seit jeher die Ausfuhr dieses vielbegehrten Artikels in fiskalischem Interesse belastete, ein regelmäßiges Anleihgeschäft entwickeln, wobei den kapitalkräftigen Lombarden als Sicherheit ihre Anweisung auf die Zolleinkünfte dienten. Gegen ein Darlehen gewährte der König den italienischen Gläubigern einen entsprechenden Nachlaß an den Zollabgaben für solche Wolle, die die Gläubiger selbst auszuführen beabsichtigten. Diese kauften also mit ihrem Darlehen Ausfuhrlizenzen, durch deren Benutzung ihr Darlehen amortisiert wurde. Für größere Anleihen aber wurde bald ein anderes Verfahren gewählt, das unabhängig von der eigenen Ausfuhr des Gläubigers war. Der König wies entweder seine Zolleinnehmer in den verschiedenen Exporthäfen an, den Gläubigern aus den laufenden Einnahmen der Zölle ihre Darlehen zurückzuzahlen, oder aber er übertrug den Gläubigern die Mitverwaltung der Zölle in einem Hafen, in mehreren Häfen oder aber in allen Häfen des Landes so lange, bis deren Guthaben durch die sukzessiven Zolleinnahmen gedeckt waren.

---

31 Hansen a. a. O., S. 328.

32 Power, E.: The Wool Trade in English Medieval History, Oxford 1941, repr. London 1955, S. 54 f.; vgl. auch Hansen a. a. O., S. 342 f.

33 Kunze, Karl: Hanseakten aus England 1275 bis 1412, Halle a. S. 1981 (Hans. Geschichtsquellen Bd. 6), Nr. 366.

34 Schaube, A.: Die Wollausfuhr Englands vom Jahre 1273. Viertelj. Schr. f. Sozial- u. Wirtschaftsgesch., Bd. VI, 1908, S. 39 ff.

35 Luntowski a. a. O., S. 91.

36 Die von Peters a. a. O., S. 121 u. 308, vertretene Meinung, daß die Dortmunder vorwiegend als Wolleinkäufer in fremdem Auftrag handelten, läßt sich in dieser Form sicherlich nicht aufrecht erhalten. Über die Revals siehe im übrigen unten S. 140 und ebenso bei Peters, S. 234. Vgl. ferner Anm. 39.

37 Gray, H. L.: The Production and Exportation of English Wollens in the Fourteen Century. English Historical Review, London 1924, S. 15.

38 Hierzu u. im Folg. vgl. Hansen a. a. O., S. 338 ff.

So wurden Wollausfuhr und Staatskreditierung zum Koppelgeschäft, ein Verfahren, daß die Dortmunder und andere westfälische Hansekaufleute nach dem italienischen Vorbild übernahmen[39]: Entsprechend ihren Anteilen am englischen Wollexport entwickelten sich die Darlehnszahlungen der Dortmunder zunächst recht zögerlich. In den ersten drei Jahrzehnten des 14. Jahrhunderts finden sich in den englischen Registern nur kleinere Summen verzeichnet, die von den hansischen Kaufleuten der englischen Krone vorgestreckt wurden. Erst in den 30er Jahren kam es dazu, daß sie nun auch vier- bis fünfstellige Summen ausliehen und damit erstmals die Kategorien erreichten, in denen sich die englisch-italienischen Geldgeschäfte abspielten[40]. Die Dortmunder und mit ihnen verbundenen Kaufleute nutzten damit offenbar die Lage, die sich aus dem außerordentlich steigendem Geldbedarf der englischen Krone nach dem Ausbruch des Hundertjährigen Krieges Englands mit Frankreich zwangsweise ergeben hatten. Ihren großen Ansprüchen waren zeitweilig auch die Italiener nicht gewachsen. 1345 kam es zum Bankrott der italienischen Hauptgläubiger Eduards von England, nämlich der Florentiner Firmen Bardi und Peruzzi. In dieser Situation, als der englische Staatskredit auf das bedenklichste angespannt war, kam nun die Stunde der Dortmunder.

Deren politisches Interesse bei dem Kampf der beiden großen westeuropäischen Reiche konnte nur auf seiten der englischen Krone liegen. Die Behinderung des englisch-flanderischen Wollhandels durch die französische Politik, insbesondere die Einführung von Schutzzöllen in Flandern, trieb die deutschen Kaufleute wie die Bürger der flandrischen Städte selbst auf die Seite Eduards[41]. Die zwischen diesem und den Deutschen damals bestehende Interessengemeinschaft kam nicht zuletzt auch in einem starken persönlichen Engagement der Dortmunder für die englische Sache zum Ausdruck. So hat Konrad Klepping im Juni 1340 insgeheim die Meldung von der Ankunft der französischen Flotte in Swyn bei Brügge eigenhändig nach England gebracht, worauf die englischen Schiffe sofort in See stachen und in der entscheidenden Seeschlacht bei Sluys am 24. Juni unter dem Oberbefehl des Königs die völlig überraschten Franzosen vernichtend schlugen[42].

Aber auch andere Dienste, die eine besonders delikate Behandlung erforderten, haben die Dortmunder Eduard III. erwiesen[43]. In den Jahren 1340 und 1341 waren mehrmals die nächsten Vertrauten Eduards unter den Fürsten in seinem Gefolge, darunter sein Schwager, der Herzog von Geldern, in den Niederlanden als persönliche Bürgen für die Rückzahlung von Darlehen zurückbehalten worden, welche der König in den Städten von Brabant und Flandern aufgenommen hatte. Bei der Auslösung dieser Schuldgeiseln haben die Dortmunder wiederholt mitgewirkt. War der Monarch damals über die Langsamkeit, mit der trotz der bedrängten Lage die Erträge von Steuern und Zöllen eingingen, so erzürnt, daß er seine höchsten Finanzbeamten kurzerhand ins Gefängnis werfen ließ, so bedankte er sich andererseits schriftlich bei Konrad Klepping, daß er ihm oft und bereitwillig ohne Zögern und Umschweife geholfen hatte.[44]

---

39 Peters, a. a. O., S. 8, betont vor allem die enge Verknüpfung von deutschem Wollexport und Darlehensgewährung an die englische Krone. Indem die Deutschen den Zoll für die aus England zu exportierende Wolle mittels eines Darlehens auf dem Kontinent vorauszahlten bzw. auch dort die Wolle selbst bezahlten, profitierten sie so von einem kostenlosen und relativ problemlosen Geldtransfer. Daß nicht die Wollexporteure selber die „direkten" Geldgeber gewesen seien, sondern deren Handelsgenossen, die sich auf dem Kontinent mit dem Wollabsatz befaßt haben (Peters a. a. O., S. 308), kann man allerdings nicht dahin deuten, daß die ersteren an der Finanzierung nicht oder nur unwesentlich beteiligt gewesen wären. Im übrigen können die von P. vorgenommenen Zuweisungen zu den einzelnen Gläubigergruppen nicht immer überzeugen. Sicher ist, daß die Hansen gruppenweise operiert haben, und zwar „in schnell wechselnden Vergesellschaftungen" (v. Stromer, W.: Der innovatorische Rückstand hansischer Wirtschaft, in: Festschrift Herbert Hellbig, 1976, S. 210; vgl. auch Peters a. a. O., S. 234), wobei sich die Kreise der Beteiligten öfters überschneiden und im einzelnen nicht immer abzugrenzen sind. Zum Teil waren sie miteinander verwandt und vertraten sich gegenseitig jeweils in England und Flandern / Brabant, was schon die Abwicklung der von ihnen getätigten Geschäfte erforderlich machte, aber ebenso waren sie in enger Verbindung mit ihren Partnern in den verschiedenen Heimatstädten und sonstigen Orten ihrer meist breit gefächerten Handelsbeziehungen. Es führt daher kaum weiter, wenn man grundsätzlich unterscheidet zwischen Kaufleuten, die sich vorwiegend in England und solchen, die sich in Flandern aufhielten (Peters a. a. O., S. 152). Vgl. auch die Besprechung von Dieter Berg in: Beitr. 72, 1980, S. 185 ff.

40 Vgl. Hansen a. a. O., S. 354; dazu: Luntowski a. a. O., S. 116 ff.

41 Über die Beteiligung der Dortmunder am Zustandekommen einer kontinentalen Allianz gegen Frankreich siehe Peters a. a. O., S. 124 f.

42 Dazu auch Luntowski a. a. O., S. 94, 127.

43 Hansen a. a. O., S. 382.

44 Luntowski a. a. O., S. 138; vgl. auch Hans UB II, S. 296 Anm. 1.

Das jedenfalls aus heutiger Sicht interessanteste Finanzunternehmen, an dem die Dortmunder Kaufleute im Dienst des englischen Königs maßgeblich mitgewirkt haben, bestand indessen darin, daß sie ihm das kostbarste Stück des englischen Kronschatzes, seine eigene Königskrone wieder zurückverschafft haben und damit selbst für ein knappes Jahr in den Pfandbesitz dieses Symbols der englischen Königsmacht gelangten. Eduard III. hatte sie wie auch die übrigen Kleinodien seines Kronschatzes möglicherweise schon in der Absicht aus England auf das Festland mitgebracht, sie nötigenfalls als Pfand zu benutzen. Am 27. Februar 1339 nun hatte Eduard seinem Bundesgenossen, dem Erzbischof Balduin von Trier, die Krone für 50.000 Gulden verpfänden müssen[45]. Vertragsgemäß sollte sie bereits um die Mitte des gleichen Jahres wieder eingelöst werden. Verhandlungen zur Wiedererlangung der Krone führten nicht zum Ziel; die Pfandsumme, die sich zwischenzeitlich durch Abschlagszahlungen vermindert hatte, war im Mai 1343 wieder auf 45.000 Gulden aufgelaufen. Die Krone befand sich immer noch in Trier, und es bestand Gefahr, daß sie verkauft wurde, da der Erzbischof mittlerweile eine politische Schwenkung von der englischen auf die französische Seite vollzogen hatte[46]. Da traten die Hansen für den König ein. Für die noch ausstehenden 45.000 Gulden übernahmen sie die Auslösung der Krone aus dem Besitz des Erzbischofs und haben sie dann ihrerseits zum Frühjahr 1344 in Verwahrung gehabt[47]. An welchem Ort ist unbekannt; in den Quellen heißt es lediglich „auf dem Festland"[48]. Nach der endgültigen Verständigung über die Rückzahlung der Pfandsumme übergab der Dortmunder Konrad Klepping im April 1344 die Krone dem Mayor des englischen Stapels in Brügge, Thomas von Melcheburn, der sie mit allen Vorsichtsmaßregeln dem Schatzmeister des Königs nach London zurückschickte[49].

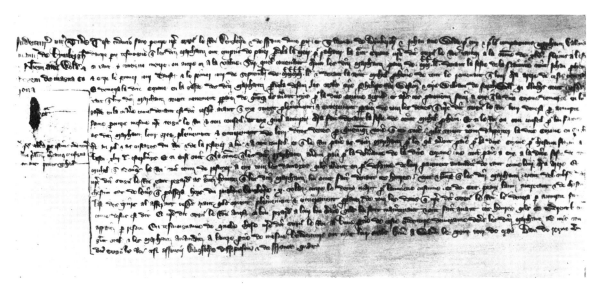

Abb. 18:   Vertrag zwischen König Eduard III. von England und den deutschen Kaufleuten Tidemann Lemberg,
Johann vom Walde und Genossen vom 23. Mai 1343 über die Auslösung der Großen Krone

Jene Krone übrigens, die damals durch die Hände der Dortmunder Kaufleute ging, war die sogenannte „große" oder auch „heilige" Krone, die auf König Eduard den Heiligen (1042—1066) zurückgeführt wurde. Neben ihr werden in der Mitte des 14. Jahrhunderts noch eine zweite, dritte und vierte Krone des englischen Königs aufgezählt. Sie sind sämtlich nicht mehr vorhanden, wie überhaupt von den Königsinsignien Englands aus der Zeit vor

---

45   Hansen a. a. O., S. 383.

46   Hansen a. a. O., S. 383 f.

47   Luntowski a. a. O., S. 151 f., 155 f. u. 158 f.

48   Luntowski a. a. O., S. 156.

49   Hansen a. a. O., S. 385 und Luntowski a. a. O., S. 97. In Westminster wieder ausgehändigt jedoch hat sie Tidemann Lemberg, und zwar vermutlich erst 1345 (Peters. S. 216).

Cromwell kaum etwas erhalten geblieben ist. Wie aus älteren Beschreibungen hervorgeht, war die Krone des heiligen Eduard eine mit Edelsteinen reich verzierte Lilienkrone gewesen; ihre Karfunkelsteine sollen einen Glanz ausgestrahlt haben, der die dunklen Schatten der Nacht zu zerstreuen imstande war[50].

Daneben war es nicht nur bei der Verpfändung der großen englischen Krone geblieben. Eduard III. hatte, ebenfalls noch im Jahre 1339, auch die Krone seiner Gemahlin, die sog. zweite Krone, sowie noch andere Kleinodien verpfändet, und zwar an Kölner Bürger. Auch die Auslösung dieser Preziosen verschleppte sich, bis wieder jene von Dortmundern geführte Kaufleutegruppe, die auch die große Krone ausgelöst hatte, dieselben im Dezember 1344 für 4.400 Gulden einlöste und sich darauf mit dem König über die Rückzahlung der genannten Summe verständigte. So erhielt Eduard fast gleichzeitig mit seiner großen Krone auch diese Kleinodien wieder zurück.

Rein rechnerisch fiel der finanzielle Einsatz zur Auslösung der englischen Kronjuwelen allerdings durchaus nicht aus dem Rahmen der sonstigen Finanzgeschäfte des dortmundisch-hansischen Handelskonsortiums mit dem englischen Monarchen. In den Jahren 1340—1344, der Zeit seines stärksten Engagements im englischen Kreditwesen, belief sich der Gesamtbetrag seiner Darlehen an den König auf ungefähr das sieben- bis achtfache dessen, was es als Pfandsumme für die genannten Kleinodien vorgestreckt hatte. Ausweislich der englischen Registereintragungen waren es alles in allem 47.842 £ (1£ hatte den Wert von etwa 6 1/2 Goldgulden)[52]. Der Betrag zur Auslösung der großen Krone wie auch der anderen Juwelen ist hier mit eingerechnet. Seit 1340 war das Konsortium bereits im Pfandbesitz sämtlicher Wollzölle des englischen Königreichs. Gemäß dem Vertrag vom 23. Mai 1344 sollte die Pfandsumme für die Krone zwar gesondert in zwei Raten bis spätestens Michaelis gleichen Jahres zurückgezahlt werden, aber der König ging auch hier den bequemeren Weg, indem die Pfandsumme für die Krone einfach dem Gesamtbetrag aller Schulden an das Konsortium zugeschlagen und die Frist der Verpfändung der Wollzölle entsprechend verlängert wurde[53].

Insgesamt haben die Dortmunder und mit ihnen verbundenen Hansekaufleute von der Thronbesteigung Eduards III. im Jahre 1327 bis 1345, dem Zeitpunkt der endgültigen Abwicklung der Kreditgeschäfte um die große Krone und die anderen Kronjuwelen, soweit sich das aus den vorliegenden Quellen erfassen läßt, etwa eine halbe Million Goldgulden dem englischen Fiskus vorgeschossen[54]. Gewiß haben damit die Dortmunder durchaus nicht die gesamten englischen Staatsfinanzen, auch zeitweilig nicht, in ihrer Hand gehabt, ebenso wenig wie sie mit ihrem Anteil am Wollmarkt diesen zu beherrschen vermocht hätten. Gewiß haben sie auch nicht die Bedeutung der italienischen Bankhäuser im englischen Geldgeschäft erreicht. So sollen die beiden Firmen Bardi und Peruzzi im Zeitpunkt ihres Konkurses 1345 bei Eduard III. ein Guthaben von insgesamt 210.000£ gehabt haben, das sind 1.365.000 Goldgulden[55]. Aber wenn man bedenkt, daß die Gesamthöhe der zu Beginn des Hundertjährigen Krieges aufgelegten inneren Anleihen im Königreich England auch nicht mehr als 200.000£ betrug[56], daß andererseits das ganze Königreich Frankreich den ihm im Frieden von Brétigny 1360 auferlegten Tribut, der mit 3 Millionen Gulden beziffert wird, nicht aufbringen konnte, weswegen der gefangene französische König Johann im englischen Gewahrsam sterben mußte, dann gewinnt die Beteiligung der Dortmunder an der Finanzierung des englischen Königtums in der ersten Phase des Hundertjährigen Krieges durchaus eine gewisse Bedeutung. Offenbar haben hier die Dortmunder und ihre deutschen Partner eine beträchtliche Finanzierungslücke decken können, die auch die sonst so ausgedehnten Möglichkeiten des englischen Reiches selbst und der bewährte Kredit der italienischen Firmen nicht zu schließen vermochten, was ja auch das in eben dieser Zeit erfolgte Falissement der beiden

50   Hansen a. a. O., S. 383.

51   Hansen a. a. O., S. 385 ff.; Luntowski a. a. O., S. 157 f.

52   Luntowski a. a. O., S. 93.

53   Hierzu im einzelnen Peters a. a. O., S. 214 ff.

54   Luntowski, S. 92.

55   ebd.

56   Nach E. Bond: Extract from the Liberate Rolls, relative to the loans supplied by Italien merchants to the Kings of England in the 13. and 14. centuries. Archaeolgia or miscellaneous traets relating to antiquity XXVIII, London 1840, S. 255.

bislang wichtigsten ausländischen Geldgeber Eduards, nämlich der Bardi und Peruzzi, unterstreichen dürfte. Nicht zuletzt macht aber auch gerade die Verpfändung der großen Krone die momentane Dringlichkeit der deutschen Hilfe deutlich.

Der Gipfel des dortmundischen Einflusses im englischen Finanzgeschäft bedeutete aber auch schon das Ende desselben. Nach 1345 nimmt die Beteiligung der Dortmunder am englischen Staatskredit ebenso schnell wieder ab, wie sie erst eine verhältnismäßig kurze Zeitspanne zuvor in Erscheinung getreten war. Mit Geldgeschäften größeren Umfangs findet man hernach noch einen einzigen Dortmunder, nämlich Tidemann Lemberg, befaßt[57], der jetzt entweder allein oder gemeinsam mit englischen Kaufleuten begegnet. In die Hand der letzteren ging auch immer mehr der gesamte englische Geldverkehr über. Ebenso wurde im Wollgeschäft die Tätigkeit der Dortmunder wie der Deutschen überhaupt immer geringer. Nach der Jahrhundertmitte nahm die Bedeutung des englischen Wollexports zugunsten der wachsenden einheimischen Tuchindustrie ohnehin ab. In den Export englischer Tuche aber sind die Dortmunder von vornherein nicht in nennenswertem Umfang eingestiegen[58]. Überhaupt sank auch die Bedeutung der Dortmunder im Rahmen des hansischen Englandhandels im Laufe des 15. Jahrhunderts zusehends. Bei der (Neu-)Ordnung des Londoner Kontors 1437 tritt Dortmund neben Lübeck, Hamburg, Köln und Danzig gar nicht mehr in Erscheinung[59].

So läßt sich feststellen, daß die Blütezeit des hansischen Fernhandels der Dortmunder Kaufleute eindeutig im 14. Jahrhundert, vor allem in der ersten Hälfte desselben liegt. Am spärlichsten waren sie offenbar im skandinavischen Raum vertreten, wenngleich Beziehungen besonders nach Schonen zu Anfang des 14. Jahrhunderts nachweisbar sind[60] und von einem Kupferhandel der Sudermann in Norwegen und Schweden berichtet wird[61]. Im Hansekontor zu Bergen haben sie indessen kaum eine Rolle gespielt[62]. Die anfänglich beachtlichen Aktivitäten der Dortmunder auf den nordosteuropäischen Märkten sind, wie erwähnt, seit Ausgang des 13. Jahrhunderts durch Lübeck und zunehmend die baltischen Städte selbst eingeengt worden. Damit verlagerte sich der Schwerpunkt ihrer Unternehmungen um so mehr auf den England-Flandern-Handel. Daß sich hier ihre Spuren so gut verfolgen lassen und ihr Wirken so stark in den Vordergrund tritt, liegt sicherlich auch an der Gunst der Überlieferung, die wir vornehmlich den englischen Quellen verdanken. Doch ändert dies nichts an der Tatsache, daß hier zeitweilig hansische Politik weitgehend durch Dortmunder bestimmt wurde[63]; hier im Westen Europas haben sie, wie man wohl ohne Übertretung sagen kann, kurzfristig europäische Bedeutung erlangt und in den Ablauf der großen Geschichte eingegriffen. Dabei ist allerdings festzuhalten, daß nicht die Stadt Dortmund als solche, sondern einzelne bzw. in Gruppen auftretende Dortmunder Bürger als die Akteure auf der Bühne des historischen Geschehens in Erscheinung getreten sind.

Insgesamt lassen sich zwischen 1271 und 1408 216 Personen aus 68 verschiedenen Familien in England feststellen, die mit ziemlicher Sicherheit Dortmunder Herkunft sind[64]. Das ist eine erstaunlich große Zahl in Anbetracht der Tatsache, daß die Stadt Dortmund selbst damals höchstens 10.000 Bewohner zählte, wahrscheinlich weniger. Manche Dortmunder wie z. B. Hildebrand Sudermann und Tidemann Lemberg haben fast die Hälfte ihres Lebens in England zugebracht, andere, wie etwa Christian Kelmere und Johann Swarte, sind vollends Bürger in London

---

57 Vgl. dazu die Kapitel „Tideman Lemberg (1346—47)" sowie „Das Ende der Geldgeschäfte in England" bei Peters a. a. O., S. 241 ff. bzw. 274 ff.

58 Daß gegen 1487 bzw. 1488 der englische Tuchstapel wegen der Belagerung Brügges für einige Zeit nach Dortmund verlegt worden sein soll, wie der Chronist Dietr. Westhoff behauptet (Westhoff, S. 351), ist äußerst unwahrscheinlich und auch nirgendwo anders belegt (vgl. v. Winterfeld, Die Dortmunder Wanderschneidergesellschaft, Beitr. 29/30, 1922, S. 10).

59 v. Winterfeld, Dortmunds Stellung in der Hanse, S. 22.

60 v. Winterfeld a. a. O., S. 32.

61 v. Winterfeld, Geschichte der freien Reichs- und Hansestadt Dortmund, Dortmund [7]1981, S. 61.

62 v. Winterfeld, Dortmunds Stellung in der Hanse, S. 32 f.

63 Zu den Ausführungen von Peters a. a. O., S. 308, sei vor allem auf v. Winterfeld, Dortmunds Stellung in der Hanse, S. 21, verwiesen; siehe auch oben Anm. 39.

64 Luntowski a. a. O., S. 90.

geworden, haben das englische Indigenat, Haus und Hof und sonstiges Grundeigentum in England erworben und sich dort verheiratet und Familien gegründet[65]. Von wirklichem handelspolitischen Einfluß im hansischen England-Flandern-Handel ist aber nur eine begrenzte, überschaubare Zahl von etwa 20 bis 30 Personen gewesen, die vielfach auch verwandtschaftlich zusammenhingen[66]. Das gilt sowohl für den Wollexport wie für die Kreditgeschäfte mit der englischen Krone. In den 30er und 40er Jahren des 14. Jahrhunderts standen im wesentlichen zwei Gruppen im Vordergrund des Geschehens. Das sind zunächst die Sudermann und ihre Genossen, die Brake, Berswordt und Wale, die dann jedoch um etwa 1340 von einem Konsortium von 13 Kaufleuten in der vorherrschenden Stellung unter den Hansen in England abgelöst werden[67]. Im einzelnen waren es Konrad und Johann Klepping, Heinrich Muddepenning, Tidemann Lemberg und Wessel vom Berge aus Dortmund, die Bürger Johann und Tirus vom Walde sowie Siegfried Spissenagel aus Wipperfürth, Konrad von Affeln und Hertwin von der Beke aus Attendorn sowie drei Brüder der Köln-Dortmunder Familie von Reval, Alwin, Heinrich und Konrad der Jüngere. Diese Dreizehn waren es auch, die jene spektakulären Geschäfte um die Auslösung der großen englischen Krone getätigt hatten.

Der Dortmunder Hansehistorikerin Luise v. Winterfeld sind mehrere höchst interessante biographisch-genealogische Skizzen von Dortmunder Hansekaufleuten und ihren Familien zu verdanken[68], deren Namen auch heute noch zumeist bekannt sind, erinnern doch in Dortmund und anderen Städten verschiedentlich Straßennamen an sie. Da sind zuerst die Sudermann zu nennen, die zu den einflußreichsten und am weitest verzweigten Familien unter den Kaufleuten der deutschen Hanse überhaupt zählen. Man findet sie seit etwa 1230 ständig im Rate der Stadt Dortmund. Noch im 13. Jahrhundert begegnen sie in Thorn, Danzig, Riga, Krakau wie auch Köln und namentlich in den flandrischen Städten, wo in Antwerpen die Sudermannstraße nach dem Kaufmann Heinrich Sudermann benannt ist. Wie erwähnt, hatte dieser Heinrich zu Beginn des 14. Jahrhunderts in Antwerpen beträchtliches Grundvermögen erworben, das er nach und nach in wohltätige Stiftungen verwandelte, als sich die Entwicklung Antwerpens zu einem Hauptumschlagplatz im England-Flandern-Handel und die Verlegung des englischen Wollstapels von Brügge dorthin damals nur von vorübergehender Dauer erwies. Unter den sieben Sudermann, die sich zwischen 1307 und 1408 in England nachweisen lassen, tat sich vor allem Hildebrand hervor, der an der Spitze jenes älteren Handelskonsortiums stand, das in den 1330er Jahren im englischen Woll- und Kreditgeschäft führend war, und der auch als erster Dortmunder mit den Florentiner Bankhäusern in geschäftliche Verbindung trat. Sein Bruder Dr. Heinrich Sudermann begegnet verschiedentlich am päpstlichen Hof zu Avignon.

Kaum geringere Bedeutung erlangte die Familie Klepping. Sie begegnet kurz nach 1200 zuerst in Köln, seit 1271 findet sich ein Zweig der Klepping in Lübeck, erst 1311 treten sie in Dortmund entgegen, jedoch bereits außerordentlich zahlreich und auch sogleich im Rate vertreten. Allein in England sind im 14. Jahrhundert 17 Mitglieder der Familie nachweisbar. Konrad Klepping, einer der Führer des Konsortiums der Dreizehn, wurde ein besonderer Günstling Eduards III.

Die interessanteste und vielleicht auch abenteuerlichste Gestalt unter den Dortmunder Hansekaufleuten war zweifellos Tidemann Lemberg. Sein gleichnamiger Vater, der 1296 aus dem Orte Lemberg (Lücklemberg) nach Dortmund gegangen und dort in die Schustergilde eingetreten war, ist möglicherweise jener Tidemann Lemberg, der neben anderen Dortmunder und Kölner Kaufleuten 1277 einen Posten Wolle aus England ausführte[69]. Er selbst, um 1310 geboren, ist von 1339 bis 1362 (zuletzt mit größeren Unterbrechungen) in England nachweisbar und übernahm bald nach 1340 neben Konrad Klepping die Führung des genannten Dortmundisch-westfälischen

65   v. Winterfeld a. a. O., S. 18 f.; vgl. Luntowski a. a. O., S. 175.

66   Peters a. a. O., insbesondere S. 4, S. 120 ff.; vgl. auch oben Anm. 39.

67   v. Winterfeld, Tideman Lemberg, S. 20 ff. Nach Peters a. a. O., S. 177, schieden die Sudermann 1339 ,,zwar als direkte Gläubiger des englischen Königs aus", blieben jedoch ,,durch ihre finanziellen Beziehungen zu dem Herzog von Geldern weiterhin als Kreditgeber zugunsten der englischen Krone aktiv".

68   Siehe vor allem v. Winterfeld, Tideman Lemberg, ferner dies., Geschichte, S. 63 ff.

69   Luntowski a. a. O., S. 100.

13er-Konsortiums[70]. Er ist der einzige, von dem man weiß, daß er in England Grundbesitz in großem Ausmaß erwarb, unter anderem acht große Landgüter mit Schlössern, Dörfern, Märkten, Kirchen usf., die er aber nur sechs Jahre lang hatte halten können. Seit 1355 lebte er vorwiegend in Köln, wo er 1386 im Augustinerkloster beigesetzt wurde, dem er reiche Schenkungen hinterlassen hatte[71].

Aus der Gruppe der führenden Hansekaufleute ragte indes Lemberg in verschiedener Hinsicht heraus. Von offensichtlich großer kaufmännischer Begabung[72], blieb er letztlich doch ein Einzelgänger. Mit Dortmund und den dort tonangebenden Familien hatte er sich bald verfeindet, auch waren weder er selbst noch Verwandte von ihm im Dortmunder Rat vertreten, überhaupt verfügte er nicht wie die meisten seiner Genossen über verzweigte familiäre Beziehungen[73].

Wie die erwähnten Sudermann und Klepping sind auch Brake, Isplingerrode, Coesfeld, Lange, Reval, Schonewedder, Swarte, Crispin u. a. meist gleichzeitig in Dortmund, Köln, Lübeck, wie in England und den Niederlanden und mehr oder weniger im ganzen hansischen Wirtschaftsraum vertreten[74]. Sie gehörten zu einer nicht sehr zahlreichen hansischen Fern- und Großhändlerschaft aus Nordwestdeutschland von nicht nur stammesmäßiger, sondern bis ins sippenmäßige gehender Identität[75]. Und sie fanden ihre genossenschaftliche Organisation nicht nur in den Niederlassungen und Handelsgesellschaften im Ausland, sondern ebenso auch in den Ratsgremien der Heimatstädte.

Insofern hat immer eine enge interessenmäßige wie auch persönliche und familiäre Verbindung zwischen Hansestädten und auswärtigen Kontoren und kleineren Niederlassungen bestanden. Allerdings hat sich das Schwergewicht der handels- und wirtschaftspolitischen Initiativen im Laufe der hansischen Geschichte zunehmend auf die Städte verlagert. Das hatte vielerlei Gründe, vor allem war es doch wohl eine Folge der politischen Entwicklung im Reich wie im nördlichen Europa. Äußerlich kommt diese Entwicklung insbesondere durch die Einberufung des ersten allgemeinen Hansetages 1356 zum Ausdruck, der durch die Ratssendeboten der einzelnen Städte beschickt wurde, ferner durch die Bestimmung des Hansetags von 1366, daß nur Bürger von Hansestädten Aufnahme in die Kontore finden dürften. Die Städte nennen sich 1349 erstmals ,,stede von der dudeschen hense", wofür sich mit der Wende zum 15. Jahrhundert die Bezeichnung ,,hensestede" durchsetzt. Was heute landläufig die Hanse genannt wird, ist also erst seit etwa 1400 vorhanden[76].

Als eigentliche Keimzellen der ,,Städtehanse" wird man wohl die regionalen Städtebünde anzusehen haben, die seit dem 13. Jahrhundert auch in Norddeutschland entstanden. Hier sind der sächsische Städtebund zu nennen, einer der größten und wichtigsten unter den Bünden norddeutscher Städte, oder die immer nur kurzfristig unterbrochenen Bundeseinigungen der wendisch-pommerschen Städte, der Kerngruppe der Hansestädte um Lübeck. In Westfalen schlossen sich zuerst 1246 in Ladbergen die Bischofsstädte Münster, Osnabrück und Minden zu einem Städtebund zusammen; auf Dauer hatte aber vor allem der Werner Bund von 1253 Bedeutung erhalten, dem Dortmund, Soest, Münster und Lippstadt angehörten. Anstelle von Lippstadt trat bald Osnabrück, und in dieser Zusammensetzung hatte der Werner Bund — seinerzeit auf der Lippebrücke zu Werne besiegelt — mit wenigen Unterbrechungen bis zum Ausgang des 16. Jahrhunderts Bestand.

70 Dazu auch Peters (wie Anm. 57).

71 Hansen, Staatskredit, S. 403 ff.; v. Winterfeld a. a. O., S. 45 ff. Peters a. a. O., S. 298, datiert seinen Weggang aus England auf Sommer 1354.

72 Beardwood, Alice: Alien Merchants in England 1350—1377. Their legal and economic position, Cambrigde/Mass. 1931, S. 17, charakterisiert Lemberg als einen besonders fähigen unter den ausländischen Kaufleuten in England, die als Finanziers der englischen Krone eingesprungen waren, als die Italiener in den 40er Jahren des 14. Jhs. als Bankiers ausfielen.

73 Auch in Köln ist Lemberg der Aufstieg in das dortige Patriziat nicht geglückt. Vgl. dazu Peters a. a. O., S. 299 Anm. 126.

74 v. Winterfeld, Dortmunds Stellung in der Hanse, S. 20 f.

75 v. Brandt (wie Anm. 9), S. 216, 231.

76 v. Brandt, A.: Die Hanse als mittelalterliche Wirtschaftsorganisation, in: Die Deutsche Hanse als Mittler zwischen Ost und West (Wiss. Abhandl. der Arbeitsgemeinschaft für Forschung des Landes NW, Bd. 27, 1963), S. 24 ff.

Der ausgesprochene Bündniszweck war die Sicherung von Handel und Verkehr vor allem gegen Übergriffe von (Landes-)Herren und Rittern[77]. Man sah eine gemeinsame Kriegserklärung, Kriegsführung und Friedensschluß der Mitglieder vor, stellte Wehrmatrikeln auf[78] und regelte auf den Bundestagungen u. a. auch gemeinsame Fragen des Münzfußes und Geldverkehrs[79]. Die genannten vier Städte sind nun gleichzeitig auch die Hauptorte der Hanse in Westfalen geworden, streng genommen kann man sie (bis 1430) als die einzigen Hansestädte Westfalens bezeichnen, da nur sie aus Westfalen zu den Hansetagungen eingeladen und in den Verzeichnissen der Hansetagsbeschlüsse als Hansestädte aufgeführt wurden. Erst mit dem Hansetag von 1430 traten dann acht westfälische Städte als Vollmitglieder der Hanse auf, außer den älteren vier Städten noch Minden, Paderborn, Herford und Lemgo.

Seit dem 15. Jahrhundert führte die Entwicklung indessen dazu, daß eine Hansezugehörigkeit im weiteren Sinne nicht auf die Vollmitglieder beschränkt blieb, sondern sich um letztere eine Anzahl von kleineren Städten gruppierte, sog. Beistädte, deren Interessen die großen Städte, die ,,Haupt-" oder ,,Prinzipalstädte", auf den Hansetagen mit vertraten. Dafür erhielten sie von diesen Beiträge zu den Besendungskosten der Tagfahrten sowie zu den Umlagen für die Bündniszwecke der Hanse. Auch hielten die Prinzipalstädte eigene Tagungen mit ihren unterhörigen Städten ab, und so kam es zu sogenannten Quartiersbildungen mit wechselnden Zugehörigkeiten. Dortmund unterstanden, zumindest zeitweilig, die Städte Hamm, Unna, Kamen, Schwerte, Iserlohn, Bochum, Lünen, Lüdenscheid, Breckerfeld, Essen, Dorsten und Recklinghausen[80]. Besonders in Westfalen hat sich nie der Grundsatz wirklich durchgesetzt, daß nur die Bürger von Hansestädten Aufnahme in die Hanse finden durften, so daß 1554 Dortmund seine Grafschaft als hansisch bezeichnen konnte, obwohl es dort nur Dörfer gab[81], und 1603 nur der Handel der Bauern als unhansisch bezeichnet wurde[82]. Dies scheint allerdings nicht erst für die Spätzeit der Hanse charakteristisch gewesen zu sein, sondern man kann gewiß davon ausgehen, daß die Hauptstädte grundsätzlich den ,,gemeinen Kaufmann" ihres Bereichs mitvertraten, in ihre ausländischen Genossenschaften aufnahmen und ihn an den hansischen Privilegien teilnehmen ließen[82a].

Es ist wohl als sicher anzunehmen, daß die Entstehung von Vorortschaften und Quartieren in engerem Zusammenhang mit der Ausbildung der Stadtrechtskreise erfolgte.[83]. Solche Stadtrechtsfamilien begründeten sich großenteils durch die Übertragung der Stadtrechte bestimmter Mutterstädte auf jüngere Stadtgründungen, wobei sich erstere zu Oberhöfen, Konsultationsinstanzen und Appellationsgerichten für ihre Töchterstädte entwickelten, die bei ihnen ,,zu Haupte" gingen. Bekannt geworden sind insbesondere etwa die stadtrechtlichen Rechtszüge nach Magdeburg, Halle, Lübeck, Soest u. a.

Nicht immer deckten sich allerdings Stadtrechtskreise und Oberhofgebiete[84]. So schoben sich im Laufe des späteren Mittelalters zwischen die alten Mutterstädte und ihre Tochterstädte zunehmend Mittelhöfe, Städte, die meist als Hauptorte entstehender Landesherrschaften zentralörtliche Bedeutung erlangten und sich nun in die älteren bestehenden Rechtszüge einschalteten. Osnabrück, Lippstadt und Lemgo sind hierfür Beispiele.

---

77   Hans UB I, 460.

78   Westfälisches Urkundenbuch, Bd. VII, Münster 1908, Nr. 1360; Hans. UB I, 680.

79   v. Winterfeld, L.: Das westfälische Hansequartier, in: Der Raum Westfalen, Bd. II. 1, Münster 1955, S. 281.

80   v. Winterfeld a. a. O., S. 297.

81   Laubinger, Heinrich: Die rechtliche Gestaltung der Deutschen Hanse, Diss. Heidelberg 1930, S. 34; v. Winterfeld a. a. O., S. 47.

82   v. Winterfeld a. a. O., S. 335.

82a Vgl. dazu Friedland, Klaus: Kaufleute und Städte als Glieder der Hanse, Hans. Geschichtsbl. 76, 1958, S. 21 ff.

83   v. Winterfeld a. a. O., S. 281 u. 306.

84   v. Winterfeld: Die stadtrechtlichen Verflechtungen in Westfalen, in: Der Raum Westfalen II, 1, Münster 1955, S. 231; dies., Westf. Hansequartier, S. 278.

Abb. 19: Werner Städtebündnis, abgeschlossen zwischen den Städten Münster, Dortmund, Soest und Lippstadt am 17. Juli 1253

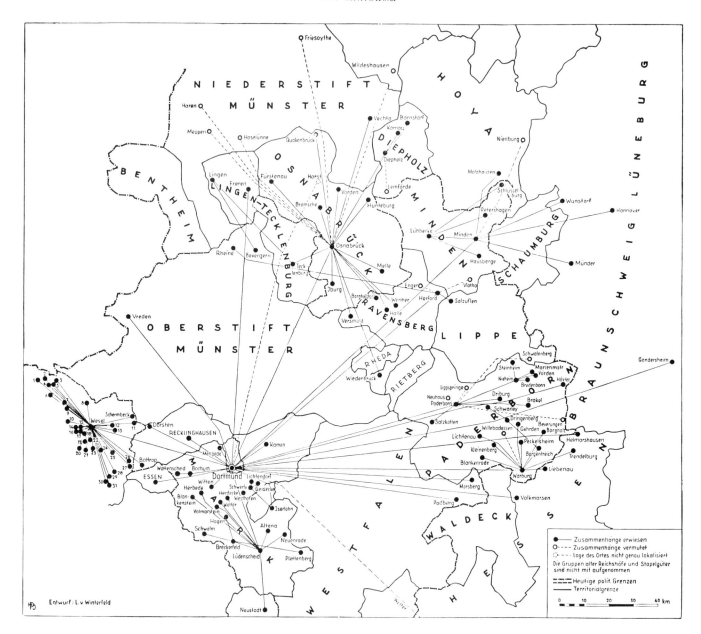

Abb. 20:   Der Oberhof Dortmund. Verbreitung seines Rechts und seiner Rechtszüge

In Westfalen nahm Dortmund als einziger Reichsoberhof eine Sonderstellung ein. Die Wurzeln seiner Oberhof-
stellung gehen noch auf das königliche Pfalzgericht zurück[85], und seine Rechtsverflechtungen waren dort am dichtesten, wo reichsrechtliche Beziehungen und Überlieferungen bestanden[86]. So umfaßte der Dortmunder Ober-

---

84a   Die Namen der in der Karte mit Nummern bezeichneten Orte: 1 Dornick, 2 Zulen, 3 Millingen, 4 Bienen, 5 Androp, 6 Esserden,
7 Rhenen, 8 Hamminkeln, 9 Mehr, 10 Bislich, 11 Gahlen, 12 Drevenack, 13 Hünxe, 14 Werrich, 15 Perrich, 16 Ginderich, 17 Gest, 18 Bü-
derich, 19 Dornick, 20 Borth, 21 Wallach, 22 Spellen, 23 Götterswick, 24 Eppinghofen, 25 Hiesfeld, 26 Sterkrade, 27 Osterfeld, 28 Ham-
born, 29 Beeck, 30 Freiheit Ruhrort, 31 Meiderich

85   v. Winterfeld: Stadtrechtliche Verflechtungen, S. 193. v. Winterfeld, ebd. S. 199, unterscheidet „Bewidmungsoberhöfe", die sich
durch Weiterverleihung eines Mutterstadtrechts gebildet haben, von „reichsrechtlichen Oberhöfen". Letztere beruhen nicht auf Stadtrechts-
übertragungen, sondern auf der Verwaltung von Reichsgutbezirken und auf dem Reichslandfrieden. Dies bestätigt i. w. auch die Arbeit von
Müller, Hans: Oberhof und neuzeitlicher Territorialstaat. Dargestellt am Beispiel der drei rheinischen geistlichen Kurfürstentümer (Untersuchungen zur deutschen Staats- und Rechtsgeschichte NF 20, 1978).

86   Für Dortmund kann man daraus auch umgekehrt schließen, daß es Zentrum des Reichsgutes in ganz Westfalen bis zur Weser gewesen
war.

hofverband, der verzweigteste in Westfalen, unter anderem alle Bischofsstädte und alle reichsunmittelbaren Abteien, wie auch diejenigen dynastischen Städte, die unter Zustimmung des Reichs privilegiert worden waren[87]. Nur Münster, dessen Stadtrecht im übrigen auch Dortmunder Einflüsse aufweist[88], hat für den Bereich des münsterschen Stiftsgebiets einen eigenen Stadtrechtskreis entwickelt[89].

Es spricht vieles dafür, daß Dortmunds Vorrangstellung unter den westfälischen Hansestädten, die mit der Wende zum 14. Jahrhundert deutlich hervortritt, zu einem großen Teil auf seine Stellung als Reichsoberhof zurückzuführen ist. Das alte Stadtrecht war in seinen wesentlichen Teilen Kaufmannsrecht, es waren die ,,jura mercatorum'' oder ,,leges fori'', die Dortmund auch auf die Kaufleute aus den zu seinem Oberhofverband gehörenden Städte ausdehnte, wie etwa das Privileg vollständiger Zollfreiheit an allen Zollstätten des deutschen Reiches[90]. So vertritt Dortmund 1309 die Interessen des ,,westfälischen Kaufmanns'' gegenüber Lübeck und erscheint seit 1306 in hansischen Angelegenheiten ,,wie eine westfälische Zentrale'', wie wenn es (1320) der Stadt Soest bescheinigt, daß es schon von alters her zur Hanse gehöre[91]. Noch in der 1418 beschlossenen Sitzordnung der Hansetage nahm Dortmund den ranghöchsten Platz unter den westfälischen Städten ein, den zweiten zur linken Hand von Lübeck, unmittelbar nach Hamburg[92]. Erst 1494 tritt Dortmund offenkundig hinter Münster zurück, das jetzt als Vertreter aller westfälischen Städte gegenüber Lübeck, dem Haupt der Hanse, gilt und das alleinige Recht hat, innerhalb Westfalens Bescheinigungen über die Zugehörigkeit zur Hanse auszustellen[93].

Es ist dagegen mit Sicherheit zu weitgehend, wenn man Dortmund darüber hinaus für das 14. Jahrhundert die Vorortschaft in einem westfälisch-preußischen Gesamtdrittel der Hansestädte zuschreibt, wie das vielfach geschehen ist[94]. Man ist nämlich davon ausgegangen, daß die schon oben erwähnte Kontorordnung zu Brügge, die durch den Brügger Rezeß von 1356 durch eine Gesandtschaft aus Ratsvertretern der auf dem Hansetag zu Lübeck versammelten Städte bestätigt wurde[95], eine Einteilung aufzeigt, die die der Hansestädte selbst entsprochen hätte[96]. Und diese Ordnung kannte, wie bereits gesagt, neben einem lübischen und einem gotischen eben ein preusisch-westfälisches Drittel.

Hinsichtlich der Frage, wie es überhaupt zur Entstehung des westfälisch-preußischen Drittels als Hansegenossenschaft zu Brügge gekommen ist (in den anderen Hansekontoren gibt es sie in dieser Zusammensetzung dagegen nicht), ist man über Vermutungen nicht hinaus gekommen[97]. Bevor es in den ältesten bekannten Statuten des Brügger Kontors von 1347 entgegentritt, existiert lediglich ein eindeutiger Beweis für das dortige Zusammengehen von Preußen und Westfalen, indem im Jahre 1340 Graf Wilhelm von Holland ,,den gemeinen Kaufleuten von Preußen und Westfalen'' ein gemeinsames Handels- und Geleitprivileg erteilte[98]. Andererseits gibt es seit den 80er Jahren des 13. Jahrhunderts Belege dafür, daß westfälische Städte wie Münster und Dortmund ihren in Flandern sich aufhaltenden Bürgern Befehle erteilen und sich über Angelegenheiten des dortigen Handels mit ihren

---

87   Müller a. a. O., S. 47.

88   v. Winterfeld, Stadtrechtliche Verflechtungen, S. 192 u. 218.

89   v. Winterfeld a. a. O., S. 219 ff.

90   v. Winterfeld, Westf. Hansequartier, S. 281.

91   v. Winterfeld a. a. O., S. 289 u. Anm. 169.

92   v. Winterfeld a. a. O., S. 287.

93   v. Winterfeld a. a. O., S. 299.

94   So auch Dollinger, Die Hanse, S. 129 u. 139; vgl. dazu Luntowski, G.: Dortmund, Köln und die Frage der Vorortschaft in der Hanse, Hans. Geschichtbl. 100, 1982 (im Druck).

95   HR I 1, 200.

96   Dollinger a. a. O., S. 129.

97   Wink, Hans: Untersuchungen zur Entstehungsgeschichte des westfälisch-preußischen Drittels der deutschen Genossenschaft zu Brügge, Zeitschr. f. vaterl. Gesch. u. Alterskde. 84, Münster 1927, S. 1 ff. v. Winterfeld, Dortmunds Stellung in der Hanse, S. 27 ff., bietet einige Erklärungen an, aber eben auch keine schlüssige Lösung der Frage.

98   Hans. UB II, S. 287 ff.

(westfälischen) Nachbarstädten beraten[99]. Daß sich Städte Westfalens und Preußens über Angelegenheiten des gemeinen Kaufmanns in Flandern ins Benehmen setzen, findet man indessen erst seit 1377[100]. Noch zu Beginn des 15. Jahrhunderts hatte sich dann wieder der Kontakt der preußischen und westfälischen Hansestädte gelockert[101].

Für das Bestehen eines westfälisch-preußischen Drittels im Sinne einer Teilorganisation der Gesamthanse findet sich kein einziger Anhaltspunkt. Ein wie auch immer gearteter bundesmäßiger Zusammenschluß der westfälischen und der preußischen Hansestädte wäre auch aus geographischen Gründen kaum realisierbar gewesen.

Die Herausbildung jener großen Hansedrittel als gesamthansischer Organisationsformen ist dagegen erst eine Entwicklung des 15. Jahrhunderts. Deren Grundlage waren die sogenannten Tohopesaten, die ,,zur Abwehr offensichtlicher gewaltsamer Überfälle abgeschlossen" wurden, ,,damit die Städte sich gegenseitig Trost, Hilfe und Beistand in besonderen Notfällen erweisen möchten"[102]. Zu diesem Zweck hat man die vereinigten Hansestädte in Drittel geteilt, aus denen dann in den 50er Jahren des 16. Jahrhunderts die vier Gesamtquartiere wurden (schon 1447 gab es erstmals eine Einteilung in Viertel). Es waren politisch-militärische Bünde zum Schutze der territorialen Selbständigkeit der Hansestädte[103]. Sie entsprachen also insofern, wenn auch im großen gesamthansischen Rahmen, ganz ähnlichen Zielsetzungen wie die älteren regionalen Städtebünde des 13. und 14. Jahrhunderts, von denen der Ladberger und der Werner Bund als erste Zusammenschlüsse westfälischer Städte bereits genannt wurden.

Die Führungsstadt des westlichsten dieser Hansedrittel bzw. -viertel, dem neben den niederrheinischen auch die westfälischen Städte zugerechnet wurden, war seit seiner Bildung 1450 Köln, die weitaus größte und bedeutendste Hansestadt im gesamten westhansischen Bereich.

Das 15. Jahrhundert zeigt indessen die Bedeutung Dortmunds und der anderen westfälischen Binnenstädte gegenüber Köln wie den großen Seestädten bereits im deutlichen Sinken. War schon seit etwa der zweiten Hälfte des 13. Jahrhunderts der westfälische Handel im Baltikum infolge des Entstehens und Aufsteigens der Ostseestädte allmählich zurückgegangen, so verstärkte sich diese Tendenz im 14. Jahrhundert mit der Entwicklung der Seeschifffahrt zwischen Nord- und Ostsee. Diese bemächtigte sich immer mehr des Warenverkehrs zwischen dem Nordosten und dem Westen Europas, insonderheit des Warentransports von Getreide und Holz aus den Ostseeländern in die menschenreichen und waldlosen Gebiete Englands und Flanderns. Damit traten die Landwege von Frankreich und von Flandern zu den Ostseeküsten, von denen die wichtigsten, wie der Hellweg, quer durch Westfalen führten, immer mehr zurück. ,,Westfalen lag seit dem 15. Jahrhundert nicht mehr in dem großen Verkehrsstrom des mittelalterlichen Handels"[104].

Auch der im ganzen 14. Jahrhundert noch blühende Handel Dortmunds wie einiger anderer westfälischer Städte in England und Flandern mit den dortigen Exportgütern wurde durch die zunehmend erfolgreiche Konkurrenz der Engländer und Niederländer stark beeinträchtigt. Britisches Unternehmertum, das sich unter anderem in der berühmten Genossenschaft der ,,merchant adventurers" zusammenschloß und die sich den Deutschen zunehmend überlegen zeigende holländische Seeschiffahrt, die einen Großteil des gesamten Handels zwischen Nordwesteuropa und dem Baltikum an sich zu reißen begann, drängten die Hanse allenthalben zurück; die kleinen Binnenstädte jedoch wurden vom Fernhandel allmählich ganz abgeschnürt.

99 HR I, 1, S. 10 ff.

100 Frensdorff, S. CXXI Anm. 9; v. Winterfeld, Westf. Hansequartier, S. 287.

101 Salomon, Almuth: Die Beziehung zwischen Köln und Westfalen im Rahmen der Hanse, in: Köln-Westfalen 1180—1980, Bd. I, Münster 1980, S. 218 ff.

102 Vgl. Bode, Wilhelm: Hansische Bundesbestrebungen in der ersten Hälfte des 15. Jahrhunderts, Hans. Gesch. Bll. 45, 1919, S. 177.

103 Dollinger, Die Hanse, S. 144.

104 Hömberg, Wirtschaftsgeschichte Westfalens, S. 84.

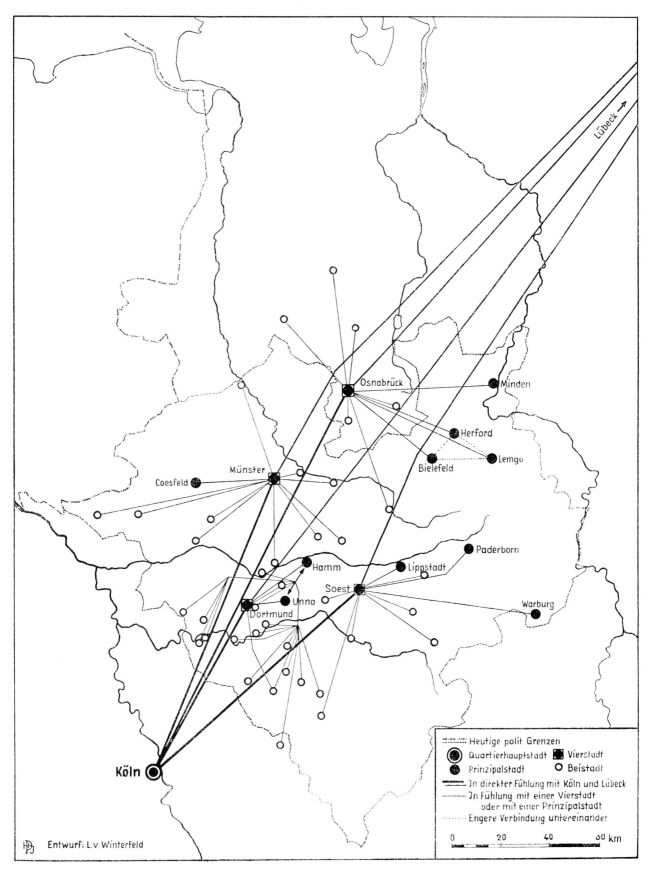

Abb. 21: Westfalen im Bundesentwurf der Hanse von 1554

Und trotzdem hielten diese bis in die späteste Zeit der Hanse noch zäh an dieser fest. Im Gegenteil: Die Zahl der westfälischen Hansestädte erhöhte sich im 16. Jahrhundert erheblich. Seit 1554 hatten sich allein die westfälischen „Prinzipalstädte" auf 14 vermehrt; als solche galten jetzt auch Minden, Bielefeld, Warburg, Coesfeld, Hamm und Unna. Damals entstanden die umfangreichsten Listen der westfälischen Hansestädte. Mit Beistädten und zugewandten Orten wurden teilweise an die hundert hansische Städte in Westfalen gezählt, so daß der Eindruck entstehen konnte, daß in Westfalen nahezu jede Stadt Mitglied der Hanse gewesen sei[105]. Allerdings bleibt es zweifelhaft, ob man außerhalb Westfalens, insbesondere in Lübeck, die kleinen Orte als Mitgliedsstädte anerkannte. Praktisch hatte das so gut wie keine Bedeutung mehr; „denn es kam kaum noch vor, daß sich ein Händler aus diesen kleineren Städten an die Ostsee verirrte"[106]. Dennoch bezeichneten sich noch 1694 (!) Städte wie Attendorn, Olpe, Drolshagen und der Flecken Endorf als mit „Hanserecht" bewidmet[107], ein Zeichen dafür, daß Hanse nunmehr zum leeren Begriff und schmückenden Beiwort geworden war.

Das Anwachsen der selbständigen Hansestädte hatte für Dortmund zunächst zur Folge, daß sein Einfluß auf andere westfälische Städte, der sich im Umfang seines Hansequartiers ausdrückte, ständig abnahm. Zuletzt zählten nur noch Essen, Dorsten und Recklinghausen als seine Beistädte[108]. Noch 1580 beklagt es sich, daß die Mehrzahl der kleineren Städte von ihm abgefallen sei[109]. Offenkundig zielte das auf die märkischen Städte, besonders die des märkischen Sauerlandes, auf deren Eisenerzeugnisse der Dortmunder Markt angewiesen war. Der Handel mit den Produkten (Draht, Ringe, Nägel u. a.) dieses wichtigen eisenindustriellen Gebietes gehörte bis in das 17. Jahrhundert noch zu den blühenden Wirtschaftszweigen Dortmunds, das diese nach Münster, Osnabrück, Bremen, Hamburg und vor allem in die Niederlande und teilweise an die Ostsee vertrieb[110]. Noch im 18. Jahrhundert läßt die außerordentlich hohe Zahl eisenverarbeitender Berufe in Dortmund die anhaltende Verflechtung der gewerblichen Struktur dieser Stadt mit der Sauerländer Eisenindustrie erkennen[111].

Als gegen Ende des 16. Jahrhunderts dann die Teilnahme der meisten westfälischen Hansestädte an den hansischen Angelegenheiten einschlief, offenbar aus Unlust, weiterhin zu den hansischen Taxen und Kontributionen beizutragen, aus denen sie ohnehin keinen ersichtlichen Nutzen mehr zogen[112], gehörte Dortmund immer noch zu den „treuherzigen" Hansestädten. Es stand weiterhin in engem Verkehr mit seinen Quartiersstädten, nahm an den Tagfahrten des Kölner Drittels teil und besuchte bis 1608 am häufigsten unter den westfälischen Städten die Hansetage[113]. Auf dem Hansetag von 1608 erschien es zusammen mit Soest in Lübeck, um für die westfälischen Städte wegen ihres „elenden und kleglichen Zustandts, Verderbens und Verhinderung derer Commercien und nahrung, beraubung, plünderung, ranzonierung und wegschleifung der burgere" einen Nachlaß der Beiträge zu

---

105   v. Winterfeld, Westf. Hansequartier, S. 327 ff.

106   Hömberg a. a. O., S. 85.

107   v. Winterfeld, Dortmunds Stellung in der Hanse, S. 72 Anm. 207; dies., Westf. Hansequartier, S. 323.

108   v. Winterfeld, Dortmunds Stellung in der Hanse, S. 67; dies., Westf. Hansequartier, S. 327.

109   Kölner Inventar, bearb. v. K. Höhlbaum, Bd. 2, Leipzig 1903, S. 629 (Inventare Hansischer Archive des 16. Jahrhunderts, Bd. II, Köln).

110   „Und obwohl der Ackerbau hieselbst (d. i. in Dortmund) die gemeineste hantierung ist, so wegen sonderlicher Fruchtbarkeit der umliggenden Lendereyen, den benachburten suderlendischen Bergwohneren keine geringe Zufuhr an allerley Getreide gestattet, so sein doch auch andere Gewerbe, dar durch die Burgere ihre Narunge uberkommen. Und daß wir andere Cramerey und Wahren geschweigen, ist der Iserhandel, darauß Draet, Ringe und allerley Sorten Nagell im Suderlande und hieselbst zubereitet werden, ein uberauß schön Emporium und Kauffhandel, also daß dadurch daß Schmidhandwerk und Kauffleute mercklich fortgesetzt werden, inmaßen dieselbe Wahren Münster, Osnabrugk, Bremen, Lübeck, Hamborgh, Dantzig und andere Nortländer, auch Amstelredam und anderen niederlendischen und Sehestetten zugeführet und für Leinsamen, Herinck, Butter, Kese, Schollen und andere Fischwerck, Gewand und Seiden Wahr und dergeleichen Güetere, so die benachburte Stedte wider abnehmen, permutiret werden". (Historische Beschreibung der Stadt und Grafschaft Dortmund von Dethmar Mülher und Cornelius Mewe, 1616, in: Seibertz, Joh. S.: Quellen der Westfälischen Geschichte, Bd. I, Arnsberg 1857, S. 349 f. Vgl. auch v. Winterfeld, Dortmunds Stellung in der Hanse, S. 64 u. 68, dies., Wandschneidergesellschaft, S. 10.

111   Hellgrewe, Henny: Dortmund als Industrie- und Arbeiterstadt (Wirtschafts- und Sozialmonographien deutscher Länder und Städte, Bd. 2), Dortmund 1951, S. 69 ff.

112   v. Winterfeld, Westf. Hansequartier, S. 335.

113   v. Winterfeld, Dortmunds Stellung in der Hanse, S. 71.

erbitten[114]. In diesen Klagen finden die damaligen Zustände in Westfalen ihren Ausdruck, das durch die niederländisch-spanischen Kriege stark in Mitleidenschaft gezogen war. Unmittelbar nach Beendigung des 30jährigen Krieges wandte sich Dortmund an Lübeck und Hamburg „umb Vorstreckung etlicher tausend Taler", um die noch zu zahlenden Kriegskontributionen an die Schweden und die Kaiserlichen schneller abtragen zu können[115]. Wegen der Besendung des nach Lübeck einberufenen Hansetags von 1669 trat es mit Soest und Recklinghausen in Verbindung. Trotz der offensichtlich ernsthaften Absicht daran teilzunehmen, blieb es dann jedoch mit einer Entschuldigung dieser letzten gesamthansischen Tagung fern[116].

Damit endete nicht nur Dortmunds Verhältnis zur Hanse, der es als eine der letzten Städte treu geblieben und mit „deren Werden, Blühen und Vergehen seine eigene Geschichte eng verknüpft war"[117]. Der klägliche Verlauf jenes Hansetags von 1669 bewies schließlich auch die weitere Lebensunfähigkeit des alten Hansebundes überhaupt.

---

114   v. Winterfeld a. a. O., Anm. 202.

115   v. Winterfeld a. a. O., Anm. 204.

116   v. Winterfeld, Dortmunds Stellung in der Hanse, S. 72; dies., Westf. Hansequartier, S. 327.

117   v. Winterfeld, Dortmunds Stellung in der Hanse, S. 72.

Heinz Schilling

Dortmund im 16. und 17. Jahrhundert —
Reichsstädtische Gesellschaft, Reformation und Konfessionalisierung

I. Vorüberlegungen: Die Dortmunder Reformationsgeschichte in Vergangenheit und Gegenwart.

Reformation und Gegenreformation haben nicht nur den Gang der Geschichte selbst geprägt, sondern zugleich das Wissen darüber nachhaltig mitbestimmt. Ein anschauliches Beispiel hierfür bietet die Reformationsgeschichte der Reichsstadt Dortmund, die erst in unserem Jahrhundert durch einen Aufsatz der damaligen Stadtarchivarin Luise von Winterfeld auf ein solides, von beiden Konfessionen anerkanntes Fundament gestellt werden konnte[1]. Nachdem diese Untersuchung durch eine mühevolle Rekonstruktion der Quellen jahrhundertealte Verständigungsschwierigkeiten aus dem Weg geräumt hatte, schien auch für Dortmund der Weg gebahnt für eine intensive Neubeschäftigung mit dem 16. Jahrhundert, jener Epoche also, die den Umbruch vom späten Mittelalter zur frühen Neuzeit brachte und die in mancher Hinsicht bis heute geschichtswirksam ist. Aus verschiedenen Gründen ist das unterblieben. Somit ist im folgenden der Versuch zu unternehmen, vor dem Hintergrund der im Reich allgemein und speziell im nordwestdeutschen Raum vorherrschenden kirchlichen, politisch-verfassungsmäßigen sowie gesellschaftlichen Verhältnisse und Entwicklungen ein Gesamtbild zu entwerfen von der Geschichte Dortmunds im Zeitalter von Reformation und Gegenreformation, d. h. in der Zeit von rund 1500 bis 1650. Gedacht ist dabei allerdings nicht an eine abschließende Neubewertung, sondern eher an einen ersten problemorientierten Überblick, der neue Forschungen anregen soll[2].

In der letzten Generation hat sich das Interesse an der Geschichte deutlich gewandelt, und zwar sowohl auf seiten der Fachhistoriker als auch auf seiten des historisch interessierten Publikums. Das gegenwärtige Geschichtsbewußtsein ist weitgehend entkonfessionalisiert und säkularisiert. Nur wenige Leser dieser Festschrift werden eine direkte Verbindungslinie zwischen ihrer gegenwärtigen Existenz und den im 16. Jahrhundert einsetzenden konfessionellen Traditionen anerkennen wollen. Und selbst die bewußten Mitglieder protestantischer oder katholischer Gemeinden in Dortmund dürften im Zeichen eines an der Basis wachsenden Verlangens nach Ökumene kaum eine Vorliebe für die Beschäftigung mit den scharfen, ja z. T. blutigen Gegensätzen jener Zeit verspüren. Dieser Sachverhalt hat dazu geführt, daß mancher an einem breiten Publikum interessierte Historiker die kirchen- und konfessionsgeschichtlichen Zusammenhänge ausblendet oder den politischen und sozioökonomischen Entwicklungen und Antriebskräften nachordnet.

Die Forschung hat dagegen inzwischen Ansätze entwickelt, die die Kirchengeschichte in eine allgemeine Geschichte integrieren. Das gilt besonders für die konfessionellen Bewegungen des Reformationsjahrhunderts, die fruchtbar gemacht werden für eine weitgefaßte Gesellschaftsgeschichte — dem historischen Frageprofil unserer

---

1 Luise v. Winterfeld, Der Durchbruch der Reformation in Dortmund, in: Beiträge zur Geschichte Dortmunds und der Grafschaft Mark (fortan: Beiträge) 34 (1927), S. 53—146. — Die jüngsten Skizzen der Dortmunder Reformation bei K. v. Greyerz, The Late City Reformation in Germany. The Case of Colmar 1522—1628, Wiesbaden 1980 und A. Schröer, Die Reformation in Westfalen, Bd. 1, Münster 1980, S. 411—427 fußen weitgehend hierauf. Die Festschrift: „1570—1970. 400 Jahre Evangelische Kirche in Dortmund", Dortmund 1970, verzichtet — dem damaligen Zeitgeist entsprechend — vollständig auf eine historische Analyse und beschränkt sich auf die Zusammenstellung einiger Quellen. — Ich habe den Damen und Herren des Dortmunder Stadtarchivs sowie der wissenschaftlichen Hilfskraft Hans-Bernd Meier für ihre Hilfe bei der Beschaffung von Literatur und Quellen zu danken.

2 Ich behalte mir vor, an anderer Stelle auf die Geschichte Dortmunds im Reformationsjahrhundert zurückzukommen.

Gegenwart —, ohne daß dadurch die religiösen und kirchlichen Motive und Interessen der Vergangenheit geschmälert oder gar geleugnet würden[3]. Diese Betrachtungsweise ist theoretisch und methodisch abgesichert durch die Erkenntnis, daß im Mittelalter und in der frühen Neuzeit — man kann auch sagen: in der „vormodernen Welt Alteuropas" — Religion und Gesellschaft, Staat und Kirche, sakraler und weltlicher Bereich in einem ganz anderen strukturellen Verhältnis zueinander standen als in der Gegenwart. Religion und Kirche waren nicht gesellschaftliche Teilinstitutionen neben anderen, ihnen prinzipiell gleichrangigen, sondern sie deckten den gesellschaftlichen Bereich insgesamt ab. Der heutige Zustand wurde erst durch den grundlegenden Umbruch Ende des 18. und Anfang des 19. Jahrhunderts erreicht, als zusammen mit der Überwindung der altständischen Verfassung und Gesellschaft sowie der vormodernen Wirtschaftsordnung auch Religion und Kirche auf neue rechtliche, institutionelle und geistige Grundlagen gestellt wurden. Aufgrund dieser religions-soziologischen Zusammenhänge waren religiöse und kirchliche Sachverhalte im Mittelalter und in der Frühneuzeit immer zugleich auch politische und gesellschaftliche Sachverhalte. Wenn man sie aus der gesellschaftsgeschichtlichen Analyse ausklammert, führt das nicht nur zu einer Vernachlässigung der im Selbstverständnis der Zeitgenossen ja unstreitig zentralen *Motive* und Antriebskräfte. Der Historiker würde sich darüber hinaus auch einen wichtigen Zugang gerade zu den politischen und gesellschaftlichen *Strukturen und Entwicklungstendenzen* der Übergangsphase vom späten Mittelalter zur frühen Neuzeit verstellen. — Diese Überlegungen rechtfertigen es, daß im folgenden nicht nur die Reformationsgeschichte als solche breiten Raum erhält, sondern die reichsstädtische Gesellschaft insgesamt — ihre politische Verfassung, ihr sozialer Aufbau, ihre Kultur — sowie wesentliche Wandlungstendenzen von einem in der Reformations- und in der Kirchengeschichte allgemein angesiedelten Zentrum her dargestellt werden[4].

Der eingangs erwähnte historiographische Streit um die Dortmunder Reformationsgeschichte ist ein aussagekräftiger Beleg für die frühneuzeitliche Verzahnung von Religion und Politik sowie für deren nachhaltige Rückwirkungen auf Geschichtsbewußtsein und Selbstverständnis des Dortmunder Bürgertums. Die besondere Heftigkeit dieser Auseinandersetzungen war zunächst eine Folge der außergewöhnlichen Länge des Dortmunder Reformationsvorganges, der zahlreiche Ansatzpunkte für Kontroversen bot. Treibendes Element war einerseits sicherlich das unmittelbar nach dem Glaubenswechsel einsetzende Streben der lutherischen Reichsstadt um historische Legitimation, um die Selbstaneignung der Reformation, die dem Bürgertum des 17., 18. und 19. Jahrhunderts als geschichtliche Leistung der Vorfahren galt. Wichtiger jedoch waren anfangs die mit den historischen Fakten verbundenen rechtlichen, politischen und gesellschaftlichen Positionen: Von der Frage, ob das Dortmunder Kirchenwesen zum Zeitpunkt des Passauer Vertrages (1552) und des Augsburger Religionsfriedens (1555) noch katholisch oder in Ansätzen bereits protestantisch geprägt war, hing es ab, welche Rechte nach dem 1570 vollzogenen formellen Übertritt zum Luthertum der katholischen Minderheit, insbesondere den in der Stadt verbliebenen Klöstern eingeräumt werden mußten. Ja, nach katholisch-gegenreformatorischer Auslegung des Religionsfriedens, die das „ius reformandi" auf die Fürsten beschränkte, während es für die Reichsstädte nur für die Zeit vor 1552/55 gelten sollte, standen und fielen damit sogar Rechtmäßigkeit und Sicherheit des Dortmunder Luthertums überhaupt. Bei einer entsprechenden historischen Beweisführung konnten sich reale Chancen für die vollständige Rekatholisierung der Reichsstadt bieten. Ein solcher Versuch war um so verlockender, als Dortmund an konfessionsstrategisch wichtiger Nahtstelle zwischen dem gefestigt katholischen Block der geistlichen Territorien des Rheinlandes und Westfalens auf der einen sowie dem von beiden Konfessionen hart umkämpften Territorialkomplex der Herzöge von Jülich-Kleve auf der anderen Seite lag.

Es nimmt daher nicht Wunder, daß auf dem Höhepunkt der konfessionellen Gegensätze im Reich die katholische Seite alles daransetzte, Kaiser, die Reichsgerichte sowie die Reichsöffentlichkeit insgesamt durch historische Abhandlungen und juristische Dekution von ihrer Version der Dortmunder Geschichte zu überzeugen, derzufolge

---

3 E. Hassinger, Das Werden des neuzeitlichen Europa, 1300—1600, 2. Aufl., Braunschweig 1964, S. XVI. Zur Theorie des konfessionellen Zeitalters vgl. H. Lehmann, Das Zeitalter des Absolutismus, Stuttgart 1980 (= Christentum und Gesellschaft, Bd. 9); W. Reinhard, Konfession und Konfessionalisierung in Europa, in: ders. (Hg.), Bekenntnis und Geschichte, München 1981, S. 165—189; H. Schilling, Konfessionskonflikt und Staatsbildung, Gütersloh 1981, Teil A.

4 Hassinger, a. a. O., setzt unter gesamteuropäischem Blickwinkel das Jahr 1600 als Epochengrenze, jenseits der Kirchengeschichte nicht mehr als zentraler Bezugspunkt für die allgemeine Geschichte gelten könne. Dieser Umschwung setzte in Deutschland zeitlich verzögert ein.

die Reichsstadt bis in die 1560er Jahre hinein geschlossen katholisch geblieben war. Offensichtlich ist es dieser gegenreformatorischen Partei, die über einflußreiche Anhänger innerhalb des Dortmunder Patriziates verfügte, sogar gelungen, eine Reihe von wichtigen offiziellen Dokumenten zu beseitigen, die zur Widerlegung ihrer Ausführungen geeignet gewesen wären[5]. Wie gefährlich diese juristisch-historiographische Offensive war, ist daraus ersichtlich, daß es ihr zweimal — 1604 und 1628 — gelang, kaiserliche Mandate zu erwirken, die die vollständige Restitution des Katholizismus anordneten. Mit ihrer Exekution wäre der protestantische Charakter der westfälischen Reichsstadt beseitigt worden, und die neuzeitliche Geschichte Dortmunds hätte einen deutlich anderen Gang genommen.

Es war somit eine Frage nicht nur der geistigen, sondern auch der rechtlichen und machtpolitischen Selbstbehauptung, wenn die protestantische Stadt, vertreten durch den Rat sowie die lutherischen Pfarrer und Lehrer, ihrerseits eine offizielle Version der Dortmunder Reformationsgeschichte ausarbeitete, die den so spät vollzogenen offiziellen Reformationsbeschluß als mehr oder weniger formellen Endpunkt eines Weges belegen sollte, der schon vor 1555 aus der katholischen Tradition herausgeführt habe. Abgesehen von Prozeßdarlegungen erhielt diese offizielle protestantische Leseart der Dortmunder Reformationsgeschichte ihre bis ins 19. Jahrhundert gültige Version vor allem durch die erste sog. „Säkulardisputation", die 1643 anläßlich des einhundertjährigen Bestehens des dortigen Gymnasiums unter dem Vorsitz des damaligen Gymnasiarchen und Superintendenten Christoph Scheibler durchgeführt und deren Text noch im selben Jahr veröffentlicht wurde. Die breiten Bürgerschichten wurden von der Kanzel herab mit diesem Geschichtsbild vertraut gemacht[6].

Luise von Winterfeld konnte in ihrem eingangs zitierten Aufsatz nicht zuletzt dadurch den entscheidenden Schritt zur „Entideologisierung" der Debatte um die Dortmunder Reformation tun, daß sie die „Kontrovershistoriographie" des 16. und 17. Jahrhunderts in ihrem historischen und politisch-rechtlichen Interesse würdigte, und damit Beurteilungskriterien für die jeweiligen Behauptungen oder Zurückweisungen schuf. Es bleibt indes zu fragen, ob mit dieser bedeutenden quellenkritischen Leistung auch bereits die treffende Einschätzung über Charakter und Typus der Dortmunder Reformation verbunden war, die angesichts ihres außerordentlich langen Durchsetzungsprozesses einen Sonderfall innerhalb der deutschen Stadtreformationen darstellt. Denn auch von Winterfeld ordnete die neuerschlossenen Fakten und Zusammenhänge ein in das dichotomische Schema katholisch-protestantisch und unterwarf sich somit dem seit Ende des 16. Jahrhunderts vorgegebenen Zwang der konfessionalistischen Zuordnung[7]. Neuere Forschungen über die geistesgeschichtlichen Grundlagen der etwa gleichzeitig verlaufenden Reformbemühungen in den benachbarten jülich-klevischen Territorien lassen es zweifelhaft erscheinen, daß dies ein sachgerechtes Verständnis der Dortmunder Reformationsgeschichte ermöglicht, insbesondere hinsichtlich der Reformansätze der 1540er und frühen 1550er Jahre.

II. Die Ereignisse: Phasen des Ringens um eine Reform der Dortmunder Kirche.

Um die in ihren Einzelheiten verwirrende Ereignisabfolge einer Interpretation zugänglich zu machen, erscheint es angeraten, das über ein halbes Jahrhundert während Ringen um Gestalt und Bekenntnisstand der Dortmunder Kirche in mehrere Phasen zu untergliedern[8]. Anzustreben ist dabei eine vergleichende Perspektive mit den ent-

---

5   L. v. Winterfeld, Der Durchbruch der Reformation in Dortmund, in: Beiträge 34 (1927), S. 54.

6   Vgl. dazu R. Franz, Christoph Scheibler und die älteste Säkularschrift des Dortmunder Gymnasiums, in: Beiträge 23 (1914), S. 258—347, mit Wiederabdruck des lateinischen Textes sowie einer deutschen Übersetzung (S. 272—297). Zu den reformationsgeschichtlichen Predigten ebda., S. 325 ff.

7   Bezeichnend ist, daß Winterfeld (vgl. etwa a. a. O., S. 89) in der konfessionellen Zuordnung einzelner Personen und Gruppen den Aussagen Hamelmanns (Reformationsgeschichte Westfalens, in: H. Hamelmann, Geschichtliche Werke. Krit. Neuausgabe Bd. 2, hrsg. v. Klemens Löffler, Münster 1913, S. 216—228) folgt, der bekanntermaßen absichtlich schwarz-weiß malte und keine Zwischentöne mehr zuließ (vgl. dazu unten S. 161 u. 177).

8   Das ist bereits der erste Schritt zur Interpretation. Die Einteilung bei Winterfeld, Reformation (wie Anm. 5), S. 110, wiederholt bei A. Stenger, Die Reformation in Dortmund, in: Jb. d. Ver. f. Westf. Kirchengeschichte Jg. 40/41 (1939/40), S. 191—208, kann daher nicht einfach übernommen werden.

sprechenden reformationsgeschichtlichen Abläufen im benachbarten rheinisch-westfälischen Raum, insbesondere in den Städten.

1. Die spätmittelalterliche Kirche.

— Die eingangs beschriebene Verkopplung kirchlich-religiöser und staatlich-gesellschaftlicher Elemente im alteuropäischen Gesellschaftssystem kam in der überschaubaren Welt der Städte besonders stark zur Geltung. Augenfällig wird das noch heute an der Topographie, der Architektur sowie der Ausstattung der großen Pfarrkirchen, namentlich der zahlreichen Kaufmannskirchen in der Nähe der Märkte und der Rathäuser. Diese Kirchen mit ihren personellen und institutionellen Einrichtungen — Altären, Stiftungen, Bruderschaften etc. — waren nicht nur geistig-religiöse Zentren der Bürgergemeinde. Sie dienten ihr häufig auch als kommunale Versammlungsstätten. Und die Kirchspiele, denen in der Regel bürgerliche Laiengremien als Träger gewisser Verwaltungsaufgaben, besonders für die Unterhaltung des Kirchengebäudes, vorstanden, nahmen mannigfaltige kommunale Funktionen wahr. Diese Tatsache und die allgemein geltende Vorstellung von der Identität bürgerlicher und kirchlicher Gemeinschaft haben bereits im hohen Mittelalter dazu geführt, daß die Städte bestrebt waren, außerbürgerliche Einwirkungsmöglichkeiten zurückzudrängen und die Stadtkirche institutionell und verwaltungsmäßig der Bürgergemeinschaft bzw. dem Rat zu unterstellen. Für Dortmund läßt sich das spätestens seit der zweiten Hälfte des 13. Jahrhunderts nachweisen: Der Magistrat bemühte sich damals, für alle städtischen Pfarreien die Besetzungsrechte zu erlangen. Zu realisieren vermochte er diesen Wunsch nur für St. Marien und St. Nikolai. Doch gelang es ihm, den Dekan von Mariengraden in Köln als Patron von St. Reinoldi und St. Petri darauf zu verpflichten, auch in die dortigen Pfarrämter nur Dortmunder Bürgersöhne zu berufen[9].

Neben diesen vier Pfarrkirchen existierten zu Beginn des Reformationsjahrhunderts noch eine ganze Reihe anderer kirchlicher Institutionen — Kapellen, Hospitäler und drei Klöster der Prämonstratenserinnen, der Dominikaner sowie der Franziskaner[10]. Mit jeder dieser Anstalten waren die Dortmunder Bürger in mannigfaltiger Weise verbunden: zunächst durch die im späten Mittelalter intensiv betriebene „Vorsorge" für das jenseitige Leben mittels Stiftungen von Altären, Heiligenbildern, Jahresmessen u. ä. Des weiteren durch die Sozial-, Armen- und Krankenfürsorge, die weitgehend von kirchlichen Einrichtungen wahrgenommen wurde, sowie durch das Angebot an Bildung und Ausbildung, die in Klöstern oder Pfarrkirchen angeschlossenen Schulen erfolgte. Schließlich bot die in sich vielfältig gegliederte mittelalterliche Kirche nahezu allen Schichten des Stadtbürgertums direkt oder indirekt — über Rentenkauf — die Möglichkeit der Versorgung nachgeborener Kinder sowie der eigenen Alterssicherung.

Aufs Ganze gesehen zeigt das kirchliche Leben Dortmunds hinsichtlich der Institutionen, der Personen und der Spiritualität das aus der spätmittelalterlichen Frömmigkeits- und Kirchengeschichte vertraute Bild einer in den Städten konzentrierten intensiven Religiosität, die jedoch nicht frei von inneren Spannungen und Widersprüchen war. Die gesteigerte Erregbarkeit wird etwa greifbar in der weit verbreiteten Wallfahrtsfrömmigkeit. So ist überliefert, daß zu der neu errichteten Wallfahrt zur Heiligen Maria in Regensburg im Jahre 1513 auch „viele Männer, Frauen, Kinder, Knechte, Mägde von Dortmund, mit großem Ungetüm und heulen ... bezaubert und fast nackend ... hinzugelaufen" sind[11].

Intensive Religiosität und gestärktes bürgerliches Selbstbewußtsein des ausgehenden Mittelalters haben die überkommene Verschränkung von kirchlich-religiöser und politisch-weltlicher Gemeinde geistig-emotional vertieft:

---

9 D. Kurze, Pfarrerwahlen im Mittelalter, Köln 1966, S. 372 ff.

10 Vgl. die Aufstellung bei J. K. Vogt, Kurze Reformationsgeschichte der dem Königl. Preuß. Staate einverleibten vormaligen Reichstadt Dortmund, Dortmund 1826, S. 60—66; zu den Klöstern: A. Schröer, Die Kirche in Westfalen vor der Reformation, Bd. 2 (2 Bde.), Münster 1967, mit weiterführender Literatur.

11 J. Ch. Beurhaus (1721—1787), Die Merkwürdigkeiten der Keyserlichen und des Hl. Röm. Reichs freier Stadt Dortmund, Manuskript Stadtarchiv Dortmund, Best. 202-XIII, 20b, S. 445; auch Chronik des Dietrich Westhoff von 750—1550, hrsg. von J. Hansen, Leipzig 1887 (= Die Chroniken der deutschen Städte, Bd. 20, S. 147—477), S. 398.

Die Bürger verstanden ihre Stadt als Heilsgemeinschaft[12], d. h. als eine Genossenschaft gemeinsam für die Erlangung der ewigen Seligkeit Verantwortlicher —, die zwar in der viele Menschen damals bis zur Obsession quälenden Frage nach dem rechten Weg zum Heil geistliche und weltliche Führung anerkannte, nicht aber einen gegen die eigene Überzeugung gerichteten Zwang von Amts- oder Herrschaftsträgern außerhalb oder innerhalb der Stadt. Je nach politischer und religiöser Konstellation konnte diese sakrale Fundierung der Stadtgemeinde als eine alle Gruppen der Stadt vereinende gesellschaftliche Integrationskraft wirken, oder als Sprengsatz, der die hinreichend vorhandenen politischen und sozialen Gegensätze und Spannungen in eine grundsätzliche Konfrontation führte — Spannungen zwischen Alten und Jungen, zwischen Armen und Reichen, die damals aufgrund der Konjunkturlage des beginnenden 16. Jahrhunderts an Schärfe zunahmen, zwischen den auf Ausweitung ihrer Obrigkeitsposition bedachten Stadträten und der auf ihr traditionelles Mitspracherecht pochenden Bürgergenossenschaft. Dieser Sachverhalt macht verständlich, daß die Städte in dem Moment, in dem Luthers Theologie einen alternativen, in mancher Hinsicht den Vorstellungen des Bürgertums kongenialen Weg zum Heil eröffnete, sogleich Zentren der davon ausgelösten reformatorischen Bewegung wurden und daß dadurch zusammen mit der Frage nach der richtigen Ordnung in der Kirche zugleich auch diejenige nach der Ordnung der Gesellschaft und des Staates gestellt war. Das haben schon die Zeitgenossen klar gesehen: Mancher reichsstädtische Ratsherr wird ähnlich empfunden haben wie Konrad Flörken, Bürgermeister der lippischen Landstadt Lemgo, der dafür eintrat, die katholische Kirche wegen ihrer hierarchischen Struktur zu erhalten, während er das Luthertum bekämpfte, weil es Unordnung und den Beginn eines allgemeinen Umsturzes bedeute[12a].

2. Antiklerikalismus, Luthertum der Intellektuellen und „Volksreformation" — 1518 bis 1533.

Der Dortmunder Geschichtsschreiber Dietrich Westhoff, bis zu seinem Tod ein entschiedener Parteigänger der alten Kirche, konstruierte in seiner zwischen 1540 und 1550 verfaßten Chronik einen ursächlichen Zusammenhang zwischen dem Jubiläumsablaß von 1515, den viele Christen damals schon für problematisch ansahen, und dem späteren Erfolg Luthers. Speziell für Dortmund führt er darüber hinaus die heftigen Konflikte zwischen Klerus und Bürgerschaft an, die 1518/19 und vor allem 1523—1525 ihren Höhepunkt erreichten — also parallel zum Bauernkrieg und den gleichzeitigen Stadtunruhen in einer Reihe rheinischer und nordwestdeutscher Städte. In ihrer Folge wurde für mehrere Monate der Bann über die Stadt verhängt, d. h. der Ausschluß von kirchlich-religiöser Versorgung[13]. Der Historiker wird Ablaßkritik bzw. primär sozial und politisch bestimmten Antiklerikalismus auf der einen und reformatorische Bewegung auf der anderen Seite nicht so direkt verknüpfen wollen. Die Dortmunder Ereignisse lassen aber deutlich zutage treten, wie das reformatorische Verlangen in den Städten getragen wurde von der spätmittelalterlichen Tradition gesteigerten bürgerlichen Selbstbewußtseins — gerichtet gegen die rechtlichen, politischen und wirtschaftlichen Privilegien eines als Fremdkörper empfundenen Klerikerstandes[14] — sowie von einer ungeachtet der blühenden Stiftungs- und Wallfahrtsfrömmigkeit latent vorhandenen Unzufriedenheit mit dem altkirchlichen „Heilsangebot".

Am Anfang der eigentlichen evangelischen Bewegung standen in Dortmund ähnlich wie in anderen nordwestdeutschen Städten einzelne Anhänger Luthers innerhalb des Klerus, vor allem eine kleine Gruppe von „Intellektuellen". Sie waren mit den neuen Ideen in Verbindung gekommen, entweder aufgrund direkter Beziehungen nach Wittenberg oder durch den damals regen und weitgespannten Austausch zwischen den geistig Interessierten. Für Dortmund lassen sich nennen: Christian Revoit, Vikar an der St. Reinoldikirche, der bereits 1523 heiratete und seine Vikarie aufgab[15]; der Kleriker Johann Mursäus; später der Lehrer, Kleriker und Musiker Magister Johann

---

12 Grundlegend: B. Moeller, Reichsstadt und Reformation, Gütersloh 1962.

12a Zitiert bei H. Schilling, Die politische Elite nordwestdeutscher Städte in den religiösen Auseinandersetzungen des 16. Jahrhunderts, in: W. J. Mommsen (Hg.), Stadtbürgertum und Adel in der Reformation, Stuttgart 1979, S. 250.

13 D. Westhoff (wie Anm. 11), S. 401 f.; vgl. auch L. v. Winterfeld, Reformation (wie Anm. 5), S. 54 ff. mit weiteren Literaturangaben.

14 1519 demonstrative Verweigerung üblicher Opfergaben anläßlich der Exequien für Kaiser Maximilian I., Beurhaus (wie Anm. 11), S. 279. — Zu den einzelnen Beschwerdepunkten vgl. den Vertrag und das Rechtfertigungsschreiben des Klerus, abgedruckt bei A. Fahne, Urkundenbuch der Stadt Dortmund, Bd. 2 (4 Bde.), 1854—1859, S. 360—366.

15 · J. Ch. Beurhaus (wie Anm. 11), S. 279.

Becker aus Schwelm[16] sowie der Humanist Urbanus Homberg, Rektor der angesehenen Reinoldi-Schule, der seit 1526 seine Schüler evangelisch erzogen haben soll[17]. — Zwei Defizite schwächten diesen frühen Kreis Dortmunder Lutheraner: 1. Anders als etwa in Herford und Lippstadt nahm er keine unmittelbare Verbindung nach Wittenberg auf, dem geistigen und institutionellen Zentrum der neuen Bewegung. Dortmund gehörte nicht zum Kommunikationssystem der Augustiner, sondern stand unter dem Einfluß ihrer natürlichen Gegner, der Dominikaner[18]. — 2. Bis in die zweite Hälfte des Reformationsjahrhunderts hinein findet sich unter den Anhängern Luthers keiner der Pfarrer an den vier Stadtkirchen. Dadurch wurde verhindert, daß die neue Bewegung in das vorhandene Kirchensystem hineinwuchs, wie es in anderen Städten der Fall war. Die Ursache für diese Resistenz lag einerseits in der engen Verflechtung der Dortmunder Pfarrstellen mit dem überlokalen altkirchlichen Pfründensystem, insbesondere auch der Kathedralstadt Köln. Andererseits war das eine Folge der Tatsache, daß nahezu alle Dortmunder Pfarrer dem reichsstädtischen Patrizitat entstammten[19].

Es läßt sich im einzelnen nicht mehr verfolgen, wie sich in dieser Situation die Lehre Luthers in der Bürgerschaft ausbreiten konnte. Wahrscheinlich geschah das auf ähnlichen Wegen wie in den Nachbarstädten: durch öffentliche Äußerungen der „Intellektuellen" und ihrer Schüler; aufgrund von Geschäftsverbindungen vor allem der Kaufleute in den rheinisch-westfälischen Raum, wo damals in den Städten Lippstadt, Soest, Münster, Wesel und selbst in Köln lutherische Zirkel bestanden; zu einem Teil wohl auch durch die selbständige Lektüre der großen, deutschsprachigen Flugschriften[20]. Hinzu kam die reichspolitisch günstige Situation zwischen dem Speyerer Reichsabschied von 1526, der die Religionspolitik in die Gewissensentscheidung der Reichsstände stellte, und seiner Rücknahme im Jahre 1529. 1527 war die reformatorische Bürgerbewegung jedenfalls schon so stark, daß die „gemeint", d. h. die Bürgerschaft im Gegensatz zum Rat, „nije perdichanten" verlangte, also evangelische Prediger anstelle der katholischen Pfarrer. Getragen wurde diese Forderung von der Handwerkerschaft, namentlich von der überwältigenden Mehrheit im 24er Stand, dem Vertretungsgremium der sechs politisch berechtigten Zünfte. Der Rat hatte dieses zur Bestätigung seiner konservativen Religionspolitik zusammengerufen, mußte aber erleben, daß nur zwei der Gildemeister für die Beibehaltung des Katholizismus stimmten[21].

Trotzdem gelang es dem Rat, die Forderungen der Bürger zu umgehen und die Gilden sogar zu einer Unterstützung seiner altgläubigen Politik zu bewegen. Ausschlaggebend war wohl das scharf antiprotestantische Mandat, das der Kaiser zum Abschluß des Reichstages von 1529 erlassen hatte[22]. Es war offensichtlich für alle Gruppen, die in der Reichsstadt politische Verantwortung trugen, ein plausibler politischer Hinderungsgrund. Eine solche politisch-reichsrechtliche Argumentation war indes wenig geeignet, die Bürger auch theologisch und religiös zu überzeugen: Nach einer erneuten, für den Protestantismus günstigen Veränderung der reichspolitischen Konstellation durch den Nürnberger Anstand von 1532 und zeitlich parallel zu einem mächtigen Anschwellen der evangelischen Bewegung in einer ganzen Reihe westfälisch-niedersächsischer Städte — u. a. in Soest, Lemgo, Minden, Münster, Osnabrück, Paderborn, Braunschweig — traten auch die Bürger Dortmunds erneut mit Nachdruck für eine Reform der städtischen Kirche ein. Bezeichnend ist, daß auch jetzt wiederum das Gildebürgertum als Träger dieser Bewegung auszumachen ist und daß die evangelischen Forderungen erneut mit einer starken antiklerikalen Argumentation untermauert wurden, z. T. unter direkter Anknüpfung an die Konflikte der Jahre 1523 bis

16   L. v. Winterfeld, Reformation (wie Anm. 5), S. 57 f., S. 62, Anm. 33.

17   Seit dem 17. Jahrhundert in der offiziellen Version der Dortmunder Reformationsgeschichte stets gebührend betont. Quellengrundlage ist eine entsprechende Aussage in den wesentlich später niedergeschriebenen Aufzeichnungen Johannes Lambachs, des ersten Rektors des Gymnasiums, R. Franz (wie Anm. 6), S. 276, 334.

18   Sitz des Inquisitors für Westfalen: Th. Rensing, Das Dortmunder Dominikanerkloster (1309—1816), Münster 1936. Dessen ungeachtet traten einzelne Dominikanermönche aus dem Kloster aus und schlossen sich Luther an.

19   L. v. Winterfeld, Reformation (wie Anm. 5), S. 62.

20   1528 Beschlagnahme lutherischer Schriften durch den Rat. J. Ch. Beurhaus (wie Anm. 11), S. 280.

21   D. Westhoff (wie Anm. 11), S. 422.

22   Ebda. „Aver entlich dannoch (d. h. nach den Forderungen der Gilden und protestantischen Prediger, H. Sch.) ein eerbarer raet so ernstlich mit der keiserlicher majestät mandaten angehalten, dat de gilden irs vuerheven affstant doen moten ...."

1525[23]. Obgleich der Rat die Lehre Luthers weiterhin ablehnte, sah er diesmal keine Möglichkeit, sich zu widersetzen: In einem gemeinsam von ihm und den beiden Bürgerständen — d. h. dem 12er Stand als Vertretungsgremium der Erbsassen und dem 24er Stand als der Vertretung des Gildebürgertums — unterzeichneten Erlaß wurde die evangelische Predigt freigegeben. Gleichzeitig berief man den notorisch lutherisch eingestellten Prediger Hermann Cothe, der damals in Münster tätig war[24]. Unter Mißachtung der altkirchlichen Hierarchie und ihrer Patronatsrechte — Cothe sollte auf die Kanzel von St. Reinoldi berufen werden, über die der Kölner Dekan verfügte[25] — waren damit die formalrechtlichen Voraussetzungen für den Übergang Dortmunds zum Luthertum geschaffen. Dieser Reformationsbeschluß besaß einen breiten Rückhalt innerhalb der Bürgerschaft. Darüber hinaus unterstützten ihn auch einige Kleriker, allerdings wiederum nicht aus dem Kreis der Pfarrer, sondern Mönche aus dem Franziskaner- und Dominikanerkloster[26].

In einer Reihe von Nachbarstädten bildete ein ähnlicher Ratsbeschluß den Auftakt für die endgültige, dauerhafte Reformation. In Dortmund blieb es dagegen bei einer Neuregelung auf dem Papier: Abgesehen von der Absage des Prädikanten Hermann Cothe war das vor allem die Folge einer 1533/34 als Antwort auf die Münsteraner Wiedertäuferunruhen allgemein in Nordwestdeutschland einsetzenden kirchenpolitischen Reaktion. Sie gab dem Dortmunder Rat Gelegenheit, die Konzessionen wieder rückgängig zu machen bzw. ihre Durchführung zu hintertreiben. Wie Unmutsbezeugungen aus Gildekreisen — namentlich von seiten der Wollweber und Schmiede[27] — belegen, hatte auch diese wiederum nur politisch legitimierbare Rückkehr ins konservative Fahrwasser wenig Chancen, die evangelisch gesinnten Bürger für den alten Glauben zurückzugewinnen. Es hat allerdings den Anschein, als ob die offiziellen Vertretungsgremien der Bürgerschaft aus Sorge um die außenpolitische Sicherung der Reichsstadt diesen Umschwung mitgetragen hätten.

3. Die Humanisten-Reform — 1539 bis 1555/56.

Nach dem Scheitern der „Volksreformation" unterblieben zunächst weitere Aktionen. Es läßt sich ein gewisser Rückzug der evangelisch gesinnten Bürger in kleinere Konventikel vermuten. Nachweislich gewannen auch in Dortmund die Wiedertäufer Anhänger[28]. In ihren öffentlichen Aktivitäten konzentrierten sich die reformwilligen Bürger auf die Kirchspiele. Angeführt durch ihre Kirchspielvertreter, die sog. Provisoren, bemühten sie sich um die Ablösung der konservativen Pfarrer durch evangelische Prädikanten oder zumindest flexiblere Kleriker. Einen gewissen Erfolg scheinen sie bemerkenswerterweise ausgerechnet an St. Nikolai erzielt zu haben, der Parochie des Patrizierquartiers, wo mit dem ehemaligen Rektor der Petri-Schule, Adam Ryß, ein Kandidat siegte, der in besonderem Maße das Vertrauen seiner Gemeinde genoß. Ohne Erfolg blieben sie dagegen zunächst an der Hauptpfarre Reinoldi, die wiederum in die Hand eines konservativen Patrizier-Pastors gelangte[29].

Keimzelle der in den 1540er Jahren erneut mit Macht vorangetriebenen Kirchenreformen wurden aber nicht die Pfarrkirchen. Veränderungen ergaben sich vielmehr zunächst im Bereich der Armenfürsorge und insbesondere im Schulwesen: In Fortsetzung spätmittelalterlicher, auf Kommunalisierung der kirchlichen Randbereiche ausgerichteter Tendenzen, aber sicherlich auch unter Orientierung an lutherischen Vorbildern — Armenkästen — kam es seit den ausgehenden 1530er Jahren zu einer Umorganisation und Säkularisation der kirchlichen Armen- und Wohlfahrtsstiftungen, die der Oberaufsicht des Rates unterstellt wurden. Zeitlich parallel dazu wurden Neuerungen und Verbesserungen bei den Schulen durchgeführt, und zwar zunächst an der Lateinschule der Marienpfarrei,

---

23 L. v. Winterfeld, Reformation (wie Anm. 5), S. 61, 116 f.

24 Ebda. S. 117 f., Abdruck des ablehnenden Antwortbriefes.

25 D. Kurze (wie Anm. 9), S. 372, 383.

26 L. v. Winterfeld, Reformation (wie Anm. 5), S. 62; Th. Rensing (wie Anm. 18), S. 78 ff.

27 Ebda, S. 63; J. Ch. Beurhaus (wie Anm. 11), S. 281.

28 L. v. Winterfeld, Reformation (wie Anm. 5), S. 65.

29 Ebda. S. 66 ff., 78.

die materiell und personell auf eine neue Grundlage gestellt wurde. Die Initiative ging jeweils von den Gemeinden
aus bzw. den Kirchspielrepräsentanten. Dieses sogenannte Provisorengremium setzte sich zusammen aus Vertretern der drei Verfassungsstände, d. h. des Rates, des Gilden- und des Erbsassenstandes. Aus im nächsten Abschnitt noch näher zu bestimmenden Gründen erscheint es mir jedoch falsch, diese Neuansätze in einen strikten
Gegensatz zum Rat zu setzen[30]. Konflikte traten allerdings weiterhin bei den Pfarrbesetzungen auf, um die gerade in den 1540er Jahren sozialbestimmte Positionskämpfe zwischen Gildebürgertum und Honoratioren auf der einen und dem Patriziat auf der anderen Seite ausgefochten wurden. Demgegenüber haben Rat, Bürgerschaftsvertreter und Kirchengemeinden bei den Reformen im Sozial- und Schulwesen offensichtlich zusammengearbeitet.
Das gilt namentlich für die 1543 vollzogene Errichtung eines städtischen Gymnasiums, wo sich — wie noch näher
darzulegen ist — für rund ein Jahrzehnt das geistige Zentrum einer humanistisch geprägten Reformbewegung
befand[31].

Auch die Mitte der 1540er Jahre erfolgte Ablösung der älteren, patrizischen Pfarrergeneration gehört in diesen Zusammenhang: 1545 wurde Hermann Stockum anstelle des Patriziers Dietrich Swarte Pfarrer an St. Reinoldi. 1546
rückte Hildebrand Otto, ein noch minderjähriger und daher in seinen Amtspflichten möglicherweise von seinem
Lehrer vertretener Schüler des Humanisten Jakob Schöpper, in die Pfarrstelle von St. Petri ein, wo bislang der Patrizier Lambert Prume residiert hatte. Schließlich übernahm etwa zur gleichen Zeit Heinrich Deggink die Pfarrstelle
von St. Marien[32]. Hinzuzurechnen ist der schon erwähnte Übergang der St.-Petri-Pfarre an den ehemaligen Lehrer
Adam Ryß im Jahre 1536. Manchem dieser Pfarrer, von denen keiner ein eindeutiger Lutheraner war, ist es zuzu-
trauen, daß er in seiner Pfarrgemeinde dem Geist humanistischer Kirchenerneuerung Zugang gewährte.

Die Veränderungen, über deren „konfessionelle" Zuordnung noch zu sprechen ist, fanden in der Bürgerschaft
Anklang. Das zeigt u. a. die Anteilnahme an der Eheschließung des Rektors Johannes Lambach, dem wichtigsten
Repräsentanten der Humanisten-Reform. 1548 verzichtete die Stadt offiziell auf die alljährliche Heiligenprozes-
sion. Einzelnen Bürgern stand es frei, noch weitergehende Konsequenzen zu ziehen, so die Ablehnung von Mes-
sen für Verstorbene oder der Verzicht auf die Heiligen-Anrufungs-Formel im bürgerlichen Eid und deren Erset-
zung durch die Verpflichtung auf das Heilige Evangelium[33].

In den ersten Jahren konnte sich dieses humanistische Reformmodell weitgehend frei entfalten, da es im Gleich-
klang stand mit ähnlichen Entwicklungen in den benachbarten Herzogtümern sowie in Kurköln unter Erzbischof
Hermann von Wied. Mit der Vertreibung dieses schließlich offen zum Protestantismus übergetretenen Kurfürsten
sowie nach dem Sieg Karls V. über die Schmalkadener trat jedoch eine grundlegende Veränderung ein: Die Humanisten sahen sich nun einem ständig zunehmenden Druck von seiten der in der Kathedralstadt institutionell und
geistig verankerten katholischen Orthodoxie gegenüber. Dennoch konnte 1553/54 als vielleicht klarstes Zeugnis
dieser Reform-Phase das sogenannte Kollektenbuch erscheinen, das den Gläubigen in der Kommunion den Laienkelch zugestand[34].

4. Konfessionelle Polarisierung und Sieg des Luthertums — 1556 bis 1570.

Das Scheitern des Dortmunder Reformmodells wurde endgültig 1556 offenbar, als es erstmals seit 1532 wieder zu
einem Bürgerauflauf gegen die Religionspolitik des Magistrates kam. Damit begann auch in der westfälischen
Reichsstadt das Ringen zwischen zwei formierten Konfessionsparteien. Es endete mit einem in mehreren Etappen
erfochtenen Sieg des Luthertums. Die Vermittlungstheologie wurde verdrängt durch eine zunehmende Polarisierung; an die Stelle der Humanisten Jakob Schöpper — bereits 1554 verstorben — und Johann Lambach traten die

---

30 Vgl. unten S. 178 ff.

31 Vgl. unten Kap. III, 2.

32 Zusammenstellung bei L. v. Winterfeld, Reformation (wie Anm. 5), S. 66 ff.; vgl. auch A. Döring, Johannes Lambach und das Gymnasium zu Dortmund 1543—1582, Berlin 1875, S. 63, 77.

33 Zur reformationsgeschichtlichen Einordnung vgl. unten S. 174 u. a.

34 Näheres unten S. 172.

Vorkämpfer des Konfessionalismus: Johannes Heitfeld und Hermann Hamelmann auf protestantischer, die Kölner Jesuiten auf katholischer Seite, eine personelle Veränderung, die zugleich einen Generationenwechsel signalisierte. Die Reformpartei artikulierte ihre Forderungen nun mit aller Schärfe im protestantischen Sinne: Heitfeld, der Nachfolger Jakob Schöppers als Prediger von St. Marien, verwarf das Messelesen ohne Gemeinde, verzichtete auf den humanistischen Kompromiß des Laienkelches in einer ansonsten katholischen Messe und ging zum lutherischen Abendmahlsritus über. Nicht weniger rigide war die Position von Hermann Hamelmann, der in den 1550er Jahren zum führenden lutherischen Kontroverstheologen Nordwestdeutschlands wurde.

Die konfessionelle Auseinandersetzungen wurden weitgehend von außerhalb der Stadt gesteuert. Heitfeld, den die Bürgerschaft nur kurze Zeit stützen konnte, wirkte nach seiner 1556 erfolgten Entlassung von Wesel aus [35], Hamelmann von Bielefeld, später auch von Lemgo aus auf die protestantische Bewegung Dortmunds ein [36]. Insbesondere Hamelmann verfaßte eine Reihe von Flugschriften und Eingaben zugunsten der reichsstädtischen Protestanten. Auf katholischer Seite antwortete ihm der Kölner Kanonikus Horst. Es kam zu einem Streitschriftenaustausch, der sich bis in die 1570er Jahre hinzog. Auf intellektuell und theologisch niedrigerem Niveau wurde die Kontroverse auch innerhalb des Dortmunder Klerus selbst ausgetragen [37]. Gleichzeitig kam es zu einer offenen sozialen Polarisierung: Gildebürgertum und Honoratioren-Elite traten auf die Seite der Protestanten; die Partizier schwenkten zunehmend auf die Linie der Gegenreformation ein. Um die Entscheidung herbeizuzwingen, strebte Hamelmann eine Disputation an [38]. Solche akademischen Streitgespräche zwischen Anhängern und Gegnern Luthers hatten während der 1520er und 1530er Jahre im gesamten deutschen Sprachraum eine wichtige Rolle ge-

Abb. 22: Hermann Hamelmann (1526—1595), der „Reformator Westfalens"

spielt. Als Instrument der Urteils- und Konsensfindung entsprachen sie in besonderer Weise den geistigen und sozialen Normen sowohl des Stadtbürgertums als auch des Protestantismus. Nach Aufforderung von seiten eines Theologen wurden sie in der Regel durch den Rat veranstaltet, häufig mit Beteiligung der Bürgerschaft als Urteilsfinder. Sie endeten meist mit dem Sieg der neugläubigen Theologen und anschließendem Übertritt der Gesamtstadt zur evangelischen Lehre [39]. Bezeichnenderweise funktionierte dieser Weg städtisch-bürgerlicher Urteilsfindung über den rechten Weg zum Heil auf dem Höhepunkt der Konfessionalisierung in der zweiten Hälfte des 16. Jahrhunderts nicht mehr: Im Bestreben, ihre Konfessionspartei nicht zu präjudizieren, beharrten sowohl Hamelmann als auch Horst darauf, Ort und Bedingungen des Streitgespräches festzulegen. Und der Dortmunder Rat be-

35 Beleg bei H. Hamelmann (wie Anm. 7), S. 218, Anm. 3.

36 Zu H. Hamelmann vgl. Kl. Löffler, Hermann Hamelmann, in: Westfälische Lebensbilder, Bd. IV, Münster 1933, S. 90—99, mit weiterer Literatur.

37 L. v. Winterfeld, Reformation (wie Anm. 5), S. 89 f.; ausführlich zum Streitschriftenaustausch Kl. Löffler, Reformationsgeschichte der Stadt Dortmund, in: Beiträge 22 (1913), S. 183—243, hier S. 214 f.; Th. Legge, Flug und Streitschriften der Reformationszeit in Westfalen (1523—1583), Münster 1933, S. 84—94 und S. 160—178.

38 Kl. Löffler, a. a. O., S. 218 ff.

39 Grundlegend dazu B. Moeller, Zwinglis Disputationen, in: Zeitschrift der Savigny-Stiftung für Rechtsgeschichte, Kanonistische Abteilung 56 (1970), S. 275—334 und 60 (1974), S. 213—364.

saß den streitenden Konfessionen gegenüber weder Autorität noch Unabhängigkeit, ein solches Treffen in Dortmund selbst zu organisieren, war er doch längst Partei geworden bzw. in zwei Parteiungen zerfallen[39a].

Neben der Publikation von Streitschriften und den Eingaben an den Rat bemühte man sich natürlich auch direkt um die Bürgerschaft. Erfolg war nur den Protestanten beschieden. Die genauen Wege lassen sich auch jetzt nicht erkennen. Es hat den Anschein, daß Johannes Lambach, der 1556 im Moment der Polarisierung zunächst in den Hintergrund getreten war, bald wieder die Führung der Reformpartei übernahm — nun aber in eindeutig protestantischem Sinne. Ähnlich entschieden sich einige nachgeordnete Kleriker. Dagegen gelangten in die Pfarrstellen zunächst überwiegend patrizische Reformgegner[40]. Da sie ihr Amt aber eher als Machtposition denn als Auftrag für eine katholische Seelsorgetätigkeit begriffen und auch sonst die organisatorischen und personellen Mängel des alten Kirchensystems — namentlich die Pfründenhäufung — nicht beseitigt wurden, war mit dieser gegenreformatorischen Konsolidierung keine Zunahme der geistig-religiösen Anziehungskraft des Katholizismus verbunden. Parallel zur Ausbreitung des Protestantismus in der Bürgerschaft erlangten die Lutheraner in den 1560er Jahren dann auch die Mehrheit innerhalb der Pfarrerschaft[41]. Lediglich die Patrizierfamilien entschieden sich überwiegend für den Katholizismus. Da aber inzwischen ihre politische und soziale Stellung innerhalb der Reichsstadt entscheidend geschwächt worden war, fiel es der Koalition zwischen Bürgerschaft und nicht-patrizischem Teil der Elite nun relativ leicht, ihren Willen zur Reformation in entsprechende Ratsbeschlüsse umzusetzen.

Die Auseinandersetzungen konzentrierten sich bezeichnenderweise auf das Abendmahlsverständnis, das nicht nur zwischen Katholiken und Protestanten kontrovers war, sondern auch innerhalb des evangelischen Lagers zwischen Lutheranern und Reformierten bzw. Calvinisten. Theologisch heftig umkämpft, wurden Abendmahlsbegriff und Abendmahlsgottesdienst in der zweiten Hälfte des 16. Jahrhunderts auch für die Laien zum wichtigsten Unterscheidungskriterium der Konfessionen. In manchen Fällen bildeten sie sogar den massenwirksamen Kristallisationspunkt für sozial und politisch bestimmte Parteiungen innerhalb der Städte. Dabei läßt sich allgemein beobachten, daß die rationale Auslegung der Reformierten insbesondere im Gelehrtenbürgertum Anklang fand. In Dortmund waren es wiederum vor allem die Lehrer des Gymnasiums sowie ein weiterer Kreis von Humanisten, die der reformierten Abendmalslehre anhingen und für deren offizielle Übernahme eintraten. Gildebürgertum und Rat — dieser wohl nicht zuletzt wegen reichsrechtlicher Bedenken gegen den vom Augsburger Religionsfrieden ausgeschlossenen Calvinismus — stellten sich aber hinter die lutherische Pfarrerschaft: Das Religionsmandat von 1570, mit dem die Reformation endgültig eingeführt wurde, schlug einen scharfen Ton gegen alle „Sektierer" an und bedrohte sie mit der Verfolgung[42]. Den damit begründeten Status der Rechtlosigkeit konnten die Reformierten erst Ende des 18. Jahrhunderts überwinden.

Auch die endgültige Wende zur lutherischen Reformation erfolgte in Dortmund nicht in Form eines radikalen Bruches, sondern stufenweise[43]. Nach einer entsprechenden Eingabe von lutherisch gesinnten Bürgern und Pfarrern ordnete der Rat am 19. März 1562 an, daß fortan in allen Pfarrkirchen der Stadt das Abendmahl je nach Wunsch des Empfangenden entweder nur in einer oder in beiden Gestalten — d. h. als Oblate und Kelch — ausgeteilt werden sollte, und zwar unter Beibehaltung des überkommenen, altkirchlichen Ritus[44]. Ob er damit die Aufspaltung der Stadtkirche zulassen wollte, wie Luise von Winterfeld meint[45], müssen wir weiter unten erörtern. Zu beachten ist jedenfalls, daß bis Anfang 1567 in den benachbarten Herzogtümern in Fortsetzung der humanisti-

39a   Ein weiterer Disputationsversuch ist aus dem Jahre 1604 zwischen einem gegenreformatorischen Franziskanermönch und den lutherischen Gymnasiallehrern belegt. (Muhler, Annales, wie Anm. 59. S. 50) Im konfessionellen Zeitalter waren an die Stelle der städtischen Reformationsdisputationen Kanzelpolemik und Schuldisputationen getreten, bei denen die Konfessionen unter sich waren.

40   L. v. Winterfeld, Reformation (wie Anm. 5), S. 89 f.

41   Ebda. S. 90 f.

42   Abdruck bei A. Fahne (wie Anm. 14), Bd. 4, S. 95 ff. Das Verbot des Calvinismus wurde 1611 wiederholt, ebda., S. 102 f.

43   Dazu L. v. Winterfeld, Reformation (wie Anm. 5), S. 90 ff. mit Einzelbelegen; Quellenanhang S. 119 ff. Abdruck der wichtigsten Eingaben und Edikte bei A. Fahne (wie Anm. 14), Bd. 2, S. 366 ff.; Bd. 4, S. 91—101.

44   Ebda. Bd. 4, S. 91 f.; A. Döring, Johannes Lambach und das Gymnasium zu Dortmund 1543—1582, Berlin 1875, S. 103.

45   L. v. Winterfeld, Reformation (wie Anm. 5), S. 93.

schen Reformlinie an einer Kirchenordnung gearbeitet wurde, die ebenfalls den Laienkelch zugestand. Wegen der fortgeschrittenen Konfessionalisierung konnte sie allerdings nicht mehr in Kraft treten. Auch Dortmund schwenkte in den nächsten Jahren endgültig in das evangelische Lager ein: 1563 war die Mehrzahl der Pfarrer protestantisch; 1564 wurden deutsche Gesänge zugelassen und lutherische Gebets- und Gesangbücher eingeführt; 1567/68 die Elevation während der Messe abgeschafft. Schließlich verpflichtete das schon erwähnte Religionsedikt von 1570 die Bürgerschaft auf ein einziges, einheitliches Glaubensbekenntnis, das nach Lage der Dinge nur das lutherische sein konnte. Im selben Jahr legten die städtischen Prädikanten ein lutherisches Bekenntnis, die ,,Confessio Praedicantium Tremoniensium", vor[46].

5. Die Behauptung des Luthertums gegenüber den Ansprüchen der Gegenreformation — 1570 bis 1648.

Bereits die protestantischen Chronisten des 17. Jahrhunderts haben das Jahr 1570 als den Schlußpunkt eines langen Umwandlungsprozesses von der mittelalterlich-altgläubigen zur neuzeitlich-lutherischen Stadtkirche begriffen. Und als 1577 die lutherischen Territorial- und Stadtkirchen zu einer Konferenz über ein einheitliches Glaubensbekenntnis zusammengerufen wurden, erging zu diesem Konkordienwerk auch an die Stadt Dortmund eine Einladung[47]. Die westfälische Reichsstadt galt somit auch im Reich als lutherisch. Dessenungeachtet war die Neuorganisation der protestantischen Stadtkirchen noch nicht abgeschlossen, und die Dortmunder Katholiken, eine kleine, aber institutionell und machtmäßig gefestigte Minderheit, hatten die Hoffnung auf eine Rückgewinnung der Stadt noch nicht aufgegeben. Zudem war die rechtliche und organisatorische Herauslösung der Stadtkirche aus der katholischen Organisation kompliziert[48]. Die Rechte des Kölner Offizials bestanden zunächst fort. Erst 1585 übernahm der Rat die volle Einsetzungsgewalt über die städtischen Pfarrer. Die geistliche Jurisdiktion des Offizials, der weiterhin Dortmunder Bürger vor sein Gericht zog, wurde 1589 durch einen für die Stadt erfolgreich verlaufenen Prozeß am Reichskammergericht beseitigt. Dennoch reaktivierte der Kölner Archidiakon auf Betreiben des Dortmunder Patriziers und Klerikers Johann Klepping das Amt des Offizials 1625 nochmals für einige Jahre in gegenreformatorischer Absicht.

Wegen der im Augsburger Religionsfrieden enthaltenen Schutzklausel für katholische Institutionen in protestantischen Reichsstädten war es dem Dortmunder Rat unmöglich, alle Einwohner der Stadt der lutherischen Kirche zu unterstellen. Die drei Klöster blieben erhalten und bildeten fortan den institutionellen und personellen Rückhalt für die religiöse und gottesdienstliche Versorgung einer Handvoll katholischer Familien vorwiegend aus dem Kreis des Patriziates. Der protestantische Rat versuchte zwar, die öffentliche Religionsausübung der Katholiken möglichst auf einen Gottesdienst am Sonntag zu beschränken und ihnen die Parochialrechte zu verwehren. Vor allem sollten Taufen und Eheschließungen nur an den jetzt lutherischen Pfarrkirchen durchgeführt werden, was der Vorstellung eines einheitlichen geistlich-weltlichen Bürgerverbandes entsprach und die Personenstandskontrolle des Magistrates erleichtert hätte. Diese Forderung ließ sich jedoch nicht durchsetzen. Und die evangelische Stadt mußte sich schließlich sogar damit abfinden, daß ab 1616 zusätzlich zu den Dominikanern auch die Franziskaner vom Kölner Erzbischof die Pfarrechte verliehen erhielten.

Die gegenreformatorische Partei unter den Katholiken benutzte diese Rechte wiederholt zu Machtdemonstrationen und als Ansatzpunkt für Rekatholisierungsbestrebungen, ein Ziel, dem sie 1604 und 1628 ganz nahe schien, als kaiserliche Mandate anordneten, daß den Katholiken alle Kirchen, Kapellen, Schulen, Hospitäler und Armenstiftungen zu restituieren seien. Vor allem 1604 sah es zeitweilig so aus, als ob Dortmund das Schicksal der ebenfalls im letzten Drittel zum Protestantismus übergetretenen Reichsstadt Aachen teilen müßte, die 1598 und endgültig 1614 aufgrund ähnlicher Restituionsmandate von den spanischen Niederlanden aus militärisch unterworfen und rekatholisiert wurde. Daß die Gefahr vorüberzog, war weniger dem entschlossenen Auftreten der Dortmun-

---

46 Abdruck bei A. Fahne (wie Anm. 14), Bd. 4, S. 97—101.

47 Kl. Löffler (wie Anm. 37), S. 231, Anm. 1. — Schreiben des Herzogs Julius v. Braunschweig zum Treffen im Kloster Bergen, vgl. J. Chr. Beurhaus (wie Anm. 11), S. 286.

48 Vgl. A. Schröer, Die Reformation in Westfalen (wie Anm. 1), S. 423—427; J. Mooren, Das Dortmunder Archidiakonat, Köln und Neuß 1853; A. Mette, Die Gegenreformation in Dortmund, in: Beiträge 2 (1875), S.

der Bürgerschaft zuzuschreiben, die vor den kaiserlichen Kommissaren in Waffen erschien und machtvoll für das Luthertum demonstrierte[48a], als der im Vergleich zu Aachen günstigeren geopolitischen Lage Dortmunds. Die machtpolitische Konstellation konsolidierte sich dann zusätzlich durch den im Dortmunder Vertrag von 1609 besiegelten Übergang der jülich-klevischen Länder an Brandenburg und Pfalz-Neuburg. Insbesondere die Brandenburger erwiesen sich im 17. Jahrhundert als wichtige Stütze für den rheinisch-westfälischen Protestantismus, während die Pfalz-Neuburger bald zum Katholizismus konvertierten. Das zeigt bereits, daß der lutherischen Reichsstadt noch eine Zeit der Unsicherheit bevorstand, die insbesondere in den Wechselfällen des bald darauf ausgebrochenen Dreißigjährigen Krieges wiederholt zur schweren Belastung wurde. Der Dortmunder Gesandte Kumpsthoff mußte noch 1646 in der Städtekurie des westfälischen Friedenskongresses in Osnabrück eine Klage über die Beeinträchtigung der lutherischen Konfession in Dortmund durch den katholischen Archidiakon und Dekan des Kölner Marienstiftes einbringen[48b]. Besonderer Aktivitäten des Städtekollegiums bedurfte es in dieser Angelegenheit allerdings nicht mehr. Mit dem Westfälischen Friedensschluß von 1648 war auch für Dortmund die Zeit der Unsicherheit und der offenen konfessionellen Konfrontation beendet.

III. Die Interpretation: Stadtbürgerliche Gesellschaft in der Reformation und im konfessionellen Zeitalter.

Die Dortmunder Reformationsgeschichte ist jüngst zusammen mit derjenigen von Essen, Aachen, Aalen in Württemberg, Colmar und Hagenau dem Typus der „Spätreformation" zugerechnet worden. Vergegenwärtigt man sich aber, daß die westfälische Reichsstadt nicht weniger als ihre niederrheinisch-westfälischen Nachbarstädte in den 1520er und 1530er Jahren eine starke reformatorische Bürgerbewegung erlebte und daß dort in den 1540er Jahren offensichtlich eigene Wege der Kirchenreform erprobt wurden, so erscheint es angemessener, von einer „Langzeitreformation" als von einer „Spätreformation"[49] zu sprechen. Doch auch dieser Begriff ist nicht ganz sachgerecht, weil der langgestreckte Prozeß kirchlicher Erneuerungsbestrebungen in seinen einzelnen Stadien von unterschiedlichen Reformationskonzeptionen und politischen wie religiösen Konstellationen bestimmt war: von der frühlutherischen Reformation über die Humanisten-Reform bis hin zur konfessionalistischen Reformation der lutherischen Orthodoxie im Wettstreit mit der Zweiten Reformation der Calvinisten auf der einen und der altkirchlich-tridentinischen Kirchenrestauration auf der anderen Seite. — Im folgenden sollen einige der in der Ergebnisbeschreibung hervorgetretenen Problemzusammenhänge systematisch analysiert werden[50].

1.. Die politische Kräftekonstellation in der Region und im Reich.

Die Reichsstadtreformation war sicherlich nicht in demselben Maße von außerstädtischen Konstellationen abhängig wie die im Nordwestraum vorherrschende Land- oder Hansestadtreformation[51]. Doch auch sie wurde von übergreifenden Rechtsverhältnissen sowie vom politisch-diplomatischen und militärischen Kräftefeld der Region und des Reiches beeinflußt. Für eine Reichsstadt war es stets gefährlich, in Gegensatz zur Politik des Reichsoberhauptes oder zum Reichsrecht zu geraten. Häufig ist zu lesen, daß die Präsenz von Reich und Kaiser, und damit auch die Verbindlichkeit ihrer Normen, vom Süden zum Norden abnähmen. Allgemein gesehen, ist das sicherlich

---

48a   D. Mulher, Annales Tremonienses (wie Anm. 59), S. 62.

48b   Acta Pacis Westphalicae, Protokolle, Bd. 6: Die Beratungen der Städtekurie Osnabrück 1645—1649, bearb. von G. Buchstab, Münster 1981, S. 77.

49   So K. v. Greyerz (wie Anm. 1), der aber bereits den Sondercharakter der Dortmunder Vorgänge innerhalb des von ihm beschriebenen Phänomens betont. — Eine ähnliche Reformationsgeschichte mit großen Zwischenräumen zwischen einzelnen Etappen der reformatorischen Bewegung weist im westfälischen Raum *Paderborn* auf.

50   Da die erste Phase der Dortmunder Reformation stark antiklerikale Züge aufweist, wäre das Verhältnis von *Antiklerikalismus und Stadtreformation* einzubeziehen. Aus Raumgründen mußte darauf verzichtet werden. Zum Problemfeld vgl. H. J. Cohn, Reformatorische Bewegung und Antiklerikalismus in Deutschland und England, in: W. J. Mommsen (Hg.), Stadtbürgertum und Adel in der Reformation, Stuttgart 1979, S. 309—329; ders., Anticlericalism in the German Peasant's War 1525, in: Past and Present 83 (Mai 1979), S. 3—21. — Auch die wichtige Rolle, die die evangelischen Prädikanten zwischen Bürgerschaft und Stadtrat spielten, bleibt unerörtert. Daß Dortmund erst so spät lutherisch wurde, hing m. E. wesentlich damit zusammen, daß aufgrund der in Kap. III. 3 beschriebenen Zusammenhänge in der ersten Hälfte des 16. Jahrhunderts keine Lutheraner ins Pfarramt gelangten.

51   Grundsätzliche Ausführungen dazu bei H. Schilling, Die politische Elite (wie Anm. 12a), S. 235—308 und ders., Konfessionskonflikt (wie Anm. 3), S. 73 ff., 138 f.

richtig. Während der Reformationsepoche ist allerdings zu beachten, daß Kaiser Karl V. zugleich Landesherr in den Niederlanden war und an der rheinisch-niederdeutschen Region ein sehr konkretes politisches Interesse besaß[52]. Das änderte sich 1555 mit seiner Abdankung und der Aufteilung der Habsburger Ländermasse. Die deutsche Linie erhielt die Kaisernachfolge und den österreichisch-ungarisch-böhmischen Länderkomplex, während die Niederlande und die italienischen Territorien an Philipp II. von Spanien übergingen. Interessenpolitisch gesehen, traten die deutschen Habsburger Kaiser — zunächst Ferdinand I., dann Maximilian II. und Rudolf II. — im deutschen Nordwestraum fortan eher indirekt in Erscheinung, als Verbündete in der Region „sitzender" oder hier operierender katholischer Mächte, voran der Spanier. Dennoch blieb der Kaiser ein wichtiger politischer Faktor, den die nordwestdeutschen Reichsstädte in ihr politisches Kalkül einzubeziehen hatten. Das gilt vor allem für Rudolf II. (1576—1612) und Ferdinand II. (1619—1637), die den Konflikt um die Reformation der Reichsstadt Aachen (1590er Jahre bis 1614), den Jülicher Erbfolgestreit und besonders den für den Kaiser günstigen Auftakt des Dreißigjährigen Krieges nutzten, um die von Kurköln und den Spaniern angeführte katholische Partei mit kaiserlichen Mandaten und militärischen Operationen zu unterstützen.

Einen noch höheren Stellenwert als das Reichsoberhaupt besaßen im politischen Kalkül der Dortmunder die Herzöge von Jülich-Kleve und der Kurfürst von Köln. Denn beide waren nicht nur die mächtigsten und angesehensten Landesherren der niederrheinisch-westfälischen Region, sondern als Grafen von der Mark bzw. Herren im Vest Recklinghausen zugleich unmittelbare Nachbarn der Reichsstadt. Der Kölner Erzbischof besaß dort darüber hinaus die kirchliche Gewalt. Die Klever Herzöge betrieben seit dem ausgehenden 15. Jahrhundert in ihrem märkischen Territorium die frühmoderne Staatsbildung z. T. auf Kosten Dortmunds. Im 16. Jahrhundert belegten sie die Stadt zeitweilig mit einer Verkehrs- und Wirtschaftsblockade. 1567 mußte sich der Rat zu einem Vergleich bereitfinden, der die herzoglichen Ansprüche teilweise anerkannte[53]. Die bald danach einsetzende innere Schwächung der herzoglichen Regierung sowie der 1609 erfolgte Übergang an Pfalz-Neuburg und an das protestantische Haus Brandenburg haben diesen politischen Druck dann allerdings weitgehend aufgehoben. — Im ausgehenden 16. und im beginnenden 17. Jahrhundert war es der Gegensatz zwischen den katholischen Spaniern und den reformierten Generalstaaten der nördlichen Niederlande, der alle anderen Kräftelinien der Region überlagerte. Beide Parteien dehnten wiederholt ihre Kampfhandlungen bis weit in den rheinisch-westfälischen Raum hinein aus.

Die reichs- und regionalpolitische Konstellation hat die inneren Auseinandersetzungen in der Reichsstadt Dortmund stets unmittelbar beeinflußt: In den 1520er und 1530er Jahren verlief die reformatorische Bürgerbewegung zum Teil synchron mit den protestantenfreundlichen Phasen der kaiserlichen Politik — zunächst des Speyerer Reichstagsabschiedes von 1526, später dann des Nürnberger Religionsfriedens von 1532. Die katholische Reaktion setzte jeweils dann ein, wenn im Reich oder in der Region ein antiprotestantischer Wind wehte: 1529 mit dem entschieden altgläubigen Reichstagsabschied, der selbst die protestantischen Gildevertreter veranlaßte, die katholische Religionspolitik des Rates zu akzeptieren[54]; 1532 mit einem in Dortmund selbst durchgeführten Treffen klevisch-märkischer und lippischer Räte, anberaumt, um die Reformation in Soest und Lippstadt zu stoppen; 1533/34 im Zusammenhang mit dem Münsteraner Täuferreich, als sich im Nordwestraum Furcht vor kaiserlich-habsburgschen Expansionsabsichten ausbreitete[55] und selbst protestantische Fürsten wie Philipp von Hessen meinten, die Veränderungsdynamik in Westfalen bremsen zu müssen; schließlich vor allem 1548 nach der doppelten Niederlage des politischen Protestantismus im Kampf um die von Wiedsche Reformation in Köln und im Schmalkaldischen

52   F. Petri, Karl V. und die Städte im Nordwestraum während des Ringens um politisch-kirchliche Ordnung in Deutschland, in: Jb. d. Ver. f. Westf. Kirchengeschichte 71 (1978), S. 7—31; ders., Norddeutschland im Wechselspiel der Politik Karls V. und Philipps des Großmütigen von Hessen, in: Zeitschr. d. Ver. f. Hess. Gesch. u. Landeskunde 71 (1960), S. 37—60; ders., Herzog Heinrich d. Jüngere v. Braunschweig-Wolfenbüttel. Ein niederdeutscher Territorialfürst im Zeitalter Luthers und Karls V., in: Archiv f. Reformationsgeschichte 72 (1981), S. 122—157. — Weder in Dortmund noch in Wien ließen sich bislang Quellen zu den Beziehungen zwischen Dortmund und Karl V. nachweisen. Freundliche Mitteilung des Herrn Kollegen Petri (Münster), der gegenwärtig ein Projekt zum Thema „Karl V. und die nordwestdeutschen Städte" bearbeitet.

53   L. v. Winterfeld, Geschichte der freien Reichs- und Hansestadt Dortmund, Dortmund 7. Aufl. 1981, S. 126, 129; A. Fahne (wie Anm. 14) Bd. 2, S. 372 f. Die Düsseldorfer Regierung hatte Dortmund mit einer Wirtschaftsblockade belegt, um den Handel ins märkische Hörde zu ziehen, vgl. D. Westhoff (wie Anm. 11), S. 446, 448.

54   Vgl. oben Kap. II, 2.

55   F. Petri, Karl V. und die Städte (wie Anm. 52), S. 11.

Krieg. — Auch das Dortmunder Modell einer Humanisten-Reform stand in einem überstädtischen Bedingungs-
zusammenhang, der insbesondere von gleichgerichteten Tendenzen in den niederrheinischen Herzogtümern bestimmt wurde[56].

Die mit dem Augsburger Religionsfrieden erreichten neuen reichsrechtlichen und reichspolitischen Grundlagen
wurden in zweifacher Hinsicht für den weiteren Gang der Dortmunder Geschichte bestimmend: Einerseits haben
sie dem Katholizismus auf Dauer den Verbleib in der Stadt garantiert und angesichts des für die Zeit nach 1555
umstrittenen Reformationsrechtes der Reichsstädte den Rat, als er schließlich mehrheitlich für eine Reformation
eintrat, zu einem äußerst vorsichtigen Taktieren gezwungen. Andererseits mußte das politisch-reichsrechtliche Kalkül die Dortmunder Kirchenerneuerung bekenntnismäßig auf das Luthertum festlegen, da der Calvinismus ausdrücklich vom Religionsfrieden ausgeschlossen war. Beide Faktoren zusammengenommen erklären die zunächst
befremdliche Tatsache, daß der formelle Übertritt Dortmunds auf die evangelische Seite nicht mit einer positiven
Verpflichtung auf das Luthertum erfolgte, sondern durch einen allgemein gehaltenen Aufruf zur Bekenntniseinheit,
verbunden mit der Absage an den Calvinismus. Notwendig geworden war diese entschiedene innerprotestan-
tische Abgrenzung dadurch, daß im rheinisch-westfälischen Raum die im ausgehenden 16. Jahrhundert im Reich
allenthalben festzustellende Ausbreitungsdynamik des Calvinismus — das Phänomen der sogenannten „Zweiten
Reformation"[57] — angesichts der Nähe zu den Niederlanden besonders stark ausgeprägt war, sei es aufgrund der
traditionell engen geistigen Verbindungen in das Nachbarland, sei es aufgrund der seit Mitte des 16. Jahrhunderts
verstärkt festzustellenden Einwanderung niederländischer Flüchtlinge.

Das politische Kalkül, das hinter dieser entschiedenen Option für das Luthertum stand, hat sich in der kurz darauf
einsetzenden und bis in den Dreißigjährigen Krieg hinein andauernden Zeit der konfessionell und machtpolitisch
bedingten Krise bewährt: Das zeigt ein Vergleich mit der Reichsstadt *Aachen,* wo abgesehen von der gegenüber
Dortmund ungünstigeren geostrategischen Lage — Nähe zu dem von Spaniern beherrschten Teil der Niederlande —
insbesondere die calvinistische Prägung der dortigen protestantischen Bewegung dem Kaiser und den Spaniern eine Handhabe zur reichsrechtlichen Verurteilung mit anschließender militärischer Unterwerfung bot, ohne daß sich
innerhalb des überwiegend lutherisch bestimmten Reichsprotestantismus entschiedener Widerstand geregt hätte.
Dagegen konnte sich Rudolf II. im Falle Dortmunds nicht entschließen, die in seinem Rekatholisierungsmandat
von 1604 enthaltene Drohung gewaltsamer Exekution zu verwirklichen. Dieses Zögern ist u. a. auf die Fürsprache
der Kurfürsten von Brandenburg und Sachsen — letzterer Oberhaupt der lutherischen, kaisertreuen Ständepartei
— sowie der ebenfalls lutherischen Reichsstädte Straßburg, Nürnberg, Frankfurt am Main und Ulm
zurückzuführen[58]. — Die Entscheidung für das Luthertum hat im übrigen guten Beziehungen zu der calvinistischen Republik der nördlichen Niederlande nicht im Weg gestanden, wie u. a. zwei 1606 und 1607 von den Generalstaaten erlassene Sauvegarde-Patente belegen[59]. Neben den reichsstädtischen Verteidigungsanstrengungen mag
diese wohlwollende Haltung der Generalstaaten dazu beigetragen haben, daß die im ersten Jahrzehnt des 17. Jahrhunderts konzentrierten Aktionen der Gegenreformation im Falle Dortmunds nicht in einem entschiedenen Angriff der gefürchteten spanischen Militärmacht gipfelten.

Als Fazit ist festzuhalten, daß die geistigen, rechtlichen und machtpolitischen Kräftelinien des Reiches und des
Nordwestraumes in doppelter Hinsicht den inneren Gang der Dortmunder Geschichte mitbestimmt haben: Sie
sind direkt eingegangen in die religiösen und kirchenpolitischen Bewegungen selbst, und zwar sowohl in die früh-
lutherische „Bürgerreformation" und die Humanisten-Reformation der 1540er Jahre als auch nach der Jahrhundertmitte in die katholischen Restaurationsversuche sowie in den Aufstieg der lutherischen Orthodoxie und in die
Niederlage der Calvinisten. Zweitens haben sie die offizielle Politik des Rates beeinflußt, der für Sicherheit und

---

56   Vgl. unten Kap. III, 3.

57   Allgemeine Überlegungen mit weiterführender Literatur bei H. Schilling, Konfessionskonflikt (wie Anm. 3), S. 45 ff.; S. 157 ff.; S. 387 ff.

58   L. v. Winterfeld, Geschichte Dortmunds (wie Anm. 53), S. 131.

59   Annales Tremonienses. Kurze Chronik des Kaufmanns Detmar Mulher 1601—1611, bearbeitet von E. v. Weichs, in: Beiträge 68
(1973), S. 5—182, hier S. 77, 81, 89, 91.

Unabhängigkeit der Reichsstadt Sorge zu tragen hatte und der somit stets mehr sein mußte als religiös-kirchliche Interessenvertretung. In der ersten Jahrhunderthälfte stützte dieses politische Kalkül die Gegner der lutherischen Reformation, gab aber zugleich Raum für das alternative Reformkonzept der Humanisten. Nach der 1555 vollzogenen reichsrechtlichen Anerkennung der Lutheraner, dem gleichzeitigen Rückzug des Kaisers auf seine süddeutsche Basis und angesichts der neueinsetzenden, vor allem im niederländischen Unabhängigkeitskrieg wirksamen geistig-politischen Dynamik des nordwesteuropäischen Protestantismus war eine solche Rücksichtnahme nicht mehr zwingend[60]. Nun konnten sich im Innern der Reichsstadt die bereits seit längerem auf eine Reformation hindrängenden Kräfte frei entfalten, wobei die politische Vernunft ihnen allerdings nicht den Weg in das calvinistische, sondern das lutherische Lager wies.

2. Die Humanisten-Reform der 1540er Jahre und ihre Auswirkungen.

Das humanistische Reformexperiment der 40er und frühen 50er Jahre sichert den Dortmunder Ereignissen im Rahmen der Forschungen über die Reichsstadtreformation ein ganz besonderes Interesse. Die Lokalgeschichtsforschung hat daher mit Recht der Gründung des Archigymnasiums im Jahre 1543 sowie der pädagogischen und allgemeinen religionspolitischen Tätigkeit von Dr. Johannes Lambach, alias Böcker, genannt Scaevastes, dem ersten Rektor von 1543 bis 1583, und von Jakob Schöpper, seinem Freund und Kollegen, besondere Aufmerksamkeit geschenkt. Das vordringliche Interesse bestand jedoch stets darin, die neue Schule und ihre Lehrer konfessionell zuzuordnen — als ,,noch katholisch'' oder als ,,bereits evangelisch''[61]. Damit wird jedoch gerade das Eigentümliche der Kirchenpolitik jenes Jahrzehnts verfehlt. Zu einem rechten Verständnis ist es notwendig, die Dortmunder Vorgänge in den Zusammenhang der allgemeinen Geistes- und Schulgeschichte besonders des niederländisch-niederrheinischen Raumes zu stellen.

Das vielschichtige Beziehungsgeflecht zwischen Humanismus und Reformation ist in den letzten Jahren wiederholt intensiv diskutiert worden. Dabei hat sich u. a. gezeigt, daß die ältere Vorstellung eines alle Humanisten bereits verhältnismäßig früh erfassenden Entscheidungsdruckes zwischen Protestantismus und Katholizismus falsch war[62]. Zumindest bis Mitte des Reformationsjahrhunderts lassen sich in Süd- und Westeuropa ebenso wie im Reich mehr oder weniger starke Gruppierungen von Humanisten, vor allem aus dem Schülerkreis des Erasmus von Rotterdam, nachweisen, die mit im einzelnen unterschiedlichem Erfolg den Versuch unternahmen, auf einem Mittelweg (via-media) eine eigenständige Kirchenerneuerung zwischen lutherischer Reformation und katholischer Gegenreformation zu verwirklichen. Vor allem der Wiener Historiker Heinrich Lutz hat auf die gesamteuropäischen Ausmaße dieses Phänomens aufmerksam gemacht, wobei er insbesondere auch die Religionspolitik Kaiser Karls V. diesem Mittelweg zuzuordnen versucht. Er schlägt vor, die dualistische Reformationsforschung durch eine ,,trialistische Perspektive'' zu ersetzen[63]. — Innerhalb des Reiches ist es vor allem die an die Niederlande angrenzende, bereits im ausgehenden Mittelalter vom Humanismus stark beeinflußte niederrheinisch-westfälische Region, in der sich bis in die 1560er Jahre hinein deutliche Spuren des humanistischen via-media-Konzepts finden lassen. Im bedeutendsten Territorialstaat des Raumes, den Vereinigten Herzogtümern von Jülich und Kleve, denen auch die Grafschaft Mark angeschlossen war, richtete sich bekanntlich über mehrere Jahrzehnte sogar die offizielle Kirchenpolitik daran aus, gefördert durch so einflußreiche Persönlichkeiten wie die herzoglichen Kanzler bzw. Räte Johann

---

60   Allgemein zur politischen und geistigen Lage des Nordwestraumes: F. Petri und G. Droege (Hg.), Rheinische Geschichte, Bd. 2, Neuzeit, Düsseldorf 1976 und die entsprechenden Bände des Sammelwerkes: Der Raum Westfalen, hrsg. von H. Aubin und F. Petri, Berlin 1931 ff.

61   Extreme Beispiele: Kl. Löffler (wie Anm. 37), mit Beweisführung strenggläubiger Katholizität, ebenso A. Döring (wie Anm. 44); dagegen L. v. Winterfeld, Reformation (wie Anm. 5), M. Ites, Die Leges scholasticae des alten Dortmunder Gymnasiums. Ein Beitrag zur Reformationsgeschichte, in: Jb. d. Ver. f. Westf. Kirchengeschichte 45/46 (1952/53), S. 122—150. — Hinweise auf Erasmianismus — allerdings mit unzureichenden Schlußfolgerungen — bei E. Schröder, Jakob Schöpper in Dortmund, Marburg 1889, S. 3; G. Pfeiffer, Johann Lambach — Sein Leben und Wirken in Dortmund, phil. diss. Münster 1920, S. 56.

62   C. Augustijn, Die Stellung der Humanisten zur Glaubensspaltung 1518—1530, in: E. Iserloh (Hg.), Confessio Augustana und Confutation, Münster 1980, S. 36—48.

63   Zusammenfassend zuletzt bei H. Lutz, Reformation und Gegenreformation, München 1979, S. 66, 75, 128 ff., 146 ff.; R. Wohlfeil, Einführung in die Geschichte der deutschen Reformation, München 1982, S. 114 ff. Jeweils mit weiterführender Literatur. Vgl. auch den Vortrag und den Diskussionsbeitrag von H. Lutz in dem Anm. 62 genannten Sammelband, u. a. S. 58, 60 f.

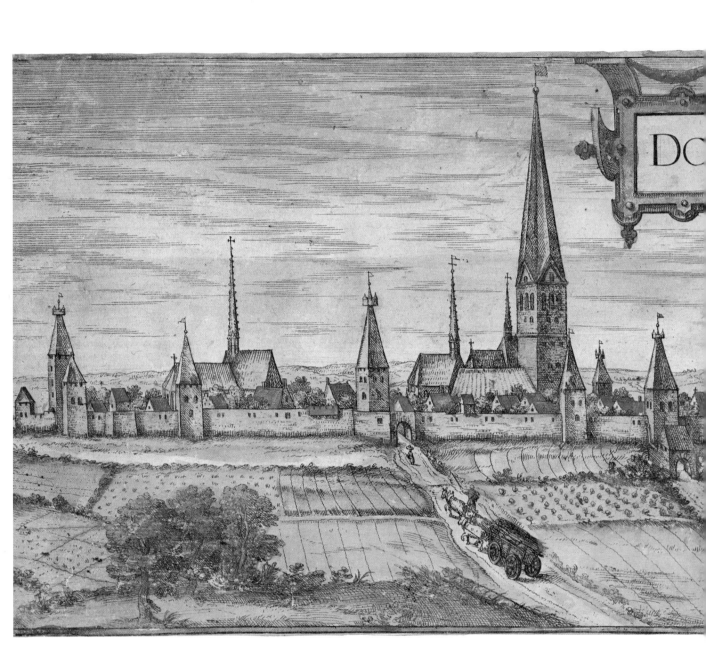

Abb. 23: Franz Hogenberg, Dortmund von der Nordseite.

Kolorierter Kupferstich aus: Georg Braun, Civitates Orbis Terrarum (1572)

Ghogreff, Johannes von Vlatten und Konrad Heresbach[64]. Eine wichtige Rolle spielte dabei das 1545 in Düsseldorf gegründete Gymnasium illustre, das dem als Lehrer und Autor religionspädagogischer Schriften gleichermaßen angesehenen Rektor Johannes Monheim unterstand[65]. In einer etwas anderen Konstellation und nur für einen kurzen Augenblick gewann der Humanismus auch in Bonn, am Hof des Kölner Erzbischofs Hermann von Wied, Einfluß. Mit Philipp Melanchthon und Martin Bucer kam hier aber die protestantische Variante zum Zuge. Als Gegenreaktion siegte bereits 1546 der entschiedene, konfessionalistische Katholizismus, zunächst geführt von Johannes Gropper, später dann durch die Jesuiten.

Johann Lambach (1512—1582),
Gründungsrektor des Dortmunder Archigymnasiums

Aufgrund ihrer allgemeinen geistig-kulturellen Kontakte, ihrer institutionellen Zugehörigkeit zur Kölner Kirchenprovinz und der politischen Einbindung in die Region kam die Reichsstadt Dortmund nahezu zwangsläufig mit diesen Reformansätzen in Berührung: Zu Anfang der 1540er Jahre vor allem mit der Kölner Reformdiskussion, später dann mit der erasmianischen Kirchenpolitik in den Herzogtümern, u. a. über die märkischen Landdekanate im Einflußfeld der Düsseldorfer Regierung[66]. Darüber hinaus wäre zu fragen, inwieweit evtl. auch die von Heinrich Lutz genannten erasmianischen Kräfte am Hof Karls V. von Brüssel her auf die Entwicklung in der nahen westfälischen Reichsstadt eingewirkt haben[67]. Doch auch unabhängig von diesen außerstädtischen Einflüssen gab es in Dortmund hinreichend Ansatzpunkte für eine reichsstädtische Variante des via-media-Konzepts: Neben den Studien in den Klöstern der Franziskaner und Dominikaner[68], für das allgemeine geistige und intellektuelle Leben des spätmittelalterlichen Bürgertums von erheblicher Bedeutung, wenn sie auch für die eigentliche Humanismusfrage nachgeordnet sind, besaßen alle vier Pfarrkirchen Schulen, darunter die große Lateinschule von St. Reinoldi. Ihre Lehrer und ihre Schüler standen seit dem ausgehenden 15. Jahrhundert in regem Austausch mit den Zentren der Devotio moderna und des Humanismus in den Niederlanden, am Niederrhein und im benachbarten Westfalen — mit Deventer, Zwolle, Emmerich und vor allem mit der humanistisch reformierten Domschule in Münster[69].

64   Grundlegend: A. Gail, Johann von Vlatten und der Einfluß des Erasmus von Rotterdam auf die Kirchenpolitik der vereinigten Herzogtümer, in: Düsseldorfer Jahrbuch 45 (1951), S. 1—109; A. Franzen, Die Kelchbewegung am Niederrhein im 16. Jahrhundert, Münster 1955; ders., Das Schicksal des Erasmianismus am Niederrhein im 16. Jahrhundert, in: Hist. Jb. d. Görres-Gesellschaft 83 (1964), S. 84—112.

65   A. Gail (wie Anm. 64), S. 98 ff.

66   A. Franzen, Die Kölner Archidiakonate in vor- und nachtridentinischer Zeit, Münster 1953, S. 97 ff.

67   Vgl. aber zur Quellenlage oben Anm. 52.

68   Vgl. A. Schröer (wie Anm. 10), Bd. 2, S. 213 ff.; K. Eubel, Geschichte der Kölnischen Minoriten-Ordensprovinz, Köln 1906 (= Veröffentlichungen d. historischen Vereins für den Niederrhein I); Th. Rensing (wie Anm. 18).

69   A. Schröer (wie Anm. 10), S. 327; L. v. Winterfeld, Geschichte Dortmunds (wie Anm. 53), S. 118 f.; A. Mette, Geschichte des Gymnasiums zu Dortmund. Festschrift zur 350jährigen Feier seiner Stiftung, Dortmund 1893, S. 5 ff.; A. Mämpel, Dortmunds kulturelle Verbindungen zu den Niederlanden im Umkreis der globalen westfälischen Kontakte, in: Beiträge 69 (1974), S. 5—58; A. Döring (wie Anm. 44), S. 16 ff. Vgl. auch A. Hartlieb von Wallthor, Religiöse und geistige Strömungen am Vorabend der Moderne, in: Der Raum Westfalen, Bd. IV, Münster 1958, S. 298—307.

In den ersten Phasen der Dortmunder Reformationsgeschichte schien diese Schul- und Bildungstradition ähnlich wie in anderen westfälisch-niederrheinischen Städten auch in Dortmund direkt in die lutherische Reformation einzumünden: Der Humanist Urbanus Homberg soll als Rektor der Reinoldi-Schule schon 1526 evangelische Lehren verbreitet haben, und der Magister Johannes Becker aus Schwelm, alias Orgelmacher, damals Kaplan an der Reinoldi-Kirche, hat 1532 im westfälischen „Sturmjahr der Reformation" die traditionellen Beziehungen Dortmunds zu den Münsteraner Humanisten zu dem Versuch genutzt, aus deren Kreis den notorischen Lutheraner Hermann Cothe für Dortmund zu gewinnen[70]. Nachdem aber wegen der Reaktion von 1533/34 der endgültige Durchbruch zur lutherischen Reformation einstweilen gescheitert war, konzentrierte sich der Dortmunder Humanistenkreis zunehmend auf das oben skizzierte via-media-Modell. Am Anfang standen zwei institutionelle Neuansätze, die die Position der Humanisten erheblich stärkten: Bereits 1539 wurde die kleinere Pfarrschule von St. Marien reorganisiert und dem angesehenen Humanisten Petrus Scharpenberg unterstellt, der zuvor Rektor an der Essener Stiftsschule gewesen war und später als Lehrer an das Dortmunder Gymnasium überwechselte[71]. 1543 erfolgte die Gründung einer neuen, städtischen höheren Schule, die nicht mehr als kirchliche Anstalt zu betrachten war. Mit diesem Archigymnasium gewannen die Humanisten eine institutionelle Basis, die es ihnen ermöglichte, für rund ein Jahrzehnt die Dortmunder Kirchenpolitik entscheidend mitzubestimmen.

Bereits der Bildungsgang von Johannes Lambach, der als Rektor des Gymnasiums fast 30 Jahre lang das intellektuelle und religiöse Leben Dortmunds führend mitbestimmte, macht die Ausrichtung dieses Neuansatzes deutlich[72]: Nach seiner Grundausbildung auf der Dortmunder Reinoldischule besuchte Lambach die Schola Paulina in Münster, seit der Reorganisation durch Rudolf von Langen die führende Humanistenschule Nordwestdeutschlands[73], und das Gymnasium von Emmerich zur Zeit seiner höchsten Blüte unter ihrem Rektor Matthias Bredenbach. Danach studierte er an den Universitäten Löwen, Paris, Orléans und Dôle, wobei ihn insbesondere der junge Pariser Professor Petrus Ramus mit seinem antischolastischen und antiaristotelischen Denkansatz bleibend beeinflußte. Die letzten Stationen bildeten ein zweimaliger Aufenthalt an der Hohen Schule in Straßburg, wo er Martin Bucer und Johannes Sturm hörte, sowie juristische Studien bei Johannes Oldendorp, einem der wenigen „modernen" Kölner Professoren, zudem ein Protestant. Es lassen sich somit sowohl Einflüsse des niederländisch-niederdeutschen Humanismus erasmianischer Prägung erkennen als auch solche ober- und mitteldeutscher Art. Eine genaue Analyse von Aufbau und Programm des Lambachschen Gymnasiums belegt aber, daß abgesehen von dem bleibenden Eindruck Petrus Ramus' die tiefsten und dauerhaftesten Impulse vom niederländisch-niederrheinischen Humanismus und seinem Schulsystem ausgegangen sind. Auch in Einzelfragen — wie etwa dem Lektürekanon lateinischer und griechischer Autoren — läßt sich die primäre Ausrichtung an Erasmus von Rotterdam nachweisen[74].

Gleichrangig neben Lambach wirkte der Kaplan von St. Marien, Jakob Schöpper, als Prediger, Schriftsteller und Seelsorger an der theologisch-religiösen Betreuung der Gymnasiasten und bestimmter Bürgerkreise mit. Das Wenige, das wir über seine Ausbildung wissen, deutet ebenfalls auf eine Prägung durch den niederländischen und nordwestdeutschen Humanismus hin[75]. — Auch unter der mit sechs Mitgliedern relativ starken Lehrerschaft[76] befanden sich z. T. namhafte Humanisten, denen man eine aktive Förderung der via-media-Reform zutrauen darf:

---

70   L. v. Winterfeld, Reformation (wie Anm. 5), S. 61 f.; Absagebrief Cothes: ebda, S. 117.

71   L. v. Winterfeld, a. a. O., S. 67; A. Döring (wie Anm. 44), S. 59.

72   A. Döring, a. a. O.; G. Pfeiffer (wie Anm. 61), S. 22 ff.

73   A. Hartlieb von Walthor, Höhere Schulen in Westfalen, in: Westfälische Zeitschrift 107 (1957), S. 1—105, hier S. 18 ff.

74   G. Pfeiffer (wie Anm. 61), Kapitel IV: Lambach als Pädagoge und Förderer des westdeutschen Schulprogrammes, S. 28—55, hier vor allem S. 47 f. — Zum Einfluß des Ramismus: J. Moltmann, Zu Bedeutung des Petrus Ramus für Philosophie und Theologie des Calvinismus, in: Zeitschrift für Kirchengeschichte 68 (1957), S. 295—318.

75   Über Schöppers Vita sind wir weniger gut unterrichtet als über diejenige Lambachs. Dafür sind aber mehr Schriften erhalten: vgl. A. Döring (wie Anm. 44); darin vor allem das von H. A. Junghans verfaßte Kapitel über Schöpper, S. 85 ff.; E. Schröder, Jakob Schöpper in Dortmund und seine deutsche Synonymik. Rektoratsprogramm, Marburg 1889.

76   A. Döring (wie Anm. 44), S. 53 ff.

neben dem bereits erwähnten Petrus Scharpenberg[77] namentlich Cyprianus Vomelius, in Löwen, Wittenberg und Erfurth ausgebildet, später in Mainz und am Reichskammergericht Speyer als Jurist tätig; Quirinus Reinerus, ein Vertreter des holländischen Humanismus mit Verbindungen nach Wesel; in den 1550er Jahren Bernhard Copius, dem münsterländischen Späthumanismus entstammend und später Rektor des Gymnasiums in Lemgo und Professor in Marburg humanistisch-reformierter Konfession[78]; schließlich Philipp Fabricius[79], ein Bruder des in Düsseldorf als Mitarbeiter Johannes Monheims und Freund des einflußreichen Kanzlers Johannes von Vlatten im Sinne der klevisch-jülischen Humanisten-Reformation tätigen Franciscus Fabricius[80]. Nimmt man hinzu, daß in den 1540er Jahren mehrere der in Dortmund tätigen Pfarrer direkt oder indirekt diesem Kreis von Humanisten und Lehrern verbunden waren[81], so wird die starke personelle Verankerung der Humanisten-Reform innerhalb des Dortmunder Geisteslebens vollends deutlich.

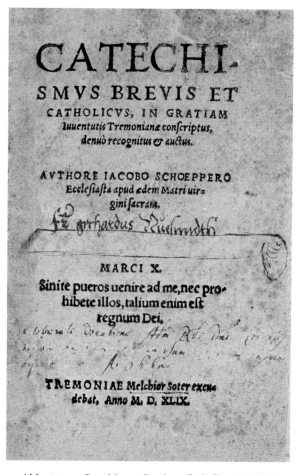

Abb. 25:   „Catechismus Brevis et Catholicus" (1549)
des Jacob Schöpper, Prediger an St. Marien
und Lehrer am Archigymnasium.

Vor der eingangs genannten Forderung nach einer „trialistischen Perspektive" in der Reformationsgeschichtsforschung bedürfte die Position dieser Männer, voran diejenige Lambachs und Schöppers, einer genaueren theologiegeschichtlichen Analyse[82]. Sorgfältig zu beschreiben wären etwa die z. T. erheblichen zeitlichen Veränderungen ihrer theologischen Aussagen in Korrespondenz zu den militärischen, politischen und kirchenpolitischen Ereignissen des Jahrzehnts. Das Scheitern der von Wiedschen Reformation in Köln sowie das Interim von 1548 haben eindeutig die Entfalungsmöglichkeiten der Humanisten-Reform in Dortmund eingeengt. Andererseits ist aber festzuhalten, daß trotz des Versuchs der Kölner Gegenreformatoren, die Dortmunder Humanisten auf ihren katholisch-konfessionalistischen Kurs einzuschwören, noch 1554 das Kollektenbuch publiziert werden konnte, eine vom erasmianischen Geist geprägte Gottesdienstordnung, die in einzelnen Punkten den protestantischen Auffassungen sogar relativ weit entgegen ging[83]. Die prinzipielle Zuordnung der Reformaktivitäten dieses Dortmunder Humanistenkreises zum Modell der vorkonfessionellen, erasmianisch-niederrheinischen via-media-Reform läßt sich indes auch unabhängig von einer solchen theologiegeschichtlichen Detailanalyse belegen:

So ist die erwähnte Anpassungsbereitschaft an die jeweiligen politischen und kirchlichen Rahmenbedingungen — besonders deutlich bei der Neubearbei-

---

77 Vgl. oben S. 171.

78 A. Döring (wie Anm. 44), S. 70.

79 Ebda. S. 113.

80 A. Gail (wie Anm. 64), S. 99.

81 Vgl. oben Kap. II, 3.

82 Zur Quellenbasis vgl. A. Döring (wie Anm. 44), S. 86; Auszüge aus der ersten Auflage des Katechismus und des Kollektenbuches bei L. v. Winterfeld, Reformation (wie Anm. 5), S. 143 ff.

83 Ebda. S. 84 ff.

tung des von den Kölner Gegenreformatoren als häretisch kritisierten Schöpperschen Katechismus[84] — nicht als Ausdruck von Prinzipien- oder Charakterlosigkeit zu interpretieren, sondern als Wesensmerkmal eines humanistischen Reformkonzeptes, das sich einer dogmatischen Fixierung, wie es die sich festigenden Konfessionskirchen verlangten, zu entziehen trachtete. Typisch ist auch der Versuch, die Reformen ohne Bruch mit den bestehenden Institutionen durchzuführen, was ja noch bei den erst im nachhinein als Schritte zur lutherischen Reformation erkennbaren Ratsbeschlüssen der 1560er Jahre der Fall war[85]. In diesem Sinne waren die Dortmunder Humanisten Verteidiger des alten Kirchensystems. Damit hängt eng zusammen der Pragmatismus und die bewußt konfessionsneutrale Pädagogik — auch und gerade die Religionspädagogik —, die die Humanisten-Reform abhebt von der gewollten Erziehung zur Parteilichkeit durch die Orthodoxie — in den Schulen der Jesuiten ebenso wie in denjenigen der Lutheraner und Calvinisten. „Nie reformiert, sondern ... von Tag zu Tag mehr deformiert wird die Kirche, wenn man nicht vereint dahin arbeitet, daß ... aus unseren Schulen pflichtgetreue und der Bibel wohlkundige Theologen und Prediger hervorgehen", diese gleichermaßen pädagogisch wie kirchenpolitisch bedeutsame Maxime Johann Lambachs verweist deutlich auf den erasmianisch-humanistischen Frömmigkeitstypus und auf das mit ihm verbundene pragmatische, evolutionäre Reformkonzept[86].

Dieser Ausrichtung auf eine biblisch-christlich fundierte intellektuelle und religiöse Erziehung von Männern, die die Kirche aus der Spaltung und der Krise herausführen sollen, entspricht das bewußt unkonfessionelle, später dann überkonfessionelle persönliche Kontaktfeld dieser Humanisten: Lambach hat es sich bereits durch seinen Bildungsgang erworben und hat es bis zu seinem Lebensende nie prinzipiell verlassen[87]. Friedrich Beurhaus, in den 1550er Jahren Schüler, im letzten Drittel des 16. Jahrhunderts Rektor des Dortmunder Gymnasiums, war in der zweiten Hälfte der 1550er Jahre Erzieher bei der bekannten westfälischen Adelsfamilie von Fürstenberg. Obgleich sich alle drei seiner Zöglinge später für das katholisch-gegenreformatorische Lager entschieden — vor allem Dietrich als Bischof von Paderborn — und Beurhaus selbst protestantisch wurde, blieb der Kontakt bis in die Phase der konfessionellen Polarisierung in den 1580er Jahren hinein erhalten[88], und zwar auf der Basis des alten konfessionsneutralen Bildungsideales der Humanisten, das in der von Lambach begründeten Dortmunder Tradition stark von der Philosophie des Petrus Ramus geprägt war[89]. Ungeachtet der seit dem ausgehenden 16. Jahrhundert auch von Dortmund mitvollzogenen Konfessionalisierung von Kirche und Gesellschaft blieb in den Dortmunder Humanistenkreisen bis in die ersten Jahrzehnte des 17. Jahrhunderts hinein das Verlangen nach solchen überkonfessionellen Kontakten bestehen[90].

Schließlich gibt sich das Wirken Lambachs und Schöppers auch in seiner eigentlichen theologisch-religiösen Stoßrichtung als dem erasmianisch-humanistischen Modell verpflichtet zu erkennen: Der Predigttätigkeit Schöppers, die in vier von Lambach herausgegebenen Bänden greifbar ist, war, nach der Analyse von Junghans zu urteilen[91], ein synkretistischer Zug zu eigen. Predigten, die eine orthodox-katholische Lehre widerspiegeln — etwa im Abendmahlsverständnis —, stehen neben solchen mit lutherischen Anklängen — etwa in der Rechtfertigungslehre

84   A. Döring (wie Anm. 44), S. 78; L. v. Winterfeld, Reformation (wie Anm. 5), Anhang.

85   Vgl. oben Kap. II, 4.

86   Vorrede zu Bd. I der von Lambach ab 1557 edierten Predigten J. Schöppers, zitiert bei A. Döring / H. A. Junghans (wie Anm. 44 und 75), S. 89; deutsche Übersetzung in Anlehnung an Th. Mellmann, Das Archigymnasium in Dortmund, Dortmund 1807 S. 58 f. Verfehlt erscheint mir gerade auch an diesem Punkt der Versuch Ites (wie Anm. 61, S. 45), den im konfessionellen Sinne evangelischen Charakter der Schule zu beweisen.

87   Vgl. etwa die konfessionelle Zugehörigkeit der Personen, denen Lambach die verschiedenen Bände der Schöpperschen Predigten widmete, A. Döring (wie Anm. 44), S. 81 f.; 89 ff.

88   Ebda. S. 70; W. Fox, Detmar Mulher. Ein Humanist als Dortmunder Geschichtsschreiber und Kartograph, in: Beiträge 52 (1955), S. 109—275, hier S. 142 ff.

89   Bezeichnenderweise widmete Beurhaus seinen ehemaligen Zöglingen eine Ausgabe der Dialektik des Petrus Ramus, A. Döring (wie Anm. 44), S. 69.

90   Ausführlich bei W. Fox (wie Anm. 88).

91   Allgemein zur Theologie der Erasmianer: A. Franzen (wie Anm. 64), S. 94. Zur Theologie Schöppers vgl. H. A. Junghans bei A. Döring (wie An. 44 und 75), S. 85—99.

sowie in Teilen des Kirchenbegriffes. Doch nicht die konfessionell zurechenbaren Elemente machen den Charakter dieser Predigten aus. Vorherrschend ist vielmehr der Eindruck eines konfessionsneutralen christozentrischen Biblizismus sowie einer dogmatischen Farblosigkeit, die die Aussagen Schöppers deutlich von den polemischen Kontroverspredigten der konfessionellen Orthodoxie unterscheidet. Es ist dann auch bezeichnend, daß die Predigtsammlung, die zwischen 1557 und 1561 von Lambach als Beispiel katholisch-evangelischer Homiletik vorgelegt wurde, Anfang des 17. Jahrhunderts auf dem Index der Gegenreformation erschien, während sie nachweislich von Protestanten als Postille und Predigtanleitung benutzt wurde[92]. Es paßt zu diesem irenistischen Grundton ebenso wie zu der den Humanisten eigenen Rationalität und ihrem Streben nach Reinigung des kirchlichen Lebens von Auswüchsen des Brauchtums und der Zeremonien, wenn Schöpper das Thema der Heiligenverehrung, vor allem die Mittlerfunktion Mariens, mied[93]. Dem entspricht auch die 1548 wohl auf Drängen Lambachs und Schöppers vom Rat verfügte Einstellung der Heiligentracht — übrigens 2 Jahre nach einem ähnlichen Erlaß in den benachbarten Herzogtümern! —, die man später fälschlicherweise als ersten Schritt zur lutherischen Reformation deutete[94]. Auch die 1551 erstmals nachweisbare Eidesformel ohne Anrufen der Heiligen ist in diesem Zusammenhang zu sehen, ohne daß jedoch auszuschließen ist, daß im Einzelfalle auch eine echt lutherische Grundhaltung dahinter stand[95]. — Ähnlich verhält es sich mit der im wesentlichen auf zwei Heilsmittel reduzierten Sakramentenlehre in der ersten Auflage des von Schöpper verfaßten Dortmunder Katechismus, die Hauptanlaß zu der disziplinarischen Vermahnung seitens der Kölner Gegenreformatoren wurde[96].

Die Protestanten haben insbesondere diese Übereinstimmung mit der Lehre Luthers dazu benutzt, in den konfessionalistischen Rechtsstreitigkeiten Schöpper als den ihren zu reklamieren[97]. Aber auch dieses Bemühen, die Sakramente auf die ursprünglich biblische Form zurückzuführen, war ein charakteristisches Anliegen der Erasmianer.

Öffentlichkeitswirksame Hauptelemente des erasmianischen Reformmodells waren bekanntlich Laienkelch und Priesterehe[98]. Auch in diesen Fragen steuerten die Dortmunder Reformkreise einen entsprechenden Kurs: bereits Ende der 1530er Jahre trat Johannes Barop, Priester an der Marienkirche — also ein direkter Kollege Jakob Schöppers —, offiziell in den Ehestand, ohne daß er zuvor seine Kirchenämter niedergelegt hätte[99]. Und 1547 wurde unter großer Anteilnahme der Bürgerschaft die Hochzeit Johann Lambachs gefeiert, der bis dato ebenfalls Kleriker gewesen war. Den Laienkelch innerhalb der ansonsten katholischen Messe hat Schöpper schon 1548 in der ersten Auflage seines Katechismus zugestanden[100]. Spätestens mit dem 1554 eingeführten Kollektenbuch wurde der Laienkelch dann auch tatsächlich praktiziert, unter anderem von Johannes Heitfeld, der ihn bald aber im protestantischen Sinne umdeutete. Noch die 1562 durch einen Ratsbeschluß eingeführte Wahlfreiheit der Kommunizierenden zwischen dem Empfang des Abendmahls in einer oder in zwei Gestalten im Rahmen einer sonst unver

---

92   Ebda. S. 83, 85.

93   Ebda. S. 90 f.

94   So schon Scheibler, vgl. R. Franz (wie Anm. 6).

95   L. v. Winterfeld, Reformation (wie Anm. 5), S. 83.

96   A. Döring (wie Anm. 44), S. 77; R. Franz (wie Anm. 6), S. 337 f.; L. v. Winterfeld, Reformation (wie Anm. 5), S. 79, 81, 144 ff.

97   Prozeßdeduktion im Anhang von L. v. Winterfeld, a. a. O., S. 146 ff.

98   Augustijn (wie Anmr. 62), S. 39 ff.; A. Franzen, Schicksale (wie Anm. 64), und ders., Kelchbewegung (wie Anm. 64).

99   Bemerkenswerter Unterschied zu den 1520er Jahren, als Eheschließung und Austritt aus dem Priesterstand in der Regel zu einem demonstrativen Akt der Absage an das alte System zusammengehörten. Beispiel aus Dortmund oben Kapp. II, 2. —Offensichtlich haben auch noch weitere Dortmunder Kleriker damals geheiratet, L. v. Winterfeld, Reformation (wie Anm. 5), S. 80 f.

100 In der Forschung lange kontrovers. Vgl. etwa A. Döring (wie Anm. 44, S. 79) gegen Scheibler. Endgültig belegt — aber als evangelisch-lutherisch mißverstanden — bei L. v. Winterfeld, Reformation (wie Anm. 5), S. 84, 87, Anhang Nr. 9, S. 138, 144 ff., übernommen in Jahrbuch des Vereins für Westfälische Kirchengeschichte 40/41 (1939/40), S. 200, 202. Die Zuordnung zur niederrheinisch-erasmianischen „Kelchbewegung" erklärt die bislang als Widerspruch empfundene Tatsache, daß in den Predigten Schöppers die katholische Abendmahlslehre vertreten wird, Vgl. A. Döring / H. A. Junghans (wie Anm. 44), S. 90.

änderten Meßfeier lag auf dieser humanistischen Linie, die in jenen Jahren ja auch in den Herzogtümern noch einmal zum Tragen kam [100a]. Erst zu Beginn der 1570er Jahre wurde in dieser zentralen Frage der endgültige Schritt zur konfessionellen Kirchenreformation vollzogen, nachdem lutherische Bürger und Pfarrer gegen diesen in Deutschland einmaligen Abendmahlsritus protestiert hatten [101].

Stärker noch als bei der territorialen Humanisten-Reform in den niederrheinischen Herzogtümern stellt sich für die in Dortmund verwirklichte reichsstädtische Spielart die Frage nach dem Verhältnis zu den breiten Schichten des „Kirchenvolkes", war doch für die Reichsstadtreformation eine starke Beteiligung der Bürgerschaft charakteristisch. Das war zunächst ja auch in Dortmund nicht anders gewesen [102]. Dagegen lassen sich für die 1540er und frühen 1550er Jahre keine Anzeichen einer „Bürger-" oder „Volksbewegung" finden. Die Humanisten-Reform war ihrem Wesen nach ein Intellektuellen- und Elitephänomen. Die Gründung des Gymnasiums und höchstwahrscheinlich auch die kirchlichen Reformexperimente der Humanisten wurden maßgeblich von patrizischen Ratsherren mitgetragen, voran von den selbst humanistisch gebildeten Bürgermeistern Lambert und Nikolaus Berswort, denen Jakob Schöpper 1550 seine Tragikkomödie „Monomarchia Davidis et Goliae" widmete [103]. Wenn diese Gruppe noch bei von Winterfeld als Hort der katholischen Reaktion erscheint, so ist das eine späte Folge Hamelmannscher, und das heißt orthodox-konfessionalistischer Klassifizierung, die zudem erst in den 1560er Jahren vorgenommen wurde, also nach dem Scheitern der Humanisten. Es waren auch hauptsächlich Angehörige des Patriziates und des Gelehrtenbürgertums, vor denen Schöpper an der St. Marienkirche predigte [104]. Wie stark der Rückhalt der Humanisten-Reformation in der Oberschicht und insbesondere bei bestimmten Gruppen innerhalb des Rates war, zeigen auch noch die Ratsbeschlüsse zu Beginn der 1560er Jahre, die dogmatisch bindende Entscheidungen umgingen und ausdrücklich die Hoffnung auf eine Katholiken und Protestanten gleichermaßen zufriedenstellende Kirchenordnung aussprachen. Man dachte dabei offensichtlich sowohl an den neuen Kaiser Maximilian I. und seine bekannten Neigungen zur Kirchenreform als auch an die jülich-klevische Regierung, die ja bis Anfang 1567 die Arbeit an einer erasmianisch-humanistischen Kirchenordnung fortsetzte [105]. Vielleicht war selbst die Einführung des Gregorianischen Kalenders im Jahre 1583 ein später Nachklang jener Vermittlungshaltung wichtiger Teile der politischen Elite. Ebenso das Bemühen, bei der Neuberufung des Hauptpastors an St. Reinoldi im Sommer 1585 durch Präsentation beim Kölner Dekan formal die weitere Zugehörigkeit zur alten Kirchenprovinz zu dokumentieren. Luise von Winterfeld sieht hinter diesen Beschlüssen konspirative Machenschaften einer kleinen gegenreformatorischen Gruppe des Patriziates, wobei sie allerdings betonen muß, daß ihr die Mehrheitsfähigkeit im Rat „schleierhaft" sei [106]. Wenn unsere Deutung, die noch weiter quellenkritisch zu untermauern wäre, zutrifft, hätten wir einen weiteren Beleg dafür, daß sich in Dortmund Konfessionsbewußtsein und Konfessionalisierung vergleichsweise spät herausbildeten — besaß doch die Kalenderfrage in den paritätischen Reichsstädten Süddeutschlands eine erhebliche konfessionspolitische Signalwirkung [107].

100a Meine Einschätzung wird durch eine Notiz im Monatsbericht der Kölner Jesuitenniederlassung vom 11. April 1563 gestützt: „Die Dortmunder, die die häretische Kommunion für ihre Bürger erlauben, streben sonst keine weiteren Neuerungen an. Unter dem Herzog von Jülich geht die katholische Religion zugrunde . . ." (Rheinische Akten zur Geschichte des Jesuitenordens 1542—1582, bearb. von J. Hansen, Bonn 1896, S. 467).

101 Ebda. S. 107

102 Vgl. oben Kap. II, 2.

103 A. Döring (wie Anm. 44), S. 94 — Es ist davon auszugehen, daß weniger als die Hälfte der Ratsherren Latein verstanden. Vgl. für den Rat des Jahres 1563 die entsprechende Auflistung Hamelmanns bei Kl. Löffler (wie Anm. 37), S. 217. Neben den Berswordts haben der Bürgermeister Johannes Hahne und der Kämmerer Hermann Huick nachweislich die Gründung des Gymnasiums gefordert (A. Chr. C. Heller, Geschichte der Evangelischen Gemeinde zu Dortmund mit bes. Berücksichtigung der St.-Petri-Nicolai-Gemeinde, Dortmund 1882, S. 57).

104 A. Döring (wie Anm. 44), S. 86.

105 Das 1564 die Freigabe des deutschen Gesanges verfügende Ratsedikt enthält den Hinweis, daß diese Ordnung solange gelte, bis „eine andere Ordenungh durch die Romische Kays. Maytt., . . . oder durch unsere Nachbar Fürsten . . . aufgerichtet werde". Abdruck bei A. Fahne (wie Anm. 14), Bd. 4, S. 93—94. — Zur Religionspolitik Kaiser Maximilians II. vgl. H. Lutz (wie Anm. 63), S. 75.

106 L. v. Winterfeld, Reformation (wie Anm. 5), S. 107 ff. 122 f.

107 F. Stieve, Der Kalenderstreit des 16. Jahrhunderts in Deutschland, München 1880 (= Abhandlungen der Königlich Bayer. Akademie der Wissenschaften); F. Kaltenbrunner, Der Augsburger Kalenderstreit, in: Mitteilungen des Instituts für Österreichische Geschichtsforschung (MIÖG), Bd. 1 (1880), S. 497—540.

Die Charakterisierung der Humanisten-Reform als Elitephänomen darf nun allerdings nicht so verstanden werden, als ob es sich um einen rein „von oben" verordneten Vorgang ohne Rückhalt in der Bürgerschaft gehandelt hätte. Es ist mißverständlich, das Gymnasium als „eine Stiftung der ... Obrigkeit" zu bezeichnen[108]. Luise von Winterfeld betont mit Recht, daß eine solche Neugründung, schon wegen der finanziellen Fundierung, nicht ohne Zustimmung der gesamten Bürgerschaft, bzw. deren Vertretungsgremien, möglich war[109]. Deutlich greifbar ist die Beteiligung, ja die Initiative, der Bürgerschaft im Falle der humanistischen Reorganisation der Pfarrschule von St. Marien: Es waren die Provisoren, d. h. die Repräsentanten des Kirchspieles, die dieses humanistisch geprägte und als Vorstufe der Gymnasialgründung anzusehende Schulprojekt entscheidend förderten[110]. Natürlich waren auch sie Angehörige der Oberschicht. Immerhin war aber in diesem Gremium neben dem Erbsassen-Honoratiorentum auch das Gildebürgertum vertreten[111]. Ein besonders deutlicher Beleg für den Rückhalt der Humanisten-Reformation auch in breiteren Bürgerschichten läßt sich für das Jahr 1545 erbringen, also aus der hoffnungsvollen Frühphase: In jenem Jahr setzten sich 200 Angehörige des Kirchspieles St. Reinoldi beim Rat für die Berufung Johann Lambachs in die städtische Hauptpfarre ein. Der Rektor war eindeutig der Kandidat des nicht patrizischen Teiles der Kirchspielgenossen[112]. Angesichts der Zahl von 200 Haushaltsvorständen darf man davon ausgehen, daß seine Anhängerschaft auch Angehörige der Mittelschicht einschloß.

Die bereits zitierte Aussage Lambachs, zur Erneuerung der Kirche sei es entscheidend, „pflichtgetreue und der Bibel wohlkundige Theologen und Prediger" heranzubilden[113], zeigt, daß die Humanistenreform im Gegensatz sowohl zur lutherischen Volksreformation der 1520er und 1530er Jahre als auch zur Gegenreformation, vor allem der von Jesuiten getragenen, nicht primär darauf abzielte, das Kirchenvolk direkt und in seiner ganzen Breite anzusprechen. Zwar haben sich Lambach und insbesondere Jakob Schöpper, der den größten Teil der außerschulischen Reformaktivitäten trug, stets bemüht, eine über die Schule hinausreichende Öffentlichkeit zu gewinnen. In der Regel war dies aber eine kleine, selbst humanistisch gebildete Intellektuellenöffentlichkeit: Schöpper predigte in St. Marien, dem Kirchspiel der Patrizier und des Gelehrtenbürgertums, und zwar wohl meist in Latein; an der Schule wurden Disputationen durchgeführt, denen wahrscheinlich auch Bürger beiwohnten, aber die Sprache war hier mit Sicherheit Latein[114]. Eine wesentlich breitere Öffentlichkeit erreichten die Aufführungen der von Schöpper eigens für diesen Anlaß gedichteten Tragödien und Komödien[115]. Sie wurden — meist von Gymnasiasten, gelegentlich auch von Bürgern — bevorzugt auf dem Marktplatz vor dem Rathaus aufgeführt und waren teilweise in deutscher Sprache verfaßt. Mit Beispielen aus der biblischen Geschichte oder mit antiken Allegorien zielten diese Aufführungen auf die Verbreitung und Festigung jener christlichen Tugenden ab, die im Zentrum des humanistischen Welt- und Menschenbildes standen. Abgesehen von der trockenen Sprache und der umständlichen Dramaturgie, die bereits tiefergreifenden Wirkungen im Wege gestanden haben dürften, ergab sich eine deutliche sozialspezifische Einengung insbesondere dadurch, daß nahezu ausschließlich Probleme abgehandelt wurden, die für die Elite von Bedeutung waren, breite Schichten aber kaum zur Identifikation veranlassen konnten: etwa die Geschichte Johannes des Täufers vor dem Hofe des Königs Herodes, die Leiden und Freuden des Erzvaters Abraham sowie David und Saul als Vorbilder für tüchtige Verwalter des Gemeinwesens.

---

108   A. Hartlieb von Walthor (wie Anm. 73), S. 23. — Richtig, insofern die Schule eine städtische und keine kirchliche Institution war.

109   L. v. Winterfeld, Reformation (wie Anm. 5), S. 72.

110   Ebda. S. 67.

111   An den Pfarrkirchen gab es drei auf Lebenszeit gewählte Provisoren, je ein Vertreter aus den drei Ständen — Rat, Erbsassen und Gildebürgertum. — Zur genauen sozialspezifischen Zuordnung wären detaillierte prosopographische Untersuchungen nötig. Zu den Provisoren vgl. auch unten Anm. 134.

112   Die Patrizier hatten einen eigenen Kandidaten benannt; das Kirchspiel neben Lambach noch Hermann Stockum, der das Amt erhielt (D. Westhoff (wie Anm. 11), S. 452).

113   Zitiert oben S. 173.

114   A. Döring (wie Anm. 44), S. 65, 78.

115   Ausführliche Analyse bei Schröder (wie Anm. 75) sowie durch Junghans bei A. Döring (wie Anm. 44), S. 92 ff., vgl. auch ebda., S. 53 f., 62, 64, 72.

Selbst wenn man also in Rechnung stellt, daß Schöpper sich mit seinen deutschen Theaterstücken bemühte, breitere Schichten anzusprechen, und daß er gelegentlich auch Deutsch gepredigt haben dürfte[116], muß die Wirkung der Humanisten-Reformation auf breite Mittelschichten — von Unterschichten ganz zu schweigen! — als gering veranschlagt werden. Eine reformatorische Volksbewegung, wie sie die lutherischen Prädikanten der 1520er und 1530er Jahre hervorgerufen hatten, oder auch nur eine programmatisch für die Kirchenerneuerung eintretende Bürgerpartei konnten auf dieser Grundlage nicht entstehen. Das war auch gar nicht beabsichtigt, da die Humanisten ja prinzipiell evolutionär eingestellt waren[117] und demzufolge die Mobilisierung der Masse wegen des davon ausgehenden sozialen Drucks für eine radikale Erneuerung gerade vermeiden mußten. Andererseits ist aus den 40er Jahren auch kein prinzipieller Widerstand der Bürgerschaft gegen die spezifische Kirchenerneuerungspolitik der Humanisten überliefert. Die lutherische Bürgerbewegung der frühen 1530er Jahre war offensichtlich ohne direkte Nachwirkungen geblieben, so daß es den Humanisten zunächst gelingen konnte, ihr Konzept einer begrenzten Reform plausibel zu machen. Das änderte sich um 1555: Mit Johann Heitfeld war jetzt an der Stelle des kurz zuvor verstorbenen Jakob Schöpper ein junger, mitreißender Prediger tätig, der die Humanisten-Reform als Halbheit angriff und zu einem entschlossenen Fortschreiten zur „echten" Reformation aufrief[118]. Ein Teil der Bürgerschaft, der offenbar bereits durch das Zurückweichen der Humanisten vor der Kölner Gegenreformation enttäuscht war, scharte sich um Heitfeld, und so entstand 1556 erstmals seit einem viertel Jahrhundert wieder ein reformatorischer Bürgerauflauf. Es erscheint wie ein Symbol der neuen Zeit, wenn sich der Unwille gegen den Rektor Johannes Lambach richtete, der von der aufgebrachten Menge kräftig Prügel bezog und nur mit Not sein Leben retten konnte[119]: Die Masse der Bürger war offensichtlich nicht mehr willens, die Anpassungsbereitschaft der Humanisten mitzutragen. An die Stelle des Mittelweges trat nun mehr und mehr das Verlangen nach klarer konfessioneller Entscheidung für die protestantische Kirchenreformation.

Die Humanisten haben sich ihre Gegner selbst herangezogen: Sowohl Johann Heitfeld als auch Hermann Hamelmann, der zunehmend auch in Dortmund an Einfluß gewann[120], waren Schüler des Dortmunder Gymnasiums gewesen. In der ersten Hälfte der 1550er Jahre hatten sie aber die vermittelnde Position ihrer Lehrer verlassen, weil sie erkannt hatten, daß auf diesem Weg eine Reformation der Kirche nicht erreicht werden konnte. Angesichts des zunehmenden gegenreformatorischen Druckes im rheinisch-westfälischen Raum mußten sie darüber hinaus auch prinzipiell an der Möglichkeit einer Verständigung zweifeln: Die humanistischen Ireniker erschienen ihnen als Wegbereiter des katholischen Konfessionalismus. Die *historisch* gesehen ungerechten Angriffe Hamelmanns auf seinen Lehrer Jakob Schöpper gewinnen vor diesem Hintergrund Züge eines „Vatermordes", der für die Befreiung zur reformatorischen Tat *existentiell* notwendig war. Das entschiedene Eintreten für die lutherische Orthodoxie war nur möglich durch eine prononcierte Absage an jegliche Kompromißbereitschaft. Indirekt lassen sich somit auch die zelotenhaften Züge im Wirken Hamelmanns aus seiner humanistischen Erziehung ableiten. Ähnliches kann man umgekehrt auch für Vertreter der gegenreformatorischen Kontroverstheologie zeigen. Hier leuchtet eine Tragik auf, die auch über das Beispiel Dortmunds hinaus charakteristisch ist für die Humanisten, die sich der aufziehenden politischen und weltanschaulichen Totalkonfrontation des konfessionellen Zeitalters durch die Erziehung zur Verständigungsbereitschaft entgegenzustemmen versuchten, denen der unmittelbare Erfolg aber versagt bleiben mußte, weil die geistig-religiösen und politischen Zeitumstände offensichtlich auf die Konfessionalisierung der frühneuzeitlichen Gesellschaft hindrängten[121].

---

116 In der Lokalforschung kontrovers. Die von Lambach edierten Predigten sind alle lateinisch. Junghans leitet daraus ab, daß sie auch in dieser Sprache gehalten wurden (A. Döring a. a. O., S. 86). Das dürfte aufs Ganze gesehen richtig sein. Da sich Schöpper nachweislich um die Verbesserung der deutschen Sprache und eine Angleichung des Niederdeutschen an das Oberdeutsche bemüht hat, ist aber davon auszugehen, daß er gelegentlich auch deutsch predigte. E. Schröder (wie Anm. 75, S. 3) nimmt sogar an, daß dies die Regel war. Ihn zum „Volksprediger" reformatorischen Zuschnitts zu stilisieren (L. v. Winterfeld, Reformation, wie Anm. 5, S. 78), führt aber sicherlich in die Irre.

117 Vgl. etwa Augustijn (wie Anm. 62), S. 48.

118 L. v. Winterfeld, Reformation (wie Anm. 5), S. 87.

119 Quellenbeleg bei A. Döring (wie Anm. 44), S. 73.

120 Ebda., S. 64.

121 Zur Theorie des konfessionellen Zeitalters vgl. die Literaturangaben oben Anm. 3.

Ähnlich wie in einigen süddeutschen und in den benachbarten holländischen Städten [122] ist in Dortmund die humanistische Tradition jedoch nicht ganz verschüttet worden. Noch Anfang des 17. Jahrhunderts existierte hier ein produktiver Humanistenkreis, der bezeichnenderweise sein Zentrum in der Person des Patriziers Kaspar Schwartz fand [123]. Das Geflecht seiner sozialen und intellektuellen Kontakte war weiterhin transkonfessionell. Die vorherrschende konfessionelle Ausrichtung dieser Humanisten, wie eines Teiles der Dortmunder Elite überhaupt, war nun aber reformiert [124]. Es ist eine über Dortmund hinaus konfessions- und geistesgeschichtlich bedeutsame Konstante, daß Humanisten und Teile des gelehrten Bürgertums im letzten Viertel des 16. Jahrhunderts sich zum Reformiertentum hinwendeten [125]. Wichtiges Entscheidungskriterium war dabei offensichtlich das im Vergleich zum Katholizismus und zum Luthertum rationalere Abendmahlsverständnis der Reformierten. Das war weder eine Entscheidung für den konfessionalistischen Calvinismus, noch ist es umgekehrt ein Beleg für eine angeblich flexiblere, tolerantere oder gar „liberalere" Haltung der Calvinisten. Abgesehen davon, daß man im Zusammenhang mit diesem Phänomen tunlichst nicht von Calvinismus, sondern von Reformiertentum sprechen sollte, ist dieses Verhalten zu beschreiben als die Fortsetzung der unkonfessionellen Linie der via-media-Humanisten in der ersten Hälfte des 16. Jahrhunderts unter den Bedingungen des konfessionellen Zeitalters, das die Integration in eines der vorhandenen konfessionellen Systeme verlangte, und sei es auch nur, um sich eines Schutzmantels zum Verdecken einer im Kern unkonfessionellen, libertin-aufgeklärten Einstellung zu versichern.

Was die Bedeutung dieser Humanistengeneration für die allgemeine Geschichte der Reichsstadt und ihres Bürgertums anbetrifft, so kann der Unterschied zu den 1540er Jahren nicht stark genug betont werden: Die reformierten Humanisten waren in der nun eindeutig lutherischen Stadt eine Randgruppe, die geistes- und kulturgeschichtlich sowie elitesoziologisch außerordentlich interessant ist. Eine zentrale Rolle, wie sie trotz der aufgewiesenen Grenzen den Humanisten der 1540er Jahre und ihrem via-media-Konzept zuzuerkennen ist, haben sie nicht mehr gespielt [125a].

3. Die Reformation und das stadtbürgerliche Gemeindeprinzip.

In den Phasen, die der von der Elite gesteuerten Humanisten-Reform vorangingen bzw. ihr folgten, wurde der Wille zur Reformation aus der Bürgerschaft über deren Vertretungsgremien an den Rat herangetragen. Dieser erließ dann als städtische Obrigkeit die rechtsverbindlichen Reformationsedikte — zunächst das sogleich wieder zurückgenommene des Jahres 1532, dann diejenigen zwischen 1562 und 1570, die den dauernden Übergang zum Luthertum sicherstellten. Aufgrund dieser Bewegung „von unten nach oben" sind die Dortmunder Ereignisse im Prinzip dem in den deutschen Städten, besonders auch in denjenigen des Nordwestraumes, verbreiteten Typus der „Bürger"- bzw. „Gemeindereformation" zuzuordnen [126]. Doch sind zwei wichtige Abweichungen vom Normalverlauf dieses Typus zu erkennen:

---

122   Allgemein W. Kaegi, Humanistische Kontinuität im konfessionellen Zeitalter, Basel 1954; H. A. Enno van Gelder, The two Reformations, den Haag 1964.

123   W. Fox (wie Anm. 88).

124   Ebda., S. 147 ff.; ders., Die reformierte Gemeinde in Dortmund, in: Beiträge 58 (1962), S. 209—246. H. Esser, Michael Potier, Lektor der französischen Sprache an der Hohen Schule zu Dortmund und Alchimist, in: Beiträge 69 (1974), S. 59—76. — Der Chronist D. Mulher notiert zum 30. 12. 1607: „Detmar Melmann auf die Calvinischen und sonderlich die *Gelahrten* etwas hart gepredigt" (D. Mulher, Annales Tremonienses, wie Anm. 59, S. 111).

125   Allgemein: J. Moltmann, Christoph Pezel (1539—1604), Bremen 1958, Einleitung; V. Press, Stadt und territoriale Konfessionsbildung, in: F. Petri (Hg.), Kirche und gesellschaftlicher Wandel in deutschen und niederländischen Städten der werdenden Neuzeit, Köln 1980, S. 251—296. Von literaturgeschichtlicher Seite stehen dazu wichtige Untersuchungen meines Osnabrücker Kollegen Klaus Garber kurz vor dem Abschluß, vgl. einstweilen seinen Aufsatz, Der Autor im 17. Jahrhundert, Sonderdruck aus: H. Kreutzer (Hg.), Der Autor, Göttingen 1981.

125a   Bezeichnenderweise wurde der Humanist Kaspar Schwarz, dessen Ansehen weit über die Dortmunder Stadtmauern hinausreichte, nie in den Rat gewählt, und zwar zu einer Zeit, als es noch mehrere katholische Ratsherren gab.

126   Grundlegend: B. Moeller, Reichsstadt und Reformation, Gütersloh 1962; weitere Diskussion: ders. (Hg.), Stadt und Kirche im 16. Jh., Gütersloh 1978 (hier vor allem der Forschungsbericht von H. Ch. Rublack); für Nordwestdeutschland: F. Lau, Der Bauernkrieg und das angebliche Ende der lutherischen Reformation als spontaner Volksbewegung, in: Luther Jahrbuch 26 (1959), S. 109—34; H. Schilling, Die politische Elite (wie Anm. 12a).

1. Innerhalb der Dortmunder Bürgerbewegung haben Massenaktionen und Aufstandshandlungen eine relativ geringe Rolle gespielt: Berichte von Bürgeraufläufen liegen für die Jahre 1527, 1532 und 1556 vor[127]. Für 1556 und 1566 hören wir von oppositionellen Äußerungen einzelner Bürger[128]. In den 1560er Jahren entwickelte sich in der Bürgerschaft eine Petitionsbewegung, die offensichtlich von den inzwischen mehrheitlich lutherischen Prädikanten gesteuert wurde. Selbst wenn man in Rechnung stellt, daß wir aufgrund einer schlechten Quellenlage manche Details nicht mehr greifen können, ist festzuhalten, daß die reformatorische Bewegung in Dortmund vergleichsweise friedlich ablief und daß nie die Gefahr eines politischen Umsturzes bestanden hat.

2. Der Dortmunder Rat konnte sich außergewöhnlich lange den reformatorischen Forderungen der Bürgerschaft entziehen bzw. sogar — was massenpsychologisch gesehen vielleicht noch bemerkenswerter ist — bereits gemachte Zugeständnisse ohne größere Schwierigkeiten wieder zurücknehmen.

Diese Besonderheiten erklären sich ein Stück weit aus den bereits beschriebenen außerstädtischen Zwängen von seiten der umliegenden Territorien und des Reiches. Doch ist zu beachten, daß viele reichsstädtische Bürgerschaften im Süden Deutschlands, die kaum weniger an einem guten Verhältnis zum Kaiser interessiert sein mußten, die Reformation trotzdem durchsetzten und daß die Bürger vieler westfälisch-niedersächsischer Landstädte nicht zögerten, den Übergang zum Luthertum gegen den erklärten Willen der Territorialfürsten zu erzwingen, obgleich diese ihnen als Landesherren — im Falle der Bischofsstädte zugleich als kirchliche Obrigkeit — weit näher saßen als die Reichsgewalt im Falle der Reichsstadt. Um den spezifischen Verlauf der Dortmunder Reformation richtig zu begreifen, erscheint es angebracht, die innerstädtische Konstellation näher zu untersuchen.

Als entscheidende innerstädtische Reformationsbarriere wurde bislang meist die prinzipiell konservative Grundeinstellung der Patrizier genannt[129]. Das ist aber nur vordergründig eine Lösung des Problems. Denn es trifft nicht zu, daß auf seiten des Patriziates — wie der politischen Elite überhaupt — eine absolute Rezeptionssperre gegen die Lehre Luthers bestanden hat. Im Bereich der Reichsstädte läßt sich das u. a. am Beispiel Nürnbergs und Frankfurts zeigen. Und was die hansestädtische Politikelite des Nordwestraumes anbetrifft, so hat auch sie sich in der Regel phasenverzögert der Entscheidung der Bürgerschaften für das Luthertum angeschlossen[130]. Die Frage läßt sich mit einem im engeren Verständnis sozialgeschichtlichen Ansatz überhaupt nicht sachgerecht beantworten. Sie ist vielmehr einzufügen in den gesellschaftsgeschichtlichen Rahmen der stadtbürgerlichen Verfassungs- und Sozialordnung Alteuropas, in der soziale Positionen von einzelnen und Gruppen nicht wie in der modernen Gesellschaft dominant durch ökonomische Gegebenheiten bestimmt wurden, sondern maßgeblich von der Rechts- und Verfassungsordnung. Aus darstellerischen Gründen gliedere ich den Problemkomplex auf und behandle zunächst die verfassungsmäßige und im folgenden Kapitel die sozialgeschichtliche Seite.

Politisch-verfassungsgeschichtlich gesehen, sind zwei Erklärungshypothesen für den gemäßigten Ablauf der Dortmunder Reformationsgeschichte möglich: eine *Repressionshypothese,* d. h. dem Dortmunder Rat war es möglich, die protestantische Bürgerbewegung kleinzuhalten, weil ihm die Stadtverfassung den dazu notwendigen Machtapparat zur Verfügung stellte; oder eine *Integrationshypothese,* d. h. das politische und gesellschaftliche System der Reichsstadt hat es trotz unterschiedlicher Interessen und verschiedener Einstellung zur Lehre Luthers immer wieder möglich gemacht, eine radikale Konfrontation zu vermeiden und einen Minimalkonsens zwischen Rat und Bür-

127   L. v. Winterfeld, Reformation (wie Anm. 5), S. 55, 57, 60—63, 87; A. Fahne (wie Anm. 14), Bd. 2, S. 362 f., vor allem Anm. 1 mit Auszügen aus der Klageschrift der Bürgerschaft. — Bemerkenswert ist, daß die Möglichkeit eines prolutherischen Bürgeraufstandes auch noch Anfang des 17. Jahrhunderts bestand, als es darum ging, die Gegenreformation zurückzuweisen, vgl. Beurhaus (wie Anm. 11), S. 290 zu 1604.

128   L. v. Winterfeld, Reformation (wie Anm. 5), S. 87, Anm. 125; Kl. Löffler (wie Anm. 37), S. 226.

129   Z. B. L. v. Winterfeld, Reformation (wie Anm. 5).

130   Dazu ausführlich H. Schilling, Die politische Elite (wie Anm. 12a).

gerschaft zu erzielen, dem sich beide Seiten verpflichtet fühlten[131]. Eine Reihe von Beobachtungen spricht dafür, daß sich die Dortmunder Ereignisse eher durch das zweite als durch das erste Erklärungsmodell beschreiben lassen. Dabei erscheint es wichtig, vorab zu betonen, daß die Integrationsmechanismen bzw. die ihnen zugrundeliegenden genossenschaftlichen Partizipationsnormen keineswegs nur im Sinne einer Unterwerfung des Willens der Gemeinde unter den der Obrigkeit, und damit als deren „Herrschaftsinstrument", wirksam werden konnten. Sie beinhalten vielmehr zugleich einen Anspruch an den Rat und konnten somit eine Veränderungsdynamik freisetzen, deren reale Wirkungsmöglichkeiten allerdings von der jeweils vorherrschenden sozialen, politischen, rechtlichen, kirchlichen und geistig-religiösen Konstellation abhing. In Dortmund sind während des Reformationsjahrhunderts beide Wirkungsmöglichkeiten zu unterschiedlichen Zeitpunkten zum Tragen gekommen.

Dem in den nordwestdeutschen Städten vorherrschenden Verfassungstyp entsprechend, waren in Dortmund bestimmte Gruppen der Bürgerschaft am Stadtregiment beteiligt durch dem Rat zur Seite gestellte Bürgerschaftsgremien — dem sog. 24er-Stand der sechs politisch berechtigten Gilden[132] und dem 12er-Stand der Erbsassen, d. h. derjenigen besitzenden und erbberechtigten Bürger, die nicht diesen Gilden angehörten. Darüber hinaus nahmen die Gilden über ein Wahlmännergremium Einfluß auf die personelle Besetzung des Rates. Am Tag der Ratswahl konnte die Bürgerschaft insgesamt dem Rat Beschwerden und Petitionen vorlegen, von deren Beachtung sie die notwendige Zustimmung — das *vollbort* — zur Ratswahl abhängig machte[133]. Neben dieser kommunalen Bürgerbeteiligung gab es noch die aufs engste mit ihr verflochtene kirchlich-gemeindliche auf der Ebene der Parochien, die im Reformationsjahrhundert besonders wichtig war. Jedes Kirchspiel besaß ein sog. Provisorengremium, zusammengesetzt aus je einem Angehörigen der drei Stände, also je eines Vertreters des Rates, der 24er — also des Gildebürgertums — und der 12er — also des Erbsassen-Honoratiorentums[134]. Daneben existierten weitere solcher Gremien für besondere, an den Pfarrkirchen ansässige Institutionen des kirchlich-religiösen Lebens, wie etwa Bruderschaften und Armenkästen. Schließlich konnte auch das Kirchspiel insgesamt zu sog. Kirchspielversammlungen zusammentreten.

All dies war keineswegs demokratisch im modernen Verständnis. Denn an der beschriebenen politischen und kirchlichen Mitbestimmung waren nicht alle Stadtbewohner beteiligt, nicht einmal alle Bürger, sondern faktisch nur der begüterte Teil. Zudem wurden sowohl die Provisoren als auch die 12er und 24er auf Lebenszeit gewählt. Sozialgeschichtlich gesehen gehörten die Mitglieder dieser Gremien jenem weiten Kreis der politischen Elite an, aus dessen Kernbereich sich auch der Rat rekrutierte[135]. Dessen ungeachtet begriffen sich diese kommunalen und kirchlichen Vertretungsgremien als Repräsentanten der gesamten Bürgerschaft bzw. der gesamten Kirchengemeinde, deren Rechte und Interessen sie gegenüber der Ratsobrigkeit wahrnahmen.

---

131   Mit dieser Alternative ist — vereinfachend — das Zentrum einer gegenwärtig unter Reformationshistorikern heftig diskutierten Forschungskontroverse markiert. Vgl. dazu B. Moeller (Hg.), Stadt und Kirche (wie Anm. 126), Diskussionsbericht, S. 180; Th. Brady, Rezension, in: The Sixteenth Century Journal 10 (1979), S. 89—92; ders., Ruling Class, Regime and Reformation at Strasbourg, Leiden 1978; Rezension dieses Buches durch B. Moeller, in: Göttingische Gelehrte Anzeigen 232 (1980), S. 103 ff.

132   A. Mallinckrodt, Versuch über die Verfassung der keyserl. und des hl. röm. Reichs freyen Stadt Dortmund, 2 Bde., Dortmund 1795; zusammenfassende Überblicke bei G. Mallinckrodt, Die Dortmunder Ratslinie seit dem Jahre 1500, in: Beiträge 6 (1895), S. VII—XV; K. Rübel, Ratswahl und Gilden im 17. und 18. Jahrhundert, in: Beiträge 22 (1913), S. 77—95; G. Luntowski, Kleine Geschichte des Rates der Stadt Dortmund, Dortmund 1970, ders., Die kommunale Selbstverwaltung, Dortmund 1977, S. 39—43. — Die sechs politisch berechtigten Gilden waren die Schuster, Bäcker, Metzger, Schmiede, Butterleute und Krämer. Die Erbsassen waren in der Wandschneidergesellschaft organisiert.

133   L. v. Winterfeld, Reformation (wie Anm. 5), S. 104.

134   Erwähnung u. a. bei L. v. Winterfeld, Reformation (wie Anm. 5), S. 67. Quellenbelege bei K. Rübel, Zur Geschichte der Einführung der Reformation in Dortmund, in: Dortmunder Zeitung 1911, Nr. 501, 2. Okt. — Provisoren der Bruderschaften und Almosenkästen; Beiträge 23 (1914), S. 172—179. — Beteiligung der Provisoren und Kirchenmeister bei der Berufung von Schulmeistern an den deutschen Pfarrschulen. Auch wiederholt bei D. Westhoff (wie Anm. 11), u. a. S. 436 zu 1539. Die Dortmunder Kirchenverfassung im Spätmittelalter und in der frühen Neuzeit bedarf dringend einer zusammenfassenden Darstellung.

135   Genauere prosopographische Analysen stehen noch aus. Einzelbelege deuten aber darauf hin, daß die soziale Verflechtung in Dortmund derjenigen in anderen Städten des Nachbarraumes, wo wir die Verhältnisse genauer kennen, entsprach.

Ähnlich wie in anderen Städten des Nordwestraums waren es auch in Dortmund diese Vertretungsgremien, die das Verlangen der Bürgerschaft nach Kirchenerneuerung artikulierten. Und der Rat sah sich immer wieder genötigt, seine Kirchenpolitik diesem Verlangen anzupassen bzw. umgekehrt bei diesen Gremien um Rückhalt für seine Pläne zu werben: So bereits 1527, als er um die Unterstützung der Gildevertreter für seine antilutherische Position nachsuchte und sie nicht erhielt [136]. Dann wieder 1529 mit dem Hinweis auf das Reformationsverbot des Kaisers, ein politisches Argument, das die Bürgervertreter akzeptierten [137]. Und der Reformationsbeschluß des Jahres 1552 wurde nach Ausweis des sog. „Dreimannsbuches" — d. i. des Amtsbuches der drei höchsten Gilderepräsentanten — gefaßt durch „Rade, vort (= fernerhin) XIIer und XXIVer" [138]. Auch das Experiment der Humanisten-Reformation wurde von den Kirchspiel- und Bürgerschaftsvertretern maßgeblich mitgetragen [139]. Schließlich sind auch die endgültig zum Luthertum überleitenden Religionsedikte der 1560er Jahre im Zusammenwirken von Rat und Bürgervertretung zustandegekommen [140], wobei die Position der letzteren jetzt eindeutig stärker war als in der ersten Jahrhunderthälfte — weil nun eine von evangelischen Prädikanten geführte Bürgerbewegung hinter ihnen stand [141] und weil inzwischen die noch zu beschreibenden Veränderungen in der Zusammensetzung des Rates diesen zu einer reformationsfreundlicheren Kirchenpolitik befähigten [142].

Besonders deutlich sind auch die Einflußmöglichkeiten der Bürgerschaft, und damit die Grenzen, die die Dortmunder Verfassung einem von der „Basis" abgelösten ratsherrlich-obrigkeitlichen Machtgebrauch zog, im Falle der Pfarrbesetzungen: Das Beispiel der erfolgreichen Intervention des Kirchspieles St. Reinoldi zugunsten der Kandidaten Stockum und Lambach gegen den Patrizierkandidaten Prume wurde bereits erwähnt [143]. Es ist anzunehmen, daß der entsprechenden Eingabe an den Rat eine Kirchspielversammlung vorausgegangen war. Ähnlich wird es bei anderen Neuberufungen gewesen sein, bei denen konservative durch weniger konservative Pfarrer ersetzt wurden [144]. — Entscheidend war dabei m. E. das Laienpatronat und dessen konkrete Handhabung: Bekanntlich waren an zwei Dortmunder Pfarrkirchen die Besetzungsrechte bereits im Mittelalter kommunalisiert worden [145]. Normalerweise nahm sie der Rat in Vertretung der Bürgerschaft wahr. Die religiös und kirchenpolitisch außerordentlich angespannte Situation des Reformationsjahrhunderts hat aber offensichtlich dazu geführt, daß die Bürgerschaft bzw. die Kirchengemeinde auch und gerade an diesem Punkt ihren Anspruch auf Beteiligung an der Ausübung städtischer Rechte geltend machte.

Anstelle der in der Forschung bislang in den Vordergrund gestellten Konflikte zwischen Rat und Bürgerschaft in der Frage der Kirchenerneuerung möchte ich also — ohne das Bestehen von Gegensätzen prinzipiell abzustreiten — den Akzent auf den Zwang zur Zusammenarbeit und zum Kompromiß setzen. Bei allen Schwankungen im einzelnen bietet m. E. das Ringen um die Dortmunder Kirchenerneuerung von den 1520er bis in die 1570er Jahre hinein einen Beleg für die Funktions- und Integrationsfähigkeit des gemeindlich-genossenschaftlichen Verfassungstyps, der die Bürgerschaft zum Mittträger des Stadtregimentes machte. An anderer Stelle wurde darauf hingewiesen, daß diesem Verfassungstypus ein Aufstandsmodell entsprach, das politische und soziale Verschiebungen erzwingen konnte, ohne das System selbst revolutionär zu sprengen [146]. In Dortmund waren die gemeindlich-ge-

136   Ebenso verhielt es sich bereits bei der vorreformatorischen antiklerikalen Bewegung, L. v. Winterfeld, Reformation (wie Anm. 5), S. 55 f.

137   Siehe oben Kap. II, 2.

138   Abdruck bei Kl. Löffler (wie Anm. 37), S. 192, Anm. 2.

139   Vgl. oben Kap. II, 3 und III, 2.

140   Vgl. A. Fahne (wie Anm. 14), Bd. 4, S. 91 f.

141   Hier wird greifbar, welche entscheidende Rolle lutherisch gesinnte Kleriker für den Durchbruch der Stadtreformation gespielt haben.

142   Vgl. dazu Kap. III, 4.

143   A. Döring (wie Anm. 44), S. 63.

144   L. v. Winterfeld, Reformation (wie Anm. 5), S. 55, 65 f., 69, 78 ff.

145   So bereits D. Kurze (wie Anm. 9), S. 503.

146   H. Schilling, Aufstandsbewegungen in der stadtbürgerlichen Gesellschaft des Alten Reiches, in: H. U. Wehler (Hg.), Der deutsche Bauernkrieg, Göttingen 1975, S. 193—238, hier S. 230 ff.

nossenschaftlichen Verfassungselemente offensichtlich sogar so flexibel, daß solche Aufstände, die in vielen Nachbarstädten den Durchbruch zur lutherischen Revolution brachten, durch die Tätigkeit der Bürgerschaftsgremien und entsprechender Reaktion des Rates bereits in ihrem Frühstadium abgefangen werden konnten[147].

Dementsprechend machten sich in Dortmund aber auch die Grenzen dieses genossenschaftlichen Partizipationsmodelles besonders deutlich bemerkbar — in der zeitlichen Erstreckung des Kirchenerneuerungsprozesses ebenso wie in seiner lang aufrechterhaltenen inhaltlichen Unentschiedenheit: Die Bürgerschaftsvertreter besaßen einen Doppelcharakter — einerseits waren sie Träger des Bürgerwillens, andererseits aber auch mitverantwortlich für die städtische Politik. Letzteres mußte sie den erwähnten außenpolitischen Argumenten, die der Rat gegen eine lutherische Reformation ins Feld führte, zugänglich machen, was die Dynamik der reformatorischen Bewegung drosselte. Diese Schranken konnten nur durch eine radikalisierte Bürgerbewegung zerbrochen werden. Hierzu fehlten aber in Dortmund zunächst die Voraussetzungen, und zwar so lange, bis sich volkstümliche Prädikanten mit Entschiedenheit für das Luthertum einsetzten. Als sich das in den 1560er Jahren änderte, war ein radikaler Bürgeraufstand nicht mehr notwendig, weil inzwischen auch die Mehrheit des Rates protestantisch war[148]. Eine für den endgültigen Durchbruch der Reformation entscheidende Frage, die erst nach weiteren prosopographischen und kirchengeschichtlichen Untersuchungen beantwortet werden kann, richtet sich also auf die Art und Weise, wie sich in Dortmund nach 1555 eine evangelisch gesinnte Pfarrerschaft herausbilden konnte. Denn der skizzierte Zwang zum Kompromiß bei der Pfarrbesetzung zwischen Rat und Bürgerschaft hat lange Zeit die Berufung radikal protestantischer Prädikanten blockiert. Die Pfarrerschaft der 1540er Jahre[149] ist ein logisches Produkt dieser „Patt-Situation". Und das im vorigen Kapitel beschriebene via-media-Konzept der Humanisten ist zu einem Teil als Konsequenz dieses funktionsfähigen Zusammenspiels der Dortmunder Verfassungskräfte — Ratsobrigkeit und genossenschaftliche Gemeindevertretung — zu begreifen.

Die in der Diskussion um die Modalitäten der Kirchenreform immer aufs neue notwendige Abstimmung zwischen Rat und Bürgergremien blieb nicht ohne Folgen. Die Zusammenarbeit festigte zwangsläufig die Position der Gemeindevertretung innerhalb des Dortmunder Verfassungslebens. Und die gemeindlich-genossenschaftliche Argumentation gewann allgemein an Gewicht: Die Eingaben der lutherischen Bürger aus den frühen 1560er Jahren sind zwar sehr vorsichtig und verbindlich formuliert, weil man offensichtlich bereits zu diesem Zeitpunkt davon ausging, den Rat nun schließlich doch für die Reformation gewinnen zu können. Dennoch enthalten sie deutliche Anspielungen auf die Rechte der Gemeinde sowie die Pflicht des Rates, diese zu fördern. Die Ratsherren sollen sich ihr eigenes und „unser aller Bürger — worüber Ihr an jenem Tag (d. h. am Tag des Jüngsten Gerichtes, H. Schi.) müßt Rechenschaft geben — Heil und Seligkeit ... angelegen sein lassen." Dann sei dafür gesorgt, daß Gott die „ganze Gemeinde mit aller Notdurft, täglichem Brot und gemeiner Wohlfahrt" versehe[150]. Ohne taktische Rücksichtnahme formuliert und daher wohl eher die Haltung breiterer Bürgerschichten widerspiegelnd ist der Selbstbestimmungsanspruch der Gemeinde aus dem Mund Johannes Borgius überliefert, eines angesehenen und vornehmen Bürgers: „Wenn ihr Ratsherren nicht wollt", soll er 1566 öffentlich gedroht haben, „dann ist es erlaubt — da lange genug gezögert wurde —, daß wir Bürger, die Gott mehr gehorchen müssen als den Menschen, die Gottesdienstform einführen, die mit dem Wort Gottes und der Augsburgischen Konfession übereinstimmt"[151]. Der Rat war sich der weitreichenden Konsequenzen einer solchen Stimmung in der Bürgerschaft bewußt. Auf die Eingaben reagierte er kompromißbereit. Gegen Borgius aber, dessen radikale Äußerung nur zu leicht einen Aufstand hervorrufen konnte, der einer Verständigung die Grundlage entzogen und den Rat gestürzt hätte, schritt er entschieden ein, ließ ihn für längere Zeit ins Gefängnis werfen und verwies ihn schließlich der Stadt.

---

147   Deutlich vor allem 1532; dann aber auch in den 1560er Jahren. Vgl. oben Teil II, 2 und 4.

148   Vgl. nächstes Kapitel.

149   Vgl. oben Kap. II, 3.

150   Abdruck der Eingabe bei A. Fahne (wie Anm. 14), Bd. 2, S. 366—371, ergänzt nach dem damals noch vorhandenen Original im Stadtarchiv bei Kl. Löffler (wie Anm. 37), S. 221, Anm. 1. Dort das Zitat.

151   Berichtet bei H. Hamelmann (wie Anm. 7), S. 225. Auch bei Kl. Löffler (wie Anm. 37), S. 226 zitiert.

Die Auswirkungen des gemeindlich-genossenschaftlichen Prinzips lassen sich über die kirchliche Reformdiskussion hinaus auch in anderen Bereichen des politischen und öffentlichen Lebens feststellen [152], allerdings auch dort eher in gemäßigten als in aufwendig radikalen Formen. — Die in kirchlichen und allgemeinpolitischen Angelegenheiten gleichermaßen manifeste genossenschaftliche Grundströmung und das gefestigte Selbstbewußtsein der Gemeinde bzw. ihrer Vertretungsgremien waren auch eine wichtige Voraussetzung dafür, daß sich zwischen 1540 und 1570 die personelle Zusammensetzung des Dortmunder Rates — die ja von Wahlmännern der Gilden mitbestimmt wurde — ohne Gewaltanwendung grundlegend veränderte [153].

Abgesehen von Steuer- und Finanzangelegenheiten, traditionelle Bereiche genossenschaftlicher Mitbestimmung [154], greifen wir das erstarkende Selbstbewußtsein der Gemeinde vor allem in der Diskussion über die *Allmende-Nutzung*. Diese Zusammenhänge mögen zunächst als ein Randphänomen erscheinen, haben wir es in Dortmund doch mit reichs**städtischen** und nicht mit agrarisch-ländlichen Verhältnissen zu tun. Solche Fragen der Nutzungsrechte im Wald, in den Wiesen oder auch den Gewässern, die der Stadt gehörten, haben aber nachweislich auch in vielen Nachbarstädten im 16. Jahrhundert eine wichtige Rolle gespielt. Der Grund läßt sich leicht angeben: Das 16. Jahrhundert brachte ein ständiges Ansteigen der Preise für Agrarprodukte, insbesondere für Korn, damals **das** Grundnahrungsmittel schlechthin, bei deutlichem Zurückbleiben des Einkommens aus Gewerbetätigkeit und Lohnarbeit [155]. Als Folge dieser Entwicklung sahen sich neben unteren zunehmend auch mittlere Schichten des Stadtbürgertums wachsenden Ernährungsproblemen ausgesetzt. Die Versorgung des städtischen Marktes mit Getreide zu einem erschwinglichen Preis sowie die Möglichkeit, in Gärten Gemüse zu ziehen oder auf gemeindeeigenem Grund Kleinvieh zu weiden, wurde für diesen Teil der Bürgerschaft zur Existenzfrage. Die Sicherung dieser Rechte war eine vordringliche politische Aufgabe der Gemeinde.

Eine Verbindung zwischen diesem Subsistenzproblem und der Frage der Kirchenerneuerung ergab sich bereits in den 1520er Jahren auf der Stufe des vorreformatorischen Antiklerikalismus. Es waren nicht zuletzt die der bürgerlichen Versorgung nachteiligen Praktiken der Kleriker im Getreidehandel, bei der Pacht bzw. Verpachtung von Grund und Boden sowie bei der Viehhaltung, die die Bürger gegen den altkirchlichen Klerus aufbrachten und sie beim Rat energische Gegenmaßnahmen fordern ließen [156]. Nach einer für die wiedergewonnene Stabilität der obrigkeitlichen Position des Rates bezeichnenden Niederlage der Gilden im Jahre 1541, die vergeblich versuchten, ihren Anspruch auf freien Fischfang in den Teichen der Bauerschaften durchzusetzen [157], erreichten die Allmende-

---

152 Auch in anderen Städten des Nordwestraumes stellten die Bürger parallel zur Gemeindereformation auch auf anderen Gebieten genossenschaftlich begründete Forderungen auf. Belege bei H. Schilling, Die politische Elite (wie Anm. 12); ders., Konfessionskonflikt (wie Anm. 3), vor allem S. 89 ff., 139—144, 377 f.

153 Zur Ratswahl vgl. auch unten Kap. III, 4. — Für das Jahr 1578 ist ein Eingreifen der Bürgerschaft in den Vorgang der Ratswahl einmal aktenkundig, berichtet bei L. v. Winterfeld, Reformation (wie Anm. 5), S. 104. Wichtiger als solche direkten Einflußnahmen war m. E., daß die politische Elite den wachsenden Anspruch der Gemeinde auf Kontrolle nun spürte und bei der zwischen Rat und Wahlkollegium kompliziert verteilten Benennung der Kandidaten darauf bereits Rücksicht nahm (zur Wahl vgl. G. Mallinckrodt, Ratslinie, wie Anm. 132, S. XI; A. Mallinckrodt, Verfassung (wie Anm. 132), Bd. 1, S. 68 f.). Denn die Ratswahl konnte formell nur dann gültig werden, wenn die Bürgerschaft ihr das sog. Vollbort erteilte (L. v. Winterfeld, ebda., 5, S. 104). Ein rascher Wechsel war allerdings ausgeschlossen, da die jährliche Wiederwahl einmal im Rat sitzender Personen bis zu deren Tod üblich war.

154 Eine genauere Darstellung dieser Zusammenhänge wäre wünschenswert. Hinweise bei L. v. Winterfeld, Reformation (wie Anm. 5), S. 69, 91, 93, 97, 104. Vgl. auch H. Becker, Das Dortmunder Wandschneiderbuch, Dortmund 1871, S. 10. — L. v. Winterfeld formuliert: „Der Preis ihrer Zustimmung (d. h. der Bürgerschaftsgremien zur Erhöhung der Akzise, H. Sch.) war das Religionsedikt" (ebda. S. 93). Mir geht es weniger um eine solche direkte Kausalverbindung, als um das gemeinsame gemeindlich-genossenschaftliche Prinzip, dessen zeitlich konzentrierten Ansprüchen sich der Rat nicht zu widersetzen vermochte.

155 Zusammenfassender Überblick mit weiterführender Literatur: W. Abel, Landwirtschaft 1500—1648, in: H. Aubin und W. Zorn (Hg.), Handbuch der deutschen Wirtschafts- und Sozialgeschichte, Bd. 1, (2 Bde.), Stuttgart 1971, S. 386 ff. — Zur Entwicklung in Dortmund während der ersten Hälfte des 16. Jahrhunderts zahlreiche Belege bei: D. Westhoff (wie Anm. 11), der zu jedem Jahr die Kornpreise notierte. Zu der allgemeinen Preissteigerung kamen Jahre der Mißernte und extrem hoher Preise — namentlich 1528 bis 1532 (ebda., S. 424, 427, 433), also gleichzeitig mit der ersten reformatorischen Bewegung, und 1539 sowie 1542 (ebda., S. 435, 436, 440).

156 Vgl. A. Fahne (wie Anm. 14), Bd. 2, Nr. 278 (S. 360 f.), S. 362, Anm. 1, Nr. 279 (S. 362 f.): Vertrag 1525, Beschwerde der Bürger 1532, Rechtfertigung der Kleriker 1532. — Zu ähnlichen Forderungen und Beschwerden der Bürger 1525 in Münster vgl. H. Schilling, Aufstandsbewegungen (wie Anm. 146).

157 Der ausführliche Bericht bei D. Westhoff (wie Anm. 11), S. 441 f. zeigt, welche Bedeutung die Bürger dieser Frage zumaßen. Sie zogen mit „Sägen, Hammern, Schaufeln, Wannen, Becken und anderen Instrumenten" zu Hauf aus, um die Privatisierung der Fischerei — zugunsten von Ratsherren und Patriziern! — rückgängig zu machen.

Auseinandersetzungen ihren Höhepunkt in den 1560er und 1570er Jahren, also zur gleichen Zeit, als die Bürger
dem Rat schrittweise ihren Willen auf Einführung eines lutherischen Kirchenwesens nahebrachten: Konkreter Anlaß war die Nutzung des städtischen Waldes, bei der nach alten, aber nicht sehr präzisen Regeln spezielle Privilegien der Reichsleute, und damit der Dortmunder Patrizier, mit den Allmendrechten der Gesamtbürgerschaft kon-
kurrierten[158]. Alljährlich war zu entscheiden, ob und wie lange die den Patriziern vorbehaltene Eichelmast für
Schweine durchzuführen war oder ob der Wald freibleiben konnte für die allgemeine Gras- und Blattmast. War Eichelmast angesetzt, wurde der Wald für das Vieh der einfachen Bürger — Kleinvieh, Kühe und Schweine — ge-
sperrt. Voraussetzung war, daß die Bäume soviel Eicheln trugen, daß deren Verfütterung wertvoller war, als das
Gras- und Blattfutter, eine Bestimmung, die einen weiten Auslegungsspielraum ließ und demzufolge bereits im
Mittelalter zu Konflikten zwischen Bürgerschaft und patrizischen Reichsleuten geführt hatte. In den 1560er Jahren
setzte sich in der Bürgerschaft zunehmend die Ansicht durch, die Patrizier dehnten ihre Nutzungsrechte willkür-
lich auf Kosten der Gesamtbürgerschaft aus. Vor dem Hintergrund des genossenschaftlichen Prinzips, das Einzel-
interessen dem Gemeinwohl der Bürgergenossenschaft unterordnete, war das um so brisanter, als die Patrizier die
Schweinemast offensichtlich zu einem einträglichen Geschäft gemacht hatten[159], während die Bürgerfamilien,
von denen so manche angesichts der kritischen Ernährungslage auf die Nutzung der Allmende angewiesen war,
das Nachsehen hatten. 1562 zwang man die Reichsleute, die schon in den Kirchen angekündigte Schweinemast
zugunsten der Allgemeinnutzung durch die Bürgergemeinde zu widerrufen[160]. Nach weiteren Konflikten in den
1566, 1568, 1569 und — besonders heftig — 1575[161], gelang es den Bürgervertretern schließlich Anfang 1576
eine Neuregelung durchzusetzen, die den Interessen der Bürgergemeinde stärker Rechnung trug[162]. Wie selbstbe-
wußt die Bürgervertreter in jenen Jahren agierten, zeigt die Tatsache, daß die Gilden 1579 zwei Patriziern Sitz und
Stimme im Rat absprachen, solange die Reichsleute gegen die Bürger einen Prozeß führten[163]. Wie in der Kir-
chenfrage stellte sich die Mehrheit der Ratsherren nun auch in den Allmendangelegenheiten auf die Seite der
Gemeinde[164].

Die Beobachtungen und Argumente dieses Kapitels zusammenfassend, läßt sich festhalten: Auch die Dortmunder Langzeitreformation war im Kern ,,Gemeinde-" bzw. ,,Bürgerreformation", die bemerkenswerterweise in vie-
lem dasselbe Grundmuster zeigt wie die Ereignisse in den westfälischen Städten während der Sturmjahre der Reformation Ende der 1520er, Anfang der 1530er Jahre. Die Mehrheit des Dortmunder Rates widersetzte sich in der
ersten Hälfte des 16. Jahrhunderts stets entschieden der Einführung des Luthertums — teils aus außenpolitischem
Kalkül, teils wegen der besonderen Verbundenheit der Patrizier mit dem Pfründenwesen und dem Frömmigkeitstypus der alten Kirche[165]. Daraus die Schlußfolgerung zu ziehen, es sei die prinzipiell konservative Einstellung des
Patriziats gewesen, die bis 1570 den Durchbruch der Reformation verhindert hätte, ist indes zu undifferenziert:
Denn einerseits setzten sich gerade die patrizischen Ratsherren in den 1540er Jahren mit Nachdruck für das humanistische Reformmodell ein. Und andererseits war der Patrizierrat offensichtlich gar nicht in der Lage, am erklärten
Willen der Bürgerschaft vorbei eine selbstherrlich-autokratische Kirchenpolitik zu betreiben, ohne sich der Gefahr
eines Aufstandes auszusetzen. Eine Reihe von Anhaltspunkten spricht dafür, daß die Dortmunder Kirchenpolitik
des Reformationsjahrhunderts das Ergebnis eines auf der Verfassungsreform des Jahres 1400 basierenden Zusammenspiels von Rat und Bürgerschaftsvertretern war, das sich auch in den Krisen des 16. Jahrhunderts bewährte.

---

158 Hierzu allgemein K. Rübel, Agrarisches vom Hellweg und aus der Grafschaft Mark, in: Beiträge 11 (1902), S. 158—258, hier
     S. 250—257; ders., Die Dortmunder Reichsleute, in: Beiträge 15 (1907), S. 1—227, hier vor allem S. 112—123.

159 Es handelte sich um eine Größenordnung von rund 350 Schweinen (Rübel, Reichsleute, a. a. O. S. 115), — Auch die Herde der Bürger
     konnte beträchtlich sein: Für das Jahr 1795 ist eine Zahl von 1400 Kühen überliefert (ebda., S. 86 Anm. 2).

160 Beleg bei L. v. Winterfeld, Reformation (wie Anm. 5), S. 94, Anm. 144, Zitat aus dem inzwischen verlorenen Dreimannbuch.

161 L. v. Winterfeld, a. a. O.; K. Rübel, Reichsleute (wie Anm. 158), S. 115 ff.

162 Paraphrase bei K. Rübel, Reichsleute (wie Anm. 158), S. 116.

163 L. v. Winterfeld, Reformation (wie Anm. 5), S. 104 aus dem Dreimannbuch. — Gemeint ist wahrscheinlich die Klage am Reichskam-
     mergericht wegen der Allmendestreitigkeiten.

164 K. Rübel, Reichsleute (wie Anm. 158), S. 115, 117.

165 Vgl. unten Kapitel III, 4.

Abb. 26: Karte der Grafschaft und freien Reichsstadt Dortmund.
Nachzeichnung (um 1700) einer Vorlage des Dortmunder Chronisten und Kartographen Detmar Mulher von 1609.

Der Kompromißcharakter eines solchen Ausgleichs schloß eine radikale Lösung der Probleme aus — sowohl in lutherischer als auch in streng katholischer Hinsicht. Das konfessionelle via-media-Modell der Humanisten-Reform erweist sich somit auch in politischer und verfassungsmäßiger Hinsicht als Mittelweg, auf den sich Rat und Bürgerschaft einigen konnten. In dem Maße, in dem offenbar wurde, daß das Humanisten-Modell dem Sog der Konfessionalisierung nicht standhielt und daher scheitern mußte, war die kirchenpolitische Grundlage dieses innerstädtischen Kompromisses zerstört, und die Bürgergemeinde konnte nun auch in Dortmund zum Schrittmacher der lutherischen Reformation werden. Dieser Umschwung wurde getragen von einer starken gemeindlich-genossenschaftlichen Grundströmung, die während der 1560er und 1570er Jahre in ganz unterschiedlichen Bereichen des öffentlichen Lebens ihre Dynamik entfaltete: Die Bürger reklamierten nicht nur in der Frage der Kirchenerneuerung, in der sie jetzt offensichtlich auch zunehmend durch lutherische Pfarrer beraten wurden, sondern auch allgemein eine deutlichere Orientierung der städtischen Politik an den Interessen und dem Willen der bürgerlichen Gemeinde. Wenn der Rat schrittweise und keineswegs überstürzt auf diese Forderungen einging, so ist dies ein weiterer Beleg für die beachtliche Flexibilität und Integrationskraft des Dortmunder Verfassungssystems. Daß sich, wie im nächsten Kapitel noch genauer zu analysieren ist, die personelle Zusammensetzung des Rates inzwischen verändert hatte, ist kein Beweis gegen, sondern ein weiteres Argument für diese Interpretation.

4. Reformation und frühneuzeitlicher Eliteaustausch.

Versuchen wir, die Trägergruppe der Reformation und allgemein der gemeindlich-genossenschaftlichen Bewegung sozial einzuordnen, so ergibt sich auch für Dortmund der aus anderen Städten bekannte Befund einer starken Beteiligung der Handwerkerschaft und des Gildebürgertums[166]. Da wegen der im vorigen Kapitel beschriebenen politisch-verfassungsmäßigen Zusammenhänge und vermutlich auch wegen der relativ geringen Wirtschaftskraft des Dortmunder Gewerbes direkte Massenaktivitäten während des 16. Jahrhunderts stets nur eine Nebenrolle spielten und sich nie eine wirkliche Umsturzbewegung formierte, hingen Verlauf und Ergebnis der Diskussion um die Kirchenerneuerung letztlich vom Kräfteverhältnis innerhalb des Rates ab. So gesehen war im Falle Dortmunds die Entscheidung über Erfolg oder Mißerfolg der lutherischen Reformation ein elitegeschichtliches Problem.

Die Dortmunder Entwicklung ist einzufügen in eine allgemeine Sozialgeschichte des frühneuzeitlichen Bürgertums: Zwischen etwa 1450 und 1650 — häufig mit zeitlicher Verdichtung in der engeren Reformationsphase — läßt sich innerhalb der bürgerlichen Oberschichten Nordwestdeutschlands ein übergreifender Wandlungs- und Differenzierungsvorgang beobachten, der sowohl die geistig-religiösen als auch die wirtschaftlichen und politischen Führungsgruppen erfaßte[167]. Als unmittelbare Folge der Reformation bildete sich eine *protestantische Pfarrerschaft* heraus, die nicht mehr klerikalen, sondern bürgerlichen Standes war. Etwa gleichzeitig trat eine neue *wirtschaftliche Führungsschicht* in Erscheinung, die längerfristig wesentlich zur Umwandlung der auf die Städte orientierten mittelalterlichen Wirtschaft in ein modernes, territorial ausgerichtetes Wirtschaftssystem beitrug. Und schließlich veränderte sich auch die Zusammensetzung der *politischen Elite* — einerseits durch die Ablösung des spätmittelalterlichen Patrizierregimentes durch die Herrschaft frühneuzeitlicher Honoratioren, andererseits durch die — z. T. damit eng verbundene — Herausbildung eines gelehrten Juristenbürgertums mit Anzeichen einer modernen Funktionselite. Der Aufstieg der Juristen basierte auf den veränderten politisch-staatlichen Rahmenbedingungen, die das römische, gelehrte Recht zur Grundlage einer frühmodernen Verwaltungspraxis machten. Das Vordringen der Honoratioren hing damit zusammen, daß die althansischen Fernhandelsfamilien sich zunehmend aus dem aktiven Wirtschaftsleben zurückzogen, während aufgrund der spätmittelalterlichen Gewerbekonjunktur und der kommerziellen Expansion des 16. Jahrhunderts neue Familien rasch zu Reichtum und sozialem Ansehen gelangten, und damit für die traditionellen Ratsfamilien zu natürlichen Konkurrenten um die politische Führung im Stadtregiment wurden.

---

166   Für 1533 sind Proteste der Wollenweber und der Schmiede gegen die antiprotestantische Reaktion im Rat überliefert, vgl. L. v. Winterfeld, Reformation (wie Anm. 5), S. 63 und 69.

167   Allgemein dazu H. Schilling, Wandlungs- und Differenzierungsprozesse innerhalb der bürgerlichen Oberschicht West- und Nordwestdeutschlands im 16. und 17. Jahrhundert, Vortrag gehalten auf der deutsch-polnischen Historikerkonferenz, Thorn, März 1981, erscheint Ende 1982 in dem von M. Biskup, G. Schramm u. K. Zernack herausgegebenen Protokollband.

Die genannten Wandlungsprozesse haben auch die frühneuzeitliche Sozialgeschichte Dortmunds mitgeprägt: Die Herausbildung des *evangelischen Pfarrerbürgertums* zerstörte die aus dem Mittelalter überkommene Verflechtung zwischen Patriziat und hohem städtischen Klerus, die ja bereits vor der Reformation einen zentralen Beschwerdepunkt der Bürgerschaft ausgemacht hatte. Als neues soziales Beziehungsmuster ergab sich jetzt die Verbindung zwischen Pfarrerschaft und frühneuzeitlicher Honoratiorenelite, insbesondere ihrem gelehrten und intellektuellen Teil. Gleichzeitig damit wurden die Beziehungen zwischen Pfarrern und Bürgern insgesamt auf eine neue Grundlage gestellt [168]. Die neuen *wirtschaftlichen Führungsgruppen* beeinflußten die Dortmunder Geschichte zunächst nur indirekt, weil sie sich in der Reichsstadt selbst nicht niederlassen konnten [169]. Dagegen waren die Verschiebungen in der Zusammensetzung der politischen Elite von unmittelbarem und nachhaltigem Einfluß. Sie sollen daher im folgenden genauer beschrieben werden, wobei das Sonderproblem des Vordringens juristisch gebildeter Ratsherren ausgeklammert bleiben muß [170].

In den Grundzügen gleich, verlief der frühneuzeitliche Eliteaustausch im einzelnen, insbesondere auch hinsichtlich der zeitlichen Erstreckung, recht unterschiedlich — je nach den konkreten politischen, rechtlich-verfassungsmäßigen, sozialen, ökonomischen und konfessionell-kirchlichen Bedingungen. In Dortmund waren es hauptsächlich drei Momente, die Charakter und Rhythmus dieser Entwicklung bestimmten:

1. Der vergleichsweise früh einsetzende wirtschaftliche Niedergang nach der Dortmunder Fehde (1388/1389) traf insbesondere den traditionellen Fernhandel und beschleunigte daher den Rückzug der althansischen Kaufmannschaft aus dem Wirtschaftsleben und ihre Umbildung in eine von Renteneinkommen und Pfründen lebende Patrizierkaste. Die erwähnten neuen wirtschaftlichen Möglichkeiten des 15. und 16. Jahrhunderts, die auch in Dortmund zu einer, wenn auch vergleichsweise bescheidenen, wirtschaftlichen Wiederbelebung führten, wurden dagegen nahezu ausschließlich von nichtpatrizischen Kaufleuten und Gewerbetreibenden wahrgenommen, was die Herausbildung eines starken Honoratiorentums beschleunigte [171].

2. Der reichsstädtische Status wirkte sich auf die im einzelnen noch nicht hinreichend aufgearbeiteten Beziehungen zwischen stadtbürgerlicher Politikelite und landesherrlichem Beamtenbürgertum der umliegenden Territorien aus.

3. Schließlich hat das Verfassungsleben im Inneren die Modalitäten des Eliteaustausches wesentlich bestimmt, namentlich das bereits beschriebene Zusammenspiel gemeinde-genossenschaftlicher und ratsobrigkeitlicher Verfassungselemente sowie die konkrete Regelung der Ratswahl, eine komplizierte Verbindung von Selbstergänzung und begrenzter Beteiligung des Gildebürgertums [172]. Erhebliche Barrieren gegen eine schnelle oder gar Veränderung ergaben sich aus der seit dem Mittelalter bestehenden Gewohnheit, bei der jährlichen Ratswahl die bisherigen Amtsträger zu bestätigen, wodurch die Ratssitze faktisch auf Lebzeit vergeben wurden. Solange diese Tradition beibehalten wurde, ging die Erneuerung des Rates sozusagen ihren natürlichen Gang. Angesichts der innerstädtischen Spannungen, die mit der Reformationsdiskussion verbunden waren, war dies allerdings keineswegs selbstverständlich. In Münster, wo zu Beginn des Reformationsjahrhunderts ebenfalls eine

---

168 Es würde sich lohnen, beide Aspekte anhand des Dortmunder Materials genauer zu untersuchen.

169 Vgl. dazu die Ausführungen unten Kap. IV und die dort angegebene Literatur.

170 Auch an dieser Stelle darf ich ein Forschungsdesiderat notieren. Ein erster Einblick in die Ratslisten deutet auf ein relativ spätes Auftreten von Juristen hin, jedenfalls soweit sie promoviert waren: Seit den frühen 1560er Jahren befinden sich regelmäßig ein, zu Beginn des 17. Jahrhunderts zwei, zeitweilig sogar drei Juristen im Rat. Hinzu kommen der Ratssekretär und der Syndikus. — Ähnlich wie in den meisten anderen Städten bildeten die Juristen in Dortmund sozialgeschichtlich gesehen keine besondere Gruppe, insofern sowohl Honoratioren- als auch Patrizierfamilien ihre Söhne Jura studieren ließen — Patrizier z. B. Lic. jur. Albert Clepping (ab 1565 im Rat), Lic. jur. Hildebrand Berswort (ab 1580). — Für das 17. und 18. Jahrhundert deutet sich an, daß gerade die aufsteigenden Honoratioren- und Juristenfamilien über Dortmund hinausstrebten, weil die stagnierende Reichsstadt ihnen kein befriedigendes Betätigungsfeld bot. Vgl. etwa Belege zu Heitfeld bei H. Mitgau, Alt-Quedlinburger Honoratiorentum, Leipzig 1934, S. 123.

171 Vgl. L. v. Winterfeld, Die Dortmunder Wandschneider. Quellen und Untersuchungen zur Geschichte des Tuchhandels in Dortmund, in: Beiträge 29/30 (1922), S. 1—347, hier u. a. S. 10, 16.

172 Einzelheiten in der oben Anm. 132 angegebenen verfassungsgeschichtlichen Literatur.

faktische Lebenslänglichkeit der Ratsämter bestand, gelang es den Wahlgremien seit Ende der 1520er Jahre, dieses Prinzip aufzuheben und durch eine radikale Veränderung in der Zusammensetzung des höchsten städtischen Regierungsgremiums die Voraussetzungen für den legalen Übertritt der Stadt zum Täufertum zu schaffen [173]. Wenn in Dortmund das Prinzip der Ratszugehörigkeit auf Lebenszeit im wesentlichen beibehalten wurde, so ist das ein weiterer Beleg für das Funktionieren der Verfassung.

Die Aufspaltung der politischen Elite in Gruppen verschiedener „sozialer Dichtigkeit" (Friedrich von Klocke) erfolgte in Dortmund bereits relativ früh, und zwar mit der Teilung der Reinoldi-Gilde der frühen Hansekaufmannschaft in die Junkergesellschaft (Ersterwähnung 1386) einerseits und die Wandschneidergesellschaft (Ersterwähnung 1346) andererseits [174]. Die Junkergesellschaft gab die gesellschaftlich-institutionelle Basis für die alten Fernhandelsfamilien ab, die sich zunehmend geburtsständisch abschlossen und damit erst im eigentlichen Sinne zu einem Patriziat wurden. In der Wandschneidergesellschaft schloß sich eine ebenfalls deutlich von der allgemeinen Bürgerschaft abgehobene Gruppe vermögender Tuchhändler, später auch anderer Berufszweig zusammen. Im Unterschied zu den Patriziern blieb dieser Teil der bürgerlichen Oberschicht für den Zutritt neuer, durch Gewerbetätigkeit und Handel zu Reichtum und Ansehen gelangter Familien prinzipiell offen, bildete somit ein vom Patriziat strukturell zu unterscheidendes Honoratiorentum geringer sozialer Dichtigkeit [175]. Die Machtverteilung im Rat blieb von dieser Neuorganisation für mehr als eineinhalb Jahrhunderte weitgehend unberührt. Mit der Verfassungsänderung des Jahres 1400 erhielt zwar das Gildebürgertum mit sechs von achtzehn Sitzen Zutritt zum Rat, die zwölf den Erbsassen vorbehaltenen oberen Ratsstellen wurden aber weiterhin ganz überwiegend von Patriziern eingenommen. Honoratioren waren bis weit ins 16. Jahrhundert hinein nur vereinzelt vertreten und bildeten unter den Ratsherren noch in den 1550er Jahren eindeutig eine Minderheit [176]. Erst seit den ausgehenden 1540er Jahren, beschleunigt dann im letzten Drittel des Jahrhunderts, verschob sich das Verhältnis zugunsten der Honoratioren, und zwar nicht kontinuierlich, sondern wellenförmig [177]: 1546 und 1547 war die Zahl der Patrizier bereits auf sieben gesunken, bis 1580 stieg sie jedoch wieder auf zehn — also zur Mehrheit im Rat; ab 1561 ging sie dann aber schrittweise zurück, bis 1578 eine Zahl von vier erreicht war, die bis Anfang des 17. Jahrhunderts konstant blieb, abgesehen von den Jahren 1583 und 1584, als sie nochmal sprunghaft auf acht anstieg.

Eine prosopographische Detailanalyse der für die Umbildung entscheidenden Beschleunigungsphase zu Mitte des 16. Jahrhunderts [178] kann die sozial- und verfassungsgeschichtlichen Hintergründe und die Modalitäten dieser seit den grundlegenden Untersuchungen von Luise von Winterfeld bekannten Entwicklung noch genauer bestimmen. Dabei geht es besonders darum, die Parallelität zwischen der Abnahme des Patrizieranteils am Ratsregiment und den Erfolgen der lutherischen Reformation schärfer zu beschreiben und in ihrer Voraussetzung zu erklären.

Erhellend ist zunächst ein sozialgeschichtlicher Vergleich des Rates zu Anfang der 1520er Jahre mit dem Rat des Jahres 1570, der das endgültige Reformationsedikt erließ. 1520 waren zehn der ersten zwölf Stellen von Patriziern besetzt, sieben von ihnen gehörten Familien an, die bereits vor 1400 im Rat gesessen hatten [179]. Auf Platz zehn erscheint der erst 1497 eingebürgerte Dirik Scheell oder Schele, Aldermann der Wandschneidergilde; darüber hinaus

---

173 Vgl. H. Schilling, Aufstandsbewegungen (wie Anm. 146).

174 Hierzu grundlegend L. v. Winterfeld, Wandschneider (wie Anm. 171) und — begrifflich weiterführend — G. Luntowski, Bemerkungen zu einigen Fragen der Sozial- und Verfassungsgeschichte der Städte Dortmund und Lüneburg, in: Beiträge 65 (1969), S. 5—20.

175 Vgl. die begriffliche Erörterung bei F. v. Klocke, Das Patrizierproblem und die Werler Erbsälzer, Münster 1965, sowie bei G. Luntowski, a. a. O.

176 L. v. Winterfeld, Wandschneider (wie Anm. 171), vor allem S. 69 ff.; A. Meininghaus, Vom Dortmunder Honoratiorentum und seinen Geschlechtern, in: Mitteilungen der Westdeutschen Gesellschaft für Familienkunde V (1928), Sp. 411—422.

177 L. v. Winterfeld, Wandschneider (wie Anm. 171), S. 67 ff.; dies., Reformation (wie Anm. 5), S. 78 ff. S. 89 mit Anm. 133; Ratslisten bei G. Mallinckrodt, Ratslinie (wie Anm. 132). Auf Einzelheiten wie die wichtige Neugründung des Wandschneideramtes in den 1540er Jahren gehe ich nicht ein, weil dies bei L. v. Winterfeld ausführlich dargestellt ist.

178 Auch hier muß ich mich auf die Beschreibung einiger weniger Beobachtungen beschränken. Eine prosopographische Gesamtanalyse des Dortmunder Rates wäre wünschenswert, vergleichbar den Arbeiten zu Paderborn, Lemgo und — für das späte Mittelalter — Köln: R. Decker, Bürgermeister und Ratsherrn in Paderborn vom 13. bis 17. Jahrhundert, Paderborn 1977; E. Geiger, Die soziale Elite der Hansestadt Lemgo, Detmold 1975; W. Herborn, Die politische Führungsschicht der Stadt Köln im Spätmittelalter, Bonn 1977.

179 Ratslinien bei G. Mallinckrodt, Ratslinie (wie Anm. 132); L. v. Winterfeld, Wandschneider (wie Anm. 171), S. 69, 71, Anm. 16.

gehörte noch Tones von Bolschwing zu den Honoratioren, der jedoch einen der sechs unteren Gildesitze einnahm [180]. Genau die Hälfte der Ratsherren entstammte Familien, die schon vor 1450, teilweise sogar vor 1300 im Rat vertreten gewesen waren [181]. Dagegen lassen sich nur vier, und zwar patrizische, Familien über 1650 hinaus verfolgen. Das heißt, zu Anfang des 16. Jahrhunderts gab es weder im Hinblick auf die Vergangenheit noch im Hinblick auf die Zukunft nichtpatrizische Ratsfamilien. — Ganz anders die Zusammensetzung des Rates von 1570, der nur noch fünf Patrizier umfaßte. Er bestand aus zwölf Mitgliedern von Familien, die erst nach 1520 den Sprung in das höchste städtische Regierungsgremium geschafft hatten, sieben davon sogar erst in den 1560er Jahren. Sechs dieser zwölf Ratsherren begründeten Ratsfamilien, die das gesamte 17., zum Teil auch noch im 18. Jahrhundert die Geschicke der Stadt mitbestimmten. Das heißt, den Honoratioren war erstmals nicht als einzelnen, sondern als sozialer Gruppe der Durchbruch in den Rat gelungen. — Dieser Vergleich der Zusammensetzung des Rates von 1520 und 1570 macht deutlich, in welchem Maße der Austausch der Dortmunder Politikelite ein Ergebnis der engeren Reformationsepoche, insbesondere der 1560er Jahre, war.

Was die Aufstiegsmechanismen anbetrifft, so ist zunächst die Beobachtung aufschlußreich, daß 1570 sechs der nichtpatrizischen Ratsherren Familien angehörten, die im Laufe ihrer Zugehörigkeit zum Stadtregiment sowohl auf den unteren sechs, den Gilden vorbehaltenen Stellen anzutreffen sind als auch auf den oberen zwölf Erbsassenplätzen [182]. Diese Familien sind offensichtlich aus dem oder zumindest in Allianz mit dem Gildebürgertum in den Rat gelangt und ins Honoratiorentum der Erbsassen aufgestiegen. Dieser Sachverhalt belegt nochmals die Bedeutung des Wahlmännergremiums sowie allgemein der Bürgerschaftsvertretung: Aus anderen Städten ist bekannt, daß neu in den Rat eintretende Personen in der Regel zuvor Ämter der kirchlichen oder bürgerlichen Gemeinde bekleidet haben, und zwar selbst dann, wenn die Ratserneuerung, wie häufig in den Stadtreformationen, durch einen Bürgeraufstand erzwungen wurde. Da in Dortmund weder Listen der 12er, dem Vertretungsgremium des Erbsassenstandes, noch der 24er, den Gildevertretern, vorhanden sind, lassen sich die prosopographischen Zusammenhänge nur auf der Ebene der Dreimänner, d. h. den aus den Gilden gewählten Sprechern der 24er verfolgen: Unter den sechs Gilderatsherren des Jahres 1570 waren nicht weniger als fünf zuvor Dreimänner gewesen, hatten also in den wichtigen, von der beschriebenen genossenschaftlichen Grundströmung geprägten Jahrzehnten in zahlreichen Verhandlungen mit dem Rat die Interessen des Gildebürgertums vertreten, zum Teil auch diejenigen des Bürgerverbandes insgesamt [183]. Weitere drei Ratsherren, die inzwischen zu Erbsassenstellen aufgestiegen waren, gehörten Familien an, die im ersten Drittel des Jahrhunderts Mitglieder des Dreimannen-Kollegiums gestellt hatten [184]. Von den fünf Dreimannen-Ratsherren des Jahres 1570 begründeten drei Ratsfamilien die sich bis Ende des 17., z. T. bis ins 19. Jahrhundert hinein hielten, zwei davon mit Erbsassenrang.

Für den Zeitpunkt und den Rhythmus des Eliteaustausches und damit indirekt auch für seine erklärungsbedürftige Parallelität zum Reformationsprozeß ist beachtenswert, daß die Wahlgremien in den entscheidenden Jahren wiederholt das Prinzip der lebenslänglichen Amtsführung durchbrachen: So wurde Rektor Johannes Lambach, seit 1563 im Rat, ab 1568 bei der alljährlichen Wahl nicht mehr berücksichtigt, obgleich er bis zu seinem Tode im Jahre 1582 nachweislich im Vollbesitz seiner Kräfte war. Trifft es zu, daß er politisch kaltgestellt wurde, weil er sich dem reformierten Abenmahlsverständnis angenähert hatte, wäre das ein beeindruckender Beweis für den Einfluß der lutherischen Pfarrer auf das Wahlmännergremium. Ähnlich wie Lambach erging es den Patriziern Andreas Klepping 1566, Jaspar Prume 1568 und Albert Klepping 1572. Insbesondere das Ausscheiden des entschiedenen Katholiken Prume scheint den Durchbruch der Reformation erleichtert zu haben. Zwei Beobachtungen sprechen aber gegen eine zu enge Verknüpfung von konfessioneller und elitesoziologischer Entwicklung. Den katholischen Patriziern verweigerte man nur vorübergehend — am längsten Jaspar Prume, und zwar für fünf Jahre — den Zu-

---

180   L. v. Winterfeld, Wandschneider (wie Anm. 171), S. 251; A. Meininghaus (wie Anm. 176), Sp. 415.

181   Das gilt für acht der zehn Patrizier, während die Prumes, die im 16. Jahrhundert eine führende Rolle im Rat spielten, diesem Gremium erst ab 1472 und die ,,halbpatrizische" Familie tom Busche erst ab 1465 angehörten.

182   Vgl. G. Mallinckrodt, Ratslinie (wie Anm. 132), mit der Tabelle I, ebda., S. XVII ff.

183   Vgl. die Ratslisten, a. a. O., mit der Liste der Dreimannen, Anhang L. v. Winterfeld, Wandschneider (wie Anm. 171), S. 344 ff.

184   Familien Degginck, Potgeter, Bolswinge.

tritt zum Rat, danach gehörten sie ihm bis zu ihrem Lebensende wieder an[185]. Und dort, wo uns Argumente für die Verweigerung der Wiederwahl vorliegen, sind sie nicht konfessioneller, sondern gemeindlich-genossenschaftlicher Art: So begründeten die Gilden 1579 ihren erneuten Einspruch gegen den Bürgermeister Jaspar Prume mit dessen eigenmächtiger Finanzpolitik. Im selben Jahr warf man zwei anderen Patriziern[186] vor, sie hätten sich der Klage der Reichsleute gegen die Gesamtbürgerschaft angeschlossen. Bereits 1578 hatten die Gilden die Wahl des Lic. jur. Hildebrand Berswort abgelehnt, weil sie offensichtlich der Ansicht waren, seine römischrechtliche Ausbildung stünde im Widerspruch zu den genossenschaftlichen Grundlagen der Dortmunder Stadtverfassung[187]. Diese Begründungen verweisen erneut auf das genossenschaftliche Prinzip und das gefestigte Selbstbewußtsein der Gemeinde als gemeinsame Triebfeder für die politischen, sozialen und kirchlichen Selbst-und Mitbestimmungsansprüche der Bürger.

Wie erklärt sich aber das abweichende Verhalten der Wahlgremien im Falle des Rektors Johannes Lambach, den sie nicht wieder in den Rat zurückriefen? Rechtlich weist das auf grundlegende Unterschiede im Status der katholischen und reformierten Minderheit hin — nur die letztere konnte wegen des Ausschlusses vom Augsburger Religionsfrieden ihrer politischen Rechte prinzipiell entkleidet werden, in Dortmund bis Ende des 18. Jahrhunderts. Katholischer Bekenntnisstand dagegen war kein prinzipieller Hinderungsgrund gegen die Mitgliedschaft im Rat einer lutherischen Stadt[188]. Hinsichtlich der sozialen Grundlagen und des geistigen Selbstverständnisses der stadtbürgerlichen Gesellschaft und ihrer Selbstverwaltungsgremien belegt der Fall Lambach, daß man Mitte des 16. Jahrhunderts in Dortmund sehr wohl ein Mitglied der eben aufsteigenden Honoratiorenschaft aus dem Rat entfernen konnte. Dagegen gestand man offensichtlich einem Patrizier gleich welcher Konfession ein grundsätzliches Anrecht auf einen Ratssitz zu. Ähnlich wie in anderen westfälisch-niederdeutschen Städten fehlt demzufolge auch in Dortmund dem frühneuzeitlichen Eliteaustausch der dramatische Akzent. Obgleich sie seit Mitte der 1580er Jahre stets in der Minderheit waren, behielten die Patrizier bis 1634 das Monopol in der Besetzung der Bürgermeisterämter. Das ist um so wichtiger, als sich im Zuge der frühneuzeitlichen Modernisierung der städtischen Administration die eigentliche Regierungsgewalt zunehmend in der Hand der Bürgermeistergremien konzentrierte. Darüber hinaus haben Patrizier bis zum Ende der reichsstädtischen Zeit stets Zugang zum Rat gefunden. Somit läßt sich kaum von einer handstreichartigen Entmachtung der alten Elite sprechen. Der Wechsel vom Patrizier zum Honoratiorenrat wurde wesentlich dadurch erleichtert, daß die ältere Elitegruppe parallel zum Ausscheiden aus dem Wirtschaftsleben und dem mit der Reformation besiegelten Verlust der einträglichsten Pfründen in der Stadtkirche[189] das Interesse an der Mitgestaltung der städtischen Politik verlor und daß darüber hinaus wegen der konnubialen Exklusivität die Zahl der Patrizier rasch abnahm.

Überhaupt ist selbst bei den Veränderungen innerhalb der engeren Reformationsepoche der gleichsam natürliche Rhythmus des Dortmunder Eliteaustausches im Auge zu behalten: Auch in den Jahren der kirchlich-religiösen Krise und damit gekoppelter allgemeiner Spannungen zwischen Rat und Bürgergemeinde blieben Todesfälle der entscheidende Auslöser für personelle oder gar gruppenspezifische Verschiebungen im Rat, und damit für Veränderungen in der städtischen Politik: In den 1560er Jahren starben kurz hintereinander drei Patrizier-Ratsherren, die seit einer Generation maßgeblichen Einfluß auf die städtische Kirchenpolitik ausgeübt und unter anderem auch das Humanisten-Modell unterstützt hatten: 1561 Nikolaus Berswort, 1564 Johannes Hane und 1566 Lambert Berswort, Mitglieder des Rates seit 1529 bzw. 1523 und 1534. Erst dieser natürliche Einschnitt ermöglichte die Verschiebung des Kräfteverhältnisses zugunsten der Honoratioren. Eine ähnliche Situation ergab sich nochmals Anfang der 1580er Jahre, ebenfalls mit einer ruckartigen Veränderung des Gewichteverhältnisses der sozialen Gruppen — nun aber zugunsten der Patrizier, deren Zahl 1583 „plötzlich" wieder acht betrug, nachdem sie zuvor be-

---

185   Andreas Clepping ab 1569, Albert Clepping ab 1575 und Jaspar Prume ab 1573 wieder im Rat.

186   Claus Hövel und Detmar Berswort, deren konfessionelle Haltung nicht eindeutig bekannt ist; sie wurden 1581 zum Rat zugelassen.

187   Jeweils nach den Eintragungen im Dreimannsbuch, zitiert bei L. v. Winterfeld, Reformation (wie Anm. 5), S. 104 mit Anm. 184.

188   Ähnlich verhielt es sich in Soest, vgl. H. Schilling, Politische Elite (wie 12), S. 294.

189   Unter den lutherischen Pfarrern der reichsstädtischen Zeit gab es keine Patrizier. — Die Pfründen aus patrizischen Familienstiftungen blieben den Katholiken zwar erhalten, attraktive Versorgungspositionen waren damit aber nicht mehr verbunden.

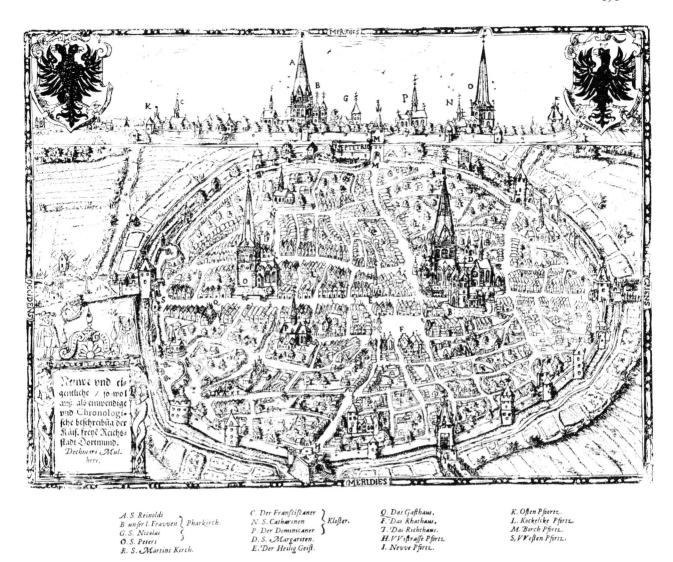

A. S. Reinoldi
B unser l. Frawen ⎫ Pharkirch.
G. S. Nicolai
O. S. Peters
R. S. Martins Kirch.

C. Der Franciscaner ⎫
N. S. Catharinen ⎬ Kloster.
P. Der Dominicaner ⎭
D. S. Margariten
E. Der Heilig Geist.

Q. Das Gasthaus.
F. Das Rhathaus.
T. Das Richthaus.
H. VVistrasse Pfortz.
I. Nevve Pfortz.

K. Osten Pfortz.
L. Kockelcke Pfortz.
M. Borch Pfortz.
S. VVesten Pfortz.

Abb. 27:   Stadtplan des Detmar Mulher, 1610

reits auf fünf zurückgegangen war. Das letzte Drittel des 16. Jahrhunderts brachte somit nicht nur den Übergang vom Patrizier- zum Honoratiorenrat, sondern — vielleicht nicht weniger wichtig für die endgültige Lösung der Reformationsfrage — zugleich damit auch einen *Generationenwechsel* innerhalb der restlichen Patriziergruppe: Von den fünf patrizischen Ratsherren des Jahres 1570 waren drei erst in den 1560er Jahren ins Amt gelangt, keiner jedoch vor 1540! — Diese Beobachtungen lassen uns skeptisch werden gegenüber dem auch in der Dortmunder Reformationsgeschichtsforschung immer wieder stilisierten Bild eines erbitterten Ringens zwischen den sozialen Gruppen oder gar Klassen, das der Diskussion um die Kirchenerneuerung zugrunde gelegen habe. Soziale und geistige Prozesse folgten in der stadtbürgerlichen Gesellschaft, wie in der Frühneuzeit allgemein, offensichtlich eigenen Mustern. Sie ergaben sich aus dem besonderen Aufbau des frühneuzeitlichen Gesellschaftssystems sowie aus dem spezifischen Selbstverständnis und den Handlungsnormen der Menschen, die in ihm lebten. Für Dortmund ist jedenfalls offensichtlich, daß die „Langzeitreformation" Ausdruck einer besonderen Zeitstruktur war, die stärker von Generationenrhythmen bestimmt wurde als von gruppenspezifischen Machtkonstellationen. Diese besonnen. Diese besondere Zeitstruktur blieb in Dortmund stabil, ungeachtet des starken kirchlich-religiösen Entscheidungsdruckes der Reformationsepoche, dem die meisten anderen deutschen Städte bereits in den 1520er und 1530er Jahren nachgeben mußten. Daß dann in den 1560er Jahren die Chance eines deutlichen Wechsels in der sozialen Trägerschaft des Ratsregimentes wahrgenommen wurde, war eine Folge der beschriebenen gemeindlich-ge-

nossenschaftlichen Grundströmung und des damit zusammenhängenden gestärkten Selbstbewußtseins der Gildevertreter in den Wahlgremien, die erfolgreich für Kandidaten ihrer eigenen politischen und konfessionellen Auffassung eintraten.

An dieser Stelle ist nochmals auf den Zusammenhang zwischen Sozialstatus und Konfessionsentscheidung zurückzukommen: Eindeutig erscheint zunächst der Fall des *Gildebürgertums* sowie der *Honoratiorenschaft,* die sich
mehr oder weniger geschlossen für die Reformation einsetzten. Das erklärt sich z. T. aus der schon vorreformatorischen Frontstellung gegen die soziale Verflechtung zwischen Klerus und Patriziat in Dortmund. Hinzu kommt,
daß die Kaufleute und die oberen Schichten der Handwerker intensive wirtschaftliche und soziale Kontakte zu den
seit den 1530er Jahren protestantischen Städten der westfälisch-niederrheinischen Region sowie in die bald ebenfalls zum Protestantismus neigenden Niederlande unterhielten. Schließlich mußten diese Gruppen, die bislang
vom Ratsregiment ausgeschlossen bzw. nur nachgeordnet daran beteiligt waren, für die antihierarchischen, gemeindekirchlichen Elemente der Reformation besonders empfänglich sein, weil diese ganz auf der Linie einer Stärkung der Bürgergemeinde lagen — ihrer weltlichen Kompetenzen ebenso wie ihrer religiös-kirchlichen. Die Entscheidung für die Reformation ist allerdings differenziert zu beurteilen: Weniger in bezug auf die handarbeitende
Mittelschicht, die überall dort, wo ihre Aktivitäten quellenmäßig greifbar oder erschließbar sind, sich für das Luthertum eingesetzt zu haben scheint. Dabei hat offensichtlich auch in Dortmund sowohl für die endgültige Trennung vom Katholizismus als auch für die Abgrenzung zum Calvinismus die Abendmahlsfrage eine entscheidende
Rolle gespielt. Diese Hinneigung der Handwerkerschaft zum lutherischen Abendmahlsverständnis ist eine konfessionssoziologische Grundtatsache, die sich in der zweiten Hälfte des 17. Jahrhunderts auch in zahlreichen anderen
Städten quer über das Reich hinweg beobachten läßt [190].

Anders verhielt es sich jedoch mit den Honoratioren: Zumindest der als Intellektuelle oder gelehrtes Bürgertum zu
beschreibende Teil hat sich nicht sogleich für das Luthertum entschieden, sondern zunächst zusammen mit den
patrizischen Förderern des Dortmunder Gymnasiums für die Verwirklichung des Humanisten-Modells gearbeitet.
Lambach und Schöpper, die geistigen Führer dieser Bewegung, waren Mitglieder und frühe Exponenten aufstei-
gender Dortmunder Honoratiorenfamilien. Dasselbe gilt von zahlreichen ihrer Schüler sowie von mehreren der in
den 1540er Jahren neu berufenen Pfarrer [191]. Die Honoratioren waren somit auf dem besten Weg, die Vorherrschaft der Patrizier im Stadtklerus zu beseitigen, ohne daß sie sich eindeutig auf die Seite Luthers gestellt hätten.
Als die Stadt in den 1550er und 1560er Jahren unter Führung der Honoratiorenelite dann doch in echt reformatorische Bahnen einschwenkte, waren es offensichtlich eher Wirtschaftshonoratioren, die an die Spitze dieser Bewegung traten, während sich die Mitglieder des gelehrten und intellektuellen Honoratiorenbürgertums nicht für die
lutherische, sondern für die reformierte Form des Protestantismus einsetzten. Einige von ihnen — so etwa die Söhne von Rektor Johannes Lambach, die Ende des 16., Anfang des 17. Jahrhunderts dem Dortmunder Rat
angehörten [192], besuchten formell den lutherischen Gottesdienst und konnten daher ihre Ämter behalten. Reformierte Familien, die zu solchen Konzessionen nicht bereit waren, und das scheint im Verlaufe des 17. Jahrhunderts
dann die Regel gewesen zu sein, nahmen dagegen in Kauf, aus dem Kreis der reichsstädtischen Politikelite ausgeschlossen zu werden. Ein frühes, markantes Beispiel ist der in anderem Zusammenhang schon erwähnte Humanist
und Patrizier Caspar Schwarz, den seine Herkunft eindeutig zum Rat qualifizierte [192a].

Bereits Hermann Hamelmann und Johannes Heitfeld, die konfessionalistischen Eiferer für die Reformation, haben
entsprechend ihrem polarisierenden Denk- und Propagandastil das Dortmunder Patriziat als prinzipiellen Wider-

---

190   Dazu mit weiterführender Literatur H. Schilling, Niederländische Exulanten im 16. Jahrhundert. Ihre Stellung im Sozialgefüge und
      im religiösen Leben deutscher und englischer Städte, Gütersloh 1972, S. 121 ff., 125 ff.; ders., Konfessionskonflikt (wie Anm. 3), u. a. S. 247
      und S. 285 f.

191   Vgl. oben Kap. II, 3.

192   L. v. Winterfeld, Reformation (wie Anm. 5), S. 101.

192a W. Fox (wie Anm. 88), S. 142—159.

sacher der Kirchenerneuerung dargestellt [193]. Die zeitliche Parallelität von sinkendem Patrizieranteil am Rat und Fortschreiten der Reformation [194] scheint das zu bestätigen. Unbestreitbar war das Dortmunder Patriziat — wie die politische Führungsschicht anderer Städte auch — aufgrund der mittelalterlichen Traditionen stärker als jede andere bürgerliche Sozialgruppe sozial und geistig mit dem alten Kirchensystem verflochten [195]. Der soziale Stellenwert dieser durch zahlreiche Pfründen interessenmäßig fundierten Bindungen nahm für die Patrizierfamilien in dem Maße zu, in dem sie sich im Verlaufe des späten Mittelalters und des 16. Jahrhunderts aus dem aktiven Wirtschaftsleben zurückzogen. Daß diese Interessenslage eine intensive Beteiligung an der Reformdiskussion durchaus zuließ, zeigt indes bereits das Engagement von Patriziern für die Humanisten-Reform. Das Humanisten-Modell kam den Patriziern besonders entgegen, weil es eine religiös-geistige Erneuerung der Kirche anstrebte, ohne das alte Pfründen- und Ämtersystem, das ja nicht zuletzt die studia humaniora finanziell sicherte, prinzipiell in Frage zu stellen. In der Ende der 1540er Jahre einsetzenden Krise dieses Mittelweg-Konzepts waren die führenden Patrizier-Humanisten zunehmend bereit, auf die Forderungen der Kölner Gegenreformatoren einzugehen [196], wie es zunächst ja auch die Honoratioren-Humanisten Jakob Schöpper und Johannes Lambach taten. Ihre besonderen Reformvorstellungen haben sie aber bis in die sechziger Jahre hinein nicht ganz aufgegeben. Voll eingeschwenkt auf die gegenreformatorische Linie sind erst ihre Söhne, die seit dem letzten Drittel des 16. Jahrhunderts in Allianz mit führenden Vertetern der rheinischen Gegenreformation für eine ,,Rettung" ihrer Vaterstadt in allerletzter Minute kämpften — auf den groben Klotz der lutherischen Kontroverstheologie einen nicht minder groben Keil der Umtriebigkeit und propagandistischen Aggressivität setzend [197]. Hervorragender Vertreter dieser katholisch-konfessionalistischen Generation war der Jesuit Johannes Kleppping (gestorben 1634) [198], Sohn des bis 1624 amtierenden letzten katholischen Bürgermeisters Georg Klepping, Kanonikus von St. Aposteln in Köln und ab 1625 Offizial für Dortmund. Er setzte sowohl die gesellschaftliche Stellung seiner Familie in Dortmund als auch die Verbindungen seines Ordens zu den katholischen Fürstenhöfen und zum Kaiser systematisch ein, um die Rekatholisierung der westfälischen Reichsstadt zu erzwingen. Da er meinte, die inneren Voraussetzungen für einen entscheidenden Umschwung seien in Dortmund am ehesten durch die Ansiedlung des Jesuitenordens zu schaffen, ergaben sich erhebliche Spannungen mit den älteren Ordensniederlassungen der Franziskaner und Dominikaner.

193 Heitfeld schrieb bereits 1561 von Wesel aus, ,,daß sonderlich die adeliche zu Dortmund, ihres zeitlichen Nutzens wegen, da sie ihre Kinder und Verwandten durch die Messe und Vicariengüter so gemödlich versorgen könnten, die warheit nicht erkennen wollten." Zitiert bei Kl. Löffler (wie Anm. 37), S. 209. — Auch die gegenreformatorischen Verlautbarungen heben auf die ,,Glaubenstreue" der Patrizier ab: Das Luthertum habe — so heißt es in einer katholischen Klageschrift von 1595 — eine Mehrheit im Rat gefunden, weil 1582 mehrere patrizische Ratsherren wegen der Pest die Stadt verlassen hätten. Zit. bei A. Mette, Gegenreformation (wie Anm. 48), S. 149.

194 Hierauf hebt vor allem L. v. Winterfeld, Reformation (wie Anm. 5), mit Nachdruck ab.

195 In Dortmund war es in erster Linie der Weltklerus, der eng mit dem Patriziat verbunden war. Darüber hinaus sind in diesem Zusammenhang die Bruderschaften sowie Stiftungen an Pfarrkirchen und Kapellen wichtig (an St. Marien u. a. Berswort, Wickede, Klepping; an St. Peter u. a. Hövel; an St. Nicolai u. a. Berswort, vgl. dazu die Aufstellung bei J. C. Vogt (wie Anm. 10), S. 57, 59, 60. Von den Klöstern war nach Ausweis der Chorfrauen- und Oberinnenliste vor allem das Frauenkloster St. Katharina bei den Patriziern beliebt (W. Saal, Das Dortmunder Katharinenkloster, Geschichte eines westfälischen Prämonstratenserinnenstiftes, in: Beiträge 60 (1963), S. 1—90). Zu den männlichen Bettelorden scheint dagegen auch Ende des Mittelalters noch eine gewisse Distanz bestanden zu haben, vgl. Th. Rensing (wie Anm. 18), S. 13; einzelne Verbindungen ebda., S. 41 f., S. 154: Wickede und von Hövele; letztere auch zu den Franziskanern, vgl. K. Eubel (wie Anm. 68), S. 189 f. Die engen Verbindungen seit Ende des 16. und im 17. Jahrhundert sind erst Folge der Reformation. — Bemerkenswerterweise hatte dagegen das Dortmunder Patriziat im 14. Jahrhundert intensiven Anteil an der Gründung der Kölner Kartause genommen (vgl. dazu demnächst den Beitrag von Heinrich Rüthing in dem Ausstellungskatalog ,,Monastisches Westfalen", Münster 1982) . — Vgl. auch G. Knippenberg, Das Patriziergeschlecht der Berswordt, in: Beiträge 52 (1955), S. 5—108 mit einer beeindruckenden Auflistung der Stiftungen (S. 83—96) sowie einem Verzeichnis der Geistlichen der Familie (S. 47—51) .— Indessen ist in diesem Zusammenhang zu bedenken, daß die Kontakte der Honoratiorenfamilien zu den Dortmunder Konventen offensichtlich nicht wesentlich — wenn überhaupt — schwächer waren als diejenigen der Patrizier, ohne daß dadurch im 16. Jahrhundert die Entscheidung für das Luthertum behindert worden wäre! Dominikaner: etwa Familien Hueck und Degginck (Th. Rensing, a. a. O., S. 140, 176), Katharinenkloster u. a. Hueck (W. Saal, a. a. O., S. 51).

196 Dies wiederum stark konturiert bei L. v. Winterfeld, Reformation (wie Anm. 5), S. 95.

197 Willkommener Anlaß waren Taufen, Eheschließungen und Beerdigungen von Mitgliedern katholischer Patrizierfamilien, die auch in der lutherischen Reichsstadt öffentliches Interesse hervorriefen. Vgl. etwa das Auftreten des Franziskanermönchs Johannes Pilkenius anläßlich der Beerdigung von Johanna Hane/Berswordt im Jahre 1604, beschrieben bei D. Mulher, Annales Tremonienses (wie Anm. 59), S. 50 f.; vgl. auch K. Eubel (wie Anm. 68), S. 190 ff.

198 R. Franz (wie Anm. 6), S. 319; Th. Rensing (wie Anm. 18), S. 92 f.; J. Mooren, Das Dortmunder Archidiakonat, Köln und Neuß 1853, S. 152 ff. — A. Mette, Die Gegenreformation in Dortmund, in: Beiträge (1875), S. 148—180, hier S. 165 ff. — Notizen auch in: Beiträge 34 (1927) S. 150 f.

Auch diese Gegensätze markieren den Wandel von einer vorkonfessionellen zur konfessionellen Kirchlichkeit in Teilen des Patriziates: Klepping warf den Bettelmönchen vor, sie verwalteten die Sakramente zu nachlässig, legten zu wenig Wert auf die feierliche Gestaltung des Gottesdienstes und ließen Unkatholische als Taufzeugen zu [199].

Bei der von der Dortmunder Bürgerschaft erst spät, im letzten Drittel des 16. Jahrhunderts, getroffenen Konfessionsentscheidung hat insofern die Schichtenzugehörigkeit eine Rolle gespielt, als offensichtlich nur Patrizier für den Katholizismus optierten, während das Gildebürgertum und der Honoratiorenteil der Elite so gut wie geschlossen zum Protestantismus übertraten. Anfang des 17. Jahrhunderts gab es in der Reichsstadt nur noch sieben bis acht Patrizierfamilien mit zusammen rund dreißig Personen, die dem Katholizismus anhingen. Sie wurden gottesdienstlich und seelsorgerlich durch die Dominikaner- und Franziskanermönche betreut, deren Konvente zusammen mit dem Frauenkloster St. Katharinen durch die Bestimmung des Augsburger Religionsfriedens reichsrechtlich sichergestellt waren [200]. Über Dortmund hinaus waren diese Familien eingebunden in ein klerikales, politisches und soziales Beziehungsgeflecht, das sein Zentrum in Köln hatte, dem Vorort des nordwestdeutschen Katholizismus, aber auch das katholische Großbürgertum anderer rheinischer und westfälischer Städte sowie den benachbarten Landadel einschloß. Die Entscheidung für den Katholizismus lag somit auf der seit mehr als einem Jahrhundert vom Dortmunder Patriziat verfolgten Linie zunehmender gesellschaftlicher Distanzierung und Absonderung nicht nur von breiten Schichten der Bürgerschaft, sondern vor allem auch von dem Honoratiorenteil innerhalb der Oberschicht selbst. Die religiöse Minderheitensituation war die konfessionssoziologische Entsprechung und die dem konfessionellen Zeitalter gemäße Vollendung dieses elitegeschichtlichen Entwicklungsprozesses. Damit war ein Grad der Exklusivität erreicht, der längerfristig zwangsläufig die Selbstisolierung und den Verlust des politischen und gesellschaftlichen Führungsanspruches nach sich zog. Denn ungeachtet gegenläufiger Abschichtungstendenzen setzte in der stadtbürgerlichen Gesellschaft Alteuropas die Zugehörigkeit zur politischen Elite stets einen „Grundkonsens" mit der Bürgergemeinde voraus [201]. Die Tiefe dieser konfessionssoziologisch fundierten Entfremdung macht eine Eingabe der Gilde-Dreimänner von Ende 1604 deutlich, die vom Rat eine Bestrafung Philipp von Wickedes verlangten, weil dieser hinsichtlich der Vergabe einer von Wickedeschen Familien-Vikarie „zum praeiudicio der gantzen Statt *frembde Obrigkeit*, nemblich den Archidiaconum Georg Braun angesucht ... (und damit) wider guett gewissen und wider seinen Bürger Eidt handele" [201a].

Diese sozialgeschichtliche Deutung der patrizischen Konfessionsentscheidung ist aber sogleich in zweifacher Hinsicht zu relativieren: Der Weg zur katholischen Minderheit war keineswegs dergestalt sozial determiniert, daß er von allen Patriziern eingeschlagen werden mußte. Und selbst auf dem Höhepunkt der konfessionellen Gegensätze blieb innerhalb des Dortmunder Großbürgertums stets ein gewisses Maß an überkonfessionellem Verkehr erhalten. — Ähnlich wie in anderen Städten — erwähnt sei das Beispiel der Soester Familie Gropper — ist auch in Dortmund die Konfessionslinie quer durch einzelne Patriziersippen verlaufen: So hat etwa der 1624 als letzter katholischer Bürgermeister Dortmunds verstorbene Georg Klepping einen katholischen Zweig dieses Patriziergeschlechtes begründet, dem der bereits erwähnte Kölner Offizial Johannes Klepping angehörte, und der durch die 1607 geschlossene Ehe zwischen Agnes Klepping und Bürgermeister Johannes Hardenrath, dem Führer der gegenreformatorischen Partei im Kölner Rat, in verwandtschaftliche Beziehungen zum katholischen Großbürgertum des Rheinlandes trat [202]. Dem steht die Entscheidung Albert Kleppings gegenüber, der als Lic. jur. der Universität Köln zwischen 1555 und 1559 die erste Pfarre seiner Heimatstadt übernahm, was einem alten, vorkonfessionellen Karrieremuster entsprach, demzufolge gerade in höhere Klerikerstellen nicht Theologen, sondern Juristen einrückten. Auf dem Höhepunkt des gegenreformatorischen Drucks auf Dortmund gab er 1559 diese Stelle auf, ließ sich laisieren

199   Th. Rensing, a. a. O., mit kritischer Würdigung.

200   Reichhaltiges Material über das Zusammenleben der Konfessionen zu Anfang des 17. Jahrhunderts bei D. Mulher, Annales Tremonienses (wie Anm. 59); Zur katholischen Minderheit auch Th. Rensing (wie Anm. 18); Listen bei A. Fahne (wie Anm. 14), Bd. II, 2. S. XV ff., XXI ff. Die Zahlenangabe ist zeitgenössisch, vgl. D. Mulher, a. a. O., S. 60 und S. 88.

201   Begriff „Grundkonsens" nach B. Moeller, Diskussionsbeitrag, in: B. Moeller (Hg.), Stadt und Kirche (wie Anm. 126), S. 181.

201a   E. Gronemeyer (Hg.) „eynes wollachtbaren Rhatz des Heiligen Reich Freier Statt Dorttmundt Prothocolle von 1604—1607". in: Beiträge 7 (1896), S. 1—105, hier S. 20.

202   D. Mulher, Annales Tremonienses (wie Anm. 59), S. 49, 108, 128.

und heiratete. Seit 1565 stand er als rechtskundiger Bürgermeister an der Spitze des Dortmunder Rates und trat Ende der 1560er Jahre zusammen mit der Mehrheit der Bürgerschaft zum Luthertum über[203]. Ähnliches gilt für die Familie Berswort: Detmar Berswort starb 1584 als Katholik und mehrere seiner Söhne kämpften als Offiziere in den gegenreformatorischen Armeen der Spanier. Bürgermeister Hildebrand Berswort starb zwar 1606 ebenfalls als Katholik, er hatte aber die Kinder aus seiner Ehe mit Sophia Klepping, der Tochter des eben erwähnten ersten lutherischen Bürgermeisters, in den 1590er Jahren in den Stadtpfarreien taufen und lutherisch erziehen lassen[204]. Die lutherischen Bersworts traten zum Großbürgertum der anderen lutherischen Städte Westfalens in verwandtschaftliche Beziehungen und blieben bis zum Ende der reichsstädtischen Zeit im Dortmunder Stadtrat vertreten. vertreten. Schließlich ist nochmals an den Humanisten-Patrizier Caspar Schwarz zu erinnern[205], der zusammen mit seinen Söhnen reformiert wurde und dessen Sohn Wilhelm als Offizier der niederländischen Generalstaaten an vorderster Front des militärisch und politisch offensiven Protestantismus stand. Er ist ein besonders einprägsames Beispiel für die sozial, familial und mental außerordentlich vielschichtigen Entscheidungs- und Traditionsstränge im konfessionellen Zeitalter, da er über seine Mutter ein Neffe des Kölner Kardinals und Führer der rheinischen Gegenreformation Johannes Gropper war, bei dem er übrigens durchaus auf Sympathien für seine humanistischen Interessen rechnen konnte.

Der Freundeskreis von Caspar Schwarz ist zugleich ein Beleg für die Möglichkeit, auch im konfessionellen Zeitalter geistige und persönliche Kontakte zwischen Angehörigen der sich so erbittert bekämpfenden Glaubenssysteme aufrecht zu erhalten. Darauf sind wir bereits oben im Zusammenhang mit dem Dortmunder Humanismus zu Beginn des 17. Jahrhunderts gestoßen. Abgesehen von diesem intellektuellen Zirkel ist ein solcher transkonfessioneller Verkehr aber auch für das Dortmunder Patriziat insgesamt belegt: Caspar Schwarz und zwei seiner Söhne konnten in der Junkergesellschaft das Schefferamt bekleiden, obgleich sie als „haeretici" verschrien waren und kein öffentliches Amt bekleiden konnten[206]. Und als sich 1608 Albert Klepping und Margarete Prume durch den Guardian des Franziskaner-Klosters katholisch trauen ließen, „ist die gantze Junckhern-Gesellschaft — keiner ausgescheiden — geladen worden drey Tage langk"[207]. Zum Leidwesen der lutherischen Pfarrer hat der Dortmunder Rat diesem gesellschaftlichen Verkehr über die Konfessionsgrenzen hinweg Rechnung getragen und seine Pfarrer angewiesen, „keinen Päbstischen oder anderer vermeinter Religion von der Taufe abzuweisen ..., so ihre Lehr, nemlich die Augsp. Confession, nicht verdammeten noch für täuflich und ketzerisch achteten ... sich auch ans Gotteswort weisen lassen wolten"[208].

Das aus dem Mittelalter überkommene soziale Beziehungsgeflecht und die es stüzenden Institutionen der reichsstädtischen Oberschicht haben sich also bis zu einem gewissen Grade in der konfessionellen Polarisierung der beginnenden Frühneuzeit behauptet. Die dadurch gewährleistete intellektuelle und soziale Begegnung konnte zum Vorbild werden für ein geregeltes Zusammenleben von Menschen unterschiedlichen Glaubens und unterschiedlicher Weltanschauung — gleichsam als ein über die Kirchen- und Glaubensspaltung hinweg weitergegebenes Vermächtnis des vorkonfessionellen Stadtbürgertums an die aufgeklärten und toleranten Bürgerlichen des späten 18. Jahrhunderts. Im 16. und 17. Jahrhundert blieben solche Verhaltensformen allerdings auf einen kleinen Kreis beschränkt und bildeten auch dort eher die den Alltag durchbrechende Ausnahme. Der Normfall war auch in Dortmund das Bestreben nach religiös-weltanschaulicher Abgrenzung und gegenseitiger Schädigung, was naturgemäß

203 L. v. Winterfeld, Reformation (wie Anm. 5), S. 86 f. Im Falle Albert Kleppings, der doch 1559 sein Pfarramt aufgegeben hat, erscheint mir die von H. Hamelmann vorgenommene Zuordnung zur rigiden Katholikenpartei, auf die L. v. Winterfeld abhebt, besonders fragwürdig. — Auch der 1609 verstorbene Bürgermeister Konrad Klepping war offensichtlich Lutheraner, wurde jedenfalls vom lutherischen Pfarrer in St. Marien beerdigt. (D. Mulher, Annales Tremonienses (wie Anm. 59), S. 146.).

204 D. Mulher, a. a. O., S. 96, 100, 107, 150. Zur Konfessionsentscheidung der Familie Berswordt einige Hinweise bei G. Knippenberg (wie Anm. 195). S. 34 ff.

205 Das Folgende nach W. Fox (wie Anm. 88), S. 142—159, vor allem S. 142, Anm. 2.

206 W. Fox, a. a. O., S. 142, Anm. 2 und S. 148.

207 D. Mulher, Annales Tremonienses (wie Anm. 59), S. 128.

208 Ebda., S. 162, die Regelung sollte offensichtlich auch die Reformierten einschließen.

meist zu Lasten der Minderheiten ging: Für die von Gymnasiasten geschleuderten Steine, die die Fenster der Klosterkirchen durchschlugen und die Mönche während der Messfeier gefährdeten [209], waren gleichermaßen die konfessionalistische Erziehung der Lutheraner, die an die Stelle des humanistischen Verständigungsversuches getreten war, verantwortlich wie die vorwiegend von außen gesteuerten maßlosen Ansprüche der Gegenreformation, die die soziale Stellung und die Rechtsansprüche der kleinen katholischen Minderheit zu nutzen versuchte, um den Reformationsbeschluß der Bürgerschaft rückgängig zu machen.

IV. Die Folgen: Der Einfluß des Luthertums auf die Wirtschaft und das politische Leben Dortmunds.

Um darzulegen, wie sehr die kirchen- und sozialgeschichtlichen Entscheidungen des Reformationsjahrhunderts den Charakter Dortmunds bis zum Ende der reichsstädtischen Zeit und darüber hinaus geprägt haben, wäre eine weitere Abhandlung nötig. Wir beschränken uns an dieser Stelle darauf, zwei im Zusammenhang mit der lutherischen Reformation immer wieder diskutierte Probleme anzureißen: die Frage nach den **ökonomischen** und diejenige nach den *politischen* Konsequenzen [210].

Religionssoziologen und Wirtschaftshistoriker diskutieren seit längerem intensiv mögliche Zusammenhänge zwischen bestimmten religiösen Einstellungen und wirtschaftlicher Innovationsbereitschaft, die Max Weber mit seiner berühmten Calvinismus-Kapitalismus-These zu beschreiben versuchte. Hat — so läßt sich fragen — die lutherische Prägung der Dortmunder Reformation zu dem etwa gleichzeitig einsetzenden ökonomischen Verfall [211] beigetragen und später die wirtschaftlichen Neuansätze erschwert? — Wir können anknüpfen an die Beschreibung der Wandlungstendenzen in der bürgerlichen Oberschicht Nordwestdeutschlands [212]. Die dort erwähnte Entstehung eines frühneuzeitlichen Wirtschaftsbürgertums war für die ökonomischen Entwicklungschancen im 17. und 18. Jahrhundert außerordentlich wichtig. Sie hing aufs engste zusammen mit der kurz vor Mitte des 16. Jahrhunderts beginnenden Einwanderung calvinistischer Glaubensflüchtlinge aus den Niederlanden [213]. Dieser Exulantenzustrom brachte bestimmten Regionen des Rheinlandes sowie den beiden Reichsstädten Hamburg und Frankfurt einen dauernden Gewinn an fähigen, innovationsbereiten Großkaufleuten, Financiers und Unternehmern, die das Wirtschaftsleben auf eine neue, zukunftgerichtete Grundlage stellten. Dortmund wurde von dieser Migrationsbewegung nicht oder doch kaum berührt. Das weist einerseits darauf hin, daß die Niederländer, die in der Regel über die Wirtschaftskraft ihrer Zielorte bestens informiert waren, schon damals die Zukunftschancen Dortmunds gering veranschlagten. Andererseits sind aber auch konfessionelle Hintergründe zu erahnen. Denn es fällt auf, daß die gemeinsam von Wirtschafts-Honoratioren — im Gegensatz zu den zum Reformiertentum neigenden Bildungs-Honoratioren — und Gildebürgertum getragene Festlegung Dortmunds auf das orthodoxe Luthertum eben in jenem Zeitraum erfolgte, als in mehreren Städten des Reiches ernste Konflikte aufbrachen zwischen einheimischen Kaufleuten bzw. Handwerkern und den wirtschaftlich überlegenen niederländischen Calvinisten. Wie weit tatsächlich die Ende der 1560er Jahre recht unvermittelt einsetzende anticalvinistische Stimmung in der Dortmunder Bürgerschaft von der Furcht vor einem möglichen Zuzug calvinistischer Exulanten getragen war, wäre noch genauer zu untersuchen. Nachdem die Entscheidung gefallen war, war jedenfalls eine Chance vertan, durch

---

209   Th. Rensing (wie Anm. 18), S. 94.

210   Eine weitere in diesem Zusammenhang äußerst interessante Frage betrifft die Verschiebung im politischen und kulturellen Bezugsgeflecht der Stadt sowie in ihrer zentralörtlichen Funktion durch die Reformation. Deutlich ist zunächst die Reduktion der Beziehungen nach Köln, die fortan nur noch wenige Patrizierfamilien aufrechterhielten. Auffallend stark sind in der ersten Hälfte des 17. Jahrhunderts die Kontakte zur neugegründeten lutherischen Universität Gießen (J. Chr. Beurhaus, wie Anm. 11, S. 412 ff., 447). Das Dortmunder Archigymnasium war neben dem Soester lange Zeit die Hauptbildungsstätte für den lutherischen Pfarrernachwuchs Westfalens und von Teilen des Rheinlandes; zeitweilig wurden sogar die Kandidaten für den märkischen Kirchendienst in Dortmund geprüft und ordiniert (R. Brämik, Die Verfassung der lutherischen Kirche in Jülich-Berg, Cleve-Mark-Ravensberg in ihrer geschichtlichen Entwicklung, Düsseldorf 1964, S. 127).

211   Die Dortmunder Wirtschaft war bereits im ausgehenden Mittelalter in eine Krise geraten, daß späte 15. und die erste Hälfte des 16. Jahrhunderts brachten aber nochmal eine Nachblüte.

212   Vgl. oben zu Beginn von Kap. III, 4.

213   Vgl. neben dem in Anm. 167 zitierten Vortrag H. Schilling, Niederländische Exulanten (wie Anm. 190) mit weiterführender Literatur.

die Ansiedlung neuer Wirtschaftszweige und eines unternehmenden Wirtschaftsbürgertums das aus dem Mittelalter überkommene Wirtschaftssystem Dortmunds umzubilden und an die neuen Rahmenbedingungen anzupassen.

Es ist allerdings deutlich, daß die mit der Dortmunder Reformation verbundenen wirtschaftlichen Innovationsbarrieren nicht eine Folge bestimmter theologischer Lehrgehalte oder ethischer Setzungen Luthers waren, sondern der besonderen politischen und sozialen Umstände, unter denen der Sieg des Luthertums erfochten wurde. Das Bindeglied zwischen konfessioneller und wirtschaftlicher Entwicklung stellt sich im Falle Dortmunds also deutlich anders dar, als es die moderne Religionssoziologie in der Nachfolge Max Webers bislang beschreibt. Es war die von der gemeinsamen gemeindlich-genossenschaftlichen Grundströmung bestimmte politische Allianz zwischen Gildebürgertum und reformatorischer Bewegung, die die allgemeine politische und auch die gewerbepolitische Position des Handwerks festigte. In dieser Konstellation wurden die genossenschaftlichen Grundlagen des mittelalterlichen Zunftsystems gerade in den entscheidenden Jahrzenten gegen mögliche gesellschaftliche und ökonomische Wandlungstendenzen abgeschirmt. Zur gleichen Zeit wurden die sozialen Kräfte, die es von außen hätten aufbrechen können, entweder für immer geschwächt oder aufgrund notwendiger politischer Rücksichtnahmen in ihrem Handlungsspielraum eingeengt: In Hamburg und Frankfurt, übrigens beides lutherische Städte, war es die politische Elite — dort eine offene Großkaufmannschaft, hier ein dem Dortmunder vergleichbares Patriziat —, die die Ansiedlung der Exulanten gegen den erklärten Willen der Handwerker und der mit ihnen verbundenen lutherischen Pfarrerschaft durchsetzte und darüber hinaus den Fremden eine hinreichende wirtschaftliche Entfaltungsmöglichkeit garantierte. Die Dortmunder Elite war zu einer ähnlichen Einwanderungs- und Wirtschaftspolitik nicht in der Lage, war doch das Patriziat in einem politischen und sozialen Rückzugsgefecht begriffen und sah sich doch das Honoratiorentum aufgrund seiner politischen Allianz mit den Handwerkern zu entsprechender gewerbepolitischer Loyalität verpflichtet, wenn es sich überhaupt zu einer ähnlich ,,liberalen" Wirtschaftspolitik wie die Hamburger Kaufmannselite hätte bereitfinden können.

Nun mag man die Frage nach verpaßten Innovationschancen im vorliegenden Fall für fiktiv halten, weil sich ein Zuzugswille von niederländischen Exulanten quellenmäßig schwer belegen läßt. Aus unseren Überlegungen geht indes hervor, daß die Gemeinde- bzw. Bürgerreformation die Grundlagen des traditionellen Wirtschaftssystems festigte und damit ganz unabhängig von der Frage einer möglichen Exulanteneinwanderung eine Anpassung an die veränderten wirtschaftlichen Rahmenbedingungen des neuen Zeitalters erschwerte. Darüber hinaus ergaben sich aus den beschriebenen Zusammenhängen für Dortmund auch indirekt wirtschaftsgeschichtliche Folgen. Denn der durch das frühneuzeitliche Wirtschaftsbürgertum andernorts in die Wege geleitete ökonomische Wachstums- und Wandlungsprozeß hat zwangsläufig dazu beigetragen, daß das veraltete Dortmunder Wirtschaftssystem in den nächsten Generationen noch weiter ins Hintertreffen geriet. Die in Dortmund weiter aufrechterhaltenen althansischen Wirtschaftstraditionen hatten keine Chancen, sich gegenüber den frühneuzeitlichen Handels- und Gewerbeformen zu behaupten. Und so konnte die westfälische Reichsstadt nicht schritthalten mit dem raschen Aufstieg von Städten wie Hamburg, Frankfurt und Leipzig oder mit der Dynamik, die sich während des 17. und frühen 18. Jahrhunderts in den neuen Gewerberegionen der benachbarten Rheinlande entfaltete.

Die politischen Folgen der lutherischen Reformation werden häufig ähnlich schematisch beschrieben wie die ökonomischen. Aufgrund ihrer Theologie und ihres politischen Bündnisses mit den Territorialfürsten seien die lutherischen Kirchen der Frühneuzeit Obrigkeitskirchen geworden, die die Entwicklung des Obrigkeitsstaates sowie des Untertanengeistes der Deutschen maßgeblich gefördert hätten [214]. Wie stellt sich eine solche Behauptung im Lichte der kirchlichen Verhältnisse in der lutherischen Reichsstadt Dortmund dar?

---

214   Auch diese Deutung geht u. a. auf Max Weber zurück: ,,Politisch betrachtet war und ist der Deutsche in der Tat der spezifische ,Untertan' im inneren Sinne des Wortes und war daher das Luthertum die ihm adäquate Religiösität" (M. Weber, Wirtschaft und Gesellschaft, Studienausgabe Köln/Berlin 1964, S. 830). — Allgemeine kritische Auseinandersetzung bei H. Schilling, Konfessionskonflikt (wie Anm. 3), S. 380 ff. Vgl. in diesem Zusammenhang auch den außerordentlich anregenden Essay von Peter Blickle, Deutsche Untertanen. Ein Widerspruch, München 1981, der den Begriff ,,Untertan" historisch problematisiert.

In Übereinstimmung mit dem geltenden Reichsrecht ging nach dem Sieg der Reformation das Regiment über die lutherische Stadtkirche an den Dortmunder Rat über. Er trat in die Rechte und Pflichten des Bischofs und der übrigen altkirchlichen Verwaltungs- und Gerichtsinstitutionen ein, soweit diese in der evangelischen Kirche noch von Bedeutung waren[215]. Zur Behandlung der geistlichen Sachen ordnete er ein Konsistorium an, oder er ließ sie direkt „vor sich selbst instruieren", um danach zu entscheiden[216]. Ähnlich wie in den Territorien ergab sich auch in den Reichsstädten aus dieser Übernahme des Kirchenregimentes eine Ausweitung der staatlich-obrigkeitlichen Verfügungsrechte über Bereiche des gesellschaftlichen Lebens, die traditionell in die Zuständigkeit der Kirche fielen und die teilweise schon im späten Mittelalter Gegenstand von Säkularisierungs- bzw. Kommunalisierungstendenzen gewesen waren. Hierzu zählten in erster Linie Ehe- und Familienangelegenheiten, das Schul- und Erziehungswesen sowie die Armen- und Krankenfürsorge — Bereiche, die auch in den Reichsstädten für die Ausbildung der frühmodernen Staatlichkeit außerordentlich wichtig waren. Hinzu kam die Oberaufsicht über das kirchliche Vermögen sowie vor allem die Personalhoheit über die Kirchendiener — Pfarrer, Küster und Lehrer. Bevor sie in ihren Gemeinden eingeführt wurden, mußten die Dortmunder Prediger auf dem Rathaus erscheinen, um „zu Gott und auf sein heiliges Evangelium" zu schwören, daß sie „zu vörderst Einem Ehrbaren Raht ... treu und hold seien, ... Einem hohen Rahte in sein Jus circa sacra nirgends eingreifen, ... ohne eines Hohen Rahtes ausdrückliche Einwilligung (keine) Neuerung einzuführen suchen ... und ungebührliches Reden ... zu malen gegen Obrigkeitliche Personen" sich enthalten wollen[217]. Bei der vom städtischen Superintendenten vorgenommenen Ordination und Einführung waren besondere Kirchenkommissare des Rates anwesend. Ebenso bei der Visitation der Schulen. Da christlicher Unterricht und Predigt in der vormodernen Welt das alltägliche Leben der Menschen ungleich stärker prägten als heute, intensivierten sich mit dieser Personalhoheit zugleich die Einflußmöglichkeiten des Rates auf die Bürgerschaft. — Wie die Landesherren in den Territorien, nahmen die Ratsherren der Reichsstädte darüber hinaus für sich in Anspruch, von Gott bestellte Beschützer der Kirche und Hüter der reinen Lehre zu sein. Das gab ihnen eine besondere Würde und machte sie zu hervorragenden Mitgliedern der Stadtkirche, die allsonntäglich der besonderen Fürbitte der Gemeinde anempfohlen wurden.

Wie in den meisten anderen zum Protestantismus übergetretenen Städten — Reichsstädten ebenso wie Landstädten — war also auch in Dortmund mit der Institutionalisierung des neuen Kirchenwesens die Gemeindereformation umgeschlagen in eine Ratsreformation. Und es bildete sich ein ratsherrliches Kirchenregiment heraus, das dem landesherrlichen in den Territorialstaaten vergleichbar war und obrigkeitliche Züge trug. Ja, wegen der Kleinräumlichkeit der Verhältnisse ist man geneigt, dessen Rückwirkungen auf die politische Kultur der Reichsstädte und die Mentalität ihres Bürgertums besonders hoch zu veranschlagen. Über die erwähnten negativen Folgen für die allgemeine frühneuzeitliche Staatsentwicklung in Deutschland hinaus wäre das Luthertum als die in den Reichsstädten vorherrschende Konfession zugleich mitverantwortlich für die besonderen Schwierigkeiten bei der Entstehung eines politisch selbstbewußten deutschen Bürgertums. — Eine solche Einschätzung übersieht zunächst, daß die beschriebene frühneuzeitliche Inanspruchnahme der Kirche durch obrigkeitliche Instanzen des

215   Da die Kölner Instanzen ihre Ansprüche weiterhin aufrechterhielten, war der Ablösungsprozeß im einzelnen sehr kompliziert. Hinzu kamen ihre, seit Anfang des 17. Jahrhunderts nie mehr ernsthaft in Frage gestellten, Seelsorge- und Disziplinrechte, was etwa dazu führte, daß noch Anfang des 18. Jahrhunderts Kölner Kleriker — darunter bemerkenswerterweise ein Dortmunder Patrizier, Gereon Nicolaus von Haen — als „officiales Tremoniensis" auftraten (J. Chr. Beurhaus, wie Anm. 11, S. 310). — Leider existiert keine Darstellung, die über die frühneuzeitliche Kirchenverfassung Dortmunds oder über das dortige kirchliche Leben allgemein zufriedenstellend Auskunft erteilt. Wir müssen uns im folgenden darauf beschränken, ausgehend von einzelnen Beobachtungen einige Grundlinien zu skizzieren. Hierzu findet sich Material bei J. Chr. Beurhaus, a. a. O., S. 276—310, 408—450; A. Mallinckrodt, Verfassung (wie Anm. 132), S. 192—196; A. Chr. C. Heller (wie Anm. 103), S. 113 ff.; H. Heppe, Geschichte der evangelischen Kirche von Cleve-Mark und der Provinz Westfalen, Iserlohn 1867, S. 130, 203, 267. Ausgeklammert bleiben insbesondere die Entwicklung der kirchenrechtlichen Systeme — Episkopalismus, Territorialismus und Kollegialismus — und deren Rückwirkung auf die Kräfteverteilung in der Dortmunder Kirche. Über die reichsstädtischen Verhältnisse allgemein kann sich der interessierte Leser ausführlich unterrichten in der vorbildlichen „Kirchengeschichte Lübecks — Christentum und Bürgertum in neun Jahrhunderten" von W. D. Hauschild, Lübeck 1981. Ein vergleichbares Werk über Dortmund würde das Verständnis der Dortmunder Geschichte auch des 19. und 20. Jahrhunderts außerordentlich vertiefen. Zum Stand der Dortmunder Kirchengeschichtsschreibung vgl. Hauschilds Buch mit der Anm. 1 zitierten Festschrift des Kreissynodalverbandes Dortmund-Mitte.

216   J. Chr. Beurhaus a. a. O., S. 310.

217   Abdruck des Eides bei A. Chr. C. Heller, a. a. O., S. 117 f.

Territorialstaates oder der Reichsstadt keineswegs auf das lutherische Gebiet beschränkt war, sondern ebenso in calvinistischen und katholischen Territorien bzw. Städten anzutreffen ist, wenn auch auf anderen organisatorischen und theologisch-kirchenrechtlichen Grundlagen. Vor allem aber darf nicht übersehen werden, daß die frühneuzeitlichen Stadtkirchen ungeachtet der starken Kontrolle durch die Ratsgremien durchaus zu eigenen, zum Teil oppositionellen Aktivitäten in der Lage waren und daß in den lutherischen Städten neben den obrigkeitlichen weiterhin auch gemeindekirchliche Elemente vorhanden waren und wirksam blieben. Dortmund ist hierfür ein gutes Beispiel[218].

Die lutherische Predigerschaft Dortmunds hatte zumindest während des 17. Jahrhunderts eine beachtlich starke Position. Denn im Gegensatz zu anderen Städten, wo der Rat zur Sicherung seiner Kirchenhoheit einen Zusammenschluß der Prediger zu einem eigenen Gremium bereits im 16. Jahrhundert verboten hatte, existierte hier ein ansehnliches evangelisch-lutherisches Ministerium von 12 Personen unter dem Vorsitz eines Superintendenten. Unter den Dortmunder Superintendenten des 17. Jahrhunderts befanden sich einige bedeutende Persönlichkeiten, voran der ehemalige Gießener Professor Christoph Scheibler, dessen Ansehen weit über die Reichsstadt hinaus reichte[219]. Das konnte natürlich nicht ohne Rückwirkungen auf die Art und Weise und auf die Ergebnisse der Zusammenarbeit zwischen Rat und Predigerschaft bleiben. Diese Zusammenarbeit scheint in der Regel einvernehmlich gut verlaufen zu sein. Wenn aber Gegensätze auftraten, so sind sie keineswegs einfach auf dem obrigkeitlichen Weg entschieden worden[220]. So mußte der Rat 1621 wegen eines bereits 1613 ausgebrochenen Rechtsstreits über die Freitagspredigt an St. Reinoldi den bekannten lutherischen Theologen Balthasar Mentzer um ein Gutachten bitten. Dieses fiel keineswegs im Sinne einer obrigkeitlichen Entscheidungskompetenz aus, sondern es plädierte für eine schiedliche Regelung mittels einer Zusammenkunft von ,,senatus, clerus et populus". Und so wurde 1622 die Angelegenheit zwischen Ratskommissaren, Deputierten des Ministeriums und den Dreimännern, dem höchsten Vertretungsgremium der Gilden, diskutiert und gemeinsam entschieden. — Auch ein anderer, nicht weniger langwieriger Konflikt, der zu Ende des 17. und Anfang des 18. Jahrhunderts wegen der Entscheidungspraxis des Rates in Fragen der kanonischen Ehehindernisse ausgetragen wurde, läßt die lutherischen Pfarrer und Gemeinden Dortmunds keineswegs als von willfährigem, obrigkeitsgläubigem Untertanengeist geleitet erscheinen: Der Rat hatte damit begonnen, die aus dem mittelalterlichen Kirchenrecht übernommenen Bestimmungen über die kanonischen Verwandtschaftsgrade liberaler auszulegen[221] — jedenfalls bei Angehörigen der Oberschicht, wie der Rats- und Honoratiorenfamilie Degginck.

Abb. 28: Christoph Scheibler (1589–1653), Rektor des Dortmunder Archigymnasiums und erster Dortmunder Stadtsuperintendent

---

218   Die folgenden Bemerkungen sind nur erste Hinweise, die zu weiteren Untersuchungen Anlaß geben sollten. Denn eine abschließende Gewichtung von obrigkeitlichen, kirchenautonomen und gemeindekirchlichen Elementen sowie deren Rückwirkung auf die politische Kultur Dortmunds kann erst nach einer genauen Analyse der alltäglichen Praxis und ihrer Veränderungen im 17. und 18. Jahrhundert erfolgen, stellt doch A. Mallinckrodt noch zu Ende der reichsstädtischen Zeit fest, ,,daß sich über diesen Zweig von Geschäften wohl keine festen, bestimmten Grundsätze angeben lassen" A. Mallinckrodt, Verfassung (wie Anm. 132), S. 193. Wichtig sind in diesem Zusammenhang auch die personellen Verflechtungen und die daraus resultierenden Interessenkonstellationen, die wir augenblicklich nicht einmal ansatzweise überschauen.

219   Vgl. R. Franz (wie Anm. 6).

220   Das Folgende nach J. Chr. Beurhaus (wie Anm. 11), S. 446—449.

221   Etwa hinsichtlich der Bestimmung, daß Witwen bzw. Witwer bestimmte Verwandte ihres verstorbenen Ehepartners nicht heiraten durften.

Der zuständige lutherische Pfarrer widersetzte sich solchen Bestrebungen, verweigerte die Kopulation bzw. schloß die anderwärts getrauten Eheleute vom Abendmahl aus. Als der Rat ihn daraufhin absetzte, akzeptierte der Kirchenvorstand der St. Reinoldi-Gemeinde diese obrigkeitliche Verfügung nicht, sondern setzte den Pfarrer wieder ein. Wenn dann drei Jahre später der Dortmunder Rat als Sieger aus dem Konflikt hervorging, der Kirchenvorstand schwer getadelt, der Pfarrer zu unterwürfiger Abbitte genötigt wurde und seine Absetzung Rechtskraft erhielt, so war das nicht eine Folge lutherischer Untertänigkeit oder Obrigkeitsgläubigkeit, sondern die Konsequenz des geltenden Reichsrechtes, das sich der Rat durch einen Prozeß am Wetzlarer Reichskammergericht hatte bestätigen lassen.

Der Schutz, den der Kirchenvorstand immerhin drei Jahre lang seinem Pfarrer gewähren konnte, zeigt, daß die beschriebenen obrigkeitlichen Kompetenzen nicht im Sinne einer absolutistischen Gewalt des Rates über die lutherische Stadtkirche zu verstehen sind. Die aus dem Mittelalter überkommenen Selbstverwaltungsgremien der Dortmunder Kirchengemeinden, die Provisorengremien, auf die wir schon wiederholt gestoßen sind, wurden in die lutherische Kirchenorganisation übernommen und zum sogenannten Kirchenvorstand ausgebaut. Dieses Gremium aus Vertretern der Gemeinde und der Geistlichkeit wurde von dem ranghöchsten Provisor einberufen und geleitet, der auch angesehene Gemeindemitglieder zu den Sitzungen hinzuziehen konnte. Sicher, diese Gemeindebeteiligung war sachlich auf die Vermögensverwaltung konzentriert. Und sozialgeschichtlich gesehen, handelte es sich um eine Honoratiorenrepräsentation der „furnehmsten des Kirchspieles" einschließlich des den sechs politisch berechtigten Gilden angehörenden Handwerkerbürgertums[222]. Wie der Konflikt über die kanonischen Ehehindernisse beweist, war dieses Gremium dennoch in der Lage, den Willen der Gemeinde dem Rat gegenüber zur Geltung zu bringen. Es würde sich lohnen, die Tätigkeit dieser lutherischen Kirchenvorstände einmal mit derjenigen der calvinistischen Presbyterien zu vergleichen, die bisweilen als Keimzellen demokratischer Bürgerverantwortung beschrieben werden.

Abgesehen von dieser parochialen Kirchenverwaltung war die Dortmunder Bürgerschaft faktisch auch am Kirchenregiment selbst beteiligt. Ähnlich wie die Landesherren, die häufig schon im Verlaufe des 16. Jahrhunderts das Kirchenregiment ihren Prärogativrechten zuschlugen und damit dem Einfluß der Landstände entzogen, hat auch der Dortmunder Rat im 17. und 18. Jahrhundert immer wieder betont, die Verfügung über die geistlichen Sachen stünde ihm allein zu, d. h. unter Ausschluß der beiden Bürgerstände[223]. An der Gesetzesgebungs- und Verwaltungspraxis der Dortmunder Kirche läßt sich aber unschwer ablesen, daß die bei Einführung der Reformation in den 1560er und 1570er Jahren außerordentlich starke Beteiligung der Bürgerstände[224] letztlich nicht beseitigt werden konnte[225].

Das bedeutendste gemeindekirchliche Element in der frühneuzeitlichen Kirchenverfassung Dortmunds war aber zweifellos die Pfarrerwahl[226]. Auch hier handelte es sich um eine Fortentwicklung und Ausweitung spätmittelalterlicher Ansätze, insofern die auf zwei Kirchspiele beschränkte und dort hauptsächlich vom Stadtrat wahrgenommene städtische Pfarrbesetzung der alten Kirchen in allen fünf lutherischen Pfarreien zum Gemeindewahlrecht fortentwickelt wurde. Stimmberechtigt waren die Haushaltsvorstände einschließlich der Witwen. Wie weit oder eng im einzelnen ihr Entscheidungsspielraum war, könnte nur eine genaue Analyse der einzelnen Wahlhandlungen zutage fördern. Der Einfluß des Predigerministeriums, insbesondere des Superintendenten, sowie der Ratskommissare, die im 17. und frühen 18. Jahrhundert wohl den Wahlakt geleitet haben, ist relativ hoch zu veran-

---

222   Die Wahl der Kirchenräte erfolgte auf Lebenszeit, und zwar jeweils im Bedarfsfalle an Pfingsten nach dem Gottesdienst „von den Furnehmsten des Kirchspiels" (D. Mulher, Annales Tremonienses, wie Anm. 59, S. 140). Ursprünglich wurden die drei Kirchenratsstellen je durch einen Patrizier, einen Erbsassen und einen Gildevertreter besetzt. Ob diese Bestimmung noch beibehalten werden konnte, als die Zahl der lutherischen Patrizier abnahm, wäre zu prüfen.

223   Vgl. A. Mallinckrodt, Verfassung (wie Anm. 132), S. 192.

224   Vgl. oben Kap. III, 3.

225   Vgl. etwa das Ratsprotokoll vom 15. 1. 1604 über Tauf- und Eheangelegenheiten, in: Beiträge 7 (1896), S. 2; J. Chr. Beurhaus, (wie Anm. 11), S. 449: Abschaffung der Apostel- und Marienfeiertage im Jahre 1755; A. Mallinckrodt, Verfassung (wie Anm. 132), S. 194—196: Debatte über die rechtliche Gleichstellung der Reformierten im Jahre 1780.

226   A. Chr. C. Heller (wie Anm. 103); A. Mallinckrodt, Verfassung (wie Anm. 132), S. 115 ff., 193.

schlagen. Hinzu kommt die im Zusammenhang mit der frühneuzeitlichen Elitedifferenzierung bereits angesprochene spezifische Sozialverfassung des Stadtbürgertums: Auch in Dortmund entstanden Pfarrerdynastien, in denen sich die Kirchenämter faktisch vererbten. Sie standen in enger sozialer, häufig auch verwandtschaftlicher Verflechtung mit der Dortmunder Honoratiorenschaft. Zudem darf nicht verkannt werden, daß zwischen den Pfarrern als Mitgliedern des Bildungsbürgertums und der Handwerkerschaft eine deutliche Distanz bestand. Diese durch den alteuropäischen Sozial- und Verfassungsrahmen gegebenen Grenzen zugestanden, bleibt festzuhalten, daß in Dortmund eine der wichtigsten Angelegenheiten der stadtbürgerlichen Gesellschaft nicht kraft obrigkeitlicher Verfügungsgewalt geregelt wurde, sondern durch Gemeindeentscheidung. Die stadtbürgerliche Öffentlichkeit nahm an der Neubesetzung einer Pfarrstelle regen Anteil, was bisweilen zu heftigen Faktions- und Parteienkämpfen führte [227]. Anders als ihre Amtsbrüder in den Territorien, die durch landesherrliche Erlasse eingesetzt wurden, waren die Dortmunder Pfarrer nicht, oder jedenfalls nicht vorwiegend ,,Staatsbeamte", sondern gewählte Pastoren ihrer Gemeinde. Der Loyalität gegenüber dem Rat als der reichsstädtischen Obrigkeit korrespondierte die Loyalität gegenüber ihrer Gemeinde. Das macht auch der erwähnte Eid deutlich, in dem sich der zukünftige Pfarrer nicht nur dem Rat, sondern gleichzeitig auch ,,der gemeinen Bürgerschaft" gegenüber zur Treue verpflichtete [228]. Auf dieser Basis konnte sich dann leicht jenes oben beschriebene Bündnis zwischen Pfarrer und Gemeinde ergeben, das in der Lage war, über Jahre hin sich solchen obrigkeitlichen Entscheidungen des Rates zu widersetzen, die der Gemeinde und ihrem Pfarrer als nicht hinreichend legitim erschienen.

In den beschriebenen gemeindekirchlichen Elementen zeigt sich das reichsstädtische Luthertum Dortmunds als Erbe und Bewahrer des Gemeinde- bzw. Genossenschaftsprinzips des mittelalterlichen Stadtbürgertums in einer Zeit, die auch in den Reichsstädten gekennzeichnet war durch das Vordringen des frühmodernen obrigkeitlich-herrschaftlich bestimmten Staatsbegriffs. Daß es sich hierbei — übrigens ebenso wie im Falle der calvinistischen Presbyterien — nicht um moderndemokratische Verfassungselemente oder deren unmittelbare Vorläufer handelte, sei zur Vermeidung von Mißverständnissen nochmals betont. Dennoch scheint es geboten, das Luthertum — jedenfalls in seiner in Dortmund und allgemein im Nordwesten des Reiches anzutreffenden Gestalt — von dem undifferenzierten und in gewisser Weise unhistorischen Verdikt gemeindefeindlicher Untertänigkeit zu entlasten. Darüber hinaus sollten wir die beschriebenen Momente kirchlicher ebenso wie diejenigen stadtbürgerlich-politischer Gemeindebeteiligung im Rahmen der alteuropäisch-frühneuzeitlichen Sozial- und Verfassungsordnung würdigen als Teil einer die Epochen und Gesellschaftssysteme übergreifenden Geschichte der Partizipation und Repräsentation, an deren Ende die modern-staatsbürgerlichen Formen der Gegenwart stehen.

---

227 Um diese zu entschärfen, wurden 1771 Stimmzettel eingeführt (A. Chr. C. Heller, wie Anm. 103, S. 118).

228 Abdruck bei A. Chr. C. Heller, a. a. O., S. 117 f.

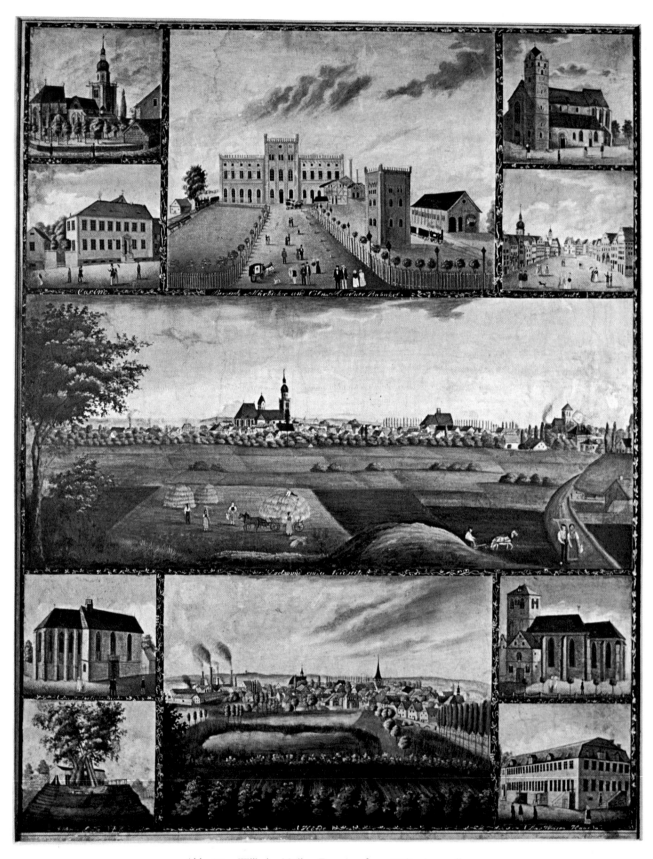

Abb. 29: Wilhelm Müller, Dortmund um 1847. Aquarell

Ottfried Dascher

Grundzüge der wirtschaftlichen Entwicklung Dortmunds im 19. Jahrhundert

1. Dortmund im Umbruch — vom Ancien Regime zur Moderne (1789—1850)

,,Dortmund, zu dem eine Ebene von etwa 2 Meilen, in welcher 13 Dörfer liegen, gehöret, ist selbst ein großes Dorf mit Mauren, eine Stunde im Umkreis, worin alle Bürger Ackerleute sind. Der Boden ist fruchtbar''.
(Westphälisches Magazin 1788)

Als Peter Florens Weddigen im Jahre 1788 in seiner Zeitschrift ,,Westphälisches Magazin'' ein Schreiben aus Dortmund veröffentlichte, in dem von einem großen ,,Dorf mit Mauren'' die Rede war, berichtigte er diese Charakterisierung in seiner Anmerkung mit dem Zusatz: ,,Von Rechts wegen eine Reichsstadt''[1].

Dortmund, eine Reichs- und Hansestadt mit großer Vergangenheit, umfaßte im ausgehenden 18. Jahrhundert mit der in ihrem Besitz befindlichen Grafschaft Dortmund etwa 75 qkm. Die Gesamtbevölkerung veranschlagte Arnold Mallinckrodt 1795 auf etwa 5—6000 Seelen[2]. Innerhalb der Stadtmauern dürfte sie sich mit etwa 4000 auf weniger als die Hälfte des spätmittelalterlichen Bestandes belaufen haben[3]. Mit den 13 Bauerschaften gemeint waren Deusen, Ellinghausen, Lindenhorst, Holthausen, Altenmengede, Schwieringhausen, Groppenbruch, Brambauerschaft, Brechten, Kemminghausen, Eving, Wambel und Körne[4]. Das in der preußischen Grafschaft Mark gelegene Hörde zählte 1797 931 Einwohner, auf der gesamten Fläche der heutigen Großstadt Dortmund (280 qkm) dürften um 1800 etwa 20000 Menschen gelebt haben[5].

Von den zeitgenössischen Reiseschriftstellern wurde Dortmund nur beiläufig und eher geringschätzig erwähnt, und die Stadt teilte das Vorurteil, das man allgemein gegenüber der Mehrzahl der Reichsstädte und geistlichen Territorien pflegte. Während sie als wirtschaftlich rückständig und in ihrer Verwaltung als unfähig und erstarrt dargestellt wurden, galten Aufmerksamkeit und Bewunderung um so mehr den gewerblich entwickelten Regionen, so der Grafschaft Mark sowie insbesondere dem Herzogtum Berg. Ein nachgerade klassisches Beispiel für diese Einstellung bietet Karl Justus Gruner, der 1802 den westfälischen Reichskreis zu Fuß durchwanderte und seine Eindrücke von der politischen und gesellschaftlichen Verfassung der Territorien in einer Reiseerzählung veröffentlichte. Herrschen im bergischen Elberfeld Fleiß und Bildung, so im reichsstädtischen Dortmund Enge und Rückständigkeit: ,,Anstalten für Feuer-, Armen-, Fabrikwesen usw. sucht man vergebens. Die Häuser dürfen verbrennen, die Armen betteln, und Fabrikanten gibt es, so viele deren auch ehemals hier waren, ausser den Webern fast gar keine''[6].

Gleichwohl wird man sich hüten müssen, diese Urteile vorschnell zu übernehmen. Dortmunds Niedergang seit der Hansezeit war ein jahrhundertelanger Prozeß mit vielfältigen Ursachen gewesen und Dortmunds Spielraum nicht allein politisch, sondern auch wirtschaftlich von den Nachbarterritorien, insbesondere Preußen, zunehmend eingeengt worden. Dortmund zahlte für seine politische Selbständigkeit einen hohen Preis. Seine Isolierung sowie die

---

1   Schreiben aus Dortmund (anonym), in: Westphälisches Magazin hg. M. P. F. Weddingen, 4, Bückeburg 1788, S. 310—312.

2   Reekers, St., Beiträge zur statistischen Darstellung Westfalens um 1800. Teil 6: Grafschaft Limburg und Reichsstadt Dortmund, in: Westfälische Forschungen 23, 1971, S. 75—106, bes. 86. — Reekers, St., Westfalens Bevölkerung 1818—1955, Münster 1956, S. 6. — Reekers, St., Die Gebietsentwicklung der Kreise und Gemeinden Westfalens 1817—1967, Münster 1977, S. 22.

3   Mallinckrodt, Arn(old), Versuch über die Verfaßung der Kaiserlichen und des heil. röm. Reichs freyen Stadt Dortmund, 2 Bde., Dortmund 1795, S. 36.

4   Reekers, St., Reichsstadt Dortmund, a. a. O.

5   Zum Stand von etwa 1820: Reekers, St., Reichsstadt Dortmund, S. 86 f. — Kircher, E., Bevölkerungsentwicklung im Dortmunder Raum seit dem Beginn des 19. Jahrhunderts, Amt für Statistik und Wahlen, Sonderheft 68, Dortmund 1976, S. 78—81. — Reekers, St., Beiträge zur statistischen Darstellung der gewerblichen Wirtschaft Westfalens um 1800. Teil 5: Grafschaft Mark, in: Westfälische Forschungen 21, 1968, S. 98—161, bes. S. 148.

6   Gruner, Justus, Meine Wallfahrt zur Ruhe und Hoffnung oder Schilderung des sittlichen und bürgerlichen Zustandes Westphalens am Ende des achtzehnten Jahrhunderts, 2 Tle., Frankfurt am Main 1802/03, bes. Tl. 2, 1803, S. 372 f. — Zu Karl Justus Gruner (1777—1820), dem Patenkind von Justus Möser, s. Schulte, W., Westfälische Köpfe, Münster² 1977, S. 99 f. — Zur Einschätzung Elberfelds und zur Reiseliteratur allgemein: ... und reges Leben ist überall sichtbar! Reisen im Bergischen Land um 1800, hg. Huck, G. u. Reulecke, J., Neustadt a. d. Aisch 1978.

Abschnürung von seinem traditionellen Einzugsgebiet, dem märkischen Sauerland, mußten den wirtschaftlichen Schrumpfungsprozeß weiter fördern. In seinen zentralörtlichen wirtschaftlichen und kulturellen Funktionen läßt es sich um 1800 etwa auf einer Stufe mit Hamm, Soest, Iserlohn, Arnsberg, Siegen, mit Warendorf, Bielefeld, Herford und Lemgo einordnen, deutlich übertroffen von Münster, Paderborn und Minden[7].

Ein Blick auf das wirtschaftliche Leben um 1800 bestätigt die im Eingangszitat schon angesprochene Bedeutung der Landwirtschaft. Jeder städtische Bürger verfügt, auch wenn er die Landwirtschaft nicht selbst ausübt, über Vieh und Grundbesitz[8]. Das wichtigste Gewerbe ist auf der Grundlage des einheimischen Flachsanbaus die Leineweberei. Zeitgenössische Zählungen berichten von über 100 Meistern in der Stadt, doch scheinen Bemühungen um eine Veredlung des Textilgewerbes, so durch die Anwerbung von Spinnern aus dem Bergischen 1746 oder durch die Einbürgerung eines Baumwollwebers aus dem Schwelmer Raum 1797, ohne dauerhaften Erfolg geblieben zu sein[9]. Erwähnenswert sind ferner die auch in Hörde bedeutsamen Nagelschmiede, die Brauer und Branntweinbrenner sowie die Tabakherstellung. Das in seiner Zeit bekannte Manufakturlexikon von Gädicke nennt an ,,Fabriken'' für Bieressig Overbeck und Schäffer, für Eisenwaren (bes. Nägel) Walter Bömke, Diedrich Heinrich Schäffers Erben, Joh. Melch. Lührmann, für Baumwollwaren Peter C. Mercklinghausen und für Tabak Heinrich Wilhelm Overbeck[10].

Als Inhaber dieser ,,Fabriken'' erscheinen bis auf den Baumwollweber Mercklinghausen eingesessene Dortmunder Kaufleute. Rechnet man noch die Schmemann, Brockhaus, Brügmann, Rittershaus, Wiskott, Pottgießer, Mallinckrodt, Hammacher, Schmieding, Feldmann und Varnhagen hinzu, so hat man im wesentlichen den Kreis der Kaufmannschaft erfaßt, der den Eisen-, Tuch-, Spezerei- und Weinhandel trägt. Die Namen dieser Honoratiorenfamilien begegnen uns wieder im reichsstädtischen Rat, in der Wandschneidergesellschaft und zum Teil auch unter den Kuxeninhabern des Dortmunder Bergbaus. Nach Mallinckrodt gibt es im ausgehenden 18. Jahrhundert 15 Großhandlungen, und nach einem Handlungsadreßbuch aus dem Jahre 1798 sollen neun Kaufmannsfirmen die Leipziger Messe besucht haben. Offenbar ist die Zahl der Dortmunder Großhandlungen durch den Zuzug auswärtiger Kaufleute, so durch den Wandschneider Krupp aus Essen sowie durch französische Immigranten, im späten 18. Jahrhundert verstärkt worden. Ein Vergleich mit den Städten des märkischen Sauerlandes zeigt jedoch, daß das kaufmännische Element in der Reichsstadt gegenüber den aufstrebenden Städten Iserlohn, Altena und Lüdenscheid im Verhältnis zur Bevölkerungszahl eher noch unterrepräsentiert war[11].

Das Schwergewicht des traditionsreichen Bergbaus liegt außerhalb der Grenzen von Reichsstadt und Grafschaft im Raum um Hörde. So gibt es 1789 in der Stadt Hörde 55 und im Amtsbezirk 82 Bergleute. Von den knapp 50 Kleinzechen, die im 18. Jahrhundert im Raum um Hörde nachweisbar sind, haben sich manche in Flöz-, Flur- und Straßennamen bis auf den heutigen Tag erhalten, und Bezeichnungen wie Hessenbank, Schligge, Hummelbank, Karlsbank, Hellenbank, Karoline, Margarethe, Schürbank und Charlottenburg, Bickefeld, Clarenberg, Felicitas, Gottessegen, Forelle und Alte Weib, Schurfft zu Lohe stehen für viele andere[12].

---

7   Blotevogel, H. H., Zentrale Orte und Raumbeziehungen in Westfalen vor der Industrialisierung (1780—1850), Paderborn 1975, S. 225 f. u. Abb. 58.

8   ,,Wenn auch jeder Bürger Vieh und Land besaß und von den Erträgnissen seiner Landwirtschaft mehr oder minder weitgehend lebte, so betrachtete er diese Tätigkeit nicht als Beruf. Sie bildete für ihn entweder einen Teil seiner Hauswirtschaft oder, falls er sein Vermögen in Ländereien angelegt hatte, die er an Bauern verpachtete, einen Teil seiner regelmäßigen Einkünfte'' zit. nach Reekers, Reichsstadt Dortmund, S. 88 aus Enste, H., Dortmunder Adreßbuch 1793/94. Zusammengestellt nach Fahnenzetteln, eingeleitet durch L. v. Winterfeld, in: Beiträge zur Geschichte Dortmunds und der Grafschaft Mark, 42, 1936, S. 13.

9   Reekers, St., Reichsstadt Dortmund a. a. O., S. 89—91. Rübel, K., Die Bürgerlisten der Frei- und Reichsstadt Dortmund, in: Beiträge ... 12, 1903, S. 33—268, bes. S. 209. — Dankert, A. E., Untersuchungen über die Bevölkerung Dortmunds im 18. Jahrhundert, Diss. Münster 1929.

10   Gädicke, J. Chr., Fabriken- und Manufacturen-Adress-Lexicon von Teutschland und einigen angrenzenden Ländern. Teil II, enthaltend das Verzeichnis der Fabrik- und Manufactur-Orte dieser Länder mit Anzeige der Waren, die daselbst verfertigt werden, Weimar 1799.

11   Dankert, A. E., Untersuchungen, S. 54 f., S. 69—74. — Enste, Dortmunder Adreßbuch, S. 81. — Winterfeld, L. v., Die Dortmunder Wanderschneidergesellschaft, in: Beiträge ... 29/30, 1922. — Reekers, St., Grafschaft Mark, S. 153. — Reekers, Reichsstadt Dortmund, S. 88.

12   Brockpähler, W., Hörde. Ein Heimatbuch für die Stadt und ihre Umgebung, Hörde 1928, S. 241—246. — Mämpel, A., Bergbau in Dortmund. Von Pingen und Stollen bis zu den Anfängen des Tiefbaus, Dortmund 1963, S. 39, 71—73.

Während der Hörder Bergbau die Förderung der preußischen Verwaltung erfährt und in der Saline in Königsborn einen sicheren Abnehmer besitzt, verläuft die Entwicklung in Dortmund eher schleppend. Zwar erfolgt auch hier in den zwanziger Jahren des 18. Jahrhunderts mit Unterstützung von Bergleuten aus Lüttich der Übergang zum Stollenbau, doch ist ein intensiver Abbau wegen der Befürchtung des Rats vor einer Erschöpfung der Kohlenfelder immer wieder verzögert worden. Unsichere Besitzverhältnisse, fehlende Grenzen, die Auskohlung der oberen Baue sowie die Uneinigkeit der Gewerken erschweren neue Initiativen. Geschürft wird an dem Knappenberger Weg und dem zur Buschmühle führenden Kohlenweg sowie an den Abhängen zur Emscher.

1803 stellt eine Untersuchung des Siegener Bergmeisters Engels fest, daß von den Dortmunder Zechen Teichmühlenbaum, Sonnenblick, Sümpfgen, Brautkammer, Am Löbbeken Busch, Löbken Mühle, Am Schwaben und Landwehr nurmehr Sonnenblick und Brautkammer betrieben werden. Das Hauptproblem ist die Bewältigung des Wasserzuflusses, dauerhafte Abhilfe kann allein eine Feuermaschine schaffen. Entsprechende Vorschläge des Freiherrn v. Romberg, der am Südufer der Emscher zahlreiche Kohlengruben besitzt, an die Dortmunder Gewerken, eine gemeinschaftliche Dampfmaschine zu errichten, sind nach Engels ohne Resonanz geblieben[13]. Immerhin war es der vor den Toren Dortmunds auf Haus Brünninghausen sitzende v. Romberg gewesen, der soeben auf seiner Zeche Vollmond bei Langendreer die erste Dampfmaschine des Ruhrbergbaus aufgestellt hatte[14].

Der Bericht von Engels ist bereits eine Auftragsarbeit an die oranische Regierungskommission, die am 2. Oktober des Jahres 1802 ihre Geschäfte aufnimmt und damit das Ende der reichsstädtischen Freiheit und Reichsunmittelbarkeit Dortmunds einleitet. Die Jahre der Zugehörigkeit zu den oranischen Landen und zum Großherzogtum Berg haben in der Dortmunder Geschichtsschreibung eine eher negative Einschätzung gefunden. Das Jahrzehnt bis 1813 erschien im Rückblick als eine Zeit der Fremdherrschaft, der Einzug des oranischen Prinzen am 30. Juni 1803 als das schmerzliche und ruhmlose Ende einer in Jahrhunderten gewachsenen Eigenständigkeit. Der Prediger und Chronist Beurhaus berichtete von diesem Tag wie folgt: ,,Da bei der Ankunft des Fürsten geläutet wurde, weinten viele verständige Leute und sahen das Getöne der Klocken als ein Begräbnisgeläute unserer Reichsfreiheit und des Dortmunder Glückes'' an[15].

Will man den gesellschaftlichen Veränderungen dieser Jahre und ihren Auswirkungen auf das gewerbliche Leben gerecht werden, dann wird man den Willen zu Reformen in der keineswegs statischen Reichsstadt ebenso anerkennen müssen wie das Bemühen der oranischen und der großherzoglich bergischen Verwaltung, eine moderne Administration aufzubauen und obsolet gewordene Rechte und Gewohnheiten abzulösen[16]. Die erste, wenn auch fiskalisch bestimmte Gewerbestatistik des Jahres 1805 verdankte Dortmund den Oraniern[17], und erst die Zugehörigkeit zu Berg löste Dortmund aus einer Isolierung, in der es sich noch bis 1806 befunden hatte. Die Stadt wurde Sitz eines der vier Verwaltungsbezirke des Großherzogtums und damit zum Mittelpunkt des Departements der Ruhr, das mit rd. 4400 km^2 und 212 602 Einwohnern die alte Grafschaft Mark, die vormals münsterschen Ämter Werne und Stromberg sowie das südliche Drittel des Amtes Wolbeck, die Grafschaft Limburg, die Herrschaft Rheda, das vormals essendische Gericht Huckarde, die preußisch-lippische Gesamtstadt Lippstadt sowie die Reichsstadt

---

13 Rübel, K., Die Anfänge der Kohlen- u. Salzgewinnung Am Hellwege, in: Beiträge . . . 22, 1913, S. 45—69, bes. S. 55—64. — Swientek, H.-O., Dortmunder Bergbau im Jahre 1803: in: Beiträge . . . 50, 1963, S. 91—113, bes. S. 95—104. — Mämpel, Bergbau in Dortmund, S. 31—40, 55—58, 93—98. Kartenausschnitte S. 84 u. 96. — Swientek, a. a. O., S. 111 identifiziert Löbbeken Busch mit Ambusch u. Löbken Mühle mit Löbbekenbusch.

14 Zu Giesbert v. Romberg (1773—1859) und seiner bergbaulichen Tätigkeit: Richtering, H., Giesbert von Romberg, in Westfälische Lebensbilder 9, Münster 1962, S. 90—107, bes. S. 91 f.

15 Rübel, K., Wann wurde die Grafschaft und Freie Reichsstadt Dortmund preußisch, in: Beiträge . . . 21, 1912, S. 44—72, bes. S. 49 f. Anm. 2.

16 Zur neueren Bewertung der französischen Administration zuletzt: Berding, H., Ullmann, H.-P. (Hg.), Deutschland zwischen Revolution und Restauration, Königstein/Ts. 1981. — Berding, H. (Hg.), Napoleonische Herrschaft und Modernisierung, Geschichte und Gesellschaft 6, 1980, H. 4.

17 Scherer, P., Reichsstift und Gotteshaus Weingarten im 18. Jahrhundert, Stuttgart 1969, S. 2.

selbst umfaßte [18]. Als Landesdirektion Dortmund lebte dieser Verwaltungsbezirk im Kern mit Einschluß des Arrondissement Essen noch bis 1816 fort und fand erst mit der Bildung der preußischen Regierungen in Arnsberg und Münster sein Ende. Zum ersten und bis auf den heutigen Tag einzigen Male in seiner Geschichte wurde Dortmund Mittelpunkt eines größeren Verwaltungsbezirkes, der von Meinerzhagen im Süden bis nach Gütersloh und Warendorf im Norden reichte [19].

Zum Präfekten ernannt wurde am 10. März 1808 der schon erwähnte Gisbert v. Romberg, der seit 1799 auch das große Dortmunder Bürgerrecht besaß. Zwei der drei Präfekturräte waren Dortmunder Bürger, darunter der Jurist und Publizist Dr. Arnold Mallinckrodt, während die Verwaltung der Stadt in den Händen jener Familien verblieb, die bereits in reichsstädtischer und oranischer Zeit das städtische Regiment ausgeübt hatten [20].

Mallinckrodt, der seine Anhänglichkeit an seine Vaterstadt schon 1795 durch eine heute noch lesenswerte Darstellung von Verfassung und Verwaltung der Reichsstadt bewiesen hatte und dessen literarisch-publizistischer Einfluß über Westfalen hinaus reichte, sah in Dortmund nicht nur allein den politischen, sondern auch den potentiellen wirtschaftlichen und kulturellen Mittelpunkt des Departements. Seine Versuche indes, den Präfekten für seine Vision einer ,,blühenden Handels- und Fabrikstadt" zu gewinnen, mußten angesichts der Macht des Faktischen scheitern. Weder erhielt Dortmund die längst überfälligen Chausseen noch ließ sich der Plan durchführen, das säkularisierte Katharinen-Kloster mit den angrenzenden Gebäuden für gewerbliche Anlagen zu nutzen [21].

Am 29. Oktober 1813 wurde die letzte Nummer des offiziellen Amtsblattes des Ruhrdepartements veröffentlicht, bereits am 14. Oktober jenes Jahres waren erstmals die ,,Deutsche Blätter" erschienen, das offizielle Nachrichtenblatt der gegen Napoleon vereinigten Alliierten, das von einem Vetter Mallinckrodts, dem in Dortmund 1772 geborenen und in Altenburg tätigen Friedrich Arnold Brockhaus herausgegeben wurde [22]. Für Dortmund brachte die politische Neuordnung zwar den längst überfälligen Anschluß an Preußen, zugleich aber auch die Aufgabe jener zentralen Funktionen, die in französischer Zeit für den Verlust der Reichsfreiheit entschädigt hatten. Die Enttäuschung war allgemein, der Absturz zum Sitz eines Landratsamtes tief. Die ,,ci-devant Reichsstädter" sahen sich von Preußen zurückgesetzt, und die Verlegung des Oberbergamtes nach Dortmund konnte die Abwanderung zentraler Behörden nicht ausgleichen. Ein Bevölkerungsrückgang war die Folge [23].

Eine nüchterne Betrachtung der Vorgänge wird einräumen müssen, daß die Gewichtung Dortmunds durch die preußische Verwaltung durchaus seiner Stellung unter den westfälischen Städten nach Bevölkerung und wirtschaftlicher Bedeutung entsprach. Mit 4 289 Einwohnern wurde Dortmund 1818 in Westfalen von Münster (15 158), Minden (6 675), Bielefeld (6 008), Paderborn (5 846), Herford (5 832), Iserlohn (5 179), Soest (5 126) und Hamm (4 688) übertroffen. Unter den fünf Hellwegstädten des späteren Ruhrgebiets lag Dortmund hinter Duisburg (5 364), Mülheim (4 985) und Essen (4 496) vor Bochum (2 107) an vierter Stelle. Im Rheinland dagegen besaßen Köln (1821) 55 355, Aachen (1822) 34 252, Düsseldorf (1819) 23 928 und Elberfeld (1818) 21 793 Einwohner [24].

---

18   Richtering, H., Das Ruhrdepartement im Herbst 1809. Ein Reichsbericht des Präfekten von Romberg, in: Beiträge ... 55, 1958, S. 65—108, bes. S. 68—70 mit Karte.

19   Richtering, H., Das Ruhrdepartement, a. a. O.

20   Luntkowski, G., Die kommunale Selbstverwaltung, Geschichte Dortmunds im 19. und 20. Jahrhundert 1, Dortmund 1977, S. 93 f. — Luntkowski, G., Arnold Mallinckrodt (1768—1825), ein Vertreter des frühen Liberalismus in Westfalen, in: Beiträge ... 73, 1981, S. 281—299.

21   Stadtarchiv Dortmund, Best. 202-B XIII 125, Ms. L. v. Winterfeld, Die Stadt Dortund in ihrer frühindustriellen Epoche (1813—1871), I S. 94 u. 120 f. (im Folgenden Winterfeld, Frühindustrielle Epoche).

22   Stadtarchiv Dortmund, Ms. L. v. Winterfeld I, S. 10a. Zu Friedrich Arnold Brockhaus, (1772—1823) s. Brockhaus, H. E., Friedrich Arnold Brockhaus, Sein Leben und Wirken nach Briefen und anderen Aufzeichnungen geschildert von seinem Enkel Heinrich Eduard Brockhaus, 3 Tle., Leipzig 1872.

23   Zur Stimmung in Dortmund nach 1813: Feldmann, W., Versuch einer kurzen Geschichte. Das Dortmunder Konzert von seiner Entstehung an bis jetzt, Dortmund 1830.

24   Die Grafschaft Mark. Festschrift zum Gedächtnis der 300jährigen Vereinigung mit Brandenburg-Preußen, hg. A. Meister, 1, Dortmund 1909, S. 548. — Reekers, St., Westfalens Bevölkerung, S. 6—9. — Rheinisches Städtebuch, hg. E. Keyser, Stuttgart 1956.

Noch immer wurde das wirtschaftliche Leben der Stadt und ihres Umlandes von der Landwirtschaft geprägt: „Das überwiegend wichtigste Gewerbe des Orts ist der Ackerbau; das Stadtfeld groß, von großer Fruchtbarkeit und sorgfältiger Kultur", so lautete eine vielzitierte Beschreibung des preußischen Staatsrats Kunth anläßlich einer Bereisung des Regierungsbezirks Arnsberg aus dem Jahre 1817[25].

Veränderungen in der herkömmlichen Wirtschaftsweise setzen sich nur zögernd durch, doch wird man nicht sagen dürfen, daß es an Aufgeschlossenheit für neue Entwicklungen fehlt. Zu den „unterrichtendsten Bekanntschaften" seiner Reise zählt Kunth den Kaufmann Caspar Wilhelm Feldmann, der ebenso wie der tragisch scheiternde Mallinckrodt oder der Direktor des Dortmunder Archigymnasiums, Johann Wilhelm Kuithan, gegenüber der preußischen Bürokratie des Vormärz jenes Selbstbewußtsein bekundet, das noch in der reichsstädtischen Vergangenheit dieser Honoratioren wurzelt[26].

1815 ermöglicht die Konsolidierung der Zechen Ambusch, Sonnenblick und Brautkammer zur Zeche Friedrich Wilhelm die Aufstellung der ersten Dampfmaschine im Dortmunder Raum durch Johann Dinnendahl, 1821 wird auf der Schachtanlage Christine im Feld Ambusch zum ersten Male der Mergel durchstoßen[27]. Als in den Jahren 1820/22 die Korn- und Ölmühle von Wilhelm Hammacher ebenfalls zur Dampfkraft übergeht, hat die Maschine als Symbol des technischen Fortschritts die mittelalterlichen Stadtmauern erreicht[28].

Bestimmend für die industrielle Entwicklung des Dortmunder Raumes indes werden seine Kohlevorkommen und seine Verkehrslage.

Seit den zwanziger Jahren nimmt das öffentliche Interesse am Bergbau deutlich erkennbar zu, und neben den alten Gewerkenfamilien erscheinen neue Namen. Um 1830 werden in den Bürgermeistereibezirken von Dortmund und Hörde bereits sieben tonnlägige, d. h. schräg abgeteufte und mit Dampfmaschinen arbeitende Tiefbauzechen genannt, so Alte Weib und Forelle in Barop, Ver. Bickefeld bei Hörde, Friedrich Wilhelm bei Brünninghausen, Fündling und Dahlacker bei Hörde, Hellenbank wie Schürbank und Charlottenburg bei Schüren sowie die Zeche Am Schwaben an der Straße nach Hörde[29]. Noch verharrt der Bergbau in seinen traditionellen Grenzen, und die Konturen des späteren Ruhrgebiets sind allenfalls in Ansätzen erkennbar. Im mittleren und östlichen Ruhrgebiet läuft die Südgrenze etwa auf der Linie Kupferdreh-Sprockhövel-Silschede-Wetter-Herdecke, die Nordgrenze auf der Linie Horst-Eiberg-Weitmar-Langendreer-Hörde-Holzwickede[30].

1832/35 errichtet Friedrich Harkort eine Eisengießerei und Kesselschmiede am Rüpingsbach bei Hombruch, der Zug der Eisenindustrie zu dem fossilen Energieträger Kohle beginnt. Den folgenreichsten Schritt unternimmt 1839 der Iserlohner Kaufmann und Fabrikant Hermann Dietrich Piepenstock mit dem Erwerb der alten Burg zu Hörde und der Errichtung eines Puddel- und Walzwerks, der Hermannshütte. Das entstehende Großunternehmen findet Aufmerksamkeit an höchster Stelle, so in dem Besuch Friedrich Wilhelm IV. im Sommer 1841, und muß zugleich mit Widerständen ungewöhnlicher Art fertig werden. Der Einwand des Hörder Landrats, Dampf-

25   Hartlieb von Wallthor, A., Stein und Kunth in ihrer Bedeutung für die Entwicklung der Wirtschaft Westfalens, in: Beiträge ... 66, 1970, S. 45—81, S. 13—138.

26   Zu Kuithan s. nunmehr: Esser, H., Das Dortmunder Gymnasium in den ersten Jahrzehnten des 19. Jahrhunderts, in: Beiträge ... 73, 1981, S. 13—138.

27   Lange-Kothe, I., Johann Dinnendahl, in: Tradition 1962, S. 32—47, 175—196, bes. S. 40 f. — Behrens, H., Mechanikus Johann Dinnendahl (1780—1849), Neustadt a. d. Aisch (o. J.), S. 191—207 u. 280.

28   Matschoß, C., Ein Jahrhundert deutscher Maschinenbau, Berlin 1919, S. 10 f. — Denzel, E., Wirtschafts- und Sozialgeschichte der Stadt Wetter, in: Beiträge ... 49, 1952, S. 82.

29   Westfälisches Wirtschaftsarchiv (WWA) Dortmund F 21 zur Geschichte der Südrandzechen. — Winterfeld, Frühindustrielle Epoche 1, S. 98 unter Bezug auf das Adreßbuch für Rheinland und Westfalen (1834).

30   Die Grafschaft Mark 1, S. 557. — Tenfelde, Kl., Sozialgeschichte der Bergarbeiterschaft an der Ruhr im 19. Jahrhundert, Bonn ²1981, S. 33—43.

kessel könne man wegen der Explosionsgefahr nicht in der Fabrik installieren, bedeutet eine Verzögerung der Baumaßnahmen [31].

Als unzureichend erweist sich jedoch nach wie vor die Verkehrsanbindung Dortmunds, auch eine Folge eigener Versäumisse. Die großen Chausseebauten des ausgehenden 18. Jahrhunderts hatten das reichsstädtische Gebiet umgangen, und der Hellweg zwischen Bochum und Dortmund konnte um 1800 nurmehr als einfacher Landweg gelten. Erst 1821/22 entstand als erster Teil einer durchgehenden Kunststraße nach Münster die Chaussee Dortmund—Lünen. Die Lippestadt Lünen ist Postamt und Hafenplatz für Dortmund [32]. Erst der Eisenbahnbau gibt Dortmund wieder seine alte Stellung als Verkehrskreuz und -knotenpunkt zurück. Der Anschluß an die Köln-Mindener Bahn 1847 und an die Bergisch-Märkische Bahn 1849 verschafft der Stadt sogar vor allen Städten des späteren Reviers Standortvorteile, die seine Entwicklung nachhaltig bestimmt haben.

Betrachtet man die Entwicklung zwischen 1839 und 1849, dann ist die Beschleunigung der ökonomischen Veränderungen unverkennbar. Dortmund findet Anschluß an das allgemeine wirtschaftliche Geschehen, und der Dortmunder Raum holt den Rückstand auf, in den er gegenüber dem mittleren und dem westlichen Revier zu geraten drohte [33]. 1839 hatte Franz Haniel den ersten Tiefbauschacht bei Essen erfolgreich abgeteuft, zwei Jahre später wird das Mergel-Deckgebirge erstmals im westfälischen Raum mit der Zeche Ver. Präsident bei Bochum durchstoßen, 1843 folgen Louise Tiefbau bei Barop und Freie Vogel und Unverhofft bei Schüren nach [34].

Die Faszination, die von dieser von außen an die Stadt herangetragenen Dynamik ausgeht, verführt leicht dazu, die Anstöße zu übersehen, in denen der Dortmunder Raum von sich aus initiativ wird. In diese Gründungswelle fallen der Gewerbeverein von 1840, die ein Jahr später errichtete Städt. Sparkasse, Harkorts Plan einer Aktienbank in Westfalen mit Sitz in Dortmund (1845), die Eisengießerei Kappert (1844), die Dampfmühle Schaeffer, Metzmacher & Co. (1847) sowie die Holzhandlung W. Brügmann & Sohn (1848). Das wohl bekannteste Beispiel sollte das Braugewerbe liefern, wo in den vierziger Jahren die Einführung der untergärigen Braumethode durch Wilhelm Overbeck (Seifen- und Lichterfabrik Overbeck & Sohn, Löwenbrauerei) und Heinrich Wenker (Krone am Markt, später Heinr. Wenker Brauerei Kronenburg) die Industrialisierung eines seit Jahrhunderten ansässigen Gewerbes einleitet, das bis auf den heutigen Tag wie kein anderes mit dem Namen Dortmund verbunden ist [35].

Es war mehr als ein Zufall, wenn in der Bevölkerungszählung des Jahres 1849 Dortmund mit 10515 Einwohnern erstmals das führende gewerbliche Zentrum Westfalens, Iserlohn (10514), erreichte. Seit den vierziger Jahren wurde auch Dortmund zunehmend, wie vor ihm schon Iserlohn und Elberfeld, mit den sozialen Konflikten des wirtschaftlichen Wandels konfrontiert [36].

Konjunkturbewegungen „neuen Typs" lösen die zyklischen agrarischen Wechsellagen ab, die über Jahrhunderte hinweg das Leben der vorindustriellen Gesellschaft bestimmt hatten. Zu den bekanntesten Erscheinungen des Pauperismus, der Verarmung der unterbäuerlichen und unterbürgerlichen Schichten, der übersetzten Handwerke und der Unterbeschäftigung, treten neue, bisher nicht erfahrene Abhängigkeiten von industriellen Konjunkturen und Krisen. Dabei konnte Dortmund noch von Glück sagen, daß sich dank der durch den Eisenbahnbau getrage-

---

31 Zur Hermannshütte: 100 Jahre 1852—1952 Dortmund-Hörder Hüttenunion Aktiengesellschaft, Dortmund 1952, S. 15—19. — Zu Hermann Diedrich Piepenstock: Rheinisch-Westfälische Wirtschaftsbiographien 2, Münster 1937, S. 1—16.

32 Stock. A., Handel und Verkehr im Dortmunder Raum seit Beginn des 19. Jahrhunderts, Masch. Diss. Köln 1948, S. 30 f. u. 145 f.

33 Däbritz, W., Entstehung und Aufbau des rheinisch-westfälischen Industriebezirks, in: Beiträge zur Geschichte der Technik und Industrie, hg. C. Matschoß 15, Berlin 1925, S. 13—107, bes. S. 32 f.

34 Grafschaft Mark 1, a. a. O., S. 559 f. — Holtfrerich, C.-L., Quantitative Wirtschaftsgeschichte des Ruhrkohlenbergbaus im 19. Jahrhunderts. Eine Führungssektoranalyse, Dortmund 1973, S. 95.

35 Mertens, P. H., Auf dem Wege zur Weltgeltung. Industrialisierung und Aufstieg des Dortmunder Braugewerbes, in: Beiträge ... 69, 1974, S. 203—239, bes. S. 217—219. — Dascher, O., Festvortrag zum 250jährigen Jubiläum der Privatbrauerei Dortmunder Kronen, Privatdruck 1979.

36 Schulte, W., Volk und Staat. Westfalen im Vormärz und in der Revolution 1848/49, Münster 1954, bes. S. 106—157.

nen Industriekonjunktur der Jahre 1842—1847 die durch Mißernten ausgelösten Hungerjahre 1846/47 nicht in dem Umfang bemerkbar machten wie in Schlesien oder im östlichen Westfalen. Neuen sozialpolitischen Zündstoff schafft das Wachstum der Stadt und die Zuwanderung bisher nicht gekannter Mengen von Eisenbahnarbeitern, nach Karl Marx der „leichten Infanterie des Kapitals" [37].

Die Inbetriebnahme der Eisenbahnlinien, mit Recht als ökonomisches Datum in der Geschichte der Stadt festgeschrieben, wird überschattet von der sozialen Notlage breiter Bevölkerungsschichten. Als die Köln-Mindener-Eisenbahn auf der Strecke Deutz-Hamm am 15. Mai 1847 eröffnet wird, verzichtet die Stadt auf ein Festessen und weist die dafür bereitgestellten Mittel der Suppenanstalt zu. Als am 28. Dezember 1848 (regelmäßig ab 9. 3. 1849) der erste Zug der Bergisch-Märkischen Eisenbahn von Elberfeld in Dortmund einläuft, steht die Stadt noch unter dem Eindruck ihres ersten „Streiks", einer Arbeitsniederlegung der Handwerker bei den Köln-Mindener Eisenbahnwerkstätten [38].

Auch die revolutionäre Bewegung von 1848/49 konnte an Dortmund nicht spurlos vorbeigehen. Fritz Annecke, einer der führenden Aufständischen in den Rheinlanden und in Baden war in Dortmund geboren, und der „rote" Becker hatte hier 1842 sein Abitur abgelegt. Zwar votierte das Bürgertum mehrheitlich für die konstitutionelle Fraktion, doch besaßen die Demokraten unter den Handwerkern, den Zuwanderern und der Jugend viele Anhänger. Noch im ausgehenden 19. Jahrhundert war in Dortmund die Erinnerung an diese turbulenten Jahre lebendig. Karlchen Richter hat sie im „Generalanzeiger" in seinen Porträts des Hörder Kesselfabrikanten Robert Wulff und des Gastwirts Keggemann von der alten Dortmundern noch vertrauten Gaststätte „Zum Drachen" festgehalten [39].

2. Die Dortmunder Gründerjahre (1850—1873)

> „Einen außerordentlichen Aufschwung hat Dortmund in dem letzten Jahrzehend durch den Zusammen-
> fluß mächtiger Eisenbahnströme und durch die in Landwirtschaft und Bergbau hochgesteigerte Wohl-
> habenheit der Gegend gewonnen ..."
> (L. H. W. Jacobi: Das Berg-, Hütten- und Gewerbe-Wesen des Regierungs-Bezirks Arnsberg, Iserlohn 1857)

Folgt man der Forschung, dann tritt das spätere Ruhrgebiet um die Mitte des 19. Jahrhunderts in seine entscheidende Wachstumsphase ein [40]. Ein Industrialisierungsschub ist unverkennbar. Bestimmend sind die Leitsektoren Bergbau und Eisenindustrie, maßgebend für die Nachfrage in dieser ersten Industrialisierungsphase die Investitionen des Eisenbahnsektors, die man auf 15—25% der Gesamtnettoinvestitionen der Jahre 1850—1880 veranschlagt [41]. Neuere Untersuchungen gehen davon aus, daß rd. 40—50% der Produktion der Eisen- und Stahlindustrie durch den Eisenbahnbedarf beansprucht werden und die Eisen- und Stahlindustrie selbst mit 30% als Hauptabnehmer der geförderten Kohle gelten kann. Es sind diese sog. Koppelungseffekte, die dem Revier in sei-

37 Marx, K., Ökonomische Schriften 1: Das Kapital. Kritik der politischen Ökonomie, Darmstadt 1962, S. 802. — Zum Pauperismus des Vormärz: Schulte, Volk und Staat u. Köllmann, W., Bevölkerung und Arbeitskräftepotential in Deutschland 1815—1865, in: Köllmann, W., Bevölkerung in der industriellen Revolution. Studien zur Bevölkerungsgeschichte Deutschlands im 19. Jahrhundert, Göttingen u. Zürich 1974, S. 61—98.

38 Umbreit, R., Beiträge zur Geschichte der Arbeiterbewegung im rheinisch-westfälischen Industriegebiet, Dortmund 1932, S. 6 f. — Mertes, P. H., Dortmund im deutschen Einigungskampf von 1848—49. Ein Beitrag zur Geschichte des Ruhrgebiets, Dortmund 1937, S. 10 f.

39 Ein Dortmunder Agent. Der Mann der Karlchen Richter hieß. Seine Aufzeichnungen neu an den Tag gebracht von H. Mönnich, Düsseldorf 1974, S. 127—133 u. 245—254.

40 Fischer, W., Herz des Reviers. 125 Jahre Geschichte des Industrie- und Handelskammerbezirks Essen-Mülheim-Oberhausen, Essen 1965, S. 25—33. — Borchardt, K., Wirtschaftliches Wachstum und Wechsellagen 1800—1914, in: Handbuch der deutschen Wirtschafts- und Sozialgeschichte, hg. H. Aubin u. W. Zorn, 2, Stuttgart 1976, S. 203.

41 Hoffmann, W. G., unter Mitarbeit v. Grumbach, F. u. Hesse, H., Das Wachstum der deutschen Wirtschaft seit der Mitte des 19. Jahrhunderts, Berlin-Heidelberg-New York 1965.

Abb. 30:   Situation am Hauptbahnhof 1909.
Rechts der alte Bahnhof von 1847, links (im Bau) der neue Bahnhof.

ner Anfangsphase atemberaubende Wachstumsraten verschaffen[42]. Die Industrialisierung löst, wie das Beispiel Ruhrgebiet weiter lehrt, eine Wanderung nach dem Arbeitsplatzangebot aus. Sie fördert die regionale Mobilität und ist die Ursache für eine Binnenwanderungsbewegung, die als die „größte Massenbewegung der deutschen Geschichte" bis 1945 bezeichnet worden ist[43]. Industrialisierung und Bevölkerungsverdichtung fördern einen Verstädterungsprozeß, der das traditionelle Raummuster des Reviers in wenigen Jahrzehnten grundlegend verändert. Signalisieren Aquarelle und Firmenansichten bis zur Jahrhundertmitte städtische Idylle und gleichsam harmonische Proportionen zwischen Landschaft und entstehenden Fabrikanlagen, so hat sich nur zweieinhalb Jahrzehnte später eine Welt verändert[44].

Als beispielhaft für diese Entwicklung können Dortmund und Hörde gelten. Dortmund erhält 15 Jahre vor Bochum und Essen einen Eisenbahnanschluß und wird 1849 zum ersten Eisenbahnknotenpunkt des entstehenden Reviers. Den größten Sprung schafft indes Hörde. Seit Ende der 40er Jahre setzt zwischen Aplerbeck und Essen ein wahres Schürffieber auf Kohleneisenstein ein, und die Erwartungen, Kohle und Eisen aus einem Schacht zu fördern, sozusagen englische Verhältnisse auf das Ruhrgebiet zu übertragen, konzentrieren sich nachgerade auf die

42   Holtfrerich, C.-L., Ruhrkohlenbergbau, S. 149. — Fremdling, R., Eisenbahnen und deutsches Wirtschaftswachstum 1840—1879, Dortmund 1975, S. 82.

43   Köllmann, W., Bevölkerungsgeschichte 1800—1970, in: Handbuch der deutschen Wirtschafts- und Sozialgeschichte 2, S. 20. — Köllmann, W., Bevölkerung in der Industriellen Revolution. Studien zur Bevölkerungsgeschichte Deutschlands im 19. Jahrhundert, Göttingen u. Zürich 1974.

44   Fabrik im Ornament. Ansichten auf Briefköpfen des 19. Jahrhunderts. Katalog zur Ausstellung des Landschaftsverbandes Westfalen-Lippe, Westfälisches Museumsamt und der Stiftung Westfälisches Wirtschaftsarchiv Dortmund, Münster 1980.

Hermannshütte und begünstigen unter Führung von Iserlohner und Kölner Kapital deren Umwandlung in eine Aktiengesellschaft 1852. Karl Overweg, einer der Mitgründer dieser ersten Hüttenaktiengesellschaft des Ruhrgebiets, hat in einer heute noch lesenswerten Denkschrift die Vorzüge des Standorts Hörde resümiert: ,,Das gleichzeitige mächtige Vorkommen von Kohlen und Eisenerzen ist in Deutschland neu. Während in England und Belgien Eisenerze und Steinkohlen in den reichsten Lagern nebeneinander geschichtet längst bekannt und aufgeschlossen sind, fand man diese Mineralien in Deutschland nur in sehr wenigen Fällen in ein- und derselben Gebirgsformation ... England und Belgien besitzen deshalb gegen Deutschland in der Eisen-Fabrikation einen Vorsprung, der sich seither durch Fleiß und Intelligenz nicht abgewinnen ließ" [45]. Nunmehr deutet sich die Möglichkeit an, diesen Vorsprung aufzuholen und auch in Deutschland ,,wohlfeiles und zugleich gutes Roheisen" herzustellen. Die optimistische Prognose, der zu gründende Hörder Verein könne ,,tausende von Händen" beschäftigen, sollte sich in der Tat bewahrheiten. 1855 beschäftigt der Hörder Bergwerks- und Hütten-Verein 2 580 Arbeiter. Mit den Familienmitgliedern, den Frauen und Kindern, leben 8 297 Menschen von diesem Unternehmen, mehr als Hörde in diesem Jahr überhaupt an Einwohnern zählt (5 325). Mit Einschluß der Zechen, der nahe gelegenen Eisenstein- und Kohlenfelder, erreicht die Belegschaft gar 3 788 Mann. Eine erste Betriebskrankenkasse ist bereits 1842 entstanden, 1852 werden die ersten Werkswohnungen, die ,,Kaserne" am Remberg, Felicitas und Alter Clarenberg, erbaut, fünf Jahre später folgt ein kleines Krankenhaus, das ,,Hüttenhospital am Remberg" nach [46].

Man kann sich heute kaum mehr vorstellen, in welchem Umfang dieses Unternehmen, das 1857/58 als das größte Schienenwalzwerk des Zollvereins und als das bedeutendste Eisenwerk in Rheinland und Westfalen gilt [47], Hörde verwandelt und den Dortmunder Raum aufgewertet hat. Hier werden die ersten modernen Hochöfen in Westfalen angeblasen, und das Ensemble der Hochofenanlagen bleibt bis in die Gegenwart eine unverwechselbare Silhouette im Dortmunder Süden.

1850 überschreitet der Bergbau mit dem Feld Ver. Germania erstmals die Hellweglinie und rückt auf breiter Front nach Norden vor. Neue Schächte im Westen und Norden und Osten umgeben Dortmund mit einem Ring von Zechentürmen, vergleichbar dem Ring der Feldbrandziegeleien, der sich ebenfalls um die Stadt schließt. Der Koksbedarf der Eisenindustrie und der Lokomotiven macht Dortmund zu einem frühen Zentrum der Koksveredelung. Die Koksbatterien der Köln-Mindener Bahn sind für den Bahnreisenden nicht zu übersehen, und mit 257 Koksöfen (1855) dürfte der Dortmunder Raum an der Spitze des Reviers gelegen haben [48].

Dortmund profitiert einmal mehr von den Vorzügen seiner Verkehrslage. So fordert die Harpener Bergbau-Aktien-Gesellschaft (1856) den Firmensitz für Dortmund mit dem Argument, ,,daß nur Dortmund der Ort sein könne und müsse, von woher die Operationen der Gesellschaft zweckmäßig geleitet werden können und müssen. Es bedarf wohl keiner Ausführung, daß Dortmund schon jetzt der Mittelpunkt der ungeheuren industriellen Unternehmungen und blühenden gewerblichen Entfaltung der Grafschaft Mark geworden und daß diese Stadt bestimmt ist, einst die bedeutendste Rolle in dem Verkehr und Handel Preußens und Deutschlands zu spielen" [49].

Die Spekulation konzentriert sich auf Dortmund. Man hat errechnet, daß von 35 Montangesellschaften, die zwischen 1852 und 1858 mit einem Aktienkapital von ca. 95,8 Millionen Mark im Ruhrgebiet konzessioniert worden sind, allein 14 mit einem Aktienkapital von ca. 49,1 Millionen Mark auf den Dortmunder Raum entfallen [50]. In

45 STA Münster Best. Regierung Arnsberg I Nr. 632. Promemoria v. 1851 April 20.

46 100 Jahre Dortmund-Hörder Hüttenunion, S. 22. Das Berg-. Hütten- und Gewerbe-Wesen des Regierungs-Bezirks Arnsberg in statistischer Darstellung. Nach amtlichen Quellen, hg. L. H. W. Jacobi, Iserlohn 1857, S. 391—399.

47 Wagenblass, H., Der Eisenbahnbau und das Wachstum der deutschen Eisen- und Maschinenbauindustrie 1835—1860, Stuttgart 1973, S. 149—152.

48 Jacobi, L. H. W., Berg-, Hütten- und Gewerbe-Wesen, S. 66.

49 Mertes, P. H., Das Werden der Dortmunder Wirtschaft, Dortmund[2] 1942, S. 30.

50 Mertes, P. H., Dortmunder Wirtschaft, S. 30 f. — Kluitmann, L., Der gewerbliche Geld- und Kapitalverkehr im Ruhrgebiet im 19. Jahrhundert, Bonn 1931. — Tilly, R. H., Die Industrialisierung des Ruhrgebiets und das Problem der Kapitalmobilisierung, Dortmund 1969, S. 14 f.

Abb. 31:   Der neue Bahnhof, eröffnet am 12. 12. 1910.

Dortmund werden in den 50er Jahren mehr Aktiengesellschaften gegründet, als in den konkurrierenden Städten Bochum, Duisburg und Essen zusammengenommen. Die Gründung einer königlichen Bankkommandite im Jahre 1855 unterstreicht nur das Gewicht, das man in Berlin dem Gründungsplatz Dortmund beimißt. Angeblich sollen Gustav Mevissen, der Vorsitzende des Verwaltungsrats des Hörder Vereins und Mitgründer der „Darmstädter Bank" (1853), sowie Adolf Hansemann, der Gründer der Discontogesellschaft in Berlin (1851), die Errichtung dieser Dortmunder Filiale der Preußischen Bank betrieben haben, um die Entlöhnung der Arbeiterschaft im Revier zu erleichtern[51].

Es kann nicht der Ort sein, auf jene Vielzahl von Unternehmen einzugehen, die in den fünfziger Jahren mit Dortmund in Zusammenhang gebracht werden. Das neben dem Hörder Verein wohl bekannteste Werk dürften die Dortmunder Hauptwerkstätten der Köln-Mindener Bahn gewesen sein, wo Julius Weidtmann zwischen 1856 und 1859 für Köln den eisernen Oberbau der ersten Eisenbahnbrücke über den Rhein konstruiert und Dortmunds Tradition im Brückenbau begründet[52]. Ein Sohn Friedrich Harkorts errichtet eine Maschinenfabrik und Eisengießerei, Hermann Kamp, der frühere Associé und Nachfolger Harkorts bei der Mechanischen Werkstätte in Wetter, sichert sich eine Konzession für ein Puddlingswerk, die sog. Paulinenhütte (1855). Kann man diese Gründungen noch jener älteren Tradition zurechnen, wonach die märkischen Eisenwerke der Kohle folgen, so stehen die neuen gemischten Werke im Banne des Hörder Vereins. Dazu gehört die Dortmunder Bergbau- und Hüttengesellschaft,

51 Schneider, Das Dortmunder Bankwesen in den letzten 100 Jahren, in: Jubiläumsausgabe der Dortmund Zeitung 1828—1928 v. 4. 10. 1928, S. 81.

52 Mertes, P. H., Dortmunder Brückenbau. Die Entwicklung eines Industriezweiges, in: Westfälische Wirtschaft, 4, 1940, H. 7 v. 30. 3. 1940, S. 4 f. — Mertes, P. H., Stahlhoch- und Brückenbau, in: Mitteilungen der Industrie- und Handelskammer zu Dortmund 1950, Nr. 12 v. 15. 12. 1950.

die 1856 mit dem Abteufen zweier Schächte für die Zeche Hansa in Huckarde beginnt, oder die Dortmund-Hörder-Eisenhüttengesellschaft (1856/57), aus der später die Aplerbecker Hütte hervorgeht. Reine Unternehmen des Bergbaus sind die Bergbau Aktiengesellschaft Ver. Westphalia (1853) bzw. die Steinkohlen-Bergbau-Gesellschaft Zollern[53].

Mit jedem dieser Firmennamen verbinden sich Geschichten, und noch die harmloseste mochte der Westphalia gelten, wo die Bohrversuche der Badeanstalt am Fredenbaum das Wasser entziehen und zahlreiche Brunnen im Westen der Stadt versiegen lassen. Auf die Hektik der Konjunktur von 1853—1857 folgt ein Abschwung, der Dortmund wie keine andere Stadt des Reviers betroffen hat. Nicht mehr spektakuläre Gründungen, sondern Nachrichten von kaum minder spektakulären Konkursen füllen die Spalten der Zeitungen.

In dieser ersten „Weltwirtschaftskrisis von 1857—1859" verlieren zahlreiche Kleinaktionäre ihr Vermögen, und 1858 heißt es von Dortmund, über 2000 „brotlose" Arbeiter hätten die Stadt verlassen. Das Vertrauen in den technischen Fortschritt erleidet einen Bruch. Selbst der Hörder Verein, das Renommierunternehmen des Dortmunder Raumes, muß seine Belegschaft abbauen. Die Liquidationen und Abwicklungen ziehen sich bei einzelnen Firmen bis in die 60er Jahre hin. Der Schriftsteller und Journalist Karl Prümer, 1846 in Dortmund geboren, überliefert das unrühmliche Ende der Zeche Am Schwaben: „Die Zeche ist verschwunden, die Stätte wüst und leer, Fragst Du nach Dividenden, Du findest sie nicht mehr. Weh euch, ihr seichten Gründer, Rief mancher also gleich, Ich muß den Sack noch lappen, Für diesen Schwabenstreich"[54].

Allein die Dortmunder A. G. für Gasbeleuchtung (1857) schüttet kontinuierlich Dividenden aus. Unabhängig von konjunturellen Ausschlägen liefert sie damit einen Hinweis auf neue Bedürfnisse, die mit der Industrialisierung in der Infrastruktur der Stadt entstehen mußten. Gleichwohl gelingt es noch nicht einmal, einen Bebauungsplan für das expandierende Gemeinwesen durchzusetzen. In einer denkwürdigen Sitzung (1862) lehnen die Stadtverordneten eine entsprechende Maßnahme ab. Der „Industrie-Schwindel" habe sein nur zu schnelles Ende gefunden und man selbst „die Überzeugung gewonnen . . ., daß auf künstlichem Wege eine Landstadt sich nicht in eine große Industrie- und Handelsstadt umschaffen" lasse[55].

Als dieser Beschluß gefaßt wurde, zählte Dortmund 23 706 Einwohner. Hatte es zur ersten Verdoppelung seiner Bevölkerung von 1818—1846 rd. 28 Jahre benötigt, so genügen im Boom der fünfziger Jahre rd. acht Jahre (1850: 11 216, 1858: 22 099). Nach einer durch die Krise bedingten rückläufigen Bewegung 1858/60 sollte die Bevölkerung seit 1861 mit Ausnahme des Krisenjahres 1876 kontinuierlich, z. T. sogar sprunghaft wachsen.

Die sechziger Jahre sind für Dortmund Jahre der Konsolidierung gewesen. Der Vorsprung vor Bochum und Essen schrumpft. Aus der Konkursmasse der Paulinenhütte entsteht mit neuen Besitzern die Kommanditgesellschaft Carl Ruetz & Co. Zur Rothen Erde (1861), aus dem Verkauf der Mobilien und Immobilien der Fabrik von Friedrich Harkort jun. die Dortmunder Werkzeugmaschinenfabrik Wagner & Co. (1865), die erste reine Maschinenfabrik des Ruhrgebiets. Heinrich O. Wagner war in Kassel geboren, hatte bei Henschel gelernt und seit 1858 als Konstrukteur in Chemnitz gearbeitet. Seine Finanziers waren vornehmlich der Eisenindustrielle Bergenthal aus Warstein und der Schraubenfabrikant Funcke aus Hagen[56]. Nach Hörde und Aplerbeck setzt sich mit den von Bornschen Hochöfen (1865) die Roheisenerzeugung unmittelbar vor Dortmund fest. In diesem Raster, in dem sich die späteren Strukturen immer deutlicher abzeichnen, darf das Braugewerbe nicht fehlen. Auf die Brauerei v. Hövel,

53 Paulinenhütte: STA Münster Regierung Arnsberg I Nr. 644. Zollern: STA Münster Regierung Arnsberg I Nr. 586. Die Steinkohlenbergwerke der Vereinigte Stahlwerke A.-G. Die Schachtanlage Zollern-Germania 1, (Essen 1931), S. 16—28. — Hansa: Die Steinkohlenbergwerke . . ., Die Schachtanlage Hansa in Dortmund-Huckarde, (Essen 1932), S. 1—25.

54 Prümer, K., Bilder aus Alt-Dortmund. Unver. Nachdruck der Ausgaben von 1925/1926/1929, 1, Frankfurt 1980, S. 52. — Allgemein: Rosenberg, H., Die Weltwirtschaftskrisis von 1857—1859, Göttingen[2] 1974.

55 STA Münster Kr. Dortmund B Nr. 998. Votum der Stadtverordneten v. 27. 10. 1862.

56 WWA Dortmund Best. F 3 Werkzeugmaschinenfabrik Wagner & Co., Dortmund. — (Mertes, P. H.), 75 Jahre Wagner & Co. Werkzeugmaschinenfabrik GmbH Dortmund 1865—1940, Dortmund 1940, S. 16—36.

Thier & Co. (1856) folgen die Klosterbrauerei der Brüder Meininghaus und die Lindenbrauerei von Heinrich Bömcke (1864). Aus der Brauerei Herbertz & Co. (1868) entsteht wenige Jahre später (1872) die erste Kapitalgesellschaft im Dortmunder Braugewerbe, die Dortmunder Actienbrauerei. Schon in ihrem Jahresbericht für 1867 konnte die Dortmunder Handelskammer mit Befriedigung feststellen: ,,Was in bezug auf Bierfabrikation München früher (jetzt nicht mehr) für Bayern, ja für ganz Deutschland war, das ist Dortmund jetzt für den ganzen nordwestlichen Theil Deutschlands; überall hat das Dortmunder Bier einen ausgezeichneten Namen und erzielt den höchsten Preis" [57].

Diese Handelskammer ist 1863 als letzte der Ruhrhandelskammern gegründet worden. Waren die wirtschaftlichen Interessen in den vierziger und fünfziger Jahren durch Gewerkenkammer-Projekte und durch die schon beschriebene stürmische Entwicklung voll absorbiert worden, so setzt nunmehr in der Krise ein Umdenkungsprozeß ein. Der Gedanke einer Handelskammer gewinnt an Boden, auch wenn auf Grund der gesetzlichen Beschränkungen weder der Bergbau noch die Kapitalgesellschaften eine angemessene und direkte Vertretung finden können. 1860 reichen unter Führung von Wilhelm Overbeck, dem Bankier Wilhelm von Born sowie dem Kaufmann F. Hammann Kaufleute und Fabrikanten eine Petition auf Errichtung einer Handelskammer für die Stadt Dortmund ein. Die Allerhöchste Genehmigung einer Handelskammer für den Kreis Dortmund vom 13. April 1863 führt im Herbst des gleichen Jahres zu Neuwahlen. Mit Overbeck, v. Born, dem Fabrikbesitzer Carl Ruetz, den Sägewerksbesitzern Louis Brügmann und Hermann Schulz, dem Dampfmühlenbesitzer Carl Metzmacher und dem Großhändler Albert Köttgen stellt Dortmund sieben der zwölf Mitglieder, während auf Hörde mit dem Eisenhändler Wilhelm Rath, dem Maschinenfabrikanten Julius Soeding zwei Repräsentanten entfallen. Erster Vorsitzender wird der Kaufmann und Kommerzienrat Overbeck, Inhaber der Bierbrauerei Peter Overbeck und der Stearinfabrik Overbeck & Sohn [58]. Die Stellungnahmen der Handelskammer begleiten von nun an das wirtschaftliche Leben des Dortmunder Raumes, und die bis in den politischen Raum reichenden Verflechtungen (fünf der sieben Mitglieder sind zugleich Stadtverordnete) begünstigen ein enges Zusammengehen von Stadt und Handelskammer in den grundsätzlichen Strukturfragen des Raumes.

Es kann nicht überraschen, daß der Ende der sechziger Jahre einsetzende neue Aufschwung auch den Dortmunder Raum voll erfaßt hat. Im Sog dieser als ,,Gründerjahre" in die deutsche Wirtschaftsgeschichte eingegangenen Phase von 1869 bis 1873 wiederholen sich, ja steigern sich jene Erscheinungen, die aus dem Gründungstaumel der fünfziger Jahre noch erinnerlich waren. Als der Nationalökonom Karl Bücher als junger Gymnasiallehrer 1872 in Dortmund eintrifft, begegnet ihm eine Stadt ,,in fieberhafter Bewegung", in der ,,eine fast amerikanische Entwicklung" eingesetzt hatte und ,,neue Fabriken, neue Wohnstraßen aus dem Boden wuchsen" [59]. Die Einschätzung der Stadtverordneten von 1862, ,,eine solche Baulust, ja Bauwuth" wie in den fünfziger Jahren werde in Dortmund nicht wieder eintreten, wird von der Wirklichkeit gründlich widerlegt.

Zu den widersprüchlichsten, vielleicht auch farbigsten Erscheinungen der Gründerjahre gehört Henry Bethel Strousberg (1823—1884). Sein Aufstieg und sein Fall stehen stellvertretend für eine Epoche. Als er 1868 die Aktienmehrheit an der Dortmunder Hütte (vormals Dortmunder Bergbau- und Hüttengesellschaft) erwirbt, geht ihm schon sein Ruf als ,,Eisenbahnkönig", als erfolgreicher Finanzier und Erbauer von Eisenbahnlinien, voraus. Karlchen Richter weiß von Strousberg zu berichten, er sei in Dortmund ,,als der Moses angestaunt" worden, ,,dessen Zauberstab verborgene Goldquellen fliessen machte" [60]. Sein Bild habe in jedem Zigarrenladen gehangen, ihm zu Ehren sei ein Fackelzug dargebracht worden. Sein Haus in der Kaiserstraße 5 mit Gewächshäusern und Stallungen bildete einen Mittelpunkt im gesellschaftlichen Leben der Stadt. Eine Räderfabrik, eine Gußstahlfabrik,

57 WWA Dortmund S 6 Jahresberichte der Handelskammer des Kreises Dortmund für 1867, Dortmund 1868, S. 45.

58 WWA Dortmund Best. K 1 Industrie- und Handelskammer zu Dortmund Nr. 3. — Zur Gründung der Handelskammer: Mertes, Das Werden der Dortmunder Wirtschaft S. 73—90. — Zu Overbeck: Mertes, P. H., Wilhelm Overbeck (1798—1882), demnächst in: Rheinisch-Westfälische Wirtschaftsbiographien 11, Münster 1983.

59 Bücher, K., Lebenserinnerungen 1: 1847—1890, Tübingen 1919, S. 157.

60 Zu Strousberg: Reitböck, G., Der Eisenbahnkönig Strousberg, in: Beiträge zur Geschichte der Technik und Industrie 14, 1924, S. 65—84. — Dr. Strousberg und sein Wirken von ihm selbst geschildert, Berlin 1876, bes. S. 88, 417, 421 f., 432—442.

Hochöfen werden projektiert. Die Dortmunder Hütte wird zügig ausgebaut und in die Allgemeine Eisenbahnbaugesellschaft mit Sitz in Berlin und Dortmund eingebracht (1870). Noch ehe indes die Pläne voll ausreifen können, erschüttern finanzielle Verluste beim Eisenbahnbau in Rumänien die gewagte Unternehmenskonstruktion. Die allgemeine Krise seit 1873 beschleunigt noch den Zusammenbruch, und Strousberg stirbt wenige Jahre später völlig verarmt in Berlin. Unter Führung der Discontogesellschaft wird die Dortmunder Hütte mit der Zeche Glückauf-Tiefbau in Barop Bestandteil der neugegründeten Union Aktiengesellschaft für Bergbau, Eisen- und Stahlindustrie, die 1872 mit einem Aktienkaptial von rd. 33 Mio. Mark und etwa 12 400 Beschäftigten den größten gemischten Konzern des Ruhrgebiets bildet[61].

Einmal mehr verstellen in der Intention großartige Schöpfungen den Blick auf Gründungen, deren Anfänge kleiner und solider ausfallen, deren Entwicklung jedoch kaum weniger folgenreich für Dortmund geworden ist. An erster Stelle zu erwähnen wäre dabei das Eisen- und Stahlwerk Hoesch (1871), dessen Gründer Leopold Hoesch sich bei der Wahl des Standortes von der Erwartung leiten läßt, Roheisen preiswert beziehen und in seinem Bessemerwerk verarbeiten zu können. 1870 entsteht die Maschinenfabrik Schüchtermann u. Kremer, zwei Jahre später die Maschinenfabrik Deutschland, 1877 die Dortmunder Brückenbau C. H. Jucho und erneut zwei Jahre später die Firma August Klönne. Der Bergwerks- und Hüttenbedarf wie die Weiterverarbeitung allgemein bestimmen das Produktionsprogramm dieser Gründungen. Mit der Betriebsverlagerung zur Kronenburg leitet die Kronenbrauerei eine neue Phase ihrer Entwicklung ein, und aus der Brauerei W. Struck & Co. entsteht mit der Dortmunder Union-Brauerei (1873) eine weitere Kapitalgesellschaft im Braugewerbe. Die Wandlung zur Brauindustrie kündigt sich an[62].

In den siebziger Jahren kommt die Dortmunder Gründungswelle zu einem ersten Abschluß, und mit Kohle, Stahl und Bier erscheinen bereits jene Attribute, die den Namen Dortmunds fortan begleiten werden.

Im Jahre 1873 überschreitet Dortmund erstmals die Grenze von 50 000 Einwohnern (50 366). Es bedarf keiner besonderen Phantasie, um sich die Konsequenzen für die Bebauung, für die Wohnverhältnisse und für die Infrastruktur, für Straßen und Wege, für Wasser und Kanalisation vorzustellen.

Um die Mitte des 19. Jahrhunderts hat Dortmund die Bevölkerungszahl des späten Mittelalters wieder erreicht, und die zuwandernde Bevölkerung muß sich seit den fünfziger Jahren vorwiegend vor der Stadt niederlassen. Besitzt Dortmund 1849 1051 Wohnhäuser, davon 68 vor den Stadtmauern, so gibt es 1873 1807 Wohnhäuser vor der Stadt und nurmehr 1480 innerhalb der Wälle. In einer Enquête des Vereins für Socialpolitik aus dem Jahre 1886 hat der zweite Bürgermeister Arnecke darauf aufmerksam gemacht, daß diese scheinbar regellose Bebauung wenigstens einem Prinzip folgt: sie orientiert sich an der Linienführung der Köln-Mindener und der Bergisch-Märkischen Eisenbahn. Die Bahnhöfe der beiden Linien liegen unmittelbar an der Nordseite der Stadt. Die Unternehmen wählen ihren Standort in Bahnnähe, die arbeitende Bevölkerung läßt sich zwangsläufig bei ihren Arbeitsstätten nieder. Der Wohnungsbau expandiert somit vornehmlich im Norden und Westen der Stadt, d. h. in einem tiefgelegenen und für die Kanalisation eher ungünstigen Terrain. Auch wird die Zweiteilung in Innenstadt und Dortmunder Norden durch die Bahnführung zementiert. Neue Stadtviertel entstehen ohne Bebauungsplan, ohne Straßen, ohne Wasseranschluß, ohne Licht. Die Folgen dieser wilden, z. T. spekulativen Bebauung sind zum Teil noch heute zu erkennen. In den Gründerjahren veranlassen sie die Bewohner zu zum Teil drastischen Eingaben

61 Dr. Strousberg und sein Wirken, bes. S. 432—442. — 100 Jahre Dortmund-Hörder Hüttenunion, S. 54—57. — Stillich, O., Eisen-und Stahlindustrie. Nationalökonomische Forderungen auf dem Gebiete der großindustriellen Unternehmung 1, Berlin 1904, bes. S. 91—97. — Feldenkirchen, W., Banken und Stahlindustrie im Ruhrgebiet. Zur Entwicklung ihrer Beziehungen 1873—1914, in: Bankhistorisches Archiv 5, 1979, S. 26—52, bes. S. 28 f.

62 WWA Dortmund S 6 Jahresberichte Dortmund 1871—1880. — Mönnich, H., Aufbruch ins Revier. Aufbruch nach Europa. Hoesch 1871—1971, München 1971, S. 91. — WWA Dortmund Best. F 33 Privatbrauerei Dortmunder Kronen, Karten und Zeichnungen zum Neubau der Kronenburg.

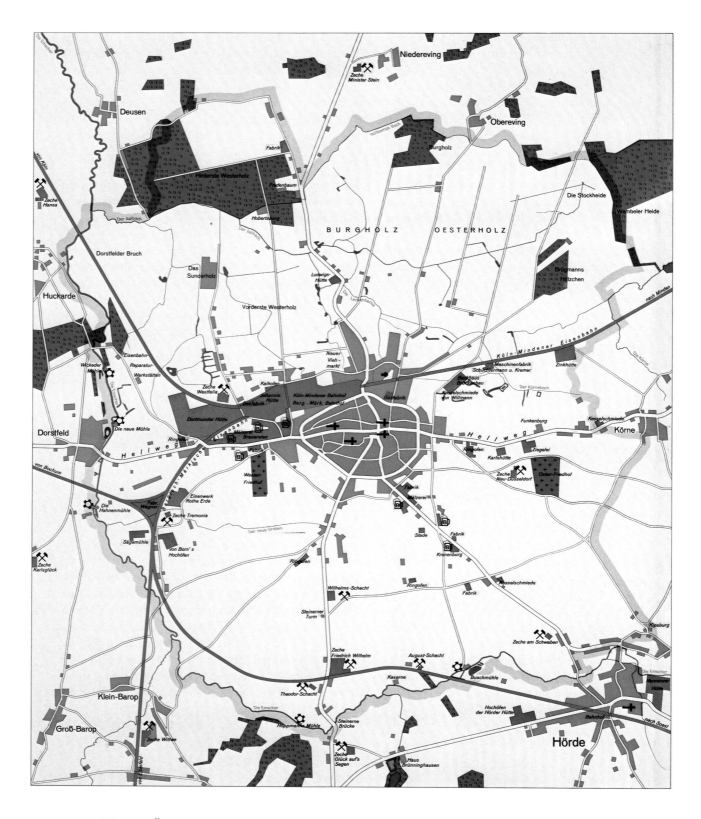

Abb. 32: Übersichtskarte der Gemeinde Dortmund nach einer Vorlage des Geometers Rehmann 1872.

Abb. 33: Übersichtskarte der Gemeinde Dortmund nach einer Vorlage des Stadtgeometers von den Berken 1898.

und Vergleichen. Erinnern in der Innenstadt einzelne ungepflasterte Straßenzüge „an die Ursümpfe Deutschlands zur Zeit des Tacitus", so erweisen sich die Torausgänge und Vorstädte erst recht als „unsterbliche Schlammbäder". Von den Anwohnern der Westentor-Vorstadt heißt es 1868, der Fahrer des Leichenwagens weigere sich, in das Schlammeer der Straßen einzufahren, Ärzte und Geistliche könnten ihren Amtspflichten nicht mehr nachkommen, nachts herrsche eine ägyptische Finsternis[63].

Selbst wenn man berücksichtigt, daß die Möglichkeiten einer aktiven Infrastrukturpolitik schon vom finanziellen Rahmen her begrenzt sind, bleiben die eher schleppenden Reaktionen erstaunlich genug. Offensichtlich wird man von der Dynamik der Veränderungen regelrecht überrollt. Seit dem Ende der sechziger Jahre ist die Stadt gezwungen, ihre vorsichtige Haushaltspolitik aufzugeben und über eine gezielte Finanz- und Investitionspolitik wenigstens die ärgerlichsten Gravamina zu beseitigen. Von 1871—1876 ist dieses Programm mit dem Namen des Oberbürgermeisters Hermann Becker, dem „roten" Becker von 1848, verbunden (Wahl am 10. Dezember 1870). Das 1871/72 erbaute Wasserwerk nimmt im Folgejahr seine Betrieb auf, die Bau- und Straßenpolizeiordnung tritt 1871, das Ortstatut 1875 in Kraft. Mit Wirkung vom 20. Mai 1875 scheidet Dortmund aus dem Verbund des Landkreises aus und bildet einen Stadtkreis eigenen Namens. Aufgrund eines Antrags aus dem Jahre 1873 hatte Dortmund damit die rechtlich-administrative Stellung erreicht, die seiner tatsächlichen wirtschaftlichen Bedeutung entsprach. Essen (1873) und Duisburg (1874) hatten die Kreisfreiheit bereits früher durchsetzen können, Bochum folgte 1876 nach[64].

Städtische Infrastukturmaßnahmen, weiterführende Bemühungen im Werkswohnungsbau[65], so bei der Union-Vorstadt, Knappschaft und Fabrikenkrankenkassen sowie steigende Löhne in den Jahren der Konjunktur reichen indes nicht aus, die Masse der Bevölkerung vor den Risiken des Alltags auch nur halbwegs ausreichend zu schützen. Was sich hier an Konfliktpotential für die kommenden Jahrzehnte ansammelt, wird schlaglichtartig beim ersten großen Massenstreik der Bergleute im Jahre 1872 deutlich. Am 25. und 26. Juni legen von den auf den Stadtzechen Tremonia und Westphalia angelegten 1485 Bergarbeitern 1193 ihre Arbeit nieder und schließen sich den sog. Essener Forderungen an. Die Ratlosigkeit der Behörden ist allgemein: das Lohnniveau ist hoch, und nach einer eilig zusammengetragenen Statistik sind von 5947 verheirateten Bergleuten im Kreise Dortmund ein gutes Drittel, nämlich 2030, mit einem eigenen Hause angesessen[66]. Bei dieser Argumentation wird übersehen, daß zu den Wortführern des Streiks gerade die qualifizierten Bergleute gehören und die vermuteten politischen Motive ausscheiden. Vordergründig geht es um bessere Arbeitsbedingungen, höhere Löhne und die Beachtung herkömmlicher Rechte. Kaum quantifizierbar indes ist die Bedrohung, die der Bergmann in der Proletarisierung seiner eigenen Existenz erfährt: schon sind die einheimischen Kötter auch auf den Südrandzechen eine Minderheit geworden, und die Wandlung vom Bergknappen zum Bergarbeiter, vom Stand zur Klasse, ist in vollem Gange. Obwohl der Streik zusammenbricht, fördert er den ersten gewerkschaftsähnlichen Zusammenschluß der Bergarbeiter und seine Erfahrungen werden in den großen Streik des Jahres 1889 einfließen[67].

63 Winterfeld, Frühindustrielle Epoche V S. 11—13. — Prümer, K., Bilder aus Alt-Dortmund 1 (Dortmund) 1925, S. 85. — Dascher, O., Wirtschaftliches Wachstum, S. 120 f.

64 Dascher, O., Die Dortmunder Wirtschaft in den siebziger Jahren, in: Geburt einer Großstadt. 100 Jahre kreisfreie Stadt Dortmund 1875—1975, Dortmund 1975, S. 14—20, bes. S. 16 f. — Reekers, St., Gebietsentwicklung, S. 46. — Stadtarchiv Dortmund, Bericht über den Stand und die Verwaltung der Gemeindegelegenheiten pro 1873. — Zu Becker: Schulte, Westfälische Köpfe, S. 19 f.

65 Hiltrop, Beiträge zur Statistik des Oberbergamts-Bezirks Dortmund mit bes. Berücksichtigung der Ansiedelungsbestrebungen der Grubenbesitzer für die Belegschaft ihrer Werke, in: Zs. Kgl. Preuß. Stadt. Bureaus 15, 1875, S. 245—290.

66 STA Münster Oberpräsident Nr. 824. Bericht des Dortmunder Landrats v. 29. 6. 1872. — Tenfelde, Kl., Sozialgeschichte der Bergarbeiterschaft, S. 464—486.

67 Tenfelde, Kl., a. a. O. — Köllmann, W., Vom Knappen zum Bergarbeiter. Die Entstehung der Bergarbeiterschaft an der Ruhr, in: Glückauf, Kameraden! Die Bergarbeiter und ihre Organisationen in Deutschland, hg. H. Mommsen u. U. Borsdorf, Köln 1979, S. 23—48.

3. Dortmund in der Hochindustrialisierung — von der Gründerkrise zum ersten Weltkrieg (1873—1914)

,,Der hiesige ca. 8 Quadrat Meilen große Bezirk mit einer Einwohnerzahl von rd. 199 000 beschäftigte in den drei Hauptindustriezweigen, der Eisenindustrie ..., Kohlenindustrie ..., Bierindustrie ... 337 000 Arbeiter mit 75 000 Angehörigen ... Gesamtproduktion 112 (Mio.) Mark".
(Jahresbericht der Handelskammer zu Dortmund für das Jahr 1883, S. 25)

Der Wiener Börsenkrach vom 9. Mai 1873 und die ihm folgende Kreditkrise im Oktober desselben Jahres leiten eine Phase ein, die als ,,Gründerkrise" kaum mindere Berühmtheit erlangt hat als die Jahre einer überschäumenden Konjunktur in der Zeit der Reichsgründung. Die Produktionskapazitäten sind den realen Möglichkeiten des Markts vorausgeeilt, eine Anpassungskrise ist die Folge. Ihre Einordnung wird von der Forschung eher kontrovers diskutiert, wobei insbesondere die Auffassung einer ,,großen Depression" für die siebziger und achtziger Jahre modifiziert worden ist. Als unstreitig kann jedoch gelten, daß die Phase von 1873—1894 eine ,,Stockungsspanne" darstellt und die Krise mindestens der Jahre 1873—1879 als ein bis zur Weltwirtschaftskrise von 1929 singuläres Ereignis von außerordentlicher innenpolitischer Tragweite eingeschätzt werden darf[68]. Dennoch wachsen in diesen Krisenjahren wenn auch z. T. auf niedrigerem Niveau die Produktionsziffern, hält der Zustrom von Menschen in die Agglomerationen des Reviers an. Mitte der neunziger Jahre setzt dann wieder ein anhaltender Aufschwung ein, der dem Revier jene unverwechselbaren Züge verleiht, die sein Gesicht bis in unsere Gegenwart bestimmt haben. Man glaubt, in den Jahren 1894—1913 nach der Konjunktur der fünfziger und der frühen siebziger Jahre sogar die wichtigste Entwicklungsphase des Ruhrgebiets bis zum 1. Weltkrieg sehen zu können[69].

Wenn es zutrifft, daß Eisenbahnen, Kohle und Stahl die erste Industrialisierungsphase prägen und wenn man weiter annehmen darf, daß diese Sektoren das Wachstum des Reviers tragen, dann mußte sich die Krise der siebziger Jahre bei der jungen Industrie an der Ruhr und deren Vororten wie Dortmund besonders bemerkbar machen.

Dennoch ist eine Bilanz der siebziger Jahre höchst widersprüchlich. Bildet man sich ein Urteil allein nach den Dortmunder Zeitungen, nach den Eingaben der Hütten- und Zechengesellschaften, nach den Stellungnahmen der entstehenden Industrieverbände, nach den Bilanzen, nach dem Arbeitsmarkt, dann ist der Befund eindeutig negativ.

Einige Beispiele mögen dies illustrieren. Für die Dortmunder Unternehmen beginnt die Zeit der dividendenlosen Jahre. So bleibt der Hörder Verein seit dem Geschäftsjahr 1874/75 für zwölf Jahre ohne Reingewinn. Zwischen 1873 und 1875 baut die Dortmunder Union ihre Belegschaft von 12 102 auf 7 043 Mann ab. Im Bergbau hat der Verfall der Kohlenpreise eine Reduktion der Löhne zur Folge. Wie schon zwischen 1859 und 1861 ist die Zahl der Beschäftigten zwischen 1876 und 1881 rückläufig. Auf den Zechen Germania, Wittwe und Barop sowie auf Louise kommt es im Mai 1875 zu Unruhen und 1877 angesichts drohender Massenentlassungen auf Tremonia, Westphalia und Louise Erbstollen zu einem Ausstand[70].

Der Geschäftsumsatz der Reichsbankhauptstelle Dortmund, der die Agenturen in Hagen, Iserlohn, Lüdenscheid, Bochum und Witten untergeordnet sind und die (1871) unter den 38 Provinzialbanken des Reiches die 7. Stelle

---

68   Rosenberg, H., Große Depression und Bismarckzeit. Wirtschaftsablauf, Gesellschaft und Politik in Mitteleuropa, Berlin 1967, bes. S. 38—57. — Wehler, H.-U., Das deutsche Kaiserreich 1871—1918, Göttingen[4] 1980. — Zur Periodisierung Spiethoff, A., Die wirtschaftlichen Wechsellagen 1, Tübingen u. Zürich 1955, S. 123—139. — Spree, R., Die Wachstumszyklen der deutschen Wirtschaft von 1840—1880, Berlin 1977, bes. S. 352—367. — Tilly, R. H., Zeitreihen zum Geldumlauf in Deutschland 1870—1913, in: Jb. Nat. u. Stat. 187, 1973 S. 330—363. — Abweichend zu Rosenberg u. Wehler: Borchardt, Wirtschaftliches Wachstum und Wechsellagen, S. 208 f. u. 262 f.

69   Steinberg, H. G., Sozialräumliche Entwicklung und Gliederung des Ruhrgebiets, Bad Godesberg 1967, S. 93—113.

70   Geschichtliche Entwicklung und gegenwärtiger Stand der Phoenix Aktien-Gesellschaft für Bergbau und Hüttenbetrieb in Hoerde. Denkschrift zum 60jährigen Bestehen des Unternehmens im Jahre 1912, Dortmund 1912, S. 63. — WWA Dortmund S 6 Jahresbericht der Handelskammer für 1875, S. 7. — Tenfelde, Sozialgeschichte der Bergarbeiterschaft, S. 502 u. 505. — Mämpel, Bergbau in Dortmund 3: Zwischen Krisen und Konkursen. Die ,,sieben mageren Jahre" und ihre Überwindung 1874—1882, Dortmund 1969, S. 27—32. — Gewitzsch, D., Die Dortmunder Wirtschaft von 1870—1880 unter besonderer Berücksichtigung der Krise von 1873, in: Beiträge ... 71, 1978, S. 199—288.

einnimmt, schrumpft zwischen 1875 und 1881, und die Stadtsparkasse muß 1876 zum ersten und einzigen Male in ihrer Geschichte zwischen 1841 und 1913 einen Abgang bei ihren Beständen hinnehmen. Bei den Einlegern war allein zwischen 1875 und 1876 die Zahl der Fabrikarbeiter von 1101 auf 432 und die der Berg- und Hüttenarbeiter von 2753 auf 1809 zurückgegangen. Der Rückgriff auf die Ersparnisse ist nur die logische Konsequenz sozialer Not. Die Dortmunder Volksbank von 1862 muß 1878 im Handelsregister gelöscht werden, und das älteste, 1853 gegründete private Bankhaus am Platze, dessen Inhaber Wilhelm von Born mit seinem Bruder Ludwig von Born und seinem Schwager Friedrich Grillo an der Gründung der Essener Creditanstalt (1872) und an dem Dortmunder Hochofenwerk seines Bruders Carl von Born beteiligt und Präsident der Handelskammer war, muß 1885 seinen Konkurs anmelden[71].

Orientiert man sich dagegen an der Produktionsseite, dann sind Korrekturen an diesem Bild unerläßlich. Von einem geringfügigen Rückgang 1874 und 1877 abgesehen, steigt die Förderung im Bergbau kontinuierlich. Die Roheisenerzeugung fällt 1874—1876, die Stahlerzeugung 1874—1875 ab. Die in den Jahren der Konjunktur getätigten Investitionen haben Überkapazitäten geschaffen. Unterstellt man eine Ausreifungsphase von 4—8 Jahren, so drängen nunmehr neue Anlagen in Bergbau und Hüttenindustrie in die Produktion und beschleunigen noch den Preisverfall. Revolutionäre technologische Veränderungen wie der Einsatz des Thomas-Verfahrens beim Hörder Verein (1879) sowie der verstärkte Ausbau der Aufbereitungsanlagen zwischen 1874 und 1880, im Ruhrgebiet eingeleitet durch die Installation einer größeren Separation und Wäsche auf dem Hörder Kohlenwerk (1863/64) und deren Erweiterung (1869) durch die Baroper Maschinenbau A-G, zeigen, daß die Unternehmen geradezu gezwungen sind, auch unter Verlusten zu investieren und zu produzieren[72]. Auch ist auffällig, daß einzelne Unternehmen, so der Eisenindustrie, nunmehr Entlastung auf Auslandsmärkten suchen[73].

Die Krise ist primär eine Erlöskrise mit katastrophalen Folgen für den Arbeitsmarkt, das Wachstum jedoch geht nach einer relativ kurzen Stagnation weiter. Ist schon der Zeitpunkt uneinheitlich, zu dem die einzelnen Branchen von der Krise betroffen werden, so ist außerdem bemerkenswert, daß die Branchen und Unternehmen, je nach Kapitalausstattung, Marktnische und Elastizität unterschiedlich reagieren. Eine so gut fundierte Gesellschaft wie Harpen übersteht die Krisenjahre besser als die Preußische Bergwerks- und Hütten-Gesellschaft, die mit ihren Zechen Zollern, Hansa und Erin im Februar 1877 in Konkurs geht. Die Zeche Minister Stein in Eving, die seit 1871 abgeteuft wird, nimmt 1875 die Förderung auf. Hoesch baut sein Bessemerwerk kontinuierlich aus, die Zulieferer zu Bergbau und Hüttenindustrie, wie Schüchtermann und Kremer, werden offenbar weniger betroffen als der reine Maschinenbau. Da die Bevölkerung mit Ausnahme des Jahres 1876 (Abgang 1208) weiter expandiert, bleibt neben dem Industriebau auch der Wohnungsbau aktiv. Allerdings ist bei schrumpfenden Einkommen die Nachfrage nach Neubauwohnungen rückläufig, und die Preise für Grundstücke und die Mieten geben nach[74].

Bei rückläufigen Steuern drohen unausgeglichene öffentliche Haushalte. Die städtische Verwaltung, deren Finanzbedarf im wesentlichen aus den Zuschlägen zu den direkten Steuern, vor allem den Klassen- und klassifizierten Einkommensteuern gedeckt wird, muß ihre Sätze anheben. Da infolge der schon beschriebenen Krisensituation

71 Die älteste Notenbankfiliale im Ruhrgebiet. Material zur Geschichte der jetzigen Landeszentralbank Dortmund zusammengestellt v. W. Eltester, Dortmund 1954. — Winterfeld, L. v., 100 Jahre Stadtsparkasse zu Dortmund, Dortmund 1941, S. 150. — Mertes, P. H., Zum Sozialprofil der Oberschicht im Ruhrgebiet. Dargestellt an den Dortmunder Kommerzienräten, in: Beiträge ... 67, 1971, S. 165—225, bes. S. 183 u. 205. — STA Münster Regierung Arnsberg I Nr. 67.

72 Pierenkemper, T., Die westfälischen Schwerindustriellen, Göttingen 1979, S. 110—114. — Holtfrerich, C.-L., Quantitative Wirtschaftsgeschichte, S. 79 zum Kapitaleinsatz im Bergbau 1870—1880. — Plumpe, G., Technischer Fortschritt, Innovationen und Wachstum in der deutschen Eisen- und Stahlindustrie in der zweiten Hälfte des 19. Jahrhunderts, in: Historische Konjunkturforschung, hg. W. H. Schröder u. R. Spree, Stuttgart 1980, S. 160—185.

73 Krengel, J., Zur Berechnung von Wachstumswirkungen konjunkturell bedingter Nachfrageschwankungen nachgelagerter Industrien auf die Produktionsentwicklung der deutschen Roheisenindustrie während der Jahre 1871—1882, in: Historische Konjunkturforschung S. 186—207. — WWA Dortmund S 7 Nr. 41, 42 u. 75.

74 Bericht über den Stand und die Verwaltung der Gemeinde-Angelegenheiten der Stadt Dortmund 1877 ff., Rubrik IV Bauwesen.

des Hörder Vereins die Zahl der Steuerpflichtigen in Hörde von 1873—1876 um rd. 25% abnimmt, muß die Verwaltung die Zuschläge dementsprechend um über 60% erhöhen. Eine Massenflucht der Steuerpflichtigen aus der Stadt in die Nachbargemeinden ist die Folge[75].

Die ,,sieben mageren Jahre"[76] der Gründerkrise wie die siebziger und achtziger Jahre als Ganzes sind für das Ruhrgebiet schwierige Jahre gewesen. Indes gewinnt man den Eindruck, daß Städte wie Essen und Bochum diese Phase besser überstanden haben als das in der ersten Industrialisierungsphase so begünstigte Dortmund.

Äußerlich scheint sich an der Rangfolge der Städte nicht viel zu verändern. Dortmund ist die Stadt der Schwerindustrie und des Bieres, und Dortmund, das sich schon 1858 für einige Jahre an die Spitze der Revierstädte gesetzt hatte, behauptet sich als die bevölkerungsstärkste Stadt des Ruhrgebiets. Der Ausbau der Infrastruktur macht Fortschritte: Seit dem 1. Juni des Jahres 1881 verkehrt eine Pferdebahn zwischen Steinplatz und Fredenbaum als Vorstufe der später (1894) elektrifizierten Dortmunder Straßenbahn. Ebenfalls in 1881 wird mit der Kanalisation der Stadt begonnen, 1885 nehmen Viehmarkt und Schlachthof ihren Betrieb auf.

Eine Stärkung der zentralen Dienstleistungs-, Versorgungs- und Verteilungsfunktionen bedeutet die Verlegung der Hagener Getreidebörse nach Dortmund und deren Eröffnung 1888. Sie sollte sich bald zur bedeutendsten Einrichtung dieser Art in Rheinland und Westfalen entwickeln[77]. Eines ihrer einflußreichsten Mitglieder war übrigens der Großhändler Isidor Goldschmidt, der 1883 den ersten Dortmunder Telefonanschluß erhalten hatte. Sein Name steht stellvertretend für jene jüdischen Kaufleute, die Dortmunds Handelsstellung mit ausgebaut haben.

Neben diesen positiven Akzenten zeichnen sich indes aus Dortmunder Sicht auch bedenkliche Fehlentwicklungen ab. So vermag Dortmund, das nach einem zeitgenössischen Urteil (1883) als die größte Verkehrsspinne des Ruhrgebiets gilt[78], seine führende Position gegenüber Essen nicht zu behaupten. Neben seiner natürlichen geographischen Mittellage kommt Essen dabei zugute, daß in Dortmund die Nord-Süd-Achse nur unzulänglich ausgebaut ist. Die von einem Dortmunder Eisenbahnkomitee schon in den vierziger Jahren angestrebte direkte Linie nach der Provinzhauptstadt Münster und deren Anbindung an die West-Ost-Achse kommt nicht zustande, da Hamm den Vorzug erhält. Erst 1928 wird eine eingleisige Verbindungsstrecke über Lünen nach Münster hergestellt. Trotz Teilerfolgen, so der Ruhr-Sieg-Bahn (1861) und der Gronau-Enscheder-Bahn (1875), fehlt es an glatten Verbindungen im Nord-Süd-Verkehr. Vergeblich bleibt der jahrelange Kampf um eine direkte Linie nach Siegen und Frankfurt über Schwerte und Letmathe[79].

Spätestens seit den achtziger Jahren verliert die Dortmunder Hüttenindustrie gegenüber dem mittleren und westlichen Revier an Boden. Die einheimische Erzbasis ist überschätzt worden, neue technische Verfahren, die Nutzung der lothringischen Minette und die Vorzüge der Rheinschiene verändern das herkömmliche Standortraster. Der Hörder Verein versucht seine technologische Ausnahmestellung zu halten: Das Thomas-Stahlwerk von 1881 gilt als das modernste Europas. In der Herstellung von Schiffsblechen und -profilen besitzt Hörde einen internationalen Ruf. So wie sein Name mit dem deutschen Eisenbahnbau der fünfziger Jahre verbunden ist, scheint sich eine neue

---

75 Luntowski, G., Die kommunale Selbstverwaltung, S. 78 Anm. 193. — Zu Hörde: Stillich, Eisen- und Stahlindustrie, S. 39.

76 Mämpel, A., Bergbau in Dortmund 3.

77 WWA Dortmund V 4 Getreide- und Produktenbörse zu Dortmund e. V. 1888—1908. — Die Entwicklung des Getreidehandels im rheinisch-westfälischen Industriegebiet während der letzten fünfzig Jahre. Nach persönlichen Beobachtungen niedergeschrieben von I. Goldschmidt, Dortmund 1913.

78 Richter, C., Heimatkunde des Kreises Dortmund, Schwerte 1883, S. 7.

79 Zur Eisenbahnanbindung, Ditt, H. u. Schöller, P., Die Entwicklung des Eisenbahnnetzes in Nordwestdeutschland, in: Westfälische Forschungen 8, 1955, S. 150—180. — Stock, Handel und Verkehr im Dortmunder Raum, S. 35—72. Mertes, Das Werden der Dortmunder Wirtschaft, S. 201—213.

Pionierrolle für den aufstrebenden Schiffsbau abzuzeichnen. Ausdruck eines ungebrochenen Selbstbewußtseins sind Umbau und Vergrößerungen der Hörder Burg als Sitz der Verwaltung seit 1890. Die finanziellen Schwierigkeiten jedoch bleiben, und der Hörder Verein hat es seinen Hausbanken, dem A. Schaaffhausen'schen Bankverein und Deichmann & Co. in Köln, zu danken, wenn er die Krisenjahre übersteht[80]. Die Union ist bei ihrer Gründung 1872 die kapitalstärkste Aktiengesellschaft des Ruhrgebiets und das größte gemischte Unternehmen Deutschlands. Fehler in der künstlichen Konstruktion, eine Überbewertung der Anlagen sowie die noch nicht abgeschlossene Konsolidierung bei Ausbruch der Krise lassen die Union während der gesamten siebziger und achtziger Jahre kränkeln. Da sie nach Umsatz und Beschäftigtenzahl das größte Unternehmen in der Stadt ist, kann dies nicht ohne Rückwirkungen auf die Wirtschaftsstruktur vor- und nachgeschalteter Unternehmen bleiben.

Vielleicht noch folgenreicher gestaltet sich die Konzentration zentraler Verwaltungen und Organisationen in Düsseldorf[81], mehr noch in Essen. Begonnen hat es bereits 1858 mit der Gründung des Vereins für die bergbaulichen Interessen im Oberbergamtsbezirk Dortmund mit Sitz in Essen. Obwohl die treibenden Kräfte für die Bildung eines Kohlekartells aus dem Dortmunder Bergbau kommen, entscheidet sich die Mehrzahl der Ruhrzechen im Februar 1893 bei der Gründung des Rheinisch-Westfälischen Kohlensyndikats nicht für Bochum oder Dortmund, sondern für das rheinische Essen[82]. Bedenkt man ferner, daß die von Dortmund geforderte Eisenbahndirektion für das Ruhrgebiet, das zuvor eisenbahnmäßig von den Direktionen Hannover, Elberfeld und Köln betreut wurde, ebenfalls in Essen (1895) eingerichtet wird, dann versteht man, wie sehr man sich in Dortmund zurückgesetzt fühlte, auch wenn man als Ersatz die Oberpostdirektion für den Regierungsbezirk Arnsberg erhält. Binnen eines Jahrzehnts, in den Jahren der Krise, fallen Entscheidungen gegen Dortmund, die seinen Gründungsvorsprung ausgleichen und den „historischen Zufall" des Standortvorteils korrigieren. Berücksichtigt man diese z. T. noch nicht einmal qantitativ, sondern nur atmosphärisch faßbaren Veränderungen, dann versteht man das leidenschaftliche Engagement, mit dem Stadt und Handelskammer das Kanalprojekt forcieren. Auch wird man in der Wirtschaft des Dortmunder Raumes nicht müde, die eigene Leistungsfähigkeit herauszustellen und die Sprecherrolle für das Ruhrgebiet weiter zu beanspruchen.

Wie schon die Ausführungen zu den siebziger und achtziger Jahren gezeigt haben, mündet die Geschichte Dortmunds, je mehr man sich dem 20. Jahrhundert nähert, immer mehr in eine allgemeine Geschichte des Reviers ein. Die Rahmenbedingungen der Wirtschaft werden vorgegeben durch das Gewicht von Eisenindustrie und Bergbau, doch lassen sich auch charakteristische Unterschiede feststellen. Im Gegensatz zur landläufigen Meinung ist das Ruhrgebiet nie eine uniforme Landschaft gewesen, entwickeln und behalten die Städte individuelle Züge, ist das Gewerbe auch in Dortmund viel reicher gegliedert, als gemeinhin angenommen wird.

Auffälligstes Merkmal der Phase zwischen 1894 und 1913 ist der schon in der Stockungsspanne vorbereitete Übergang zu größeren Unternehmenseinheiten. Integration und Diversifikation, Kartell- und Konzernbildungen verändern die Unternehmenslandschaft an der Ruhr, und es kann nicht überraschen, daß die Rückwirkungen dieser Konzentrationsbewegung auf Gesellschaft und Politik der Wilhelminischen Zeit einen Schwerpunkt der gegenwärtigen Forschung darstellen[83].

---

80 WWA Dortmund S 7 Nr. 42. — Stillich, Eisen- und Stahlindustrie, S. 1—52 u. 91—137. — Dortmund-Hörder Hüttenunion, S. 30 f. — Feldenkirchen, W., Kapitalbeschaffung in der Eisen- und Stahlindustrie des Ruhrgebiets 1879—1914, in: Zeitschrift für Unternehmensgeschichte 24, 1979, S. 39—81, bes. S. 44—47 u. 65—81.

81 Henning, Fr.-W., Düsseldorf und seine Wirtschaft zur Geschichte einer Region 2, Düsseldorf 1981, S. 490—497.

82 Die Entwickelung des Niederrheinisch-Westfälischen Steinkohlen-Bergbaues in der zweiten Hälfte des 19. Jahrhunderts 11, Berlin 1904, S. 40—73, 154—187, 249—253 u. 254—265.

83 Horn, N., Kocka, J., Recht und Entwicklung der Großunternehmen im 19. und frühen 20. Jahrhundert, Göttingen 1979, darin S. 55—122: Kocka, J. u. Siegrist, H., Die hundert größten deutschen Industrieunternehmen im späten 19. und frühen 20. Jahrhundert. Expansion, Diversifikation und Integration im internationalen Vergleich. — Pohl, H., Die Konzentration in der deutschen Wirtschaft seit dem 19. Jahrhundert. Zeitschrift für Unternehmensgeschichte Beiheft 11, Wiesbaden 1978, S. 4—44, bes. S. 4—13. — Zur politischen Problematik: Wehler, Das deutsche Kaiserreich, S. 48—59.

Auch der Dortmunder Raum wird von den Fusionen voll erfaßt. 1906 wird der Hörder Verein mit der Aktiengesellschaft Phoenix in Laar unter der neuen Firmenbezeichnung Phoenix, Aktiengesellschaft für Bergbau und Hüttenbetrieb zu Hörde i. W. verschmolzen, 1910 die Union als Abteilung Dortmunder Union in die Deutsch-Luxemburgische Bergwerks- und Hütten AG einbezogen. Ohne die Fusionen hätten wohl beide Unternehmen ihre finanziellen Probleme nicht mehr lösen können.

Syndikate und Quotenkartelle stützen die Tendenz, die Produktion vom Rohstoff bis zum Fertigprodukt in einem Verbund zu organisieren. 1897 erwirbt die Gelsenkirchener Bergwerks-Aktiengesellschaft, der bereits die Zechen Minister Stein, Fürst Hardenberg, Hansa, Zollern und Germania gehören, die Zeche Westhausen, 1899 gliedert sich der Hörder Verein das Hochofenwerk Carl von Born an. 1896 nimmt Hoesch die ersten Hochöfen in Betrieb, 1899 wird die Gewerkschaft Ver. Westphalia mit der Zeche Kaiserstuhl, im Jahre 1911 die Maschinenfabrik Deutschland und schließlich 1912 das Hammerwerk von der Becke & Co., beide Dortmund, übernommen. Die Aplerbecker Hütte fusioniert 1911 mit der Westfälische Drahtwerke Aktiengesellschaft zu Werne und besteht als Abteilung Aplerbeck weiter. Dennoch bleibt Dortmund eine breite Palette in der Weiterverarbeitung erhalten, und die Berufsstatistik des Deutschen Reiches (1907) zeigt Dortmund im Maschinenbau mit 8,2 % der Berufstätigen an der Spitze der Revierstädte vor Duisburg, Essen, Bochum und Gelsenkirchen[84].

1913 stehen in Dortmund bei der Union (5), dem Hörder Verein (6), Carl von Born (2), Hoesch (7) und auf der vormaligen Aplerbecker Hütte (3) insgesamt 23 Hochöfen, deren Produktion von 1,58 Mio. Tonnen einem Anteil im Ruhrgebiet von 19,2 % entspricht[85]. Der Anteil der Stahlindustrie pendelt sich bei ca. 20 % ein. Im Unterschied zur Hüttenindustrie kann der Dortmunder Bergbau seine Position im Revier verstärken. Es war Eduard Kleine, der seit 1885 auf eine Konsolidierung des zersplitterten Zechenbesitzes drängte und maßgeblich an der Errichtung des Syndikats beteiligt war. Sodann war es die Harpener Bergbau-Actien-Gesellschaft unter Leitung von Robert Müser, die sich bis 1913 zum von der Beschäftigtenzahl her größten deutschen Bergbauunternehmen entwickelte[86]. Auf den Dortmunder Raum entfallen rd. 23 % der Ruhrbelegschaft oder 92 276 Mann, und mit 24,8 Mio. Tonnen beläuft sich die Förderung auf etwa 22,4 %. Das entspricht etwa der Gesamtförderung Belgiens (22,8)[87], das noch ein gutes halbes Jahrhundert zuvor zu den Lehrmeistern des Reviers gehört hatte. Beschäftigte um die Jahrhundertmitte Friedrich Wilhelm als damals größte Zeche 478 Mann, so waren 1913 bei 9 von insgesamt 44 Zechen des Dortmunder Raumes mehr als 3000 Mann angelegt. Die Spitze hielten Kaiserstuhl I und II mit 5 259 sowie Adolf von Hansemann bei Mengede mit 3 932 Mann. Das Schwergewicht des Bergbaus hatte sich eindeutig in den Norden verlagert, und viele der alten Südrandzechen waren längst stillgelegt.

Dortmund war eine Stadt der Schwerindustrie, Dortmund war jedoch zugleich auch eine Stadt des tertiären Sektors. Mit 21,3 % der Berufstätigen in den Bereichen Handel und Verkehr und 5,2 % in den Öffentlichen Diensten kann sich Dortmund einmal mehr vor der Konkurrenz der Revierstädte behaupten. Auch gelingt es, die Position Dortmunds im Großhandel, so mit Zucker, und in der Versorgung der Region mit Lebensmitteln auszubauen[88].

Seit der Miquelschen Steuerreform in den neunziger Jahren besitzen die Kommunen die finanziellen Voraussetzungen für eine aktive Infrastrukturpolitik[89]. Für Dortmund, das seit 1895 auch statistisch eine Großstadt ist

---

84 Statistik des Deutschen Reiches, 207, Berlin 1910. — STA Münster Regierung Arnsberg I Nr. 1485. Statistik der Werke der Großeisenindustrie, der Maschinen- und Dampfkesselfabriken. — Köllmann, W., Binnenwanderung und Bevölkerungsstrukturen der Ruhrgebietsgroßstädte im Jahre 1907, in: Ders., Bevölkerung in der industriellen Revolution, S. 171—185, bes. S. 178,

85 Hinkers, W., Die geschichtliche Entwicklung der Dortmunder Schwerindustrie seit der Mitte des 19. Jahrhunderts, Diss. Köln 1925, S. 35 f. — WWA Dortmund S 6 Nr. 949, Jahresbericht für 1913, S.

86 Kleine, E., Die Aufbesserung der Lage des niederrheinisch-westfälischen Steinkohlenbergbaues, Essen 1885. — Zu Harpen: Kocka / Siegrist, Die hundert größten deutschen Industrieunternehmen, S. 64—68.

87 Zu Belgien: Steinberg, Sozialräumliche Entwicklung, S. 272.

88 Stock, Handel und Verkehr im Dortmunder Raum, S. 197 ff. — Croon, H., Die Versorgung der Großstädte des Ruhrgebiets im 19. und 20. Jahrhundert, in: Jbb. f. Nat. u. Stat. 179, 1966, S. 356—368.

89 Marschalck, P., Zur Rolle der Stadt für den Industrialisierungsprozeß in Deutschland in der 2. Hälfte des 19. Jahrhunderts, in: Die deutsche Stadt im Industriezeitalter. Beiträge zur modernen Stadtgeschichte, hg. J. Reulecke, Wuppertal 1978, S. 57—66.

(111232 Einwohner), beginnen zwei Jahrzehnte, die durch herausragende städtebauliche und städteplanerische Leistungen gekennzeichnet sind. Die Anlage von Rieselfeldern an der Lippe bedeutet die längst überfällige Installation von Kläranlagen. Die Inbetriebnahme des städtischen Elektrizitätswerks an der Weißenburger Straße (1897), steht als Beispiel für jene Regiebetriebe, mit deren Hilfe die Stadt den öffentlichen Versorgungsbereich ordnet. Den Höhepunkt dieser Bemühungen und Erfolge markiert die Einweihung des Hafens und des Dortmund-Ems-Kanals durch Kaiser Wilhelm II. am 11. August 1899[90].

Der direkte Anschluß an das Meer verwirklicht Vorstellungen, die schon in der Reichsstadt des 18. Jahrhunderts geträumt worden sind, und für Dortmunds Bürgerschaft bedeuten Kanal und Hafen das Wiederaufleben hansestädtischer Tradition.

,,Es hat hier mit sehr großer Befriedigung erfüllt, daß die Königl. Staatsregierung durch eine detailliert ausgearbeitete Vorlage die Angelegenheit des Rhein-Weser-Elbe-Kanals nach dreißigjähriger Vorarbeit aus dem Stadium hoffnungslosen Hangens und Bangens vor das definitive Entweder — Oder der Entscheidungen gestellt hat". Als die Handelskammer 1882 mit diesem Kommentar die staatliche Kanalvorlage begrüßte, konnte sie nicht ahnen, daß es noch 17 Jahre bis zur Fertigstellung des ersten Teilstücks dauern sollte. Für die Handelskammer stand es außer Frage, daß der Dortmund-Ems-Kanal nur eine Zwischenlösung auf dem Wege zu einem umfassenden Norddeutschen Kanalsystem sein konnte. Ferner mußte der Kanal in seinen Abmessungen und in seiner Anbindung so angelegt sein, so das Eisen- und Stahlwerk Hoesch in einer aufsehenerregenden Denkschrift aus dem Jahre 1894, daß es die Standortpräferenzen der an der Rheinschiene gelegenen Konkurrenz ausgleichen konnte. Und ein letztes: da der Kanal im Binnenland begann und in einem Seehafen endete, da er demnach an keine der bereits bestehenden Binnenwasserstraßen unmittelbar anschloß, mußten überhaupt erst einmal Gesellschaften gegründet werden, die bereit und in der Lage waren, die Schleppschiffahrt zu organisieren. Den schwierigen Anfang machte bekanntlich die Westf. Transport-Aktien-Gesellschaft mit ihrer Gründung am 18. November 1897. Auch wenn sich nicht alle Hoffnungen erfüllten, die Abmessungen Anlaß zur Kritik gaben, der Kanal eher zögernd angenommen wurde, so bedeutete er doch für Dortmund, das als Energie- und Verkehrsstandort groß geworden war, eine unerläßliche Sicherung seiner materiellen Infrastruktur.

Der Überblick über die wirtschaftliche Entwicklung Dortmunds wäre unvollständig, würde man abschließend nicht noch einmal nach den Interdependenzen von Industrialisierung und Urbanisierung, nach dem sozialen Wandel und nach der Emanzipation der Unterschichten fragen.

Von dem explosionsartigen Bevölkerungswachstum Dortmunds in der ersten Industrialisierungsphase nach der Jahrhundertmitte war bereits die Rede, auch von der Einschätzung der Stadtverordneten aus dem Jahre 1862, eine Bevölkerungszunahme und Bautätigkeit von den Ausmaßen der fünfziger Jahre werde sich nicht wiederholen. Die Volkszählung von 1871, die die wegen des deutsch-französischen Krieges ausgesetzte Erhebung von 1870 nachholte, belegte das Gegenteil. Sie erbrachte für Dortmund 44420, für Hörde 12262 und für den Kreis 137109 Einwohner. In der Folgezeit führt die fortschreitende Bevölkerungsverdichtung 1887 zur Teilung des alten Landkreises in einen Landkreis Dortmund, mit dem Amt und der Stadt Lünen sowie den Ämtern Brackel, Castrop, Dorstfeld und Lütgendortmund und den Landkreis Hörde mit den Städten Hörde und Schwerte sowie den Ämtern Annen, Aplerbeck, Barop und Westhofen. Die Volkszählung von 1910 weist für Dortmund 214226, für Hörde 32791 und für die Landkreise Dortmund und Hörde 321038 Einwohner nach. Die für das Ruhrgebiet der Jahrhundertwende so typische Eingemeindungswelle bringt für Dortmund 1905 den Zugewinn von Körne und 1914 von Dorstfeld, Huckarde, Wischlingen, Rahm, Deusen, Eving, Lindenhorst und Kemminghausen. Bereits 1911 ist Hörde kreisfreie Stadt geworden[91].

90 Mathies, Der Hafen von Dortmund. Denkschrift zur Feier der Hafeneinweihung, Dortmund 1899. — WWA Dortmund K 1 Nr. 89—92. — Der Raum Dortmund. Entwicklung einer Industrielandschaft. — Eine Dokumentation, Dortmund 1971, S. 58—60.

91 Wiel, P., Wirtschaftsgeschichte des Ruhrgebiets. Tatsachen und Zahlen, Essen 1970, S. 42—46. — Dortmunder Chronik. 1000 Daten zur Stadtgeschichte bearb. N. Reimann, H. Palm, H. Neufeld, Dortmund 1978.

Abb. 34: Westseite des Marktplatzes 1906.

In nur einer Generation, von 1871 bis 1900, ist die Bevölkerung Dortmunds und seines Umlandes (zugrunde gelegt ein Radius von 10 Kilometern) um das 2,9fache gewachsen. Nur die Agglomerationen Kiel (3,0) und Essen (3,4) weisen noch höhere Zuwachsraten auf. 1907 sind von Dortmunds Bevölkerung 58,1% zugewandert, d. h. nicht in Dortmund geboren. Für Gelsenkirchen (61,4%) und Bochum (63,5%) liegen die prozentualen Werte sogar noch höher[92].

Neuere Untersuchungen über den Anteil der Eingesessenen und Zuwanderer an den Berufstätigen zeigen, daß die Zuwanderer bevorzugt im Bergbau Aufnahme finden. Der Bergbau, dessen Förderung nur gesteigert werden kann durch die Anlegung neuer Arbeitskräfte, erweist sich seit den achtziger Jahren als der große Magnet für Regionen mit Arbeitskräfteüberschuß. Bevorzugtes Rekrutierungsgebiet sind die preußischen Ostprovinzen, Ost- und Westpreußen sowie Posen. Diese sog. nordostdeutsche Zuwanderung beschert dem Revier eine Minderheitenproblematik, die auch Dortmund nicht unberührt läßt[93].

Schätzt man die Zahl der polnischsprachigen Zuwanderer im Revier um 1890 auf etwa 25 000, so kann man ihre Zahl vor Ausbruch des Ersten Weltkrieges auf etwa 300-450 000 veranschlagen. 1910 liegt im Landkreis Dortmund der Anteil der polnischsprachigen Zuwanderer mit 26 024 bei 12,2% der Gesamtbevölkerung. Von den dreißig

92   Statistisches Jahrbuch der deutschen Städte 11, Berlin 1903, S. 132.

93   Köllmann, Binnenwanderung und Bevölkerungsstrukturen, S. 171.

Mitgliedern der Gemeindevertretung in Eving stellen die Polen die Hälfte, im katholischen Kirchenvorstand von zehn Mitgliedern vier[94].

Jene große Binnenwanderung von Ost nach West bedeutet nicht zwangsläufig eine Wanderung nach einem festen Ziel mit dauernder Bleibe. Man muß vielmehr davon ausgehen, und dies bestätigen jüngere Untersuchungen für Duisburg und Bochum, daß die Wanderung vor Ort im Revier weitergeht. Für Duisburg, das klassische Beispiel einer Stadt für Durchwanderer, ist für 1907 eine Gesamtmobilität von über 84% errechnet worden. Die Gesamtzahl der Umzüge einschließlich der Wohnsitzwechsel in der Stadt erfaßt demnach innerhalb eines Jahres über 4/5 der Gesamtbevölkerung[95]. Es gibt Zechen, deren Belegschaften innerhalb eines Jahres zu über 100% umgeschlagen werden.

Mobilität in dieser extremen Form kann in Zeiten der Konjunktur Ausdruck einer Orientierung am Arbeitsplatzangebot sein, häufiger jedoch ist sie ein Zeichen für Entwurzelung und wirtschaftliches Scheitern. Es fehlt an Bindung und Nachbarschaft, Werten, die man mit der Abwanderung aufgegeben hat und nunmehr schwer wieder aufbauen kann. „Fremd in fremder Welt", so charakterisiert eine zeitgenössische Stellungnahme die Situation der Zuwanderer[96]. Die Arbeit im Bergbau bleibt trotz verstärkter Maßnahmen zur Grubensicherheit schwer und gefährlich, 1893 fordert eine Schlagwetterexplosion auf der Schachtanlage Kaiserstuhl I 62 Todesopfer.

Dauerthema seit der Jahrhundertmitte bildet die Wohnungsnot, und viele Enquêten haben sich mit dieser Frage beschäftigt. Hier bedeutet der Koloniebau, wie ihn der Bergbau forciert seit den neunziger Jahren betreibt, eine spürbare Entlastung. 1893 gibt es im Revier 10 525 Wohnungen im Zechenbesitz, 1914 schon deren 82 816[97]. Zu den Kolonien, die in diesen Jahren im Dortmunder Raum entstehen, zählt die seit 1898 von der Zeche Ver. Stein & Hardenberg erbaute Alte Kolonie Eving.

Das wachsende Selbstbewußtsein der Arbeiterschaft äußert sich in politischen Aktionen. Armut und Elend werden nicht mehr wie in der vorindustriellen Gesellschaft als Schicksal ertragen, sondern im Bewußtsein unverschuldeter Not und Rechtlosigkeit bekämpft[98]. Die großen sozialen Proteste jener Jahrzehnte wie der Bergarbeiterstreik von 1889, der die Gründung des sog. Alten Verbandes auf dem Delegiertentag im Gasthof Ziegler in Dorstfeld zur Folge hat, wie die Streiks von 1905 und 1912 haben hier ihre Ursachen. 1898 wird die Sozialdemokratie mit 34,7% der abgegebenen Stimmen vor den Nationalliberalen mit 31,0% und dem Zentrum mit 30,3% stärkste Partei.

Industrialisierung, städtische Verdichtung und sozialer Wandel haben Dortmund innerhalb zweier Generationen radikal verändert. Dieses Dortmund des Jahres 1914 besaß gewiß seine wirtschaftlichen und sozialen Strukturprobleme, aber dieses Dortmund war zugleich auch eine selbstbewußte und ungeheuer lebendige Stadt, mit einer Unzahl von Vereinen in allen Schichten der Bevölkerung und mit Volksfesten am Fredenbaum, in denen schichtenspezifische Unterschiede aufgehoben schienen. Das breite Freizeitangebot Dortmunds war im Revier und in

---

94 Kleßmann, Chr., Polnische Bergarbeiter im Ruhrgebiet 1870—1945. Soziale Integration und nationale Subkultur einer Minderheit in der deutschen Industriegesellschaft, Göttingen 1978, S. 267 u. 274.

95 Jackson, J. H. jr., Wanderungen in Duisburg während der Industrialisierung 1850—1910, in: Moderne Stadtgeschichte, hg. W. H. Schröder, Stuttgart 1979, S. 217—237. — Crew, D., Bochum. Sozialgeschichte einer Industriestadt 1860—1914, Frankfurt, Berlin, Wien 1980, S. 69—113.

96 STA Münster Regierung Arnsberg I Nr. 126 zu einem Vortrag des polnischen Seelsorgers Dr. Liss (1890). — Brüggemeier, Fr. J./Niethammer, L., Schlafgänger, Schnapskasinos und schwerindustrielle Kolonie. Aspekte der Arbeiterwohnungsfrage im Ruhrgebiet vor dem I. Weltkrieg, in: Fabrik, Familie, Feierabend, hg. J. Reulecke u. W. Weber, Wuppertal 1978, S. 135—175, bes. S. 148 ff.

97 Taeglichsbeck, O., Die Belegschaft der Bergwerke und Salinen im Oberbergamtsbezirk Dortmund nach der Zählung vom 16. 12. 1893, 2 Bde., Essen u. Dortmund 1893. — Brüggemeier/Niethammer, Schlafgänger, Schnapskasinos, S. 166. — Zur Arbeiterwohnungsnot: Saldern, A. v., Kommunalpolitik und Arbeiterwohnungsbau im Deutschen Kaiserreich, in: Wohnen im Wandel, hg. L. Niethammer, Wuppertal 1979, S. 344—362.

98 Lüdtke, A., Erfahrung von Industriearbeitern, — Thesen zu einer vernachlässigten Dimension der Arbeitergeschichte, in: Arbeiter im Industrialisierungsprozeß. Herkunft, Lage und Verhalten, hg. W. Conze u. U. Engelhardt, Stuttgart 1979, S. 494—512.

Abb. 35:   Blick in die Brückstraße um 1910.

Westfalen ohne Beispiel, das Attribut „sündig", mit dem man die Stadt bedachte, als liebevolles Kompliment zu verstehen[99].

In Dortmund selbst gibt es eine vielgelesene Presse, darunter den „General-Anzeiger", der sich in den zwanziger Jahren zu der am weitesten verbreiteten Tageszeitung Deutschlands außerhalb Berlins entwickeln sollte.

Auch städtebaulich befindet sich die Stadt im Wandel. Zwar fordern mangelnder historischer Instinkt und Spekulation manches Opfer in der Innenstadt, doch erhält Dortmund in diesen Jahren auch gelungene Beispiele in seiner Architektur, so mit der Erneuerung des alten Rathauses am Markt (1898), dem Oberbergamt und der Einweihung des neuen Bahnhofes im Jahre 1910. „Der Dreißigjährige Krieg" um die Beseitigung der niveaugleichen Schienenübergänge in den Dortmunder Norden, ein Dauerthema der Lokalpresse, kommt zu einem glücklichen Ende. Die Grundsteinlegung zur Dortmunder Gartenstadt (1913) beschließt die Reihe der großen und erfolgreichen Baumaßnahmen vor dem Ersten Weltkrieg.

Es spricht für das Selbstbewußtsein und das Selbstverständnis der Dortmunder Wirtschaft, wenn sich ihr Engagement auch in Mäzenatentum und Wissenschaft äußert. Der Kaiserhain, heute ein Teil des Westfalenparks, geht im

---

99 Neuhoff, K., Das „sündige" Dortmund. Ein Streifzug durch das Dortmunder Vergnügungsleben früherer Jahrzehnte, Dortmund (1980).

Kern auf eine Schenkung des Kommerzienrats Heinrich Wenker zurück, und neben der Königl. Maschinenbau-schule fordert die Handelskammer mit der Stadt seit 1905 die Errichtung einer Technischen Hochschule Dortmund. 290 westfälische Unternehmen werden befragt, um die Bedarfsfrage zu klären [100].

Als man in Dortmund 1913 der 100jährigen Wiederkehr der Völkerschlacht von Leipzig gedénkt, zitiert man Ernst Moritz Arndt:

> ,,So lange rollet der Zeiten Rad
> So lange scheinet der Sonne Strahl
> So lange die Ströme zum Meere reisen
> Wird noch der späteste Enkel preisen
> Die Leipziger Schlacht''.

Die Völkerschlacht von Leipzig liegt dem Zeitgenossen von heute unendlich fern. In der Entwicklung der Region, ihren strukturellen Möglichkeiten und Problemen im 19. Jahrhundert wird er jedoch vielleicht manche Fragestellung wiederfinden, die in der Diskussion bis in die Gegenwart hinein wenig an Aktualität verloren haben. Es könnte einen zusätzlichen Anreiz bieten, sich mit der Geschichte Dortmunds zu beschäftigen.

---

100 WWA Dortmund K 1 Nr. 98.

Wolfgang Köllmann

Die Bevölkerung Dortmunds im 19. Jahrhundert

Dortmund „ist, wie die meisten kleineren freien Reichsstädte, im Äußern und Innern gleich sehr verwahrloset. Ihr Umfang ist bedeutend genug, weist aber keine Merkwürdigkeiten, sondern nur schlecht gepflasterte Gassen, meistens alte Gebäude, viel Unreinlichkeit, und andere häßliche Polizeimängel auf". Die Stadt ist „von ihrer ehemaligen Größe allmählig sehr gesunken (von 10 000 Häusern auf 800)" und „Indolenz von Seiten der Behörden, theils aus schnödem Eigennuz, theils aus feiger Furcht, Mißtrauen von Seiten der Bürger, und hartnäkkiges Anhangen am Alten (weil alles Alte ihnen ein unverlezbares wichtiges Recht scheint), verhindern die Einführung jedes Guten, und stürzen das öffentliche Wohl immer tiefer hinab" [1].

Diese Beschreibung entstammt dem Bericht über eine Wanderung, die der Autor, Justus Gruner [2], Neffe des berühmten Osnabrücker Politikers und Publizisten Justus Möser, vor seinem Eintritt in den preußischen Staatsdienst (1802) durch den ehemaligen Reichskreis Westfalen, das Land zwischen Weser und Rhein, unternommen hatte. Das Urteil entspricht der kritischen Grundtendenz seines Buches im Sinne aufklärerischen Vernunft- und Erziehungsdenkens verbunden mit dem weitgehend irrationalen Element neuen Volks- und Geschichtsverständnisses und pietistischer Weltfrömmigkeit, das Beobachtete unter dem Gegensatz von „Indolenz" und „Fortschritt" zu werten [3], wobei für Gruner die verkommene Freie Reichsstadt versagendes Beharren und resignierende Rückwärtsgewandtheit symbolisierte.

Dortmund „ist vermöge seiner günstigen Lage im Rheinisch-Westfälischen Kohlenbecken sowie im fruchtbarsten Teil Westfalens einer der Hauptsitze der Industrie und des Handels für den ganzen Westen Deutschlands geworden", lobte ein Jahrhundert später der Große Brockhaus die „ansehnlichste Stadt Westfalens" [4] und bescheinigte ihr Modernität und Lebendigkeit.

Tabelle 1:   Die Einwohner der Stadt Dortmund 1818—1905 (Gebietsstand von 1818)

Jahr	Einwohnerzahl	Zuwachs		durchschnittl. jährl. Zuwachsrate in %
		abs.	in %	
1818	4 289	—	—	—
1843	7 620	3 331	77,7	23,3
1858	22 099	14 479	190,0	73,6
1871	44 420	22 321	101,0	55,2
1885	78 435	34 015	76,6	41,4
1895	111 232	32 797	41,8	35,6
1905 [a]	172 873	61 641	55,4	45,1

Quellen: Reekers, Stephanie / Schulz, Johanna: Die Bevölkerung in den Gemeinden Westfalens 1818—1955. Münster 1952, S. 5 f.

Reekers, Stephanie: Die Gebietsentwicklung der Kreise und Gemeinden Westfalens 1817—1967. Münster 1977.

a) Ohne die Gemeinde Körne, die am 1. 4. 1905 zur Stadt Dortmund eingemeindet wurde.

---

1 Justus Gruner, Meine Wallfahrt zur Ruhe und Hoffnung oder Schilderung des sittlichen und bürgerlichen Zustandes Westphalens am Ende des achtzehnten Jahrhunderts, Bd. 2, Frankfurt a. M. 1803, S. 368 ff. Der Begriff „Polizei" bezeichnet hier noch die gesamte innere Verwaltung eines Gemeinwesens.

2 Justus von Gruner (1777—1820), nach juristischem Studium 1802 im preußischen Staatsdienst, 1809 Polizeipräsident von Berlin, 1811 Geheimer Staatsrat und Leiter der „Hohen Polizei" in Preußen, 1813 Generalgouverneur des Großherzogtums Berg (Überführung in die preußische Verwaltung), 1814 Generalgouverneur der Provinz Mittelrhein (1824 mit der Provinz Niederrhein zur Rheinprovinz zusammengeschlossen), 1816—1819 Gesandter in der Schweiz, geadelt 1815.

3 Vgl. die ausführliche Würdigung bei Wilhelm Brepohl, Industrievolk im Wandel von der agraren zur industriellen Daseinsform, dargestellt am Ruhrgebiet, Tübingen 1957, S. 40 ff.

4 Brockhaus' Konversations-Lexikon, 14. Aufl., Bd. 5, Leipzig 1901, S. 376 f.

Tabelle 1a:　　Die Einwohner der Stadt Dortmund 1818—1905 (Gebietsstand am 1. 1. 1951)

Jahr	Einwohnerzahl	Zuwachs		durchschnittl. jährl. Zuwachsrate in %
		abs.	in %	
1818	19 912	—	—	—
1843	31 211	11 299	56,7	18,1
1858	62 661	31 450	100,8	47,6
1871	109 244	46 583	74,3	43,7
1885	172 314	63 070	57,7	33,1
1895	241 380	69 066	40,1	34,9
1905	379 950	138 570	57,4	46,4

Quellen: Reekers, Stephanie / Schulz, Johanna: Die Bevölkerung in den Gemeinden Westfalens 1818— 1955. Münster 1952, S. 5 f.

Reekers, Stephanie: Die Gebietsentwicklung der Kreise und Gemeinden Westfalens 1817—1967. Münster 1977.

Zwischen diesen beiden Urteilen lag „der Aufstieg" Dortmunds „zur Eisen- und Kohlenstadt"[5], zur östlichen Metropole des Ruhrgebiets, das sich auf der Grundlage von Kohle und Eisen- und Stahlerzeugung aus der idyllischen Agrarlandschaft mit ihren verwahrlosten Kleinstädten im Verlaufe des 19. Jahrhunderts zur Industrielandschaft entwickelt hatte. Der Prozeß der Industrialisierung gab auch den Anstoß zu den Prozessen des Bevölkerungswachstums, in deren Folge aus der Landstadt die industrielle Großstadt wurde. Das Gesamtwachstum verdeutlicht die Tabelle 1. Auf dem Gebiet von 1818 lebten 1905 vierzigmal so viele Menschen, auf dem Gebiet von 1951 neunzehnmal so viele Menschen wie 1818. War die alte Stadt Dortmund 1818 nach Münster (15 158 Einwohner ohne Militär), Minden (6 775), Bielefeld (6 008), Paderborn (5 846), Herford (5 832), Gütersloh (5 203), Iserlohn (5 179), Soest (5 126) und Hamm (4 688) erst die zehntgrößte westfälische Gemeinde, stand sie 1858 bereits nach Münster (23 004) an zweiter Stelle und überholte die Provinzialhauptstadt in den folgenden Jahren schnell. Ende 1905 war Dortmund vor dem erst 1903 durch Zusammenschluß von sieben Gemeinden entstandenen Gelsenkirchen (147 005) und Bochum (118 864) mit Abstand die größte Stadt Westfalens; sie zählte jetzt — einschließlich der am 1. April 1905 eingemeindeten Landgemeinde Körne — 175 577 Menschen, während Münster nicht einmal die Hälfte dieser Einwohnerzahl (81 486) erreicht hatte[6].

Dortmund gehört zu den wenigen Städten, deren Fläche sich im 19. Jahrhundert nicht geändert hat, nachdem 1819 durch Rückgabe der „Grafschaft Dortmund" an die Stadtgemeinde das Gebiet der alten Freien Reichsstadt wiederhergestellt worden war[7]. Die vorliegenden Daten zur Bevölkerungsentwicklung werden also durch Eingemeindungen nicht beeinflußt, so daß die beiden Faktoren Geborenenüberschüsse und Wanderungsgewinne über den ganzen Zeitraum hinweg das Wachstum allein bestimmten. Dabei treten deutlich unterschiedliche Phasen zu Tage. Zwar war im ganzen Zeitraum die durchschnittliche jährliche Zuwachsrate höher als für die Bevölkerung auf dem Gebiet des Deutschen Reiches von 1871 insgesamt, aber bis 1843 blieb sie doch im Rahmen des Wachstums von Städten ähnlicher Größenordnung, die als zentrale Orte Bevölkerung aus ihrem Umland anzogen. Die Phase relativ größten Wachstums umschloß die erste Industrialisierungsperiode nach dem Übergang des Bergbaus zum Tiefbau und dem Beginn der Schwerindustrie. Danach waren die Zuwachsraten rückläufig, um erst zwischen 1895 und 1905 im Zusammenhang mit den Ausweitungen des Arbeitsmarktes in der Hochindustrialisierungsphase noch einmal gegenüber dem Vorjahrzehnt anzusteigen, wenn sie auch die Höhe des Zeitraums 1872/1885 schon

---

5　Brepohl, a. a. O., S. 13.

6　Einwohnerzahlen nach Stephanie Reekers, Johanna Schulz, Die Bevölkerung in den Gemeinden Westfalens 1818—1950, Dortmund 1952.

7　Vgl. Luise v. Winterfeld, Geschichte der freien Reichs- und Hansestadt Dortmund,[7] Dortmund 1981, S. 164. Bei der Herausnahme der Stadt aus dem Landkreis Dortmund und Bildung eines eigenen Stadtkreises verringerte sich die Fläche — wahrscheinlich durch Abgabe einzelner Grundstücke oder Neuvermessung — von 27,73 qkm auf 27,66 qkm ohne Einfluß auf den Einwohnerstand (Reekers, a. a. O., S. 241, 264).

nicht mehr erreichten. Im Vergleich zum Stadtgebiet nach den Eingemeindungen von 1914, 1918, 1928 und 1929[8] waren die durchschnittlichen jährlichen Zuwachsraten der alten Stadt bis 1885 wesentlich höher. Erst in den folgenden Jahrzehnten lagen sie auf gleichem Niveau.

Tabelle 2:   Bevölkerungsbilanz 1852—1905

| Jahr | Volkszahl am Jahres- ende[a] | Gesamtzuwachs | | davon | | | |
| | | abs. | in % | Geborenenüberschuß | | Wanderungsgewinn | |
				abs.	in % des Gesamt- zuwachses	abs.	in % des Gesamt- zuwachses
1852	13 530	3 116	23,0	729	23,4	2 387	76,6
1855	16 646	5 453	32,8	906	16,6	4 547	83,4
1858	22 099	1 249	5,7	1 456	116,6	— 207	— 16,6
1861	23 348	3 991	17,1	1 398	35,0	2 593	65,0
1864	27 339	6 273	22,9	1 639	26,1	4 634	73,9
1867	33 612	10 842	32,3	2 386	22,0	8 456	78,0
1871	44 454	13 288	29,9	(5 298	39,9	7 990	60,1)
1875	57 742	8 802	15,2	6 927	78,7	1 875	21,3
1880	66 544	11 891	17,9	(7 312	61,5	4 579	39,5)
1885	78 435	11 228	14,3	(7 934	70,7	3 294	29,3)
1890	89 663	21 569	24,1	10 047	46,6	11 522	53,4
1895	111 232	31 501	28,3	13 916	44,2	17 585	55,8
1900	142 733	30 140	21,1	17 620	58,5	12 520	41,5
1905	172 873						

Quelle: Verwaltungsberichte der Stadt Dortmund (Stadtarchiv). Da die Berichte für 1873, 1874, 1884 und 1890 nicht vorliegen, wurden die Geborenenüberschüsse für diese Jahre nach dem Durchschnitt der benachbarten vier Jahre geschätzt. Kontrollrechnungen zeigen, daß der Fehler für eine Periode bis zu ± 2% betragen kann.

a) Ergebnisse der Volkszählungen von Anfang Dezember. Der Gesamtzuwachs ist für die Periode zwischen den Volkszählungen berechnet; Geborenenüberschüsse und Wanderungsgewinne umfassen jeweils den Zeitraum vom 1. Januar des Jahres nach der Volkszählung bis zum 31. Dezember des nächsten Volkszählungsjahres. Die daraus entstehende Differenz ist nicht zu berechnen, kann aber wegen Geringfügigkeit vernachlässigt werden.

Da ab 1853 die Verwaltungsberichte fast lückenlos vorliegen[9], läßt sich der Wachstumsprozeß seitdem auch für kürzere Zeitabschnitte eingehender verfolgen. Der Gesamtzuwachs in diesem Zeitraum betrug 159 343 Menschen; davon kamen 77 568 (48,7%) aus Geborenenüberschüssen und 81 755 (51,3%) aus Wanderungsgewinnen. Das Gesamtwachstum war also in höherem Maße durch die Ergebnisse der Wanderungen als durch die der natürlichen Bevölkerungsbewegung bestimmt. Dabei gab es in den einzelnen Drei-, bzw. Fünfjahresperioden aber beträchtliche Abweichungen: Bis 1871 lag der Anteil des Wanderungsgewinns am Gesamtzuwachs erheblich höher, 1855/58 betrug er sogar fünf Sechstel der Gesamtzunahme nach mehr als drei Vierteln 1852/55. Hier zeigten sich deutlich die Konsequenzen des ersten Gründungsbooms zu Beginn der Industrialisierung. In den folgenden Jahren kam es dann zu einem negativen Wanderungssaldo, der aber ausschließlich auf einen hohen Wanderungsverlust 1859 (1 150) zurückzuführen war, der in den folgenden beiden Jahren nicht voll kompensiert werden konnte. Hier traten Folgen der ersten Gründerkrise zu Tage. Darauf wies auch der Verwaltungsbericht für 1859 hin: „Durch die Stillegung der Paulinen-Hütte und der Dortmunder Hütte und die sonstigen Arbeitseinstellungen sind viele Arbeiter gezwungen worden, hiesige Stadt zu verlassen". Wanderungsverluste brachte auch das Jahr 1867 (rd. 600) innerhalb einer Phase, die sich sonst wieder durch hohe Wanderungsgewinne auszeichnete.

---

8   Einzelangaben bei Reekers, a. a. O., S. 263 f.

9   Für die Überlassung der Photokopien der Verwaltungsberichte danke ich Herrn Ltd. Archivdirektor Professor Dr. Gustav Luntowski. Die folgenden Zahlenangaben beziehen sich auf diese Berichte.

Natürliche Bevölkerungsbewegung in Dortmund und im Deutschen Reich

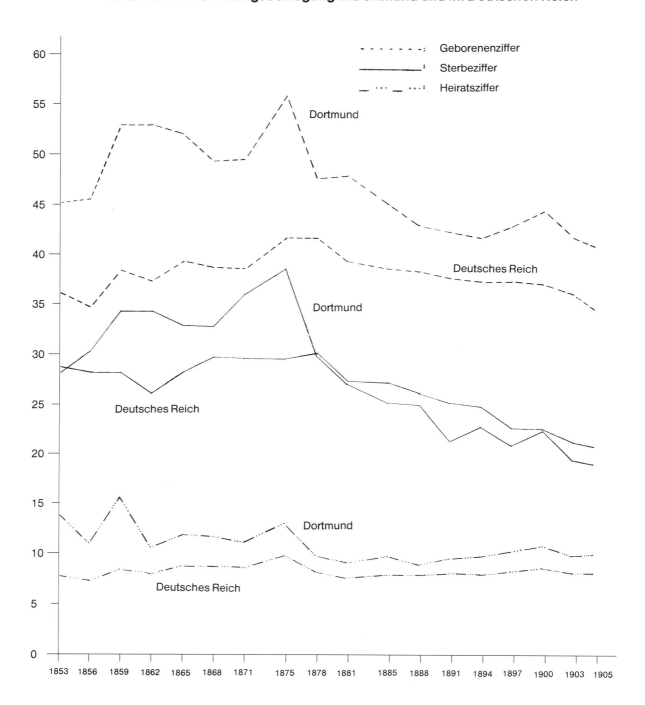

Abb. 36

Zwischen 1855 und 1871 änderte sich die Siedlungsstruktur. Während bis zum Beginn des Eisenbahnbaus (1847) in der Feldmark, außerhalb des mittelalterlichen Mauerberings, nur ,,30 Wohnhäuser mit einer fast stets gleichen Bevölkerung von 170 Menschen" gezählt wurden, stieg danach bis 1855 die Einwohnerzahl der ,,Vorstädte" auf 1 347 gegenüber 15 299 in der ,,alten" Stadt. Zwischen 1855 und 1871 nahm dann die Volkszahl der ,,alten" Stadt nurmehr auf 18 503 zu (+ 17,3 %), während die Vorstädte um fast das Zwanzigfache auf 25 951 Einwohner anstiegen [10].

Auch in der Folgezeit ging fast der gesamte Zuwachs in diese Vorstädte. So zählte 1895 die Altstadt innerhalb der Wälle 19 014 Einwohner, während ein ,,innerer Ring", begrenzt im wesentlichen durch die Bahnlinien, 20 192 Einwohner, das übrige Weichbild 72 026 Einwohner aufwiesen [11]. Diese Verteilung ergab sich in einer Phase, in der, nachdem zwischen 1875 und 1890 die Wanderungsgewinne infolge der zweiten länger wirkenden Gründerkrise wesentlich gesunken waren, der Wanderungsgewinn den Geborenenüberschuß wieder überstieg. Allerdings wurden die Höchstwerte von 1871 nie mehr erreicht. In einzelnen Jahren gab es seit 1875 wieder Wanderungsverluste [12], die in der Folgezeit mehr als ausgeglichen werden konnten. Nach der Jahrhundertwende trugen dann die Geborenenüberschüsse wieder in höherem Maße zum Wachstum der Gesamtbevölkerung bei als die Wanderungsgewinne, die allerdings in diesem Jahrfünft immer noch relativ höher waren als in den fünfzehn Jahren der ,,Großen Depression".

Jahr	Zuzüge	Fortzüge	Wanderungsgewinn		Wanderungsvolumen		Wanderungsvolumen je 1000 Personen Wanderungsgewinn	
			nach der Melde-statistik	nach der Bevölke-rungs bilanz	unbe-reinigt	bereinigt[a]	nach der Melde-statistik[b]	nach der Bevölke-rungs-bilanz[c]
1901	29 904	24 645	5 259	2 867	54 549	56 941	10 372	19 860
1902	32 418	31 215	1 203	— 1 675	63 633	66 511	52 895	— 39 708
1903	37 217	31 448	5 769	2 576	68 665	71 858	11 902	27 895
1904	40 096	32 160	7 936	4 945	72 256	75 247	9 105	15 217
1905	40 048	34 074	5 974	3 807	74 122	76 289	12 407	20 004
Insgesamt	179 683	153 542	26 141	12 520	333 225	346 846	12 747	27 703

Quelle: Verwaltungsbericht der Stadt Dortmund für 1905, S. 11.

a) Zuzüge + Fortzüge + Wanderungsgewinn nach der Meldestatistik — Wanderungsgewinn nach der Bevölkerungsbilanz

b) Wanderungsgewinn nach der Meldestatistik bezogen auf das unbereinigte Wanderungsvolumen

c) Wanderungsgewinn nach der Bevölkerungsbilanz bezogen auf das bereinigte Wanderungsvolumen

10 Verwaltungsbericht für 1871.

11 Tenius, Die Bevölkerungsbewegung in Dortmund im Jahre 1896, Mittheilungen des Statistischen Amtes der Stadt Dortmund, H. 1, Dortmund 1898, S. 9 ff. Vgl. zur Entwicklung der Siedlungsstruktur auch Werner Schneider, Stadtgeographische Wandlungen Dortmunds und seines Einflußbereichs, diss. phil. Köln 1957, vor allem S. 25 ff.

12 1875 rd. 2 400, 1876 rd. 300, 1896 rd. 3 000, 1902 rd. 1 700.

Die Wanderungsgewinne[13] sind das Ergebnis starker Zu- und Abwanderungsströme. 1872 betrug das bereinigte Wanderungsvolumen rd. 47,5% der Bevölkerung zum Jahresanfang, 1905 rd. 46%. In dieser Größenordnung dürfte es sich in der Phase der Hochindustrialisierung — für frühere Zeiten fehlen jegliche Anhaltspunkte — bei den wirtschaftlichen Wechsellagen entsprechenden Abweichungen bewegt haben. Allerdings war die Zahl der Wanderungsfälle, aus denen ein Wanderungsgewinn von 1 000 Personen resultierte, 1872 wesentlich niedriger als im ersten Jahrfünft des 20. Jahrhunderts, ohne daß sich diese Einzelangabe — auch im Hinblick auf die starken Schwankungen 1901 bis 1905 — für die sechziger und siebziger Jahre verallgemeinern lassen dürfte. Insgesamt kennzeichnete die ,,überaus starke Fluktuation des mobilen Bevölkerungsteils der Städte"[14] auch die Dortmunder Entwicklung. Dabei waren zwar überwiegend einzelstehende Personen an den Wanderungen beteiligt, aber bei den Zu- und Fortzügen blieben die Anteile von Ledigen und Familienangehörigen annähernd gleich[15], so daß — selbst wenn unterstellt wird, daß die Fehler in den Melderegistern vor allem auf Nachlässigkeit Einzelstehender zurückgehen — die zuwandernden Familien kaum eine höhere Seßhaftigkeit besessen haben als die zuwandernden Einzelnen.

Diese hohe Fluktuation über die Stadtgrenzen hinweg setzte sich in der binnenstädtischen Mobilität fort. Im Jahresdurchschnitt 1896 bis 1900 betrug die Umzugsziffer[16] 17,6%, im Jahresdurchschnitt 1901 bis 1905 sogar 19,3%, d. h. daß jährlich jeder sechste bis fünfte Dortmunder Einwohner seine Wohnung wechselte. Grund für diese in-

---

13   Die aus dem Gesamtzuwachs zwischen den Volkszählungen und den Geborenenüberschüssen berechneten Salden der Wanderungsgewinne bilden die zuverlässigsten Daten. Die Fortschreibungen nach den Melderegistern ergeben wesentlich höhere Werte wegen der Unzuverlässigkeit dieser Quelle. Darauf macht bereits der Verwaltungsbericht für 1872/73 aufmerksam: ,,Ist es schon unvermeidlich, daß Anmeldungen verspätet und manchmal gar nicht, d. h. nicht eher erfolgen, bis durch einen Zufall der Zugezogene ausfindig gemacht wird, so ist die Controle über den Abzug noch viel schwieriger, vollends wenn der Abgewanderte in den Hausstand seiner Familie zurückkehrt oder außer Landes gegangen ist". Für 1872 ergeben sich nach dem Verwaltungsbericht folgende Daten:

      Zuwanderung: 12 490 Personen
      Abwanderung: 5 208 Personen
      Wanderungsgewinn: 7 228 Personen.

Dem steht nach der Bevölkerungsbilanz ein Wanderungsgewinn von rd. 2 900 Personen (rd. 40% des Ergebnisses der Meldestatistik) gegenüber; unter der Voraussetzung richtiger Angabe der Zuzüge muß die Zahl der Fortzüge also rd. 9 500 betragen haben. Das Wanderungsvolumen dieses Jahres belief sich damit auf rd. 22 000 Personen. Auf einen Wanderungsgewinn von 1 000 kamen rd. 7 600 Wanderungsfälle. Genauere Angaben enthalten die Verwaltungsberichte für 1899 und 1900. Danach ergab sich aus den Fortschreibungen nach der Volkszählung vom 2. Dezember 1895 bis zum 1. Dezember 1900 eine rechnerische Einwohnerzahl von 154 752, während die Volkszählung 142 733 (92,2%) auswies. Dem rechnerischen Wanderungsüberschuß von 29 768 stand damit ein realer Wanderungsgewinn von 17 767 (59,7% des errechneten Überschusses) gegenüber.

14   Dieter Langewiesche, Wanderungsbewegung in der Hochindustrialisierung — Regionale, interstädtische und innerstädtische Mobilität in Deutschland 1880—1914, in VSWG 64, 1977, S. 2. In diesem wichtigen Aufsatz knüpft Langewiesche an ältere Untersuchungen von Rudolf Heberle und Fritz Meyer (Die Großstädte im Strom der Binnenwanderung, Leipzig 1937) und vor allem von Heberle beeinflußte jüngere Ergebnisse der amerikanischen Forschung an. Er zeigt Ausmaße und innere Differenzierungen der Wanderungsbewegungen. Aus seinem Material, den Angaben des Statistischen Jahrbuchs Deutscher Städte, kann er leider nur unbereinigte Wanderungsvolumina berechnen und nur den gesamten Bevölkerungszuwachs darauf beziehen. So kommt er für Dortmund auf Wanderungsvolumen:

      für 1880—1890   250 310, d. h.   10 827 je 1000 Bevölkerungszuwachs
      für 1891—1900   449 390, d. h.   8 214 je 1000 Bevölkerungszuwachs
      für 1901—1910   748 775, d. h.   10 719 je 1000 Bevölkerungszuwachs

Tabelle 5, S. 13).

15	1872	Zuzüge insges.:	12 490	davon:	Einzelstehende	9 264	(74,2%)
					Familienangehörige	3 226	(25,8%)
		Fortzüge insges.:	5 208	davon:	Einzelstehende	3 710	(71,2 %)
					Familienangehörige	1 498	(28,8%)
	1900	Zuzüge insges.:	29 738	davon:	Einzelstehende	24 320	(81,8%)
					Familienangehörige	5 418	(18,2%)
		Fortzüge insges.:	24 645	davon:	Einzelstehende	20 223	(82,1 %)
					Familienangehörige	4 422	(17,9%)
	1905	Zuzüge insges.:	40 048	davon:	Einzelstehende	30 927	(77,2%)
					Familienangehörige	9 121	(22,8%)
		Fortzüge insges.:	34 074	davon:	Einzelstehende	26 391	(77,5 %)
					Familienangehörige	7 683	(22,5%)

(nach den Verwaltungsberichten)

16   Umzüge in % der mittleren Jahresbevölkerung. Der niedrigste Wert betrug 13,9% für 1901, der höchste 21,8% für 1904 (Verwaltungsbericht für 1905).

nerstädtische Fluktuation dürfte „der größere und vielfältigere Arbeitsmarkt in Großstädten" gewesen sein, der „leichter als in kleineren Orten die Möglichkeit, Arbeitsstellen innerhalb des Wohnortes zu wechseln oder den Verlust des Arbeitsplatzes zu kompensieren" bot[17]. Aber auch der forcierte Wohnungsbau der Jahrhundertwende trug zur Erhöhung der Umzugshäufigkeit bei, wurden doch „um den Nordmarkt und um den Borsigplatz ... ganz neue Viertel" mit vier- bis fünfstöckigen Mietskasernen errichtet, während im Süden der Altstadt „bessere Wohnviertel, die vor allem von den mittleren und oberen sozialen Schichten bezogen wurden", entstanden[18]. Wie aber die Entwicklung des Wanderungsvolumens zeigt, führte der sich ausweitende Wohnungsmarkt noch nicht zum Rückgang der gesamten Wanderungsfälle infolge verringerter Fortzüge. Die hohe Mobilität über die Stadtgrenzen hinweg blieb für Dortmund, wie für alle vergleichbaren Städte, Kennzeichen des Zeitraums städtischer Entwicklung im Zeichen der Industrialisierung.

Geburtsregion		Land- und Forst- wirtschaft	Industrie und Handwerk	Handel und Verkehr	Häusliche Dienste	Dienst- boten im Haushalt	Öffentl. Dienste	ohne Beruf ohne Angaben	insgesamt abs.	insgesamt in %
Dortmund	Erwerbstätige	106	11385	4417	718	669	790	1450	19535	23,3
	Angehörige	276	40446	12069	831	—	2503	3567	59692	56,9
	insgesamt	382	51831	16486	1549	669	3293	5017	79227	42,0
Westfalen a)	Erwerbstätige	213	11765	5781	574	2658	1461	2918	25370	30,2
	Angehörige	210	15127	4896	180	—	815	1824	23052	22,0
	insgesamt	423	26892	10677	754	2658	2276	4742	48422	25,6
Rheinprovinz	Erwerbstätige	46	2665	1477	111	200	343	614	5456	6,5
	Angehörige	26	2290	1225	35	—	341	290	4207	4,0
	insgesamt	72	4955	2702	146	200	684	904	9663	5,1
Hessen/Waldeck b)	Erwerbstätige	8	1917	561	64	106	117	274	3047	3,6
	Angehörige	3	647	231	6	—	93	74	1054	1,0
	insgesamt	11	2564	792	70	106	210	348	4101	2,2
Nordostdeutschland c)	Erwerbstätige	75	11226	1434	472	727	279	724	14937	17,8
	Angehörige	30	8706	1008	122	—	168	328	10362	9,9
	insgesamt	105	19932	2442	594	727	447	1052	25299	13,4
übriges Deutschland	Erwerbstätige	131	7476	2412	223	525	919	838	12524	14,9
	Angehörige	21	3194	1168	52	—	643	255	5333	5,1
	insgesamt	152	10670	3580	275	525	1562	1093	17857	9,5
Ausland	Erwerbstätige	28	2340	291	72	86	92	98	3007	3,6
	Angehörige	5	964	152	18	—	59	43	1241	1,2
	insgesamt	33	3304	443	90	86	151	141	4248	2,2
Gesamtbevölkerung	Erwerbstätige	607	48774	16373	2234	4971	4001	6916	83876	100,0
	Angehörige	571	71374	20749	1244	—	4622	6381	104941	100,0
	insgesamt	1178	120148	37122	3478	4971	8623	13297	188817	100,0
in %	Erwerbstätige	0,7	58,2	19,5	2,7	5,9	4,8	8,2	100,0	
	Angehörige	0,5	68,0	19,8	1,2	—	4,4	6,1	100,0	
	insgesamt	0,6	63,6	19,7	1,8	2,6	4,6	7,0	100,0	

Quelle: Statistik des Deutschen Reichs, Bd. 210/2, Berlin 1910, S. 172 ff.
a) ohne Dortmund; b) Großherzogtum Hessen, Fürstentum Waldeck, Provinz Hessen-Nassau; c) Provinzen Ostpreußen, Westpreußen, Posen.

Die Berufs- und Betriebszählung 1907[19] gibt eine Momentaufnahme der Zusammensetzung der Bevölkerung nach Herkunftsregionen. Wie nach dem hohen Anteil des Wanderungsgewinns an dem Gesamtzuwachs zu erwarten stand, waren fast drei Fünftel der in Dortmund Ansässigen nicht dort geboren. Die größte Gruppe der Zuwanderer stammte aus Westfalen, die zweitgrößte bildeten die nordostdeutschen Zuwanderer. Die Zuwanderung aus

17 Langewiesche, a. a. O., S. 10, vgl. auch Tabelle 2, S. 11.

18 Vgl. Schneider, a. a. O., S. 27.

19 Auf eine ausführliche Interpretation dieser Zählung wird hier verzichtet. Sie ist — auch unter dem Gesichtspunkt des Vergleichs zu den anderen Ruhrgebietsgroßstädten — in meinem Aufsatz „Binnenwanderung und Bevölkerungsstrukturen der Ruhrgebietsgroßstädte im Jahre 1907" (in: Wolfgang Köllmann, Bevölkerung in der industriellen Revolution, Göttingen 1974, S. 171 ff.) gegeben, dessen Ergebnisse ich hier aufnehme.

der Rheinprovinz war wesentlich geringer, obwohl diese Provinz um etwa 1,2 Millionen mehr Menschen zählte als die drei Nordostprovinzen zusammen. Beachtlich war außerdem noch die Zuwanderung aus Hessen (einschließlich Waldeck); an diesem ältesten Wanderungsstrom in das rheinisch-westfälische Industriegebiet überhaupt hatte auch Dortmund geringen Anteil[20]. Fast gleich hoch war die Zahl der hier lebenden Ausländer, deren weitere Aufgliederung allerdings nicht mehr möglich ist. Der Rest, immerhin noch fast ein Zehntel, kam aus allen übrigen Teilen Deutschlands.

Zwischen diesen einzelnen regionalen Gruppen gab es aber beachtliche Unterschiede der beruflichen und sozialen Zuordnung:

— Die Erwerbstätigen aus Dortmund waren zu 58,3% in Industrie und Handwerk beschäftigt. Unter diesen waren 7,8% Selbständige, 9,5% Angestellte und 82,7% Arbeiter. 23,4% arbeiteten in Bergbau und Hüttenwesen.

— Die erwerbstätigen Zuwanderer aus Westfalen waren zu 46,3% in Industrie und Handwerk beschäftigt. Unter diesen waren 12,1% Selbständige, 11,1% Angestellte und 76,8% Arbeiter. 24,9% arbeiteten in Bergbau und Hüttenwesen.

— Die erwerbstätigen Zuwanderer aus der Rheinprovinz waren zu 48,8% in Industrie und Handwerk beschäftigt. Unter diesen waren 14,0% Selbständige, 19,6% Angestellte und 66,3% Arbeiter. 23,4% arbeiteten in Bergbau und Hüttenwesen.

— Die erwerbstätigen Zuwanderer aus Hessen und Waldeck waren zu 62,9% in Industrie und Handwerk beschäftigt. Unter diesen waren 10,9% Selbständige, 7,9% Angestellte und 81,2% Arbeiter. 15,6% arbeiteten in Bergbau und Hüttenwesen.

— Die erwerbstätigen Zuwanderer aus Nordostdeutschland waren zu 75,2% in Industrie und Handwerk beschäftigt. Unter diesen waren 2,0% Selbständige, 1,7% Angestellte und 96,3% Arbeiter. 51,6% arbeiteten in Bergbau und Hüttenwesen.

— Die erwerbstätigen Zuwanderer aus dem übrigen Deutschland waren zu 59,7% in Industrie und Handwerk beschäftigt. Unter diesen waren 8,9% Selbständige, 12,1% Angestellte und 78,9% Arbeiter. 18,9% arbeiteten in Bergbau und Hüttenwesen.

— Die erwerbstätigen Zuwanderer aus dem Ausland waren zu 77,8% in Industrie und Handwerk beschäftigt. Unter diesen waren 3,2% Selbständige, 3,7% Angestellte und 93,1 % Arbeiter. 37,4% arbeiteten in Bergbau und Hüttenwesen.

Aus diesen Verteilungen läßt sich deutlich erkennen, daß die einzelnen Gruppen sich nach Herkommen, Vorbildung und Beurteilung der Arbeitsmarkt-Chancen der wachsenden Industriegroßstadt unterschiedlich in die industrielle Arbeitswelt einordneten. Die unterdurchschnittlichen Anteile der Erwerbstätigen aus Westfalen und der Rheinprovinz in der Berufsabteilung Industrie und Handwerk wie die hohen Anteile an Selbständigen und Angestellten dort deuten auf bewußte Ausnutzung des im tertiären Sektor bestehenden Bedarfs und ebenso bewußt wahrgenommene Chancen, gehobenere soziale Positionen zu erreichen, hin. Dies bestätigte der relativ geringe Anteil der Beschäftigten im Bergbau. Überdurchschnittlich waren dagegen die Hessen und Waldecker und — geringer — die Zuwanderer aus dem übrigen Deutschland im sekundären Sektor vertreten. Während aber Hessen und Waldecker, wie der relativ hohe Anteil an Selbständigen bei besonders geringem Anteil an Beschäftigten im Bergbau zeigt, der traditionellen Struktur dieser Wanderungsbewegung entsprechend eher zu Handwerk und Kleingewerbe, vor allem zum Baugewerbe[21] tendierten, waren unter den Zuwanderern aus dem übrigen Deutschland relativ viele Angestellte sowie Arbeiter außerhalb von Bergbau und Hüttenindustrie. Hier kamen viele bereits ausgebildete und qualifizierte Kräfte in die Industriestadt.

---

20 2,7% aller in den Provinzen Rheinland und Westfalen 1907 gezählten gebürtigen Hessen und Waldecker.

21 Von den in der Berufsabteilung Industrie und Handwerk gezählten Hessen und Waldeckern gehören 41,6% zur Berufsgruppe Baugewerbe gegenüber 18,2% aller in dieser Berufsabteilung Erwerbstätigen.

Ein ganz anderes Bild bot die nordostdeutsche Zuwanderung. Drei Viertel aller Zuwanderer aus diesen Provinzen fanden Arbeit in Industrie und Handwerk, davon mehr als die Hälfte im Bergbau.

Dies und der verschwindend geringe Anteil an Selbständigen und Angestellten zeigt, daß die nordostdeutsche Zuwanderung vornehmlich unqualifizierte Arbeitskräfte aus ländlicher Überschußbevölkerung nach Dortmund, wie in das übrige Ruhrgebiet, brachte. Ähnliches gilt für die Zuwanderung aus dem Ausland, wobei sich vermuten läßt, daß hier Zuwanderer aus dem an die preußischen Nordostprovinzen angrenzenden russischen Teil Polens die Daten wesentlich bestimmt haben.

Tabelle 5:   Angehörigen- und Geschlechtsproportion

Geburtsregion	Angehörige je 100 Erwerbstätige	Frauen je 100 Männer
Dortmund	305,6	102,2
Westfalen	90,9	119,1
Rheinprovinz	77,1	93,3
Hessen/Waldeck	34,6	50,8
Nordostdeutschland	69,4	73,3
übriges Deutschland	42,6	52,7
Ausland	41,3	44,9
Gesamtbevölkerung	125,6	92,6
Zuwanderungsbevölkerung	70,3	26,2
Angehörige	—	209,8

Die Berufs- und Betriebszählung von 1907 gibt auch erste Hinweise auf die demographische Bedeutung der Zuwanderung. Das Verhältnis der Angehörigen zu den Erwerbstätigen und die Geschlechtspropotion bestätigen die hohe Bedeutung der Einzelzuwanderung bei überwiegend männlicher Zuwanderung. Diese führte zu einem erheblichen Männerüberschuß. Dagegen bestand in der Reichsbevölkerung ein auf die höhere Lebenserwartung der Frauen zurückzuführender Frauenüberschuß. Während aber im ganzen Deutschen Reich nur 104,5 Angehörige auf 100 Erwerbstätige kamen[22], waren es in Dortmund wesentlich mehr. Dies mag daran liegen, daß infolge der durch Bergbau, Hüttenwesen und eisenverarbeitende Industrie bestimmten Beschäftigungsstruktur Arbeitsplätze für Frauen fehlten[23]. Ebenso aber dürfte die hohe Geburtlichkeit in dieser Phase zu einer solchen Erhöhung der Angehörigenzahlen beigetragen haben. Dies erklärt auch den hohen Angehörigenanteil unter den in Dortmund selbst Geborenen, in den alle schon in Dortmund geborenen Kinder zugewanderter Eltern eingegangen sind. Darüber hinaus unterschieden sich die einzelnen Zuwanderungsgruppen erheblich. Die Hessen und Waldecker und die Zuwanderer aus dem übrigen Deutschland und dem Ausland besaßen besonders geringe Angehörigenzahlen bei ebenfalls geringer weiblicher Zuwanderung. Im Gegensatz dazu waren bei den Westfalen und den Rheinländern die Anteile der Angehörigen höher. Aus diesen beiden Provinzen wanderten wahrscheinlich doch im Verhältnis mehr Familien zu als aus den übrigen Regionen, wie schon der höhere Frauenanteil unter den rheinischen Zuwandernden vermuten läßt. In der westfälischen Zuwanderung geht der Frauenüberschuß zum Teil auf die hohe Zahl lediger Dienstboten im Haushalt (10,1 % aller weiblichen Zuwanderer aus Westfalen) zurück, ein Zeichen dafür, daß auch die höheren Heiratschancen in der Industriegroßstadt den Wanderungsentschluß beeinflussen konnten. Aber auch ohne diese Mädchen beträgt die Geschlechtsproportion immer noch 107,1, so daß hier noch mehr auf höhere Familienzuwanderung, bzw. Nachholen der Braut zwecks Heirat aus der Nachbarschaft, wenn ein entsprechendes Arbeitseinkommen die Familiengründung ermöglicht, zu schließen sein dürfte.

---

22   Angaben bei Gerd Hohorst, Jürgen Kocka und Gerhard A. Ritter, Sozialgeschichtliches Arbeitsbuch, München 1975, S. 66. (Berechnet ohne Landwirtschaft). Im Deutschen Reich kamen 1905 102,9 Frauen auf 100 Männer (S. 22).

23   In der von der Textilindustrie mit hohem Anteil weiblicher Erwerbstätiger bestimmten Stadt Barmen kamen 1907 114,5 Angehörige auf 100 Erwerbstätige. Vgl. Wolfgang Köllmann, Sozialgeschichte der Stadt Barmen, Tübingen 1960, S. 85. Unter den in Dortmund gezählten Angehörigen waren 57,2 % Frauen.

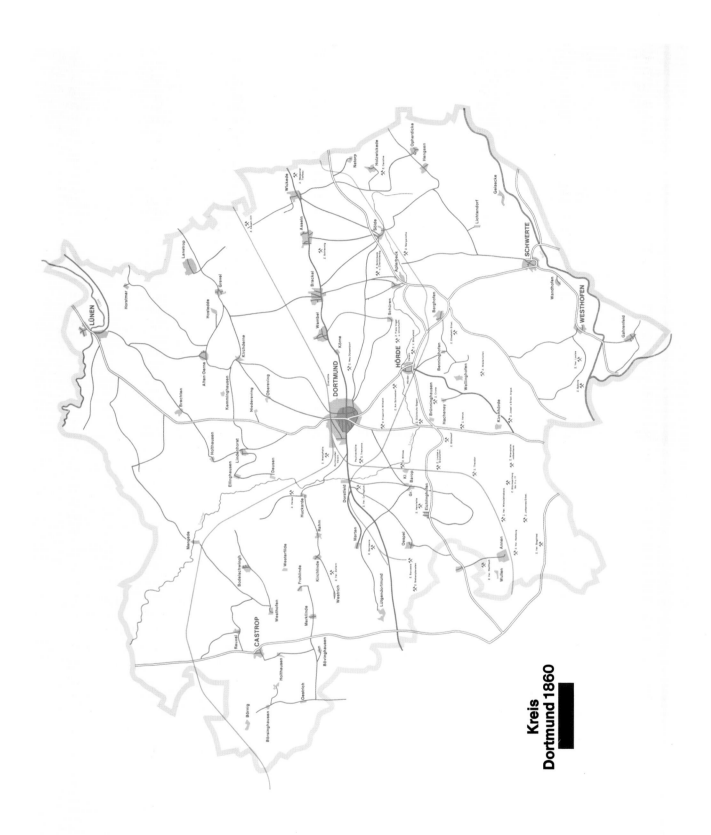

**Kreis
Dortmund 1860**

Abb. 37

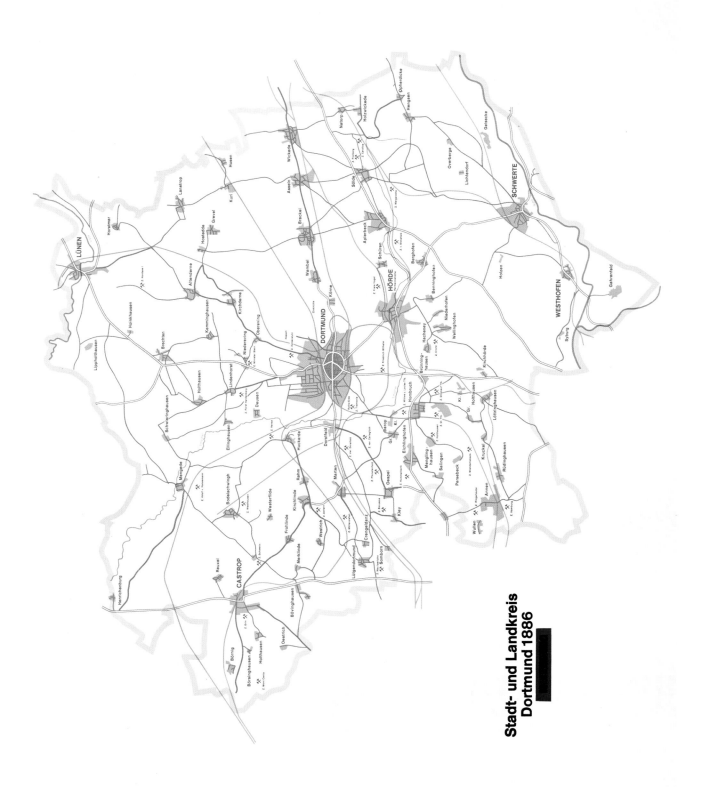

**Stadt- und Landkreis
Dortmund 1886**

Abb. 38

Auch hier nahm die nordostdeutsche Zuwanderung eine Sonderstellung ein. Der Anteil an Angehörigen kam dem der rheinischen Zuwanderung nahe, und der Frauenanteil lag höher als bei den anderen Fernwanderungsgruppen, wobei ebenfalls die Dienstboten im Haushalt (6,8% aller weiblichen Zuwanderer aus Nordostdeutschland) überdurchschnittlich vertreten waren. Hier dürften die besonderen Integrationsschwierigkeiten der aus dem agrarischen Bereich kommenden nordostdeutschen Fernwanderer, vor allem derjenigen polnischer Nationalität unter ihnen, in eine volkstumsmäßig fremde städtische Umgebung zu einem verstärkten Nachholen an Frauen, die häufig als Dienstboten im Haushalt ihr Leben in der fremden, von der Industrie geprägten Umwelt begannen, zur Gründung nordostdeutscher Familien in Westdeutschland geführt haben. Auch in Dortmund wurde so die nordostdeutsche Familie zur ersten Stufe der Beheimatung, auch wenn sie die Fähigkeit zur Assimilation hemmte.

Tabelle 6:   Natürliche Bevölkerungsbewegung 1852—1905 [a)]
(Jahresdurchschnitte je Periode)

Periode	Heiraten je 1000 Einwohner	Geborene[b)] je 1000 Einwohner	davon Uneheliche in %	Gestorbene je 1000 Einwohner	davon unter 14 Jahren[c)] in %			Geborenenüberschuß je 1000 Einwohner
1853—1855	11,4	44,7	2,5	28,7	52,8			16,0
1856—1860	14,1	52,5	2,6	34,0	63,0			18,4
1861—1865	11,1	51,7	2,5	33,2	62,3			18,5
1866—1870	11,3	50,1	2,6	33,7	60,3			16,4
1871—1875 [d)]	12,4	52,5	2,8	38,2	59,5			14,3
					unter 1 Jahr in %	1 bis unter 5 J. in %	5 bis unter 15 J. in %	
1876—1880	9,4	52,1	3,4	28,9	31,4	23,0	5,0	23,1
1881—1885 [e)]	9,5	45,3	3,7	25,3	32,3	22,7	6,4	20,0
1886—1890 [f)]	8,8	42,6	3,7	24,2	31,3	23,6	6,5	18,4
1891—1895	9,6	41,6	3,5	21,4	34,5	18,2	5,0	20,2
1896—1900	10,7	44,3	4,1	22,1	38,0[g)]	20,8[g)]	4,3[g)]	22,1
1901—1905	9,7	41,4	4,6	19,2	38,0	17,4	4,1	22,2

Quelle: Verwaltungsberichte der Stadt Dortmund (Stadtarchiv). Da die Berichte für 1873, 1874, 1884 und 1890 nicht vorliegen, wurden die Geborenenüberschüsse für diese Jahre nach dem Durchschnitt der benachbarten vier Jahre geschätzt. Kontrollrechnungen zeigen, daß der Fehler für eine Periode bis ± 2% betragen kann.

a) Heirats-, Geborenen- und Sterbeziffern sind auf die Ergebnisse der Volkszählungen (Anfang Dezember), Steuerzählungen (November) oder Schätzungen der Verwaltung zum Jahresende bezogen. Sie sind damit alle geringfügig niedriger als bei Berechnung nach der mittleren Jahresbevölkerung. Solche Berechnungen geben die Verwaltungsberichte seit 1880. Für die früheren Jahre wäre aber eine Berechnung der mittleren Jahresbevölkerung schon deshalb kaum akzeptabel, weil bei den meist groben Schätzungen der Volkszahl zum Jahresende keine größere Genauigkeit zu erzielen wäre. Um die gesamten Reihen nach dem gleichen Prinzip aufstellen zu können, wurde die Berechnungsart deshalb nicht geändert; auch wurden die Ziffern der Verwaltungsberichte deshalb nicht übernommen.

b) Für 1875 sind erstmals 136 Totgeborene ausgewiesen. Wären sie eingerechnet, betrüge die Geborenenziffer dieses Jahres 59,2 ⁰/oo. Werte dieser Höhe wurden seit 1853 nie erreicht. Dies erlaubt die Annahme, daß die älteren Verwaltungsberichte nur die Lebendgeborenen nachweisen. Totgeborenenquote: 1875 4,0%, 1880 4,0%, 1885 3,8%, 1891 3,2%, 1895 2,4%, 1900 1,9% und 1905 1,8%.

c) Erst ab 1875 geben die Verwaltungsberichte eine genauere Altersgliederung der Gestorbenen an; weil die Grenze jetzt um ein Jahr erweitert wurde, sind für 1871—1875 hier nur die Durchschnittswerte 1881/72 eingesetzt.

d) ohne 1873 und 1874, weil die Verwaltungsberichte für diese Jahre fehlen.

e) ohne 1884, weil der Verwaltungsbericht fehlt.

f) ohne 1890, weil der Verwaltungsbericht fehlt.

g) ohne 1897, weil der Verwaltungsbericht fehlt; die anderen Ziffern für dieses Jahr lassen sich nach dem Bericht für 1900 erstellen.

Der hohe Anteil an Alleinstehenden und der Männerüberschuß in der Bevölkerung waren nicht das einzige Ergebnis der Zuwanderung. Wesentlich höher besetzt als im Reichsdurchschnitt waren nämlich auch die jüngeren Jahrgänge arbeitsfähigen Alters in Dortmund. Während 1900 die unter 16jährigen im Volkskörper Dortmunds einen der Reichsbevölkerung entsprechenden Anteil (36,7% gegenüber 36,8%) besaßen, war die Altersklasse der 16- bis unter 30jährigen in Dortmund mit 31,0% gegenüber 24,5% in der Reichsbevölkerung relativ fast um ein Viertel stärker. Bei den 30- bis unter 50jährigen entsprachen sich die Anteile wieder (jeweils 23,2%). Dagegen besaßen die über 50jährigen mit 9,2% in Dortmund gegenüber 15,5% in der Reichsbevölkerung in der wachsenden Industriestadt nur einen geringen Anteil[24]. Die höhere Besetzung der Altersklasse der 16- bis unter 30jährigen galt auch für den weiblichen Bevölkerungsanteil. Schon daraus läßt sich eine höhere Geburtlichkeit erwarten. Daneben aber brachten die Zuwanderer aus dem ländlichen Bereich[25] ihre vorindustriell-agrarische Bevölkerungsweise der Anpassung an einen gegebenen Nahrungsspielraum mit. Die Stadt in der Industrialisierungsphase mit ihrem sich ständig ausweitenden Arbeitsplatzangebot im produzierenden Sektor, dem notwendig eine entsprechende Ausweitung des Arbeitsplatzangebots im tertiären Sektor folgen mußte[26], wurde als sich ständig ausweitender Nahrungsspielraum begriffen, auf den sich die Bevölkerung auch mit ihrem generativen Verhalten einstellte. Dies begründet die Daten der natürlichen Bevölkerungsbewegung. Bei annähernd gleichen Verlaufsformen lagen Heirats- und Geborenenziffern für Dortmund während des ganzen Zeitraums über den Werten für das Deutsche Reich[27]. Gipfelwerte erreichten die Heiratsziffern in der Frühindustrialisierungsphase und 1896/1900. An der Parallele zur jeweiligen Höhe des Zuwandererstromes deutete sich damit gleichzeitig an, daß die Zuwanderung nicht nur zur Arbeitsnahme führte, sondern auch zur Familiengründung. Die Geborenenziffern waren in Dortmund bis zur Periode 1876/80 um mehr als ein Drittel höher als im Deutschen Reich. Da der Abstand auch relativ größer war als bei den Heiratsziffern, bedeutete das bei niedrigerer Unehelichenquote als im Reichsdurchschnitt, daß die Ehen höhere Kinderzahlen erbrachten. Zwar ging die Geburtlichkeit nach 1880 in der Industriegroßstadt schneller zurück als im Reichsdurchschnitt[28], so daß der Übergang zur industriellen Bevölkerungsweise auch im Zeichen geringerer Wanderungsgewinne zum Ausdruck kam, aber mit dem erneuten Ansteigen der Einflüsse der Zuwanderung war 1896/1900 bei höherer Eheschließungsziffer auch ein erneuter Anstieg der Geburtlichkeit zu verzeichnen, während sich im Deutschen Reich der Geburtenrückgang, wenn auch verzögert, fortsetzte. Im folgenden Jahrfünft war dann die Geborenenziffer wieder niedriger, so daß sich die allgemeine Tendenz des Übergangs zur industriellen Bevölkerungsweise bestätigte, wenn auch diese Ziffer immer noch um ein Fünftel höher liegt als für die Reichsbevölkerung. Insgesamt ergab sich zwischen 1871/75 und 1901/05 in Dortmund ein Rückgang der Geborenenziffern um 11,1 °/oo-Punkte (21,1%) gegenüber einem Rückgang um 4,6 °/oo-Punkte (11,8%) im Deutschen Reich. Trotz weiterhin höheren Niveaus setzten sich die Prozesse der Veränderung der Fruchtbarkeitsstrukturen, die die Bevölkerungsentwicklung im Industriezeitalter allgemein kennzeichneten, in der Industriegroßstadt Dortmund schneller und deutlicher durch als im Deutschen Reich insgesamt.

Ähnliches gilt für die Sterblichkeit, die bis 1876/80 über dem Reichsdurchschnitt lag. Der besonders hohe Wert 1871/75 war allerdings durch eine Pockenepidemie, die vom 24. Januar 1871 bis zum 8. September 1872 andauerte, bestimmt. Wird der Verlauf der Sterblichkeit ab 1876/80 verfolgt, so zeigt sich ein stetiger Sterblichkeitsrückgang, der nur 1896/1900, korrespondierend mit der Erhöhung der Geburtlichkeit in dieser Phase, unterbrochen war. Mit Ausnahme dieses Jahrfünfts und der Ausgangsphase 1876/80 waren die Sterbeziffern für die Dortmunder Bevölkerung geringer als für die Reichsbevölkerung. Sie sanken zwischen 1876/80 und 1901/05 um insgesamt

---

24 Berechnet aus Statistik des Deutschen Reichs, Bd. 151, Berlin 1903.

25 Von den 1907 in Dortmund gezählten Personen waren 49 115 (26,0%) auf dem Land geboren, d. h. von den 109 590 Zuwanderern 44,8%. (Statistik des Deutschen Reichs, Bd. 210/2, Berlin 1910, S. 172 f.).

26 Vgl. hierzu Gunther Ipsen, Art. Bevölkerung I, in Hwb. des Grenz- und Auslandsdeutschtums, Bd. 1, Breslau 1933, S. 437; ders., Art. Stadt IV, in HSW, Bd. 9, Stuttgart 1956, S. 788 ff.; Gerhard Isenberg, Tragfähigkeit und Wirtschaftsstruktur, Bremen-Horn 1953, S. 10.

27 Zum Vergleich: Natürliche Bevölkerungsbewegung 1871—1905 im Deutschen Reich (je 1000 Einwohner im Jahresdurchschnitt)

Periode	Heiraten	Geborene	Gestorbene	Geborenenüberschuß
1871—1875	9,4	38,9	27,2	11,7
1876—1880	7,8	39,3	26,1	13,2
1881—1885	7,7	37,0	25,8	11,2
1885—1890	7,9	36,5	24,4	12,1
1891—1895	7,9	36,3	23,3	13,0
1896—1900	8,4	36,0	21,2	14,8
1901—1905	8,0	34,3	19,9	14,4

Berechnet aus Hohorst u. a., a. a. O., S. 29).

28 Von 1876/80 bis 1881/95 in Dortmund um 10,5 °/oo-Punkte (ein Fünftel des Ausgangswertes), im Deutschen Reich um 3,0 °/oo-Punkte (ein Dreizehntel des Ausgangswertes).

29 Nach dem Verwaltungsbericht für 1872 starben in diesen beiden Jahren 145 Personen (14,4 % aller Gestorbenen) an Pocken. Eine ähnliche Mehrsterblichkeit brachten 1867 Cholera- und Pockenepidemien.

9,7 º/oo-Punkte (33,6%) in Dortmund gegenüber 6,2 º/oo-Punkten (24,5%) im Reichsdurchschnitt. Damit setzte sich, wenn auch die hohen Anteile der Altersklassen geringster Sterblichkeit in der Bevölkerung die Dortmunder Werte günstig beeinflußt haben mögen, der für den Übergang zur industriellen Bevölkerungsweise charakteristische Sterblichkeitsrückgang in der Industriestadt schneller durch als im Deutschen Reich insgesamt. Die Konsequenz höherer Geburtlichkeiten und — mit den erwähnten Ausnahmen — niedrigerer Sterblichkeiten waren die höheren Geborenenüberschüsse in Dortmund, die seit 1875 das Gesamtwachstum außer in den neunziger Jahren mehr beeinflußten als die Wanderungsgewinne.

Eine wesentliche Komponente der Sterblichkeit, die Säuglingssterblichkeit, blieb allerdings fast unverändert. Zwischen 1876 und 1905 starben im Durchschnitt mehr als ein Drittel aller Neugeborenen im ersten Lebensjahr. Hier lag die Sterblichkeit höher als im Durchschnitt aller preußischen Städte [30]. Als Todesursachen wurden ,,die Ernährungsstörungen, die Erkrankungen der Athmungsorgane und angeborene Schwäche'' angegeben. ,,Dazu tritt noch mit der größten Zahl der Sterbefälle die Gruppe der Krämpfe, die aber nicht in demselben Sinne wie die drei vorgenannten als einheitliche Todesursache aufzufassen ist, sondern nur die letzte Erscheinungsform verschiedenartiger Erkrankungen darstellt, die aber nach den vorliegenden Meldungen nicht weiter gruppirt werden können'' [31]. Von 928 Gestorbenen im ersten Lebensjahr starben 1896 16,5% an ,,Lebensschwäche'', 19,1% an Durchfall und Darmerkrankungen, 20,3% an Erkrankungen der Atmungsorgane und 22,6% an ,,Krämpfen''.

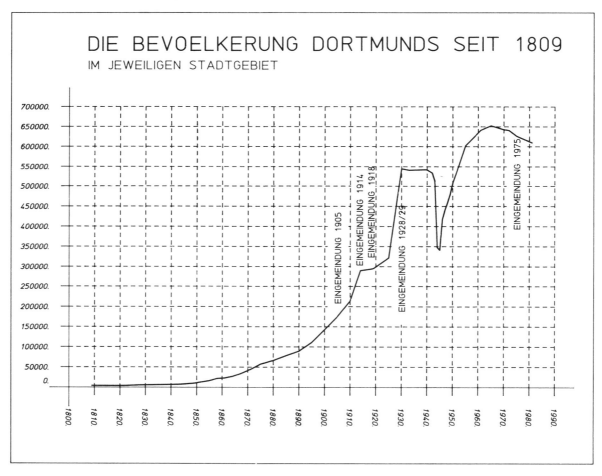

Abb. 39

---

30 Nach Hohorst u. a., a. a. O., S. 36 starben von 1000 ehelichen Lebendgeborenen in Preußen (Städte) 1876/80 211, 1881/85 211, 1886/90 210, 1891/95 203, 1896/1900 195, 1900/05 181. Die Quoten für die unehelichen Lebendgeborenen lagen wesentlich höher, dürften aber die Gesamtheit, vor allem bei der niedrigen Unehelichenquote in Dortmund, kaum beeinflußt haben.

31 Tenius, a. a. O., S. 28.

Der gleiche Bericht gliederte die Säuglingssterblichkeit nach Stadtbezirken auf. Danach standen in der Innenstadt 24,1%, im Innenring 30,4%, in der Südstadt 35,7% und in der Nordstadt 40,3% aller Gestorbenen im ersten Lebensjahr[32]. Zwar wiesen auch die Geborenenziffern unterschiedliche Höhen auf, aber es wurde doch deutlich, daß vor allem die Arbeitervorstädte wesentlich schlechtere Ergebnisse besaßen. Dies beleuchtet die Lebensverhältnisse der Unterschichten, zu denen auch das Gros der Zuwandernden gehörte. Wo die Familien zusammengedrängt in engen Wohnungen bei ungünstigen sanitären Verhältnissen leben mußten, waren die Überlebens-Chancen der Neugeborenen wesentlich geringer als in den bevorzugt von Mittel- und Oberschichten bewohnten Stadtteilen, in denen sich allerdings auch der Geburtenrückgang früher und stärker abzeichnete.

Während die Säuglingssterblichkeit seit 1891/95 — also genau in der Phase erhöhter Zuwanderung — erneut anstieg, ging die Sterblichkeit der 1- bis 4jährigen — mit einer Unterbrechung 1896/1900 — um fast ein Fünftel zurück. Auch die Kinder- und Jugendlichensterblichkeit sank seit Ende der achtziger Jahre um mehr als ein Drittel. Bei den Kleinkindern waren Infektionskrankheiten — Masern, Scharlach, Diphterie, Krupp (Kehlkopfdiphterie) und Stickhusten (1896 17,1% aller gestorbenen 1- bis 4jährigen) — hinter Erkrankungen der Atmungsorgane (43,6%) die wesentlichsten Todesursachen, während bei Kindern und Jugendlichen bis zu 14 Jahren neben den Infektionskrankheiten (1896 18,1% aller gestorbenen 5- bis 14jährigen) vor allem die Lungenschwindsucht (18,9%) eine Rolle spielte[33]. Auch dies kennzeichnete die ungesunden Verhältnisse in der schnell wachsenden Großstadt. Insgesamt aber dürfte gerade der Rückgang der Kleinkinder-, Kinder- und Jugendlichensterblichkeit ein wesentliches Element des allgemeinen Sterblichkeitsrückgangs gewesen sein.

Tabelle 7: Entwicklung der Dortmunder Bevölkerung bei Ausschaltung der Wanderungseinflüsse (bezogen auf den jeweiligen Gebietsstand), 1818—1905

	1818	1843	1858	1871	1885	1895		angenommene durchschnittliche jährliche Zuwachsrate in ‰ [a]
1818	4289							
1843	5600	7620						11
1858	6200	8300	22099					6
1871	7100	9600	25500	44420				11
1885	8100	10900	28900	50400	78435			9
1895	9000	12150	32200	56200	87500	111232		11
1905	10400	14100	37400	65200	101500	129100		15
in % 1905 [b]:	der wirklichen Volkszahl							
	6,0	8,2	21,6	37,7	58,7	74,7		

a) Angenommen nach den Zuwachsraten der Bevölkerung des Deutschen Reiches.
b) Ohne die Gemeinde Körne. S. dazu Anm. zu Tab. 1.
Quelle: Reekers/Schulz: Die Bevölkerung in den Gemeinden Westfalens 1818—1955, Münster 1952, S. 5 f.

Abschließend sei die Frage erlaubt, wie sich die Bevölkerung Dortmunds entwickelt hätte, wenn die Stadt nicht zum industriellen Standort geworden wäre. Läßt man die Ausgangsbevölkerung von 1818 entsprechend der Bevölkerung des Deutschen Reiches unter Ausschaltung der Wanderungseinflüsse wachsen, so wäre die Stadt auch 1905 noch eine unbedeutende ländliche Kleinstadt gewesen. Selbst die Ausgangsbevölkerung von 1843 hätte unter gleichen Bedingungen der Stadt ihren kleinstädtischen Charakter belassen. Erst aus den Ausgangsbevölkerungen von

32 Tenius, a. a. O., S. 22 f.

33 Tenius, a. a. O., S. 28.

1858 und 1871 wäre bis 1905 eine kleinere, bzw. größere Mittelstadt, erst aus der Ausgangsbevölkerung von 1885 eine Großstadt gewachsen. Die Unterschiede zwischen der auf diese Weise errechneten und der auf dem gleichen Siedlungsgebiet 1905 gezählten Bevölkerung sind direkt und indirekt auf die Zuwanderungen zurückzuführen: direkt infolge der Wanderungsgewinne, indirekt infolge der aus solchen Wanderungsgewinnen entstehenden Geborenenüberschüsse.

Dies verdeutlicht aber auch die Probleme der Assimilation, die sich aus der Zuwanderung bei hoher Fluktuation mobiler Bevölkerungsteile ergab [34]. Zwar bot der industrielle Standort einen sich stetig ausweitenden Arbeitsmarkt im sekundären und tertiären Sektor der Wirtschaft, zwar bot er, wenn auch oft notdürftige, Behausung, aber hier traten nicht nur die sozialen Unterschiede in der sich entwickelnden industriellen Gesellschaft, sondern auch die landsmannschaftlichen Unterschiede mit allen ihren Konsequenzen zu Tage. Gewiß dominierte auch in der Zuwanderung das westfälische Element, doch für die anderen, vor allem für die Norstostdeutschen, war die Einschmelzung ein oft Generationen beanspruchender Prozeß. Erst in diesem Prozeß wurde Dortmund zur Ruhrgebietsstadt, entstanden die ,,Dortmunder'' als Teil des ,,Ruhrvolks'', der sie heute sind.

---

34 Vgl. dazu Brepohl, a. a. O., die bis heute wichtigste Untersuchung des Assimilationsprozesses.

Albin Gladen

Die „Soziale Frage" im Prozeß der Industrialisierung Dortmunds

Albert Müßiggangs Feststellung, daß „die soziale Frage das Ergebnis der Nichtübereinstimmung von sozialer Idee und vorgefundener Wirklichkeit" [1] sei, verweist auf den normativen, wertbezogenen Charakter dieses Begriffes. Er wurde den Sozialkritikern in Westeuropa [2] im frühen 19. Jahrhundert zu einem Bestimmungswort für die verschiedenen sozialen Krisenerscheinungen, die im Prozeß des Übergangs der sich industrialisierenden, von ständischen Bindungen lösenden Gesellschaften offenkundig wurden. Mit dem Fortschreiten der Industrialisierung hat sich der Begriffsgehalt der „sozialen Frage" notwendigerweise entsprechend den sich verändernden gesellschaftlichen Strukturen und Wertordnungen immer wieder gewandelt. Meint die „soziale Frage" [3] der Gegenwart vor allem die gesellschaftlichen Problemlagen, in denen die Frage des Ausgleichs zwischen den Generationen dominant erscheint, so verweist die „soziale Frage" in ihrer ursprünglichen Begrifflichkeit vorrangig auf das krisenvolle Beziehungsverhältnis zwischen den sozialen Klassen, wie es sich in Auswirkung umfassender Prozesse gesellschaftlichen Strukturwandels an der Wende vom 18. zum 19. Jahrhundert in europäischen Staaten ausprägte [4]. Allerdings fand der Begriff „soziale Frage" erst durch Heinrich Heine, der ihn offenbar der französischen Formel „question sociale" nachformte, im Jahre 1840 Eingang in die sozialkritische Diskussion in Deutschland [5]. Er hat dann bis heute zur Kennzeichnung der spezifischen sozialen Problemlagen einschließlich der jeweiligen zeitgenössischen Erkenntnis und Verarbeitung der komplexen sozialen Strukturprobleme [6], wie sie sich in den Phasen der Entstehung, Ausprägung und Fortentwicklung der Industriegesellschaft ergeben haben, seine bewußtseinsbildende Funktion bewahrt. Die begriffsgeschichtliche Kontinuität macht dabei deutlich, wie sehr die von vielfältigen sozialen Krisenerscheinungen mitgeprägte Gegenwart nicht außerhalb der Geschichte steht, sondern vielmehr ihr Ergebnis ist. Damit fordert die Erfahrung der Geschichte in der alltäglichen Lebenswelt zur kritischen Aufarbeitung der historischen Wirklichkeit heraus, denn stets bedingt, strukturiert und begrenzt das jeweils geschichtlich Vorgegebene die Gegenwart und trägt somit den Menschen, die in ihr leben, die Chancen ihrer Lebensmöglichkeiten zu. Die Komplexität historischer Realität läßt sich sachgemäß dabei am ehesten „vor Ort" [7] aufspüren und begreifen. So besitzt die Geschichte der Stadt Dortmund im Industriezeitalter eine doppelte Funktion [8]. Zum einen läßt sie den besonderen und einmaligen Weg dieser Stadtregion von der „Reichsstadt" zur „Industriestadt" deutlich werden, und zum anderen bietet sie grundsätzliche Einblicke in die maßgebenden Voraussetzungen, Ansätze und Verlaufsfor-

1 Albert Müßiggang: Die soziale Frage in der historischen Schule der deutschen Nationalökonomie (Tübinger Wirtschaftswissenschaftliche Abhandlungen Bd. 2), Tübingen 1968, S. 4.

2 Zur sozialkritischen Diskussion in Deutschland vgl. Carl Jantke: Der Vierte Stand, Freiburg 1950, S. 40 ff.

3 Auf die sozialpolitische Diskussion der „neuen sozialen Frage", die sich in einem Kreislauf von „Armut und sozialer Isolierung" konkretisiert, macht Hans-Hermann Hartwich aufmerksam. Vgl. Hans-Hermann Hartwich: Sozialstaatspostulat und sozialer Wandel, in: Geschichte in Wissenschaft und Unterricht, Jg. 30, 1979, S. 733 f. Die Aktualität dieser sozialen Probleme dokumentieren in diesen Tagen die Medien in der Bundesrepublik Deutschland. So stellte am 3. 2. 1982 die Bundesanstalt für Arbeit fest, daß die Zahl der Arbeitslosen in der Bundesrepublik im Januar fast die „Zweimillionen-Grenze" erreicht habe. Dabei weist die Arbeitslosigkeit in NRW mit 557 000 Arbeitslosen und der Quote von 8,6% einen Negativrekord nach dem Zweiten Weltkrieg auf. Unter den Städten des Ruhrgebiets erreicht dabei Dortmund mit einer Arbeitslosenquote von 11,8% die Spitzenposition. Vgl. Westdeutsche Allgemeine, Nr. 29, 4. 2. 1982. Europaweit findet darüber hinaus das Problem der „Armut" eine Spezifizierung. Mindestens „30 (Mill.) der insgesamt 270 Millionen Menschen in der EG" leben unterhalb der Wohlstandsgrenze, d. h. ihr Pro-Kopf-Einkommen beträgt weniger als 50% des Durchschnittseinkommens des jeweiligen Mitgliedslandes in der EG. Vgl. Westfälische Nachrichten Nr. 31, 6./7. 2. 1982.

4 Vgl. dazu Günter Brakelmann: Die soziale Frage des 19. Jahrhunderts (Materialreihe der evangelischen Sozialseminare von Westfalen Bd. 1/2), Witten 1964, S. 39 ff.

5 Zur Begriffsgeschichte vgl. Eckart Pankoke: Sociale Bewegung — Sociale Frage — Sociale Politik. Grundfragen der deutschen „Socialwissenschaft" im 19. Jahrhundert (Industrielle Welt Bd. 12), Stuttgart 1970, S. 49 ff. Der früheste Beleg findet sich unter dem Datum vom 30. 4. 1840.

6 Jürgen Reulecke: Artikel „Soziale Frage", in: Handlexikon zur Politikwissenschaft — Neuausgabe (i. Ms., erscheint 1982).

7 Vgl. zu diesem regionalgeschichtlichen Ansatz u. a. Hans Georg Kirchhoff: Einleitung des Herausgebers, in: Gustav Luntowski: Die kommunale Selbstverwaltung (Geschichte Dortmunds im 19. und 20. Jahrhundert Bd. 1), Dortmund 1977, S. 4 ff.; Sidney Pollard (Hrsg.): Region und Industrialisierung (Kritische Studien zur Geschichtswissenschaft Bd. 42), Göttingen 1980; Ernst Hinrichs u. Wilhelm Norden: Regionalgeschichte. Probleme und Beispiele (Veröffentlichungen der Histor. Kommission für Niedersachsen und Bremen Bd. 34), Hildesheim 1980.

8 Zu dieser Funktionsbestimmung von Regionalgeschichte vgl. u. a. Albin Gladen: 125 Jahre Sparkasse Ibbenbüren 1856—1981, Ibbenbüren 1981, S. 12; Wolfgang Köllmann: Wozu noch Geschichte in unserer industriellen Welt? in: Zeitschrift des Bergischen Geschichtsvereins Bd. 88, 1977/79, S. 4.

men strukturwandelnder Prozesse der Modernisierung[9]. In diesem Beitrag soll das Erkenntnisinteresse vorrangig auf die Analyse und Verdeutlichung der ,,sozialen Frage" im regionalen Modernisierungsprozeß ausgerichtet sein. Mit diesem Bemühen verknüpft sich die Erwartung, zu einem begründeten Verständnis der gegenwärtigen sozialen Strukturen und Wandlungsprozesse in ihren Bedingtheiten zu kommen. Zugleich wird darüber hinaus die lebenspraktische Absicht verfolgt, durch historische Information und Orientierung Voraussetzungen zu schaffen, die es erst ermöglichen, ,,mit Bewußtsein in der Geschichte"[10] zu leben.

1. Bedingungen der Entstehung und Ausprägung der ,,Sozialen Frage"

Mit dem Untergang des alten Deutschen Reiches und den damit einhergehenden territorialen sowie politischen Veränderungen zu Anfang des 19. Jahrhunderts ging für Dortmund eine vielhundertjährige Geschichte als ,,Freie Reichs- und Hansestadt" zu Ende[11]. Nach kurzfristigen Zwischenperioden unter der Herrschaft von Nassau-Oranien (1803—1808) und des Großherzogtums Berg (1808—1815) ging die Stadt in preußischen Besitz über[12]. Als eine inzwischen unbedeutend gewordene Ackerbürgerstadt mit rund 4 000 Einwohnern auf einer Fläche von etwa 28 km^2 wurde Dortmund[13] damit in die wirkungsvollen Geschichtsprozesse einbezogen, von denen dann die preußische und deutsche Geschichte des 19. Jahrhunderts zunehmend geprägt wurde.

Die Stadt und ihre Bevölkerung wurden damit aus ihrer Stagnation in einen neuen Entwicklungsprozeß hineingedrängt, in dem behördliche ,,Indolenz" sowie das ,,Anhangen am Alten" nicht mehr zu rechtfertigen waren.

Durch die Stein-Hardenbergsche Reformpolitik war in Preußen die endgültige Absage an die tradierte ständisch verfaßte Sozial- und Wirtschaftsordnung erfolgt[14]. Hatten dabei die Agrarreformen (1807—50) die rechtlichen Fesseln der überkommenen ländlichen Herrschafts- und Arbeitsverfassung gesprengt, dazu das Ständesystem gesetzlich aufgehoben und die freie Berufswahl sowie die Mobilität des Grundeigentums gewährleistet, so fielen durch die Gewerbegesetzgebung (1810—1849) auch die letzten Schranken der alten ständischen Wirtschaftsordnung. Die Abhängigkeit der Gewerbeberechtigung vom Bürgerrecht, das Verbot des gleichzeitigen Betriebs mehrerer Gewerbe und der Beschäftigung von Mitarbeitern über eine bestimmte Zahl hinaus, wurden aufgehoben. Das überlieferte, von einem patriarchalisch-sozialen Bezug und staatlicher Bevormundung geprägte zunftgebundene Arbeitsverhältnis wurde auch hier durch den freien, individuell ausgerichteten Arbeitsvertrag ersetzt. Nur der in das preußische Direktionssystem eingebundene Bergbau bildete bis 1861 eine Ausnahme im Prozeß der ,,De-

9   Modernisierung wird als ein gesamtgesellschaftlicher Transformationsprozeß verstanden, der ,,inhaltlich bestimmt ist durch
— ein strukturveränderndes Wachstum insbesondere der materiellen und nichtmateriellen Güter,
— die Erweiterung der Zugangschancen zu diesen Gütern und der Disposition über sie,
— verstärkte Differenzierungsprozesse und
— erhöhte Selbststeuerungskapazitäten der Gesellschaft, Partizipation und Demokratisierung, begleitet von Änderungen des Bewußtseins und des sozialen Verhaltens." Vgl. Hartmut Kaelble, Horst Matzerath u. a.: Probleme der Modernisierung in Deutschland (Schriften des Zentralinstituts für sozialwissenschaftliche Forschung der Freien Universität Berlin Bd. 27), Opladen 1978, S. 5 f.

10   Zur Funktion des ,,Geschichtsbewußtseins" vgl. Karl-Ernst Jeismann: Geschichtsbewußtsein, in: Klaus Bergmann, Annette Kuhn u. a. (Hrsg.): Handbuch der Geschichtsdidaktik Bd. 1, Düsseldorf 1979, S. 42 ff.; Klaus Bergmann macht darauf aufmerksam, daß dann eine ,,didaktische Utopie" des deutschen Historikers Johann Gustav Droysen (1808—84) realisiert sei, wenn ,,das Geschichte lernende Subjekt" ,mit Bewußtsein in der Geschichte und die Geschichte in seinem Bewußtsein lebt'." Vgl. Klaus Bergmann: Warum sollen Schüler Geschichte lernen?, in: Geschichtsdidaktik, Jg. 1, 1976, S. 12.

11   Vgl. Gustav Engel: Politische Geschichte Westfalens, Köln und Berlin 1968, S. 235 f.

12   Luise von Winterfeld: Geschichte der freien Reichs- und Hansestadt Dortmund, 7. erweiterte Auflage, Dortmund 1981, S. 148 ff.

13   Kritisch führt dazu Justus Gruner in seinem aufschlußreichen Reisebericht (1803) aus: ,,Die Stadt ist, wie die meisten kleineren freien Reichsstädte, im Äussern und Innern gleich sehr verwahrloset. Ihr Umfang ist bedeutend genug, weisst aber keine Merkwürdigkeiten, sondern nur schlecht gepflasterte Gassen, meistens alte Gebäude, viel Unreinlichkeit, und andere hässliche Polizeimängel auf." Justus Gruner: Meine Wallfahrt zur Ruhe und Hoffnung oder die Schilderung des sittlichen und bürgerlichen Zustandes Westphalens, zweiter Theil, Frankfurt a. M. 1803, S. 370.

14   Sie hat in Dortmund eine Tradition im Kern getroffen, die Justus Gruner kritisiert als ,,Indolenz von Seiten der Behörden, theils aus schnödem Eigennutz, theils aus feiger Furcht, Mißtrauen von Seiten der Bürger und hartnäckiges Anhangen am Alten." Justus Gruner: a. a. O., S. 371.

korporierung" der altständischen Gesellschaft [15]. Die liberale Wirtschaftspolitik verschärfte durch ihre emanzipatorischen Wirkungen, indem sie zur Gewerbefreiheit führte und die zuvor durch die Zünfte korporativ gebundenen Handwerker freisetzte, die wirtschaftlichen, sozialen wie demographischen Begleit- und Folgeerscheinungen der Agrarreformen, die ihre sozialpolitisch schwerwiegendste Ausprägung in einer bedrohlichen Übervölkerungsentwicklung fanden.

Im Jahre 1803 hatte Justus Gruner aufgrund seiner Reiseeindrücke, die er ein Jahr zuvor gewonnen hatte, wesentliche Strukturmängel im gesellschaftlichen und wirtschaftlichen Leben Dortmunds offen gelegt und kritisch angemerkt: „die Armen betteln, und Fabrikanten gibt es, so viele deren auch ehemals hier waren, ausser den Webern, fast gar keine" [16]. Dieser Zustand sollte sich erst allmählich durch einen Vorgang ändern, der bewußt und verantwortlich gestaltet wurde. Seinen Anfang nahm er im Jahre 1815, als mit dem Einsatz einer Dampfmaschine auf der Zeche Friedrich Wilhelm der Prozeß der Industrialisierung im Dortmunder Raum eingeleitet wurde [17]. Die ihn tragenden Kräfte und beschleunigenden Impulse gingen von den Standortvorteilen aus, die Dortmund in den nun durch Maschineneinsatz zunehmend nutzbaren Kohlevorkommen besaß und darüber hinaus durch seine durch den Eisenbahnbau bedingte Entwicklung zum Knotenpunkt im Verkehrsnetz des Ruhrgebietes gewann [18]. Da die Anfänge der Industrialisierung zunächst nur punktuell den Bergbau erfaßten, behielt die strukturelle Ausrichtung der Wirtschaftsgrundlagen des Nahrungsspielraums seine um die Wende vom 18. zum 19. Jahrhundert ausgeprägte Form. So stellte der preußische Staatsrat Kunth im Jahre 1816 fest: „Das überwiegend wichtigste Gewerbe des Orts ist der Ackerbau" [19]. Die vorrangige Stellung der Landwirtschaft im frühen 19. Jahrhundert hat die Dortmunder Ackerbürger den durch die preußische Regierung eingeleiteten Prozeß der Entfaltung einer liberalen Wirtschaftsgesellschaft offenbar nicht als einen so krisenvollen Umbruchsprozeß erfahren lassen, wie er vielerorts durch die Übersetzung des Handwerks, den Niedergang der Heimgewerbe und eine explosionsartige zahlenmäßige Entwicklung der Bevölkerung geprägt wurde [20]. Dazu suchte der 1840 gegründete Gewerbeverein für das auf wenige Berufsgruppen reduzierte Handwerk, das vornehmlich Güter des alltäglichen Bedarfs herstellte, sowie für den vorwiegend auf den heimischen Markt ausgerichteten Handel, die durch die liberale preußische Gewerbepolitik gefährdeten traditionellen Positionen in Wirtschaft und Gesellschaft interessenspezifisch zu schützen. Dabei ließ sich jedoch der Funktionsverlust, den das Handwerk durch die Auflösung der Zünfte als Zwangskorporationen erfuhr, nicht auffangen oder gar kompensieren. Soweit ehemalige Zünfte als fakultative Innungen weiterbestanden oder als Korporationen von Handwerkern neu gegründet wurden, blieben sie vornehmlich auf einen sozialpolitischen Wirkungskreis beschränkt. Allerdings konnten sie damit einen Traditionsbestand wahren, den dann das Dortmunder Handwerk aufgrund der rechtlichen Rahmenbedingungen des Handwerkergesetzes von 1897 zu einem neuen korporativen Aus-und Aufbau zu nutzen vermochte [21]. Bis zur Jahrhundertwende konnte ein Bestand von 10 Innungen mit 646 Meistern, die 1875 Gesellen und 418 Lehrlinge beschäftigten, stabilisiert und ausgebaut werden. Die Korporationen zählten dann 1077 Meister als Mitglieder, bei denen 3334 Gesellen und 557 Lehrlinge beschäftig waren [22].

---

15   Vgl. Friedrich Zunkel: Die Rolle der Bergbaubürokratie beim industriellen Ausbau des Ruhrgebiets 1815—1848, in: Hans-Ulrich Wehler (Hrsg.): Sozialgeschichte Heute (Kritische Studien zur Geschichtswissenschaft Bd. 11), Göttingen 1974, S. 130—147.

16   Justus Gruner: a. a. O., S. 372.

17   Luise von Winterfeld: a. a. O., S. 164 f.

18   Vgl. den Beitrag von Ottfried Dascher in diesem Band.

19   Zitiert nach: Der Raum Dortmund, zusammengestellt und bearbeitet von O. Dascher, G. Luntowski u. a., Dortmund 1971, S. 7.

20   So stellte ein zeitgenössischer Beobachter im Jahre 1832 fest, daß es „wenig Örter gäbe, wo besonders die arbeitende Klasse, Handwerker und Tagelöhner so regelmäßig zu Biere gehen, als hier geschieht, wenig Örter, wo die Stände so wenig geschieden sind, als hier ..." Zitiert nach Luise von Winterfeld: a. a. O., S. 165.

21   Gesetz, betreffend die Abänderung der Gewerbeordnung. Vom 26. Juli 1897, in: Reichsgesetzblatt 1897, Berlin o. J., S. 665—706.

22   K. Meister: Die Innungen der Stadt Dortmund, Dortmund 1904, S. 14 ff.

In diesem Zeitraum der Dortmunder Geschichte vollzogen sich jedoch vor allem auch die grundlegenden Veränderungen, die Dortmund von einer Ackerbürgerstadt zur Industriestadt umformten. Eine liberale Wirtschaftsverfassung begünstigte ein neues Unternehmertum, das weder in seiner innovatorischen Aktivität und Risikobereitschaft noch in seinen geschäftlichen Ambitionen von einer staatlichen oder ständischen Autorität eingeschränkt wurde[23]. Dennoch vollzog sich der gesetzlich sanktionierte wirtschaftsliberale Umschwung im Dortmunder Raum, der seit 1817 im Rahmen der preußischen Verwaltungsneuordnung als Landkreis Dortmund eingerichtet worden war, wobei konsequenterweise die Stadt Dortmund den Verwaltungssitz zugeordnet erhielt, nur langsam[24]. Dabei konnte die junge Industrie in dieser Aufbauphase ohne Schwierigkeiten nach Bedarf und zu relativ günstigen Konditionen über den Produktionsfaktor Arbeit verfügen[25]. Offenbar verhinderten technische Rückständigkeit und mangelnde Produktionserfahrung gegenüber der englischen Industrie, ausländischer Konkurrenzdruck, ein zersplitterter deutscher Binnenmarkt und mangelnde Nachfrage, eine noch unbedeutende Infrastruktur sowie der verzögerte Transfer marktwirtschaftlich-technologischen Denkens auf eine noch weithin konservativ orientierte Gesellschaft die Expansion der neuen staatlich favorisierten Produktionsstätte „Fabrik". Sie schaffte erst nach 1850 den endgültigen Durchbruch an die Spitze der Produktionsstätten im sekundären Sektor auch im Dortmunder Wirtschaftsraum[26].

Die Stein'sche Städeordnung vom 19. 11. 1808 hatte zuvor die Grundvoraussetzungen geschaffen, die auch den Einwohnern der Stadt Dortmund ein neues Gemeindeverständnis abverlangten. Es implizierte die Einschätzung des Gemeinwesens als eine selbst zu verwaltende Gebietskörperschaft und somit zur Abwendung von dem tradierten korporationsmäßig bestimmten Bürgerrecht. Emanzipation aus der ständischen Sozial-und Wirtschaftsordnung führte damit auch zum Wandel der Bürgergemeinde zur Einwohnergemeinde sowie zur Freisetzung der Gemeindemitglieder zum Staat hin. Dieser Prozeß erhielt auch für Dortmund im Jahre 1850 in der Gemeindeordnung des preußischen Staates eine weitere Rechtsgrundlage[27].

Waren in Auswirkung der umfassenden preußischen Reformpolitik die korporativen Bindungen und Begrenzungen für den einzelnen Staatsbürger aufgehoben worden, so blieb in der neugeschaffenen Kreisregion Dortmund nicht nur ein ausgeprägter Gegensatz zwischen Stadt und Land weiterhin bestehen, sondern er wurde geradezu noch dadurch verschärft, daß der Gesetzgeber das städtische Bürgerrecht zunächst an Besitz und Gewerbetätigkeit band. Es wurde in der ersten Hälfte des 19. Jahrhunderts zu einem ausschlaggebenden Kriterium sozialer Zuordnung für die Dortmunder Bevölkerung in Stadt und Land, die sich im Prozeß der sich ausformenden schichtdifferenzierten, mobilen Sozialordnung der industriellen Welt vor die Notwendigkeit sozialer Neuorientierung gestellt sah. Die einsetzenden sozialen Differenzierungsprozesse erfuhren dazu um die Mitte des 19. Jahrhunderts eine politische Weichenstellung durch das Dreiklassenwahlrecht. Aufgrund dieser Wahlordnung war die mitverantwortliche Teilnahme der Stadtbewohner an der Gestaltung des städtischen Lebens im Rahmen eines durch die Industrialisierung neu bewirkten Urbanisierungsprozesses bis in das 20. Jahrhundert erschwert und blieb weithin einer Minderheit vorbehalten (15. 11. 1918)[28].

---

23 Zu einer repräsentativen Gruppe frühindustrieller Unternehmer in Dortmund vgl. Ottfried Dascher: a. a. O., S. 8 f.; grundsätzliche Anmerkungen dazu Jürgen Kocka und Hannes Sigrist: Zum Selbstverständnis deutscher Unternehmer im 19. Jahrhundert, in: Fabrik im Ornament, Münster 1980, S. 22 ff.

24 Gustav Luntowski: Die kommunale Selbstverwaltung (Geschichte Dortmunds im 19. und 20. Jahrhundert, Bd. 1), Dortmund 1977, S. 19.

25 Vgl. dazu im einzelnen Arthur Mämpel: Bergbau in Dortmund. Die sechziger und siebziger Jahre bis zum Ende ihrer Hochkonjunktur um 1876, Dortmund 1965, S. 9 ff. und vor allem den Beitrag von Ottfried Dascher im vorliegenden Band.

26 Vgl. Luise von Winterfeld: a. a. O., S. 167 ff.; Wolfhard Weber: Grundzüge der technikgeschichtlichen Entwicklung des Rheinisch-Westfälischen Industriegebietes bis 1914, in: Fabrik im Ornament, Münster 1980, S. 27—31; Joachim Petsch: Deutsche Fabrikarchitektur im 19. Jahrhundert, in: Fabrik im Ornament, Münster 1980, bes. S. 43—48.

27 Zu den Auswirkungen der preußischen Städeordnungen auf Dortmunds stadtgeschichtliche Entwicklung vgl. Gustav Luntowski: a. a. O., S. 46 ff.

28 Vgl. ders.: a. a. O., S. 58 f.

Um die Mitte des 19. Jahrhunderts wurde zunehmend deutlich, daß die Wirtschaftslandschaft der Dortmunder Region ein Potential an Wachstumsbedingungen umfaßte, das zum Ausgangspunkt neuer ökonomischer und sozialer Entwicklungen werden konnte: die Verfügbarkeit von Kohlevorkommen[29] als zukunftsweisender Standortvorteil der nach Norden ausgreifenden Bergbauindustrie des Ruhrgebietes[30]. So boten die ersten Formen industriewirtschaftlicher Produktions- und Arbeitsorganisationen die ausschlaggebenden Impulse für einen neuen Verstädterungsprozeß. Dabei gewann die alte Stadt nicht nur erneut und in ständig wachsendem Maße Bedeutung als „Standort der Produktion überörtlich und überregional zu vermarktender Güter"[31], sondern die Industrie gewann auch für Dortmund in dem sich ausprägenden Industrierevier des Ruhrgebiets die Funktion eines „Städtebildners der Neuzeit"[32]. Die neuen industriewirtschaftlichen Zentren, die Dortmund zu einer Stadt der „Kohle, des Eisens und des Bieres"[33] werden ließen, prägten sich zu den ökonomischen und sozialen Kernräumen aus, in denen die strukturwandelnden Prozesse der Entstehung und Ausprägung städtischer Lebensformen abliefern. Die ökonomischen und demographischen Wachstumsvorgänge drängten die expandierenden Industriestandorte im Dortmunder Raum auf den Weg zur Entwicklung kommunaler Selbständigkeit. Er führte zur Ausformung von drei eigenständigen Kreisen als Verwaltungsregionen: Stadtkreis Dortmund (15. 2. 1875), Landkreis Dortmund (1. 4. 1887), Landkreis Hörde (1. 4. 1887)[34]. Diese regionalen Gebietsreformen spiegeln vor allem auch das Bemühen kommunaler und staatlicher Verwaltungen wider, der sich entwickelnden pluralistischen Industriegesellschaft am Ort den erforderlichen Entfaltungsraum im Bannkreis der Montanindustrie zu gewährleisten.

Von den alten Bergbaufeldern des mittleren Ruhrtales hat sich die vom Bergbau geprägte Industrielandschaft des „Ruhrgebietes" in deutlich abgrenzbaren Phasen zu Ausgang des 18. und Beginn des 19. Jahrhunderts nach Norden ausgedehnt und dabei um die Mitte des 19. Jahrhunderts ihre produktivsten Standorte in der Hellwegzone gefunden. Damit gewann auch der Dortmunder Raum zunächst seine wirtschaftlichen und sozialen Strukturen als Bergbauregion. Allein im Bereich der Stadt Dortmund befanden sich im Jahre 1845 fünf Zechen in Betrieb: Am Schwaben, Friedrich Wilhelm, Landwehr, Löbbekenbusch und Teichmühlenbaum[35]. Die 1850er Jahre brachten dann einen geradezu boomhaften Ausbau der Dortmunder Montanindustrie. So weist Luise von Winterfeld allein für die Jahre 1853/57 die Gründung von 30 Aktiengesellschaften in Dortmund nach, für die ein Kapital von rund 30 Mio. Taler gezeichnet wurde[36].

Kein anderer industrieller Standort im Ruhrgebiet konnte in diesen Jahren ein auch nur annähernd vergleichbares Investitionsvolumen für seine montanindustriellen Wirtschaftsbereiche mobilisieren. So erreichten z. B. Duisburg, Essen und Bochum zusammen mit 11 analogen Gründungen nur etwa zwei Drittel der in Dortmunder Aktiengesellschaften investierten Kapitalsumme. Die Montanindustrie hatte Dortmund in diesem Jahrzehnt der 1850er Jahre zum Zentrum für industriewirtschaftliche Unternehmensgründungen im Ruhrrevier werden lassen.

Als etwa ein Jahrzehnt später eine neue Phase bergbaulicher Nordwanderung einsetzte und die Emscherzone erfaßte, fand in der Hellwegregion komplementär dazu der verstärkte Auf- und Ausbau von Zulieferungs-, Weiterverarbeitungs- und Versorgungsunternehmen statt. Dadurch wurde zugleich die Hellwegzone als Wirt-

---

29   Die Anzahl der Zechen, die sich in den 1840er Jahren im Kreis Dortmund in Förderung befanden, wird auf 18 geschätzt. Paul Hermann Mertes: Das Werden der Dortmunder Wirtschaft, 2. Auflage, Dortmund 1942, S. 9.

30   Zur Entstehung und Ausprägung der Zonen des Bergbaus im Ruhrgebiet vgl. Klaus Tenfelde: Sozialgeschichte der Bergarbeiterschaft an der Ruhr im 19. Jahrhundert (Schriftenreihe des Forschungsinstituts der Friedrich-Ebert-Stiftung Bd. 125), Bonn — Bad Godesberg 1977, S. 35.

31   Vgl. Wolfgang Köllmann: Von der Bürgerstadt zur Regionalstadt, in: Jürgen Reulecke (Hrsg.): Die deutsche Stadt im Industriezeitalter, Wuppertal 1978, S. 29.

32   Ausführlich dazu ders.: Der Prozeß der Verstädterung in Deutschland in der Hochindustrialisierungsphase, in: ders. (Hrsg.): Bevölkerung in der industriellen Revolution (Kritische Studien zur Geschichtswissenschaft Bd. 12), Göttingen 1974, S. 125 f.

33   Vgl. Hans Graf: Die Entwicklung der Wahlen und Parteien in Groß-Dortmund, Frankfurt a. M. 1958, S. 9.

34   Paul Wiel: a. a. O., S. 3.

35   Vgl. Paul Hermann Mertes: a. a. O., S. 9.

36   Luise von Winterfeld: a. a. O., S. 170 ff.

schaftsraum zu Lasten des Bergbaus und zum Vorteil der Eisen- und Stahlindustrie sowie der Folgebetriebe wie
auch der Konsumgüterindustrie — und das bedeutete für Dortmund vor allem auch den industriewirtschaftlichen
Ausbau des Brauwesens [37] — erneut ökonomisch und sozial umstrukturiert. Mit diesen grundlegenden Verschiebungen im regionalen Wirtschaftsgefüge ging ein umfassender Wandel der Beschäftigtenstruktur einher.

So fiel der Anteil der Beschäftigten in der Schwerindustrie in der Kernregion des Ruhrgebietes von 1870 bis 1895
um gut zehn Prozentpunkte auf etwa 40% zurück, während die Arbeitsplatzkapazität sich in den weiterverarbei-
tenden Industrien, dem Baugewerbe sowie dem Dienstleistungssektor parallel dazu ständig erhöhte. Diese arbeits-
marktpolitisch bedeutsamen Veränderungen des Arbeitsplatzangebotes in der Industrie und im Gewerbe boten in
wachsendem Maße den Arbeitnehmern Chancen einer sozialen Mobilität im Sinne eines sozialen Aufstiegs, der
zunehmend einen begehrten Übergang von der Arbeiterschaft in die sich ausprägende Angestelltenschaft als neue
soziale Gruppe der Industriegesellschaft verwirklichen ließ [38].

Dabei dürfte zwischen sozialen Aufstiegschancen und räumlicher Mobilität der Arbeitnehmer ein ,,negativer Kop-
plungseffekt" bestanden haben [39]. Die industriellen Unternehmer suchten auch im Dortmunder Raum von Anfang an ganz gezielt, so auch durch vielfältige Formen betrieblicher Sozialpolitik, sobald wie möglich einen orts-
festen Mitarbeiterstamm zu gewinnen. So wurde schon im Jahr nach der Gründung, nämlich im Jahre 1842, auf
der Hermannshütte eine Betriebskrankenkasse eingerichtet, die zur Keimzelle der betrieblichen Sozialeinrichtun-
gen des Hörder Bergwerks- und Hütten-Vereins wurde. Dieses Unternehmen ließ 1852 die ersten Werkswohnungen errichten und 1857 ein hütteneigenes Krankenhaus erbauen [40].

Die politischen, ökonomischen, gesellschaftlichen und demographischen Wandlungsprozesse der ersten Hälfte des
19. Jahrhunderts ließen in Dortmund die traditionellen Grundlagen der Gesellschaft brüchig werden, ohne daß
zeitgenössisch zugleich schon in der sich entwickelnden Industriegesellschaft die zukünftige Ordnungsform erkannt wurde. Vielmehr fanden die sozialen Begleit- und Folgeerscheinungen dieses krisenvollen Übergangs unter
dem Begriff ,,Pauperismus" [41] Berücksichtigung in einer breitgeführten sozialkritischen Diskussion. Sie themati-
sierte die ,,soziale Frage" als Ausdruck einer Emanzipationskrise, die in der ,,Dekorporierung, d. h. der Auflösung
der ehemaligen Ständegesellschaft, der Disproportionierung, d. h. der überproportionalen Zunahme der unteren
Volksklassen, und der Demoralisierung, d. h. des Verlustes überkommener Werte und Normen" [42] ihre Ursachen
hatte. Die bürgerlichen Sozialkritiker gingen dabei von der Vorstellung aus, daß die soziale, wirtschaftliche und
politische Ordnung durch den sogenannten ,,Pöbel", zu dessen Bezeichnung mit den 1830er Jahren zunehmend
der Begriff ,,Proletariat" verwendet wurde, akut bedroht war. Dabei besaß die Tatsache, daß innerhalb der neu
entstandenen Unterschicht in Dortmund ein wachsender Anteil von Industriearbeitern gebildet wurde, zukunfts-
wirksame Bedeutung, da sie in entscheidendem Maße den Beginn der Entwicklung der Gesellschaftsordnung der
modernen Welt, der Industriegesellschaft, regional mitbewirkten. Allerdings muß festgestellt werden, daß diese
neue Gesellschaft bis zur Mitte des 19. Jahrhunderts ebenso wenig real wie ein ständisches Dasein der überkommenen bürgerlichen Gesellschaft noch möglich war. Wegen des Zerfalls der alten ,,Stände" und der Herausbildung
neuer sozialer Gruppen waren die Grenzen von ,,Stand" zu ,,Klasse" zu ,,Schicht" unscharf geworden. In der
zeitgenössischen Sozialkritik läßt sich in Auswirkung dazu ein Bemühen um eine neue Begrifflichkeit beobachten,
um mit veränderten Begriffen nach neuen Zwecken gesellschaftlich differenzieren und klassifizieren zu können. So
war nun zunehmend auch die Rede vom ,,Arbeiterstand", namentlich dann, wenn es um die Lösung der ,,sozia-

---

37   Dies.: a. a. O., S. 176.

38   Zu diesen Strukturwandlungsprozessen vgl. im einzelnen Klaus Tenfelde: a. a. O., S. 57.

39   Vgl. D. Langewiesche: Soziale Probleme regionaler Mobilität, in: 33. Versammlung deutscher Historiker in Würzburg, Stuttgart 1982,
S. 78 f.

40   100 Jahre Dortmund-Hörder Hüttenunion, S. 22.

41   Zur Pauperismusproblematik vgl. Wolfgang Köllmann: Friedrich Harkort, in: Mittheilungen des Centralvereins für das Wohl der arbeitenden Klassen Bd. 1 (Berlin 1848/49), Hagen 1980, S. 11 ff.

42   Vgl. Werner Conze: Das Spannungsfeld von Staat und Gesellschaft im Vormärz, in: ders. (Hrsg.): Staat und Gesellschaft im deutschen Vormärz 1815—1848, 2. Auflage, Stuttgart 1970, S. 248 f.

len Frage" durch Integration des „Proletariats" in eine bürgerliche Gesellschaft ging, wobei das Prinzip der Hilfe zur Selbsthilfe verwirklicht sowie ein bürgerlicher Führungsanspruch gewährleistet sein sollten. In diesem Sinne agitierte und arbeitete der 1850 gegründete Dortmunder Kredit-Verein mit der neun Jahre zuvor eingerichteten Stadtsparkasse eng zusammen. Für beide Institutionen galt als sozialpolitischer Grundsatz: „Mit der materiellen Hilfe muß die sittliche Hebung des Arbeiterstandes Hand in Hand gehen, und mit der sittlichen die materielle"[43]. Nach der Maxime, „wem geholfen wird, der soll auch mithelfen", hatte die Stadtsparkasse ihre Tätigkeit als Dienstleistung für die wirtschaftlich und sozial gefährdeten Gesellschaftsgruppen erfolgreich gestalten können, zählten doch im Jahre 1852 zu ihren Kunden: 430 Dienstboten mit einer Einlage von 20400 Taler, 285 Gesellen mit einer Einlage von 14250 Taler, 270 Fabrikarbeiter mit einer Einlage von 16000 Taler, 195 Handwerksmeister mit einer Einlage von 19500 Taler und 807 andere „Personen aus den handarbeitenden Klassen" mit einer Einlage von 253621 Taler. Insgesamt war die Summe der Einlagen von 10770 Taler im Jahre 1841 auf 323771 Taler gestiegen[44]. Bemerkenswert ist, daß Friedrich Harkort, der durch Gründung einer Eisengießerei und Kesselschmiede in Hombruch (1832) als frühindustrieller Pionierunternehmer dem Industrialisierungsprozeß im Dortmunder Raum maßgebliche Entwicklungsimpulse gegeben hatte, über die allgemeinen Forderungen bürgerlicher Sozialreformer hinausging und neben der Absicherung der Unterschichten in Notlagen sowie „der Förderung von Eigentumserwerb und Seßhaftigkeit" in einer „Verbesserung der Volksbildung" eine ebenso unabdingbare Voraussetzung zur Lösung der „sozialen Frage" sah[45]. Sein praxisorientiertes sozialreformerisches Engagement führte ihn dazu, im Jahre 1843 in Dortmund den „Verein für die Deutsche Volksschule und zur Verbreitung gemeinnütziger Kenntnisse" zu gründen[46].

Gegen das bürgerliche Programm einer sozialen Integration stellten Karl Marx und Friedrich Engels ein Modell revolutionärer Überwindung der bürgerlichen Gesellschaft. Sie werteten das „Proletariat" ohne jeglichen Vorbehalt als eine eigenständige politische Kraft, die berufen sei, die bürgerliche Gesellschaft revolutionär zu überwinden und nach einer Übergangsphase der Diktatur des Proletariats in eine endgültige klassenlose Gesellschaft zu überführen[47]. Beide Konzeptionen sind in ihren Grundzügen geschichtsmächtig geblieben bis auf den heutigen Tag und bestimmen prinzipiell den Ost-Westgegensatz der Staaten der Welt. Für die Dortmunder Bevölkerung gewann die „soziale Frage" in den vierziger Jahren des 19. Jahrhunderts eine besondere Zuspitzung, als die dann auftretenden Wirtschaftskrisen (1846/47) sich nicht mehr nur als Agrarkrisen infolge schwerwiegender Mißernten auswirkten, sondern dazu durch konjunkturelle Krisenelemente verschärft wurden. Die tradierte Armenfürsorge war auch in ihrer seit 1822 gültigen, gegenüber früher rationeller gestalteten Organisationsform und Hilfeleistung nicht in der Lage, der entstandenen Not wirksam entgegentreten zu können[48]. So sah sich im Jahre 1847 die Stadtverwaltung veranlaßt, Gelder, die zur Gestaltung einer Feier zur Eröffnung der Bahnlinie Deutz—Hamm vorgesehen waren, der Armenpflege zur Verfügung zu stellen[49]. Auch von rechtlich unerlaubtem sozialen Protest in der Form eines Streiks der Handwerker in den Werkstätten der Köln—Mindener Eisenbahngesellschaft blieb die Stadt nicht verschont[50]. Er verdeutlichte 1848 der Öffentlichkeit eine neue Form der sozialen Auseinandersetzung, in deren Mittelpunkt nun die Fragen nach Lohn und Arbeitsplatzgestaltung rückten. Die sozialen Probleme dieser

43 C. Schmid: Der Dortmunder Kredit-Verein, in: Mittheilungen des Centralvereins für das Wohl der arbeitenden Klassen Bd. 4 (1853/54), Hagen 1980, S. 41.

44 Vgl. ders.: a. a. O., S. 45.

45 Vgl. Wolfgang Köllmann: a. a. O., S. 18*. Harkort begründete seine Auffassung mit der Feststellung: „In jedem neugeborenen Armen, welcher unwissend bleibt, erwächst der Gesellschaft ein neuer Feind." Vgl. ebda.

46 Ders.: a. a. O., S. 19*.

47 Vgl. Karl Marx u. Friedrich Engels. Manifest der Kommunistischen Partei, Berlin 1967, S. 42 f.

48 K. Rübel: Die Neuordnung der Armenverwaltung seit 1805 und in der Folgezeit, in: Beiträge zur Geschichte Dortmunds und der Grafschaft Mark Bd. 20, Dortmund 1911, S. 209 ff.

49 Vgl. Ottfried Dascher, a. a. O., S. 10.

50 Noch bestand in Preußen ein uneingeschränktes Koalitions- und Streikverbot, das erst durch die Gewerbeordnung für den Norddeutschen Bund vom 21. Juni 1869 aufgehoben wurde. Vgl. Albin Gladen: Geschichte der Sozialpolitik, Wiesbaden 1974, S. 46. Zum Streik vgl. R. Umbreit: Beiträge zur Geschichte der Arbeiterbewegung im rheinisch-westfälischen Industriegebiet, Dortmund 1932, S. 6 f.

Jahre wirkten auch in die regionalen Revolutionsereignisse 1848/49 hinein. Sie boten der demokratischen Bewegung wirksame Mobilisierungschancen für eine wachsende Anhängerschaft. Allerdings behielt in den revolutionären Auseinandersetzungen die monarchisch-konstitutionelle Richtung die Oberhand. Bemerkenswert ist, daß die bekannten Dortmunder Revolutionäre, der spätere Oberbürgermeister dieser Stadt Dr. Hermann Becker und Fritz Anneke[51], nicht in ihrer Heimat ein revolutionäres Betätigungsfeld suchten und fanden, sondern im Rheinland und in Baden. In jenen krisenvollen Jahren entwickelten sich jedoch auch im ökonomischen Bereich Ansätze, die Möglichkeiten zur Überwindung des „Pauperismus" im Dortmunder Wirtschaftsraum boten. Eine vom Eisenbahnwesen induzierte industriewirtschaftliche Konjunktur, die zur Verbundwirtschaft von Kohle und Eisen führte, eröffnete den Weg in eine Zukunft, in der die Mehrheit der Bevölkerung nicht mehr in Angst vor einer Massenverelendung leben mußte. Dabei prägte sich die „soziale Frage" zur „Arbeiterfrage" und die Stadt Dortmund zur „Arbeiterstadt"[52] um.

2. Wandel der „Sozialen Frage"

Die Entwicklung der Montanindustrie als Verbundwirtschaft von Kohle und Eisen, die sich zur Leitindustrie im Dortmunder Raum ausformte, war eingebunden in die Konjunkturverläufe der Zeit. Hatte sie in den Jahren 1858—1864 die negativen Auswirkungen der ersten modernen Weltwirtschaftskrise zu überstehen, so wurde sie von den Gründerjahren (1870—1873) ebenso folgenreich geprägt, wie sie in der sich anschließenden Gründerkrise erschüttert wurde. Die „Große Depression" erfaßte sie, von einem kurzen Aufschwung unterbrochen, mit ihren destabilisierenden ökonomischen sowie sozialen Begleit- und Folgeerscheinungen bis zu Beginn der 1890er Jahre, als sie dann von einer Phase erneuten wirtschaftlichen Wachstums abgelöst wurde[53].

Eine grundlegende Wechselbeziehung zwischen dem industriellen Auf- und Ausbau des Dortmunder Wirtschaftsraumes sowie seiner Bevölkerung[54] wird deutlich, wenn die Entwicklung der Einwohnerzahlen der Stadt Dortmund mit der quantitativen Ausweitung ihrer Wirtschaft verglichen wird. So stieg die Zahl der Einwohner von 4 289 im Jahre 1818 auf 10 515 im Jahre 1849. Dieser Zuwachs brachte die Stadt bevölkerungsmäßig in die Spitzenposition unter den westfälischen Städten und ließ sie mit Iserlohn (10 514 Einwohner) gleichziehen. Ein Jahrzehnt später, das nun Dortmund auch auf industriewirtschaftlichem Gebiet alle anderen westfälischen Städte überrunden sah, hatte sich die Einwohnerzahl Dortmunds verdoppelt. Damit war Dortmund in einem doppelten Sinne zur führenden Stadt in Westfalen aufgerückt[55]. In dieser ökonomischen und demographischen Wachstumsparallelität werden Interdependenzen deutlich, die Einsichten in Grundbedingungen und Auswirkungen der modernen Verstädterung als Begleit- und Folgeerscheinung der Industrialisierung gewinnen lassen. Zunächst wird für Dortmund erkennbar, daß der maßgebende Wachstumsimpuls für die Bevölkerung dieser Stadt in der Phase des industriellen Aufbruchs von der expandierenden Montanindustrie ausging[56]. Ihr steigendes Angebot an Arbeitsplätzen war das Ziel von Menschen, die mit der Arbeit neue Lebenschancen suchten, die ihnen am Heimatort verwehrt waren. So wurde die Zuwanderung von Arbeitskräften zum bestimmenden Faktor im Prozeß der wirtschaftlichen und bevölkerungsmäßigen Entwicklung Dortmunds. Darüber hinaus wird in dem Wachstum der Bevölkerungszahlen dieser Stadtregion geradezu ein Baugesetz moderner Verstädterung sichtbar, das „Gesetz vom doppelten Stellenwert" eines industriewirtschaftlichen Arbeitsplatzes[57]. Es besagt, daß eine Arbeitsstelle in der Indu-

51   Luise von Winterfeld: a. a. O., S. 177 ff.

52   Henny Hellgrewe: Dortmund als Industrie- und Arbeiterstadt (Wirtschafts- und Sozialmonographien deutscher Länder und Städte), Dortmund 1951, S. 52 ff.

53   Vgl. dazu Luise von Winterfeld: a. a. O., S. 170 ff.; Paul Hermann Mertes: a. a. O., S. 107 ff.; Hans Rosenberg: Wirtschaftskonjunktur, Gesellschaft und Politik in Mitteleuropa, in: Hans-Ulrich Wehler (Hrsg.): Moderne deutsche Sozialgeschichte, 3. Auflage, Köln und Berlin 1970, S. 233 f.

54   Vgl. dazu im einzelnen den Beitrag von Wolfgang Köllmann im vorliegenden Band.

55   Vgl. die Graphik „Entwicklung ausgewählter Städte im Ruhrgebiet 1816/18—1875, in: Klaus Tenfelde a. a. 0., S. 46.

56   Vgl. im einzelnen Arthur Mämpel: a. a. O., S. 9—60.

57   Zur demographischen Auswirkung des „Gesetzes vom doppelten Stellenwert" vgl. Wolfgang Köllmann: Industrialisierung, Binnenwanderung und „Soziale Frage", in: ders.: a. a. O., S. 107.

strie zu dieser Zeit zugleich einen neuen Arbeitsplatz im lokalen Dienstleistungsbereich mitschuf. Der Bevölke-
rungsvorgang Dortmunds macht weiterhin deutlich, daß die stadtgeschichtliche Entwicklung unter den Bedingungen der Industrialisierung Teil einer umfassenden Verstädterung in Deutschland war, die insgesamt auch als eine
soziokulturelle Auswirkung der Binnenwanderungsbewegungen zu den industriellen Standorten der Hochindustrialisierungsphase gewertet werden kann. Die Massenbewegung führte in der Zeit von 1871—1910 zu einer Um-
schichtung der Reichsbevölkerung zugunsten der Städte[58].

Abb. 40:   Durchbruch der Hansastraße 1907.

Die Zuwanderer brachten der Dortmunder Bevölkerung nicht nur einen absoluten Zugewinn an Einwohnern, sondern sie haben auch durch ihre Bevölkerungsweise, die sie am Zielort ihrer Wanderung verwirklichten, die strukturelle Entwicklung der Bevölkerung wesentlich mitgeprägt[59]. Hatte sich der Arbeitskräftebedarf der Industriewirtschaft im Ruhrgebiet bis in die siebziger Jahre des 19. Jahrhunderts weithin aus der ländlichen Bevölkerung des benachbarten Umlandes decken lassen, so erwies sich, daß mit zunehmender industrieller Expansion die Wirtschaft
nicht mehr auf ein Arbeitskräftepotential im Nahbereich zurückgreifen konnte. Das bedeutete auch für die Dortmunder Industrie, ihren Arbeitskräftebedarf in ferner liegenden Regionen mobilisieren zu müssen. In Betracht kamen die Zentren ländlicher Überschußbevölkerung, wie sie sich zu dieser Zeit vor allem in den preußischen Ostprovinzen und in Westpolen entwickelten. Eine „Ost-West-Wanderung" wurde ausgelöst, die entscheidend die
Ausprägung der Arbeiterbevölkerung im Ruhrgebiet gestaltete und damit die „soziale Frage" auch in Dortmund

---

58   Zum Prozeß der Verstädterung in Deutschland vgl. Wolfgang Köllmann: Die deutsche Bevölkerung im Industriezeitalter, in: ders.: a. a. O.,
     S. 38.

59   Vgl. dazu den Beitrag von Wolfgang Köllmann in diesem Band.

regionalspezifisch zur „Arbeiterfrage" mit umgestaltete. Die Zuwanderer beherrschten zu Ausgang des Jahrhunderts der Industrialisierung den Bereich der Arbeit in allen Hellwegstädten, so auch in Dortmund[60]. Die auf Dortmund hin orientierte Arbeiterwanderung wandte sich in der zweiten Hälfte des 19. Jahrhunderts vor allem den sich neu entwickelnden Standorten der Montanindustrie im unmittelbaren Umland der alten Reichsstadt zu. Dort bewirkte sie teilweise, daß die Zahl der Beschäftigten auf einzelnen Unternehmen mit ihren Angehörigen die Einwohnerschaft am Ort übertraf. Das läßt sich exemplarisch für die Dortmunder Vorstadt Hörde beobachten. So lag im Jahre 1855 die Zahl der Arbeiterbevölkerung, die in ihrer Existenz unmittelbar vom „Hörder Verein" abhing, um 2972 Personen höher als die Stadt Hörde mit ihren 5325 Einwohnern[61]. Um sich den Erfordernissen der wirtschaftlichen Wechsellagen anpassen zu können, mußte die Arbeiterbevölkerung ständig mobilitätsbereit sein. Instabilität wurde somit zu einem Wesensmerkmal ihrer Daseinsweise. In horizontaler und vertikaler Mobilität suchte sie ihre Lebenschancen zu finden. Noch um die Jahrhundertwende war die Fluktuation der Arbeiterbevölkerung in Dortmund so hoch, daß fast ein Fünftel der Bevölkerung im Jahresdurchschnitt ihren Wohnsitz wechselte[62]. Bemerkenswerte Strukturelemente prägen den Vorgang der Arbeiterwanderung und schlagen auf die „soziale Frage" als Arbeiterfrage durch. So hebt sich aus der Altersgliederung der fluktuierenden Arbeiterbevölkerung die Gruppe der 16- bis 40jährigen Arbeitnehmer heraus. Daneben überragte die Zahl der Ledigen den Anteil der Verheirateten, wie auch die Quote der Ungelernten größer ist als die der Qualifizierten[63]. Aus solchen Zusammenhängen wird deutlich, daß die Charakteristik der Arbeiterwanderung durch die regionale Arbeitsmarktentwicklung entscheidend bestimmt wurde. Die eindeutige Wechselwirkung zwischen wirtschaftlicher Stabilität und Ortsverbundenheit der Arbeiter zeigt sich besonders aufschlußreich, wenn infolge Arbeitslosigkeit, für die es ja noch keine sozialpolitische Absicherung gab, und damit des Zwangs zu erneuter Wanderung der Arbeit nach die Seßhaftigkeit preisgegeben werden mußte. So sahen sich 1858 in Auswirkung der Weltwirtschaftskrise über 2000 Dortmunder Arbeiter gezwungen, die Stadt zu verlassen, da sie keine Arbeits- und Verdienstmöglichkeiten mehr besaßen und sich von der Gefahr der Massenverelendung bedroht fühlten[64]. Auch in den krisenvollen 1870er Jahren waren mehrere Tausend Arbeiter infolge Arbeitslosigkeit zur Arbeitssuche gezwungen, wollten sie und ihre Angehörigen nicht der Armenpflege anheimfallen. So reduzierte allein die „Dortmunder Union" in den beiden Jahren 1873—1875 ihre Belegschaft von 12102 auf 7043 Arbeitnehmer[65]. Die Unsicherheit des Arbeitsplatzes sowie die Angst, einer wirtschaftlich völlig unabgesicherten Arbeitslosigkeit ausgesetzt werden zu können, wurde zunehmend zu einem Konfliktpotential zwischen Arbeitnehmern und Arbeitgebern. Es entlud sich in Formen des sozialen Protestes, der nicht mehr nur in Petitionen bestand, sondern zunehmend seinen Ausdruck im Arbeitskampf fand. So traten im Jahre 1877 etwa 3500 Bergarbeiter auf acht Dortmunder Zechen in den Streik, „als am 1. April 317 Bergleute der Zeche Germania ihre Abkehr erhielten"[66]. Mit diesem Arbeitskampf um den Erhalt der Arbeitsplätze verbanden sich im Verlauf der Streikbewegung weitere Forderungen der Bergleute. Sie zielten darauf ab, die Einführung verschärfter Arbeitsordnungen zu verhindern und Lohnerhöhungen sowie Arbeitszeitverkürzungen durchzusetzen. Die Arbeiter konnten keines ihrer Ziele erreichen[67]. Sie erlebten allerdings eine zunehmende Bereitschaft der Solidarisierung in ihren Reihen, die noch bestehende, gruppenspezifisch bedingte Spannungen in der Arbeiterschaft weiter abbauen half und den Weg in Richtung auf die organisatorische Zusammenfassung aller Bergarbeiter im Ruhrgebiet wies.

---

60 Vgl. dazu im einzelnen ders.: Binnenwanderung und Bevölkerungsstrukturen der Ruhrgebietsgroßstädte im Jahre 1907 in: ders.: Bevölkerung in der industriellen Revolution. Studien zur Bevölkerungsgeschichte Deutschlands (Kritische Studien zur Geschichtswissenschaft Bd. 12), Göttingen 1974, S. 175.

61 Vgl. dazu den Beitrag von Ottfried Dascher in diesem Band.

62 Vgl. den Beitrag von Wolfgang Köllmann in diesem Band.

63 Ebda.

64 Vgl. den Beitrag von Ottfried Dascher in diesem Band.

65 Ebda.

66 Klaus Tenfelde: a. a. O., S. 505 ff.

67 Ders.: a. a. O., S. 631.

Darüber hinaus wurde der mobilen Arbeiterschaft jedoch auch immer wieder bewußt, wie mangelnde Seßhaftigkeit sie auch außerhalb der Arbeitswelt benachteiligte. So sah sie sich durch die gebotene Mobilität in ihrem Bürger- und Wahlrecht eingeschränkt, da eine volle Wahrnehmung im kommunalen Bereich den Nachweis einer jährlichen Steuerleistung voraussetzte[68]. Selbst die Inanspruchnahme der Armenfürsorge war erst rechtens, wenn der Betroffene der Armenverwaltung nachweisen konnte, daß er ein Jahr in Dortmund ansässig gewesen war[69]. Selbst die Mitgliedschaft im Dortmunder Kredit-Verein, die allerdings der Mehrheit der Arbeiterbevölkerung aufgrund mangelnden Vermögens wohl verwehrt blieb, war an den Nachweis eines mindestens einjährigen Aufenthaltes in Dortmund geknüpft[70]. So wurde der Arbeiterbevölkerung bewußt, daß ein ortsstabiles Verhalten eine unabdingbare Voraussetzung für eine Integration in die städtisch-industrielle Gesellschaft wie auch für die Teilhabe an ihren Einrichtungen war. Die vielfältigen Integrationsbarrieren verhinderten damit in erheblichem Maße die Lösung der „sozialen Frage" als Arbeiterfrage. Damit wird jedoch auch deutlich, daß die „soziale Frage" in ihrer regionalspezifischen Ausprägung vor allem auch als ein kommunalpolitisches und nicht nur als ökonomisches Problem gesehen werden muß. Seitens der Arbeiterbevölkerung setzte der Eingliederungsprozeß in den industriestädtischen Lebensbereich die Bereitschaft und Fähigkeit voraus, sich auf die oft unpersönliche, vor allem sach- und leistungsbezogene Ordnung der industriellen Arbeits- und urbanen Lebenswelt einstellen zu können.

Damit forderte der Industrialisierungsprozeß der Arbeiterbevölkerung in Dortmund hohe Anpassungsleistungen ab und bürdete ihr zugleich erhebliche soziale Folgekosten auf. Zu ihnen zählen vor allem die sich in der Hochindustrialisierungsphase verschärfenden unzulänglichen Wohnverhältnisse. Sie wurden nicht nur von der Arbeiterbevölkerung, die mit 57 111 Personen im Jahre 1886 etwa zwei Drittel der Stadteinwohner ausmachte, als „Wohnungsnot" tagtäglich erfahren, sondern auch von der Stadtverwaltung ausdrücklich negativ gesehen. Ihre Ursachen sah der Bürgermeister Arnecke im Jahre 1886 in: „dem Mangel an zum Bewohnen geeigneten Räumen, dem Mangel an Nebengelaß, der Mangelhaftigkeit von Wohnräumen in Bezug auf Rauminhalt und bauliche Beschaffenheit, zu hohen, zum Einkommen der Miether nicht im Verhältnis stehenden Miethen"[71].

Fünfzehn Jahre zuvor hatte Oberbürgermeister Becker in einem Verwaltungsbericht schon auf eine wachsende Diskrepanz zwischen steigenden Bevölkerungszahlen und dem Ausbau des Wohnungsbestandes aufmerksam gemacht. Er sah die Ursachen für die Defizite im Wohnungsbau vor allem in der durch die Industrialisierung bedingten Veränderung der Siedlungsstruktur auf Dortmunder Stadtgebiet. War in der Zeitspanne von 1856—1871 die Zahl der Einwohner in der alten Reichsstadt von 15 299 auf nur 18 503 gestiegen, so wies das ihr zugeordnete Umland einen Zuwachs von 24 604 Einwohnern auf und übertraf damit die innerstädtische Bevölkerung um 7 448 Personen. Damit war die Region der Dortmunder Vorstadtgemeinden zum Zentrum des Bevölkerungswachstums geworden und trug auch in den folgenden Jahrzehnten die Entwicklung der Bevölkerung im Großraum Dortmund[72]. Der Wohnungsbau jedoch vollzog sich ohne Wachstumssprünge und konnte daher den ständig steigenden Bedarf an Wohnraum nicht decken. Die Wohnbebauung der Stadt Dortmund wies 1874 1 494 Wohngebäude für die „innere Stadt" und 2 214 für die „äußere Stadt" auf. Auf diesen Bestand an Wohnhäusern richtete sich die Wohnungsnachfrage von rd. 55 000 Einwohnern. Als in der Zeit von 1876—1885 die Neubautätigkeit

---

68 Zum Bürgerrecht in der Stadt Dortmund vgl. Gustav Luntowski: a. a. O., S. 57 f.

69 Erst nach einjährigem „fortgesetzten Wohnsitz" bestand ein Rechtsanspruch auf Armenfürsorge am Wohnort. „Gesetz über die Verpflichtung zur Armenpflege" vom 31. 12. 1842, in: Gesetzsammlung für die Königlichen Preußischen Staaten, 1843, S. 8—14. Diese gesetzlichen Bestimmungen wurden durch das Gesetz über den Unterstützungswohnsitz vom 6. Juni 1870 fortgeschrieben. Bundesgesetzblatt des Norddeutschen Bundes, Berlin 1870, S. 369—373.

70 So heißt es in § 8 der Statuten des Dortmunder Kredit-Vereins: „Allgemeine Bedingungen der Aufnahme sind: einjähriger Aufenthalt in Dortmund." Statut des Dortmunder Kredit-Vereins, in: Mittheilungen des Centralvereins für das Wohl der arbeitenden Klassen Bd. 5 (Berlin 1855/58), Hagen 1980, S. 174—177.

71 Arnecke: Die Arbeiterwohnungsfrage in Dortmund, in: Die Wohnungsnoth der ärmeren Klassen in deutschen Großstädten Bd. 2 (Schriften des Vereins für Socialpolitik 21), Leipzig 1886, S. 183.

72 Verwaltungsbericht der Stadt Dortmund 1871, in: Stadtarchiv der Stadt Dortmund. Anschaulich schildert Hans Mauersberg das Ausgreifen von Wirtschaft und Bevölkerung über die Grenzen der alten Reichsstadt in das Umland, wie es industriell-städtisch überformt und schließlich durch die Stadt im Zuge der Eingemeindungsprozesse vereinnahmt wurde. Hans Mauersberg: a. a. O., S. 224 ff.

Abb. 41: Kolonie-Anlage der Zeche Adolf v. Hansemann in Mengede 1914.

stagnierte und für die inzwischen auf rd. 76 000 Einwohner gestiegene Bevölkerung nur 151 neue Wohngebäude zusätzlich verfügbar waren, verschärfte sich die Wohnungsfrage zur „Wohnungsnoth der ärmeren Klassen"[73]. Eine besondere Rolle spielte auf dem Dortmunder Wohnungsmarkt das Angebot an Werkswohnungen. Die führenden Industrieunternehmen hatten fast alle seit den 1850er Jahren für ihre Belegschaften werkseigene Wohnungen in der Form der „Kolonien" erstellen lassen (s. Tabelle 1). Dabei verfolgten die Unternehmensleitungen vor allem den Zweck, einen qualifizierten, loyalen Arbeiterstamm zu gewinnen, der auch in den werksnahen Wohnungen durchaus noch der spezifischen Disziplin des Unternehmens ausgesetzt war. Den Arbeitern und ihren Familien wurden durchweg kostengünstige Wohnungen geboten, die auch in ihren standardisierten Ausstattungen den Wohnungen auf dem privaten Wohnungsmarkt überlegen waren. Dazu waren sie meist noch mit Stallungen für Kleinvieh und Gartenland ausgestattet. Der Bürgermeister Arnecke sah geradezu in der „Bewirthschaftung von Land" und in dem „Halten von Vieh" einen wirksamen „Hebel zur Besserung der wirtschaftlichen und

---

73 Arnecke: a. a. O., S. 163 f.; für die Entwicklung des Arbeiterwohnungsbaus im Ruhrgebiet in der Hochindustrialisierungsphase vgl. Franz J. Brüggemeier / Lutz Niethammer: Schlafgänger, Schnapskasinos und schwerindustrielle Kolonie. Aspekte der Arbeiterwohnungsfrage im Ruhrgebiet vor dem Ersten Weltkrieg, in: Jürgen Reulecke und Wolfhard Weber (Hrsg.): Fabrik, Familie, Feierabend, Wuppertal 1978, S. X. 141 ff.

sittlichen Güter auch der industriellen Arbeiterbevölkerung". So forderte er, „der Arbeiterbevölkerung die Möglichkeit zum Halten von Vieh und zur Bewirthschaftung von Land zu geben, die Lust und Liebe dazu zu wecken und zu fördern" und meinte: „der Segen wird nicht ausbleiben"[74]. Entscheidender jedoch als die Nutzung von Gartenland und die Möglichkeit zur Kleinviehhaltung war für den mietenden Arbeitnehmer, daß die Kosten für eine Werkswohnung im allgemeinen erheblich den ortsüblichen Satz unterschritten, dazu auch Mietsteigerungen wesentlich geringer ausfielen als auf dem freien Wohnungsmarkt. In Dortmund blieben die Mieten für Werkswohnungen von 1882—1886 sogar konstant, während ansonsten die Steigerungsraten zwischen 19,5 und 28,1% lagen[75]. Der durchschnittliche Mietsatz in den Koloniewohnungen betrug 15% des Arbeitseinkommens des Mieters, während für Wohnungen in „Privathäusern" die Belastung bis zu 28% des durchschnittlichen Arbeitereinkommens erreichen konnte[76]. Zwar läßt sich seit 1880 tendenziell ein Steigen der Reallöhne beobachten, aber ihre Höhe blieb insgesamt doch so niedrig, daß sie für die meisten Arbeiterfamilien nicht mehr als ein Minimaleinkommen ausweist, das für den allernotwendigsten Lebensunterhalt gerade reichte. Haushaltskostenrechnungen für diese Zeit machen deutlich, daß etwa zwei Drittel des Arbeitereinkommens für Nahrungsmittel aufgewendet werden mußten. Eine Lohnübersicht in der „Westfälischen Arbeiter-Zeitung" vom 9. 2. 1889 weist als monatlichen Durchschnittslohn für Bergleute — 65,— Mark, Fabrikarbeiter — 75,— Mark, Tischler — 75,— Mark, Maurer — 80,— Mark, Schumacher — 54,— Mark aus. Die Preise der Grundnahrungsmittel dieser Zeit macht der „Verwaltungsbericht der Stadt Dortmund pro 1889/90" deutlich (s. Tabelle 2).

---

74 Arnecke: a. a. O., S. 179.

75 Ders.: a. a. O., S. 176.

76 Ders.: a. a. O., S. 181.
Dazu findet sich in der „Westfälischen Arbeiter — Zeitung" eine bemerkenswerte Aufstellung der monatlichen Kosten für den Lebensunterhalt einer „Familie von 5 Köpfen". Dabei werden für einen Arbeiter „bei mittlerer Arbeitsleistung" 17,30 Mark, dessen Frau 15,30 Mark und drei Kinder 33,81 berechnet. Als Normalnahrung sind für den Arbeiter je Tag angesetzt: 750 Gramm Brot oder 470 Gramm Mehl, 230 Gramm Fleisch, 34 Gramm Fett zum Kochen, 200 Gramm Reis oder Gemüse. Als „unentbehrlich" für die Arbeiterfamilie gelten zusätzlich: Kaffee 3,00 Mark, Miete 15,00 Mark, Licht und Heizung 3,00 Mark, Fußbekleidung 4,00 Mark, Kleidung 6,00 Mark, Seife und Soda 0,45 Mark, Steuern 1,55 Mark, Vereinsbeiträge 0,50 Mark, Zeitungen 0,90 Mark, Kollekten 0,80 Mark, Klingelbeutel in der Kirche 0,10 Mark, 2 Glas Bier und 2 Cigarren 0,40 Mark, 1 Pfd. Tabak 1,00 Mark, Erhaltung der „Mobilien und Bettzeuge" 1,00 Mark. Westfälische Arbeiter — Zeitung, 2. Jg., 9. Februar 1889, Nr. 12.

Auf eine „preiswerte" Einkaufsmöglichkeit von Kolonialwaren macht ein Inserat in der Tremonia am 28. Februar 1890 aufmerksam:

„I a. Geräuch. Speck	pr. Pfd.	68 Pf	Rüböl	pr. Liter	68 Pf
I a. Geräuch. Mettwurst		75 Pf	Petroleum	pr. Liter	18 Pf
I a. reines Schmalz		55 Pf	Remscheider Sparkernseife		35 Pf
I a. frische Wellenbutter		100 Pf	Kernseife		15 Pf
Hutzucker	pr. Pfd.	31 Pf	Schwarze Seife		15 Pf
Würfelzucker	pr. Pfd.	33 Pf	Soda	pr. Pfd.	4 Pf
Kaffee, roh		von 110 — 160 Pf	Weiße Bohnen	pr. Pfd.	12 Pf
Kaffee, gebrannt		von 130 — 180 Pf	Große Bohnen zum Pflanzen		15 Pf
Reis		13 Pf	Riesenerbsen u. grüne Erbsen		13 Pf
Pflaumen		18 Pf	Rübenkraut	pr. Pfd.	13 Pf
Dampfringäpfel	pr. Pfd.	35 Pf	Sauerkraut	pr. Pfd.	6 Pf
I a. Weizenmehl	pr. Pfd.	13 Pf	I a. echten Limburger Käse		45 Pf."

Tremonia, Jg. 15, Nr. 49, in: Stadtarchiv Dortmund

Tabelle 1: Arbeiterwohnungsbau in Dortmund 1856/57 bis 1886

Industrieunternehmen[a]	Baujahr	Zahl der Häuser	Arbeitnehmer und Familienmitglieder	Anzahl der Hausbewohner	Anteil der Einwohner an der Zahl der Arbeitnehmer und ihrer Familienmitgl. in %
Eisenwerk Rothe Erde	1856/57	8	624	195	31,1
Werkzeugmaschinenfabrik Wagner u. Co	1865	10	837	238	28,6
Zinkhütte	1870/73	33	978	410	41,9
Maschinenfabrik Deutschland	1872	4[b]	633	114	18,0
Eisen- und Stahlwerk Hoesch	1872/85	24	3 435	257	7,5
Zeche Tremonia	1874	11	1 122	368	32,8
Actiengesellschaft für Bergbau-, Eisen- und Stahlindustrie	1873/86	132	8 046	1 715	21,3

Zusammengestellt nach: Die Arbeiterwohnungsfrage in Dortmund, in: Die Wohnungsnoth der ärmeren Klassen in deutschen Großstädten, Bd. 2 (Schriften des Vereins für Socialpolitik Bd. 21), Leipzig 1886, S. 174 f.
a) Hierzu kommt die „Caserne" der Zeche Friedrich-Wilhelm sowie ein Komplex von 16 Wohngebäuden des Eisenbahnfiskus, die zwischen 1873/86 erbaut wurden.
b) Von den vier Wonhäusern ist ein Gebäude als Doppelhaus errichtet worden.

Knapper Wohnraum und karges Einkommen ließen ein verbreitetes „Quartier- und Kostgängerwesen" unter der Arbeiterbevölkerung entstehen. Diese Lebensform der „halboffenen Familie"[77] wurde genauen behördlichen Regelungen unterworfen. So galt für den Vermieter, daß er für je zwei „Kost- und Quartiergänger" mindestens „ein Bett und ein Waschgeschirr" zur Verfügung stellen mußte. Ferner durften die Schlafräume der Untermieter mit den „Wohn- und Schlafräumen des Kost- und Quartiergebers und seiner Hausangehörigen weder in offener Verbindung stehen, noch durch eine Thür verbunden sein." Auch durften solche Räume „nicht von Personen verschiedenen Geschlechts als Schlafräume" benutzt werden. Für das Jahr 1886 lassen sich in Dortmund „867 Kost- und Quartiergeber, 973 zur Vermiethung bestimmte Räume und 1 859 Kost- und Quartiergänger" nachweisen. Auf die „innere Stadt" entfielen nur 15,8% der „Kost-und Quartiergeber", die 17% der „Kost- und Quartiergänger" bei sich als Untermieter aufgenommen hatten[78]. Das Gros der halboffenen Familien verteilte sich damit auf die „äußere Stadt".

So entfielen im Jahre 1886 durchschnittlich auf jeden Kost- und Quartiergeber 2,1 und auf jeden Quartierraum 1,9 Kost- und Quartiergänger. Für die im allgemeinen ledigen und jungen Schlafgänger wie die Vermieter boten sich durch die vielfältigen sozialen Kontakte, die sich in der Lebensform der halboffenen Familie realisieren ließen, Chancen für eine gemeinsame Bewältigung der wirtschaftlichen und sozialen Probleme des Alltags. Das war deswegen besonders wichtig, weil die Eingliederung der einwandernden Arbeiterbevölkerung in den industriell geprägten urbanen Lebensbereich von den meisten Neuankömmlingen die „Umstellung von der gewohnten, auf persönliche Beziehungen gegründeten agrarischen oder kleinstädtisch-bürgerlichen Ordnung"[79] auf eine weithin unpersönliche, vor allem sach- und leistungsbezogene Arbeits- und industriestädtische Lebenswelt erzwang.

77 Franz-Josef Brüggemeier: Die halboffene Familie, in: 33. Versammlung deutscher Historiker in Würzburg, Stuttgart 1982, S. 80 f.

78 Arnecke: a. a. O., S. 176 f.

79 Wolfgang Köllmann: Industrialisierung, Binnenwanderung und „Soziale Frage", in: ders.: Bevölkerung in der industriellen Revolution (Kritische Studien zur Geschichtswissenschaft 12), Göttingen 1974, S. 115.

Tabelle 2: Durchschnittliche Marktpreise in der Stadt Dortmund 1888/90

100 Kilo in M.	1888/89	1889/90	1 Kilo in M.		
Weizen	19,25	19,21	Rindfleisch (von der Keule)	1,25	1,35
Roggen	15,04	16,25	Rindfleisch (Bauchfleisch)	1,15	1,25
Gerste	13,75	12,65	Schweinefleisch	1,14	1,50
Hafer	14,67	16,71	Kalbfleisch	1,18	1,35
Erbsen gelbe	19,75	20,13	Hammelfleisch	1,12	1,25
Bohnen weiße	24,75	23,00	Speck	1,55	1,70
Linsen	46,00	45,50	Schweineschmalz	1,50	1,70
Kartoffeln	6,13	5,50	Eßbutter	2,30	2,30
Stroh (Roggenricht)	7,60	5,20	Weizenmehl I	0,30	0,30
Stroh (Krumm)	5,80	3,50	Roggenmehl I	0,28	0,28
Heu	8,00	5,50	Gersten-Graupe	0,36	0,36
			Gersten-Grütze	0,34	0,34
			Buchweizen-Grütze	0,34	0,34
			Hirse	0,40	0,40
			Reis (Java)	0,36	0,36
			Kaffee (mittler roh)	2,40	2,50
1 Liter in M.			Kaffee (mittler gebrannt)	2,90	3,20
Bier	0,25	0,28	Speisesalz	0,20	0,20
Branntwein	1,00	1,10	Schwarzbrot	0,17	0,20
Petroleum	0,20	0,25	Weißbrot	0,28	0,30
Rüböl	0,67	0,70	Eier (60 Stück)	3,20	3,25

Quelle: Verwaltungsbericht der Stadt Dortmund 1889/90, in: Stadtarchiv Dortmund

Die erforderlichen Anpassungsprozesse formten sich für die Arbeiterbevölkerung zu einem konfliktgeladenen sozialen Wandlungsprozeß aus, der insbesondere durch die Streikvorgänge der 1870er und 1880er Jahre seine Dynamik und Ausprägung erhielt. Der vielfältige soziale Protest dieser Jahrzehnte wurde im Dortmunder Raum vor allem von der Bergarbeiterschaft formuliert und getragen. Die Bergleute bildeten die stärkste Arbeinehmergruppe in der Dortmunder Arbeiterbevölkerung und gaben damit der „sozialen Frage als Arbeiterfrage" das regionalspezifische Gepräge. Es wirkte sich auch auf die übrige Bergarbeiterschaft im Ruhrgebiet aus, die in den 1880er Jahren die Zahl von einhunderttausend Bergleuten überschritt, von denen allein etwa 20 % auf Zechen im Dortmunder Raum beschäftigt waren[80].

Hatte sich in der fast hundertjährigen Geschichte des Ruhrbergbaus unter Regie des preußischen Staates ein privilegierter Bergmannsstand herausgebildet, der wirtschaftlich und sozial abgesichert war, so leitete der Abbau des Direktionssystems seit 1851 den sozialen Abstieg des Bergmanns vom Knappen zum Bergarbeiter ein. Damit zwang der preußische Staat durch die Neuorientierung seiner Bergbaupolitik gemäß den Prinzipien einer liberalen Wirtschaft den Bergmann, sich als Lohnarbeiter zu verstehen und sozial neu auszurichten. Zwar erlebten die Bergleute zunehmend, wie seit den 1860er Jahren sich die Funktion des einzelnen im Bergbaubetrieb als neues bestimmendes arbeitsmarktpolitisches Ordnungsprinzip gegenüber dem traditionellen, der Korporation, durchsetzte, aber seine Bedeutung als Strukturprinzip der sich entwickelnden industriellen Gesellschaft erkannten sie nicht. So wehrte sich der Bergmannsstand gegen den staatlich verordneten Prozeß der Anpassung an das industrielle System.

---

80 Im Oberbergamtsbezirk Dortmund nahm die Zahl der Bergarbeiter von 12 741 im Jahre 1850 auf 115 489 im Jahre 1889 zu. Dabei veränderte sich die durchschnittliche Belegschaftsstärke von 64 auf 730 Beschäftigte im gleichen Zeitraum. Vgl. dazu Albin Gladen: Die Streiks der Bergarbeiter im Ruhrgebiet in den Jahren 1889, 1905 und 1912, in: Jürgen Reulecke (Hrsg.): Arbeiterbewegung an Rhein und Ruhr, Wuppertal 1974, S. 112 f. Zum Beziehungszusammenhang von sozialem Konflikt, sozialer Innovation und sozialem Wandel vgl. Otto Neuloh: Zum Bezugsrahmen von sozialer Innovation und sozialem Konflikt, in: ders. (Hrsg.): Soziale Innovation und sozialer Konflikt, Göttingen 1977, S. 26 ff.

Dabei beriefen sich die Bergleute auf ihr altes Recht, suchten es dort, wo es noch möglich schien, wie in der Frage des Knappenschaftswesens, zu bewahren oder, bei schon erfolgtem Verlust, wiederzuerlangen[81]. Das sich aus solcher Abwehrhaltung gegen die Prozesse der sozialen Deklassierung, wie die Bergleute ihren Statusverlust als Knappen empfanden, bildende Konfliktpotential fand seinen Ausdruck in vielfältigen Formen des sozialen Protests, der von Petition und Widerspruch bis zum offenen Arbeitskampf reichte. So heißt es in der Eingabe einer Gruppe von Dortmunder Bergarbeiter-Deputierten an das zuständige Bergamt unter dem 2. Oktober 1860: ,,Nach unseren früheren Verhältnissen durften wir auf eine mehr gesicherte Existenz und auf eine bessere Versorgung im Alter rechnen, als jetzt aus dem Gesetz vom 21. Mai 1860 und dessen Consequenzen leider! zu folgern ist ... Es wird niemals oder nur selten berücksichtigt, daß eigentlich nur die Schweißtropfen des Arbeiters dem Arbeitgeber den Reichtum gebracht, und es müssen daher den ersteren möglichst günstige Verordnungen und Verträge stützen, wenn er sich nicht ganz u. gar umsonst gequält haben soll ... Wir erlauben uns ehrfurchtsvoll vorzuschlagen: daß wir während eines unfreiwilligen Feierns oder einer Krankheit keine Beiträge, sondern die Gewerken solche zu zahlen haben ... Mit dieser unserer Bitte werden wir um so weniger belästigen, als die gerechtesten Wünsche von Tausenden nicht persönlich, sondern auf einem Blatt Papier vorgetragen werden ...''[82]. Doch der tausendfache Protest in der Form von Petitionen blieb wirkungslos. Ihre verschiedenen Inhalte wurden zunehmend zu einem bergmännischen Forderungskatalog zusammengefaßt, der auf die Reduzierung überhöhter Arbeitszeiten, eine Regelung des Überschichtenwesens, Abschaffung des Beiladens sowie eine Lösung der Lohnfrage durch Lohnerhöhung um durchweg 25% abhob. Als sich an diesem präzisierten Konfliktstoff 1872 der erste große Streik im Ruhrgebiet mit seinem Zentrum auf den Zechenanlagen im Essener Raum entzündete, schlossen sich auch die Belegschaften der Dortmunder Zechen Tremonia und Westfalia an. Sie wurden dann auch in die vollständige Niederlage miteinbezogen, die am 28. Juni 1872 die Ausständigen traf. Der Konflikt hatte die Bergleute vor allem gelehrt, daß die lokalen Vereine, die den Arbeitskampf wesentlich getragen hatten, keine Organisationsform darstellten, die dem Interessenverband der Bergbauunternehmer, dem 1858 begründeten ,,Verein für die bergbaulichen Interessen im Oberbergamtsbezirk Dortmund'', gleichgewichtig entgegentreten konnte. In den Knappenvereinen setzte daher ein Bemühen ein, das Erlebnis der Solidarisierung im Arbeitskampf für den Aufbau einer überlokalen Bergarbeiterorganisation zu nutzen. So wurden die Knappenvereine, die in Essen seit 1855 und in Dortmund zwölf Jahre später als bergmännische Arbeitervereine in der Phase des industriellen Aufbruchs im Ruhrrevier entstanden waren, neben den traditionellen Knappschaften zu Keimzellen der regionalen verbandlichen und politischen Organisationsbildung der Arbeiterschaft an Rhein und Ruhr[83]. Sie gewannen in immer stärker werdendem Maße Bedeutung als Ort gemeinsamer Willensbildung für die heterogenen Bergmannsgruppen, wie die Angehörigen des ehemaligen Bergmannsstandes, die einheimische Bergtagelöhnerschaft und die zugewanderten Arbeitnehmer im Bergbau. In den Vereinen wurde nicht nur Geselligkeit gepflegt, sondern Hilfe geboten bei der Bewältigung von Anpassungsschwierigkeiten und Umstellungsanforderungen. In ihnen werden auch die Einbruchstellen sichtbar, über die antikonservatives Gedankengut Eingang in die Bergarbeiterschaft fand. Es ließ schon bald das tradierte obrigkeitsloyale Verhalten der Bergleute in den Betrieben wie auch gegenüber dem Staat in Frage stellen. Für eine solche Neuorientierung gewann der Dortmunder Knappenverein ,,Glückauf'' unter Initiative der Bergarbeiterführer Ludwig Schröder, Friedrich Bunte und August Siegel eine Vorreiterfunktion[84]. Dagegen wertete die Essener Knappenvereinsbewegung in ihrer christlich-sozialen Grundausrichtung die ,,soziale Frage'' nicht so sehr als ein politisches Problem, sondern als Ausdruck einer sittlichen wie ökonomischen Krise der Gesellschaft, die ihre Lösung primär in einer Gesinnungsreform der Arbeitgeber wie Arbeitnehmer finden müsse, der dann eine Zuständen-

---

81 Ders.: a. a. O., S. 112 f.

82 Zum vollen Wortlaut dieser Petition vgl. Klaus Tenfelde: a. a. O., S. 616 f.

83 Wolfgang Köllmann: Von Knappen zum Bergarbeiter: Die Entstehung der Bergarbeiterschaft an der Ruhr, in: Hans Mommsen und Ulrich Borsdorf (Hrsg.): Glück auf, Kameraden; Die Bergarbeiter und ihre Organisationen in Deutschland, Köln 1979, S. 23 ff.

84 Klaus Tenfelde: a. a. O., S. 489 ff.; ferner Hans-Otto Hemmer: Die Bergarbeiterbewegung im Ruhrgebiet unter dem Sozialistengesetz, in: Jürgen Reulecke (Hrsg.): a. a. O., S. 105 ff.

reform folgen könne[85]. Noch war die Forderung nach der „Herrschaft des Proletariats" nicht zum Programmpunkt der sich konstituierenden Bergarbeiterschaft im Ruhrgebiet erhoben worden, doch in den Dortmunder freien Knappenvereinen wurden die Ideen der jungen sozialistischen deutschen Arbeiterbewegung rezipiert und zu Maximen des politischen Handelns erhoben. So ergriff Ludwig Schröder in enger Kooperation mit der Dortmunder Filiale des ADAV die Initiative, einen „Zentralverband der Ruhrbergleute" zu gründen, um die Ansätze eines sich ausbreitenden Arbeiterbewußtseins für eine umfassende Verbandsgründung zu nutzen. Doch alle von ihm vor allem in den Jahren 1874/76 unternommenen Versuche, einen Bergarbeiterverband zu organisieren, scheiterten am Widerstand der Behörden. Am Ort wurde die behördliche Repressionspolitik gegenüber der Arbeiterschaft voll vom Dortmunder Oberbürgermeister, dem ehemals „roten Becker", mitgetragen, der ein Verbot der Betätigung der lokalen ADAV-Organisation erwirkte, die sich daraufhin in einen sozialdemokratischen Wahlverein umwandelte. Aber auch in den ideologischen Gegensätzen zwischen den freien und konfessionellen Arbeitervereinen lagen Hemmnisse für eine überlokale, alle Arbeitergruppen umfassende Verbandsbildung, wenn auch individuell durchaus Formen gemeinsamer Arbeit gesehen und genutzt wurden, wie die Mitarbeit Ludwig Schröders im Rechtsschutzverein, der unter der Leitung des Essener christlich-sozialen Redakteurs J. Fusangel wie des Dortmunder Verlegers L. Lensing stand, beweist[86]. Noch unter dem Eindruck des Scheiterns aller überlokal orientierten Organisationsbemühungen traf die Dortmunder Bergleute der schwere Schlag ihrer totalen Niederlage im Abwehrstreik gegen die Massenentlassung auf der Zeche Germania. Erneut bestätigte das Erlebnis der Niederlage den Dortmunder Bergarbeiterführern die Notwendigkeit einer Verbandsgründung. Doch schon ein Jahr später, am 19. Oktober 1878, bereitete das Sozialistengesetz allen weiteren Bemühungen seitens der freien Knappenvereine ein Ende, da mit Wirkung vom 27. Oktober 1878 alle sozialdemokratischen, sozialistischen oder kommunistischen Vereine, Versammlungen und Druckschriften verboten waren[87].

Dennoch wurden etwa sechs Jahre später erneut die freien Knappenvereine des Dortmunder Reviers die Initiatoren und Träger einer Aktion zur Mobilisierung der Bergleute, die sich zunehmend der ungelösten Organisationsfrage zuwandte. Die anerkannten Bergarbeiterführer, wie Schröder, Bunte und Siegel, versuchten auf zahlreichen Arbeiterversammlungen, die Bergleute zu kollektivem Handeln zu bewegen. Delegiertentage, die 1888 und 1889 etwa 10% der Ruhrbergarbeiterschaft in Dortmund repräsentierten, zielten zwar vorrangig darauf ab, das Knappschaftswesen zu reformieren, nahmen jedoch auch die Frage einer Verbandsgründung in ihr Aktionsprogramm. Sie sollte am 2. Juni 1889 auf einem besonderen Delegiertentag in Dorstfeld endgültig gelöst werden[88]. Doch auch dieses Ziel wurde zunächst einmal wieder illusorisch, als im Frühjahr 1889 der erste Massenstreik in der deutschen Geschichte das Ruhrgebiet erschütterte. Eine günstige Bergbaukonjunktur, die seit 1887 offenkundig geworden war, hatte die latente soziale Krise in eine abermalige Konfliktsituation umschlagen lassen und eine kollektive Kampfbereitschaft der Bergarbeiter im Ruhrrevier bewirkt[89]. Die Bergarbeiter sahen sich aus dem allgemeinen Bewußtsein ungerechtfertigter sozialer Deklassierung sowie durch die gemeinsame Erfahrung von Entrechtung, Ausbeutung und Verelendung zu solidarischem Handeln provoziert. Der Beginn des Arbeitskampfes, der in wenigen Tagen das ganze Ruhrgebiet erfaßte, erfolgte spontan, und schon in der ersten Maiwoche war die Entscheidung

---

85   Aufschlußreich ist dazu die Kriminalstatistik der Dortmunder Polizei 1861—1871. Sie weist aus, daß sich die Strafmandate in diesem Jahrzehnt mehr als verdoppelten (1861 — 1060 Strafmandate; 1871 — 2726 Strafmandate) und die Verhaftungen mehr als verdreifachten (1861 — 363 Verhaftungen; 1871 — 1098 Verhaftungen). Vgl. Arthur Mämpel: Bergbau in Dortmund. Die sechziger und siebziger Jahre bis zum Ende ihrer Hochkonjunktur um 1876, Dortmund 1965, S. 68. Wolfgang Köllmann: a. a. O., S. 23 ff. Zur Entwicklung und Rolle der Parteien in der Stadt Dortmund vgl. Ralf Lützenkirchen: Der sozialdemokratische Verein für den Reichstagswahlkreis Dortmund-Hörde (Monographien zur Geschichte Dortmunds und der Grafschaft Mark Bd. 2), Dortmund 1970, S. 91 f.

86   Hans-Otto-Hemmer: a. a. O., S. 106 ff.; ferner Klaus Tenfelde: a. a. O., S. 551 ff. sowie „Bericht des Oberbürgermeisters Dr. Hermann Becker (Dortmund)" vom 3. September 1874, in: Arno Herzig und Erdmann Linde (Hrsg.): Vor hundert Jahren, Dortmund 1978, Dokument 1.2.

87   Hans-Otto Hemmer: a. a. O., S. 81 ff.

88   Albin Gladen: a. a. O., S. 121 ff.

89   Carl-Ludwig Holtfrerich: a. a. O., S. 90. Nach ihm stieg das Kapitaleinkommen im Ruhrbergbau von 25,9 Mio. Mark im Jahre 1887 über 30,1 Mio. Mark im Jahre 1888 auf 32,6 Mio. Mark im Jahre 1889. Die Beschäftigtenzahlen erhöhten sich von 99 543 im Jahre 1887 auf 105 445 ein Jahr später und erreichten 1889 die Höhe von 115 497. Ders.: a. a. O., S. 52.

der Bergarbeiter unwiderruflich für eine umfassende Arbeitsverweigerung gefallen, der die Unternehmer als Kontraktbruch jede Berechtigung absprachen. Am 14. Mai 1889 befanden sich schon rund 87 000 Bergarbeiter, das waren 75 % der Bergleute im Ruhrrevier, im Ausstand. Auf den 32 Dortmunder Zechen streikten allein 18 680 Bergarbeiter[90]. Auch in diesem Konflikt übernahmen Dortmunder Bergarbeiterführer eine maßgebende Rolle. So gehörte Friedrich Bunte dem Centralstreikkomitee an. Ein besonderes Vertrauensvotum erhielten Schröder, Bunte und Siegel, als sie am 9. Mai 1889 auf einer Dorstfelder Bergarbeiterversammlung zu ,,Kaiserdeputierten" gewählt wurden, um dem Kaiser als ,,oberstem Bergherrn" in der am 14. Mai 1889 gewährten Audienz die Anliegen der Bergleute vorzutragen und um Hilfe zur Lösung des Konflikts zu bitten.

Doch auch dieser soziale Konflikt endete mit einer Niederlage der Bergleute, die am 31. Mai 1889 ihre Arbeit ohne Vorbedingungen wieder aufnehmen mußten. Es kann jedoch als entscheidendes, fortwirkendes Ergebnis dieses Arbeitskampfes festgehalten werden, daß der Wille der Bergarbeiter zu solidarischem Einsatz für die eigenen Interessen nicht wieder verlorenging oder an gruppenegoistischen Vereinszielen scheiterte. So wurde eine endgültige Wende in der Geschichte der Arbeiterbewegung im Ruhrgebiet eingeleitet, als Dortmund mit der Gründung des ,,Verbands zur Wahrung und Förderung bergmännischer Interessen für Rheinland und Westfalen" am 18. August 1889 auf dem Delegiertentag in Dorstfeld die Geburtsstunde der ersten, kontinuierlich fortwirkenden gewerkschaftlichen Interessenvertretung der Bergarbeiter im Ruhrgebiet erlebte[91]. Allerdings verhinderten zunächst weiterhin konfessionelle, politische und auch nationale Gegensätze zwischen den verschiedenen Bergarbeitergruppen, daß eine einheitliche Interessenvertretung der Arbeitnehmer aufgebaut werden konnte. So organisierten sich die Arbeiter in Richtungsgewerkschaften, wie dem sozialdemokratisch orientierten ,,Alten Verband", dem christlichen Gewerkverein ,,Glückauf" oder dem liberalen Gewerkverein ,,Hirsch-Duncker" wie auch in der ,,Polnischen Berufsvereinigung"[92].

Die Interessenverbände der Arbeitnehmer fanden in ihrer Politik Rückhalt bei den politischen Parteien, die ihrerseits vor Ort auf die Unterstützung der lokalen Gewerkschaftsgruppen rechnen konnten, wie die Entwicklung der Sozialdemokratie und des Zentrums in Dortmund besonders aufschlußreich ausweisen[93]. Mit ihrer Erstarkung machten die Arbeitnehmerorganisationen gegenüber den Arbeitgebern im Ruhrrevier den kollektiven Anspruch der Arbeiterschaft auf Partizipation an der Gestaltung der industriellen Arbeitswelt sowie der politischen und gesellschaftlichen Wirklichkeit im wilhelminischen Kaiserreich zunehmend geltend und scheuten dabei auch nicht vor weiteren Arbeitskampfmaßnahmen, wie die Streiks von 1905 und 1912 verdeutlichen, zurück[94]. So gewann die ,,soziale Frage" als Arbeiterfrage eine neue Dimension. Um die Jahrhundertwende wurde offenkundig, daß die Möglichkeit anhaltender politischer und gesellschaftlicher Diskriminierung der Arbeiterschaft nicht mehr gegeben war. Die ,,soziale Frage" formte sich zu einer umfassenden Strukturfrage aus, die primär die Notwendigkeit gleichberechtigter Anerkennung der Arbeiterschaft in Wirtschaft, Gesellschaft und Staat beinhaltete.

---

90 Zur Geschichte des Streiks vgl.: Der Bergarbeiterstreik von 1889 und die Gründung des ,,Alten Verbandes" in ausgewählten Dokumenten der Zeit, hrsg. v. Wolfgang Köllmann unter Mitarbeit von Albin Gladen, Bochum 1969, S. 110. Am 16. Mai befanden sich 110 000 Bergarbeiter im Ausstand. Dies.: a. a. O., S. 114.

91 Dies.: a. a. O., S. 279.

92 Bis zum Jahre 1904 waren die Mitgliederzahlen des ,,Alten Verbandes" auf 80 700 und des christlichen Gewerkvereins auf 44 350 angestiegen, während die 1902 gegründete Polnische Berufsvereinigung 11 500 Mitglieder zählte und der Gewerkverein-Hirsch-Duncker nur 597 Mitglieder aufwies. Vgl. Albin Gladen: a. a. O., S. 133.

93 Kurt Koszyk: Die sozialdemokratische Arbeiterbewegung 1890—1914, in: Jürgen Reulecke (Hrsg.): a. a. O., S. 149 ff. Auf dem Parteitag der westfälischen SPD in Dortmund am 6. Dezember 1881 wurde diese Stadt zum Zentralort der SPD in Westfalen bestimmt. Vgl. Bericht über den ,,Parteitag für Westfalen", in: Arnold Herzig und Erdmann Linde (Hrsg.): a. a. O., Dortmund 3.2. Bei den Reichstagswahlen erhielt die Sozialdemokratie im Wahlkreis Dortmund-Hörde folgende Stimmen-(anteile): 1878: 2 057 (= 7,0 %); 1890: 10 042 (= 26,7 %); 1903: 33 305 (= 42,8 %). Vgl. die Angaben in: Hans Graf: a. a. O., S. 184—186; dazu auch Ralf Lützenkirchen: a. a. O., S. 11 ff. Im Vergleich zur Sozialdemokratie entfielen auf die Zentrumspartei im Wahlkreis Dortmund-Hörde folgende Stimmen-(anteile): 1878: 8 775 (= 29,7 %); 1890: 10 191 (= 26,1 %); 1903: 19 472 (= 25,1 %). Ebda. Der Entwurf der ,,Statuten des Vereins der Centrumspartei für den Wahlkreis Dortmund" vom Mai 1871 befindet sich im Stadtarchiv Dortmund. Am 27. 3. 1876 wurde als Keimzelle der Zentrumspartei in Dortmund der ,,Katholische Volks-Verein für Stadt- und Landkreis Dortmund" gegründet. ,,Statuten" ebda., dazu Lambert Lensing: Die Geschichte der Zentrumspartei in Dortmund, in: Tremonia, 1. Januar 1926, in: Stadtarchiv Dortmund.

94 Albin Gladen: a. a. O., S. 131 ff.; ferner Gerhard A. Ritter: Staat, Arbeiterschaft und Arbeiterbewegung in Deutschland, Bonn 1980, S. 56 ff.

Regional war besonders bedeutsam, daß der preußische Staat sein ehemaliges Schutzverhältnis gegenüber den Bergarbeitern erneuerte und zum Prinzip seiner Bergbaupolitik machte. So erfolgte gegen massiven Widerstand der Bergbauunternehmer am 24. Juni 1982 die Verabschiedung einer Berggesetznovelle. Danach wurde mit Wirkung vom 1. Januar 1893 u. a. festgelegt, daß

1. die Bergbauunternehmer zum Erlaß von Arbeitsordnungen verpflichtet seien,

2. der Bergarbeiterschaft bei der Entwicklung von Arbeitsordnungen ein Mitwirkungsrecht einzuräumen sei,

3. der Bergarbeiterschaft die Bildung von Arbeiterausschüssen zugestanden werden müsse,

4. die staatliche Aufsicht im Bergbau wiederum verstärkt werde[95].

In der obligatorischen Einführung von Arbeitsordnungen kann wohl der entscheidendste sozialpolitische Fortschritt für die Arbeiterschaft auch im Dortmunder Raum gesehen werden. So sollte durch die Mitwirkung von Arbeitnehmern bei der Gestaltung der industriellen Arbeitswelt eine neue Form der Konfliktbewältigung, die nicht auf Gewalt, sondern auf Kompromiß basierte, gewonnen werden. Dieser Rechtsanspruch der Bergarbeiter auf Mitwirkung bei der Ordnung der sozialen Betriebsverfassung stellte den ersten Eingriff des Gesetzgebers zugunsten der Arbeitnehmer in die entwickelten Herrschaftsverhältnisse des industriellen Betriebes dar. Er setzte den Anfang für einen Prozeß, der über die Mitberatung der Arbeitnehmer zu ihrer Mitbestimmung in allen Bereichen der Betriebsordnung führte. Darüber hinaus machten in der sozialpolitischen Diskussion in Deutschland vor allem die preußischen Sozialpolitiker an der Wende vom 19. zum 20. Jahrhundert sehr wohl deutlich, daß sich staatliche Sozialpolitik als Beitrag zur Lösung der „sozialen Frage" im Sinne der Aussöhnung der Arbeiterschaft mit dem Staat keineswegs in Formen einer Sozialversicherungspolitik erschöpfen dürfe[96]. Doch wollten sie den Schritt von der staatlichen Fürsorge für die Arbeiter zu ihrer vollen Emanzipation, die in der vorbehaltlosen Gewährung uneingeschränkter Koalitionsfreiheit[97], der Aufhebung des Zensuswahlrechtes sowie einer Neuordnung der anachronistisch gewordenen Einteilung der Reichstagswahlkreise[98] wesentliche Vorbedingungen für ihre Verwirklichung besaß, nicht verantworten. Sie sahen in allen Versuchen, „die Arbeiterfrage" nicht nur sozialpolitisch zu behandeln, sondern als Verfassungsfrage zu lösen, eine Gefährdung der politischen Ordnung in den Staaten und im Reich. So blieb die Arbeiterschaft im Wilhelminischen Reich zumindest bis 1914 eine weithin diskriminierte gesellschaftliche Mehrheit des deutschen Volkes. Dabei zeichnete sich zunehmend die Notwendigkeit ab, die Integrationsproblematik der sich pluralistisch strukturierenden Industriegesellschaft sowie die Legitimationsproblematik eines zur sozialpolitischen Intervention verpflichteten Staates, also eines „Rechts- und Sozialstaates", grundsätzlich zu lösen. Am Ende des ersten Jahrhunderts der Industrialisierung fand dabei jedoch die staatliche Gesellschaftspolitik als Sozialreformpolitik ihre vorerst unüberwindbaren Schranken an der Verfassungsfrage.

---

95 Gesetz, betreffend die Abänderung des Allgemeinen Berggesetzes vom 24. Juni 1892, in: Gesetzsammlung für die königlichen Preußischen Staaten 1892, S. 131 ff. Schon die am 29. Juli 1890 gesetzlich verordnete Einrichtung von „Gewerbegerichten" zielte darauf ab, soziale Konflikte in der Arbeitswelt durch Kooperation zwischen Arbeitgebern und Arbeitnehmern einer Lösung zuzuführen. Gesetz, betreffend Gewerbegerichte. Vom 29. Juli 1890, in: Reichsgesetzblatt 1890, S. 141 ff. Im Ruhrgebiet verhinderten allerdings die privaten Zechengesellschaften diese sozialpolitische Intention des Gesetzgebers bis 1905. Albin Gladen, a. a. O., S. 171 f.

96 So hatte der sozialinterventionistische deutsche Obrigkeitsstaat mit der Einrichtung der Krankenversicherung (1883), Unfallversicherung (1884), Invaliditäts- und Altersversicherung (1889) sowie durch Schutzgesetze für Kinder, Jugendliche und Frauen eine in jener Zeit für alle Industrieländer vorbildliche Form der Sozialversicherung geschaffen. Albin Gladen: a. a. O., S. 58 ff. Mit dem „Gesetz über Arbeitsvermittlung und Arbeitslosenversicherung" vom 16. Juli 1927 wurde allerdings erst das Sozialversicherungssystem durch die Arbeitslosenversicherung vervollständigt. Ders.: a. a. O., S. 98.

97 So wurden erst die für die Arbeiterschaft diskriminierenden Bestimmungen des § 153 der Reichsgewerbeordnung am 22. Mai 1918 durch Gesetz aufgehoben. Ders.: a. a. O., S. 92. Die staatliche Anerkennung der Gewerkschaften als legitime Interessenvertretungen der Arbeiter hatte das „Gesetz über den vaterländischen Hilfsdienst" vom 5. Dezember 1916 gebracht, während die Unternehmerschaft diesen Schritt mit der Gründung der „Zentralen Arbeitsgemeinschaft" (15. 11. 1918) vollzog. Ebda.

98 Mit dem „Aufruf des Rates der Volksbeauftragten" am 12. November 1918 wurden die gebotenen Wahlrechtsänderungen verwirklicht. Ebda.

3. „Soziale Frage" als Herausforderung in Gegenwart und Zukunft

Mit fortschreitender Industrialisierung entwickelte die städtisch-industrielle Gesellschaft aus sich heraus eine verbindliche soziale Ordnung des Industriezeitalters. Diese Gesellschaftsordnung der „Modernen Welt" hat sich
nicht als ein starres Sozialsystem erwiesen. Vielmehr ist sie in ihrer Flexibilität eine allen sozialen Gruppen zuge-
wachsene ordnungspolitische Aufgabe geblieben. Ihre Lösung als Antwort auf die jeweils gesamtgesellschaftlich
anstehende „soziale Frage" muß primär daran orientiert sein, wie sehr regional Bedingungen geschaffen und gewährleistet werden können, unter denen der Mensch eine ihm gemäße, menschenwürdige Lebensform entfalten
und realisieren kann. So geht es für die Einwohner der Stadt Dortmund weiterhin darum, „Urbanität" in einem
umfassenden Sinne zu verwirklichen, so daß die Stadt in Gegenwart und Zukunft ihrer Bevölkerung einen Lebens-
raum bietet, in dem das Leben lebenswert ist.

Abb. 42:   Abbruch der „Reinoldi-Insel" 1906.

Günther Högl

Dortmund am Ende der Weimarer Republik und während der Herrschaft des Nationalsozialismus

1. Die wirtschaftliche, soziale und politische Lage der Stadt vor 1933

Die seit dem Ende des 19. Jahrhunderts rasch fortschreitende industrielle Entwicklung Dortmunds, die sowohl durch das örtliche Kohlevorkommen als auch durch die günstige Verkehrslage für den Standort von Unternehmungen der Schwerindustrie (Eisenbahnnetz, Kanäle) beeinflußt wurde, hatte einen starken Bevölkerungszustrom in die Region zur Folge. Durch eine zielbewußte Eingemeindungspolitik vergrößerte sich das Bevölkerungsvolumen der Stadt in den Jahren 1928/29 noch um 205 000 auf insgesamt über 500 000 Einwohner. Nach einer Volks-, Berufs- und Betriebszählung vom 16. Juni 1933 betrug die Gesamtbevölkerung Dortmunds 540 875 Menschen [1]. Durch diese geradezu explosive Entwicklung, sowohl in bevölkerungs- als auch industriespezifischer Hinsicht, unterschied sich Dortmund von den kontinuierlich und organisch gewachsenen Großstädten Deutschlands [2].

Deutete sich eine krisenhafte Entwicklung des Bergbaus und der Hüttenindustrie bereits vorübergehend nach dem Ende des Ersten Weltkrieges an, so verschlechterten die Auswirkungen der großen Weltwirtschaftskrise (1929—1932) die sozioökonomische Situation der Stadt zusätzlich. Im Verhältnis zu anderen Industriebranchen wie etwa der Brauindustrie waren die Dortmunder Grundstoffindustrien davon besonders betroffen, denn gerade die Eisen- und Stahlindustrie war durch den Zusammenbruch des ausländischen Kapitalmarktes unmittelbar in die internationale Krise mitgerissen worden [3]. Allein in der Zeit von 1925 bis 1931 meldete eine große Anzahl von Firmen verschiedener Branchen den Konkurs an. Dreizehn Zechen im engeren Dortmunder Raum mit über 18 000 Beschäftigten mußten ihre Tore schließen [4].

Durch das große ,,Zechensterben" in dieser Zeitspanne, wobei mit Ausnahme der Zeche ,,Gottessegen" bei Hombruch sämtliche südliche Zechen ihren Betrieb einstellten, veränderte sich neben der wirtschaftlichen Struktur auch die Sozialstruktur der Stadt. Mit der Verlagerung des bergbaulichen Ausbaus auf die verbleibenden Anlagen im überwiegend nördlichen Teil des Stadtgebietes von Dortmund: Gneisenau, Scharnhorst, Adolf von Hansemann, Westhausen, Hansa, Minister Stein/Fürst Hardenberg, Zollern, Kaiserstuhl I und II, Dorstfeld und Oespel, ergab sich gleichzeitig auch eine Konzentration der Industriearbeiterschaft im Dortmunder Norden.

Wie es im Dortmunder Norden (nördliche Innenstadt) um 1930 aussah, schildert eine Denkschrift des 5. Polizeireviers, dessen Kernpunkt der Steinplatz bildete und dessen Einzugsgebiet ca. 29 000 Einwohner beherbergte: ,,. . . in erster Linie ein Arbeiterwohnrevier mit allen wirtschaftlichen und sozialen Folgeerscheinungen eines solchen . . . Der größte Teil der Arbeiterbevölkerung lebt in schlechten wirtschaftlichen Verhältnissen. Vielerorts herrscht, hervorgerufen durch Erwerbslosigkeit, Krankheiten, Kinderreichtum und menschenunwürdige Wohnungsverhältnisse, größtes Elend" [5].

Im Juni 1932 erreichte die Entwicklung auf dem Bergbausektor ihren Tiefpunkt; die Dortmunder Zechenbelegschaften verringerten sich von ursprünglich 41 000 (1930) auf 18 000 Mann, d. h. etwa 55% aller Dortmunder Bergarbeiter waren in einem Zeitraum von zwei Jahren arbeitslos geworden. Die wirtschaftliche Situation verschärfte sich noch dadurch, daß die entlassenen Arbeitskräfte nicht oder nur zu einem geringen Teil reintegriert

1   Grundriß zur deutschen Verwaltungsgeschichte 1815—1945, Bd. 8: Westfalen, hrsg. v. Walter Hubatsch, Marburg 1980, S. 229.

2   Hellgrewe, Henny, Dortmund als Industrie- und Arbeiterstadt, Dortmund 1951, S. 11.

3   Vgl. Rohsa, Erich, Wirtschaft und Siedlung in Dortmund. Eine stadtgeographische Studie, Diss. Marburg 1937, S. 41 f.

4   Darunter befanden sich traditionsreiche, mit der Stadtgeschichte eng verbundene Zechen wie ,,Schleswig" (Hörde), ,,Admiral" (Hörde), ,,Freier Vogel" (Schüren), ,,Kaiser Friedrich" (Barop), ,,Glückauf" (Hombruch), ,,Tremonia" (Dortmund-Stadt), ,,Germania" (Marten) und die Zeche Kurl. Vgl. hierzu Sattler, Hans-Jürgen, Die Wirtschaftskrise in Dortmund 1929—1932, Diss. Köln 1954 (masch.), S. 31, S. 49. S. auch Steinberg, Heinz Günter, Zur Sozialgeschichte des Reviers, in: Rhein-Westf. Rückblende. Hrsg. v. W. Först, Düsseldorf 1968, S. 265, sowie den Beitrag von Dietmar Petzina, Wirtschaftliche Entwicklung und sozialer Wandel in der Stadtregion Dortmund im 20. Jahrhundert, in dieser Festschrift.

5   Denkschrift des 5. Dortmunder Polizeireviers. o. O. u. J. (Dortmund 1930), S. 10.

werden konnten. Der Großteil der Arbeitslosen fiel somit der öffentlichen Fürsorge zur Last, die ohnehin bereits die Grenzen ihrer Leistungsfähigkeit längst erreicht hatte. 1932 mußten in Dortmund bereits 70 000 Personen durch Fürsorgeeinrichtungen unterstützt werden, wovon die Stadt selbst den größten Anteil an Unterstützungsgeldern aufbringen mußte.

Die höchste Arbeitslosenquote und damit zugleich der Tiefpunkt für das gesamte Dortmunder Wirtschaftsleben wurde im ersten Halbjahr 1932 erreicht. Im Vergleich zu den Arbeitslosenzahlen anderer Großstädte im Deutschen Reich lag Dortmund an der Spitze dieser negativen Entwicklung. Den höchsten Stand an Entlassenen im Bergbau von allen Ruhrgebietsstädten erreichte Dortmund mit 34,4% für Dezember 1930, mit 52,4% für Dezember 1931 und mit 57,4% für August 1932[6].

In der Eisen- und Stahlindustrie, dem zweiten Pfeiler der Ruhr-Industrie, wo der Technisierungs- und Rationalisierungsprozeß zur Schaffung des größten europäischen Montankonzerns, der ,,Vereinigten Stahlwerke AG'', geführt hatte, lag für Dortmund der Durchschnittswert der Beschäftigtenquote im Verhältnis zu anderen Städten des Ruhrgebietes günstiger: Hier waren im Vergleich zum August 1929 27,0%, im Dezember 1931 40,0% und im Dezember 1932 nur noch 38,0% der Beschäftigten arbeitslos[7].

Tabelle 1: Arbeitslose in Dortmund und im Großstadt-Durchschnitt des Deutschen Reiches (in v. H.)[8]

Ende des Monats	Dortmund	Reich
Dez. 1929	8,0	9,6
März 1930	10,2	11,4
Sept. 1930	15,7	13,2
Dez. 1930	21,3	16,2
März 1931	23,5	17,5
Dez. 1931	30,8	21,9
März 1932	33,4	24,0
Juni 1932	32,6	23,8
Okt. 1932	33,3	25,7

Insgesamt betrachtet, führte die Massenarbeitslosigkeit zu einer bisher ungekannten Verarmung der Arbeiterschaft, zumal die Arbeitslosenversicherungssätze herabgesetzt und nurmehr beschränkte Zeit ausgezahlt wurden, während die Arbeitslöhne, meist unter Umgehung der Tarifverträge, sanken. Angesichts dieser Umstände, unter dem Zeichen der Arbeitslosigkeit und des Produktionsrückganges, entglitt den Gewerkschaften die Waffe des Streiks, um ihre Forderungen durchzusetzen. Die Großstädte versuchten, der allgemeinen Verarmung durch Notstandsarbeiten entgegenzuwirken, aber auch die Finanzkraft der Städte wurde mit zunehmender Krise durch den steigenden Ausfall von Steuergeldern schwächer. Immer weniger waren sie, angesichts der wachsenden Massen von Hilfsbedürftigen, in der Lage, mit billigen Wohnungen, Einrichtung von öffentlichen Küchen, Stundung von Mieten und anderen Vergünstigungen zu helfen.

Die mit der hohen Arbeitslosigkeit einhergehende soziale und wirtschaftliche Verelendung der Bevölkerung ist vor allem zu berücksichtigen, wenn man das Ausmaß der politischen Radikalisierung im Jahr 1931/32 betrachtet. Für Dortmund galt zusätzlich, daß das Gros der Arbeitslosen aus Männern bestand, da sich Schwerindustrie und Berg-

---

6   Zahlen nach Stat. Vierteljahresberichten Dortmund vom 5. Dez. 1932, StaDo. Vgl. Böhnke, Wilfried, Die NSDAP im Ruhrgebiet 1920—1933, Bonn-Bad Godesberg 1974, S. 140.

7   Vgl. Böhnke, S. 141. Im Vergleich dazu erreichten im Dezember 1932 die Arbeitslosenziffern in Duisburg 53,0 und in Gelsenkirchen 51,0 Prozent.

8   Sattler a. a. O. S. 114.

bau insgesamt vorwiegend aus männlichen Arbeitskräften rekrutierten[9]. Wie verschiedene Untersuchungen zeigen, hat ein hoher Arbeitslosengrad an männlichen Arbeitskräften in einer Region prinzipiell auch einen höheren politischen Radikalisierungsgrad zur Folge[10]. Erst in dieser katastrophalen Situation, in der sich die arbeitslose Bevölkerung befand, konnte eine Partei wie die NSDAP mit ihren Versprechungen, einen Ausweg aus der Misere bereit zu haben, einen verstärkten Widerhall finden, auch wenn diese Resonanz für das traditionell „rote Dortmund" nur begrenzt zutraf.

In Dortmund, wo seit der Revolution von 1918 die Sozialdemokratie die Politik bestimmt hatte, profitierte besonders die Kommunistische Partei von den Folgen der Wirtschaftskrise, da sie sich[2] gegenüber der führenden Partei[1] in der Opposition arbeiterfreundlicher darstellen konnte. Die KPD vertrat im Gegensatz zum Zentrum und der SPD, den sogenannten Regierungsparteien in Dortmund, eine kompromißlos auf die Interessen der Arbeiterschaft ausgerichtete Politik. Zudem sah das Jahr 1932, von beinahe täglichen Hungerdemonstrationen und Krawallen in der Stadt geprägt, einen zunehmenden Autoritätsverlust der Sozialdemokratie. Zielscheibe der Kritik wurden der Reichstagsabgeordnete Fritz Henßler, der als führender Repräsentant der sozialdemokratischen Partei seit 1924 die Geschäfte des Vorstehers der Stadtverordnetenversammlung lenkte[11], sowie der Leiter des Wohlfahrtsamtes, der Sozialdemokrat Gottlieb Levermann[12].

Nach der unpopulären Kürzung des Sozialetats wurden die führenden Sozialdemokraten vom „Westfälischen Kämpfer", dem Zentralorgan der Dortmunder KPD, als „Sozialfaschisten" diffamiert. Die Kommunistische Partei, während der Wirtschaftskrise zur stärksten politischen Kraft in Dortmund angewachsen, gewann durch ihre populären Forderungen, die sie im Plenum der Stadtverordnetenversammlung vertrat, einen immer stärkeren Anhang in den Reihen der Arbeiterschaft, während die NSDAP im Verhältnis zu ihren Zugewinnen im Reich kaum zur Geltung kam. Genauso wie in den meisten industriellen Großstädten des Ruhrgebietes wurden die Vertreter der NSDAP als völkisch-nationalistische Gruppe der extremen Rechten, jedoch keinesfalls als Interessenvertreter der Arbeiter angesehen.

Die in die Stadtverordnetenversammlung eingebrachten Anträge belegen deutlich, daß sich die KPD als „Arbeiterpartei" in Dortmund profilierte. So forderten die Vertreter der KPD am 30. Mai 1930 ein Beschäftigungsprogramm, das allen Erwerbslosen der Stadt Dortmund Arbeit verschaffen sowie eine generelle Senkung aller Mieten bewirken sollte[13]. Dahingehende Anträge wurden zumeist von der Sozialdemokratie, die sich fast immer der Stimmen der Zentrums-Abgeordneten sicher sein konnte, als undurchführbar abgelehnt. Allgemeine Vorschläge der Stadtverordnetenversammlung, beispielsweise daß man angesichts der Wirtschaftskrise „von allen Höherbesoldeten" erwarte, „daß sie einen fühlbaren Prozentsatz ihres Gehalts freiwillig für Wohlfahrtszwecke zur Verfügung stellen" sollten[14], mußten ohne Wirkung bleiben.

---

9   Ebd., S. 107 f. Noch zu Beginn des Februar 1933 zählte man in Dortmund 74 000 Arbeitslose, darunter 64 200 Männer. Im Juni 1933 waren von insgesamt 228 095 Erwerbspersonen in Dortmund noch 75 900, also über 33 Prozent, erwerbslos. Vgl. Grundriß zur deutschen Verwaltungsgeschichte, a. a. O., S. 229.

10   Vgl. hierzu auch Wheeler, Robert, Zur sozialen Struktur der Arbeiterbewegung am Anfang der Weimarer Republik. Einige methodologische Bemerkungen, in: Mommsen, H. / Petzina, D. / Weisbrod, B. (Hrsg.), Industrielles System und politische Entwicklung in der Weimarer Republik, Bd. 2, Düsseldorf 1977, S. 179 ff.

11   Fritz Henßler (1886—1953), Redakteur der „Dortmunder Arbeiterzeitung", seit 1922 verantwortlicher Schriftleiter bei der sozialdemokratischen „Westfälischen Allgemeinen Volkszeitung". Ab 1920 Bezirksvorsitzender der SPD; von 1924 bis 1933 Abgeordneter des Reichstages. Aufgrund seiner Widerstandstätigkeit gegen den Nationalsozialismus von 1937 bis 1945 im Konzentrationslager Sachsenhausen interniert. Nach dem Krieg Oberbürgermeister von Dortmund, Vorsitzender des SPD-Bezirkes Westliches Westfalen, Fraktionsvorsitzender der SPD im nordrhein-westfälischen Landtag, 1946 in den Parteivorstand gewählt. 1949 kam er als Abgeordneter in den ersten Deutschen Bundestag. Henßler starb am 4. Dez. 1953.

12   Vgl. Westfälischer Kämpfer (Organ der Dortmunder KPD) vom 26. Nov. 1932 mit der Überschrift: „Über 300 000 Menschen hungern!"

13   Stadtarchiv Dortmund, Best. 202—IV 16, Bl. 107. Die Kommunistische Partei betonte ihren klassenkämpferischen Standpunkt auch im Bereich der Kulturpolitik, indem sie anstelle des Etats für die Städtischen Bühnen vorschlug, den Arbeiter-Theaterbund und die proletarischen Gesangvereine zu subventionieren. Ebd., Bl. 104.

14   Ebd., Sitzung v. 13. Okt. 1930, Bl. 182.

Die Wirtschaftskrise der Jahre 1929 bis 1932 und die Krise des parlamentarischen Systems der Weimarer Republik waren dennoch die entscheidenden Faktoren für den Mitglieder- und Stimmenzuwachs der NSDAP in der Endphase der Weimarer Republik. Ein wichtiges Element bildete dabei die Feindschaft der Arbeiterparteien untereinander, die sich nicht auf eine gemeinsame Strategie gegen den Nationalsozialismus einigen konnten. Unterstellte die Sozialdemokratie der KPD eine aktive Helferrolle bei der Errichtung der faschistischen Diktatur, so wurden die Sozialdemokraten von den Kommunisten als ,,Arbeiterverräter'', ,,Sozialfaschisten'' und ,,Handlanger des Kapitalismus'' beschimpft.

Das Jahr 1932 wurde auch in Dortmund eines der bewegtesten Jahre der Nachkriegszeit. In diesem Jahr fanden über 2 000 politische Versammlungen der verschiedensten Parteien statt (NSDAP 470, KPD 407, SPD 237)[15], wobei es zu zahllosen handgreiflichen Auseinandersetzungen kam; die ersten politischen Morde überschatteten Dortmund[16]. Während die Sozialdemokratie noch am demokratisch-parlamentarischen System festhielt — wobei sie die Hitler-Bewegung unterschätzte — tobte bereits der Kampf auf der Straße. So kam es in den Monaten Juni und Juli 1932 zu über 150 gemeldeten Zusammenstößen, meist zwischen Anhängern der KPD und NSDAP[17]. Anfang Juli rief der ,,Dortmunder Generalanzeiger'', eine der auflagenstärksten Zeitungen im Reich, der entschieden für die Verteidigung der Republik eintrat, noch voller Hoffnung zum ,,Endkampf gegen den Faschismus'' auf[18].

Kam in anderen Städten die nationalsozialistische Bewegung massenwirksamer zur Geltung, so hatte sie im Ruhrgebiet erhebliche Schwierigkeiten, sich durchzusetzen. So trat Joseph Goebbels, der spätere Propagandaminister, bei einem Besuch des Ruhrgebietes im Juli 1932 auch in Dortmund auf. Dabei notierte er in sein Tagebuch: ,,Eine Fahrt ins Ruhrgebiet ist mit Lebensgefahr verbunden''[19]. Dieselbe Erfahrung mußte auch der spätere Gauleiter von Westfalen-Süd, Josef Wagner, machen, als er versuchte, ,,in dem marxistischen Dortmund Fuß zu fassen''[20]. Woche um Woche fuhr er mit Bochumer SA-Männern nach Dortmund (1926—1928), wo die Lastwagen der SA bereits häufig vor der Stadt abgefangen und auch beschossen wurden. Wiederholt wurden die SA-Kolonnen von der Dortmunder Polizei unter persönlicher Führung des sozialdemokratischen Polizeipräsidenten Lübbering gestoppt, der rigoros gegen die von Bochum ausgehende Nazifizierung der Stadt einschritt[21].

Daß die Nationalsozialisten in den Dortmunder Arbeitervierteln energisch bekämpft wurden, geht aus zahlreichen Dokumenten, Zeitungsberichten sowie Erlebnisberichten hervor. Auch in NS-Publikationen wurde konstatiert, daß es den Nationalsozialisten beispielsweise in Dorstfeld kaum möglich war, Plakate für den Wahlkampf 1932 in den Arbeiterwohnvierteln anzubringen. Bereits nach kurzer Zeit wurden diese von Mitgliedern der KPD oder SPD wieder abgerissen[22]. Die Dorstfelder Zechenkolonie, wegen ihres Gartencharakters im Volksmund nur ,,Fliederkamp'' geheißen, erhielt von den Nazis den Beinamen ,,Klein-Moskau''. Eine eindrucksvolle Schilderung der ,,Roten Kolonie'' und des Kampfes der dort ansässigen Arbeiterbevölkerung gegen den Nationalsozialismus gibt

---

15   Vgl. Högl, G. / Steinmetz, U., Widerstand und Verfolgung in Dortmund von 1933 bis 1945, Dokumentation im Auftrage des Rates der Stadt unter Mitwirkung von E. Kurtz, Dortmund 1981, S. 7.

16   U. a. die Ermordung von zwei jungen Dortmunder Arbeitern durch SA-Angehörige, Arbeiter-Illustriete-Zeitung (AIZ) Nr. 7 / 1932.

17   Vgl. Klotzbach, Kurt, Gegen den Nationalsozialismus. Widerstand und Verfolgung in Dortmund 1930—1945, Hannover 1969, S. 62.

18   GA (Generalanzeiger für Dortmund) Nr. 184 v. 6. Juli 1932.

19   Goebbels, Joseph, Vom Kaiserhof zur Reichskanzlei. Eine historische Darstellung in Tagebuchblättern (vom 1. Januar 1932 bis zum 1. Mai 1933), München 1934, S. 128.

20   Beck, Alfred, Kampf und Sieg. Geschichte der Nationalsozialistischen Deutschen Arbeiterpartei im Gau Westfalen-Süd von den Anfängen bis zur Machtübernahme, Dortmund 1938, S. 68.

21   Ebd. S. 120, S. 122. So wurde u. a. von Lübbering der Gautag der NSDAP vom 3. / 4. Mai 1930 in Dortmund wiederholt gestört, indem er mit seinem Polizeiwagen durch die NS-Marsch-Kolonnen hindurchfuhr. Lübbering starb 1931. Sein Nachfolger im Amt des Dortmunder Polizeipräsidenten wurde Karl Zörgiebel, zuvor bereits in Köln und Berlin als Polizeipräsident tätig, der mit äußerster Schärfe insbesondere gegen die KPD vorging.

22   Vgl. hierzu Klausmeier, Die Geschichte eines Dorfes. Dorstfeld bei Dortmund, Dortmund-Dorstfeld 1934, S. 160 f.

Abb. 43: KPD-Demonstration in Lütgendortmund 1930.

der Dortmunder Arbeiterdichter Bruno Gluchowski in seinem Erlebnisbericht ,,Der Fliederkamp bleibt rot" [23]. Anläßlich eines Propagandamarsches der Dortmunder SA kam es dort am 23. Juni 1932 zu blutigen Auseinandersetzungen. Die SA-Leute mußten sich, empfangen von Steinwürfen und Gewehrsalven, unverrichteter Dinge zurückziehen. Ebenso erging es ihnen auch in anderen Arbeiterwohnvierteln.

In Dortmund war es anläßlich der Reichstagswahl im Juli 1932 noch zu Umquartierungen von SA-Männern aus ihren Wohnungen in den nördlichen Arbeiterwohnvierteln der Stadt gekommen. Aus Sicherheitsgründen wurden SA-Angehörige bei Familien im südlichen Bereich der Innenstadt untergebracht [24]. Diese Tatsache schildert beispielhaft das Nord-Süd-Gefälle im politischen Spektrum der Stadt, das auch in sozio-ökonomischer Hinsicht von Unterschieden gekennzeichnet war. Die Trennung der Stadt Dortmund in zwei Teile, den Süden und den Norden, hatten die Nationalsozialisten wiederholt zu spüren bekommen. So war es vorgekommen, daß SA-Aufmärsche von den Kommunisten abgeblockt wurden, indem man zu diesem Zweck sämtliche Bahnunterführungen, die in den Norden der Stadt führen, abriegelte [25]. In zahlreichen Straßenkämpfen wurden SA-Männer und Angehörige der NSDAP in dieser Gegend angegriffen und manche von ihnen auch getötet.

23 Vgl. Gluchowski, Bruno, Der Fliederkamp bleibt rot, in: Der rote Großvater erzählt. Berichte und Erzählungen von Veteranen der Arbeiterbewegung aus der Zeit von 1914 bis 1945, hrsg. v. d. Werkstatt Düsseldorf des Werkkreises Literatur der Arbeitswelt, Frankfurt 1974, S. 104 ff.

24 Vgl. Bennecke, Hans, Hitler und die SA, München 1962, S. 193.

25 Beck, a. a. O., S. 301.

2. Wahlen in Dortmund 1928—1933

Angesichts der bevorstehenden Reichstagswahlen am 6. November 1932 spitzten sich die politischen Auseinandersetzungen immer mehr zu. Wiederholt kam es, vorwiegend im Dortmunder Norden, zu erbitterten Straßenschlachten zwischen Nationalsozialisten und Kommunisten. Der Dortmunder Norden als typisches Arbeiterviertel blieb gegenüber nationalsozialistischen Einflüssen nahezu vollkommen resistent. Beispielsweise konnten die Nationalsozialisten bei den Wahlen im November 1932 rund um den Borsigplatz lediglich 10,6% der Stimmen gewinnen, während die KPD hier mit 47,1% (SPD: 17,1%) ihre Hochburg besaß[26]. Ähnlich verhielt es sich in anderen Arbeitervierteln der Stadt. Eine Aufstellung der Dortmunder Polizei zeigt eine eindeutige Affinität zwischen KPD-Anhang und industrieller Konzentration, die sich im November 1932 insofern verstärkt darstellte, als zahlreiche Arbeitslose die KPD wählten, zumal diese Partei die Interessen der Arbeiterschaft rigoros und kompromißlos vertrat.

Im Gegensatz zu anderen Gebieten im Deutschen Reich avancierte in Dortmund die KPD zur politischen Alternative zur SPD, während die NSDAP in der Industriestadt verhältnismäßig geringen Anklang fand, wenn auch die moralischen und psychischen Auswirkungen der Wirtschaftskrise zum Ansatzpunkt der Propaganda und des Einflusses der NSDAP auf die Massen wurden. Die Propaganda-Strategie der NSDAP, die den Kommunismus angriff, weil er das nationale Prinzip ablehnte und den Internationalismus predigte, die Sozialdemokratie verurteilte, weil sie vor dem „jüdischen Finanzkapital" kapituliere, das — so hieß es — hinter der Erfüllungspolitik der Regierungen der Weimarer Republik stehe, hatte zwar in Kleinstädten und auf dem Lande einigen Erfolg, kam aber gegenüber der politisch geschulten Arbeiterschaft des Ruhrgebietes nur sehr schwach zur Geltung[27]. Die Situation der Nationalsozialisten wurde lediglich dadurch begünstigt, daß in Dortmund eine scharfe und über das übliche Maß hinausgehende Kontroverse und Rivalität zwischen SPD und KPD bestand und sich von daher eine konstruktive Zusammenarbeit der linksorientierten Kräfte von vornherein ausschloß. Sämtliche Aufrufe zu Aktionsgemeinschaften, des öfteren von der kleineren sozialistischen Partei, der 1931 ins Leben gerufenen Sozialistischen Arbeiterpartei (SAP) formuliert, blieben ohne Wirkung. Von diesem Zerwürfnis innerhalb der Arbeiterbewegung profitierte die KPD insofern, als sie bei den Wahlen im November 1932 einen Stimmenzuwachs verbuchen konnte. Sie nahm in Dortmund von 80 000 auf 98 000 Stimmen zu, während die Stimmenzahl der SPD von 75 500 auf 63 500 zurückging. Trotz dieser Verluste blieb die SPD in Dortmund aufgrund der Kommunalwahl von 1929 die Partei, die die Politik im Rathaus bestimmte. Auch gelang es der KPD trotz der zahlreichen Nebenorganisationen wie beispielsweise des „Kampfbundes gegen den Faschismus", der „Roten Hilfe", der „Antifaschistischen Aktion" oder der „Internationalen Arbeiter-Hilfe (IAH)" in Dortmund nicht, politische Wahlerfolge organisatorisch in den Betrieben und Gewerkschaften zu verankern, da sie einen großen Teil ihres Wählerpotentials im Lager der Erwerbslosen fand[28]. In den Gewerkschaften dominierten nach wie vor die Sozialdemokraten, die von den Kommunisten immer noch als Hauptgegner angesehen wurden.

---

26 Schürmann, Klaus, Die Entwicklung der KPD in Dortmund von den Reichstagswahlen 1928 bis zum Ende der Weimarer Republik (Staatsexamensarbeit), Dortmund 1972, S. 62.

27 Vgl. hierzu auch Mason, Timothy W., Sozialpolitik im Dritten Reich, Opladen 1977, S. 44 f.

28 Vgl. Bahne, Siegfried, Die KPD im Ruhrgebiet in der Weimarer Republik, in: Reulecke, J. (Hrsg.), Arbeiterbewegung an Rhein und Ruhr, Wuppertal 1974, S. 350.

Abb. 44:   SPD-Wahlkampfwagen 1928, von links: Karl Kehler, Werner Jacobi, Theo Hippler.

Tabelle 2: Wahlergebnisse der fünf größten Parteien in Dortmund und im Reich in % von 1928—1933 [29]

1. Zeile = Stadt Dortmund, 2. Zeile = Deutsches Reich, RtW = Reichstagswahl, StvW = Stadtverordnetenwahl

		NSDAP	KPD	SPD	Zentrum	DNVP
RtW	20. 5.1928	0,8	12,6	38,3	18,0	5,6
		2,6	10,6	29,8	12,7	14,2
StvW	17.11.1929	1,6	11,6	33,7	22,5	3,6
RtW	14. 9.1930	8,3	20,2	28,4	17,4	3,9
		18,3	13,1	24,5	11,8	7,8
RtW	31, 7.1932	19,6	27,9	23,7	18,6	4,9
		37,3	14,3	21,6	12,4	5,9
RtW	6.11.1932	17,7	31,2	20,3	18,2	6,8
		33,1	16,9	20,4	11,9	8,3
RtW	5. 3.1933	27,0	23,1	20,8	18,4	6,7
		43,9	12,3	18,3	11,9	7,9
StvW	12. 3.1933	30,2	18,2	19,8	19,4	6,8

29   Zahlenangaben nach Högl/Steinmetz, S. 21. Vgl. auch Graf, S. 28 ff.

Unterzieht man die Wahlen in Dortmund einer Analyse, so wird man feststellen, daß im Verhältnis zum Reich die Machtposition des Nationalsozialismus in Dortmund schwach war. Die Arbeiterschaft, soweit sie nicht traditionell dem Zentrum verbunden war, hielt durchweg den marxistischen Parteien die Treue, obwohl durch die wachsende Wirtschaftskrise und gesteigerte Arbeitslosigkeit eine Verschiebung zur KPD augenfällig wird, und zwar in einem Ausmaß, wie sie für das Reich nicht zutraf. Vor dem Frühjahr 1933 gingen bemerkenswert wenige Anhänger der SPD sowie Mitglieder der Freien und Christlichen Gewerkschaften zur Sache des Nationalsozialismus über, während die politischen Loyalitäten an der Grenze zwischen KPD und NSDAP, insbesondere 1931/32, etwas fließender waren.

Die Tatsache, daß die KPD den Kampf gegen den Nationalsozialismus mit einer größeren, jedenfalls lautstärkeren Energie und auch mit Gewalt führte, und die nicht minder wichtige Tatsache, daß die akute Notlage der Massenarbeitslosigkeit in den Industriegebieten einen tiefgreifenden radikalisierenden Effekt hatte, bewirkten zwischen 1928 und 1932 eine beträchtliche Verschiebung der Wählerzahlen — im geringeren Maße der Mitgliederzahlen — von der SPD zur KPD [30]. Entscheidend jedoch ist, daß die Stimmenzahl beider Parteien zusammengenommen sich unter der Herausforderung durch den Nationalsozialismus nur geringfügig verminderte [31], in Dortmund sogar konstant blieb. Hier erreichten die beiden Arbeiterparteien 1928 zusammen 50,9% (SPD 38,3%, KPD 12,6%), im Juli 1932 51,6% (SPD 23,7%, KPD 27,9%) und im November 1932 51,5% (SPD 20,3%, KPD 31,2%) [32]. Trotz der faktischen Überlegenheit der KPD im Jahr 1932 darf nicht übersehen werden, daß die Politik der Stadt

Abb. 45:   SPD-Veranstaltung auf dem Viehmarkt 1932.

---

30   Vgl. Mason a. a. O., S. 54.

31   Die Wahlstärke von SPD und KPD zusammen verminderte sich auf Reichsebene von 40,4 Prozent aller abgegebenen Stimmen im Jahre 1928 auf 35,9 Prozent im Juli 1932, stieg jedoch bei den Reichstagswahlen vom November 1932 wieder auf 37,3 Prozent. Vgl. hierzu auch Milatz, Alfred, Wähler und Wahlen in der Weimarer Republik, Bonn 1965, S. 126 ff.

32   Högl / Steinmetz, S. 21.

Dortmund von der Sozialdemokratie unter Leitung von Fritz Henßler bestimmt wurde; denn die SPD war aus den letzten Stadtverordnetenwahlen vom November 1929 als klarer Sieger hervorgegangen, während die KPD hier lediglich die vierte Stelle im Parteienspektrum für sich behaupten konnte. Die regierende SPD verfügte zusammen mit dem Zentrum über eine solide absolute Mehrheit von 56,2% aller Stimmen (SPD 33,7%, Zentrum 22,5%, DVP 13,6%, KPD 11,6%). Auch im Frühjahr 1933, als die Stadtverordneten in Dortmund zum letzten Male gewählt und die Kommunisten bereits zum Teil verfolgt wurden, stellten Sozialdemokraten und Zentrum im Verhältnis zur NSDAP immer noch das größere Potential, ganz abgesehen von der KPD, die trotz der Behinderung ihres Wahlkampfes auf 18,3% aller Stimmen kam. Erlangten SPD und Zentrum zusammen immerhin 39,2% (Reich 29,5%), so kam die NSDAP lediglich auf 30,2% (Reich 43,9%). Die bürgerliche Mitte, soweit sie katholisch war, unterstützte auch weiterhin die Zentrumspartei, die in der katholischen Arbeiterschaft offensichtlich starke Stützpunkte aufzuweisen hatte, so daß ihr Wähleranhang durch sämtliche Krisen hindurch sehr stabil blieb und immer zwischen 18 und 22,5% lag[33]. Die Resistenz der organisierten katholischen Arbeiterbevölkerung gegenüber dem Nationalsozialismus spiegelt sich auch in vorliegenden Betriebsratwahl-Ergebnissen des Jahres 1933 wider, wonach die Christlichen Gewerkschaften ihren prozentualen Anteil gegenüber 1931 konstant halten konnten. An der Mandatsverteilung in den Betriebsräten der Dortmunder Schachtanlagen änderte sich bei den Christlichen Gewerkschaften nichts; sie belief sich nach wie vor auf 23 Sitze (Freie Gewerkschaften von 76 auf 70, RGO (Kommunisten) von 47 auf 12, NSBO von 1 auf 32 Sitze)[34]. Diese Tatsache verdeutlicht, daß die katholische Arbeiterbevölkerung Dortmunds, politisch am Zentrum, sozialpolitisch an den Christlichen Gewerkschaften und den Katholischen Arbeitervereinen orientiert, weitgehend an demokratischen Grundsätzen sowie dem Prinzip der freien Tarifgewerkschaften festhielt. Gewerkschaftsfunktionäre und -sekretäre wie Heinrich Haase und Friedrich Stock waren neben prominenten Zentrumspolitikern der Stadt (H. Koch, B. Niggemeyer, J. Scherer, P. Steup

Abb. 46:   Reichstreffen der „Deutschen Jugendkraft" im Stadion Rote Erde am 24. Juli 1932.
Letzte kirchliche Großveranstaltung vor der Machtergreifung.
Links neben dem Mikrophon Ex-Reichskanzler Heinrich Brünning.

---

33   Graf, Hans, Die Wahlen in Dortmund, Hannover/Frankfurt 1958, S. 39.

34   Vgl. Die Bergbau-Industrie Nr. 15 v. 15. Apr. 1933.

u. a.) auch nach dem Krieg am Aufbau der Dortmunder CDU maßgeblich beteiligt[35]. Eine gewisse Kontinuität des politischen Einflusses katholischer Kreise blieb, trotz der wachsenden Unterdrückung durch die NSDAP, erhalten, zumal die ,,Tremonia" der alten Zentrums-Familie Lensing bis 1945 als Dortmunder Tageszeitung erscheinen konnte.

Die Anhängerschaft der NSDAP blieb in Dortmund überwiegend auf den Mittelstand beschränkt, dessen Existenzgrundlage durch die Wirtschaftskrise ernsthaft bedroht war. Im Verhältnis zum Reich war aber auch hier der Erfolg der Nationalsozialisten relativ gering und lag bei den Reichstagswahlen von 1932/33 jeweils um 16 Prozentpunkte niedriger (vgl. Tabelle 2). Eine vielfach in der historischen Forschung geäußerte These, daß eine Fluktuation zwischen kommunistischen und nationalsozialistischen Wählern bestanden habe, bestätigt sich für Dortmund nicht oder nur ganz geringfügig. Nach einer Untersuchung, bei der 30 Dortmunder Wahllokale ausgewertet wurden, beruhen die Verluste der KPD bei den Märzwahlen von 1933 (— 8,1%) nicht auf Gewinnen der NSDAP (+ 9,3%)[36]. Vielmehr waren die Gewinne der Nationalsozialisten hauptsächlich auf die Zunahme der Wahlbeteiligung, insbesondere im bürgerlichen Lager, sowie auf die Abwanderung von den bürgerlichen Parteien zur NSDAP zurückzuführen.

Für die Abnahme der KPD werden folgende Gründe genannt:

1. Leichte Zugewinne der SPD im Verhältnis zur vorausgegangenen Wahl
2. Zahlreiche Verhaftungen von Kommunisten bereits vor der Märzwahl 1933
3. Einschüchterung des kommunistischen Wählerpotentials durch Terror
4. Verluste der KPD und SPD in bürgerlichen Wahllokalen[37].

Resümierend läßt sich die Zunahme der NSDAP in erster Linie aus der höheren Wahlbeteiligung sowie den Verlusten der bürgerlichen Parteien, mit Ausnahme des Zentrums, erklären, während sich die Abnahme der Kommunisten gegenüber der Novemberwahl von 1932, als diese Partei ohnehin ein überdurchschnittliches Ergebnis erzielt hatte, zum größten Teil aus dem Fernbleiben von Wählern und in zweiter Linie aus einer Abwanderung zur SPD ergab. Der Rückgang der Arbeitslosenzahlen kann zu diesem Zeitpunkt bereits wahlbeeinflussend gewirkt haben.

Bei den Reichstagswahlen und den darauffolgenden Kommunalwahlren vom März 1933 war es der NSDAP zwar gelungen, mit 27 bzw. 30,3% zur stärksten politischen Kraft in Dortmund zu werden, aber ihr standen immer noch der Block der SPD (20,8 bzw. 19,8%) und des Zentrums (18,2 bzw. 19,4%) sowie der KPD (23,1 bzw. 18,2%) gegenüber. Daß in Dortmund bei den Kommunalwahlen mit zusammengerechnet 38% immer noch eine selbstbewußte Arbeiterbewegung existierte, die mit den Stimmenanteilen des Zentrums sogar über 47% erreichte, manifestiert nicht nur das Wahlergebnis, sondern auch der intensive Widerstandskampf in dieser Stadt, wie er sich seit der Machtergreifung abspielte[38].

---

35 Stadtarchiv Dortmund, Best. 458: Benno Niggemeyer, Gründung und Geschichte der Christlich-Demokratischen Union, Kreisverband Dortmund (masch.).

36 Müller, Hans, Zur Problematik der nationalsozialistischen Machtergreifung, in: Tribüne 11 (1972), S. 4950 ff.

37 Ebd.

38 Vgl. hierzu die ausgezeichnete Studie von Kurt Klotzbach, Gegen den Nationalsozialismus. Widerstand und Verfolgung in Dortmund 1930—1945, Hannover 1969 ferner die umfangreiche, darüberhinausgehende Dokumentation des Stadtarchivs Dortmund ,,Widerstand und Verfolgung in Dortmund 1933—1945", bearbeitet von Günther Högl und Udo Steinmetz unter Mitwirkung von Ewald Kurtz, Dortmund 1981. Beachtung verdient in diesem Zusammenhang auch die mit einem ersten Preis beim Schülerwettbewerb Deutsche Geschichte um den Preis des Bundespräsidenten 1980/81 ausgezeichnete Arbeit: Alltag im Nationalsozialismus vom Ende der Weimarer Republik bis zum Zweiten Weltkrieg in Dortmund-Schüren und näherer Umgebung, Dortmund 1981.

3. Dortmund während des Nationalsozialismus

Als Reichspräsident Hindenburg am 30. Januar 1933 Adolf Hitler mit der Bildung eines Regierungskabinetts der „nationalen Konzentration" beauftragte, hatte der politische Terror in Dortmund bereits einen Höhepunkt erreicht. Trotz der Anwendung brutaler Gewalt und der bereits fortschreitenden Monopolisierung der Presse gelang es der NSDAP und der DNVP bei den Reichstagswahlen im März 1933 lediglich, eine ganz knappe Mehrheit (51,6%) zu erreichen. In Dortmund aber hatte das Votum der Mehrheit dieser Koalition eine klare Absage erteilt, da hier nur 33,7% aller Wahlberechtigten dieser politischen Verbindung ihre Stimme gaben.

In Dortmund kam es am 31. Januar 1933, also einen Tag nach der sogenannten „Machtergreifung", noch an verschiedenen Stellen der Stadt zu Gegendemonstrationen. Bis in die Nacht hinein ertönten die Rufe: „Nieder mit Hitler!"[39]. Die paramilitärische SA und die nationalsozialistischen Anhänger beherrschten noch keineswegs das Straßenbild. Ein Aufruf der KPD zum Generalstreik blieb ohne Wirkung, da er von der Gewerkschaftsführung nicht gebilligt wurde. Wie die Reaktionen der SPD und der Freien Gewerkschaften zeigen, rechnete man mit einem baldigen Ende der Hitler-Regierung. Die Erklärung des Bundesvorstandes des ADGB vom 31. März 1933: „Die sozialen Aufgaben der Gewerkschaften müssen erfüllt werden, gleichviel welcher Art das Staatsregime ist"[40] wirkt in unserer Zeit etwas befremdend. Allerdings wäre ein Generalstreik kein schlagkräftiges Kampfmittel mehr gewesen. Angesichts der immensen Arbeitslosenzahlen konnte von einer Geschlossenheit der Arbeiterschaft nicht mehr die Rede sein, da die Arbeitslosen größtenteils nicht mehr dazu bereit waren, die Republik aktiv zu verteidigen.

Am 1. Februar 1933 wurden auf Veranlassung des kommissarischen preußischen Innenministers Hermann Göring „alle Versammlungen und Umzüge der kommunistischen Partei sowie all ihrer Hilfs- und Nebenorganisationen unter freiem Himmel verboten"[41]. Am selben Tag fand in Dortmund, mit Verspätung, der „Fackelzug des erwachenden Volkes" statt. Zusammen mit der SA und der SS marschierten der Stahlhelm und der Deutschnationale Arbeiterbund. Es folgten ebenfalls am 1. Februar die Auflösung des Deutschen Reichstages und drei Tage später die Auflösung der Kommunalparlamente in Preußen sowie der Erlaß der Präsidialverordnung „zum Schutze des deutschen Volkes", der die Beschlagnahme von Druckwerken aller Art ermöglichte, die die „öffentliche Ordnung" gefährdeten. So konnte sich die demokratische Presse in Dortmund auch nur kurze Zeit gegen den Naziterror artikulieren. Es wurde immer mehr offenbar, daß sich die Nationalsozialisten ohne Hilfe von außen in Dortmund nicht zu etablieren vermochten. Dazu mußten zuerst der Polizeiapparat und die Verwaltung von demokratischen Beamten „gesäubert" werden, was schließlich auch bald geschah. Am 17. Februar 1933 wurde auf Veranlassung von Hermann Göring der SA-Gruppenführer Schepmann an Stelle des Sozialdemokraten Zörgiebel als Polizeipräsident eingesetzt[42]. Sämtliche Polizeioffiziere, die Mitglieder der SPD oder des Zentrums waren, wurden fristlos entlassen und durch nationalsozialistische Beamte ersetzt[43]. Zur gleichen Zeit hatte Göring mit seinem berüchtigten Schießerlaß die preußische Polizei verpflichtet, gegen politische Gegner rücksichtslos von der Waffe Gebrauch zu machen. Zwei Tage vor dem Reichsstagsbrand, am 25. Februar, hielt Göring in Dortmund eine Rede, in der er sich ausdrücklich zu diesem Schießerlaß bekannte, indem er ausführte:

„Die Verantwortung trage ich allein. Ich bin Soldat und habe gelernt, daß das Fehlgreifen in der Wahl der Mittel nicht so schlimm ist wie das Unterlassen aller Mittel. Das erkläre ich meinen roten Vorgängern: die Schuld, die meine Beamten üben, ist meine Schuld; wenn sie schießen, ist das meine Kugel gewesen"[44].

---

39 Vgl. DZ (Dortmunder Zeitung) Nr. 53, v. 31. Jan. 1933, Trem. (Tremonia) Nr. 31 v. 31. Jan. 1933 und GA Nr. 31 v. 1. Febr. 1933.

40 Gewerkschaftszeitung Jg. 43, 1933, H. 12, S. 178, zit. n. Mommsen, Hans, Arbeiterbewegung und Nationale Frage, Göttingen 1979, S. 370.

41 GA Nr. 32 v. 2. Febr. 1933.

42 GA Nr. 46 v. 16. Febr. 1933.

43 Document Center Berlin, Akte Schepmann.

44 DZ Nr. 98 v. 27. Febr. 1933.

In der darauffolgenden Zeit bis zu den Kommunalwahlen vom 12. März, als die Nationalsozialisten lediglich auf 30,3 % der Stimmen kamen, demonstrierten die Anhänger der NSDAP in Dortmund offen Selbstbewußtsein und statteten die öffentlichen Gebäude der Stadt mit Hakenkreuzen aus. Am 7. März, also zwei Tage nach der Reichstagswahl, die durch die Illegalisierung der KPD bereits nicht mehr als demokratische Wahl anzusehen war, wurde die Hakenkreuzfahne auf dem Polizeipräsidium und am nächsten Tag auf dem Dortmunder Rathaus gehißt. Der nationalsozialistische Polizeipräsident ordnete in diesem Zusammenhang auch eine Umbenennung von Plätzen und Straßen an, womit die Umwandlung von der Demokratie zur Diktatur auch augenscheinlich wurde. So wurden beispielsweise umbenannt: Rathenau-Allee in Adolf-Hitler-Allee, Stresemannstraße in Göringstraße, Erzbergerstraße in Schlageterstraße, Republikplatz in Horst Wessel-Platz usw. [45]

Nachdem die Dortmunder kommunistische Presse mit dem Verbot des „Kämpfer" bereits am 20. Februar 1933 mundtot gemacht worden war, folgten am 26. Februar das Verbot der sozialdemokratischen, von Fritz Henßler redigierten „Westfälischen Allgemeinen Volkszeitung" und schließlich am 20. April die Beschlagnahme des Generalanzeigers. Damit war die letzte Bastion der freien Presse in Dortmund gefallen. Noch einen Tag vor der Machtergreifung hatte der engagierte liberaldemokratische Chefredakteur dieser Zeitung, Jacob Stöcker, vor dem „vierblättrigen Unglückskleeblatt" Papen, Schacht, Hitler und Hugenberg in der Regierung gewarnt. Jetzt mußte er sich durch Flucht den Schergen der Nazis entziehen [46].

Inzwischen hatten sich die Nationalsozialisten auch in der Stadtverordnetenversammlung etabliert. Flankiert von SA- und SS-Leuten, begleitet von einer SA-Kapelle, erschien die Fraktion der NSDAP vor dem Rathaus. Die neugewählte Stadtverordnetenversammlung tagte am 3. April 1933 im historischen Festsaal des Alten Rathauses. Die Reden der nationalsozialistischen Abgeordneten wurden durch Lautsprecher auf den Markt übertragen, wo sich hunderte von Menschen versammelt hatten [47]. Die 16 gewählten kommunistischen Stadtverordneten waren aufgrund einer Verordnung des Innenministers bereits von dieser Versammlung ausgeschlossen. Somit standen den 26 Abgeordneten der NSDAP, den sechs Vertretern der DNVP, einem Vertreter der DVP sowie einem des Evangelischen Volksdienstes jeweils 17 Vertreter der SPD und des Zentrums gegenüber. Um einer eventuellen Pattsituation in der Stadtverordnetenversammlung vorzubeugen, verhafteten die Nationalsozialisten einfach vier sozialdemokratische Abgeordnete, womit auf jeden Fall eine „parlamentarische Mehrheit" gesichert war [48].

Spätestens zu diesem Zeitpunkt hätte die Dortmunder SPD-Führung erkennen müssen, daß es kein polizeiliches Versehen mehr war, daß Fritz Henßler in „Schutzhaft" genommen worden war. Die NSDAP wollte jede Mitarbeit einer demokratischen Partei verhindern. Eine von dem Sozialdemokraten Heinrich Pieper zur Geschäftsordnung eingebrachte Beschwerde, daß die SPD durch die Verhaftung einiger ihrer Mitglieder benachteiligt würde [49], mußte daher lediglich Erstaunen bei der Parteibasis hervorrufen, weil sie auf ein Zeichen der Parteiführung zum aktiven Kampf gegen den Faschismus wartete. Ein bezeichnendes Licht auf die Haltung des Zentrums warf die Erklärung des Dortmunder Abgeordneten Petri, der den ehrlichen Willen seiner Fraktion zur Mitarbeit in der Gemeinschaft des nationalen Deutschland betonte. Noch 3 Wochen zuvor, in der Nacht zum 12. März 1933, war der Fraktionsvorsitzende und Landtagsabgeordnete des Dortmunder Zentrums, der geistliche Oberstudienrat Otto Koch, von SA-Leuten im gröhlenden Zug aus seiner Wohnung in das Braune Haus, (am heutigen Theater in der Kuhstraße) verschleppt worden. Dort wurde er mit Gummiknüppeln brutal zusammengeschlagen und zu einer schriftlichen Erklärung gezwungen, Hitler nicht mehr zu verunglimpfen [50]. Der Druck der Nationalsozialisten auf den Arbei-

---

45   Vgl. Klotzbach, S. 103.

46   Vgl. hierzu Koszyk, Kurt, Jakob Stöcker und der Dortmunder „General-Anzeiger" 1929—1933, in: Publizistik Nr. 4 (1963), ferner Wolf, Manfred, Das Ende des Dortmunder General-Anzeigers, in: Beiträge zur Geschichte Dortmunds und der Grafschaft Mark, Bd. 70 (1976).

47   DZ Nr. 161 v. 4. April 1933.

48   Es handelte sich dabei um Henßler, Hermes, Klupsch und Wortelmann. S. a. Protokoll der Stadtverordnetenversammlung vom 3. April 1933, Stadtarchiv Dortmund, Best. 202—IV 16.

49   GA Nr. 93 v. 4. April 1933.

50   Stadtarchiv Dortmund, Schreiben von Wilhelm Steup v. 1. Sept. 1980. Vgl. a. Graf, S. 164, Anm. 189.

terflügel des Zentrums hatte sich bereits zunehmend verschärft. Mit seinem Bekenntnis zur „parlamentarischen" Mitarbeit lieferte Petri für die Nationalsozialisten lediglich den Nachweis, wie leicht die demokratischen Abgeordneten einzuschüchtern waren[51]. Dieses Verhalten änderte jedoch nichts daran, daß die Partei ebenso wie die sozialdemokratische und alle sonstigen Parteien im Zeitraum von Mai bis Juli 1933 verboten wurde.

Dasselbe Schicksal der Auflösung ereilte die Gewerkschafsbewegung, nachdem man von nationalsozialistischer Seite erkennen mußte, daß die NSBO (Nationalsozialistische Betriebszellenorganisation) kein geeignetes Mittel darstellte, um die Arbeiterschaft aus den Gewerkschaften herauszulösen. Bei den im März 1933 stattgefundenen Betriebsratswahlen mußten die nationalsozialistischen Vertreter insbesondere bei den Berg- und Metallarbeitern schwere Niederlagen hinnehmen, während sie im Bereich der Angestellten etwas besser abschneiden konnten[52]. Am 2. Mai wurden die Gewerkschaftshäuser im ganzen Reich besetzt, Funktionäre verhaftet und verschleppt. Vertreter anderer Arbeiterorganisationen wurden verfolgt, die Vereinsvermögen beschlagnahmt. Nach der Auflösung der politischen Parteien verfolgte man die Zerstörung von Nebenorganisationen wie des Reichsbanners, der Roten Hilfe, der Internationalen Arbeiterhilfe sowie der Arbeitersport- und -kulturbewegung. Einer der führenden Sozialdemokraten der Stadt Dortmund, Wilhelm Hansmann, wurde im März 1933 durch SA-Trupps aus seiner Wohnung verschleppt und brutal zusammengeschlagen. Es gelang ihm, im Gegensatz zu vielen Funktionären der KPD, SPD und der Gewerkschaften, sich noch rechtzeitig ins Ausland abzusetzen.

Die „Gleichschaltung" der Stadtverwaltung Dortmund erfolgte nach dem Führerprinzip durch einen Staatskommissar (Bruno Schüler), der vom Ministerium des Innern am 24. März 1933 eingesetzt worden war. Ferner wurde der nationalsozialistische Stadtverordnetenvorsteher, Flach, zum Hilfskommissar ernannt. Die Stadtverordnetenversammlung kam in der Folgezeit lediglich zu einigen Plenarsitzungen zusammen; sie wurde zu einem bloßen Repräsentativ-Organ und darin vergleichbar dem Reichstag, dem „Reichsgesangverein", wie er im Volksmund genannt wurde. Pünktlich zum Geburtstag erhielt der „Führer" Adolf Hitler am 20. April 1933 von der Stadt Dortmund die Ehrenbürgerurkunde ausgehändigt. Durch Ortssatzung vom 8. August 1933 wurde die Zahl der Magistratsmitglieder auf 19 festgesetzt. Der Magistrat bestand nunmehr aus dem besoldeten Oberbürgermeister, dem unbesoldeten Bürgermeister bzw. stellvertretenden Oberbürgermeister, fünf besoldeten Stadträten (darunter ein Stadtbaurat) und 12 unbesoldeten Stadträten.

Die staats- bzw. reichsrechtliche Grundlage zur völligen Umgestaltung der städtischen Verfassung bildeten dann das preußische Gemeindeverfassungsrecht vom 15. Dezember 1933 sowie die Deutsche Gemeindeordnung vom 30. Januar 1935. Aufgrund dieser Neuordnung führte der Oberbürgermeister die städtische Verwaltung „in voller und ausschließlicher Verantwortung". Er war jedoch nicht nur Leiter der Verwaltung, sondern zugleich auch Vorsitzender des „Gemeinderats", der jetzt an die Stelle der Stadtverordnetenversammlung trat[53]. Sicherte man mit Hilfe des Gesetzes vom Dezember 1933 die Repräsentanz der obersten Leiter der NSDAP im Dortmunder Gemeinderat dadurch, daß man den Kreisleiter sowie die ranghöchsten örtlichen Führer von SA und SS als ordentliche Mitglieder in dieses Gremium eintreten ließ, so wurden ab 1935 die „Ratsherren" jeweils von einem Beauftragten der NSDAP im „Benehmen" mit dem Oberbürgermeister berufen, wobei insbesondere „auf nationale Zuverlässigkeit", d. h. also vor allem auf NSDAP-Mitgliedschaft geachtet werden sollte[54].

---

51 GA Nr. 93 v. 4. April 1933.

52 Aus verschiedenen Presseveröffentlichungen, u. a. der Zeitung „Die Bergbau-Industrie" Nr. 15 v. 15. April 1933 geht dies klar hervor. So erlangten die Freien Gewerkschaften bei den Bergarbeitern 42,9% gegenüber 22,6% der NSBO in Dortmund. Ebenso deutlich zeigten sich die Stimmenverhältnisse bei den Metallarbeitern des Phoenix-Werkes in Hörde, wo die Freien Gewerkschaften mit 48,3% gegenüber den 12.0% der NSBO bzw. den 17,6% der Nationalen Einheitsliste dominierten. Vgl. Högl/Steinmetz, S. 74 f. Im Bereich der Angestellten dagegen stellten bei Hoesch die Nationalsozialisten gegenüber der AfA (Freie Gewerkschaft) mit einem Verhältnis von 5 zu 1 die Mehrheit im Betriebsrat. Etwa dasselbe Bild zeichnete sich bei der Dortmunder Union ab. Vgl. hierzu Hoischen, J., Werkvereine und Nazis vereint gegen Gewerkschaften, in: Wirtschaft und Wissen, Die Angestellten-Zeitschrift Nr. 9 (1973).

53 Luntowski, Gustav, Kleine Geschichte des Rates der Stadt Dortmund, Dortmund 1970, S. 58 f.

54 Ebd.

Im kulturellen Bereich kam es bereits vor der „Bücherverbrennung" am 30. Mai 1933 auf dem Hansaplatz — wo die Werke bedeutender Schriftsteller wie Lion Feuchtwanger, Kurt Tucholsky, Bert Brecht, Ernst Toller, Thomas und Heinrich Mann und vieler anderer den Flammen übergeben wurden — zu antisemitischen Maßnahmen und nationalsozialistischer Ideologisierung. Bereits am Tag der Machtergreifung war im Dortmunder Stadttheater die Generalprobe der Oper „Die Meistersinger" unterbrochen worden. Ein SA-Trupp verhaftete den jüdischen Dirigenten Felix Wolf aus dem Orchestergraben weg. Die antisemitischen Aktionen fanden ihre Fortsetzung, als gegen Ende März 1933 die Aufführung der „Fledermaus" im Stadttheater geändert wurde und die jüdischen Mitwirkenden nicht mehr auf der Bühne erscheinen durften [55]. Das Dortmunder Theater sollte nach der Vorstellung der nationalsozialistischen Führung in Zukunft keine Experimentierstätte „solcher Dichterlinge sein, die eine politische Tendenz zur Weltanschauung ausbauen" wollten [56]. Genau dies war aber inzwischen eingetreten, wie die Namen von Johst („Schlageter"), Goebbels („Der Wanderer") und Mussolini („Die 100 Tage") belegen, deren „Theaterstücke" nun auf dem Dortmunder Spielplan standen [57]. Auch die Ausstellungen im Dortmunder „Haus der Kunst" (II. Kampstr. 9, ehemaliges Prioratsgebäude des Katharinenklosters), das im Juni 1934 der Öffentlichkeit übergeben worden war, machen deutlich, wohin der Weg der neuen deutschen Kunst wies. In den Jahren danach wurden u. a. folgende Ausstellungen gezeigt: Sonderschau „Entartete Kunst" (1935), Frontbilderausstellung „Vorn" (1936), HJ-Ausstellung „Schaffende Jugend" (1936), „Der deutsche Wald" (1937), HJ-Ausstellung „Junges Volk marschiert" (1937), „Volk und Rasse" (1938), „Kunst der Front" (1940) [58].

Die Vorgänge, die zur ‚Machtergreifung' der Nationalsozialisten in Dortmund geführt hatten, sind freilich in ihrem historischen Gesamtzusammenhang zu betrachten. Die Geschehnisse in der Reichshauptstadt bildeten für sie eine wichtige Voraussetzung: Hitlers Ernennung zum Reichskanzler, die Vereinigung der Deutschnationalen mit der NSDAP-in der „Harzburger Front", die Verordnungen zur Einschränkung der Rechte der Deutschen bis hin zum „Ermächtigungsgesetz" und dem Verbot von Parteien und Verbänden. Ein wichtiges Moment bei der Machtergreifung der Nationalsozialisten spielte sicherlich noch der Gegensatz zwischen Sozialdemokraten und Kommunisten, die sich zu einem gemeinsamen Abwehrkampf gegen die nationalsozialistische Gefahr nicht imstande sahen und sich gegenseitig heftig bekämpften.

Die von dem amerikanischen Historiker Allen gegebene Erklärung für die Durchsetzung der Nationalsozialisten, wonach Hitler die Macht erreichte, „weil seine Anhänger auf der untersten Ebene, an der Basis erfolgreich waren" [59], trifft für Dortmund, eine traditionelle Arbeiterstadt, so nicht zu. Die Machtergreifung vollzog sich hier eindeutig „von oben" her, profitierte aber zweifelsfrei von dem Gegensatz SPD-KPD, der sich insbesondere in der Endphase der Weimarer Republik verstärkte. Eine parlamentarische Mehrheit wurde von den Nationalsozialisten niemals erreicht. Für Dortmund galt wohl auch insbesondere der von Karl Dietrich Bracher angeführte Grund für die Hinwendung des Mittelstandes zur NSDAP: Die Mittelschichten wurden durch die katastrophalen Folgen der Wirtschaftskrise in überaus starkem Maße betroffen, zudem hier auch eine verstärkte Furcht vor einem weiteren sozialen Abstieg ins Proletariat und zum andern auch große Angst vor dem Anwachsen der marxistischen Linken bestanden [60]. Dazu kam die politische Propaganda der NSDAP, die sich gegen die Folgen des verlorenen Weltkrieges, des Versailler Vertrages und gegen die Reparationszahlungen richtete. Die Frühgeschichte der Dortmunder NSDAP, die wohl als erste Ortsgruppe im Ruhrgebiet nachweisbar ist [61], zeigt, daß die Partei von den Arbeitern

55 Schreiben der ehemaligen Dortmunder Jüdin Esther Sachs aus Jerusalem vom 23. März 1980 an das Stadtarchiv Dortmund.

56 DZ Nr. 383 v. 19. August 1934.

57 Vgl. GA / RE (Generalanzeiger—Rote Erde) Nr. 226 v. 20. August 1933 und Nr. 218 v. 12. August 1933 sowie DZ Nr. 189 v. 24. April 1933.

58 Stadtarchiv Dortmund, Best. 113—12 sowie Stadtarchiv Dortmund, Best. 424—141 (Kriegschronik).

59 Allen, William S., „Das haben wir nicht gewollt!", Die nationalsozialistische Machtergreifung in einer Kleinstadt 1930—1935, Gütersloh 1965, S. 9.

60 Bracher, Karl Dietrich, Die deutsche Diktatur. Entstehung, Struktur, Folgen des Nationalsozialismus, 6. Aufl., Frankfurt 1979, S. 173 ff.

61 Vgl. Beck, a. a. O., S. 301, wonach eine Dortmunder NSDAP-Mitgliederliste vom 1. Mai 1920 existierte, auf der sich 23 Personen eingetragen hatten. Gründer der ersten Ortsgruppe in Dortmund, die nur kurze Zeit nach der NSDAP-Gründung in München erfolgte, war der spätere Reichspostminister Wilhelm Ohnesorge. Vgl. hierzu auch Böhnke, S. 41.

nicht akzeptiert wurde und sich in ihrem Kern aus Mitgliedern der sozialen Mittelschicht zusammensetzte. Auch in der Folgezeit änderte sich an der Zusammensetzung im Hinblick auf die Sozialstruktur dieser Partei kaum etwas[62].

Wie bereits nachgewiesen, erhielt die NSDAP in Arbeiterbezirken jeweils ganz deutliche Abfuhren, was das Wählerverhalten anbetraf. Je stärker die Industriedichte in Verbindung mit Arbeiterwohnvierteln war, desto stärker zeigte sich die sozialistische Anhängerschaft, während in Gegenden, wo die bürgerliche Mittelschicht wohnte, deutliche Zugewinne der NSDAP festzustellen waren[63]. Dasselbe gilt für die Kategorie der Angestellten, die sich im Gegensatz zu den Industriearbeitern in den städtisch-industriellen Bezirken vielfach als Protagonisten der NSDAP darstellten[64]. Die Unterstützung der NS-Bewegung durch Dortmunder Industrielle wie Albert Vögler, den Generaldirektor der Vereinigten Stahlwerke, und Fritz Springorum, den Generaldirektor der Hoesch-Werke, entsprang nicht primär einer ideologischen Übereinstimmung, sondern eher den politisch-ökonomischen Intentionen der Schwerindustrie. Im Rahmen der einsetzenden Aufrüstung profitierten die Waffen produzierenden Unternehmen in Dortmund nicht unerheblich von den Maßnahmen der Hitler-Regierung[65]. Die Ausschaltung der Gewerkschaften, bereits von verschiedenen Industrieführern vor 1933 erwünscht, sowie das Transformieren des Führerprinzips auf die Industriebetriebe, verbunden mit einem zu erwartenden Expansionismus, sahen Industrieführung und NS-Leitung in einer gewissen Übereinstimmung der Interessen[66]. Die Eingabe führender Großindustrieller, Bankiers und Großlandwirte an den Reichspräsidenten Hindenburg am 19. November 1932 mit der Forderung nach sofortiger Übertragung der Kanzlerschaft an Adolf Hitler weist darauf hin[67].

Städtebaulich veränderte sich Dortmund in der Zeit von 1933 bis zum Beginn des 2. Weltkrieges relativ wenig, wenn auch dem Baugewebe als zweitgrößtem Wirtschaftszweig bei der Bewältigung der Wirtschaftskrise mit Hilfe öffentlicher Arbeitsprogramme eine Schlüsselrolle zufiel. Ein Großteil der öffentlichen Mittel floß in den Autobahn- und Kleinsiedlungsbau, wodurch die Erwerbslosenzahl auf dem Bausektor rapide abnahm. Im August 1935 standen in Dortmund wieder drei Viertel aller Bauarbeiter im Arbeitsprozeß[68]. Auch diese lokale Entwicklung hing mit dem Bau der Reichsautobahn zusammen, die in drei Abschnitten Dortmund berührte; denn 800 erwerbslose Arbeiter der „Aplerbecker Hütte" wurden allein dafür wieder eingestellt, um die für den Bau erforderlichen 100 000 Tonnen Haldenmasse zu liefern[69]. Außerdem stieg der Wohnungsbau wieder stärker an, wurde aber weitgehend privat finanziert.

Die vorstädtischen Kleinsiedlungen wurden hauptsächlich für Kurzarbeiter und für kinderreiche Arbeiter- und Angestelltenfamilien errichtet. Als Zielvorstellung des Siedlungsbaues sah man die Entstehung einer dörflichen Gemeinschaft an, wobei man sowohl an die Sicherung der wirtschaftlichen Existenz und Krisenfestigkeit dieser Familien als auch an das Heranwachsen „eines gesunden, bodenständigen und heimattreuen Nachwuchses"

---

62 Vgl. Böhnke, S. 45.

63 Vgl. Denkschrift des 5. Polizeireviers, a. a. O.

64 Vgl. Schweitzer, A., Die Nazifizierung des Mittelstandes, Stuttgart 1970, S. 43 ff. S. ferner Winkler, Heinrich August, Mittelstandsbewegung oder Volkspartei? — Zur sozialen Basis der NSDAP, in: Faschismus als soziale Bewegung, hrsg. v. Wolfgang Schieder, Hamburg 1976, S. 102. Neuerdings auch Kocka, Jürgen, Die Angestellten in der Deutschen Geschichte 1850—1980, Göttingen 1981, insbes. S. 171 ff.

65 Vgl. Seebold, Gustav-Hermann, Ein Stahlkonzern im Dritten Reich. Der Bochumer Verein 1927—1945, Wuppertal 1981, S. 85. So verzeichnete die eisen- und stahlerzeugende Industrie 1933 eine Mehrerzeugung von 33,9 Prozent im Roheisenbereich gegenüber 1932, während die Rohstahlerzeugung mit 31,9 Prozent nur unwesentlich hinter diesem Ergebnis zurückblieb.

66 Ebd.

67 Abgedruckt bei Hörster-Philipps, Ulrike, Wer war Hitler wirklich? Großkapital und Faschismus 1918—1945. Dokumente, Köln 1978, S. 154 f. Zum Verhältnis von Nationalsozialismus und Großindustrie vgl. insbesondere: Henry A. Turner jr., Faschismus und Kapitalismus in Deutschland, Göttingen 1972; ders., Großunternehmen und Nationalsozialismus 1930—1933, in: HZ (Historische Zeitschrift) Bd. 221/H. 1 (1975) sowie Dirk Stegmann, Zum Verhältnis von Großindustrie und Nationalsozialismus 1930—1933, in: ASG (Archiv für Sozialgeschichte), Bd. XIII (1973); ders., Antiquierte Personalisierung oder sozialökonomische Faschismus-Analyse?, in: ASG XVII (1977).

68 WLZ (Westfälische Landeszeitung Rote Erde) Nr. 233 v. 26. Aug. 1935.

69 WLZ Nr. 219 v. 12. Aug. 1935.

dachte[70]. Nach diesem Konzept entstanden 1934 36 Einzelhäuser in Brackel sowie 47 Wohneinheiten in Apler-beck — letztere jedoch lediglich für Angehörige der Dortmunder Ortsgruppe des Reichsbundes ehemaliger Kriegs-gefangener[71]. Im Jahr 1935 entstanden in Dortmund, einer Aufstellung des Statistischen Amtes der Stadt zufolge, 94 Einfamilienhäuser, vornehmlich in den südlichen Vororten (z. B in Kirchhörde an der ,,Weißen Taube"), 48 Stadtrandsiedlungsbauten am Flughafen, 60 Kleinsiedlungseinheiten in Lütgendortmund und in Aplerbeck sowie 35 Häuser mit 40 Wohnungen auf Initiative der Hoesch AG (Springorum-Siedlung) an der Lutherstraße und in Kirchderne. Dazu kam noch eine Anzahl von privaten Neubauten, namentlich in Barop (Palmweide)[72]. Trotz der laufend von der NS-Propaganda verkündeten Betonung des Wohungsbaus läßt sich auf diesem Sektor im Verhält-nis zur Endphase der Weimarer Republik ein Rückgang feststellen. Demnach wurden 1935 in Dortmund lediglich 1 307 gegenüber 1929 noch 3 250 Wohnungen fertiggestellt[73].

Öffentliche Großbauten oder Parteibauten wurden in Dortmund nur in einem geringen Ausmaß neu erbaut oder vollendet. Lediglich die Fertigstellung des ,,Hauses der Kunst" im Jahre 1934, des monumentalen Gebäudes der Volkswohl-Krankenversicherung in Hörde im Jahr 1935, der Kasernenbauten und des Hauses der Ärztekammer am Westfalendamm im Jahr 1936 beeinflußten das Stadtbild[74]. Sonstige Baumaßnahmen erstreckten sich in erster Li-nie auf Umbauten oder den Ausbau von Industrieanlagen (z. B. im Jahr 1936: Lagergebäude am Hafen, Großaus-bau der Werkzeugmaschinenfabrik Wagner & Co.). Dazu kam die Errichtung einer Vielzahl von Ehrenmälern für Gefallene des Ersten Weltkrieges sowie die Umgestaltung bisheriger Denkmäler wie z. B. des Hohensyburg-Denkmals[75].

Mit ihrem ,,Aufbauprogramm" betrieben die Nationalsozialisten in der Presse rege Propaganda, so daß der Nor-malbürger den Eindruck haben konnte, in Dortmund werde an allen Ecken und Enden gebaut. Fast täglich konnte man Schlagzeilen wie ,,Arbeit und Aufbau überall!" oder ,,Dortmund immer baulustiger!" lesen, auch wenn es sich nur um Straßen- oder Kanalbauarbeiten handelte[76]. Über ein homogenes, geschlossenes Architekturpro-gramm verfügten die Nationalsozialisten nicht. Neben Anknüpfungspunkten an bodenständige Bauweisen (Berg-mannssiedlungen) dominierten die monumentalistische Staats- und Parteiarchitektur sowie der ,,sachliche" Bau-stil, der vorwiegend bei der Industrie- und Ingenieurarchitektur verbreitet war[77]. Auf Reichsebene betrachtet, hat-te die Bauwirtschaft als Träger der wichtigsten Arbeitsbeschaffungsprojekte und als gleichzeitiger Nutznießer der Aufrüstung dennoch den schnellsten Aufschwung zu verzeichnen[78].

Wie jede andere ,totalitäre' Bewegung versuchte der Nationalsozialismus, die Jugend besonders zu beeinflussen, um dort vorhandene Spuren des Sozialismus oder Liberalismus auszumerzen[79]. Die Erziehung, insbesondere die Veränderung der Curricula an den Schulen, bildete eine wichtige Voraussetzung der nationalsozialistischen Indok-trination. Die NS-Formationen des NS-Lehrerbundes (NSLB), des Jugendvolkes, der HJ und des BDM bestimm-ten schon bald den Schulalltag. Eines der wichtigsten Propagandainstrumente zur ,,Gleichschaltung" des Bürgers im nationalsozialistischen Alltag stellte der Rundfunk dar. Reden des Reichskanzlers Adolf Hitler und seiner Ge-folgschaft wurden oftmals in Schulen und Betrieben gemeinsam angehört. Der Förderung der Gemeinschaftsideo-

---

70   WLZ Nr. 201 v. 26. Juli 1934

71   Ebd.

72   DZ Nr. 165 v. 7. April 1936.

73   Ebd.

74   WLZ Nr. 233 v. 26. Aug. 1935; WLZ Nr. 52 v. 22. Febr. 1936; DZ Nr. 149 v. 28. März 1936.

75   WLZ Nr. 233 v. 26. Aug. 1935; DZ Nr. 155 v. 1. April 1936.

76   Der Umbau des Hohensyburg-Denkmals war im Februar 1936 abgeschlossen. Das frühere, prunkvolle Kaiser-Wilhelm-Denkmal wur-de, laut NS-Presse, zu einem ,,schlichten Reichsgründungsdenkmal" umfunktioniert. Vgl. WLZ Nr. 38 v. 8. Febr. 1936.

77   Vgl. Petsch, Joachim, Architektur und Städtebau im Dritten Reich — Anspruch und Wirklichkeit, in: Peukert, D. / Reulecke, J. (Hrsg.), Die Reihen fast geschlossen, Wuppertal 1981, S. 180 f.

78   Mason, Th., Sozialpolitik. S. 141.

79   Mosse, Georg L., Der nationalsozialistische Alltag. So lebte man unter Hitler, Königsstein / Ts. 1978, S. 285.

logie dienten auch das Massen-Eintopfessen auf den bekannten Plätzen der Stadt sowie die Volksspeisungen bedürftiger ,,Volksgenossen"[80]. Neben den zahlreichen NS-Verbänden wie beispielsweise der Deutschen Arbeitsfront (DAF), der Nationalsozialistischen Volkswohlfahrt (NSV), dem Jungvolk, der HJ, dem BDM oder dem Nationalsozialistischem Kraftfahrerkorps (NSKK) übte auch die NS-Organisation ,,Kraft durch Freude" (KdF) eine stark freizeitorientierte Anziehungskraft auf die Bevölkerung aus. Fortlaufend erschienen in der Dortmunder Presse Hinweise auf sportliche Veranstaltungen und Kurse, zu deren Teilnahme die Bevölkerung aufgerufen wurde. Von der Organisation KdF wurden auch Ausflüge und Gemeinschaftsreisen von Schulklassen, Betriebsbelegschaften oder sonstigen Gruppierungen organisiert.

Die DAF, als die große organisatorische Zusammenfassung aller ,,schaffenden deutschen Volksgenossen" an die Stelle der Gewerkschaften getreten, verkörperte keine Interessenvertretung der Arbeiterschaft, sondern ein Mittel der Disziplinierung und nationalsozialistischen Gleichschaltung. Unter ihrer Leitung liefen die Betriebswettkämpfe ab, wurden die Auszeichnungen ,,Nationalsozialistischer Musterbetrieb" (Ehrenzeichen mit dem Symbol der Arbeitsfront, dem goldenen Zahnrad) vergeben[81]. Die Grundlage des Gemeinschaftsgedankens verkörperte auch im Produktionsprozeß das Verhältnis Betriebsführer — Gefolgschaft, wie es im ,,Gesetz zur Ordnung der nationalen Arbeit" vom 20. Januar 1934 festgelegt worden war[82]. Eventuell zu erwartende Unzufriedenheiten wurden durch Gemeinschaftsveranstaltungen (z. B. 1. Mai als ,,Feiertag der nationalen Arbeit"), Betriebsleistungswettkämpfe oder Verbesserung des Freizeitangebotes innerhalb der Betriebe aufgefangen. Ein größeres Projekt dieser Kategorie bildeten die von der Hoesch AG errichteten Sport- und Erholungsanlagen in Dortmund, die jedoch erst 1941 ganz fertiggestellt waren[83].

Trotz der von 1933 bis 1939 in allen Bereichen des öffentlichen Lebens vollzogenen ,,Nazifizierung" der Stadt tauchten immer wieder Flugblätter auf, die zum Sturz des Regimes aufriefen. Der Widerstand in Dortmund artikulierte sich fortlaufend, wenn die Nationalsozialisten auch ihre Macht in Form von Polizei, SA- und SS-Trupps sowie der berüchtigten Geheimen Staatspolizei (Gestapo) konsequent gegen die politischen Gegner einsetzten.

4. Widerstand und Verfolgung

Über den politischen Widerstand gegen das Naziregime in Dortmund sind wir durch jüngere Veröffentlichungen recht gut informiert[84]. Die unter Terrormaßnahmen vollzogene ,,Gleichschaltung" des öffentlichen Lebens drängte die Gegner und Kritiker des Regimes in die Illegalität. Es wurden Verbindungen zum Ausland, insbesondere nach Holland geknüpft, von wo man Tarnschriften, illegale Zeitungen usw. einschleuste. Mit den sich verstärkenden Überwachungsmaßnahmen und dem Spitzelapparat der Gestapo wurde es jedoch immer schwieriger, eine illegale Opposition zu organisieren. Trotz aller Schwierigkeiten entstand in Dortmund eine Widerstandstätigkeit der verschiedenartigsten politischen Couleur, die überwiegend von der Arbeiterschaft getragen worden ist, insbesondere von Angehörigen der KPD und Sozialdemokratie. In der Statistik des ehemaligen Dortmunder Amtes für Wiedergutmachung tauchen daher nicht von ungefähr unter der Rubrik ,,Politisch Verfolgte" in der Zeit des Dritten Reiches die Namen von 1 260 Angehörigen der Kommunistischen Partei sowie 511 der Sozialdemokratie auf[85].

80 DZ Nr. 127 v. 16. März 1936.

81 Vgl. hierzu Reulecke, Jürgen, Die Fahne mit dem goldenen Zahnrad: ,,Leistungskampf der deutschen Betriebe" 1937—1939, in: Peukert/Reulecke (Hrsg.), a. a. O., S. 245 ff.

82 WLZ Nr. 211 v. 4. Aug. 1935.

83 WLZ Nr. 142 v. 25. Mai 1941.

84 Klotzbach, Kurt, Gegen den Nationalsozialismus. Widerstand und Verfolgung in Dortmund 1930—1945, Hannover 1969; Peukert, Detlev, Ruhrarbeiter gegen den Faschismus, Frankfurt 1976; Högl, G./Steinmetz. U., Widerstand und Verfolgung in Dortmund von 1933 bis 1945, Dortmund 1981; Boer, Ubbo de/Scheer, Rolf (Hrsg.), Kirchenkampf und kirchlicher Widerstand in Dortmund 1933—1945, Dortmund/Lünen 1981.

85 Vgl. Widerstand gegen und Verfolgung durch den Nationalsozialismus in Dortmund 1933—1945. Im Auftrag des Rates der Stadt Dortmund bearbeitet und herausg. vom Amt für Wiedergutmachung, Dortmund o. J. (hekt.).

Abb. 47:   Die Widerstandsgruppe „Neuer Sozialismus" (Winzen-Gruppe) bei einem Ausflug (ca. 1933);
unten aufgestützt Josef Kasel, daneben Erich Winzen; oben links Julius Krug; ganz rechts Walter Gawehn,
in der Mitte der Leiter der Gruppe Paul Winzen.

Unter den Dortmunder Parteien war die KPD als erste gezwungen, sich auf eine illegale Tätigkeit einzustellen, da
sie von den nationalsozialistischen Verfolgungsmaßnahmen am härtesten betroffen war. Im Gegensatz zu allen anderen antifaschistischen Widerstandsgruppen konzentrierte sich die KPD auf den Aufbau einer zentralen Organi-
sationsstruktur. Die effektivste Widerstandsarbeit wurde dabei auf lokaler Ebene von den sogenannten „Straßen-
zellen" geleistet, die ab 1934 zumeist aus fünf bis zehn Personen bestanden. Auch für die Dortmunder SPD und
für die SAP, eine linke Absplitterung der Sozialdemokratie, setzte unmittelbar nach dem Parteiverbot vom Juni
1933 die Verfolgungswelle ein. Es bildeten sich verschiedene Widerstandszentren innerhalb der Dortmunder Sozialdemokratie, getragen von ehemaligen Angehörigen der Sozialistischen Arbeiterjugend (SAJ), sowie ein Kreis
um den Reichstagsabgeordneten Fritz Henßler, der aufgrund seiner illegalen Arbeit mehrmals verhaftet und von
1937 bis 1945 im Konzentrationslager Sachsenhausen inhaftiert war. Während der Nazizeit versuchte man in Form
von Gesangvereinen, Kegelclubs usw. Verbindung miteinander zu halten, was mit der zunehmenden Perfektio-
nierung der Verfolgungspraxis der Nationalsozialisten immer schwieriger wurde. Außerdem wurden zahlreiche Re-
gimegegner durch die drakonische Nazijustiz von einer weiteren illegalen Tätigkeit abgeschreckt. Es kam nach
1935 auch zu gemeinsamen Aktionen von Sozialdemokraten und Kommunisten auf unterer Ebene in Dortmund.
Für eine Einheitsfront aller Sozialisten gegen den Faschismus fehlten jedoch aufgrund der Ereignisse in der Weimarer Zeit fast alle psychologischen und politischen Voraussetzungen, zumal die Komintern-Führung auch nach der
Machteroberung der Nationalsozialisten den Schwerpunkt ihrer Agitation gegen SPD und Freie Gewerkschaften
gerichtet hatte, weil sie von der irrigen Annahme ausging, das faschistische Regime werde wirtschaftlich und sozialpolitisch rasch kapitulieren[86].

86   Vgl. Mommsen, Hans, Gegenwartshandeln und geschichtliche Erfahrung, in: GM (Gewerkschaftliche Monatshefte) 7/1975.

Der Schwerpunkt der illegalen Arbeit lag nach 1935 innerhalb der Sozialdemokratie in der Vervielfältigung von Mitteilungen des Prager Exilvorstandes der SPD sowie in der Verbreitung ausländischer Pressemeldungen und Tarnschriften, die nachts in die Briefkästen geworfen oder unter den Türen hindurchgeschoben wurden[87]. Durch ihr ausgeklügeltes „Spitzelsystem" sowie durch brutale Foltermethoden, vorwiegend in dem im ganzen Ruhrgebiet berüchtigten Dortmunder Gefängnis „Steinwache" durchgeführt, gelang es der Gestapo ständig, Widerstandsgruppen in Dortmund zu liquidieren. Zahlreiche Mitglieder dieser Gruppierungen wie beispielsweise die jungen Sozialisten Paul Winzen und Josef Kasel (Gruppe „Neuer Sozialismus") wurden 1944 hingerichtet oder kamen wie Max Zimmermann (Arbeitersport) im Konzentrationslager ums Leben.

Auch aus dem Bereich der ehemaligen Zentrumspartei, vorwiegend aus dem Umkreis der Katholischen Arbeiterbewegung (KAB) und den Reihen der Christlichen Gewerkschaften sowie der Katholischen Jugend, organisierten sich Kontaktstellen gegen den Nationalsozialismus. Katholische Jugendliche erwiesen sich meist als resistent gegen die Versuche, sie der Hitlerjugend einzuverleiben. Beschränkte sich die Opposition der Katholischen Kirche und der Bekennenden Kirche in der Regel bewußt auf den kirchlichen Bereich und die Verteidigung christlicher Grundsätze, so gibt es für Dortmund jedoch genügend Beispiele, daß sich Vertreter der Kirchen gegen die Unmenschlichkeit des Naziregimes aufgelehnt haben[88].

Abb. 48:   Dortmunder Synagoge (Hansastr. / Ecke Hiltropwall). Erbaut 1900, abgerissen Okt. 1938.

---

87   Högl / Steinmetz, S. 130.

88   Vgl. hierzu u. a. Brinkmann, Ernst, Die evangelische Kirche im Dortmunder Raum in der Zeit von 1815—1945, Dortmund 1979, S. 182 ff. sowie Boer, U. u. de Scheer, R. (Hrsg.). Kirchenkampf und kirchlicher Widerstand in Dortmund 1933—1945, Dortmund / Lünen 1981.

Was die Judenverfolgung in Dortmund angeht, so zeigte sich bereits im März/April 1933 der organisierte Antisemitismus, als SA- und SS-Trupps jüdische Mitbürger verschleppten und mißhandelten[89]. Bereits zu dieser Zeit wurden Juden in Dortmund von städtischen Einrichtungen wie Sportplätzen, Schwimmbädern, Schulen usw. verwiesen. Jüdische Firmen wurden in der Folgezeit enteignet, jüdische Angestellte entlassen, jüdische Geschäfte boykottiert. Bereits im Oktober 1938, also noch vor dem von der nationalsozialistischen Regierung entfachten Pogrom am 9. November 1938, das unter der Bezeichnung „Reichskristallnacht" in die deutsche Geschichte eingegangen ist, wurde die Dortmunder Synagoge abgerissen. Die Hörder Synagoge ging in Flammen auf. Für die noch in Dortmund lebenden Juden verschärften sich nach der „Kristallnacht" die schikanösen Bestimmungen. Wie überall in Deutschland wurden jüdische Kennkarten mit dem Buchstaben „J" sowie zur Kennzeichnung „Judensterne" ausgegeben.

Die auf der Wannsee-Konferenz (Januar 1942) beschlossene „Endlösung" führte dazu, daß auch in Dortmund 1943 kaum noch ein jüdischer Bürger anzutreffen war. Von den vor 1933 etwa 4200 jüdischen Bürgern der Stadt Dortmund sind zumindest 2400 Personen in den Vernichtungslagern umgebracht worden oder an den im Lager erlittenen Gesundheitsschäden gestorben. Die zur Abschiebung in die Konzentrationslager bestimmten Personen wurden im Saal der Gaststätte „Zur Börse" (Steinstr. 55) oder in der Eintracht-Turnhalle zusammengefaßt. Zahlreiche Transporte von Juden in die Vernichtungslager gingen von Dortmund aus nach Riga, Zomosc/Lublin, Theresienstadt und Auschwitz[90]. Nach Kriegsende erfolgte im August 1945 die Neugründung der jüdischen Kultusgemeinde mit 40 bis 50 Mitgliedern. Heute leben in Dortmund etwa 400 jüdische Bürger, meist Personen höheren Alters.

5. Dortmund im Krieg

Noch am Tage des Kriegsausbruches, am 1. September 1939, wurden überall in der Stadt Verteilungsstellen der Kriegswirtschafts- und Ernährungsämter eröffnet und Lebensmittelkarten verteilt. Bereits in den Jahren der NS-Herrschaft seit 1933 war die Zivilbevölkerung auf luftschutzmäßiges Verhalten im Kriegsfall vorbereitet worden. Von militärischen Aktionen blieb Dortmund in den ersten Monaten verschont, da die Stadt im Gegensatz beispielsweise zu Köln nicht zu einer „Frontstadt" wurde, die für den Nachschub beim Vormarsch der deutschen Streitkräfte verantwortlich war[91].

Aber im Jahr 1943, als die englische und amerikanische Luftwaffe Nacht für Nacht ins Ruhrgebiet einflog, begann für die Dortmunder Zivilbevölkerung eine schwere Leidenszeit. Da in Dortmund und Umgebung zahlreiche Rüstungsbetriebe und Raffinerien produzierten und diese Stadt auch ein wirtschaftliches Zentrum darstellte, wurde sie von den Alliierten immer wieder mit ihren Bombern angeflogen. Schon die beiden ersten Großangriffe (5./6. und 24. Mai 1943) verursachten in der Stadt 9000 Brände. Sie töteten rund 1400 Menschen und machten fast 130000 Einwohner vorübergehend obdachlos[92]. Richteten sich diese Angriffe vorwiegend gegen die Westfalenhütte und die Dortmunder Hafenanlagen, so wurden dadurch auch zahlreiche Schulen, Baudenkmäler und Krankenhäuser zerstört. Bereits der erste Großangriff hatte das alte historische Rathaus, die Stadt- und Landesbibliothek und die Propsteikirche getroffen und zum größten Teil zerstört. Etwa 200000 Bücher der Stadt- und Landesbibliothek fielen bei den Angriffen vom 5. und 24. Mai 1943 den Flammen zum Opfer[93]. Beim zweiten Großangriff

---

89   Vgl. zur Judenverfolgung in Dortmund insbesondere Knipping, Ulrich, Die Geschichte der Juden in Dortmund während der Zeit des Dritten Reiches, Dortmund 1977, sowie Högl/Steinmetz a. a. O. S. 265 ff.

90   Knipping, a. a. O. S. 129 ff.

91   Vgl. Hege, Ingrid, Köln am Ende der Weimarer Republik und während der Herrschaft des Nationalsozialismus, in: Dann, Otto (Hrsg.), Köln nach dem Nationalsozialismus, Wuppertal 1981, S. 29.

92   Eine genaue Auflistung der Angriffe auf Dortmund in: v. Winterfeld, Luise, Jahresberichte 1940—1948, in: Beiträge zur Geschichte Dortmunds und der Grafschaft Mark, Bd. 47 (1948), S. 139 ff. Dies., Geschichte der freien Reichs- und Hansestadt Dortmund, 6. Aufl., Dortmund 1977, S. 194 ff.

93   Stadtarchiv Dortmund, Kriegschronik, Best. 424 — 43 u. 45.

Abb. 49: Der Bläserbrunnen vor den Trümmern des Alten Rathauses und der Stadt- und Landesbibliothek.

sank die Reinoldikirche, eines der Dortmunder Wahrzeichen, in Schutt und Asche. Trotz der aussichtslosen Lage, in der sich Deutschland befand, beschwor Joseph Goebbels, der Reichspropagandaminister, bei seinem Besuch im bereits zerbombten Dortmund am 17. Juni 1943 in der Westfalenhalle die Bevölkerung durchzuhalten und kündigte für die ,,angelsächsischen Terrorangriffe'' Vergeltung an[94].

94 Kriegschronik 153

Als wegen der ständigen Alarme im Spätsommer 1943 kein geregelter Schulunterricht mehr möglich war, schlossen fast alle Dortmunder Schulen; die meisten Schüler wurden im Rahmen der sogenannten „Kinderlandverschickung" (KLV) nach Baden evakuiert, wo sie bis zum Kriegsende blieben. Zahlreiche Dortmunder Schüler befanden sich auch in KLV-Lagern in der Slowakei und Ungarn[95] oder hatten in Thüringen und Pommern Aufnahme gefunden[96]. Die in Dortmund ausharrende Zivilbevölkerung versuchte zu retten, was zu retten war. Da sich die Luftangriffe meist auf die Innenstadt konzentrierten, wurden wertvolle oder wichtige Gegenstände außerhalb der Stadt deponiert. So fanden die Schätze des Dortmunder Museums für Kunst- und Kulturgeschichte im Schloß Cappenberg bei Lünen eine neue Unterkunft, wo sie zum größten Teil noch bis vor kurzem untergebracht blieben. Die für die Stadtgeschichte bedeutenden und unersetzlichen Bestände des Stadtarchivs verlegte man in das „Haus Dortmund" bei Meschede und in das Kloster „Grafschaft" bei Schmallenberg, was aber lediglich einen Teil dieser Archivmaterialien vor der Zerstörung bewahrte[97].

Fast auf den Tag genau ein Jahr nach dem zweiten erfolgte am 22./23. Mai 1944 ein dritter Großangriff der Royal Air Force, im Oktober 1944 ein vierter . Bei diesem (6. Oktober) wurde unter anderem der Dortmunder Hauptbahnhof zerstört, wobei über 1 000 Personen ums Leben kamen. Etwa dieselbe Anzahl Wohnhäuser wurde total zerstört. Berichten des Luftfahrtministeriums in London zufolge wurde der schrecklichste aller Bombenangriffe am 12. März 1945 in der Zeit von 16.24 bis 17.07 Uhr auf Dortmund geflogen. 1 069 Flugzeuge warfen in diesem Zeitraum 4 851 Tonnen Bomben über der Stadt ab. In einem Bericht der amerikanischen „United States Strategie Air Forces in Europe" ist davon die Rede, daß 1 107 Kampfflugzeuge insgesamt 4 899 Tonnen Sprengkörper über Dortmund abgeworfen hätten, womit Dortmund bezüglich der alliierten Bombardements ein trauriges Rekordergebnis erzielte[98]. Die noch 300 000 in Dortmund verbliebenen Bewohner hatten die wohl fürchterlichste Stunde ihres Lebens zu überstehen gehabt. Der englische Rundfunk verkündete am Abend, daß an diesem Tag der gewaltigste aller Luftangriffe des Weltkrieges auf die Stadt Dortmund geflogen worden sei[99].

Eine Bilanz des Bombenkriegs kann in Zahlen nur unzeichnend das Ausmaß des Elends ausdrücken, von dem die Bevölkerung Dortmunds heimgesucht worden war. Das britische Luftfahrtministerium überliefert in der Zeit von 1939 bis 1945 insgesamt 105 auf Dortmund geflogene Hauptangriffe, wobei von 5 788 Flugzeugen 139 abgeschossen worden sind. In diesem Zeitraum wurde die Stadt durch Tausende von Bomben (Gesamttonnage 22 242 000 Tonnen) völlig verwüstet[100]. Der alte Stadtkern, in dem früher rund 250 000 Menschen gewohnt hatten und in dem sich fast alle wichtigen Behörden, Verwaltungen, Geschäfte und Kulturdenkmäler befanden, war zu 95 Prozent vernichtet. Über zwei Drittel aller Wohnungen konnten nicht mehr genutzt werden; sie waren zum überwiegenden Teil zerstört. Die Mehrzahl der Bevölkerung hatte Unterkunft und Besitz verloren und lebte hungrig und frierend in dürftigen Notquartieren[101]. Über 6 000 Personen waren innerhalb der Stadt Opfer des Bombenkrieges geworden. Sämtliche Straßen waren von Bombentrichtern aufgerissen, Wasser- und Stromversorgung unterbrochen, die Industrieanlagen weitgehend vernichtet.

---

95   Kriegschronik 155; Erfahrungsbericht über die Auswirkungen des Luftkrieges auf die Stadt Dortmund, Dortmund, den 29. Nov. 1943.

96   Stadtarchiv Dortmund, Best. 519 (Erinnerungen von Dr. Hermann Ostrop, Dortmund 1946).

97   Einer Feststellung Luise von Winderfelds zufolge überstanden die Bestände des Stadtarchivs in diesem Kloster den Krieg zwar unbeschadet, aber dann sei ein Massenlager ausländischer Arbeiter in das Kloster verlegt worden: „Diese Arbeiter — meist waren es Polen und Russen — haben hier in sinnloser Wut ihrer Zerstörungslust gefrönt. Das Stadtarchiv hat dadurch rd. 70% der Bestände seiner Urkunden, Handschriften und Akten verloren." Vgl. Winterfeld, Luise v., Jahresberichte 1940—1948, S. 138. Der Verwaltungsbericht der Stadt Dortmund für die Rechnungsjahre 1945 bis 1951, hrsg. v. Statistischen- und Meldeamt, Dortmund o. J., S. 74, nennt als Verursacher der Vernichtung von „mindestens 60%" der Stadtarchivbestände im Mai und Juni 1945 ebenfalls Fremdarbeiter.

98   Kriegschronik — 166.

99   Ebd. In dem Bericht ist davon die Rede, daß bis zu diesem Zeitpunkt Essen die Stadt gewesen war, die den massivsten Bombenangriff über sich hatte ergehen lassen müssen, aber „this record stood only one day, for on 12 March Dortmund received 4 899 tons from 1 107 aircraft."

100   Vgl. Bericht des Luftfahrtministeriums der R.A.F. (Royal Air Force) London, in: Stadtarchiv Dortmund, Best. 424 — 166 (Kriegschronik).

101   v. Winterfeld, Luise, Jahresberichte 1940—1948, S. 142.

Abb. 50:   Die Betenstraße zum Kriegsende. Links Deutsche Bank, im Hintergrund Reinoldi- und Marienkirche.

Vor dem Hintergrund der sich für NS-Deutschland verschlechternden Kriegslage nahm auch die Widerstandstätigkeit gegen das Hitlerregime im Dortmunder Raum 1943/44 solche Ausmaße an, daß sich das Reichssicherheitshauptamt dazu veranlaßt sah, die örtliche Gestapostelle in Dortmund zu rügen: ,,Seit Ende 1943 macht sich dort mehr und mehr Widerstand gegen den Krieg bemerkbar und untergräbt die Sache des Führers. Den Widerstandsgruppen gehören neben deutschen auch zahlreiche volksfremde Elemente, insbesondere Fremdarbeiter ... an"[102].

Trotz der sich zuspitzenden chaotischen und aussichtlosen Situation fanden die Nationalsozialisten noch Zeit, im März/April 1945 ungefähr 300 Widerstandskämpfer, ausländische Zwangsarbeiter und Kriegsgefangene im Rombergpark und in der Bittermark zu exekutieren. Die letzte Mordtat ereignete sich unmittelbar vor dem Einmarsch der Amerikaner in Dortmund. An die grausame Ermordung dieser Menschen erinnert das Mahnmal in der Bittermark, an dem alljährlich am Karfreitag Gedenkfeiern abgehalten werden.

---

102   zit. n. Herzog, Wilhelm, Von Potempa bis zum Rombergpark, Dortmund (1968), S. 102.

Als die Amerikaner am 12. April 1945 Brackel und Aplerbeck besetzten und am Freitag, dem 13. April 1945, nachdem sie in Dorstfeld noch auf Widerstand gestoßen waren, nach Hörde und schließlich ins Stadtinnere vorrückten[103], fanden sie einen rauchenden Trümmerhaufen vor; in der Innenstadt standen lediglich noch Ruinen. Das Nachrichtenblatt der 95. amerikanischen Division, „The Journal", berichtete am 14. April über die Einnahme Dortmunds, daß die einmarschierenden Soldaten ein Schauspiel vollständiger Verwüstung erlebten. In der Stadt verbliebene deutsche Soldaten wanderten umher mit dem Ziel, sich zu ergeben, während Zivilisten und Fremdarbeiter die ohnehin dezimierten Bestände der Geschäfte in der Innenstadt plünderten[104].

Für viele Dortmunder wurde dieser 13. April 1945 dennoch zum lang ersehnten Tag der Freiheit nach 12 schweren, opfervollen Jahren während der Herrschaft der Nationalsozialisten.

---

103   Kriegschronik Nr. 55.

104   The Journal, Vol. 5 No. 110. April 14, 1945 zit. n. Ruhr-Nachrichten Nr. 85 v. 11. April 1952: „The 95 th (Victory) Divison took Dortmund, Germany's 11th largest city, yesterday as resistance in the residential section of the industrial metropolis crumbled . . .".

Dietmar Petzina

Wirtschaftliche Entwicklung und sozialer Wandel in der Stadtregion Dortmund im 20. Jahrhundert

Dortmund hat seit der Mitte des vergangenen Jahrhunderts tiefgreifendere Veränderungen erfahren als in den 700 Jahren städtischer Geschichte vorher. Aus der ehemaligen Reichsstadt, die zu Beginn des 19. Jahrhundert mit weniger als 10 000 Einwohnern Züge einer behäbigen Landstadt mit engen Verflechtungen ins westfälische Umland aufwies, entwickelte sich innerhalb weniger Jahrzehnte das expandierende industrielle Zentrum des östlichen Ruhr-Reviers. Bereits um 1870 war Dortmund Großstadt zumindest im Sinne der Statistik, wenngleich die schnell wuchernde Gemengelage von Zechen, neuen Fabriken, Wohnvierteln und Eisenhütten nur wenig dem herkömmlichen Bild von Urbanität entsprechen mochte. Erkennbar wird auch in Dortmund jene für das Ruhrgebiet charakteristische Entwicklung von Vororten und Vorortmentalität. Das Revier hat die stadtbildende Kraft der Industrie ausgeprägter als jede andere deutsche Landschaft erfahren und konnte sich dabei weniger als die Rheinlande, Mitteldeutschland oder auch das Tal der Wupper auf ältere gewerbliche Tradition stützen, die Orientierung für die industrielle Zukunft geboten hätten. Nicht neue Industrie überlagerte die alten, vielmehr schufen Zechen und Eisenhütten neue Stadtteile und Städte und eroberten eine ländliche Umgebung, deren Menschen innerhalb von zwei Generationen eine vollständige Veränderung ihrer Lebensgrundlagen erfuhren.

Freilich hat der Bergbau nicht so vollständig städtische Industriezivilisation und vorindustrielle Verhaltensweisen voneinander geschieden wie dies beispielsweise im Berlin der Gründerzeit zu beobachten ist. Die Bergbausiedlung war in den Vororten der Ruhrgebietsstädte vielfach ländlich geprägt, ebenso die Verhaltensweisen der Menschen. Nur zögerlich hat sich eine über die engere Siedlung, die Zeche oder den Vorort hinausreichende neue städtische Identität gebildet, die durch den Zuzug immer neuer Arbeitssuchender mit jeweils neuen Erfahrungen lange Zeit unscharf blieb und der es zumindest in den neuen Städten der Emscherzone an gewachsenem Selbstbewußtsein fehlte.

Dortmund hatte dank langer geschichtlicher Erfahrungen hier sehr viel bessere Chancen, den Umbruch des 19. Jahrhunderts zu bewältigen. Zudem zeichnete sich am Vorabend des Ersten Weltkrieges eine allmähliche Konsolidierung der wirtschaftlichen Expansion, des Zuzugs von Menschen, der Veränderung der Siedlungweise und der Erwerbstätigkeit ab, die Raum schaffen konnte für den inneren Ausbau des Gemeinwesens, freilich jäh unterbrochen durch den Weltkrieg und seine Folgen.

Die folgende Skizze wirtschaftlicher und sozialer Entwicklung setzt an diesem Wendepunkt an. Eine der Fragen wird dabei den Rückwirkungen des Krieges auf das städtische Gemeinwesen gelten; ob der für Jahrzehnte gültige Entwicklungstrend in Wirtschaft und Gesellschaft dauerhaft verändert oder nur abgeschwächt wurde; schließlich: ob der Zweite Weltkrieg deren Struktur auf eine neue Grundlage stellte und was dies gegebenenfalls für die Geschichte der Stadt nach 1945 bewirkt hat. Dabei kann es nicht die Absicht dieses Beitrages sein, eine umfängliche Chronolgie wirtschaftshistorischer Ereignisse über mehr als ein halbes Jahrhundert hinweg aufzuzeigen. Vielmehr sollen nur aspekthaft einige gesellschaftliche und wirtschaftliche Strukturmerkmale herausgegriffen werden, soweit sie geeignet erscheinen, den sozioökonomischen Wandel, aber auch die Kontinuitäten in der Dortmunder Region zu dokumentieren. Wir nehmen mit dieser Vorgehensweise in Kauf, daß gesellschaftliche und politische Wirklichkeit und die Stellung des Einzelnen in einer Industriegroßstadt damit nur unzureichend erfaßt werden können, lediglich ein Rahmen geschaffen wird, der das Verständnis politischer Handlungen und individueller Verhaltensweisen erleichtert. Im ersten Teil behandeln wir die Entwicklung zwischen den Weltkriegen, im zweiten Teil die Folgen des Zweiten Weltkrieges und die Entwicklungsprozesse bis in die 1960er Jahre.

I.

Der Durchbruch zum Industriellen Ballungszentrum, das eine führende Rolle in Europa einnahm, erfolgte im Gebiet zwischen Ruhr und Emscher in der Zeitspanne einer Generation vor dem Ersten Weltkrieg. Die Zahl der Erwerbstätigen verdreifachte sich zwischen 1881 und 1907 im Revier von 350 000 auf 1,04 Millionen, die Großindustrie begann endgültig Arbeitsrhythmus, Lebensweise und materielle Lage der Menschen zu bestimmen. Ruhrgebiet, das hieß zu Beginn des 20. Jahrhunderts das wichtigste europäische Zentrum der Schwerindustrie und eines der größten Zusammenballungen von Städten und Menschen. 370 000 Menschen hatten in der Mitte des 19. Jahrhunderts im späteren Ruhrgebiet gelebt, annähernd drei Millionen waren es im Jahre 1905 und 4 Millionen in den zwanziger und dreißiger Jahren. Dortmunds Einwohnerzahl hatte sich, teils als Folge der Zuwanderung, teils durch Vergrößerung des städtischen Gebietes, von 43 000 auf 380 000 (1927) annähernd verzehnfacht, in der städtischen Region in den Grenzen von 1929, die heute in etwa noch gültig sind, war sie von 31 000 (1843) auf 500 000 (1914) hochgeschnellt[1].

Stellvertretend für die wirtschaftliche Expansion vor 1914 steht die Entwicklung im Steinkohlenbergbau, dessen Förderung sich im Ruhrgebiet zwischen 1850 und 1913 alle zehn Jahre etwa verdoppelt hatte. Selbst die krisenhaften Jahre der „großen Depression" — vor allem das Jahrzehnt nach der Gründerkrise 1873 — haben diese Entwicklung nur kurz unterbrochen, nicht jedoch nachhaltig beeinträchtigt. Und in den beiden Jahrzehnten vor dem Ersten Weltkrieg ist eine erneute Beschleunigung im Niederbringen neuer Schächte in der Förderung von Kohle, vor allem aber im Ausbau der Eisen- und Stahlwirtschaft festzustellen. Im Ruhrgebiet hat sich allein zwischen 1900 und 1913 die Zahl der im Bergbau Beschäftigten auf 400 000 verdoppelt, ebenso die Förderung von 55 Mill. t (1899) auf 114 Mill. t[2]. Dortmund hat hieran großen Anteil gehabt und 1913 nicht weniger als 8,7 v. H. der Kohlenproduktion und 10,9 v. H. der Kokserzeugung des Deutschen Reiches auf sich vereinigt. Dortmunder Hüttenwerke, so weltbekannte Unternehmen wie Hoesch, Union und Phoenix, standen für die Entwicklung einer Großindustrie, deren Ausstoß an Roheisen sich im Ruhrgebiet allein zwischen der Jahrhundertwende und 1913 auf 8,2 Mill. t verdreifachte und je Hochofen ebenfalls um 200 v. H. anstieg. Um 20—25 v. H. schwankte seither der Anteil des Dortmunder Raumes an der Eisen- und Stahlerzeugung des Reviers, um 15—20 v. H. an der Erzeugung des Deutschen Reiches und nach dem Zweiten Weltkrieg an jener in der Bundesrepublik bis Ende der 1960er Jahre insgesamt[3].

Der erste Weltkrieg brachte für die deutsche Wirtschaft und mutatis mutandis für das Ruhrgebiet das Ende der in den vorausgegangen zwanzig Jahren nachweisbaren Entwicklungstrends. An die Stelle eindrucksvollen wirtschaftlichen Wachstums trat ein tiefgreifender Rückgang wirtschaftlicher Aktivitäten, folgte die Verringerung der Produktion und der Realeinkommen. Freilich, von dem Verfall der Wirtschaftskraft während des Krieges war das Revier zunächst weniger betroffen als andere Regionen des Reiches. Die Industrieproduktion insgesamt dürfte zwischen 1915 und 1918 im Reich nur noch etwa 60 v. H. des Vorkriegsstandes betragen haben[4], während die rüstungsnahe Eisen- und Stahlindustrie seit 1916 wieder Steigerungsraten, allerdings von einem niedrigeren Ausgangsniveau als 1913, aufwies. Zwischen 1916 und 1918 belief sich die Eisen- und Stahlproduktion von Hoesch auf ca. 80 v. H. des Vorkriegshöchststandes, um dann 1919/20 auf wenig mehr als die Hälfte abzusinken. Allgemeine Erfahrungen von Stagnation und Niedergang lassen sich nicht ohne Einschränkung auf die Ruhr mit ihrer montanindustriellen Struktur übertragen. Wirtschaftsimmanente Bewegungen und politische Eingriffe, erst deutscher Militärbehörden, dann der französischen Besatzungsmacht während des Weltkriegs und Anfang der zwanziger Jahre, schufen Sonderbedingungen, die das Revier zeitweise von der Entwicklung in den übrigen Bereichen der deutschen Wirtschaft abkoppelten, es sensibler auch für konjunkturelle Abläufe machten.

Dortmunds wirtschaftliche Lage nach dem Ersten Weltkrieg wurde sowohl von der für das Ruhrgebiet charakteristischen Prägung durch die Montanindustrie als auch von den gesamtwirtschaftlichen und politischen Rahmenbedingungen der deutschen Wirtschaft in der Weimarer Republik bestimmt. Industrielle Desorganisation zu Kriegsende, Inflation, Währungszusammenbruch und konjunktureller Aufschwung von 1924/25 bis 1928/29, schließlich die Weltwirtschaftkrise umschreiben die dramatischen Etappen jenes hektischen Jahrzehnts, dessen vorherrschendes zeitgenössisches Merkmal fraglos jenes einer Krise in Permanenz gewesen ist.

1   Statistisches Handbuch der Stadt Dortmund, 6 Jg. 1978, S. 2002.

2   Wiel, Paul, Wirtschaftsgeschichte des Ruhrgebietes, Essen 1970, S. 130 f.

3   Rohsa, Erich, Wirtschaft und Siedlung in Dortmund, Diss. Marburg 1937, S. 42; Wiel, Paul, (1970), S. 233.

4   Siehe hierzug Wagenführ, Rolf, Die Industriewirtschaft. Entwicklungstendenzen der deutschen und internationalen Industrieproduktion. Vierteljahrshefte zur Konjunkturforschung, Sonderheft 31 (1933), S. 23.

Dieses Bild ist freilich zu modifizieren. Entgegen einer weitverbreiteten Vorstellung von den chaotischen Bedingungen unmittelbar nach 1918 dürfte das reale Sozialprodukt dank eines in diesem Ausmaß unerwarteten Nachkriegsbooms 1920 bis 1922 bereits wieder 80 v. H. des Vorkriegsstandes erreicht haben. Für annähernd fünf Jahre weist die wirtschaftliche Entwicklung in Deutschland, in hohem Maße bestimmt von der zu Kriegsende unerwarteten Expansionsfähigkeit industrieller Schlüsselbereiche, die typischen Merkmale einer Wiederaufbau-Konjunktur auf. Als Folge des Krieges war eine nachhaltige Verzerrung im Verhältnis von Kapitalstock, Arbeitsplatzstruktur und vorhandenen Qualifikationen der Menschen eingetreten. Somit entstand nach dem drastischen Niedergang der Erzeugung und des Verschleißes der Produktionsanlagen zwischen 1914 und 1918 ein Wiederaufbau-Potential, das in Deutschland umso gewichtiger sein mußte, als hier die kriegsbedingten Rückschläge zunächst größer waren als in der Mehrzahl der anderen Länder. Eine systematische Untersuchung des Investitionsverhaltens der deutschen Wirtschaft in der Inflationsperiode liegt bislang nicht vor. Teilergebnisse bestätigen jedoch, daß dank einer Reihe förderlicher Sachverhalte — der während des Weltkriegs erzwungenen Verschiebung von Konsum- zu Produktionsgüterindustrie, der damit zusammenhängenden Qualifikationsveränderung der Arbeitskräfte, schließlich der in der Inflation verbesserten Chance der Selbstfinanzierung — eine erhebliche Vergrößerung des industriellen Kapitalstocks stattgefunden hat. So betrug die Produktion der deutschen Walzwerke — umgerechnet auf das Nachkriegsterritorium — 1921 bereits 73 v. H. von 1913, 1922 90 v. H.; die Hochofenbetriebe erzeugten 1922 80 v. H. der 1913 eingesetzten Steinkohlenmenge und die Produktion fossiler Primärenergie (Braun- und Steinkohle) erreichte bereits 1921 die Größenordnung von 1913. 1922 waren im Bergbau 17 v. H. mehr Beschäftigte zu registrieren als 1913, in der deutschen Industrie insgesamt 5,3 v. H.[5].

Die Schwerindustrie des Ruhrgebietes hat hiervon in besonderer Weise profitiert. Unbeschadet des katastrophalen Produktionseinbruchs während der Ruhrbesetzung 1923 entsprach das Produktionsvolumen 1925 sowohl bei Roheisen als auch bei Rohstahl dem Stand von 1913. Die Erzeugungskapazitäten der Eisen- und Stahlindustrie lagen 1927/29 vermutlich um 40 bis 50 v. H. über dem Stand der Vorkriegszeit[6]. Die Kohleförderung in Dortmund wie im Ruhrgebiet insgesamt lag 1929 über dem Stand von 1913. Vergleichbares galt für die Erzeugung von Eisen und Stahl. Die Erzeugungsziffern von Hoesch mögen wiederum stellvertretend für die Entwicklung im Dortmunder Raum stehen.

Zwei Tendenzen charakterisieren die Entwicklung der Schwerindustrie in den zwanziger Jahren: Zum einen die Zusammenfassung der Betriebe in größere Unternehmenseinheiten, zum anderen die Maschinisierung und Rationalisierung, die zwischen 1924 und 1929 zu erheblichen Produktivitätssteigerungen führte. Im Dortmunder Raum kam es 1930 zur Fusion von Hoesch mit dem Köln-Neu-Essener Bergwerksverein, 1933 zum Zusammenschluß von Union und Phoenix zur Dortmund-Hörder-Hüttenvereins AG. Enge Verflechtung gab es zudem zwischen den Hüttenwerken und den eisenverarbeitenden Werken. So zählten zum Dortmund-Hörder-Verein beispielsweise die Union-Brückenbau AG, die renommierte Maschinenfabrik Wagner & Co., Schulte Eisen- und Stahlgroßhandel, zu Hoesch die Waggonfabrik Both — Tillmann, das Baroper Walzwerk, Hoesch-Feinblechhandel GmbH. Unter den eisenverarbeitenden Industrien konnten in den dreißiger Jahren nur drei große Unternehmen, die C. H. JUCHO, August Klönnen und Schüchtermann ihre Selbständigkeit bewahren[7]. Die Zahl der Zechen halbierte sich in den zwanziger Jahren, gleichzeitig wurden die verbliebenen Anlagen mechanisiert, so daß bei rückläufiger Beschäftigungszahl die Produktion absolut sogar gesteigert werden konnte. Innerhalb weniger Jahre verschwanden so traditionsreiche Zechen wie Admiral, Glückauf Segen, Glückauf Tiefbau, Kaiser-Friedrich und Schleswig Holstein. Die Beschäftigtenzahl ging zwischen 1925 und 1929 um mehr als 20 v. H., von 50 000 auf weniger als 40 000 zurück[8].

5 Wirtschaft und Statistik, 1926, S. 171.

6 Weisbrod, Bernd, Schwerindustrie in der Weimarer Republik, Wuppertal 1978, S. 39.

7 Hellgrewe, Henny, Dortmund als Industrie und Arbeiterstadt, Dortmund 1951, S. 22.

8 Scheerkamp, Horst, Dortmund als Industrieraum, Diss. Münster 1938, S. 26.

Tabelle 1: Produktion von Eisen und Stahl bei Hoesch 1913/14 bis 1934/35

Jahr	Roheisen	Rohstahl
1913/14	528 000 t	600 000 t
1914/15	371 000 t	421 000 t
1915/16	392 000 t	438 000 t
1916/17	420 000 t	498 000 t
1917/18	469 000 t	512 000 t
1918/19	316 000 t	378 000 t
1919/20	229 000 t	352 000 t
1921/22	327 000 t	483 000 t
1922/23	426 472 t	563 269 t
1923/24	174 761 t	236 006 t
1924/25	561 395 t	738 840 t
1925/26	511 546 t	593 306 t
1926/27	668 148 t	855 861 t
1927/28	752 044 t	971 869 t
1928/29	670 823 t	890 642 t
1929/30	764 162 t	955 177 t
1930/31	506 171 t	671 486 t
1931/32	352 273 t	485 098 t
1932/33	342 197 t	475 207 t
1933/34	524 689 t	726 111 t
1934/35	745 993 t	966 286 t

Zitiert nach Rohsa, S. 41

Wenngleich Dortmund unter den Ruhrgebietsstädten von der Rationalisierung damit besonders stark betroffen war, so spiegelt sich hier doch ein allgemeiner Trend zu produktiver Wirtschaftsweise, der im gesamten Revier und darüber hinaus in weiten Bereichen der deutschen Wirtschaft in den zwanziger Jahren nachweisbar ist. Die Arbeitsproduktivität hat sich innerhalb weniger Jahre, zwischen 1925 und 1929, im Steinkohlenbergbau um 33 v. H. erhöht, bei der Koksgewinnung um 67 v. H. und bei der Roheisenerzeugung um 41 v. H. während in der deutschen Industrie insgesamt der Anstieg nur 25 v. H. betrug. Die Produktivitätsverluste der Kriegszeit — zwischen 1913 und 1918 ging die Arbeitsleistung je Beschäftigten im Raum Dortmund von 100 auf 86 zurück — wurde damit mehr als ausgeglichen, so daß bei nur wenig steigender Nachfrage die Festsetzungen im deutschen Bergbau bereits vor Ausbruch der Weltwirtschaftskrise krisenhafte Ausmaße annahmen[9].

Ungeachtet der großen wirtschaftlichen Probleme der Weimarer Republik, die schließlich in der Weltwirtschaftskrise kulminierten, setzte sich innerhalb Deutschlands jene für den Industrialisierungsprozeß typische Verschiebung des Gewichts der Wirtschaftssektoren zu Lasten der Landwirtschaft und zugunsten der Industrie und des tertiären Sektors fort. 1907 waren noch 35 v. H. aller Erwerbspersonen in der Land- und Forstwirtschaft tätig, 1939 noch 25,9 v. H. Demgegenüber stieg der Anteil des Tertiären Sektors, d. h. des Handels, der öffentlichen und privaten Dienstleistungen von 25 v. H. auf 32 v. H. an, während der Bereich Industrie und Handwerk in der Zwischenkriegszeit konstant zwischen 40 und 42 v. H. schwankte. Was für das Reich insgesamt gilt, läßt sich auch für das Gebiet des späteren Nordrhein-Westfalen nachweisen. Allerdings lag hier der Anteil der Landwirtschaft dank

---

9 Zu den Zahlen im einzelnen Wagenführ, Rolf, Industriewirtschaft, S. 22 f.

des hohen Industrialisierungsgrades an Rhein und Ruhr bereits um 1907 bei nur noch 20 v. H. während der Anteil der Industrie durchgängig sehr viel höhere Werte aufwies als der Reichsdurchschnitt. Im Dortmunder Raum, wie im Ruhrgebiet insgesamt, veränderte sich die Beschäftigtenstruktur bis zum Zweiten Weltkrieg deshalb nur noch wenig. Erst nach 1950 ist ein Absinken des industriellen Beschäftigungsanteils zugunsten öffentlicher und privater Dienstleistungen zu erkennen. Die Erwerbsstruktur der Dortmunder mit den Werten des rheinisch-westfälischen Raumes insgesamt auf als in der Zwischenzeit:

Tabelle 2: Beschäftigungsstruktur in Dortmund im Vergleich zu Nordrhein-Westfalen

Jahr	Landwirtschaft und Forsten		Industrie und Handwerk		Handel und Versicherungen		Öffentliche Dienste u. Dienstleistungen	
	Do	NRW	Do	NRW	Do	NRW	Do	NRW
1907	0,8	20,3	67,8	59,6	22,8	13,5	8,6	6,6
1925	0,8	15,4	57,9	55,1	25,1	17,4	16,1	12,1
1930	2,4	14,1	59,7	53,8	21,9	18,3	16,1	14,1
1950	2,3	11,7	62,9	55,4	19,8	16,7	15,0	16,2
1961	1,0	6,4	58,7	5				
1970	0,8	3,5	53,3	53,7	22,1	18,5	23,8	24,3

Quelle: Statistisches Jahrbuch des Deutschen Reiches, Bde. 209, 404, 455, 557.

Zwar war die Industrie auch im Ruhrgebiet nicht ausschließlich mit Bergbau oder der Hüttenindustrie gleichzusetzen. Die überragende Stellung dieser Wirtschaftszweige war gleichwohl charakteristisch nicht nur für Dortmund, sondern für alle großen Städte des Reviers. Eine statistische Bilanz des Jahres 1939 weist trotz des seit Mitte der zwanziger Jahre beobachtbaren Rückgangs der im Bergbau Beschäftigten nach wie vor 25,5 v. H. aller industriell Beschäftigten in diesem Bereich aus, weitere 23,9 v. H. in der Eisen- und Metallgewinnung. Die Verarbeitungsindustrien treten demgegenüber deutlich zurück. Lediglich der Maschinen-, Kessel- und Apparatebau war mit 13 v. H. noch von größerem Gewicht, während vor allem die neuen Industrien, z. B. die Elektrotechnik oder die chemische Industrie mit 2,5 v. H. bzw. 1,3 v. H. bedeutungslos waren. Die wirtschaftlichen Wachstumsspielräume haben sich auf diese Weise im Revier langfristig im Vergleich zu anderen deutschen Regionen verringert, was freilich erst seit den sechziger Jahren als geschichtliche Hypothek erkannt wurde. In der Zwischenkriegszeit und in den fünfziger Jahren überwog fraglos die positive Bewertung der montanindustriellen Prägung. Dies nimmt nicht wunder, da Dortmund und andere Städte der Hellweg- und Emscherzone mit Kohle und Eisen groß geworden waren, der Bergmann sich traditionell in der Spitzengruppe der Lohnempfänger befand und der Bedarf an Kohle dauerhaft gegeben schien. Was aus der Sicht der siebziger Jahre als Last empfunden wurde, empfanden die Zeitgenossen als ökonomischen Vorzug.

Die geschilderten Veränderungen der Erwerbsstruktur hatten das soziale Profil der Dortmunder Bevölkerung bereits am Ende des vorigen Jahrhunderts dauerhaft verändert. Der für die Entfaltung einer Industriegesellschaft charakteristische Prozeß des Anstiegs der abhängig Beschäftigten einerseits und der Rückgang der Selbständigen andererseits war zu Beginn dieses Jahrhunderts zu einem vorläufigen Abschluß gekommen. Kaum ein anderer Indikator verdeutlicht nachdrücklicher den Charakter der Industriestadt als der hohe Anteil von Arbeitern an den Erwerbspersonen. Er betrug 1925 im Revier 64 v. H. gegenüber nur 45 v. H. im Deutschen Reich, während die Selbständigen mit 9 v. H. (gegenüber 17 v. H. im Reich) nur wenig das Sozialgefüge in Dortmund und anderen Städten des Ruhrgebietes prägten. An diesen Relationen hat sich bis nach dem Zweiten Weltkrieg nur wenig verändert. Gegenüber der Zwischenkriegszeit blieb der Anteil aller abhängig Beschäftigten im Revier mit annähernd 90 v. H. konstant, während in anderen Teilen der Bundesrepublik sich der Strukturwandel nach dem Zweiten Weltkrieg intensivierte. Bedeutsame Verschiebungen gab es in Dortmund allerdings innerhalb der Gruppe der Abhängigen. Die Arbeiterschaft ging zunächst in Anteil, dann auch absolut zurück, während der „neue Mittelstand" von Angestellten und Beamten größeres Gewicht erlangte. Verglichen mit anderen deutschen Stadtregionen blieben diese Verschiebungen jedoch bescheiden. Öffentliche und private Dienstleistungen, „tertiäre" Tätigkeiten im weitesten Sinn konnten sich in Dortmund nur sehr viel langsamer entfalten als in den Städten der „Rheinschiene", in Hamburg, Stuttgart oder München. Fraglos wird hieran auch die fehlende regionale Selbstbestimmung des Reviers erkennbar. Trotz mancher neuerer Diversifizierung wirtschaftlicher Tätigkeiten wurden Dortmund, Bochum, Essen und Duisburg bis zur Gegenwart von den Schreibtischen großer Konzerne in Düsseldorf und von den Verwaltungsstuben in Arnsberg oder Münster regiert. Die nachfolgende Tabelle vermittelt bilanziert die Sozialstruktur Dortmunds und anderer Großstädte des Reviers vor dem Zweiten Weltkrieg. Die Abweichungen zwischen den einzelnen Stadtregionen sind relativ gering. Allerings wird auch hier der besondere, einseitig industrielle Charakter der Emscherzone mit ihrem überhöhtem Anteil an Arbeitern unterstrichen.

Tabelle 3: Die Bevölkerung nach der sozialen Stellung in den Großstädten des Ruhrgebietes 1939 [a]

Verwaltungsbezirk	Erwerbspersonen mit Angehörigen ohne Hauptberuf in % der Bevölkerung	% der Berufszugehörigkeit entfielen auf				
		Selbständige	Mithelf. Familienangehörige	Beamte	Angestellte	Arbeiter
Essen	85,0	7,6	1,3	5,6	18,9	66,6
Duisburg	87,3	8,1	1,3	5,7	15,7	70,2
Oberhausen	85,6	6,8	1,7	6,1	12,8	72,6
Mülheim	86,2	8,3	1,9	6,3	16,5	67,0
Dortmund	84,9	7,7	1,6	6,3	16,4	68,0
Bochum	84,5	6,7	1,5	5,2	15,8	70,8
Hagen	88,4	10,0	1,8	8,3	17,3	62,6
Gelsenkirchen	84,1	6,2	1,4	4,4	11,5	76,5
Durchschnitt der Ruhrgebietsgroßstädte	85,5	7,4	1,5	5,8	16,1	69,2
Durchschnitt der Mittelstädte des Ruhrgebietes	83,8	6,8	1,7	5,7	11,3	74,5
Deutsches Reich	87,0	16,2	9,8	7,1	13,3	53,6
Provinz Westfalen	87,3	13,0	7,5	6,1	11,8	61,6

a) Siedlungsverband Ruhrkohlenbezirk, Statistische Zusammenstellung, Tabelle 16b. Zitiert nach Hellgrewe, S. 83.

Einer der bedeutsamsten Einschnitte in der neueren Geschichte Dortmunds stellt die Vergrößerung des städtischen Territoriums auf annähernd die vierfache Fläche — von 75 qkm 1928 auf 271 qkm 1929 — dar. Mit dieser Verwaltungsreform zog die preußische Regierung die Konsequenzen im Revier, wenngleich die Zuordnung mancher gewachsenen Gemeinde zu größeren Städten gelegentlich auch zufällig und gegen den vehementen Widerstand der Betroffenen erfolgte. Diskussionen der zwanziger Jahre haben ihre Parallele in den siebziger Jahren, bei der Kommunalreform des Landes Nordrhein-Westfalen gehabt. Dortmund stand allerdings nicht vor vergleichbaren Integrationsproblemen wie Gelsenkirchen und Buer oder Bochum und Wattenscheid, da es das unbestrittene Oberzentrum gegenüber der Vielzahl von Industrievororten, kleinen Städten und Industriedörfern des näheren Umlandes darstellte, die schließlich zu einem Groß-Dortmund administrativ zusammengefaßt wurden. Für eine sinnvolle Planung von Wohn-, Freizeit- und Industrieflächen sowie den Ausbau einer gemeinsamen städtischen Infrastruktur konnte diese Integration nur von Vorteil sein, zumal der Nachholbedarf gegenüber gewachsenen Städten unübersehbar war.

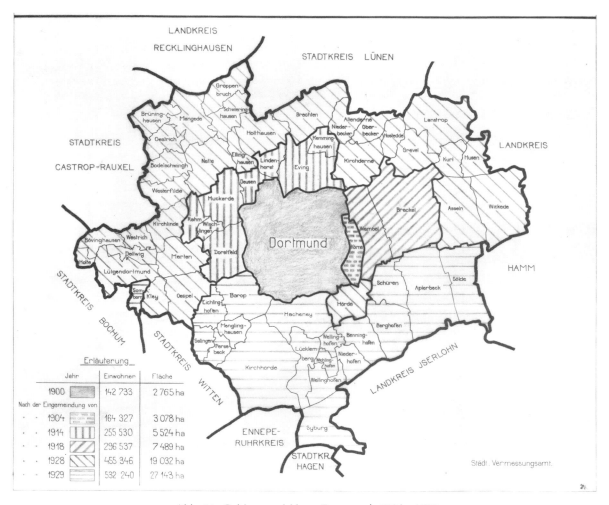

Abb. 51: Gebietsentwicklung Dortmunds 1904—1929.

Die finanziellen Möglichkeiten einer aktiven kommunalen Infrastrukturpolitik waren freilich in den westfälischen Städten, allen voran in Dortmund, in den zwanziger und dreißiger Jahren ungünstig. Zwar haben sich die kommunalen Ausgaben im Reichsdurchschnitt zwischen 1913/14 und 1926/27 preisbereinigt etwa verdoppelt, doch hat sich die Finanzkraft der deutschen Städte sehr unterschiedlich entwickelt[10]. Die städischen Gebiete des Oberfinanzbezirks Westfalen (bis zu 10 v. H. landwirtschaftlicher Bevölkerungsanteil) weisen zu unterschiedlichen Stichjahren vor und nach der Weltwirtschaftskrise jeweils die niedrigsten Aufkommen sowohl an Personalsteuern als auch an Umsatzsteuern unter allen städtischen Regionen des Deutschen Reiches auf. Die Personalsteuerkraft der Ruhrgebietsstädte betrug weniger als die Hälfte des Reichsdurchschnittes, in Wanne-Eickel, Bottrop, Hamm und Gelsenkirchen nur ein Viertel bis ein Drittel[11]. Dortmund fand sich zwar nicht am untersten Ende der Skala wieder, doch gilt auch hier, ähnlich wie für die übrigen Industriestädte der Hellwegzone, daß die Steuerleistung weit unter den Daten anderer Städte außerhalb des Reviers lag. Was in den zwanziger Jahren an gemeindlichen Einrichtungen und Leistungen geschaffen wurde, bedurfte hier größerer Anstrengungen als in anderen Teilen des Reiches und blieb doch, bezogen auf die Einwohnerzahl, hinter den Investitionsaufwendungen von Gemeinden mit weniger einseitiger Wirtschaftsstruktur zurück.

---

10   Im einzelnen Petzina, Dietmar, Staatliche Ausgaben und deren Umverteilungswirkungen — das Beispiel der Industrie- und Agrarsubventionen in der Weimarer Republik, in: Fritz Blaich (Hg.), Staatliche Umverteilung in historischer Perspektive (1980), S. 59 ff.

11   Die Steuerleistung der Finanzamtsbezirke 1926 bis 1938, Einzelschriften zur Statistik des Deutschen Reichs Nr. 39, Berlin 1941.

Tabelle 4: Personalsteuern je Einwohner in ausgewählten Städten (in RM)

	1926	1927	1928	1929	1930	1931	1932	1933	1934	1935	1936
Dortmund	58,0	76,9	78,6	76,8	70,6	41,2	23,6	23,6	34,8	50,4	69,7
Bottrop	20,2	18,0	18,1	17,9	18,2	13,1	7,4	7,8	9,9	13,0	14,5
Gelsenkirchen	40,8	40,3	35,7	35,8	30,6	23,0	15,3	12,7	20,7	28,8	36,9
Stuttgart	127,2	145,3	159,5	165,9	157,1	128,9	79,6	81,0	110,2	166,4	221,4
Berlin	118,9	153,3	176,5	180,8,	165,5	126,3	75,6	84,4	99,2	141,4	188,2

Quelle: Die Steuerleistung der Finanzbezirke in den Rechnungsjahren 1936 bis 1938, Einzelschriften zur Statistik des Deutschen Reichs Nr. 39, Berlin 1941

Hinzu traten in den frühen dreißiger Jahren die besonders ausgeprägten Rückwirkungen der Weltwirtschaftskrise. Dortmunds Wirtschaft litt wegen der Konzentration von Grundstoff-Industrien stärker als Regionen mit gemischter Struktur unter Produktionsrückgang, Konkursen und Arbeitslosigkeit. Zusammen mit den sächsischen und schlesischen Industriestädten wiesen die Städte des Reviers die höchsten Arbeitslosenziffern aus, waren damit die Belastungen der kommunalen Fürsorge nach Auslaufen der zeitlich eng befristeten reichseinheitlichen Arbeitslosenunterstützung besonders drückend. Absolut gab es in Dortmund 1928 12 000 Erwerbslose und am Höhepunkt der Krise, 1932, 74 000. Annähernd die Hälfte der Familien dürfte unter Arbeitslosigkeit gelitten haben, da angesichts einer extrem niedrigen Frauenerwerbslosigkeit (17 v. H. gegenüber 31 v. H. im Durchschnitt der deutschen Großstädte) vor allem Männer ihren Arbeitsplatz verloren. Bemerkenswert ist dabei die schnelle Rückführung der Erwerbslosigkeit nach 1933. Dabei wirkte sich im Dortmunder Fall nicht zuletzt die auf Rüstung und Autarkie gerichtete Wirtschaftspolitik des nationalsozialistischen Regimes aus. Die Förderung von Kohle und die Herstellung von Stahl und Stahlprodukten wurden durch Investitionshilfe, steuerliche Anreize und die Zuteilung erforderlicher Rohstoffe stärker als andere Bereiche unterstützt. So erklärt sich auch die erneute Festigung des montanindustriellen und schließlich auch rüstungswirtschaftlichen Charakters der Stadt vor und während des Zweiten Weltkrieges, die Hand in Hand mit einer aktiven Investitionspolitik der Unternehmen bis hinein in die Kriegsjahre ging. Die wirtschaftliche Ausgangslage nach dem Zweiten Weltkrieg sollte sich deshalb trotz der Zerstörungen günstiger darstellen, als ursprünglich befürchtet.

Tabelle 5: Die Arbeitslosen je 1000 Einwohner in ausgewählten Großstädten 1928—1938

	1928	1929	1932	1933	1936	1938
Bochum	33,8	26,0	114,9	83,6	24,9	3,5
Dortmund	26,3	21,0	136,0	119,9	47,7	7,0
Dresden	27,7	37,9	136,9	127,5	61,8	17,4
Duisburg	55,1	49,6	145,0	128,6	45,9	11,2
Köln	24,2	24,2	109,7	104,3	52,8	18,4
München	28,1	32,2	102,1	98,9	24,8	8,3
Stuttgart	11,8	14,9	90,5	75,3	6,1	2,1

Quelle: Statistisches Handbuch von Deutschland, 1928—1944, München 1949, S. 485.

Abb. 52:   Dortmunder City 1945. Blick in den Westenhellweg mit Trümmerbahn.

II.

Dortmunds soziale und wirtschaftliche Entwicklung im Vierteljahrhundert zwischen Kriegsende und 1970 war zunächst geprägt von den Folgen des Krieges und deren Bewältigung, später von dem in der deutschen Wirtschaftsgeschichte in Intensität und Ausmaß unübertroffenem Wachstum, das die materiellen Grundlagen der deutschen Gesellschaft und das soziale Gefüge tiefgreifend verändert hat. Dortmund hat darüber hinaus seit Ende der fünfziger Jahre, wie andere Ruhrgebietsstädte auch, durch den Rückgang des Bergbaus eine Strukturkrise erlebt, deren Umfang die der zwanziger Jahre übertraf, deren Folgen gleichwohl angesichts einer nach oben gerichteten Konjunktur besser bewältigt werden konnten.

Zur Beschreibung gesellschaftlicher Wirklichkeit in den Jahren des Übergangs bietet sich in Anlehnung an Dietrich Hilger das Paradigma der ,,mobilisierten Gesellschaft'' an [12]. Menschen, Güter, Werte waren, so Elisabeth Pfeil, nach 1945 in Bewegung geraten. Flüchtlinge kamen aus dem Osten des Reiches, wenngleich zunächst noch nicht ins Ruhrgebiet; während des Krieges evakuierte Großstädtler wanderten in ihre zerstörte Heimat zurück; die Bomben hatten traditionelle Hierarchien und soziale Schichtungen eingeebnet. Dortmunds Bevölkerung war 1945 auf etwa 300 000 Menschen gesunken, die innerhalb des zweitgrößten Trümmerberges des Reviers in der Hälfte des Wohnungsbestandes von 1939 hausten. Von 161 000 Wohnungen war nur ein Viertel vor Beschädigung oder Zerstörung verschont geblieben, und selbst drei Jahre nach Kriegsende, 1948, standen erst 98 000, zum Teil nur notdürftig reparierte Unterkünfte für die zwischenzeitlich wieder mehr als 400 000 Menschen zur Verfügung [13]. Der Zustrom von Flüchtlingen aus den Gebieten östlich von Oder und Neiße blieb in den ersten Nachkriegsjahren relativ geringer als jener in die ländlichen Gebiete. 1947 gab es etwa 12 000, 1951 32 000 Flüchtlinge in Dortmund, zumeist aus Ostpreußen und Schlesien.

Bei aller Trostlosigkeit der äußeren Lebensumstände in den allerersten Nachkriegsjahren gab es auch Hinweise für eine allmähliche Besserung. Die Politik der Demontagen und Reparationen entwickelte sich zwar zu einem Politikum, das die Bevölkerung zu mobilisieren vermochte, doch war der Umfang der tatsächlich vorgenommenen Demontagen geringer als zunächst angeordnet und auf deutscher Seite befürchtet. Betroffen war vor allem die Hüttenindustrie und Werke des Maschinenbaus, während im Bergbau die Alliierten aus Gründen der westeuropäischen Versorgungssicherung sogar auf rasche Produktionsausweitung drängten. Die Demontage der Elektrostahlöfen im Werk Hörde oder der Werkzeug-Maschinenfabrik Wagner bedeuteten zwar schmerzhafte Eingriffe, konnten jedoch den wirtschaftlichen Wiederaufbau nicht nachhaltig gefährden. Das Ausmaß der Zerstörung von Industrieanlagen war geringer als bei Wohnungen oder im Verkehrssystem, so daß nach dem absoluten Produktionstief 1945 zumindest der Bergbau schon 1947 wieder mehr als die Hälfte des Produktionshöchststandes von 1938 erreichen konnte.

Die wirtschaftlichen Säulen Dortmunds blieben auch in den fünfziger und sechziger Jahren Eisen, Stahl und Kohle. Die Beschäftigtenzahl im Bergbau stieg dabei schneller als die Produktion. Im Ergebnis lag die Produktivität zumindest bis zu Beginn der Bergbaukrise unter dem Niveau der Vorkriegszeit. Arbeitskräfte waren billig und ihre Zahl scheinbar unerschöpflich, so daß der Zwang zu rationellerem Abbau zu zunächst nicht gegeben war [14].

Insgesamt günstiger stellt sich die Lage in der eisenschaffenden Industrie dar. Hier stieg die Beschäftigtenzahl zwar nur bescheidener von 32 700 (1938) auf 38 400 (1964) an, pendelte sich dann jedoch bis 1976 bei etwa 30 000 ein. Zugleich jedoch stieg die Rohstahlerzeugung von 3,47 Mill. t (1938) über 5,4 Mill. t (1964) auf einen Höchststand von 6,8 Mill. t (1969), so daß die Produktivität 1969 um 130 v. H. über dem Vorkriegsstand lag. Beide Wirtschaftsbereiche vereinigten um 1960 60 v. H. aller Industriebeschäftigten auf sich, um 1970 waren es, ähnlich wie 1939, noch etwa 50 v. H.

---

12   Hilger, Dietrich, Die mobilisierte Gesellschaft, in: R. Löwenthal — H. P. Schwarz (Hg.), Die zweite Republik, 2. Aufl. 1974.

13   Hellgrewe, S. 101 f.; Statistisches Handbuch der Stadt Dortmund, 6. Jg., 1978, S. 1020.

14   Regionale Strukturwandlungen im Ruhrgebiet seit der Vorkriegszeit, in: Mitteilungen des RWI, 14. Jg., 1963, S. 197 ff.

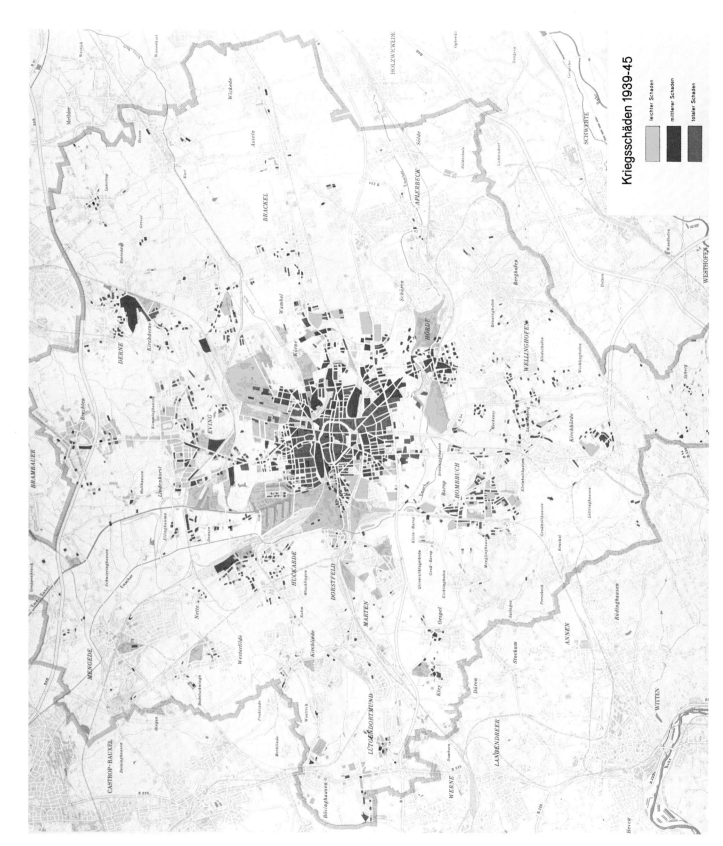

Kriegsschäden 1939-45

leichter Schaden
mittlerer Schaden
totaler Schaden

Abb. 53

Tabelle 6: Beschäftigung und Förderung im Dortmunder Bergbau

	1938	1956	1961	1970	1978
Beschäftigte	32 792	46 164	34 331	20 774	17 013
Förderung in 1000 t	13 208	12 353	10 777	8 404	5 538
Förderung je Beschäftigten (in t)	402	268	314	405	325

Die Daten zur Entwicklung des Bergbaus markieren zugleich die zweite große Strukturkrise seit Ende der fünfziger Jahre. Der dramatische Rückgang von Erzeugung und Beschäftigung namentlich im Steinkohlenbergbau, abgeschwächt neuerdings auch in der eisenschaffenden Industrie, hat das Arbeitsplatz-Volumen in Dortmund zwischen 1959 und 1974 um 27 v. H. schrumpfen lassen, ohne daß ein Ausgleich durch neue Industrien oder durch Arbeitsplätze im tertiären Bereich erfolgt wäre. Gewiß gab es auch einige positive Zeichen, etwa die Verdoppelung der Beschäftigtenzahl in der Elektroindustrie von 5 000 (1959) auf 10 000 (1973). Gemessen am Arbeitsplatz-Verlust allein im Bergbau nimmt sich dieser Zuwachs jedoch bescheiden aus, zumal er seit Mitte der siebziger Jahre selbst der Auszehrung ausgesetzt ist.

Mit geringen Abweichungen spiegelt sich in diesem Prozeß das wirtschaftliche Schicksal der gesamten Ruhr-Region wider. Zwischen 1957 und 1970 ging die Zahl der Arbeitsplätze in der Industrie von 994 000 auf 770 000 zurück, sank der Anteil des Reviers an den Industriebeschäftigten in der Bundesrepublik von 13 v. H. auf 9. v. H., fiel der Beitrag der Ruhr zum westdeutschen Bruttosozialprodukt von 11,8 v. H. auf 8,3 v. H. [15]. Demgegenüber entstanden im gesamten Ruhrgebiet in den 1960er Jahren außerhalb der Schwerindustrie nur 65 000 neue Arbeitsplätze, davon annähernd ein Drittel bei Opel in Bochum. Das Ruhrgebiet, sein östlicher Teil zumal, befindet sich schon seit zwei Jahrzehnten nicht mehr auf dem Pfad der industriellen Expansion, ist von Stagnation und Schrumpfung geplagt und wird seine Zukunft im günstigsten Fall in qualitativer Bestandspflege sehen können.

Die wirtschaftlichen Strukturprobleme des Reviers wirkten sich sehr direkt und umittelbar auf die Lebenslage der Menschen aus, bildeten aber zugleich auch eine Herausforderung, die seit 1960 in einigen Bereichen zu neuen politischen und gesellschaftlichen Antworten führte. Dabei ist weniger an die Zusammenfassung der Zechen unter das Dach der Ruhrkohle A.G. zu denken, so nützlich sie für die überfällige Rationalsierung im Bergbauwesen ist. Bedeutsamer war die umfassende Verbesserung der Ausbildungschancen durch die Neugründung und den Ausbau weiterführender Schulen und der Einrichtungen des tertiären Bildungsbereiches. Dortmund ist seit den sechziger Jahren Universitätsstadt und verfügt über ein differenziertes und reichhaltiges Angebot der Weiterbildung und der qualifizierten Ausbildung. Die Stadt und das Ruhrgebiet insgesamt wurden sich allmählich des positiven Strukturfaktors bewußt, den die sechs Hochschulen — davon 4 Universitäten — mit 60 000 Studierenden und 5 000 Forschern (1980) darstellen. Gewiß, die kurzfristig nachweisbaren Arbeitsplatzeffekte sind eher gering. Auf mittlere Sicht können hiervon jedoch wichtige Impulse für neue Produktionen und für den überfälligen Strukturwandel ausgehen, der nicht nur in ökonomischen Kategorien überprüfbar ist. Hierzu zählen auch eine lebenswerte Umwelt, kulturelle Sensibilität und verbesserte Freizeitchancen, die es jüngeren, gut ausgebildeten Menschen attraktiv erscheinen läßt, im Revier zu bleiben. Dies ist jedoch bislang mehr Hoffnung für die Zukunft als historische Erfahrung. Zwischen 1965 und 1970 wanderten aus dem Ruhrgebiet 250 000 Inländer ab. zumeist qualifizierte und jüngere Arbeitskräfte. Auch Dortmund wies trotz ausgeglichener Wanderungsbilanz seit Beginn der sechziger Jahre ein, wenn auch geringes, Defizit bei deutschen Bewohnern auf und „exportierte" mehr Ingenieure und Techniker als es „importierte". Kommunale Investitionsausgaben betrugen im Revier je Einwohner zum Stichjahr

---

15   Keunecke, Helmut, Das Ruhrgebiet im Wandel, in: Blätter für deutsche Landesgeschichte, 108. Jg., 1972, S. 176 ff.

1965 78 v. H. der übrigen Gemeinden Nordrhein-Westfalens und nur 64 v. H. der Gemeinden im Bundesgebiet. Die Ausstattung mit Bildungs-, Gesundheits-, Verkehrs- und Freizeiteinrichtungen dürfte demnach nicht erst seit den fünfziger Jahren im Ruhrgebiet schlechter gewesen sein als in vergleichbaren Städten anderer Regionen. Mangels eines vergleichbaren Infrastruktur-,,Katasters" lassen sich für Dortmund keine genauen Vergleichsdaten geben, doch gilt die angesprochene Tendenz für die 1960er Jahre auch hier [16].

Zu Beginn der achtziger Jahre dieses Jahrhunderts ist Dortmund eine städtische Region in Krise und Umbruch. Was derzeit als existentielle Bedrohung von Eisen und Stahl empfunden wird, mag sich in der Zukunft als Weg zur erneuten Veränderung der materiellen Lebensgrundlagen dieser Stadt erweisen. Qualifizierte Menschen mit industrieller Erfahrung sollten einer Herausforderung gewachsen sein, die anders, aber nicht größer ist als jene nach dem Zweiten Weltkrieg. Endgültig Abschied nehmen gilt es dabei von der traditionellen schwerindustriellen Prägung des Gemeinwesens. Anzunehmen ist hingegen die Chance der Erneuerung, die für Dortmund im größeren Verbund einer industriellen Stadtlandschaft angelegt ist, die sich ihrer eigenständigen Traditionen, ihres Gewichts und ihrer Innovationsfähigkeit bewußt wird.

---

16 Die Investitionsausgaben der Gemeinden im Ruhrgebiet, in: Mitteilungen des RWI, 17. Jg., 1966, S. 27 ff.

Harald Heinze

Dortmund — Perspektiven einer Industriestadt
Zukunftsprojektion aus der Sicht der Entwicklungsplanung

1. Einleitung

Unter Zukunftsprojektion soll verstanden werden, diejenigen strukturellen und funktionalen Elemente der bisherigen Entwicklung Dortmunds, die angesichts der gegenwärtig festzustellenden Situation von herausragendem Gewicht sind, in ihrer zukünftigen Bedeutung und voraussichtlichen Weiterentwicklung abzuschätzen. Ziel einer solchen Projektion wäre demnach, ein Gesamtbild der Stadt Dortmund zu Ende dieses Jahrtausends auf der Grundlage möglichst plausibler Entwicklungsperspektiven wesentlicher Bestimmungsfaktoren zu entwerfen. Ein solches Gesamtbild wird jedoch (nur) ein Schema sein können, weil die Entwicklung der nächsten zwanzig Jahre — vielleicht stärker, als es bisher je der Fall gewesen ist — von gesamtgesellschaftlichen, u. U. sogar globalpolitischen Rahmenbedingungen abhängig sein wird, in deren Auswirkungen die Gemeinde einbezogen ist, ohne sie jedoch von sich aus entscheidend beeinflussen zu können. Ein solches Schema kann in Dortmund auf den vorliegenden und vom Rat der Stadt beschlossenen Ergebnissen der Entwicklungsplanung aufgebaut werden. Mit der Verabschiedung des Entwicklungsprogramms Dortmund 1990 im Jahre 1977 und den konkretisierenden Fachbereichsprogrammen in den nachfolgenden Jahren hat der Rat in den wichtigsten Teilbereichen der anzustrebenden Entwicklung aller Felder der kommunalen Daseinsvorsorge längerfristige programmatische Aussagen getroffen, die bei aller notwendigen Flexibilität in der Umsetzung und Realisierung und Dynamisierung in ihrer Fortschreibung im Grundsatz als Perspektive gültig sind und mit denen daher ein solches Schema ausgefüllt werden kann. Dies um so mehr, als die Dortmunder Entwicklungsplanung versucht, ressortspezifische Strategien auf der Grundlage der Planungsgrundsätze des Rahmenprogramms zu integrieren [1].

Bei aller Vielfalt der Kommunalpolitik werden es jedoch nur die Perspektiven einiger wesentlicher Aufgabenbereiche sein, die als Grundfunktionen die weitere Entwicklung der Stadt Dortmund entscheidend beeinflussen werden. Im Vergleich zu den hier anzusprechenden Funktionen der Stadt, nämlich Arbeiten und Wohnen, sind die übrigen gemeindlichen Aufgabenfelder weitgehend abgeleiteter Natur. So reizvoll es auch wäre, z. B. über die kommunale Kulturlandschaft zur Jahrtausendwende nachzudenken, existentiell bedeutsam bleibt die Sicherung und Entwicklung der Arbeitsplätze und der Wohnungen einschließlich des Wohnumfeldes und der stadtnahen Freiräume. Diese Gewichtung folgt der historischen Entwicklung: Wenn es denn je in anderen Regionen anders gewesen sein sollte, für das Ruhrgebiet und damit für Dortmund gilt, daß die sichere ökonomische Basis auf vergleichsweise hohem Niveau die Menschen in den vergangenen Jahrzehnten der montanindustriellen Entwicklung hierher gezogen hat, daß es dieser Zustrom war, der Dortmund wachsen ließ und damit die Voraussetzungen schaffte für den sich daraus erst entwickelnden Bedeutungsüberschuß als Oberzentrum des westfälischen Landesteils.

Die zukünftige Einwohnerzahl Dortmunds, vor allem deren qualitative Struktur: Alterszusammensetzung, Erwerbspersonen, Erwerbsquote, Ausländeranteil u. a., ist indessen heute, mehr als bei prognostischen Aussagen seit eh und je zu besorgen ist, durch mehrere Faktoren, die z. T. bundes- bzw. landesweite Gültigkeit haben, nur schwer vorausschätzbar geworden und mit großen Unsicherheiten behaftet. Zum einen scheint sich das generative Verhalten nach langjährigem Absinken der Nettoreproduktionsrate zu stabilisieren. Von weit größerer Bedeutung ist jedoch die weitere Entwicklung der Wanderungs-, insbesondere der Außenwanderungsbilanz. Hierein spielen Beitrittsverträge zu der Europäischen Gemeinschaft und Assoziierungsabkommen. Von der Beantwortung der Frage, ob die Bundesrepublik Deutschland ein Einwanderungsland sei, das den ausländischen Arbeitnehmern und ihren Familien relativ schnell die Einbürgerung ermöglicht oder ob mittel- bis langfristig mit einer Repatriierung dieser Menschen zu rechnen ist, hängt nicht nur die absolute Zahl der Einwohner, sondern vor allem die Zahl der Kinder und Jugendlichen, der Erwerbstätigen bis hin zu Merkmalen des voraussichtlichen Bildungsverhaltens und

---

1 Dieser integrative Ansatz war insbesondere Grundlage der beschlossenen Fachbereichsprogramme ‚Freiraumentwicklungsprogramm‘, ‚Wirtschaftsförderung, Teil I: Flächen für Industrie und Gewerbe‘ sowie der Vorlage ‚Zuwachsbedarf an Wohnbauflächen‘, deren spezifische Flächenansprüche zum Teil in unmittelbarer Nutzungskonkurrenz zueinander stehen und zur Vermeidung einseitiger Lösungen Abwägungen aus einer Gesamtschau notwendig gemacht haben. Das bedeutet aber auch, daß der Versuch einer skizzenhaften Projektion der Gestaltungskompetenz und dem Gestaltungswillen der Bürger und Bürgerinnen dieser Stadt, wahrgenommen und ausgefüllt durch ihre gewählten Vertreter im Rat, unterworfen bleibt.

der Sozialstruktur einzelner Stadtbezirke ab. Dazu kommen Unwägbarkeiten, die aus der spezifischen Dortmunder Situation, hier vor allem des Arbeitsmarktes, erwachsen. Sollte es nicht gelingen, die Stahlbasis in Dortmund langfristig zu sichern, wird über kurz oder lang ein weit größerer Anteil der mobilen Bevölkerung Dortmund verlassen und den andernorts besseren Erwerbsmöglichkeiten folgen, als dies bisher schon als Tendenz der Entballung zu beobachten war. Andere bedeutsame Merkmale, wie z. B. die Pendlerverflechtungen und Arbeitsstättendaten stehen exakt lediglich aus der Großzählung 1970 zur Verfügung, sind also zwölf Jahre alt und entsprechend ungenau. Bei alledem nimmt es nicht Wunder, daß auf den verschiedenen Ebenen der kommunalen Entwicklungsplanung einerseits und der Landes- und Regionalplanung andererseits unterschiedliche Vorausschätzungen existieren. Das Entwicklungsprogramm Dortmund aus dem Jahre 1977 geht für 1990 von einer Einwohnerzahl von rd. 570 000 aus. In Weiterentwicklung dieser Zahl wurde zur Berechnung des notwendigen Wohnbauflächenzuwachses auf der Basis der vierten koordinierten Regionalprognose des Landesamtes für Datenverarbeitung und Statistik eine Einwohnerzahl 1995 von rd. 540 000 dann für wahrscheinlich angesehen, wenn es gelänge, den negativen Wanderungssaldo Dortmunds bis zum Zeithorizont der Vorausschätzung zu halbieren. Seit Ende 1981 geht nunmehr das o. a. Landesamt von wesentlich höheren Zahlen aus, die im Rahmen des Gebietsentwicklungsplanes von der Bezirksplanungsbehörde mit 564 000 bzw. 578 000 (bei halbiertem Wanderungssaldo) angenommen wird. Diese weit unterschiedlichen Basisdaten zeitigen selbstverständlich ganz erhebliche Auswirkungen auf abgeleitete Merkmale, wie z. B. Erwerbspersonen, Schüler u. a. Angesichts dieser bei weitem ungenügenden Situation besteht nur die Möglichkeit, Vorausschätzungen in Bandbreiten vorzunehmen. Die vorliegenden entwicklungsplanerischen Ergebnisse zur Wirtschaftsförderung und zum Wohnflächenbedarf bewegen sich am unteren Ende dieser denkbaren Bandbreiten. Das heißt, die Zahl der Erwerbstätigen wird niedriger vorausgeschätzt, als dies nach der Vorausschätzung des Landes der Fall wäre. Daraus folgt, daß die reklamierten zusätzlichen Industrie- und Gewerbeflächen eher zu niedrig als zu hoch bemessen sind. Ähnliches gilt für das zusätzlich notwendig werdende Wohnbauland. Dieser Umstand erlaubt es dem Verständnis einer flexiblen und auf Veränderung angelegten Entwicklungsplanung, ggf. auf weitergehende Anforderungen zu reagieren; die Denkmodelle lassen derartige Veränderungen zu.

In diesem Zusammenhang ist zu erwähnen, daß gegenwärtig an der Aufstellung eines neuen Flächennutzungsplans für die Stadt Dortmund und eines neuen Gebietsentwicklungsplans für den Teilabschnitt Dortmund, Unna und Hamm gearbeitet wird. Beide Plankategorien entsprechen einander — bei aller Berücksichtigung der gemeindlichen und regionalen Darstellungsunterschiede — in ihrem Charakter als vorbereitende Flächensicherungspläne. Insbesondere der neue Flächennutzungsplan wird die räumliche Umsetzung der beschlossenen Ergebnisse der Entwicklungsplanung zu gewährleisten haben.

2. Arbeiten in Dortmund

Gegenwärtig befindet sich Dortmund in einer tiefgreifenden ökonomischen Umbruchphase, die durch drei zukunftsbestimmende Entwicklungen umfassender Natur bestimmt wird:

(1) Weltweite Entwicklungen haben in Verbindung mit dem technologischen Fortschritt dazu geführt, daß sich die montanindustrielle Basis der Dortmunder Arbeitsplätze als immer weniger zukunftsträchtig und entwicklungsbestimmend darstellt. Kohle und Stahl können in anderen Regionen der Welt kostengünstiger gefördert bzw. hergestellt werden. Weiterhin gilt, daß sie als ,,Leitprodukte" der Industrialisierung heute an Bedeutung für die weitere wirtschaftliche Zukunft entwickelter Industriegesellschaften relativ an Bedeutung verloren haben. Wurde der wirtschaftliche Fortschritt bis in die Wiederaufbauphase nach dem 2. Weltkrieg noch in Zuwachsraten der Kohleförderung und der Rohstahlerzeugung — insofern also in Dortmunder Produkten — gemessen, so gelten heute eher die Zuwachsraten installierter Kraftwerksleistung und produzierter Mikroprozessoren als Indikatoren wirtschaftlichen Wachstums. Die überkommene Basis hat an Tragfähigkeit, die produktionsseitigen Standortvorteile haben an Bedeutung verloren.

(2) Bei aller gebotenen Zurückhaltung und Vorsicht scheint die Generalstrategie entwickelter Industrienationen: Wachstum der Güterproduktion gleich gesellschaftlicher Fortschritt an Gültigkeit zu verlieren. Zunehmend

werden die generellen Wachstumsaussichten industrieller Volkswirtschaften pessimistisch beurteilt. Neben die klassische Aufgabenstellung der quantitativen und qualitativen Ausweitung der Güterproduktion bei gleichzeitiger Kostenminimierung tritt mit wachsendem Gewicht das Problem der Nachfragesicherung. Absehbar ist, daß für eine Reihe von Industrieerzeugnissen in Zukunft keine wachsenden Absatzmärkte mehr gegeben sein werden, daß lediglich noch für einen Ersatzbedarf, nicht aber für Zuwachsbedarfe produziert werden kann. Es wird demnach zunehmend schwieriger werden, für diejenigen Arbeitsplätze, die durch Rationalisierung im Bestand verloren gehen, Ersatz zu schaffen. Die Zeit, in der zum Ausgleich des vollständigen Verlustes von Arbeitsplätzen im Bergbau eine Autofabrik mit rd. 16 000 Beschäftigten auf die sprichwörtliche grüne Wiese gesetzt werden konnte, ist zumindest für die Bundesrepublik wohl endgültig vorbei. Für Dortmund heißt das, daß der Strukturwandel bei drastisch vermindertem gesamtwirtschaftlichen Wachstum bewältigt werden muß.

(3) Neben diesen — aus Dortmunder Sicht — mehr externen entwicklungsbestimmenden Faktoren ist die wirtschaftliche Zukunft dieser Stadt darüber hinaus auch mit internen Ungewißheiten belastet. Selbst wenn es gelingt, die Stahlbasis für und in Dortmund in einer Ruhrstahl AG zu sichern, wird dies mit erheblichen Arbeitsplatzverlusten verbunden sein. Nach Realisierung des gegenwärtig verfolgten Unternehmenskonzepts wird Hoesch nur noch an einem Standort mit einer um mehr als die Hälfte geschrumpften Belegschaftszahl von rd. 13 000 produzieren. Schon heute ist weiterhin bekannt, daß der Bergbau zur Jahrtausendwende das Stadtgebiet verlassen haben wird. Auf seinem Weg aus dem Ruhrtal nach Norden wird er dann die letzten in Dortmund noch vorhandenen Schachtanlagen Minister Stein und Gneisenau aufgegeben haben bzw. nur noch als untergeordnete Schächte benutzen. Mit dieser Verlagerung der Abbaugebiete und Förderschwerpunkte werden sukzessive auch die bergbaulichen Arbeitsplätze unter und über Tage aus Dortmund abgezogen. Letztlich, aber nicht zuletzt, ist an dieser Stelle die gravierende Unterausstattung mit Arbeitsstätten in Handel und Dienstleistungen zu nennen. Gegenwärtig verfügt Dortmund nur über einen vergleichsweise unzureichenden Bestand an tertiären Arbeitsplätzen. Schon zum Zeitpunkt der letzten Arbeitsstättenzählung 1970 lag Dortmund mit 49 v. H. um rd. acht Prozentpunkte unter dem Anteilswert anderer Großstädte vergleichbarer Größe. Hier liegt ein Bedeutungsdefizit vor, das nicht nur in der Vergangenheit schon weit unterdurchschnittliche Erwerbsquoten für Frauen zur Folge hatte, sondern gegenwärtig auch dazu führt, daß andernorts zu beobachtende Ausgleichsfunktionen des tertiären Sektors bei Aufgabe sekundärer Arbeitsplätze hier nicht ausreichend wahrgenommen werden können. Dieses Defizit an oberzentralem Bedeutungsüberschuß ist also nicht nur für die zu versorgende Region von Belang, sondern behindert auch den wirtschaftlichen Strukturwandel der Gemeinde selbst.

Die aus kommunaler Sicht realistischen entwicklungsplanerischen Perspektiven sind schon 1977 im Entwicklungsprogramm Dortmund 1990 und 1981 in dem Fachbereichsprogramm Wirtschaftsförderung, Teil I, Flächen für Industrie und Gewerbe, entwickelt und vom Rat der Stadt beschlossen worden. Diese Perspektiven zur Arbeitsplatzförderung stehen jedoch unter dem Vorbehalt, daß die Gemeinde anders als z. B. bei den von ihr zu verantwortenden Einrichtungen der kommunalen Daseinsvorsorge, keinen zwingenden Einfluß auf den Grad der Zielerfüllung haben kann. Weder kann sie in hinreichendem Umfang auf die Zahl und die Struktur der Arbeitsstätten und Arbeitsplätze einwirken, noch über den Umfang der Ersatz-, Rationalisierungs- und Erweiterungsinvestitionen bestimmen. Auch kann nicht von vornherein von einer Identität der Ziele einer städtischen Wirtschaftsförderungspolitik mit den Unternehmenszielen ausgegangen werden.

Im Rahmen einer vornehmlich arbeitsplatzorientierten Wirtschaftsförderungspolitik sind die Sicherung der vorhandenen Arbeitsplätze und die Ansiedlung weiterer Arbeitsstätten zur Förderung des angestrebten wirtschaftsstrukturellen Wandels für die nächsten 15 bis 20 Jahre von grundlegender Bedeutung; alle anderen kommunalpolitischen Aufgaben treten dahinter zurück. Zur Bewältigung dieser Aufgaben hat der Rat der Stadt Dortmund die folgenden Schwerpunkte gesetzt:

(1) Bei ständig abnehmenden Chancen, neue, zusätzliche Arbeitsplätze von außen in Dortmund anzusiedeln, ist
    die Aufgabe der Bestandspflege zugunsten der ansässigen Arbeitsstätten von herausragender Bedeutung. Hierbei stehen Maßnahmen zur Standortsicherung und die Überwindung entwicklungshemmender Gemengelagen

im Vordergrund, die in einer historisch gewachsenen Industrie- und Gewerbeagglomeration häufig zu einer wechselseitig belastenden Nachbarschaft von Arbeiten und Wohnen geführt haben. Von der Industrie- und Handelskammer sowie der Handwerkskammer ist ermittelt worden, daß in Dortmund über 560 Industrie- und Handwerksbetriebe Verlagerungsabsichten haben; davon fast jeder Fünfte aus umweltschutzrechtlichen Gründen und jeder Zweite, weil der gegenwärtige Standort keine ausreichenden Entwicklungsmöglichkeiten zuläßt.

(2) Zeitgleich zu den Maßnahmen der Bestandspflege und teilweise als deren Voraussetzung anzusehen ist die planungsrechtliche Sicherung und Erschließung zusätzlicher Industrie- und Gewerbeflächen im Dortmunder Stadtgebiet. Das o. a. Fachbereichsprogramm geht insgesamt von einem Bedarf bis 1990 von zusätzlich rd. 350 ha Bruttofläche aus, die sich wie folgt zusammensetzt:

○ Arbeitsplatzdefizit orientierter Zusatzbedarf 203 ha

○ Ausweitungs- bzw. Rationalisierungsbedarf 95 ha

○ Auslagerungsbedarf 53 ha.

Unter Anrechnung der heute schon in Vorbereitung befindlichen Gebiete stellt sich der zu erwartende Engpaß vornehmlich bei den industriell nutzbaren Flächen. Neben einer zusätzlichen Gewerbefläche im Dortmunder Süd-Westen ist deshalb die Ausweisung und Erschließung von rd. 45 ha Industriegebiet notwendig, wofür nach eingehenden vergleichenden Untersuchungen die Brechtener Niederung vorgeschlagen und beschlossen wurde. Diese Bilanzierung von Bestand und Bedarf schließt die heute realistischerweise schon zu berücksichtigenden Reaktivierungsflächen, die bei einer Konzentration der Hoesch Hüttenwerke AG auf den Standort Westfalenhütte als wiederum gewerblich nutzbar erscheinen, mit ein. In diesem Zusammenhang ist hierzu zu bemerken, daß dem Unternehmenskonzept vom Mai 1981 zufolge die Standortkonzentration im Jahre 1987 mit der Inbetriebnahme des neuen Oxygen-Stahlbereiches abgeschlossen sein soll. Die beiden Hörder Standorte stehen mithin erst danach zur Verfügung, um abgeräumt, überplant und in gegebenem Umfang realisiert werden zu können; der Standort Union in der westlichen Innenstadt ist zu Teilen bereits vom Land Nordrhein-Westfalen zur Reaktivierung angekauft worden. Art und Umfang einer erneuten gewerblichen Nutzung stoßen gerade hier jedoch an enge immissionsschutzrechtliche Grenzen. Über den mit Beschluß des Rates der Stadt Dortmund vom 25. Juni 1981 geplanten Industriestandort in der Brechtener Niederung hinaus ist im Dortmunder Süd-Westen dann die Inangriffnahme einer weiteren industriell nutzbaren Fläche zwischen den Bundesautobahnen A 44 und A 45 vorgesehen, wenn entsprechende Flächenbedarfe trotz aller Anstrengungen, freigezogene oder brachfallende ehemalige Industriestandorte zu reaktivieren, nicht gedeckt werden können. Insgesamt zeigen die Bemühungen der kommunalen Wirtschaftsförderung durch Ausweisung und Erschließung neuer Gewerbe- und Industriegebiete überhaupt erst die unabdingbare Geschäftsgrundlage zu geben, daß trotz aller politischer Prioritäten für die Wirtschaftsförderung erhebliche Widerstände in der Bevölkerung vorhanden sind. Selbst bei rd. 26 000 Arbeitslosen allein in Dortmund herrschen hier eigennützige Partikularinteressen vor, die, oft genug mit an sich durchaus gewichtigen ökologischen Argumenten begründet, eine aus der gesamtstädtischen Verantwortung heraus begründete Inanspruchnahme von Freiraum schlichtweg ablehnen. Eine solche Verweigerungshaltung muß jedoch überwunden werden.

(3) Auf die Ausstattungsdefizite im tertiären Bereich des Handels und der Dienstleistungen ist bereits hingewiesen worden. Im Vergleich zu den Oberzentren des rheinischen Landesteils entspricht der gegenwärtig noch unterdurchschnittliche Anteil an Arbeitsstätten und Arbeitsplätzen in diesen Wirtschaftsabteilungen nicht den Anforderungen, die Dortmund mit der Übertragung der Aufgaben eines Oberzentrums höchster Kategorie durch den Landesentwicklungsplan I/II ,,Raum- und Siedlungsstruktur" zu erfüllen hat. In Ableitung des Gesetzes zur Landesentwicklung (Landesentwicklungsprogrammgesetz) sind nach Maßgabe der zentralörtlichen Gliederung neben den gewerblichen und industriellen Arbeitsplätzen auch solche des tertiären Bereichs zu konzentrieren. Hierbei ist die vorhandene und zukünftig wahrzunehmende zentrale Stellung der Stadt Dortmund im regionalen Arbeitsmarkt von entscheidender Bedeutung. Dies um so mehr als aus Dortmunder Sicht und bei objektiver Betrachtung die Klassifizierung als Oberzentrum mit einem Einzugsbereich von mehr als 2 Millio-

nen Einwohnern keineswegs nur ein prestigeträchtiges Etikett darstellt, sondern der Gemeinde infrastrukturelle Vorleistungen abverlangt, die nur mit erheblichem finanziellen Aufwand realisiert und betrieben werden können. Dazu bedarf es jedoch einer ökonomischen Basis, deren Festigung und Ausbau sowohl unter quantitativen als auch qualitativen Aspekten der Arbeitsplätze und der Beschäftigten in Zukunft wesentlich stärker im tertiären Bereich gesehen werden muß. Die Bestandsicherung und der weitere Ausbau derartiger hochwertiger und zukunftssicherer Arbeitsstätten beziehen die privaten Unternehmen des Handels und der Dienstleistungen mit überregionalem Leistungsangebot, Behörden der mittleren und oberen Verwaltungsebenen, Forschungseinrichtungen auf Landes- und Bundesebene und den weiteren Ausbau universitärer Einrichtungen mit ein. Durch Einbeziehung in die staatliche Förderung und durch entsprechende Standortentscheidungen der öffentlichen Hand ist eine zielgerichtete Steuerung im Sinne der angestrebten regionalen, zentralörtlich gegliederten Strukturpolitik zukünftig stärker als bisher zu entwickeln und einzusetzen.

(4) Zweifellos gehört das dichte, in seinen wesentlichen Teilen gut ausgebaute Netz der wirtschaftsbezogenen Infrastruktur zu denjenigen Elementen, die zunächst der hohen beruflichen Qualifikation der Erwerbstätigen die Standortgunst Dortmunds für Industrie, Gewerbe, Handel und Dienstleistungen bewirken. Trotzdem werden hier Ergänzungen und Modernisierungen notwendig sein. Diese betreffen zunächst den weiteren Ausbau des schienengebundenen öffentlichen Personennahverkehrs durch Stadtbahn und S-Bahn. Der Ausbau eines leistungsfähigen öffentlichen Personennahverkehrssystems ist im östlichen Ruhrgebiet wesentlich langsamer vorangeschritten als in den rheinischen Ballungszentren. Wie bei anderen Infrastruktureinrichtungen auch (z. B. Universitäten) darf die aktuelle Finanzlage nicht zu einschneidenden Reduzierungen führen. Weiterhin wird auch das Straßengrundnetz weiter ausgebaut werden müssen. Diese Ergänzungsmaßnahmen beinhalten neben einer Reihe von kleineren Ausbauvorhaben vor allem

○ den Neubau der B 236 n über den bereits vollzogenen bzw. planungsrechtlich gesicherten Ausbau zwischen der B 54 in Dortmund-Brechten und der Hannöverschen Straße in Dortmund-Wambel hinaus bis zur Bundesautobahn A 1;

○ den Neubau der NS IX (L 609 n) zwischen der Bundesautobahn A 2 und der B 1 und

○ den teilweisen Neubau bzw. Ausbau der OW III a (L 663 n) zwischen der Bundesautobahn A 45 in Dortmund-Marten über die nördliche Innenstadt und von dort an der Nordflanke der Siedlungsbereiche Brackel, Asseln und Wickede entlang bis zur Stadtgrenze.

Durch diese Ergänzungen im Straßengrundnetz werden wesentliche Standortverbesserungen für den Produktionsschwerpunkt Westfalenhütte, das Gebiet für flächenintensive Großvorhaben nach dem Landesentwicklungsplan VI in Dortmund-Ellinghausen und den Hafen geschaffen. Die Konzentration des Wirtschaftsverkehrs auf ein so komplettiertes Netz leistungsstarker Entlastungsstraßen weitgehend außerhalb der Wohnsiedlungsbereiche schafft darüber hinaus aber auch die unabdingbare Voraussetzung dafür, in den dicht bewohnten Stadtquartieren Maßnahmen der Wohnumfeldverbesserung und insbesondere der Verkehrsberuhigung in Angriff nehmen zu können.

Mit dem Dortmunder Hafen steht der hiesigen Wirtschaftsregion eine Verkehrsinfrastruktur höchster Bedeutung zur Verfügung, die zugleich auch Standort wichtiger standortgebundener Industrie- und Gewerbebetriebe ist. Insbesondere bei der eisenschaffenden und eisenverarbeitenden Industrie konkurriert diese Wirtschaftsregion wegen des hohen Massengutverkehrsaufkommens mit Standorten an der Küste und am Rhein. Die Möglichkeiten eines rationellen Einsatzes der Schubschiffahrt sind bislang insbesondere durch das Abstiegsbauwerk Henrichenburg behindert. Zur Standortverbesserung und zur Erhaltung der Wettbewerbsfähigkeit der transportintensiven Industrien in dieser Region und des Hafens selbst wurde die Entscheidung zum Neubau eines schubverbandsgerechten Abstiegsbauwerkes in Henrichenburg zwingend erforderlich. Nach Abschluß der erforderlichen Vorarbeiten ist mit der Einleitung des Planfeststellungsverfahrens Mitte 1982 zu rechnen. Der zur Realisierung des Vorhabens notwendige Staatsvertrag zwischen der Bundesrepublik Deutschland und dem Land Nordrhein-Westfalen ist allerdings noch nicht abgeschlossen worden. Diese vom Bund und Land zu tätigenden Investitionen werden erst durch ergänzende Maßnahmen im Hafen voll wirksam.

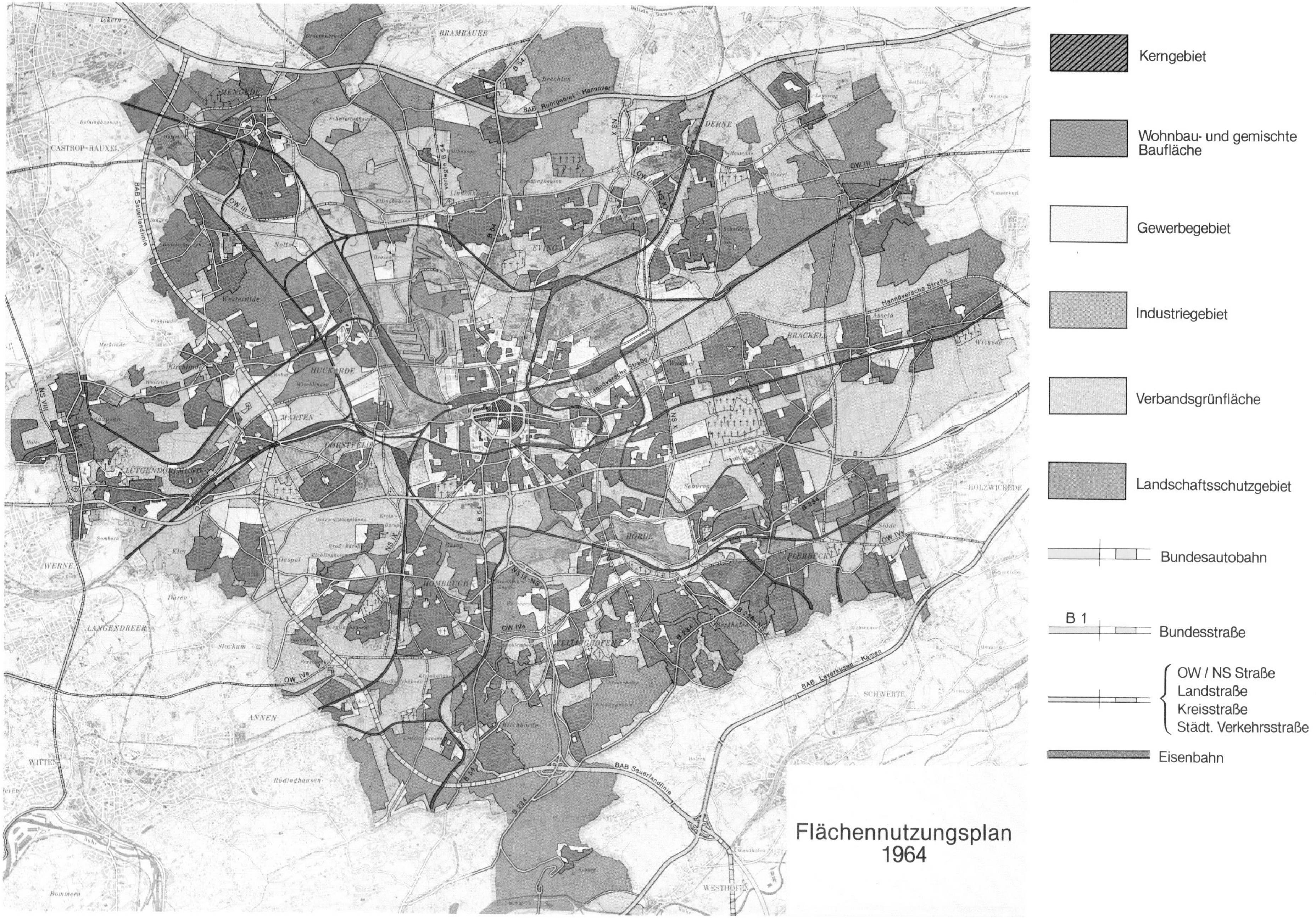

Kerngebiet

Wohnbau- und gemischte Baufläche

Gewerbegebiet

Industriegebiet

Verbandsgrünfläche

Landschaftsschutzgebiet

Bundesautobahn

Bundesstraße

B 1

OW / NS Straße
Landstraße
Kreisstraße
Städt. Verkehrsstraße

Eisenbahn

Flächennutzungsplan 1964

Abb. 54: Flächennutzungsplan 1964.

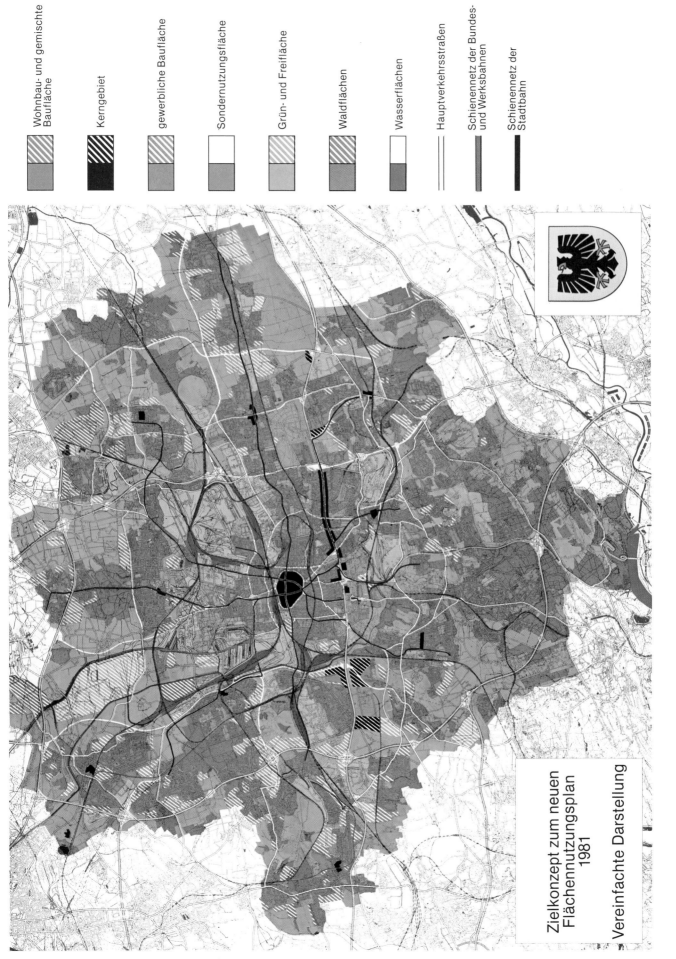

Legende:

- Wohnbau- und gemischte Baufläche
- Kerngebiet
- gewerbliche Baufläche
- Sondernutzungsfläche
- Grün- und Freifläche
- Waldflächen
- Wasserflächen
- Hauptverkehrsstraßen
- Schienennetz der Bundes- und Werksbahnen
- Schienennetz der Stadtbahn

Zielkonzept zum neuen
Flächennutzungsplan
1981

Vereinfachte Darstellung

Abb. 55: Zielkonzept für den neuen Flächennutzungsplan (1981).

Dafür ist ein kommunales Konzept mit einem Investitionsumfang von mehr als 45 Millionen DM erarbeitet worden, das die Grundlagen für die Ausführungsplanung und weitere Investitionsentscheidungen der an den ergänzenden Maßnahmen beteiligten Stellen geschaffen hat.

○ Mit dem weiteren Umschlag von 6 — 7 Mio t p. a. vom und zum Hafen ist zu einem Teil der Straßen-Güter-verkehr befaßt. Rd. 1500 LkW werden durchschnittlich täglich abgefertigt. Damit sind hohe Anforderungen an den Ausbauzustand der Straßen im Hafengebiet und an die Verknüpfung im regionalen Straßen-system verbunden. Die Privatstraßen im Hafengebiet dienen der Erschließung der städtischen Grundstücke und teilweise dem allgemeinen Durchgangsverkehr. Sie sollen in das Eigentum der Stadt überführt und den Anforderungen entsprechend ausgebaut werden.

○ Die unbefriedigende Situation für den Schwerlastverkehr, insbesondere bei den Brückenbauwerken, wird sich durch den Ausbau der OW III a von Rahm bis Huckarder Straße (Planfeststellung abgeschlossen) und die Anbindung der Mallinckrodtstraße an die OW III a mit einem Brückenprojekt zur Entlastung der Fran-ziusstraße verbessern.

○ Eine Standortverbesserung auf den überwiegend im städtischen Eigentum befindlichen Hafengrundstücken soll erreicht werden durch die Verlegung von Betrieben, die nicht an Naßflächen gebunden sind. Die entste-henden unrentierlichen Kosten sollen durch Städtebauförderungsmittel mitfinanziert werden. Darüber hinaus sind weitere Grundstücke zu reaktivieren, um über nennenswerte Kapazitäten für ansiedlungs- und erweiterungswillige Betriebe zu verfügen.

○ Eine qualitative Verbesserung der Wassergrundstücke ist durch teilweise Nachverspundung weitgehend ab-geschlossen worden, da die alten Kaimauern voraussichtlich größeren Belastungen bei Installationen von stärkeren Hebekränen zur Anhebung der Ladekapazität nicht ausreichen.

○ Rechtzeitig zur Fertigstellung des Abstiegsbauwerkes Henrichenburg ist das Tieferlegen der Hafensohle durchzuführen, um für die Schubverbände die erforderliche Abladetiefe zu erreichen.

(5) Die Sicherung der ökonomischen Basis in Dortmund stellt sich angesichts der krisenhaft zugespitzten Lage in der heimischen Stahlindustrie, der längerfristig nicht zu verhindernden Abwanderung des Bergbaus und der nicht ausreichenden Tragfähigkeit des vorhandenen tertiären Sektors als eine Aufgabe dar, die auch bei aller Anstrengung von der Gemeinde selbst und aus eigener Kraft nicht gelöst werden kann. Dies um so weniger, als nach bislang herrschender Theorie und Praxis die Maßnahmen der Raumordnungspolitik und der regionalen Wirtschaftsförderung dem Grundgedanken einer gezielten Deglomeration verhaftet sind. Sowohl auf nationa-ler wie auch auf europäischer Ebene wird bislang der Förderung gleichwertiger Lebensverhältnisse in unterent-wickelten Regionen Vorrang eingeräumt. Dabei wird davon ausgegangen, daß Teile des gesamtwirtschaftlichen Wachstums aus den Ballungszonen und ihren wirtschaftlich prosperierenden Kernstädten in diese zu stützen-den Regionen umverteilt werden kann. Eine solche, bislang unter stetigen gesamtwirtschaftlichen Wachstums-bedingungen formulierte und praktizierte Deglomerationspolitik bedarf jedoch nunmehr einer wesentlichen Ergänzung: Es ist eine raumordnungspolitische Perspektive der regionalen Wirtschaftsförderung zugunsten der Strukturverbesserung, Modernisierung und Revitalisierung gewachsener Ballungszentren zu entwickeln, um diesen, wie es am Beispiel Dortmund exemplarisch aufzuzeigen ist[2], die von ihnen erwartete Leistungsfähigkeit in der Wertschöpfung zu erhalten und auf Dauer zu sichern. Die bislang vergeblichen Bemühungen der Stadt Dortmund, in die Förderung nach dem Gemeinschaftsaufgabengesetz „Verbesserung der Regionalen Wirt-schaftsstruktur" aufgenommen zu werden, zeigen, daß ein solches Umdenken noch nicht stattgefunden hat, wenngleich Sonderregelungen, wie sie mit dem „Sonderprogramm zur Schaffung von Ersatzarbeitsplätzen in Stahlstandorten" im März 1982 vom Bund und den Ländern getroffen werden konnten, als Anzeichen für eine Rückbesinnung auf die Bedeutung industrieller Ballungskerne angesehen werden können. Das von der Landes-

---

2   vgl. hierzu: Die Situation Dortmunds im Rahmen der regionalen Strukturpolitik, Gutachten im Auftrag der Stadt Dortmund erar-
    beitet von Prof. Dr. P. Klemmer und Prof. Dr. H. F. Eckey, Dortmund 1981.

regierung Nordrhein-Westfalen angeregte Sonderprogramm will von 1982 bis 1985 mit 7 Förderhöchstsätzen von bis zu 15 % rd. 37 600 Ersatzarbeitsplätze in den von der Stahlkrise besonders betroffenen Arbeitsmarktregionen Duisburg, Bochum und Dortmund schaffen. Nach dem Kohleanpassungsgesetz und den seinerzeit möglichen Sonderförderungen stellt dieses Sonderprogramm erstmals wieder den Versuch dar, sektoral und regional gezielte Arbeitsplatzsicherung und Wirtschaftsförderung zu betreiben. Angesichts der langen Zeiträume, die wirtschaftliche Umstrukturierungsprozesse in Anspruch nehmen, werden jedoch vier Jahre nicht ausreichen, um langfristig wirksame Effekte erzielen zu können.

3. Wohnen in Dortmund

Die wohnungspolitischen Ziele des Entwicklungsprogramms Dortmund 1990 haben auch fünf Jahre nach ihrer Beschlußfassung nicht an Gültigkeit eingebüßt:

,,Ziel der Wohnungspolitik ist die Befriedigung der elementaren menschlichen Bedürfnisse nach einer angemessenen Wohnung für alle Bevölkerungsgruppen. Das soziale Grundrecht auf eine angemessene Wohnung ist zu verwirklichen, indem ein Wohnungsangebot zu schaffen ist, das allen Familien ermöglicht, eine nach Lage, Größe, Ausstattung und Preis angemessene Wohnung zu finden. Die noch bestehenden und aus dem Marktprozeß immer neu entstehenden Unterversorgungen sowie besondere Wohnungsnotstände sind gezielt abzubauen. Die Förderungsmaßnahmen müssen dieser Zielsetzung Rechnung tragen, wobei sich die Stadt Dortmund für die dafür notwendigen Gesetzesänderungen und -ergänzungen in Land und Bund einsetzen wird. Der Wohnungsbau ist für die Bevölkerungsentwicklung in den einzelnen Stadtteilen von besonderer Bedeutung und damit eines der wesentlichen Steuerungsinstrumente einer räumlichen Stadtentwicklungspolitik. Dabei kommt es vordringlich darauf an, die gesetzlichen Möglichkeiten voll auszuschöpfen, um zukünftige Entwicklungen im Sinne der Allgemeinheit steuern zu können"[3].

Darüber hinaus wird die wohnungspolitische Diskussion der Gegenwart auch auf dem arbeitsmarktpolitischen Feld geführt, da hier in den vielfältigen Möglichkeiten des Neubaus, der Instandsetzung und Modernisierung, der Sanierung und Wohnumfeldverbesserung besonders wirksame konjunkturpolitische Steuerungsinstrumente der öffentlichen Hände gesehen werden; ein Umstand, der jedoch häufig genug die sich sukzessive entwickelnde Problematik der Mietpreisentwicklung verstellt. Diese Aspekte sind indessen nicht kommunalen Ursprungs oder mit gemeindlichen Gestaltungsmöglichkeiten zu lösen. Gleichviel schlagen sie selbstverständlich voll in die wohnungspolitische Auseinandersetzung vor Ort durch.

Aus entwicklungsplanerischer Sicht obliegen der Gemeinde zwei große Aufgabenfelder zur Sicherung der urbanen Grundfunktion ,Wohnen'. Zum einen hat sie nach dem Bundesbaugesetz die Aufgabe, im Wege der Bauleitplanung unter Berücksichtigung der von ihr angestrebten räumlich-funktionalen Ordnung das für den Wohnungsneubau notwendige Baurecht zu schaffen, zum anderen hat ihre planungs- und förderpolitische, aufsichtsrechtliche und nicht zuletzt auch städtebauliche Aufmerksamkeit dem Bestand zu gelten.

Der für erforderlich gehaltene Zuwachsbedarf an Wohnbauflächen und dessen Aufteilung auf die Stadtbezirke ist Thema umfangreicher Untersuchungen sekundärstatischer Art unter Verwendung eigens angestellter Primärerhebungen gewesen[4]. Die erarbeiteten Ergebnisse sind in Anwendung des § 1 Abs. 5 Bundesbaugesetz Grundlage der Erarbeitung des neuen Flächennutzungsplanes. Der den Berechnungen zugrundeliegende Denkansatz geht von den aus der Vergangenheit nachzuweisenden Wohnflächensteigerungen je Einwohner in der Bundesrepublik und in Dortmund aus. Diese Zuwachsraten stehen in signifikanter Korrelation zu denjenigen des privat verfügbaren Einkommens. Unter Zuhilfenahme deutlich herausgestellter Annahmen über die voraussichtliche Entwick-

---

3 Entwicklungsprogramm Dortmund 1990. Hrsg. von der Stadt Dortmund, Beiträge zur Stadtentwicklung, Nr. 1, 1977, S. 29.

4 Vgl. Zuwachsbedarf an Wohnbauflächen und dessen Aufteilung auf die Stadtbezirke als Vorgabe für die Erarbeitung des neuen Flächennutzungsplans. Hrsg. von der Stadt Dortmund, Schriftenreihe zur Stadtentwicklung, Heft 1, 1981.

lung werden die regressionsanalytischen Befunde bis 1995 vorausgeschätzt. Im Ergebnis werden demnach bis zu diesem Zeitpunkt noch weitere rd. 1 030 ha Bruttowohnbauland im Flächennutzungsplan auszuweisen sein, wobei bestehende Reserven auf Abrißflächen, in Baulücken und in bereits rechtskräftigen Bebauungsplänen berücksichtigt wurden.

Die stadtbezirkliche Aufteilung dieses Gesamtbedarfs folgt dem Ziel der Entwicklungsplanung, daß zur Vermeidung umfangreicher Einwohnerumverteilungen im Stadtgebiet die jeweiligen Zuwachsbedarfe im eigenen Stadtbezirk gedeckt und die notwendigen Flächen vor Ort ausgewiesen werden sollen. Die Flächennutzungsplanung hat gegenwärtig einen Stand von gesamtstädtisch rd. 83% Bedarfsdeckung erreicht; es wird zur Gewährleistung der vorsorglichen Flächensicherung für den Wohnungsneubau entscheidend sein, in weiteren Verfahren, insbesondere in den unter diesem Aspekt ‚schwierigen‘ Stadtbezirken zu befriedigenden Ausweisungen zu kommen. Dem Charakter und der Aufgabenstellung eines Flächennutzungsplans entspricht es, von einer vorsorglichen Flächensicherung auszugehen und die tatsächliche Inanspruchnahme der einzelnen Flächen auf der Ebene der verbindlichen Bauleitplanung der jeweilig sich abzeichnenden Dringlichkeit entsprechend zu steuern. Die in den Stadtbezirken angestrebten wohnungspolitischen und städtebaulichen Veränderungs- und Entwicklungseffekte obliegen der Feinsteuerung durch die Bebauungsplanung. Von der programmadäquaten Handhabung dieses Instruments wird letztlich die Zielerfüllung der Neubaupolitik der Gemeinde abhängen. Wenn — wie in Dortmund praktiziert — die gemeindliche Entwicklungsplanung Vorausschätzungen über die zukünftige Wohnungsnachfrage vorliegt und der Rat der Stadt diesen zustimmt, so ist damit noch nichts über Möglichkeiten der Wohnungswirtschaft gesagt, auch ein entsprechendes Angebot bereitzustellen. Es hieße, den Spielraum der Kommunalpolitik bei weitem überschätzen, wenn man zur Neubaufinanzierung und zur Mietenpolitik zu eigenständigen Auffassungen und Lösungen kommen wollte. Dies bleibt für den Bereich des öffentlich geförderten Wohnungsbaus Aufgabe des Bundes- und Landesgesetzgebers, im freifinanzierten Wohnungsbau bleibt es marktwirtschaftlichen Überlegungen überlassen. Daß die Stadt Dortmund in bescheidenem Umfang Spitzenfinanzierung betreibt oder die Baulandbereitstellung für den Einfamilienhausbau subventioniert, ändert an der grundsätzlichen Aufgabenteilung auch zukünftig nichts.

Während in den vergangenen rd. 30 Jahren die Entwicklung des Ruhrgebiets vom Wiederaufbau und zusätzlichem Neubau in allen Funktionsbereichen — insbesondere aber dem Wohnen — gekennzeichnet war, sind wir nun in eine Phase der erhaltenden Stadterneuerung getreten. Dies nicht von ungefähr: Zum einen haben die durchaus notwendigen Neubauleistungen des Geschoßwohnungsbaus die vorhandenen Mittel gebunden und zu einer gewissen Vernachlässigung des erhalten gebliebenen Bestandes, wie z. B. der Arbeitersiedlungen, geführt. Zum anderen führte die seinerzeit herrschende städtebauliche Auffassung zu Flächensanierungen größeren Stils, über deren Notwendigkeit heute zumindest teilweise anders geurteilt wird. Beide Entwicklungen haben auf der Basis gestiegener Ansprüche an Wohnfläche und Qualität der Wohnumgebung zu einem Verlust an Attraktivität der Ballungskerne geführt, der durch die bereitwillig übernommene Entlastungsfunktion des Umlandes noch erheblich verstärkt wurde. Die auch in den Dortmunder Wohnquartieren der Innenstadt und der Nebenzentren überproportional vorhandenen Altbaubestände sind häufig durch sich wechselseitig bedingende problematische Entwicklungen gekennzeichnet. In diesen Problemgebieten entsprechen die nicht selten im Einzeleigentum befindlichen Häuser in Ausstattung und Erhaltung häufig nicht mehr den heutigen Anforderungen mit der Folge, daß sie für mobile, besser verdienende Familien weitgehend unvermietbar wurden. Statt dessen werden solche Wohnungen von denjenigen bevorzugt gemietet, denen aus vielfältigen Gründen, nicht zuletzt aus finanziellen, der Zugang zu Neubauwohnungen versperrt bleibt.

Diese Altbauquartiere, in denen sich in besonderer Weise die sozialpolitischen und städtebaulichen Anforderungen an eine kommunale Wohnungspolitik konzentrieren, stellen eine Herausforderung für die erhaltende Stadterneuerung dar. Denn der Erhalt preiswerten Wohnraums ist wesentliche Voraussetzung zur Sicherung intakter städtebaulicher und sozialer Strukturen, wie sie in Dortmund häufig in den zahlreichen Arbeitersiedlungen anzutreffen sind. Die vorhandenen Instrumente der Modernisierung, Instandsetzung, Wohnumfeldverbesserung, Verkehrsberuhigung müssen auch weiter so behutsam eingesetzt werden, daß soziale Verdrängungsprozesse ausgeschlossen bleiben. In Dortmund werden dazu folgende einschlägige Programme geplant bzw. schon durchgeführt:

Abb. 56: Durch das Aufsetzen des neuen Turmhelms am 16. / 17. Nov. 1981 erhält die Petrikirche ihre ursprüngliche Gestalt zurück.

○ Kleinteilige Wohnumfeldverbesserung durch Verkehrsberuhigung und Attraktivierung des öffentlichen Straßenraumes,

○ Jahresprogramm zur Blockinnenhofbegrünung,

○ Verdrängung der Fremdparker aus innenstadtnahen Wohnquartieren durch Parkbevorrechtigung der Anwohner.

Stadterneuerung durch Bestandspflege in dieser Form wird nicht zu Lasten derjenigen Nachfragergruppen betrieben werden, denen es als alte Menschen, kinderreiche Familien, Studenten, Behinderten häufig besonders schwer fällt, angemessene Wohnungen zu finden.

Auf lange Sicht wird die Erneuerung älterer Wohnquartiere zu einer Entdichtung und damit zu einer Ausweitung der Wohnfläche je Einwohner führen. Bestandspflege ist demnach nur bei ausreichendem Neubau realisierbar. Darüber hinaus sind in einer Reihe weiterer Instrumente der Wohnungsmarkt- und Städtebaupolitik wirkungsvolle Ansatzpunkte der Stadterneuerung bzw. der vorbeugenden Bestandserhaltung zu sehen:

○ Gebote nach § 39 a—h Bundesbaugesetz, hier insbesonders die Erhaltungs-, Modernisierungs- und Instandsetzungsgebote,

○ Zweckentfremdungsverbot gegen die Umwidmung von Wohnraum zu Nichtwohnzwecken,

○ wohnungsaufsichtsrechtliche Maßnahmen zur Durchsetzung unterlassener Instandsetzungen,

○ Förderung der sog. Mietermodernisierung,

○ Baulückenkataster zur Auffüllung bestehender, gewachsener Wohnsiedlungsbereiche und gleichzeitiger Schonung des Freiraumes,

○ kommunale Spitzenfinanzierung zur Förderung des sozialen Wohnungsbaus,

○ kommunales Einfamilienhausprogramm, um auch denjenigen Dortmunder Bürgern den Bau eines Einfamilienhauses in Dortmund zu ermöglichen, die ansonsten wegen der weitaus niedrigeren Grundstückspreise in das Umland abwandern würden,

○ Bergarbeiterwohnungsbau.

Zumindest in Großstädten trägt der sogenannte Wohnungsmarkt schon seit Jahrzehnten die Tendenz einer Zersplitterung in einzelne differenzierte Teilmärkte in sich. Diese Teilmärkte wenden sich an deutlich unterscheidbare Nachfragergruppen, wobei es nicht erstaunlich ist, daß unter marktwirtschaftlichen Bedingungen das private Kapital in Erwartung möglichst hoher Renditen entsprechende gezielte Versorgungsangebote gemacht hat. Dem öffentlich geförderten Wohnungsbau obliegt heute die Versorgung der auf diese ‚Sozialwohnungen' angewiesenen Einwohner. Insgesamt hat die Wohnungspolitik nach dem 2. Weltkrieg jedoch zu einer Herausbildung von randständigen Nachfragergruppen geführt, von denen bis heute die Kinderreichen besonders von der Schwierigkeit, eine der Familiengröße entsprechende Wohnung zu finden, betroffen sind. Relativ schnell wandte man sich dagegen durch spezielle, günstige Förderungsmöglichkeiten den besonderen Wohnbedürfnissen alter Menschen zu. Durch die enormen Steigerungen sowohl der Baukosten, einschließlich der Grundstücks- und Erschließungskosten als auch der Finanzierungskosten begünstigt, gerät die Wohnungsversorgung der einzelnen Nachfragergruppen tendenziell in ein immer stärkeres Auseinanderdriften.

Eine den heutigen durchschnittlichen Ansprüchen genügende Wohnung zu finden und auch bezahlen zu können, wird ohne staatliche Hilfe für immer mehr Familien nur durch Senkung des Lebensstandards in anderen Bereichen möglich sein. Dem wird nur durch eine konsequente Politik des Erhaltens preiswerten Wohnraums im Bestand wirkungsvoll zu begegnen sein.

Aus Dortmunder Sicht wird daher auch die Initiative des Ministers für Landes- und Stadtentwicklung NW zur Kostensenkung im sozialen Wohnungsbau begrüßt, sie beteiligt sich an den Pilotprojekten des Arbeitskreises zur

Innovation im öffentlich geförderten Wohnungsbau. Zur Kostensenkung im privaten Wohnungsbau hat die Stadt Dortmund selbst sechs Pilotprojekte initiiert und gefördert, die eine Senkung der Erschließungskosten und differenzierte Ausbaustandards umfassen.

4. Ausblick

Die Entwicklung Dortmunds in den nächsten 15 bis 20 Jahren wird in dem Bemühen, die gegenwärtigen Unsicherheiten, strukturellen Mängel und in wesentlichen Teilbereichen schon krisenhaften Erscheinungen aufzufangen, abzubauen und wieder positive Perspektiven zu entwickeln, nicht durch spektakuläre Erfolge, sondern durch das sprichwörtlich beharrliche ,,Bohren dicker Bretter" gekennzeichnet sein. So wenig ein ökonomischer deus-ex-machina zu erwarten oder in der Lage wäre, die aufgezeigten Probleme zu lösen, um so wichtiger wird die beharrliche Erneuerung in kleinen Schritten sein. Das heißt konkret: schubschiffahrtsgerechtes Abstiegsbauwerk Henrichenburg, Hafenerneuerung, Bestandspflege der Arbeitsstätten u. a. durch Auflösung entwicklungshemmender Gemengelagen, planmäßiges Reaktivieren der Brachflächen, maßvolle Bereitstellung neuer Gewerbeflächen, Stärkung des tertiären Sektors durch Ansiedlung einzelner Dienstleistungen und Forschungseinrichtungen, erhaltende Stadterneuerung in menschlicher Maßstäblichkeit durch Wohnumfeldverbesserung, Verkehrsberuhigung und Innenhofsanierung, Erhalt preiswerten Wohnraums durch Instandhaltung und Modernisierung. Ein solcher Maßnahmekatalog kann und soll heute nicht umfassend und abschließend sein. Vielmehr muß in Planung und Politik Spielraum bleiben für situationsgerechtes Handeln. Dazu bedarf es nicht zuletzt auch einer vorausschauenden Phantasie. Diese konkreten Maßnahmen mittlerer Reichweite sind ohne die aktive Mitarbeit der Bürger dieser Stadt nicht zu realisieren. Sie bedürfen des privaten Gestaltungswillens, privater Investitionen, privaten Vertrauens in die Zukunft. Aufgabe der Stadt wird es sein, durch vorausschauendes Planen den Rahmen denkbarer Entwicklungen abzustecken und so den notwendigen Freiraum gemeinsamen Handelns zu sichern. Dies zu erreichen bedeutet, Widerstände und Hemmnisse abzubauen und aus gemeindlicher Sicht falsche und/oder nicht getroffene Entscheidungen höherer Instanzen zu revidieren bzw. herbeizuführen. So dürfen in wesentlichen Fragen der gemeindlichen Entwicklung die Entscheidungen nicht von den zufälligen Mehrheiten ständig wechselnder Minderheiten unterschiedlichster Interessenlage abhängig sein. Die bloße Verweigerung jedweder Einfärbung ist perspektivlos; die Aufgabe jedes Bürgers, das Gemeinwohl zu fördern, verkäme auf diese Weise zum Durchsetzen von Gruppeninteressen. Andererseits darf die ,,große Politik" die Gemeinden nicht länger vernachlässigen. Die grundgesetzliche Selbstverwaltungsgarantie zu schützen, ist Verfassungsauftrag des Staates. Damit unvereinbar sind weitere Beschneidungen des gemeindlichen Steueraufkommens bei gleichzeitiger Verstärkung der finanziellen Abhängigkeit von staatlichen Dotationen und zusätzlicher Aufgabenüberwälzung. Vielmehr brauchen die Gemeinden abgewogene und klare Entscheidungen, z. B. in der regionalen Strukturpolitik, in der Ausländerfrage, in der Wohnungsbaupolitik. Bei eng geschnalltem Gürtel fehlt für dilatorische Kompromisse der Spielraum.

Sehr viel wird in und für Dortmund von der weiteren Entwicklung der Stahlindustrie abhängen. Die Grundsatzvereinbarung über das Zusammenschlußvorhaben der Hoesch Werke AG und der Krupp Stahl AG bietet eine aus heutiger Sicht tragfähige Grundlage zur Sicherung der Stahlbasis in Dortmund, deren wirtschaftliche Überlebenschance bei allen standortbedingten produktionsseitigen Schwierigkeiten auch in ihrer absatzorientierten zentralen Lage im Markt zu sehen ist. Der von dem Dortmunder Oberbürgermeister ins Leben gerufene Arbeitskreis ,,Hoesch, Dortmund und Umland" ist ein exemplarisches Beispiel für die Kooperationsfähigkeit aller an der gedeihlichen Dortmunder Entwicklung Interessierten. In ihm spiegelt sich nicht nur der Überlebenswille dieser Stadt, er dokumtiert den Gestaltungswillen der Zukunft.

Verzeichnis der Karten und Abbildungen

Abb. 22: Hermann Hamelmann (1526—1595). Stadt- und Landesbibliothek Dortmund, Handschriftenabteilung, Q 709.

Abb. 23: Franz Hogenberg, Dortmund von der Nordseite, aus: Georg Braun, Civitates Orbis Terrarum (1572). Stadtarchiv Dortmund, Best. 513 — 8.

Abb. 24: Johann Lambach (1512—1582). Stadt- und Landesbibliothek Dortmund, Handschriftenabteilung, Q 681.

Abb. 25: „Catechismus Brevis et Catholicus" (1549) des Jakob Schöpper (Titelblatt). Stadt- und Landesbibliothek Dortmund, Handschriftenabteilung, Ht 754.

Abb. 26: Karte der Grafschaft und freien Reichsstadt Dortmund. Nachzeichnung (um 1700). Stadtarchiv Dortmund, Best. 200 — 1458

Abb. 27: Stadtplan des Detmar Mulher, 1610. Niedersächsische Landesbibliothek zu Hannover, Abt. XXII, HS 1353.

Abb. 28: Christoph Scheibler (1589—1653). Stadt- und Landesbibliothek Dortmund, Handschriftenabteilung, Q 2502.

Abb. 29: Wilhelm Müller, Dortmund um 1847. Aquarell. Museum für Kunst und Kulturgeschichte der Stadt Dortmund.

Abb. 30: Situation am Hauptbahnhof, 1909. Stadtarchiv Dortmund, Best. 502 (Foto F. Wemper)

Abb. 31: Der „neue Bahnhof", eröffnet 12. 12. 1910. Stadtarchiv Dortmund, Best. 502.

Abb. 32: Übersichtskarte der Gemeinde Dortmund, 1872, nach Stadtarchiv Dortmund, Best. 200 — Ca 12. Bearbeitung Stadt Dortmund, Vermessungs- und Katasteramt — 62/4.

Abb. 33: Übersichtskarte der Gemeinde Dortmund, 1898, nach: Stadtarchiv Dortmund, Best. 200 — Ca 221. Bearbeitung Stadt Dortmund, Vermessungs- und Katasteramt — 62/4.

Abb. 34: Westseite des Marktplatzes, 1906. Stadtarchiv Dortmund, Best. 502 (Foto F. Wemper).

Abb. 35: Blick in die Brückstraße um 1910. Stadtarchiv Dortmund, Best. 502 (Foto F. Wemper).

Abb. 36: Graphik: Natürliche Bevölkerungsbewegung in Dortmund und im Deutschen Reich. Entwurf W. Köllmannn.

Abb. 37: Übersichtskarte vom Kreis Dortmund um 1860, nach Stadtarchiv Dortmund, Best. 200 — Cb. 26. Bearbeitung Stadt Dortmund, Vermessungs- und Katasteramt — 62/4.

Abb. 38: Übersichtskarte vom Stadt- und Landeskreis Dortmund, 1886, von H. Rehmann, nach Stadtarchiv Dortmund, Best. 200 — Cb 25. Bearbeitung Stadt Dortmund, Vermessungs- und Katasteramt — 62/4.

Abb. 39: Graphik: Die Bevölkerung Dortmunds seit 1809 im jeweiligen Stadtgebiet. Entwurf und Bearbeitung: Stadt Dortmund, Amt für Statistik und Wahlen.

Abb. 40: Durchbruch der Hansastraße, 1907. Stadtarchiv Dortmund, Best. 502 (Foto F. Wemper.)

Abb. 41: Kolonie-Anlage der Zeche Adolf v. Hansemann in Mengede, 1914. Foto im Besitz M. Kather, Dortmund-Mengede.

Abb. 42: Abbruch der „Reinoldiinsel", 1906. Stadtarchiv Dortmund, Best. 502 (Foto F. Wemper).

Abb. 43: KPD-Demonstration in Lütgendortmund, 1930. Stadtarchiv Dortmund, Best. 502 (Foto H. Krieling).

Abb. 44: SPD-Wahlkampfwagen, 1928. Stadtarchiv Dortmund, Best. 502 (Foto a. d. Besitz Karl Kehler, Dortmund).

Abb. 45: SPD-Veranstaltung auf dem Viehmarkt, 1932. Stadtarchiv Dortmund, Best. 502 (Foto a. d. Besitz Karl Kehler, Dortmund).

Abb. 46: Reichstreffen der „Deutschen Jugendkraft" im Stadion Rote Erde, 1932. Stadtarchiv Dortmund, Best. 502.

Abb. 47: Die Widerstandsgruppe „Neuer Sozialismus" (Winzen-Gruppe). Stadtarchiv Dortmund, Best. 502 (Foto a. d. Besitz H. Schimschock, Dortmund).

Abb. 48: Dortmunder Synagoge Hansastraße/Ecke Hiltropwall. Stadtarchiv Dortmund, Best. 502.

Abb. 49: Der Bläserbrunnen vor den Trümmern des Alten Rathauses und der Stadt- und Landesbibliothek. Stadtarchiv Dortmund Best. 502 (Foto E. Angenendt).

Abb. 50: Die Betenstraße zum Kriegsende. Stadtarchiv Dortmund, Best. 502 (Foto E. Angenendt).

Abb. 51: Gebietsentwicklung Dortmunds, 1904—1929. Stadtarchiv Dortmund, Best. 200.

Abb. 52 Dortmunder City, 1945. Blick in den Westenhellweg mit Trümmerbahn. Stadtarchiv Dortmund, Best. 502 (Foto E. Angenendt).

Abb. 53: Karte der Kriegsschäden, 1939—1945, aus: Dortmund. Stadtentwicklung. Grundlagen für die Flächennutzungsplanung, hrsg. von der Stadt Dortmund, 1971.

Abb. 54: Karte: Flächennutzungsplan, 1964 (wie Abb. 53).

Abb. 55: Karte: Zielkonzept für den neuen Flächennutzungsplan, 1981. Entwurf Stadt Dortmund, Planungsamt — 61/2; kartographische Bearbeitung Vermessungs- und Katasteramt — 62/4.

Abb. 56: Aufsetzen des neuen Turmhelms der Petrikirche am 16./17. 11. 1981. Stadtwerke Dortmund (Foto E. Gehnen).

Foto Schutzumschlag: Margret Reimann, Dortmund

Umschlagentwurf: Dagmar Golembek, Dortmund.